粤港澳大湾区年鉴

GUANGDONG–HONG KONG–MACAO GREATER BAY AREA YEARBOOK

2018

粤港澳大湾区年鉴编纂委员会　编

图书在版编目（CIP）数据

粤港澳大湾区年鉴. 2018/粤港澳大湾区年鉴编纂委员会编. —北京：方志出版社，2019.1

ISBN 978-7-5144-3557-3

Ⅰ. ①粤…　Ⅱ. ①粤…　Ⅲ. ①城市群—广东、香港、澳门—2018—年鉴
Ⅳ. ①Z526.5

中国版本图书馆 CIP 数据核字（2018）第 297820 号

YUEGANGAODAWANQU NIANJIAN

粤港澳大湾区年鉴（2018）

粤港澳大湾区年鉴编纂委员会　编

粤港澳大湾区年鉴编辑部

地　　址：广州市越秀区启明横马路 7 号

邮政编码：510080

电　　话：（020）87665153　87668385

电子邮箱：zsjcsq@163.com

传　　真：（020）87662941

出 版 人　冀祥德

特约编辑　何文倩　周慧琴

插页设计　广州市新角度广告有限公司

责任编辑　刘方圆

出 版 者　方志出版社

地　　址　地址：北京市朝阳区潘家园东里 9 号（国家方志馆 4 层）

邮编：100021

网址：http://www.fzph.org

发　　行　方志出版社图书经销中心

电话（010）67110500

经　　销　各地新华书店

印　　刷　深圳中华商务安全印务股份有限公司

开　　本　787mm×1092mm　1/16

印　　张　30.25　**插页**：24　**字数**：709 千字

版　　次　2019 年 1 月第 1 版　2019 年 1 月第 1 次印刷

印　　数　0001~2500 册

ISBN 978-7-5144-3557-3　　**定价**：200.00 元

粤港澳大湾区年鉴编纂委员会

粤港澳大湾区年鉴编辑部

《粤港澳大湾区年鉴》编写组

（按姓氏笔画排序）

编辑说明

1. 根据推进粤港澳大湾区建设的国家战略，为及时全面、真实准确记载粤港澳大湾区的发展进程，从 2017 年起，创刊《粤港澳大湾区年鉴》。

2.《粤港澳大湾区年鉴》是在广东省人民政府地方志办公室领导和指导下，由广州、深圳、珠海、佛山、中山、东莞、惠州、江门、肇庆，以及香港、澳门 11 个城市合作编纂的年度资料性文献，重点记述粤港澳大湾区基本情况和区域合作发展的进程。为对应书名，珠江三角洲九市统称为粤港澳大湾区内地九市。

3.《粤港澳大湾区年鉴》以马克思主义、毛泽东思想、邓小平理论、“三个代表”重要思想、科学发展观、习近平新时代中国特色社会主义思想为指导，坚持辩证唯物主义和历史唯物主义的立场、观点和方法。

4.《粤港澳大湾区年鉴》每年出版一卷，以出版年号为卷次名称，内容主要记述上一年度的基本资料，个别条目等适当上溯下延。

5. 全书的框架结构分为七大部分。第一部分是大湾区综述，设“大湾区发展定位”“大湾区综述”2 个篇目；第二部分是区域发展，设“中国（广东）自由贸易试验区”“国家自主创新示范区”“国家级开发区”“区域合作示范区”“特色新区”5 个篇目；第三部分是产业发展，设“支柱产业”“战略性新兴产业”“先进制造业”“特色产业”4 个篇目；第四部分是大事记；第五部分是专题调研成果；第六部分是统计资料；第七部分是附录，包括“国际湾区建设比较”“粤港澳大湾区发展研究成果”“文献法规”。各篇目下设分目、条目、次条目。条目是全书内容记述的主体，标题统一用黑体加【】表示，个别包含多方面资料的条目在段落间加插楷体标题提示。

6. 为进一步增加信息量，增强可读性，2018 年卷设有 2 辑彩色图片专辑，分别为“2017·粤港澳大湾区年度关注”“2017·粤港澳大湾区城市风采”，图文并茂地反映粤港澳大湾区各市日新月异的建设风貌。

7. 因香港特别行政区、澳门特别行政区资料和数据不全，部分篇目仅收录粤港澳大湾区内地九市数据。文中如有数据与“统计资料”篇目的数据有出入，以各级统计局提供的“统计资料”数据为准。

8. 全书前有目录，后有索引，方便读者查阅，并随书附送包含全部内容的数据光盘。

目　录

CONTENTS

■东莞：先进制造业中心

■中山：珠江东西两岸融合发展的支撑点、沿海经济带的枢纽城市、粤港澳大湾区的重要一极

■惠州：珠江东岸现代产业枢纽城市

■肇庆：枢纽门户城市

■香港：国际金融中心

■澳门：一中心一平台

大湾区综述

■年度聚焦

■合作协议

■合作交流

■交通设施

■重大项目

区域发展

中国（广东）自由贸易试验区

■广州南沙新区片区

■深圳前海蛇口自贸片区暨前海深港合作区

■珠海市横琴新区片区

国家自主创新示范区

■广州国家自主创新示范区

■深圳国家自主创新示范区

■珠海（国家）高新技术产业开发区

国家级开发区

■广州开发区

■广州南沙经济技术开发区

■广州增城经济技术开发区

■深圳出口加工区

■珠海经济技术开发区

■惠州大亚湾经济技术开发区

区域合作示范区

■中新广州知识城

■深汕特别合作区

产业发展

大事记

2017 年大事记

专题调研成果

统计资料

附 录

■国际湾区建设比较

■粤港澳大湾区发展研究成果

■文献法规

索 引

2017·粤港澳大湾区数字

土地面积：55907.2平方千米

年末常住人口：6955 万人

地区生产总值：10.18万亿元

粤港澳大湾区内地九市数字

土地面积：54770平方千米

年末常住人口：6150.54万人

城镇人口：5245.70万人

年末就业人员：3981.41万人

地区生产总值：75710.14亿元

第一产业：1181.53亿元

第二产业：31542.82亿元

第三产业：42985.80亿元

人均生产总值：124564元

规模以上工业增加值：25768.21亿元

地区生产总值占广东省比重：80.1%

社会消费品零售总额：27318.18亿元

出口总额：5902.41亿美元

进口总额：3709.89亿美元

实际外商直接投资：218.11亿美元

地方一般公共财政预算收入：7455.96亿元

地方一般公共财政预算支出：10329.95亿元

金融机构本外币存款：171937.41亿元

金融机构本外币贷款：113683.01亿元

香港数字

陆地总面积：1106.42平方千米

人口临时数：739.17万人

本地生产总值：26626.37亿港元

人均本地生产总值：360220港元

澳门数字

陆地总面积：30.8平方千米

人口数：65.31万人

本地生产总值：4041.99亿澳门元

人均本地生产总值：62.28万澳门元

注：粤港澳大湾区内地九市数字由广东省统计局提供，香港数字、澳门数字分别由香港特别行政区政府新闻处和澳门特别行政区政府新闻局提供。

（编辑部 辑）

广西壮族自治区
贺州市
梧州市
怀集县
广宁县
封开县
德庆县
四会市
肇庆市
端州区
鼎湖区
高要区
肇庆市高新技术产业开发区
清远市
清城区
清新区
清远市
云浮市
云城区
云安区
罗定市
新兴县
郁南县
茂名市
阳江市
阳春市
江城区
阳东区
阳西县
江门市
蓬江区
江海区
新会区
鹤山市
开平市
台山市
恩平市
佛山市
南海区
禅城区
三水区
高明区
顺德区
花都区
荔湾区
大桶顶
金鸡顶
七星顶
三县顶
黄牛头
罗壳山
天露山
云雾山
川山群岛
上川岛
下川岛
海陵岛
南鹏列岛
镇海湾
广海湾
南广高铁
贵广高铁
洛湛铁路
北回归线
112° 00′
113° 00′
24° 00′
23° 20′
22° 40′

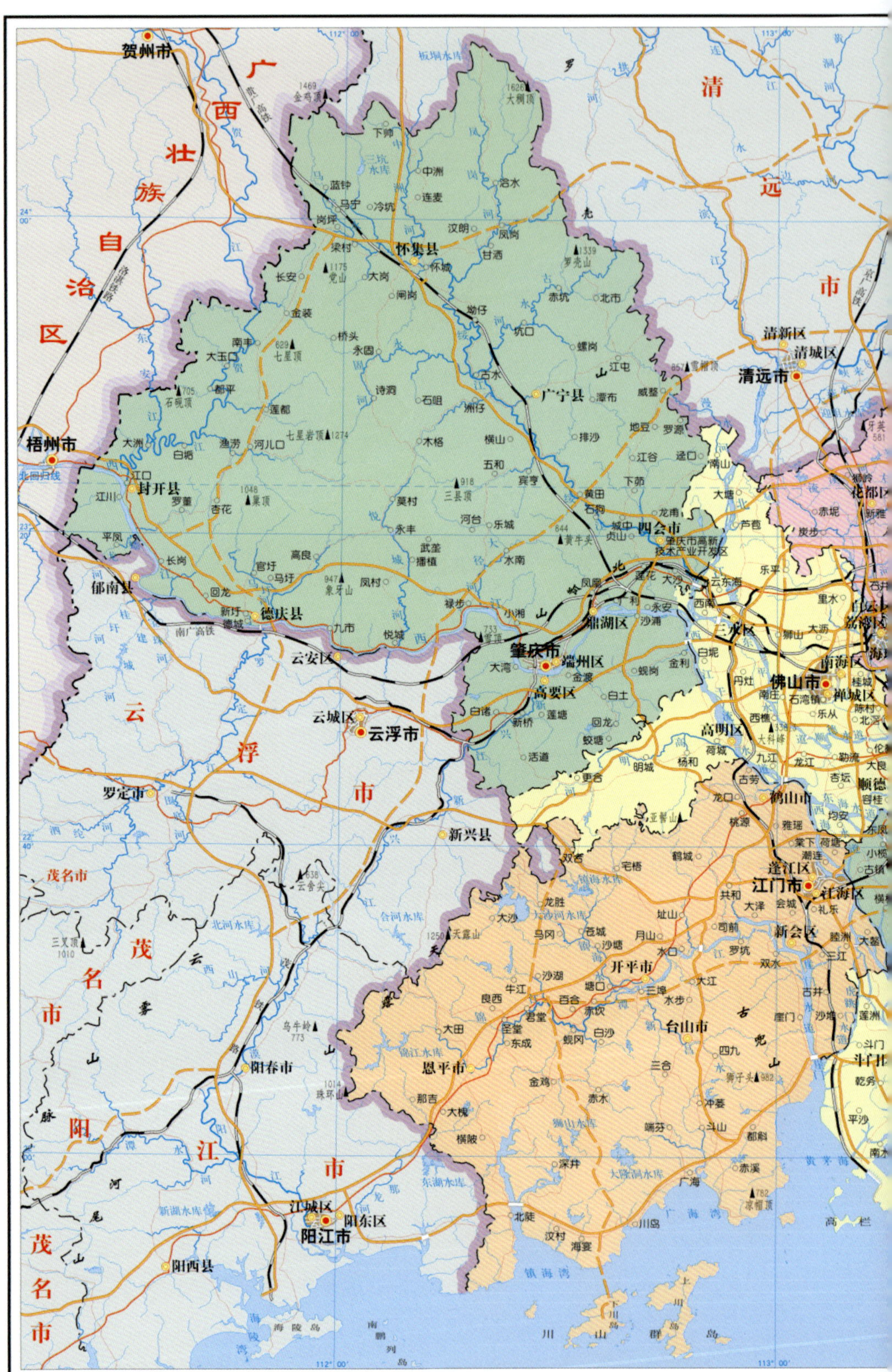

广东省地图出版社

本图采用《珠江三角洲地区地图》进行改编，资料截止时间为2016年12月。 审图号：粤S（2016）050号

2017年1月3日，香港特别行政区政府与深圳市政府签署《关于港深推进落马洲河套地区共同发展的合作备忘录》（区坚强 摄）

2017年3月30日，2017澳门国际环保合作发展论坛及展览（ MIECF ）开幕
（澳门特别行政区政府新闻局供稿）

2017年5月17日，2017年推进中山与澳门合作专责小组会议在中山市召开。图为参会人员合影

（中山市人民政府地方志办公室供稿）

2017年5月23日，广州人工智能圆桌会议举行　　（广州市政府办公厅供稿）

2017年6月6日，粤港澳高校联盟年会暨校长论坛在香港中文大学深圳研究院举行

（钟广宁　摄）

2017年6月16日，粤港澳大湾区城市群发展规划座谈会在澳门东亚运动会体育馆举行

（澳门特别行政区政府新闻局供稿）

2017年6月20日，以“共建中国的世界级湾区”为主题的首届粤港澳大湾区论坛在香港举行

（江门日报社供稿）

2017年7月15日，中山市红十字会组织人员前往澳门红十字会进行交流活动

（中山市人民政府地方志办公室供稿）

2017年7月27日，2017年天翼智能生态博览会在广州琶洲会展中心举行。图为开幕式现场

（广州市工信委供稿）

2017年7月28日，2017 粤港澳合作论坛——粤港澳大湾区发展高层峰会在中山举行。该次论坛主题是“面向全球、携手共建、务实合作、共赢发展”

（中山市人民政府地方志办公室供稿）

2017年8月1日，“粤港澳大湾区添百亿活力 一环创新圈铸智慧新走廊”——佛山高新区三水核心园项目签约暨金科产服务区动工、清华创新创业大赛启动仪式举行。图为签约仪式现场

（佛山市三水区供稿）

2017年9月8日，中国建设银行广东省分行与东莞市政府在东莞市签署《支持与服务东莞市全面落实粤港澳大湾区城市群发展规划合作协议》

（东莞市人民政府地方志办公室供稿）

2017年11月7日，海关“粤港跨境直通快线”在东莞市长安镇正式启动

（李俊　摄）

2017年11月18日，粤港合作联席会议第二十次会议召开并举行合作协议签署仪式

（香港特别行政区政府新闻处供稿）

2017年11月21日，2017中国工业互联网大会在广州举行。会议以“工业互联智造转型”为主题，聚焦工业互联网发展趋势、产业实践等

（广州市工信委供稿）

2017年12月5日，2017广州财富全球论坛国际科技头脑风暴大会在广州召开。图为参会嘉宾合影

（广州市外事办供稿）

2017年12月8日，2017年第十六届香港珠三角工商界合作交流会在东莞市举行。图为相关领导嘉宾为活动启动亮灯仪式 （郑志波　摄）

2017年12月10日，粤港澳大湾区发展高峰论坛——“国家战略与肇庆机遇”在肇庆新区商务中心举行 （刘春林　摄）

2017年12月12日，首届广州文化产业交易会在广州举行

（广州市文广新局供稿）

2017年12月18日，商务部与澳门特别行政区政府签署《CEPA投资协议》《CEPA经济技术合作协议》

（澳门特别行政区政府新闻局供稿）

2017年1月12日，从莞高速公路东莞段通车

（唐建彬 摄）

2017年3月1日，富士康增城第10.5代显示器全生态产业园区动工

（广州市政府办公厅供稿）

2017年4月11日，中欧双向班列启动仪式在东莞市石龙镇举行

（郑志波　摄）

2017年4月16日，珠海开通前往南宁、郑州（经停武汉）、昆明、潮汕等地高铁线路。图为珠海开往潮汕的 G6340 次列车即将发车　（程霖　摄）

2017年4月27日，广州市轨道交通十八号线（横沥站）项目建设动工

（广州市政府办公厅供稿）

2017 年 5 月 2 日，世界最大的沉管隧道——港珠澳大桥沉管隧道顺利合龙。图为起重船吊装6000吨重的接头

（李建東 摄）

2017年5月7日，佛开高速南段（三堡至水口）改扩建工程全线开工

（江门市交通局供稿）

2017年6月23日,通用电气生物科技园在中新广州知识城动工

（广州市政府办公厅供稿）

2017年7月7日，港珠澳大桥主体工程全线贯通。图为海底隧道贯通仪式现场

（钟凡　摄）

2017年8月18日，中山—深圳客运海上穿梭巴士开通，结束中山到深圳水上无直航的历史

（中山市人民政府地方志办公室供稿）

2017年10月2日，中国海油惠州炼化二期项目1000万吨年炼油工程试车成功。图为中海油惠州炼化二期项目现场（惠州报业传媒集团供稿）

2017年11月30日，佛山地铁2号线一期工程首个高架区间贯通

（张弘弢 摄）

2017年12月28日，广中江高速二期正式通车

（江门市交通局供稿）

2017年，施工中的深圳北理莫斯科大学

（钟致棠　摄）

2017年6月4日，珠三角武术观摩赛在中山市大信新都汇举行

（中山市人民政府地方志办公室供稿）

2017年6月17日，2017金砖国家运动会开幕式在广州白云国际会议中心举行

（广州市体育局供稿）

2017年6月27日，肇庆市党政代表团到广州学习考察文化场馆建设和街区建设情况

（刘春林　摄）

2017年9月13日，由中国国家档案局、俄罗斯联邦档案署联合举办，深圳市档案局承办的“中俄‘丝绸之路’历史档案展”在深圳市档案中心开幕

（钟广宁　摄）

2017年9月14—15日，广东省粤港澳合作促进会组织香港和澳门两地的40名青年代表到中山市进行文化交流考察　　（中山市人民政府地方志办公室供稿）

2017年12月1日，第一届海峡两岸学生棒球联赛总决赛在深圳南山区中山公园举行开幕式

（陈锡坤　摄）

2017年12月12日，首届文化产业交易会开幕式暨2017丝绸之路国际剧院联盟授牌仪式在广州举行（广州市文广新局供稿）

2017年12月14日，香港中联办教育科技部组织香港建测规园界大湾区发展专业考察团28人到中山市交流考察，先后参观美居产业园易创空间、中山黑子信息科技有限公司、孙中山故居纪念馆等地（中山市人民政府地方志办公室供稿）

大湾区发展定位

粤港澳大湾区发展基本情况

【概况】 粤港澳大湾区指由广州、深圳、珠海、佛山、江门、东莞、中山、惠州、肇庆内地九市和香港、澳门两个特别行政区组成的区域，地处在“广佛肇”“深莞惠”“珠中江”三大经济圈和香港、澳门两大对外窗口城市的深度融合区。粤港澳大湾区有“一国两制”方针下的香港和澳门两个特别行政区，有深圳、珠海两个经济特区，广州南沙、深圳前海蛇口和珠海横琴三个自由贸易试验片区，形成包括特别行政区、经济特区、自由贸易试验区等多重经济体的体制叠加优势和开放叠加形态。2017 年，粤港澳大湾区占地 5.59 万平方千米，人口 6955 万人。粤港澳大湾区地区生产总值（GDP）10.18 万亿元。截至 2017 年末，粤港澳大湾区形成通信电子信息产业、新能源汽车产业、无人机产业、机器人产业等高端产业集群，以及石油化工、服装鞋帽、玩具加工、食品饮料等中低端产业集群。粤港澳大湾区是继美国纽约湾区、美国旧金山湾区、日本东京湾区之后的世界第四大湾区，是国家建设世界级城市群和参与全球竞争的重要空间载体。

中央对粤港澳大湾区的战略定位有五个：一是充满活力的世界级城市群。二是具有全球影响力的国际科技创新中心。三是“一带一路”建设的重要支撑。四是内地与港澳深度合作示范区。五是宜居宜业宜游的优质生活圈。

【自然地理】 地理位置　粤港澳大湾区内地九市所在的珠江三角洲旧称粤江平原，简称“珠三角”，位于广东省中南部、濒临南海，是由珠江三大支流西江、北江、东江等河流在溺谷湾内合力冲积而形成的复合三角洲。地处北回归线以南，是中国南亚热带最大的冲积平原。香港特别行政区位于珠江口以东，由香港岛、九龙半岛、新界内陆地区以及 262 个大小岛屿组成。澳门特别行政区位于珠江口以西，包括澳门半岛、氹仔岛、路环岛等。

区位条件　粤港澳大湾区地理条件优越，“三面环山，三江汇聚”，具有漫长海岸线、良好港口群、广阔海域面。经济腹地广阔，泛珠三角区域拥有全国约 1/5 的国土面积、1/3 的人口和 1/3 的经济总量。粤港澳大湾区面向南海，是距离南海最近的经济发达地区，是中国经略南海的桥头堡。临近全球第一黄金航道，是太平洋和印度洋航运要冲，是东南亚乃至世界的重要交通枢纽，是丝绸之路经济带和 21 世纪海上丝绸之路的交汇点，是中国与海丝沿线国家海上往来距离最近的经济发达区域。

地貌形态　珠江三角洲东、北、西三面丘陵台地环抱，中部平原广阔、地势低平，可分为 4 个地貌类型：中部、北部高围田、高沙田（高平原），年代较老，围垦较早，占总面积的 51.2%；南部近海的中沙田、低沙田（低平原），为近期围垦的平原，占总面积的 25.0%；西北的塱田（积水地），占总面积的 6.6%；人工地貌桑基鱼塘及蔗基鱼塘（基水地），分布在顺德及其附近，占总面积的 17.2%。平原上散布 160 多个海拔 300~500 米的岛丘，多为三角洲沉积前古海湾中的岛屿，如五桂山、西樵山、莲花山等。香港为典型的滨海丘陵地，平原主要集中在北部。澳门半岛原为海中小岛，后西江上游来沙冲积成沙堤而将该岛与大陆相连。

气候特征　粤港澳大湾区内珠江三角洲属南亚热带湿润季风气候，具有终年高温，光照充足，夏季长、霜期短，降水丰沛，水热季节配合好等气候特征。年日照时数 1900 ~ 2000 小时，年平均气温 21℃ ~ 22℃，全年实际有霜日期在 3 天以下。年降水量 1600 ~ 2000 毫米，降水以夏季最多，春季次之，秋冬季最少，每年 4—9 月为雨季，降水量约占全年的 80%左右，降水年变化呈双峰型，最高峰在 6 月，次高峰在 8 月。各大支流汛期错开，但夏秋多台风，洪涝威胁大。香港四季分明，冬季吹西北季风，夏季吹东南季风，偶有寒潮，最冷月平均气温 15℃ ~ 18℃。澳门冬暖夏热，气候湿润多雨、干湿季明显。

【人口语言】 粤港澳大湾区人口数量多、密度大，城镇人口比重大，外来人口多，文化教育基础较好。2017 年，粤港澳大湾区常住人口 6955.02 万人，其中内地九市常住人口 6150.54 万人、香港人口总数 739.17 万人、澳门人口 65.31 万人。

粤港澳大湾区内地九市以汉族为主，汉族人口比重超过 98.2%，少数民族人口比重不到 1.8%。主要的少数民族有壮族、回族、满族、瑶族、苗族、黎族、畲族等。珠江三角洲的少数民族多分布在城市。据第六次全国人口普查统计，2010 年广东省少数民族人口 206.34 万，户籍人口近一半，其中 1/3 分布在 3 个民族自治县和 7 个民族乡，1/6 居住在城市，1/2 散居在 50 多个市、县；外来少数民族常住人口占一半多，主要分布在广州、深圳、佛山、东莞、江门、中山、惠州等珠江三角洲城市。珠江三角洲有 2 个民族乡，分别为怀集县下帅壮族瑶族乡、龙门县蓝田瑶族乡。蓝田瑶族乡是广东省最大的少数民族乡，有瑶族居民近万人。

香港居民中，中国人占总人口的 97.5%，大部分原籍广东，其次为菲律宾、美国、英国、印度、泰国、澳大利亚、日本、马来西亚和葡萄牙人。澳门居民以中国人为主，约占总人口的 97%，葡萄牙人（包括在澳门的土生葡人）及其他外国人占 3%，主要为印度尼西亚、菲律宾和越南人。

粤港澳大湾区内地九市居民主要使用粤方言，俗称白话、广东话，属汉藏语系汉语族的声调语言。粤方言可分为：粤海片，也称广府片，以广州为代表，在粤语中影响最大；四邑片，以台山为代表；莞宝片，通行于东莞及宝安，以莞城为代表；香山片，通行于中山、珠海（斗门除外），以石岐为代表。各片小有差别，其中四邑片与粤海片差异最大。珠江三角洲客家方言主要分布在花都、东莞、惠东、惠阳、龙岗、中山五桂山等地。粤港澳大湾区外来打工者一般使用普通话。由于普通话为学校教学语言，大部分珠江三角洲居民均能听懂交流。壮族、瑶族聚居区使用壮语、瑶语等本民族语言，增城、博罗的畲族使用山瑶话。香港居民使用的语言主要有粤语、英语和普通话。澳门居民交流以粤语、英语、葡萄牙语和普通话为主。

【地域文化】 粤港澳大湾区既有传统岭南文化的本根，又有英国、葡萄牙等西方文化的影响。中西方文化在此交流碰撞，多元文化交融，包容性强。珠江三角洲是广府文化核心区，发展历史悠久，市场经济发达，文化水平较高，地域文化独具特色。一方面，珠江三角洲的居民传承南越人的土著风俗，如善水、使用舟楫、嗜食水产、尚鬼敬神等；另一方面，又博采中原文化、港澳文化、西方文化等外来文化之长，形成商品意识重、不拘泥历史、敢于冒险开拓、善于接受新鲜事物等特点。珠江三角洲的农业文化、饮食文化、乐俗文化等在国内外影响深远。

香港文化是广东文化和中原文化的延伸，近一百多年来，由于英国等西方文化的介入，中西文化相互交织形成了承古启今、自由开放、中西融汇、商业都市型的多元文化。香港饮食文化糅合中国菜（主要为粤菜）和西餐的饮食习惯，因而被誉为“美食天堂”。澳门文化一直是以中华文化为主导，华人依然保持中华文化的传统习俗，而土生葡人不同程度地受中华文化影响，形成中葡合璧的土生葡人文化。澳门的饮食以粤菜为主，还有正宗葡国菜和土生葡国菜。

【推进大湾区建设框架协议签署】 2017 年 7 月 1 日，在国家主席习近平见证下，香港特别行政区行政长官林郑月娥、澳门特别行政区行政长官崔世安、国家发展和改革委员会主任何立峰、广东省省长马兴瑞共同签署《深化粤港澳合作 推进大湾区建设框架协议》（简称“协议”）。协议由总则、合作重点领域、体制机制安排、其他 4 部分内容组成。协议总则中明确合作宗旨为全面准确贯彻“一国两制”方针，完善创新合作机制，建立互利共赢合作关系，共同推进粤港澳大湾区建设。协议明确合作目标是强化广东作为全国改革开放先行区、经济发展重要引擎的作用，构建科技、产业创新中心和先进制造业、现代服务业基地；巩固和提升香港国际金融、航运、贸易三大中心地位，强化全球离岸人民币业务枢纽地位和国际资产管理中心功能，推动专业服务和创新及科技事业发展，建设亚太区国际法律及解决争议服务中心；推进澳门建设世界旅游休闲中心，打造中国与葡语国家商贸合作服务平台，建设以中华文化为主流、多元文化共存的交流合作基地，促进澳门经济适度多元可持续发展。

【大湾区建设合作重点领域】 2017 年 7 月 1 日，《深化粤港澳合作 推进大湾区建设框架协议》（简称“协议”）在香港签署。协议明确推进大湾区建设合作重点领域包括基础设施互联互通；进一步提升市场一体化水平；打造国际科技创新中心；构建协同发展现代产业体系；共建宜居宜业宜游的优质生活圈；培育国际合作新优势；支持重大合作平台建设共七个方面。

（张争胜 刘玄宇 牛姝雅 石成 赵霞）

广州：国家中心城市

【概况】 2017 年，广州市深化枢纽型网络城市建设，聚焦国际航运中心、物流中心、贸易中心、现代金融服务体系和国家创新中心城市，建设国际航运、航空、科技创新枢纽，优化提升一江两岸三带，优化市场化国际化法治化环境、建设更干净更整洁更平安更有序城市环境、营造风清气正干事创业政治生态环境，经济发展稳中提质，城市枢纽功能增强，创新驱动发展步伐加快，改革开放深入推进，干净整洁平安有序城市环境持续优化，民主法治建设扎实有力，城市文明程度和文化软实力提升，群众生活改善，生态文明建设力度加大，全面从严治党取得新成效，推动国家中心城市建设全面上水平。

【枢纽型网络城市建设】 2017 年，广州市将枢纽作为城市的战略支撑，将网络作为城市的空间形态，形成以“大黄金三角”（国际航运枢纽、航空枢纽、科技创新枢纽）、“小黄金三角”（琶洲互联网创新集聚区、珠江新城、国际金融城）为支撑的城市空间格局，发挥国家中心城市引领和辐射带动作用，增强全球资源配置能力。

推进城乡规划建设，开展城市总体规划编制试点工作，完成现行土地利用总体规划调整。提升国际航运、航空和科技创新枢纽能级，新的发展动力源和增长极加快形成。优化提升一江两岸三带品质，精雕细琢“三十公里”精品珠江。大交通综合网络建设取得新进展。《广州铁路枢纽规划（2016—2030 年）》《广州市城市轨道交通第三期建设规划（2017—2023 年）》获批，明确广州市铁路枢纽总格局，新增 10 条线、258 千米城市轨道交通规划建设里程。出台《广州市轨道交通场站综合体建设及周边土地综合开发实施细则》，成立广州铁路投资建设集团，推进 71 个国铁、城际、地铁等枢纽规划建设，加快南沙港铁路等 3 个国铁、穗莞深城际新塘至洪梅段（广州段）等 6 个城际、十四号线一期等 13 个地铁项目建设，广汕客专、大田集装箱中心站、十八号线、二十二号线等项目开工建设，四号线南延段、九号线一期、十三号线首期、十四号线支线（知识城线）4 条地铁线路通车，全市地铁通车里程近 400 千米。出台《白云国际机场周边道路网络系统建设实施方案》，机场第二高速公路北段等项目开工建设，广州大桥拓宽工程建成通车。

【三中心一体系建设】 2017 年，广州市推进国际航运中心、物流中心、贸易中心和现代金融服务体系建设。

建设国际航运中心。落实建设国际航运中心三年行动计划，推动港口基础设施建设，通航能力和集装箱泊位数量吨级提升。广州港股份有限公司挂牌上市，广州航运交易所成为华南规模最大的船舶交易平台，设立“广州南沙”船籍港，落户全国首家省级航运专业人才市场。推动国际友好港建设，获得2019年（第31届）世界港口大会举办权。推进白云机场扩建、空铁联运综合交通网络设施建设，完善集疏运体系。集聚航空总部、飞机租赁等高端项目落户，航空物流、航空维修、航空制造、航空金融等临空产业集聚发展。

建设国际物流中心。开展国家现代物流创新发展城市试点工作，编制实施物流业降本增效专项行动方案。布局物流园区和专业物流基地，完善综合运输通道和交通枢纽节点布局，建设现代化物流配送中心。设立广州现代物流发展专项资金，发展国际物流、空港物流、保税物流、城乡物流、智慧物流、绿色物流、冷链物流，培育和壮大骨干物流企业，组织企业申报国家示范物流园区。

建设国际贸易中心。推动外贸工作重心从规模扩张逐步转到稳份额、调结构、增效益，对外贸易从大进大出向优进优出转变。聚焦跨境电商、市场采购等外贸新业态，实施“互联网+外贸”，跨境电商规模倍增。围绕高水平建设对外开放门户枢纽，加强南沙自贸区整体规划设计、城市基础设施、产业体系建设。推进沙特吉赞经济城产能合作项目和马来西亚马六甲海洋工业园建设。中新知识城上升为国家级双边合作项目。

构建现代金融服务体系。增强金融服务实体经济能力，完善现代金融服务体系，形成以银行、证券、保险、信托为主体，小额贷款公司、股权投资基金、融资性担保公司、融资租赁公司、消费金融公司、汽车金融公司等新型金融业态为辅助的现代金融组织体系，成为国内金融门类齐全、金融产业链条完善的城市之一。出台引导银行金融机构服务实体经济工作方案，支持重点项目、重点企业融资需求。推进广州民间金融街、广州国际金融城、南沙现代金融服务区、广州金融创新服务区等金融功能区建设。加快中证报价南方总部、广州股权交易中心、广州金融资产交易中心、广州碳排放权交易中心、广州商品清算中心等交易平台建设。实施绿色金融改革创新试验区总体方案，有序推动绿色金融改革创新。

【三大国际战略枢纽】 2017年，广州市推进国际航运枢纽、国际航空枢纽、国际科技创新枢纽建设。提升国际航运枢纽能级。推进国际航运枢纽建设工作，提高港口建设管理水平，南沙港区三期建成投产，广州港深水航道拓宽一期工程完工，南沙港区四期工程、国际邮轮母港等项目加快推进。广州港与东莞、江门、中山、佛山、茂名等珠江口内和珠江西岸港口资源整合，引领区域港航资源一体化发展。全年34个国际航运枢纽项目完成投资181.11亿元，广州港新开通国内外集装箱航线31条、累计197条，外贸集装箱航线12条、累计91条，新建内陆“无水港”办事处5个、累计33个；完成货物吞吐量5.9亿吨、集装箱吞吐量超2035万标准箱，均居全国第四位；旅客吞吐量40.35万人次，比上年增长24%。

提升国际航空枢纽能级。实施国际航空枢纽和临空经济示范区建设三年行动计划、空港经济区基础设施三年建设计划，提高机场建设管理水平，白云机场第三跑道正式启用，建成第二航站楼和商务航空服务基地。岑村机场迁建和广州第二机场选址工作推进。全年35个国际航空枢纽项目完成投资245.7亿元，新增国际国内通航点10个，累计220个；旅客吞吐量6580万人次，比上年增长10.2%。其中，国际及地区旅客吞吐量1587万人次，比上年增长17.4%；货邮吞吐量175万吨，增长6.1%，机场旅客、货邮吞吐量均居全国第三位。

提升国际科技创新枢纽能级。聚焦新一代信息技术、人工智能、生物医药（IAB）和新能源、新材料（NEM）等主导产业，全年新增高新技术企业3951家，累计8690家。建设一批价值创新园区，推动富士康第10.5代显示器全生态产业园、乐金8.5代OLED、思科智慧城等一批重大产业项目动工建设、形成集聚。实施高层次人才支持政策，推进全国人才管理改革试验区建设，成为首批国家知识产权强市创建市，发明专利申请量和授权量增速居全国前列。广州选手在第44届世界技能大赛上获2枚金牌、1枚银牌、3枚铜牌。举办中国风险投资论坛、海峡两岸经济交易会、中国创新创业成果交易会、生物产业大会、官洲国际生物论坛、生物医药圆桌会、人工智能圆桌会、国际金融论坛全球年会等国际会议活动。推动广深科技创新走廊建设，推进琶洲互联网创新集聚区的腾讯微信、阿里巴巴、复星、小米等14个项目建设，互联网产业链价值链创新链拓展延伸，广州知识城的知识密集型产业蓬勃发展。全年45个国际科技创新枢纽工程完成投资262.7亿元。 （吴正）

【供给侧结构性改革】 2017年，广州市召开供给侧结构性改革工作推进会，出台实施《深化供给侧结构性改革重点工作方案》，抓好“去降补”等工作任务，产业结构优化提升。

产业转型升级步伐加快。扎实推进“中国制造2025”试点示范城市建设，出台实施《广州服务经济发展规划（2016—2025年）》，加快建设高端高质高新现代产业体系，全年服务业中现代服务业增加值占比提高至66%，交通运输、信息服务、商务服务业增加值保持两位数增长，信息服务业增加值突破1000亿元。制造业中先进制造业增加值占比提高至65.6%，顺应自主创新、智能生产、个性定制等转型方向的汽车、专用设备、家具等行业产值均增长10%以上，汽车制造业产值突破5000亿元。六大高耗能行业占比减少0.6个百分点，全面取缔“地条钢”产能。IAB产业积蓄成长，富士康超视堺、广汽智能网联新能源汽车、GE生物产业园、科大讯飞人工智能等项目加快建设。农业供给侧结构性改革深入推进，农村电商等新业态增势良好，广州国际种业中心等平台加快建设，土地承包经营确权登记等综合改革不断推进，农业生产保持稳定。

降成本取得成效。制订实施《广州市降低实体经济企业成本实施方案》《广州市关于落实广东省降低制造业企业成本若干政策措施的意见》《广州市物流业降本增效专项行动方案》等政策。深化投融资体制、商事登记制度改革，促进投资贸易便利化，降低制度性交易成本。落实税收减免政策，取消、停征和降低47项行政事业性收费，减免3项政府性基金，降低用电用气价格，取消车辆通行费年票制，规范港口通关收费，实施工业用地使用权先租赁后出让等灵活供地方式。多项政策协同发力，全年为企业减负超过800亿元。

补短板重大工程加快建设。围绕补齐创新型经济、城市建设、公共服务等短板，实施重大项目“攻城拔寨、落地生根、开花结果”行动。全年345个市重点建设项目完成投资1705.6亿元，其中260个正式项目完成投资1656.2亿元，完成年度计划的127.9%。173个“攻城拔寨”重大项目完成投资1254.6亿元，完成年度计划的133.5%。

金融服务实体经济能力增强。推动产业金融结合，新增上市企业19家、“新三板”挂牌企业116家，分别累计152家、465家，广州股权交易中心挂牌企业数7875家，各类股权投资、创业投资、私募基金机构3700多个。加快金融平台建设，绿色金融改革创新试验区获批，中证报价系统南方运营中心、国际金融论坛落户。加强金融风险防控，广州地区银行机构不良贷款率1.1%，低于全国、全省平均水平。

【全面创新改革试验核心区】 2017年，广州市印发实施《广州市系统推进全面创新改革试验三年行动计划（2016—2018年）》《广州市系统推进全面创新改革试验三年行动计划2017年工作要点》。参与编制国家粤港澳大湾区打造国际科创中心建设，争取广东省发展改革委等4个部门批准在广州市组建首个广东省区域细胞制备中心。国家发展改革委批复同意由广州市金发科技股份有限公司牵头组建国家先进高分子材料产业创新中心。已备案创投引导基金32家，注册资本72.92亿元。成立广州创业与风险投资协会，优化全市创新创业的金融支持环境。推进中以高技术产业合作，在广州召开中以政府间经济技术合作机制第三次会议，出台中以生物孵化项目管理办法，推进中以生物产业投资基金投资运作，推进中以生物产业孵化基地建设。协调推进仿制药和港口合作等重大项目洽谈。

促进战略性新兴产业发展。构建新兴产业发展的资金扶持政策体系，印发《广州市新兴产业发展资金管理办法》及配套实施细则、实施细则补充规定，将广州市新兴产业发展资金扶持手段分为组建引导基金投资、直接股权投资、补助、补贴四种手段。用好用活2017年度新兴产业发展资金，公开征集包括产业化项目、公共服务平台项目、产业基地基础设施项目等60个项目，下达扶持金额4.4亿元，扶持40个项目建设，带动社会投资27.5亿元，带动比例超过1∶6。

推动生物医药产业发展。编制《广州市加快生物医药产业发展实施意见》《广州市加快生物医药产业发展若干规定及操作指南》。推动组建广州市生物产业联盟，全市生物医药领域的领军企业、大专院校、科研机构、医疗机构、投融资机构和行业协会等120多个单位加入联盟。设立广州生物医药产业投资基金，总规模100亿元，首期规模50亿元。（马俊）

【现代金融服务体系建设】 2017年，广州市金融业增加值1998.76亿元，比上年增长8.6%，占地区生产总值（GDP）的9.3%，拉动GDP增加0.8个百分点；金融业税收收入397.47亿元，比上年增长12.5%，占全市税收的7.7%。截至年末，广州地区本外币各项贷款余额3.41万亿元，比上年增长15.1%，连续6个月保持两位数增长；本外币各项存款余额5.14万亿元，增长8.1%，增速居全国第一位。全年保费收入1127亿元，居全国第三位；全年证券交易额15.36万亿元，增长8.34%。金融服务实体经济和改革创新取得进展，人民银行等7部委印发《广东省广州市建设绿色金融改革创新试验区总体方案》，广州首次获得国家批准设立金融改革创新试验区。金融国际化进程加快，举办国际金融论坛（IFF）全球年会。3月，首次进入全球金融中心指数体系，全球排名从第37位提升至第32位，成为中国唯一得分和排名双提升的城市。金融交易平台体系不断完善，中证机构间报价系统南方总部落户，填补广州缺乏全国性资本市场平台的空白。

金融支持国际航运枢纽建设　2017年，广州市累计完成船舶交易508艘，交易额20.63亿元。依托南沙推行跨境人民币贷款业务和跨境双向人民币资金池业务、跨境人民币缴税（费）服务。共办理跨境人民币贷款备案31笔，累计备案金额61.69亿元，跨境人民币结算量1759.59亿元。与中国工商银行、中国农业银行等6个金融机构签订授信合作协议，首次授信规模100亿元。

金融支持国际航空枢纽建设　2017年，广州市新增融资租赁企业80家，落户融资租赁企业累计353家，注册资金超1003亿元。通过飞机租赁特殊项目公司（SPV）引进落地租赁飞机17架。

金融支持国家金融科技创新枢纽建设　2017年，广州市各类创业投资、股权投资、私募基金机构增加至3200多个、7000多亿元。广州科技金融路演中心和广州“新三板”企业路演中心共举办23场路演活动，服务近200家科技企业，吸引3000个投资机构及上市公司关注。举办中国风险投资论坛。设立全国规模最大的科技信贷风险补偿资金池，首期投入4亿元，鼓励银行为科技企业提供信贷支持，为816家企业出具贷款确认书，授信金额76.84亿元，其中75%为纯信用贷款，首贷企业占35%；推进科技支行建设，指导金融机构创新研发科技金融产品30余种，融资金额60余亿元；设立科技担保、科技保险专项资金，降低高新技术企业成果转化风险，在保金额130亿元，占全省比例70%。

金融推进供给侧结构性改革　2017年，广州市与广东银监局、广东证监局、广东保监局联

2017年11月30日，广州市住建委与中国银行就住房租赁金融服务签订战略合作意向书 （广州市住建委供稿）

动，加强对金融机构及类金融机构的监管及检查，排查企业财务杠杆和产品杠杆情况，落实风险管控措施。全市银行机构不良贷款率1.13%，比全国、全省不良贷款率分别低0.79个百分点和0.34个百分点。广州银行、广州农商银行的杠杆率分别为4.98%与6.16%，高于银监会关于银行机构不低于4%的杠杆率要求。两家市属法人证券公司和两家期货公司净资本/净资产比率在80%以上，高于监管要求。4个法人保险机构偿付能力充足率分别达3.46倍、1.88倍、1.2倍和15.4倍，高于监管要求。

（广州市金融工作局）

深圳：现代化国际化创新型城市

【概况】 2017年，深圳市加快建设现代化国际化创新型城市，推动经济社会发展取得新成绩。全年全市生产总值2.24万亿元，比上年增长8.8%；辖区公共财政收入8624亿元，增长9.2%；地方一般公共预算收入3332.1亿元，同口径增长10.1%；规模以上企业利润平均增长22.7%；居民人均可支配收入增长8.7%。

【社会民生事业】 2017年，深圳市新增登记就业10万人，城镇登记失业率在3%以下；新增幼儿园学位2万个、公办中小学学位4.7万个；增加10家三甲医院和三级医院，新增病床3000张、养老床位1000张；新开工及筹集人才住房和保障性住房10.2万套，建成住房租赁监管和服务平台；最低工资标准由2030元/月提高至2130元/月，最低生活保障标准由800元/月提高至900元/月；119项年度民生实事完成118项。

【生态环境建设】 2017年，深圳市$PM_{2.5}$年均浓度28微克/立方米，是全国空气质量最好的十大城市之一；建成区36条45段黑臭水体经治理基本消除黑臭；预计万元国内（地区）生产总值能耗下降4.2%、水耗下降10.3%；建成人才公园、香蜜公园和深圳湾滨海西段休闲带等一批精品公园，“深圳蓝”“深圳绿”成为城市最亮色。

【城市软实力提升】 2017年，深圳市获第五届全国文明城市称号，被评为全国创新创业环境最优城市之一、全国安全感最好城市之一、全国法治政府建设典范城市；举办第19届国际植物学大会、第19届中国国际高新技术成果交易会、中国（深圳）国际文化产业博览交易会、国际人才交流大会、亚太社工大会、深圳国际马拉松、首届海峡两岸棒球联赛总决赛、第六届世界海洋大会、首届中欧蓝色产业合作论坛等活动。

深圳大鹏半岛国家地质公园　　（深圳市大鹏新区综合办公室供稿）

【全球科技产业创新中心建设】 2017年，深圳市实施新一轮创新发展战略布局。全面启动创新“十大行动计划”，组织开展重大项目技术攻关，筹建8个重大科技基础设施，新组建诺贝尔奖科学家实验室3个、基础研究机构3个、制造业创新中心5个、海外创新中心7个，新增福田区、腾讯等3个国家级“双创”示范基地，新设立新型研发机构11个和创新载体195个，全社会研发投入超过900亿元，占国内（地区）生产总值比重4.13%。新增国家级高新技术企业3193家，累计1.12万家，新增全职院士12名、“孔雀计划”团队30个，全年共引进各类人才26.3万名，比上年增长42%。出台加强知识产权保护36条，获国家科技奖15项，获中国专利金奖5项、占全国1/5，有效发明专利5年以上维持率在85%以上、居全国第一位。（深圳市史志办）

珠海：珠江西岸核心城市

【概况】 珠海地处珠江口西岸和粤港澳大湾区核心地带，毗邻港澳，全部陆地面积1736平方千米，海域面积6050平方千米，常住人口176.54万人，户籍人口118.87万人，是珠江口西岸的核心城市和交通枢纽。珠海经济特区、新区、自贸区、自创区等政策优势叠加，深水良港高栏港、大型航空枢纽珠海机场、一类口岸等开放基础设施齐备，是中国对外开放的重要窗口。珠海坚持生态优先，推动经济建设、城市建设与环境建设同步规划、同步发展，在发展的同时保持良好的生态环境，塑造山海相拥、陆岛相望的城市风貌，是一座现代化花园式的海滨城市。2017年，全市实现地区生产总值2675.18亿元，比上年增长10.8%，增速居全省第一位；固定资产投资1662.02亿元，增长19.6%；社会消费品零售总额1128.18亿元，增长11%；实际吸收外资24.33亿美元，增长6%；外贸进出口2990.12亿元，增长8.6%；一般公共预算收入314.38亿元，增长10.4%。

【城市规划】 珠海2003年城市规划，提出建设“珠江口西岸区域性中心城市”。2008年，国务院批复《珠江三角洲地区改革发展规划纲要（2008—2020年）》，把珠海定位为珠江口西岸核心城市和交通枢纽城市，从国家层面肯定珠海的发展战略。2015年，珠海市修订《城市总体规划（2001—2020年）》，调整城市发展目标和性质，提出建设“珠江口西岸核心城市”、构建“粤港澳紧密合作示范区”。2016年，《广东省国民经济和社会发展第十三个五年规划纲要》，进一步明确珠海的发展定位为珠江西岸核心城市。随着粤港澳大湾区建设推进，2017年11月，珠海市委八届三次全会召开，提出要高水平建设珠江西岸核心城市，积极参与粤港澳大湾区建设，以更强的城市综合实力和辐射带动能力参与粤港澳大湾区建设。

2017年9月20日，珠海智慧产业园揭牌及项目签约仪式在珠海高新区举行，15个项目现场签约入园（赵崇幸　摄）

【经济结构调整】 2017年，珠海市在园区建设、招商引资、企业培育、技术改造等方面出台支持实体经济发展系列政策，全市完成规模以上工业总产值4653.09亿元，比上年增长12.9%；规模以上工业增加值1105.62亿元，增长10.6%。先进制造业、高技术制造业、装备制造业增加值占规上工业增加值的比重分别为57.1%、27.8%、39.3%。是年，珠海市委、市政府调整富山工业园管理体制，新设立智慧产业园，打造实体经济发展重大平台。出台实施工业企业培育“十百千”计划，全市产值超十亿元工业企业73家，其中超百亿元企业7家。在着力发展实体经济的同时，促进房地产市场平稳健康发展，实施“限购、限贷、价格备案、限售”调控措施，推动房地产业增加值占地区生产总值的比重下降到7.7%，比上年下降1.1个百分点。

【创新高地建设】 2017年，珠海市出台粤港澳大湾区创新高地建设实施方案，打造高端产业聚集高地、产业技术孵化高地、大湾区创新人才高地、大湾区创业投资高地、知识产权服务高地、具有国际竞争力的质量高地。设立“双自联动”试点园区，将横琴高新技术片区及科技研发片区9.45平方千米纳入珠海高新区建设范围。开展高新技术企业树标提质行动，全市有852家高新技术企业通过认定，总数1478家。实施企业研发机构覆盖行动，全市规模以上工业企业研发机构覆盖率37.5%，其中年主营业务收入5亿元以上工业企业实现研发机构全覆盖。新增省级新型研发机构2个、省级以上创新平台90个，引进中德人工智能研究院、珠海中科先进技术研究院等项目，设立以色列、香港离岸创新中心。是年，全社会研发经费支出占地区生产总值2.5%，PCT申请量累计1508件，每万人口发明专利拥有量50件。涌现出大型国产水陆两栖飞机AG600、“珠海一号”微纳卫星、云洲无人船等一批具有核心技术的创新成果。

【交通体系建设】 2017年10月，港珠澳大桥主体工程全线贯通，标志着珠海成为唯一与港澳陆桥相连的城市，区域交通地位发生历史性变化。是年，珠海机场升级改造项目开工，候机楼东指廊投入使用，在飞航线69条，旅客吞吐量921.7万人次、跃升全国民航机场第36名，比上年增长50.3%、增速居第一位。高栏港北粮南运海铁大通道开通，货物吞吐量突破亿吨。高铁新增7条线路，通达城市47个。市内一批横跨东西、纵贯南北的交通项目加快建设，洪湾枢纽互通二期、白石桥建成通车，迎宾北路等4条主干道路沥青罩面铺设完成，城际轨道市区至横琴段全线站点主体工程基本完工。是年，全市机动车保有量超过62万辆。为缓解主城区交通拥堵，新开公交线路20条，更换新能源公交车400辆，完成42个道路交叉口挖潜改造，打通断头支线道路11条，完成板樟山隧道扩容工程方案设计，建成智慧交通运行管理平台和信号协调中央控制平台。

【城市建设管理】　2017年，珠海市出台城市环境清理、规范、优化、提升“1+7”工作方案。8月，珠海市遭受有气象记录以来最大的台风“天鸽”正面袭击，市委、市政府带领全市人民推进市政设施和园林绿化修复重建，迅速恢复市容市貌。是年，启动横琴、保税、洪湾片区一体化建设。横琴新区马骝洲隧道、长湾隧道等对外通道顺利贯通。西部生态新城起步区各片区土地清理进入收尾阶段，主干路网全面开工建设。明确新型智慧城市建设总体框架及重点领域，新增4G基站3926座、光纤接入用户数19.9万户，互联网普及率83%，在全国智慧城市评估中排名第六位。

【改革创新】　2017年，珠海市推进“放管服”改革，全市新承接省下放事权76项，下放市级事权44项，清理规范行政审批中介服务事项39项。完善“互联网+政务服务”，建立市建设项目审批综合管理平台，56个事项实现“一门式一网式”审批，727项行政许可事项全部进驻网厅。商事主体名称实现自主申报，“一照一码”登记全程电子化，“珠海易注册”开通上线，新增市场主体3.95万户、比上年增长15.8%。投融资体制改革稳步推进，完成政府投资项目管理条例、建设工程招标投标管理办法修订，组建首期规模超过500亿元的珠海基金。国企改革“1+N”制度框架初步构建。完成农村土地承包经营权确权登记颁证任务。横琴自贸片区新落地84项制度创新措施，9项创新措施在全省复制推广。

【开放合作】　2017年，珠海市加快推进粤港澳紧密合作示范区建设，横琴新注册港澳企业849家、比上年增长72%。粤澳合作产业园开工建设项目16个，粤澳中医药科技产业园注册企业56家。粤港澳游艇“自由行”方案获批，澳门机动车出入横琴政策受惠面扩大，横琴口岸率先启动粤澳两地牌小客车检查结果参考互认。粤澳合作发展基金落户横琴，内地首家澳门银行营业性机构开业。珠中江阳区域紧密合作取得新进展，对口帮扶阳江的37个亿元以上工业项目动工。制定开放引领发展、“一带一路”支点建设实施方案。举办中以科技创新投资大会、中拉国际博览会、“海丝”论坛、中国国际马戏节、WTA超级精英赛等活动，中以加速器启动建设，中拉经贸合作园开园，北美、欧洲等5个驻外经贸代表处挂牌运作。

2017年，英搏尔以科技创新为驱动加速新能源电动车发展。图为英搏尔公司产品展示区　（钟凡　摄）

【生态文明建设】　2017年，珠海市获评首批国家生态文明建设示范市，香炉湾沙滩修复项目获评中国人居环境范例奖。完成40千米健康步道、

80千米林荫道、70千米绿道、1.1万亩（733.33公顷）森林碳汇造林工程等森林城市项目建设。落实大气污染防治强化措施，淘汰黄标车1454辆，油气回收改造全部完成，在横琴新区率先实行余泥渣土运输全密闭。建立市区镇村四级河长制，新建污水管网70千米。启动土地污染防治前期工作，开展336家重点行业企业土壤信息定性调查、393个农用地点位核实及采样。建成中信环保生物质热电一期工程。开展水源保护区、“小散乱污”企业、固体废物污染防治等专项执法行动，中央环保督察交办案件全部按期办结。国内首个海洋波浪能试验项目在大万山岛启动。

【民生保障与社会事业】 2017年，珠海市九项民生支出354.14亿元，占一般公共预算支出的71.7%。城镇新增就业人数46923人，城镇登记失业率控制在2.26%。低保标准提高到每人每月896元，生育保险和基本医疗保险在全国率先合并实施。新开工棚户区改造住房2863套，基本建成棚户区改造住房和公共租赁住房2260套。住房公积金异地转移实现“全国漫游”。中大附中、中大附小、礼和小学、斗门区实验二小建成使用。市精神卫生专科住院部建成使用，金湾中心医院正式运营，翠香、湾仔等社区养老服务中心投入使用。全面取消公立医院药品加成，在省内率先推进药品和医用耗材配送改革。对4131户、7402人的农村低收入群体开展精准帮扶，启动572户住房改善工作。精准扶贫阳江市、茂名市211个贫困村，建设特色产业基地133个。开展对口云南怒江州东西部扶贫协作项目30个。实施对口支援四川甘孜州稻城县和理塘县、西藏林芝市米林县及米林农场、重庆巫山县三峡库区的工作。 （苏亚兵）

佛山：国家制造业创新中心

【概况】 2017年，佛山市完成规模以上工业总产值22350.65亿元，比上年增长8.7%。完成规模以上工业增加值4930.12亿元，比上年增长8.8%。规模以上工业增加值占地区生产总值比重的51.63%。完成工业投资1690.71亿元，比上年增长15.5%，比目标增速（12.7%）高2.8个百分点。工业投资占广东省工业投资总额的13.9%，居全省第一位。工业技术改造投资771.53亿元，比上年增长39.4%，总量居全省首位。完成先进制造业产值10238.73亿元，比上年增长9.8%，占规模以上工业总产值的45.8%；高技术制造业总产值1739.77亿元，增长16.3%。轻工业完成工业总产值9275.92亿元，比上年增长8.6%；重工业完成工业总产值13074.73亿元，增长8.8%。单位地区生产总值能耗比上年下降5.13%，完成广东省下达的目标任务。

2017年，现代化的佛山新城 （刘世辉 摄）

【科技创新投入创新高】 2017年，佛山市财政共投入创新资金47.29亿元，占财政支出的6.09%，其中市本级财政投入在每年递增情况下额外追加4亿元、总经费6.81亿元，创历史新高；全市1229家企业投入技术改革金额772亿元，技术改革企业数量和金额均居全省第一位；享受普惠性创新政策的企业数量和资金数额均有较大幅度增长，全年有797家企业申请研发费加计扣除金额32.74亿元，548家企业获省级财政补助资金3.07亿元，456家科技型中小微企业获创新券补助2693万元。

【装备制造业比重提高】 2017年，佛山市以领衔打造珠江西岸先进装备制造产业带为契机，加快培育发展装备制造业等先进制造和高技术制造业。举办第三届珠江西岸先进装备制造业投资贸易洽谈会，展馆规模、参与企业、客商数量和规格层次皆创新高。全年全市装备制造业完成工业增加值1654.51亿元，比上年增长13.5%；完成装备制造业总产值7556.78亿元，增长13.2%，增幅高于全市工业整体水平。装备制造业占规模以上工业总产值比重的31.4%，比上年提高0.2个百分点。

【智能制造快速发展】 2017年，佛山市推广应用机器人及智能装备，组织召开佛山市推动机器人应用暨智能化技术改造现场会、机器人及智能装备扶持政策宣讲培训会，组织开展机器人及智能装备应用专项资金项目扶持，支持项目194个，安排扶持资金5300万元。全年全市新增机器人应用2227台，开展“机器换人”的规模以上工业企业175家。佛山市宏石激光技术有限公司等6家企业获评广东省战略性新兴产业（智能制造领域）培育企业，佛山市金银河智能装备股份有限公司、广东东承汇智能装备股份有限公司升级为广东省战略性新兴产业（智能制造领域）骨干企业。佛山华数机器人有限公司、佛山隆深机器人有限公司获评第二批广东省机器人骨干企业。佛山市新鹏机器人技术有限公司、广东泰格威机器人科技有限公司、华南智能机器人创新研究院获评广东省智能制造公共技术支撑平台。佛山欧神诺陶瓷股份有限公司、广东溢达纺织有限公司等7家企业入选2017年广东省智能制造试点示范项目。2017机器人国际大会在佛山市禅城区举办，智能制造、机器人等领域19个项目和创新团队签约落户。南海区制定出台《佛山市南海区促进机器人产业发展扶持办法》。

【节能降耗】 2017年，佛山市单位地区生产总值能耗比上年下降5.13%，超额完成年度节能目标。实施电机能效提升30万千瓦，完成清洁生产审核企业348家。佛山市三水工业园区获批2017年广东省循环化改造试点园区。开展绿色制造体系建设，23家企业入选国家绿色制造示范名单，4个项目入选国家绿色制造系统集成项目。其中，广东兴发铝业有限公司等6家企业入

2017年，佛山美的智能工厂　（美的集团供稿）

选绿色工厂名单，广东美的制冷设备有限公司等2家企业入选绿色供应链管理示范企业名单。

2017年，江门市区北部新貌 （莫振光 摄）

【自主创新能力】 2017年，佛山市加快制造业创新中心建设，南海区广工大数控装备协同创新研究院牵头的半导体智能装备和系统集成创新中心获批筹建省级制造业创新中心。加快推进企业技术中心建设，新增广东威奇电工材料有限公司等37个省级企业技术中心，新认定佛山电器照明股份有限公司等33个市级企业技术中心。推动消费品工业“三品”战略（增品种、提品质、创品牌）示范试点城市建设，落实增品种、提品质、创品牌、优环境四大任务，禅城区成功申报省级出口陶瓷产品质量安全示范区。与工业和信息化部电子第五研究所合作开展“企业技术管理诊断”工作，召开佛山市“企业技术管理诊断”活动总结会暨2017年动员大会，发布首期诊断的成果，发动企业参加二期项目，形成企业诊断分析报告并加强宣传，形成示范效应。加快发展工业设计，举办佛山“市长杯”工业设计大赛活动，鹰牌陶瓷、维尚、万家乐、海信容声等企业获批成为省级工业设计中心，佛山市青鸟工业设计有限公司获批成为省级工业设计企业。

（伍绍鹏）

江门：粤港澳大湾区西翼枢纽门户城市

【概况】 江门市在粤港澳大湾区中有承东启西的区位，承担着大湾区对接海南自贸区（港）和北部湾城市群、辐射粤西和大西南的重任；作为全国著名侨乡，拥有珠三角九市中在“一带一路”沿线国家最为丰富的侨务资源；通过“多证合一”“两公开一随机”“证照分离”和清单制、委托制、承诺制等“放管服”改革，营商环境和创业创新环境优化，激发市场活力。

【交通大会战】 2017年，江门市安排大会战项目105个，投资总额165.7亿元。打通承东启西的高快速路网。加快中开高速尤其是银洲湖大桥和双水至水步段建设，实现全市东西部快速连接；继续开展高恩高速、开春高速、佛开高速南段扩建、开阳高速扩建等工程建设，启动银洲湖高速建设、江鹤高速扩建，开展珠海香洲至台山高速、珠海斗门至恩平高速、广台高速开平至台山段等前期工作。继续推进江门大道南、台开快速路建设，完成江门大道东甲至三江段、银鹭立交至小冈大桥段建设，启动三江至南门大桥段建设，推进滨江快线（江侨路—南山路）项目前期工作。新改建国、省道14.55千米，改造国、省道路面64.8千米。继续推进深茂铁路江门至深圳段、江肇高铁、广佛江珠城轨、广珠铁路客运改造、南沙港铁路、江门北站货场扩建等项目规划建设，优化全市轨道交通一体化规划。启动主城区轨道交通规划，完善多层次综合交通体系。完成《江门市综合交通一体化规划（2017—2035)》编制，形成全方位对接港珠澳大桥、深中通道、虎门二桥和珠三角干线机场，快速联通“三区四市”以及重大产业发展平台的大交通格局。发挥西江黄金水道作用，加快高新区公共码头建设，完善港口集疏体系，推进台山市广海湾鱼塘港及开放口岸建设。完善通用机场规划布局，推进恩平冯如通用机场报批、台山通用机场选址等前期工作。

【招商引资】 2017 年，江门市改进招商引资政策体系。出台“招商引资激励政策 12 条”，对重大项目、总部项目、知名企业、增资扩产等给予扶持，从“吸引新投资”“鼓励再投资”“优化结构”“强化支撑”四个方面归纳扶持措施 12 条，提升实体经济的存量、增量和质量。建立全市招商引资联席会议制度，出台《江门市招商引资行动方案（2017—2018 年)》。是年，重点建设超 10 亿元的重大优质工业项目，提高项目落地率、开工率、达产率、财税贡献率。推进珠江西岸先进装备制造产业带建设，打造轨道交通、重卡和专用车、新材料新能源及装备、教育装备、大健康等产业集群，在新能源电池、激光装备、智能终端等新兴产业领域开展工作。

【重大产业平台打造】 2017 年，江门市推进粤澳（江门）产业合作示范区、珠西新材料集聚区、深江产业园、台山工业新城拓展区、开平翠山湖科技产业园拓展区等五大万亩园区建设，新增“三通一平”土地 333.33 公顷，提高园区基础设施建设水平，承接珠三角核心区产业投资溢出。规划全市产业发展布局，明确各类园区产业定位及准入条件，提高产业生态链建设水平。推进现有核心园区扩能增效，处置一批低效用地和厂房，提升园区节约集约用地水平。粤澳（江门）产业合作示范区与深圳—江门产业园的规划面积均超过 1300 公顷，粤澳（江门）产业合作示范区与澳门合作共建，打造粤港澳高端装备制造基地和小微企业创业创新中心；深圳—江门产业园纳入中欧（江门）国际合作区规划建设，对接深圳产业溢出，重点打造电子信息、智能家电、机械装备和智能装备制造产业。珠西新材料集聚区重点发展环保型精细化工及新材料产业；台山工业新城拓展区重点发展机械装备、电子电器、汽车及零部件和模具及五金制品等产业；开平翠山湖科技产业园拓展区重点发展五金机械、输配电设备、电子信息和汽车零部件等主导产业。

台山工业新城拓展区 台山工业新城拓展区是在台山工业新城基础上、融合周边镇园区打造的一个“万亩园区”。园区规划面积 812.07 公顷，主要产业包括汽车零部件、五金制品、新材料（铝型材等）、电子电器、装备制造、医药化工、古典家具等，汇聚富华重工、海亮铜业、特一药业、迪生力汽配、金桥铝材、鸿特精密、龙电门业、冠兴金属制品、中信重工开城特种机器人和通用医药等企业。

2017 年，江门市枢纽新城夜景 （莫振光 摄）

开平翠山湖科技产业园拓展区　规划面积1143.4公顷，其中可用城乡建设用地597.87公顷，拥有快速承接优质项目落户的丰富土地资源、优越交通区位和完善城市配套等优势。逐步整合翠山湖科技园周边的月山、水口、沙塘、苍城等4个镇的工业资源、土地资源、人力资源，并明确各片区的主导产业和产业体系，比如翠山湖园区的五金机械、电子信息、新材料、汽车及零部件、大健康产业，水口镇的水暖卫浴产业等，形成总体规划面积130平方千米、产业各有特色、体系层次分明的"一园四区"产业集聚布局。

新会深江产业园　深江产业园位于新会，纳入中欧（江门）国际合作区规划建设，对接深圳产业溢出，重点打造电子信息、智能家电、机械装备和智能装备制造产业，包括大泽园区和司前园区。其中，大泽园区重点发展电子信息、机械制造业，计划培育一批具有国际竞争力的基础零部件企业及知名品牌；司前园区依托五金不锈钢产业优势，重点发展智能家电、智能装备。截至2017年底，大泽园区推进土地平整、交通基础设施建设、林地报批等工作；司前园区落实有批文的建设用地49.13公顷，继续推进园区道路、土地平整等工作。推进珠西新材料集聚区相关规划，计划转移市区部分优质精细化工企业到该园区发展。

粤港（江门）产业合作示范区　2017年，粤澳（江门）产业合作示范区按照"以我为主、借船出海"的思路，主动对接澳门，以崖门环保基地及其周边区域和银湖湾为主要载体，采用"一区三园、一区多点"的模式，"一区"即粤澳（江门）产业合作示范区；"三园"即环保产业园、澳葡青年创业园、滨海旅游及中医养生产业园；"多点"即在具体园区中建设崖门环保电镀基地、钟表珠宝项目、电子和汽车零部件项目、澳葡青年创业项目、金融示范项目（江澳合资银行）、澳葡贸易产品交易平台、中医养生保健产业研发项目和粤澳"一程多站"旅游项目等。打造环保产业园、澳葡青年创业园、银湖湾滨海旅游及中医养生文化产业园。

珠西新材料集聚区　2017年6月，成功申报为省级产业集聚地，纳入省产业园管理并享受省产业园政策，是江门市唯一获准发展精细化工产业的省级化工集聚区。园区通过市内产业转移以及外市产业共建进行开发建设，重点发展环保型精细化工及新材料产业，打造精细化工以及新材料产业集群。

【产业优化升级】　2017年，江门市提升机电五金、电子电器、水暖卫浴、纺织服装、食品等传统产业发展水平，鼓励企业开展技术改造和增资扩产，完成技术改造投资比上年增长20%以上。引导企业应用工业互联网，深化制造业与互联网融合以及大数据、人工智能应用推广。扶持龙头企业，鼓励企业兼并重组，将建筑业等优势产业和新业态依法纳入统计，推动外地企业到江门集群注册，发展总部经济。加强外贸品牌和质量建设，培育外贸新业态新模式，促进外贸稳增长。加强口岸基础设施建设，推进国际贸易"单一窗口"服务，提升通关便利化水平，抓好大广海湾保税物流中心（B型）申报建设工作。加快现代物流、工业设计、专业会展等生产性服务业发展，办好摩托车博览会，推动实体零售创新转型发展，促进消费增长。以创建全国质量强市示范城市为抓手，促进全市产品质量、工程质量、服务质量和环境质量上新台阶。筹建国家轨道交通轻合金材料质量监督检验中心，加快国家级珠西综合质量检测平台建设。

【区域协同发展】　2017年，江门市深化大广海湾融入粤港澳大湾区发展的战略研究，编制新一轮城市总体规划、城乡重点发展区域规划，开展江门市第三次全国土地调查，推进"多规合一"和主体功能区精准落地，推动中心城区的规划一体化，计划破解发展不平衡不充分的问题。搭建湾区合作新平台。发挥江门市港澳同胞和华侨资源丰富的优势，在发展平台、交通设施、城市建设、科技金融、文化旅游、侨资侨智等方面与粤港澳大湾区建设进行对接。

【人才引进培育】 2017年，江门市创新实施人才政策，建立人才数据库，搭建人才交流对接服务平台。建设全国博士后创新（江门）示范中心，“人才岛”启动总投资额超50亿元项目建设，加快环岛景观带升级改造、国际教育培训中心、人才公寓等项目建设。加强省市共建，支持五邑大学创建高水平理工科大学。服务国家中微子实验基地的建设。筹建江门人力资源服务产业园，举办工匠讲堂，培养紧缺技能人才。完善人才服务保障体系，解决人才落户、住房、子女入学入托、出入境等突出问题。

【侨乡文化品牌建设】 2017年，江门市推进侨务强市建设，举办第六届世界江门青年大会，推进中国（江门）“侨梦苑”华侨华人创新产业聚集区建设。推进省级侨乡文化生态保护实验区建设，推进以“白沙文化”为重点的优秀传统文化传承工作，开展原创文艺精品推广计划，挖掘咏春、蔡李佛等侨乡武术文化。保护开发周郡、甘化厂历史遗迹等文化资源。弘扬梁启超家族爱国报国家风，倡导文明好家风。推进海丝申遗，筹办海上丝绸之路文化遗产立法保护研讨会。完成市文化馆、美术馆改造，升级改造五邑图书馆、华侨博物馆，加快全市国家综合档案馆达标及市档案中心项目建设。推进城乡文明建设，完善基层综合性文化服务中心，全市镇（街）文化站100%达到一级站以上，村（社区）60%达标，推动文化惠民“进学校、进军营、进社区、进农村、进企业”。广泛开展群众文化艺术活动，全年举办文化惠民活动300场以上。

【旅游强市建设】 2017年，江门市创建中国国际特色旅游目的地，加快创建台山市和开平市为国家全域旅游示范区。推动各市（区）创建国家A级旅游景区和“醉美江门100村”建设。重点加快开平市碉楼文化旅游区创建国家AAAAA级旅游景区工作，整体提升自力村、马降龙村等景区质量。加快开平市赤坎古镇、新会区美丽湖湾、宋元崖门海战遗址、台山市滨海旅游、鹤山市珠三角乡村生态旅游目的地、恩平市地热地质生态旅游等龙头项目招商、建设。配合广东省滨海旅游公路的规划建设。统筹推动文化、体育、旅游协同发展。 （江门市地方志办公室）

东莞：先进制造业中心

【概况】 东莞市位于广东省中南部，珠江口东岸，粤港澳大湾区中心地带，广深科技创新走廊中部。2017年，东莞市生产总值7582.12亿元，比上年增长8.1%。进出口总额12264.37亿元。税收总额2010.57亿元。市场主体100.09万户。引进历年投资规模最大的紫光芯云产业城等一批重大项目。新增上市企业数10家，28个镇全部入选全国千强镇，13个镇入围前100名，虎门

位于东莞市的国家大科学工程——中国散裂中子源

（东莞市人民政府地方志办公室供稿）

镇、长安镇进入500亿元俱乐部。

【世界知名制造业基地】 2017年，东莞市规模以上工业增加值增速排名珠三角九市第二位，先进制造业增加值占比超过50%，内资工业增加值、一般贸易进出口、高新技术产品出口占比均超四成。全市有工业企业15万多家，形成涉及30多个行业和6万多种产品的比较完整的制造业体系，本地产业配套率90%。智能手机产业发达，全年智能手机出货量3.56亿台，全球每5部智能手机就有一部来自东莞。华为、OPPO、VIVO手机出货量居全球前六名。打造智能制造全生态链，建成经济适用型示范线109条。长盈、华贝项目纳入国家智能制造新模式应用项目。“机器换人”专项资金申报项目2698个、总投资额386亿元。

【科技创新】 2017年，东莞市启动广深科技创新走廊（东莞段）建设。该市有国家自主创新示范区——松山湖高新区，集聚散裂中子源、华为终端总部、国际机器人基地等重大科技装置、跨国企业和创新孵化平台，东莞材料科学与技术省实验室进入全省首批启动的4个实验室行列。2017年，东莞市研究与开发（R&D）投入占比升至全省第三位，国家高新技术企业、省级创新科研团队、有效发明专利等数量居全省地级市首位。年内，东莞市发布广深科技创新走廊东莞段规划和中子科学城概念规划，启动广深高速创新资源带建设。

【外贸出口基地】 2017年，东莞市构建开放型经济新体制取得重大进展。在海关总署公布的中国外贸百强城市榜单中，东莞市排第三位。在商务部首批向全国复制推广的24项试点经验中，东莞经验超过五分之一。在全国率先实行“以企业为单元”的加工贸易监管模式等改革，形成两批25项具有良好示范效应的改革做法。争取到国家在13个方面的政策支持。复制推广113项自贸试验区改革试点经验。口岸“三互”大通关实现全覆盖。国际贸易“单一窗口”建设推进。省市共建深化商改综合试验基地揭牌。推动加工贸易创新发展。“东莞制造＋电子商务”深度融合。清溪保税物流中心（B型）、国际邮件互换局兼交换站投入运营。国际小包出口8821万件，比上年增长24.3%，总量排全国第四位。滨海湾新区、东莞港挂牌，成为对接粤港澳大湾区的重要平台。粤港跨境直通快线开通，实现粤港无缝清关。参与“一带一路”建设。开通俄罗斯进口班列，启动中欧双向班列。东莞始发国际班列货物贸易额比上年增长42.1%。对“一带一路”国家及地区出口约1200亿元，比上年增长10%。

2017年11月10日，东莞市“长安杯”揭牌暨政法重点工作总结部署会议现场 （叶子良 摄）

【城市建设】 2017年，东莞市举办亚洲马拉松锦标赛、中国城市规划年会等重大活动，中国加工贸易产品博览会、海上丝绸之路国际博览会等重要展会在东莞举行。东莞市在国务院大督查中获得表彰奖励，连续四次获全国文明城市，首次获得综治工作最高荣誉“长安杯”，获“宽带中国”示范城市最佳实践奖，成为全国第九个版权示范城市、中国十佳会展城市，通过国家节能减排财政政策综合示范城市和水生态文明城市考核验收。在中科院、腾讯等权威机构和企业发布的相关报告中，东莞综合经济竞争力、城市人口吸引力、智慧生活综合指数分别排名全国第14位、第五和第六位。　　（东莞市人民政府地方志办公室）

中山：珠江东西两岸融合发展的支撑点、沿海经济带的枢纽城市、粤港澳大湾区的重要一极

【概况】　广东省“十三五”规划中明确中山城市发展定位，要求“十三五”期间中山要打造“世界级现代装备制造业基地、珠江西岸区域性综合交通枢纽、区域科技创新研发中心、珠三角宜居精品城市”。2017年，中山市以建设成为珠江东西两岸融合发展的支撑点、沿海经济带的枢纽城市、粤港澳大湾区的重要一极为目标，推进供给侧结构性改革，实施创新驱动发展战略，构筑新型比较优势，全市实现地区生产总值3430.31亿元，人均生产总值105771元，地均生产总值每亩约12万元，均处广东省前列。中国社会科学院与联合国人居署共同发布的全球城市竞争力报告显示，中山可持续竞争力居珠三角地区九市第四位，经济竞争力居第五位。先进制造业增加值占规模以上工业增加值比重增至44.6%，重工业增加值占规模以上工业增加值比重增至41.6%，现代服务业增加值占服务业增加值比重增至61.3%。招商引资成效显著，4个百亿级项目签约，招商项目总数、投资额、动工数分别比上年增长2.74倍、1.15倍、1.37倍。市场主体更加活跃，新增各类市场主体7.3万户，比上年增长21.4%。金融支撑更加有力，全市上市企业102家。农业现代化稳步推进，建设高标准基本农田2400公顷，中山市出口到澳门的蔬菜占当地市场的50%，出口到香港、澳门的四大家鱼分别占当地市场的40%和70%。

【创新动力强劲】　2017年，中山市以创新驱动发展为核心战略，围绕建设区域科技创新研发中心，实施一系列政策措施，创新综合能力持续提升。研发经费支出占生产总值比重2.4%，居广东省前列。有效发明专利拥有量5586件，比上年增长35.2%。珠三角国家自主创新示范区建设加快推进，火炬开发区获批准成为国家“双创”示范基地，翠亨新区获批准成为省级“双创”区域示范基地，9月15日，承办2017年广东省“双创”活动周主会场活动。以色列创新中心、中国科学院大学创新中心等高端研发平台落地，哈工大机器人“人工智能创新中心”挂牌，省级以上创新平台增至387个。企业创新能力增强，高新技术企业认定数量继续翻番增长，实现5亿元以上工业企业研发机构全覆盖。科技金融加速融合，创业投资基金增至45家，资金规模128亿元，专利质押融资风险共担“中山模式”被国家知识产权局向全国推广。人才培育引进力度加大，实施“人才新政18条”，享受国务院政府津贴专家增至39人，纳入国家和省重大人才工程26人，省市创新创业科研团队增至39个，博士后工作平台增至43个，专业技术人才20.4万人，中山市技师学院教师梁嘉伟夺第44届世界技能大赛信息网络布线项目金牌。中国城市科技创新发展报告（2017年）显示中山城市科技创新发展指数跻身全国城市前20强、地级市第四名。

【城市建设完善】　2017年，中山市实施组团式发展战略，展开“一中心、四组团”发展模式。要素资源统筹能力增强，规划建设九大产业平台，引入项目68个，投资总额645亿元。推进

交通基础设施建设，中山站开通直达北京、上海、桂林、贵阳、南宁、郑州、昆明、长沙等数十个大中城市的高铁服务，南沙港铁路中山段动工建设；深中通道全面开工，中开高速公路、东部外环高速公路、西部外环高速公路动工建设，广中江高速公路三期工程、香海高速加快推进，在建高速公路里程 215 千米，超过历年建成的高速公路里程总和；中山港新客运码头开工建设，中山至深圳机场水上客运航线通航。建设特色小镇，10 月，大涌镇成为国家级特色小镇；8 月 10 日，东升镇纳入国家运动休闲特色小镇试点；3 个特色小镇成为广东省特色小镇创建工作示范点，一批市级特色小镇启动建设。能源、信息等基础设施建设步伐加快，文山输变电工程等一批电力工程加快推进，全市光纤入户率 135%。土地集约节约利用水平提高，完成“三旧”改造项目 30 个，处置闲置土地超 666.67 公顷。开展市容整治行动。

【重点改革深入】 2017 年，中山市落实中央和广东省全面深化改革的部署要求，推动 118 项重点领域和关键环节改革任务落地。推进供给侧结构性改革，105 家国有“僵尸企业”全部出清，淘汰印染行业落后产能 7600 万米，将金融机构杠杆率控制在合理水平，争取降低企业税负、减免部分行政事业性收费等综合措施，降低企业各类成本 124.2 亿元，推进建设 206 个补短板项目。加大简政放权力度，取消行政许可事项 24 项，取消行政审批中介服务事项 11 项，下放火炬开发区、翠亨新区市级经济管理权限 144 项。以减少审批环节、减少审批资料、减少审批前置条件、减少审批时限为突破，压减行政审批事项申请条件 386 条、审批环节 212 个。开展“减证便民”行动，取消 145 项涉企涉民证明事项。坚持有效市场与有为政府相结合，提高政府服务的精准度和有效性，推出“实体经济十条”“工业用地十条”、公共技术服务一站式对接、企业“管家式”服务等惠企措施，开发惠企导航系统，市镇两级举办 112 场企业座谈会，帮助企业解决实际问题。深化商事制度改革，实施企业登记“多证合一”。推进“互联网 + 政务”，网上办事大厅全流程办理率 98.8%，网上办结率 99.7%，居全省前列。社会信用体系建设取得阶段性成效，建成市公共信用信息管理系统，并在全省率先与网上办事大厅等系统对接，实现信用网上即时核查。深化价格领域改革，下调非居民管道天然气最高限价和居民管道天然气阶梯价格。深化农村综合体制改革，农村土地承包经营权确权登记颁证率 94.7%。对外贸易成效显著，外贸进出口 2581.5 亿元，比上年增长 15.4%，新批设立外商直接投资增长 104%，实际利用外资增长 7.4%。口岸通关环境不断优化，中山国际贸易“单一窗口”标准版上线运行，监管通关信息平台覆盖中山所有港区，企业通关效率大幅提高。举办 2017 粤港澳合作论坛——粤港澳大湾区发展高层峰会、第 11 届世界中山同乡恳亲大会、中瑞友谊日等会议与活动。

【人居环境优化】 2017 年，中山市连续 10 年在广东省环境保护责任考核中获评为优秀等级。年内，建成翠亨新区翠湖、古镇中心滨河等 4 个湿地公园和 3 个组团体育公园，金字山公园、儿童公园、古香林公园、金钟湖公园、气象公园动工建设，完成紫马岭公园儿童设施升级改造，建成龙舟文化主题公园等 4 个岐江河滨水景观带。推进城乡绿化美化，改造林相 228.67 公顷，种植各类树种超 14 万株。南朗、板芙、古镇、南头创建成为“广东省森林小镇”，数量居全省首位。南区曹边村被国家住建部等多部委联合评为美丽乡村示范村。水污染治理力度持续加大，建立市、镇、村三级河长体系，整治内河涌 115 条，城区 8 条黑臭水体完成整治，推进岐江河流域重点区域综合治理。加强大气污染治理，建成紫马岭大气监测超级站，$PM_{2.5}$ 达标，淘汰黄标车 4475 辆，推广新能源汽车 1023 辆，建成充电站 20 个、充电桩 334 个，大涌镇建成广东省首个家具行业共性工厂。是年，中山市入选国家第三批低碳城市试点。

2017年，中山市古镇镇灯都生态湿地公园夜景　（中山市人民政府地方志办公室供稿）

【民生福祉改善】　2017年，中山市民生类财政支出占比68.2%，完成十件民生实事。城乡居民收入比居全省前列。就业状况不断改善，全年城镇新增就业6.1万人，促进创业9515人，中山生源应届毕业生就业率97.8%，城镇登记失业率2.3%。社会保障体系不断完善，中山创设的医保病种分值结算模式在全省推广，社会保险"五险"参保人数995.6万人次，城乡居民基础养老金提高9.1%，企业职工和机关事业单位退休人员基本养老金提高5.5%；低保标准提高42.4%；困难居民重特大疾病医疗救助比例提高到80%以上；残疾人康复救助标准大幅提高，0~6岁残疾儿童康复救助标准提高至3万元，提高14倍。推进保障性住房建设，分配公租房10832套，建成保障房1635套。教育事业全面发展，完成新建改建扩建公办学校15所，动工建设18所，新增公益普惠性幼儿园15所，新增规范化幼儿园学位9745个，高考总录取率、本科录取率、一本录取率均居全省前列，中德合作（中山）职业技能人才培训基地在三角镇民森信息科技产业园建成招生，与瑞士洛桑酒店管理学院签署合作办学协议。医疗卫生水平不断提高，综合医改全面启动，小榄医改经验获广东省肯定并被中央电视台报道，家庭医生式服务重点人群签约率65.9%，新增民营医疗机构129个。

【社会建设进步】　2017年，中山市第五次获评为全国文明城市。深化户籍制度改革，6.7万名非户籍人口落户，2.5万名异地务工人员及其子女获得积分入户入学入住公租房资格。基层组织建设加强，277个村居委会完成换届，55名非户籍人口当选"两委"成员，565人被聘为村（居）委会特别委员。推进文化建设，大涌红木文化博览城成为国家AAAA级旅游景区，孙中山故居纪念馆成为国家首批港澳青少年游学基地。建成基层综合性文化服务中心56个，举办各类文化惠民活动6000场次。体育事业蓬勃发展，中山籍运动员在第13届全运会上夺得金牌数和奖牌数均创历史新高，举办2017中山马拉松赛、中山合唱季等跨区域大型文体活动。"平安中山"建设不断深化，开展严打严防暴恐等专项行动，全市刑事案件发案率比上年下降5.5%，破案率增长3.4%，中山市名列中国最安全城市排行榜第五位，第六次获评为全国社会治安综合治理优秀地市，第四次捧回"长安杯"。完善社会治理体系，和谐劳动关系建设经验在广东省推广，省市共建火炬开发区和谐劳动关系综合试验区启动。科学应对极端天气灾害影响，有效抵御"天鸽"等强台风侵袭。精准扶贫工作进展顺利，对口帮扶潮州市、肇庆市，对口支援西藏工布江达县、新疆生产建设兵团第三师图木舒克市、云南昭通市、四川甘孜州，开展与黑龙江佳木斯市对口合作工作。

（中山市人民政府地方志办公室）

惠州：珠江东岸现代产业枢纽城市

【概况】 2017年，惠州市土地面积11347平方千米，海域面积4519平方千米，海岸线长281.4千米。年末，全市总户数101.80万户，比上年增加1.02万户；户籍总人口369.24万人，增加4.93万人；城镇人口206.30万人，乡村人口162.93万人；暂住人口200.74万人，增长27.81%；常住总人口477.7万人，增加0.2万人。地区生产总值3830.58亿元，比上年增长7.6%，其中，第一产业增长4.2%，第二产业增长7.9%，第三产业增长7.6%，三次产业结构调整为4.5：54.8：40.7。人均地区生产总值8.02万元，比上年增长7.4%。地方一般公共预算收入389.07亿元，比上年增长10%。全市金融机构本外币存款余额5485.55亿元，首次超过5000亿元，比上年增长10.3%；金融机构本外币贷款余额4012.86亿元，首次超过4000亿元，增长15.9%。

【现代产业体系构建】 2017年，惠州以构建“2+2+N”现代产业体系为重点，抓住电子信息产业高端化发展、石化产业集群化发展、能源产业多元化发展、装备制造业智能化发展的良好势头，以建设万亿元产业集群为目标，加快建设现代化经济体系。

电子信息产业高端化发展 年内，惠州有规模以上电子信息企业453家，有TCL集团、三星（惠州）电子等骨干龙头电子信息企业，形成移动通信、汽车电子、平板显示、LED、新能源电池5大产业集群，智能手机、液晶显示、车载电子等信息产品的产量、市场份额居全国乃至世界前列。规模以上电子信息产业总产值3745.6亿元，比上年增长6.3%。TCL液晶模组整机一体化示范园区、旭硝子显示玻璃、省市共建超高清视频（4K）产业基地等项目加快发展。

石化产业集群化发展 年内，中国海油惠州炼化二期1000万吨炼油项目投产，原油加工能力达2200万吨/年，跃居全国第三位。大亚湾石化园区坚持链条化、集群化、集聚化发展，石化中下游深加工集群、高端化学品和化工新材料产业集群、现代服务业产业集群加快形成。中海油惠州石化产品结构优化及质量升级项目、埃克森美孚惠州石油化工综合体项目、惠州炼化三期项目等重大项目正在推进。

能源产业多元化发展 年内，惠州市在继续发展好火电、水电、核电等传统能源产业的基础上，大力发展新能源产业，新能源电池、光伏发电、风电、LNG等新能源产业初具雏形，形成能源产业多元化发展格局，逐渐成为粤港澳大湾

2017年，惠州市区两江四岸景象 （陈文 摄）

区能源中心。

装备制造业智能化发展　年内，惠州市有先进装备制造业企业 230 家。惠州是广东省 6 个重点扶持的汽车产业生产基地之一。结合自身先进装备制造业的基础和优势，以比亚迪、东风本田等大型企业为龙头，依托大亚湾西区新兴产业园、广东亿鼎新能源汽车产业基地项目，重点生产汽车零部件、客车整车和新能源汽车，建设国家级新能源汽车和关键零部件研发与生产基地。

【交通建设】　2017 年，惠州市坚持适度超前，围绕构建粤港澳大湾区东部区域性枢纽开展交通规划。《广东省综合交通运输体系发展“十三五”规划》将惠州机场定位为干线机场，同步启动机场周边高快速路、高速公路互通规划研究工作。启动《惠州市高速公路网规划》修编、《惠州市与周边地市路网衔接规划》《深惠汕海上客运航线基地综合发展规划》等专项规划，与深圳围绕深圳地铁一号、十四号和十六号延伸至惠州市境内开展对接；完善市内交通规划，启动《惠州市中心城区近期公交专用道规划及设计》《惠州市中心城区公交设施及充电桩详细性规划》《惠州市综合客运枢纽布局规划研究》《惠州市水上巴士项目工程可行性研究报告》编制；调研港口整合做法和经验，应对港口资源整合，与深圳、东莞两市共同启动深圳盐田港内陆港规划研究。

年内，惠州市高速路通车里程 633 千米，5 个在建项目 221 千米。惠州干线机场技术性（包括空域及地面交通）论证工作完成。机场路二期工程、供油工程完工，新航油库投入使用。民航区改扩建推进，部队迁建临时安置营区建设、航站楼夹层改造和 5 号停机坪扩建工程建设完成。惠州航空公司成立，推进惠州航空产业园区规划建设。开通 17 条航线，通达 18 个城市，每天进出港 28 个航班，年旅客吞吐量 95.7 万人次，平均客座率 75%，货物进出港近 4000 吨。惠州港口码头生产性码头泊位 46 个（万吨级及以上泊位 23 个），完成港口货物吞吐量 8194 万吨。惠州港开通至香港、上海货运新航线，中日、中韩、中泰、中越航线可研编制工作完成。

【生态保护】　2017 年，惠州市环境质量保持稳定优良。市区环境空气质量优良天数比例达 94.8%，排名珠三角第一位、全国 74 个重点城市前列；东江干流惠州段水质符合国家Ⅱ类水质标准，城市饮用水源水质达标率 100%，15 个主要湖库水质保持稳定；全市未发生重大环境污染事故。成功创建国家生态文明建设示范市，连续 10 年在广东省环保责任考核中获评优秀等次。

（惠州市地方志办公室）

肇庆：枢纽门户城市

【概况】　2017 年 9 月，中共中央政治局委员、广东省委书记胡春华到肇庆调研，提出肇庆要加快建设广东面向大西南枢纽门户城市。“枢纽门户城市”概念为 2013 年 6 月广东省委书记胡春华调研肇庆市时首先提出。2014 年 1 月，肇庆市印发《关于建设珠三角连接大西南枢纽门户城市实施纲要（2014—2020）》；5 月，广东省委、省政府正式向肇庆提出建设“珠三角连接大西南枢纽门户城市”发展定位；8 月，广东省商务厅和肇庆市政府签署《共建珠三角连接大西南枢纽门户城市战略合作框架协议》。2015 年 11 月，肇庆市出台《加快建设珠三角连接大西南枢纽门户城市行动计划（2016—2020）》。2017 年，肇庆市聚焦“366”（到 2021 年，培育发展新能源汽车、先进装备制造和节能环保 3 个产值超千亿元产业集群，引育 6 家年主营业务收入超百亿元企业，新增 600 家年主营业务收入超亿元企业）和“1133”（到 2021 年，力争实现高新技术企业总量突破 1000 家，确保建成 10 所本科高等院校、30 个新型研发机构、30 家高水平的科技企业孵化器及众创空间）两大工程，突出“三大建设”（产业建设、城市建设、交通建设），打造

"三大品牌"（绿色肇庆、法治肇庆、文明肇庆），强化"三大动力"（以改革开放激活发展动力、以创新驱动增强内生动力、以招商引资强化投资动力）。是年，做好稳增长、促改革、调结构、惠民生、防风险等各项工作，推动经济社会平稳健康发展，加快广东面向大西南枢纽门户城市建设，完成地区生产总值2200亿元，人均生产总值5.37万元。

【交通设施建设】 2017年，肇庆市组织交通大会战，完成交通基础设施建设投资132亿元。汕昆、汕湛、怀阳高速肇庆段和广佛肇高速广州石井至肇庆大旺段按计划推进，肇明、佛肇高速纳入省高速公路网规划。西江（界首至肇庆）航道扩能升级工程基本完成，全市港口货物吞吐量比上年增长21.0%。城区第三座跨越西江的阅江大桥建成通车，肇庆大桥扩建工程加快推进。广佛肇高速公路（S8）连通广西梧州市的环城高速省际通道项目通车，广佛肇高速江口省界主线站及封开西站出口和往广西方向入口同步开通运营。年内，肇庆成为全国首批、全省首个实现公交车ODA（Offline Data Authentication，脱机数据认证）应用的示范城市。端州城区50条"瓶颈路"改造有16条建成通车，完成北岭路网的升级改造工程。基本形成"一条城轨""两条高铁""七条高速""一条黄金水道"的综合交通运输网络体系，为建设广东面向大西南枢纽门户城市奠定基础。

2017年8月8日，肇庆市的阅江大桥通车 （西江日报社供稿）

【城市规划】 2017年4月，肇庆市被列为广东省城市总体规划修编审批改革的首批试点城市，作为城市总体规划成果的新模版为其他城市提供经验。修改完善《肇庆市城市总体规划（2015—2030）》（简称"总规"），结合肇庆新区扩容、新干线机场落地等，将总规期限延长至2035年，相应扩大中心城区人口规模及用地规模的预测，将肇庆新区扩容范围内的鼎湖区永安镇部分用地及肇庆新港用地纳入总规，为打造肇庆城区超200万人口、全面建设广东面向大西南枢纽门户城市提供规划保障。

【创新驱动发展战略有新成效】 2017年，肇庆市启动国家创新型城市和知识产权示范城市创建工作，制订市高新技术企业、新型研发机构认定和扶持暂行办法，设立10亿元产业投资引导基金，研发投入占国内（地区）生产总值比重提高至1.5%左右。全市新增高新技术企业101家，高技术产业增加值比上年增长14.4%，国家级科技企业孵化器实现"零"的突破，新增国家级众创空间2个，省级创新平台、科技企业孵化器分别新增54个、12个，实现科技企业孵化器县（市、区）全覆盖和大型工业企业研发机构全覆盖，发明专利申请量、拥有量分别增长1.2倍、25.0%。创建知识产权示范城市，肇庆高新区由国家知识产权试点园区升级为示范园区。建成鼎湖高层次人才"双创园"、高新区创新创业科学园等人才创新创业平台，实现"百千万人才工程"国家级人选、"珠江人才计划"创新创业团队和领军人才"零"的突破。

【城市东进发展战略实施】 2017年，肇庆市实施城市东进发展战略，启动编制肇庆新区480平方千米扩容规划，肇庆东站站前综合体主体结构封顶，东进大道一二期主体工程基本完工，三期工程动工建设。推动新区地下综合管廊和六大水系基础设施建设，39个重点项目完成年度投资135亿元，医院、学校、文化、体育、商务办公等城市元素密集布点，核心区基本实现基础设施、土地收储全覆盖，起步区城市框架逐步形成。新引进龙光集团广佛肇总部、招商局港口控股港航产业等18个项目，协议和签约合同总额1087亿元，集聚京东云华南总部等近400亿元的数字经济项目。粤港澳大湾区生态科技产业园动工建设，加快推进孵化创新园建设。

2017年3月19日，肇庆半程马拉松赛在端州区举行（朱健兴　摄）

【污染防治】　2017年，肇庆市推进中央环保督察反馈问题整改，完成省环保督察迎检工作，启动国家生态文明建设示范市创建，推动环境质量持续好转。是年，全市空气质量优良天数比例93.4%，城区空气质量综合指数在全省排名上升1位，排名全省第18位。落实“河（湖）长制”，制定西江水质保护规划和负面清单，6个县（市、区）整县推进新一轮污水处理设施建设，独水河肇庆高新区段完成生态修复，城区羚山涌和石咀涌水质明显改善，全市地表水省考断面水质优良率91.7%。持续开展打击非法采（运）河砂行为，整治违法禽畜养殖。推进绿化肇庆大行动，完成造林1.13万公顷，新增森林公园13个。

【社会民生】　2017年，肇庆市创建全国文明城市取得阶段性成果，进行11个专项提升行动，投入16亿元办好“万件民生微实事”，四会市成为全国县级文明城市，德庆县获评广东省县级文明城市。财政投入民生类支出197.98亿元，占一般公共预算支出的73.0%。全部县（市、区）通过“广东省推进教育现代化先进县”督导验收，实施省市共建肇庆学院，广东工商职业学院“升本”通过省教育厅验收。公立医院综合改革实现全覆盖，实现企业职工基本养老保险省级统筹和异地就医联网结算，城乡社区养老服务设施实现全覆盖。建成公共租赁住房、棚户区改造住房5093套（户）。肇庆市文化发展中心主体工程完工，举办肇庆国际半程马拉松赛。

（韦相伍　侯学丽　黄国辉）

香港：国际金融中心

【概况】　香港是全球公认的国际金融中心，在2017年9月Z/Yen　Group公布的全球金融中心指数中排名第三位。香港金融业占本地生产总值的17.7%，有超过25万名金融业从业人员，占整体就业人口的6.7%。

香港位处亚洲中心、中国南部，与纽约和伦

敦形成24小时运作不息的全球交易系统，在地理和语言文化上有独特优势，在日趋融合的全球金融体系中享有独一无二的地位，凭借强大的缓冲空间、充裕的财政储备，以及健全的金融规管制度，具备充足的条件应对各项挑战。香港金融市场的规管制度高效而具透明度，符合国际标准。与全球各地通信无阻，奉行法治，有公平的营商环境和健全的监管制度，资金自由流动，投资者权益备受保障。劳动人口教育水平高，外地专才来港工作便捷，使香港的金融服务业蓬勃发展。2017年8月，成立金融领导委员会，由香港财政司司长陈茂波担任主席。委员会配合货币稳定、金融安全和市场质素的需要，就发展和提升香港国际金融中心的地位进行讨论，并提供策略性及前瞻性的政策指引和建议。

截至2017年底，香港股票市场的市值约34万亿港元，世界排行第七位，亚洲排行第三位。在香港联合交易所有限公司挂牌的上市公司有2118家来自金融、房地产以及消费品、信息科技和电信等各行业。2017年，首次公开招股集资额1280亿元。除了发行新股所得的资金外，其他在交易市场筹集的资金4520亿元。香港交易及结算所有限公司的证券化衍生产品成交量，自2007年起一直居全球第一位。

香港汇聚世界各地的银行机构。截至2017年，香港共有155家持牌银行，其中148家由香港境外的机构实益拥有。保险公司方面，香港有159家获授权的保险公司，其中88家在香港注册成立，71家在内地或海外注册成立。截至2017年底，来自香港的实际使用外资金额累计10082亿美元，占全国总额的53.2%。

2017年6月，中国和香港特别行政区政府在《内地与香港关于建立更紧密经贸关系的安排》（CEPA）框架下签订的投资协议及经济技术合作协议正式签署。CEPA提升为一份全面的自由贸易协议，涵盖货物贸易、服务贸易、投资人及经济技术合作四个主要范畴。根据CEPA，内地对所有符合CEPA所订原产地规定的香港产品实施实际进口零关税优惠。截至2017年底，约有1890项产品订定CEPA的原产地规则。

【全球最自由经济体】 2017年，美国传统基金会发表的《2017经济自由度指数》继续把香港评为全球最自由经济体系，香港自1995年起连续第23年维持在评级的榜首。加拿大菲沙研究所联同美国卡托研究所以及全球逾75个经济学会，持续把香港评为全球最自由的经济体系。国际货币基金组织把香港列为先进经济体系。是年，根据瑞士洛桑国际管理发展学院发表的《2017年世界竞争力年报》，香港连续第二年获评选为全球最具竞争力的经济体。

据联合国贸易和发展会议（UNCTAD）《2018年世界投资报告》，香港于2017年吸纳的直接外来投资额1040亿美元，居全球第三位，亚洲排名仅次于中国内地（1360亿美元）。在对外直接投资流出方面，香港居亚洲第三位，金额830亿美元，在日本（1600亿美元）及中国内地（1250亿美元）之后。

【证券市场交投蓬勃】 截至2017年底，在香港联合交易所挂牌上市的内地企业有1051家，这些企业自1993年起在香港市场的集资总额超过5.8万亿港元。2017年，在香港上市的海外公司及内地公司所筹集的资金占首次公开招股集资额的77%。截至年底，联交所的622个参与者中，有24.4%来自内地或海外市场；而在香港期货交易所有限公司的186个参与者中，则占50.5%。

证券及期货事务监察委员会是香港的法定机构，负责监管香港的证券及期货市场，遵从程序并行使监管权力。针对证券及期货市场的失当及舞弊行为，证监会对包括持牌从业员、经纪行等作出纪律处分；就内幕交易及操纵市场等问题提出刑事检控，或把个案提交市场失当行为审裁处审理；要求颁令赔偿和惩处违规者，保障投资者的利益等。

《金融机构（处置机制）条例》在香港设立跨界别的金融机构处置机制，并赋予金融管理专员、证监会和保监局担任各自职权范围内受涵盖金融机构的处置机制监督。该条例的主要条文于 2017 年 7 月 7 日实施，就保障安排以附属法例形式订立的《金融机构（处置机制）（受保障安排）条例》亦于同日生效。处置机制的设计旨在符合金额稳定理事会在《有效的金融机构处置机制主要元素》所订立的国际标准。

【金融科技发展】 香港是领先全球的金融科技枢纽之一，金融科技业发展迅速。根据德勤（Deloitte）所发表的《连接全球金融科技：2017 年全球金融科技中心报告》，香港于 2017 年名列全球最重要金融科技中心第六位。截至 2017 年 9 月，香港拥有约 130 家金融科技初创企业，按年增长率 60%。香港是金融科技企业的理想营运地点，全球百大金融科技公司中，有 48 家在香港营运。另外，香港有四个与金融科技相关的加速器，每年举办逾 200 项有关金融科技的活动。

香港与其他世界领先的金融科技中心保持紧密合作及联系。2017 年 9 月，香港特别行政区政府与英国政府签订金融科技桥梁协议，两地的金融科技公司将利用彼此的设施和互相协助，开拓新商机。

2017 年 10 月，第二届香港金融科技周举行，活动吸引逾 300 名讲者及 4000 多名来自 50 个不同地区和国家的人士，包括蚂蚁金服、腾讯、Facebook、Google、Aviva、Swiss Re、平安集团、众安保险及百度等机构的创办人和高级管理层参与活动。

【离岸人民币中心】 香港是全球规模最大的离岸人民币业务枢纽，不但拥有全球最大的离岸人民币资金池，所提供的人民币投资产品种类也最多。在人民币金融中介方面，根据环球银行金融电讯协会的数据，2017 年全球超过 70% 的离岸人民币支付交易经由香港处理。香港的人民币实时支付结算系统年内平均每日人民币交易金额 9000 亿元。至 2017 年底，香港的整体离岸人民币存款（包括客户存款和未偿还存款证）总额 6184 亿元，银行人民币贷款额和人民币债券余额分别为 1445 亿元和 2124 亿元。是年，经香港银行处理的人民币贸易结算额为 3.9 万亿元。

“沪港通”和“深港通”分别在 2014 年及 2016 年开通。至 2017 年，两项措施持续促进跨境市场互联互通，丰富香港的人民币投资产品种类，促进人民币国际化，加强香港作为全球离岸人民币业务中心的角色，提供包括上市及非上市的投资基金、保险产品、货币期货、房地产投资信托基金，以及股票和衍生产品。

截至 2017 年底，有 41 家基金管理公司管理 59 个获证监会认可，并通过人民币合格境外机构投资者（RQFII）、股票市场交易互联互通机制、内地银行间债券市场投资内地在岸市场的非上市基金，累计资产值 68 亿元。还有 29 个获证监会认可、并通过这些机制投资内地在岸市场的交易所买卖基金，累计资产净值 341 亿元。

2017 年 7 月，香港的 RQFII 额度由 2700 亿元人民币提高至 5000 亿元人民币，继续成为全球拥有最大 RQFII 额度的地区。

【国际资产管理中心】 香港不但拥有具国际水平的金融基础设施，更汇聚众多国际基金管理人才，被公认为亚洲地区主要的资产管理中心及投资地。截至 2017 年底，获证监会发牌或由证监会注册在香港从事资产管理业务的公司共有 1513 家，比上年增长 12.9%。

香港在亚太地区拥有投资管理的优势，是外地投资者进入内地市场的桥梁，也是内地投资者到海外投资的门户。香港特别行政区政府与证监会致力改善香港的资产监管架构，推动市场发展。截至 2017 年底，经证监会认可的单位信托和互惠基金有 2205 家，其中在香港注册的基金有 755 家，比上年增长 7.1%。为吸引更多基金来港注册，并推动其他相关专业服务的发展，证监会计划制订开放式基金型的法律及监管架构，以便引入开放式基金型公司结构，提供更多选择予有意在香港成立及营运基金的市场人士。

香港与内地的基金互认网络发展稳健，截至2017年底，获两地监管机构认可的基金有60家，合计销售净额逾128亿元人民币。在2016年实施的瑞士与香港基金互认安排计划，取得一定成果。截至2017年底，获瑞士金融市场监管局认可的香港基金有四个。为进一步加强香港资产管理业务在区域的影响力及竞争力，证监会于2017年7月与法国金融市场管理局签署基金互认安排谅解备忘录，允许合资格的公募基金通过简化的审核程序，在对方市场向零售投资者进行销售。该备忘录是香港与欧盟成员国之间就销售合资格的基金建立监管框架的首份协议。

2017年11月，为加强投资者的保障，证监会发表有关“建议加强资产管理业规管及销售时的透明度”的咨询总结，进一步完善处理利益冲突的程序和政策。为确保认可基金的监管制度与时并进，并妥善应对金融创新及市场发展所带来的机遇及风险，证监会于2017年12月对《单位信托及互惠基金守则》进行全面检讨，并就建议修订内容展开为期三个月的公众咨询。主要的建议包括加强适用于主要经营者（即管理公司、受托人及保管人）的规定、为基金的投资活动提供更大灵活性和提高相关保障，以及引入新类型基金，包括主动型交易所买卖基金，以配合国际监管趋势及本地市场发展，为香港零售基金业的进一步发展奠定基础。

【贸易及物流业概况】 香港特别行政区是中国的一个单独关税地区，除了少数类别货品例如烟草及飞机燃油外，不征收任何关税，对外贸易亦维持最低程度的管制。

香港贸易及物流业涵盖的范围包括批发进出口贸易、货运及仓库服务和邮政及速递服务，以该行业所占的本地生产总值百分比以及从业员人数计算，贸易及物流业是香港最大的支柱行业。

2017年，香港商品贸易总额82329亿港元，比上年增长8.4%；整体出口增长8.0%，总值38759亿港元；进口增长8.7%，总值43750亿港元。是年，香港的最大贸易伙伴是内地，其次是美国和中国台湾地区。按商品贸易价值计算，香港在全球贸易经济体中排行第七位。

全年整体出口货物主要为电动机械、仪器和用具及零件，总值13877亿港元，其次是通信、录音及音响设备和仪器，及办公室机器和自动资料处理仪器。内地、美国和印度是香港整体销售货物的主要目的地。

2017年，电动机械、仪器和用具及零件的进口额为15789亿港元，是香港进口货物总额的最大部分。其次是通信、录音及音响设备和仪器，及办公室机器和自动资料处理仪器。内地、中国台湾和新加坡是香港购买货品的主要供应地，分别占购买总额的46.6%、7.6%和6.6%。

香港葵涌货柜码头 （香港特别行政区政府新闻处供稿）

是年，香港的转口商品总值38324亿港元，主要为电动机械、仪器和用具及零件，总值13857亿港元，占转口总额的36.2%。其次为通信、录音及音响设备和仪器。主要来源地为内地、中国台湾和韩国，主要目的地则为内地、美国和印度。

物流业占香港本地生产总值的 3.2%。政府营造有利环境并提供所需的基础设施，又与珠江三角洲地区加强物流业发展合作。香港物流发展局是高层次咨询组织，由运输及房屋局局长陈帆担任主席，为政府和业界建立平台，就推动香港物业的进一步发展制定措施。

【亚洲首选的运输及物流枢纽】 香港地理位置优越，机场和海港口岸效率高、服务可靠，是亚洲首选的运输及物流枢纽。香港是国际航空货运中心，也是最繁忙的货柜港之一。香港货柜码头由私人货柜码头营办商营运。通过完备的货柜船航线网络，把香港港口和全球众多目的地联系起来。截至 2017 年底，在香港船舶注册处注册的船舶超过 2500 艘，合计 1.14 亿总吨。根据丹麦航运 2017 年统计数据，香港是世界第四大船舶注册地，在巴拿马、利比利亚和马绍尔群岛之后。

香港是主要的国际及地区航空中心。截至 2017 年底，超过 100 家航空公司在香港每日提供超过 1100 个航班往来全球约 220 个航点。是年，进出香港的航班有 420659 架次，比上年增长 2.2%；货运量 494 万吨，增长 9.2%。年内处理航空邮件量 11.2 万吨，机场的货运及邮件总量首次突破 500 万吨。

香港的货柜码头在 2017 年位列全球第五大货柜港，处理 2077 万个标准货柜（TEU），排在上海、新加坡、深圳及宁波舟山港之后。年内，香港共处理 2.81 亿吨海运及河运货物，当中约 63%由远洋轮船运载，使用内河船只占 37%。

香港有九个货柜码头，均位于葵涌—青衣区。码头全天 24 小时运作，设有 24 个泊位，总处理量每年超过 2000 万个标准货柜单位，约占全港货柜总处理量的 78%。葵青货柜码头港池及进港航道的海床挖深至 17 米，新一代超大型货轮在任何时候均可以在港口泊岸。政府推行“香港港口发展策略 2023 研究”及“善用葵青区港口后勤用地的建议”以提升港口的运作效率。

珠江三角洲是香港的主要货源地。2017 年，香港内河航运业务快速增长，由 1990 年的 930 万吨增至 10465 万吨。1998 年 11 月，启用位于屯门西的内河货运码头，专门处理日益繁忙的内河货运业务。

由香港特区政府及香港贸发局联合举办的亚洲物流及航运会议，为物流和航运业的服务提供者及用家提供一个交流信息和扩展人脉商网的平台，参与者包括船东、船舶管理人、银行家、律师、保险承保商及港口营运商等。2017 年 11 月，第七届亚洲物流及航运会议举行，吸引来自约 30 个国家和地区的 2000 多名业内人士参与，并邀请业界代表和专家就多个议题发表意见，包括亚洲经贸融合、电子商贸最新趋势、海事仲裁、新丝路带来的机遇，以及这些发展对物流、航运及供应链管理的影响等。

【机场货运站】 2017 年，香港国际机场获国际机场协会评为全球最繁忙货运机场，连续八年名列首位，同时保持全球最繁忙国际客运机场第三位，客运量 7200 万人次。是年，香港国际机场连续十次获 TTG 杂志评选为“最佳机场”，并再次获“旅游名人堂”称号；获《Asia Cargo News》推选为 2017 年“亚太地区最佳机场—业界之选”大奖。机管局进行多项设施和扩建计划，以应付双跑道系统的中期航空交通需求。新的中场客运大楼落成，每月处理客运量超过 100 万人次。运用自动化及移动互联网技术，提升“我的航班”APP 功能，推出无线射频识别行李标签及自助行李托运服务。

机场内所有空运货站皆属私营。规模最大的是超级一号货站是全球最先进及规模最大的空运设施之一，总楼面面积超过 39 万平方米，每年最高处货量 350 万吨。2017 年，超级一号货站的营运商香港空运货站有限公司获《Air Cargo Week》颁发“年度最佳航空货运代理”及“年度最佳货运航空—创新科技奖”等奖项。另外的两个空运货站分别是亚洲空运中心及国泰航空空运货站。三个空运货站使机场的货物处理能力提升至740万吨。香港国际机场设有货运代理中心，中心设施包括仓库、装卸平台、货车停车场及办公室等，为空运货站提供支援。

（香港地方志办公室）

澳门：一中心一平台

【概况】 2017年，澳门特别行政区政府从国家战略全局和澳门繁荣稳定大局出发谋划和开展工作，推进落实澳门历史上首份五年发展规划各项措施，发展经济、持续改善民生和融入国家发展大局。在建设“世界旅游休闲中心”和“中国与葡语国家商贸合作服务平台”的基础上，澳门特区政府发挥澳门独特优势，运用顶层设计，不断增强统筹和协调能力，把落实五年发展规划、建设“一中心、一平台”、助力“一带一路”、参与粤港澳大湾区合作等工作系结合起来，发挥叠加效应，推动澳门面向世界发展、融入国家发展、促进澳门长期繁荣稳定，提升居民福祉。

是年，澳门经济初步呈现稳中趋好态势，全年本地生产总值4042亿澳门元，比上年增长9.1%，人均生产总值622803澳门元，公共财政稳健，失业率维持在2%；博彩业毛收入2657.43亿澳门元，比上年增长19.1%，三年来首次实现正增长。澳门特别行政区政府以“巩固基础，创新发展，增强动能；促进就业，力保民生，提振活力”为财政施政方向，落实国家“十三五”规划和《澳门特别行政区五年发展规划（2016—2020年）》，对澳门建设“一中心、一平台”，加快经济适度多元的发展定位开展工作。

【服务“一带一路”】 2017年，澳门特别行政区五年发展规划把参与“一带一路”建设确定为发展战略。为更好地推动澳门参与和助力国家“一带一路”建设，澳门特别行政区政府在2017年从架构设置、深化区域合作、架设联通舞台等方面作出系列部署。3月，刊登批示设立由行政长官担任主席的“一带一路”建设工作委员会。澳门特别行政区政府行政长官崔世安在5月2日召开的首次全体会议上要求工作委员会的成员要身体力行推动各部门、各单位以至社会各界形成对“一带一路”的正确认识和广泛共识，处理好中央与澳门、政府部门之间、政府与社会团体的关系，强化共商、共建、共享的氛围，让居民在参与国家发展中提升自身水平和有更多的获得感。5月14日，崔世安率领的澳门特别行政区政府代表团应邀出席在北京举行的“一带一路”国际合作高峰论坛开幕式；6月8日，在澳门召开“一带一路”与澳门发展国际研讨会，来自中国、葡萄牙、泰国和巴西等国家的前政要，海内外商界、侨界领袖，相关领域的专家学者等人士分别就“一带一路”的发展愿景，以及澳门特别行政区参与和助力“一带一路”建设带来的机遇

2017年10月17日，世界旅游经济论坛在澳门特别行政区闭幕

（澳门特别行政区政府新闻局供稿）

交换意见。

2月，澳门特别行政区政府行政长官崔世安率团分别前往福州和广州，与福建、广东两省领导举行高层会晤，商议参与“一带一路”建设。闽澳双方首年合作重点将放在贸易投资、人文交流等领域；粤澳双方则努力把“一带一路”建设与澳门“一个中心，一个平台”建设、与广东“三个定位、两个率先”的目标有机结合。

6月下旬至7月底，分别在澳门5处地点举办“澳门参与和助力‘一带一路’建设巡回图片展”，深入社区展示及介绍国家“一带一路”的合作重点、“一带一路”建设与澳门的关系以及澳门社会各界如何参与和助力“一带一路”建设的工作等内容。

【融入湾区发展】 2017年7月1日，在国家主席习近平见证下，香港特别行政区行政长官林郑月娥、澳门特别行政区行政长官崔世安、国家发展改革委员会主任何立峰、广东省省长马兴瑞在香港签署《深化粤港澳合作，推进大湾区建设框架协议》，共同将粤港澳大湾区建设成为更具活力的经济区、宜居宜业宜游的优质生活圈和内地与港澳深度合作的示范区，打造国际一流湾区和世界级城市群。

旅游合作方面，广州、深圳、珠海、佛山、惠州、东莞、中山、江门、肇庆九市联同香港、澳门的旅游部门于12月共同成立“粤港澳大湾区城市旅游联合会”，通过资源整合、形象宣传及联合营销等方式，推动成员之间的互动与合作，携手打造世界级旅游目的地。

澳门特别行政区政府草拟关于《粤港澳大湾区城市群发展规划》的初步建议，并于6月13日开展《粤港澳大湾区城市群发展规划》意见征集活动，听取市民的意见和专家论证，凝聚社会共识。6月16日，举办《粤港澳大湾区城市群发展规划》座谈会，社会各界人士约300人参与，听取政府代表介绍粤港澳大湾区规划，并就规划发表意见。意见征集于6月28日结束，先后有超过120个社团或机构派出代表到政策研究室表达意见和建议，居民通过书函、网站留言、电邮及电话等渠道提供的意见共126份。

【智慧城市构建】 智慧城市是澳门未来发展的重要方向，澳门特别行政区政府五年发展规划以及近两年的施政报告对建设智慧城市明确目标。2017年，通过加强统筹和协调，综合政府部门、专家学者、团体业界的力量，共同推动澳门加快建设智慧城市。

2月17日，科技委员会下设的智慧城市专责委员会召开首次会议，讨论并确定年度工作计划。委员会成员包括专家、学者、科技社团代表以及政府代表，以推动智慧城市在学术研究，产业发展以及社会推广等方面的工作。12月，完成《澳门智慧城市发展方向及策略研究》和《澳门智慧城市发展之智慧出行可行性研究》两份报告，分别作为制定澳门智慧城市的顶层设计，以及澳门发展智慧城市先导计划的重要参考。

7月28日，由澳门特别行政区政府行政长官担任主席的建设世界旅游休闲中心委员会举行全体会议，会上设立“智慧城市发展专责小组”，作为澳门特别行政区政府内部在智慧城市发展方面顶层的跨部门协调单位。小组由澳门特别行政区政府各部门代表组成，为落实特别行政区五年发展规划中的构建智慧城市开展的工作，并提出相关建议。

8月4日，澳门特别行政区政府与阿里巴巴集团签署构建智慧城市战略合作框架协议，以云计算、应用大数据等相关技术能力，将澳门逐步建设成为一个“以数字引领科技，智能服务民生”的智慧城市。

【中医药产业发展】 2017年，澳门持续推进粤澳合作中医药科技产业园的招商及硬件建设工作，推动更多内地名优企业及澳门企业进驻入园。加强中医药区域合作及国际交流，落实与广东、四川中医药产业合作内容，拓展与福建合作。协助企业在莫桑比克及葡萄牙等葡语国家推广产品，跟进产品国际注册及进出口贸易。9月，协助两款中成药产品在莫桑比克注册，其中一款为澳门中药厂制造的中成药。

【中小企业电商开拓市场】 2017年，澳门特别行政区政府推动电子商贸发展，推出中小企业电商培训计划，修订“电子商务推广（应用B2C平台）鼓励措施”，鼓励更多企业发展电子商务。通过推动企业参与“活力澳门推广周”等活动，开拓业务网络，推动澳门中小企以跨境电商模式拓展内地市场。以南沙为切入点，与内地相关单位协商，共同推进澳门陆路跨境电商货物在南沙报关的通关便利措施。8月中旬，首批跨境电商货物由澳门付运至南沙。此外，持续优化各项中小企业扶助计划及服务，推出“送服务上门网上预约服务”；组织会展客商到各区消费游览，支持团体举办促进社区消费活动，拉动社区经济发展；改善营商环境，协助企业拓展商机；继续推动商会与澳门6家大型综合旅游休闲企业合办“本地中小企采购合作计划”，提升大型企业本地采购比例，以大带小扶持中小微企成长。

【青年创业融入湾区】 2017年，澳门特别行政区政府与团体合力推出“青年创业师友计划”协助青年创业，带领企业组成师友商圈，通过交流考察、讲座、分享会等，达致师友传承。完成修订《青年创业援助计划》，扩大受惠对象范围，简化申请、新增要求、优化监察；发挥“青年创业孵化中心”作用，更精准地协助青创企业成长。鼓励青年参与“粤港澳大湾区城市群”建设，与广州、珠海、深圳的青年创业支援中心合作，为澳门创业青年提供工作地点、法律税务等支援服务。通过相互认可青年创业项目，推介澳门青年进驻内地的孵化中心，协助澳门青年及在内地高校就读的澳门学生获取工作实习机会。

年内，由澳门特别行政区政府筹设的“中葡青年创新创业交流中心”揭牌，为两地青年创业交流提供资源共享的跨地域平台。组织澳门、前海及横琴青年前往葡萄牙里斯本考察，并邀请葡萄牙青年创业家代表团来澳，通过互访交流，促进中葡青年创新创业合作。

【中葡平台有序推进】 2017年，澳门特别行政区政府落实国家支持中葡商贸合作服务平台新举措。6月，中葡合作发展基金总部揭牌正式落户澳门，为有需要的澳门企业，包括中小企业提供服务，并开展对外宣传及推广筹备工作。推进“葡语国家食品集散中心”建设，于内地多个城市设置“葡语国家食品展示中心”，并举办“葡语国家产品推介及商机对接会”及展销活动，把会展与中葡商贸合作服务平台元素相结合，发挥澳门“中葡经贸合作会展中心”功能。优化“中国—葡语国家经贸合作及人才信息网”的功能，开通会展活动网上报名服务。年内，首次举行“央企支持澳门中葡平台建设高峰会”，会上签署多份涉及葡语国家、央企及澳门企业的合作协议。

【泛珠合作拓展领域】 2017年，澳门特别行政区政府继续跟进横琴粤澳合作产业园项目推荐等程序，协助相关企业加快落地；中山760“澳门互动区”揭牌；组织包括福建省在内的内地及澳门代表团赴佛得角参加“中国与葡语国家企业经贸合作洽谈会”；联同福建省代表团访问圣多美和普林西比；与福建医药科技企业进行洽谈对接。2017年第四季度，澳门特别行政区政府与香港签署《香港与澳门关于建立更紧密经贸关系的安排》。

（摘自《2018澳门年鉴》）

·责任编辑　何文倩·

大湾区综述

年度聚焦

【广州举办《财富》全球论坛】 2017年12月6—8日，2017年《财富》全球论坛在广州市举行。该届论坛参会企业388家，来自36个国家和地区的中外各界代表超过1100人，首席执行官级别超过300人。其中，参会世界500强企业152家，世界500强企业全球副总裁以上高层代表118人，参会世界500强企业数和邀请嘉宾数都超过论坛历史最高纪录；外国要人，全球知名城市、国家部委和国内城市，世界500强和重点行业领军企业首席执行官、副部级以上知名人士等团组近100个。论坛期间，广州市举办两场高层企业对话会，促进重点企业高层了解广州。中共广东省委副书记、广州市委书记任学锋，广州市委副书记、市长温国辉，广州市政协主席刘悦伦等领导，以“一对一”“全覆盖”的形式会见114家企业的代表，传递广州欢迎企业投资的信息。组织“探索广州”商务考察活动，364位世界500强和行业领军企业高层近距离接触和了解广州。论坛还为广州企业参与国际交流合作搭建平台，广汽集团、广药集团、越秀集团都成为《财富》全球论坛合作伙伴。其间，广州市政府与阿里巴巴集团、蚂蚁金融服务集团签署战略合作框架协议，合作推动互联网在广州各领域的应用发展。广州市政府、中国国际经济交流中心、保尔森基金会在广州签订战略合作框架协议，在可持续城市解决方案、绿色金融、生态保护等领域开展合作，共同在广州南沙新区打造可持续城镇化示范区。同时，举办《财富》国际科技头脑风暴大会和《财富》中国创新大赛，汇聚科技行业领军人物，通过13场发言、对话和采访活动，吸引世界企业家、投资家、专家等超过200人参加。举办《财富》全球论坛市长圆桌会议，一批全球重要城市领导者聚首广州，分享世界城市先进发展经验，强化全球城市管理者与商界领袖的互动和合作。

【广州签发全国首张微信身份证】 2017年12月25日，由广州市公安局南沙区分局、腾讯、建设银行等10余家单位发起的“微警云联盟”在广州南沙成立。活动现场签发全国首张“微信身份证网上应用凭证”，为线上、线下政务服务以及旅馆业登记、物流寄递等实名制应用场景，提供国家法定证件级身份认证服务。

【广州版“民营经济20条”发布】 2017年9月5日，广州市召开促进民营经济发展大会，并发布《中共广州市委广州市人民政府关于促进民营经济发展的若干措施》，文件共有20条具体条款，涵盖民营经济发展的方方面面，被称为广州版“民营经济20条”。文件细分为83项政策措施，包括畅通民间投资渠道、支持民营实体经济发展、促进民营企业创新创造、扶持民营企业做大做强、优化民营企业发展政务环境、构建“亲”“清”新型政商关系6个方面，以打破民间资本准入“玻璃门”“弹簧门”，促进民营经济发展。“民营经济20条”政策创新主要有3个方面：一是减负松绑出实招为民营实体经济发展添动力。包括鼓励社会资本参与改造连片村级工业园；筹建供应链金融服务平台；建设市区两级政策性融资担保体系等政策。二是降成本、优服务扶持民营企业做大做强。包括鼓励个体工商户转型升级为企业；支持民营企业并购重组；支持民营总部企业落户发展等政策。三是打出“组合拳”支持民营企业创新创造。包括鼓励利用存量工业用地和厂房建设科技企业孵化器；实施高新技术企业及科技创新小巨人树标提质行动；设立科技成果产业化引导基金，引导社会资本成立天使投资基金、创业投资基金，促进科技成果产业化和科技企业孵化。

【首批国家知识产权强市创建市获批】 2017年6月，国家知识产权局批复同意广州市为首批国家知识产权强市创建市。创建工作周期为2017年6月至2020年6月。8月31日，2017广东知识产权交易博览会——知识产权城市论坛在广州开幕。论坛主题是“知识产权运用与保护”，来自全国19个城市及知识产权强市创建市的代表在论坛上联合签署发布《电商领域知识产权联合执法宣言》。截至年底，采取第三方认证形式，广州市累计通过知识产权贯标认证企业1188家，在全国城市中排名第一位。

【广州市破解社区居家养老服务难题】 2017年，广州市为解决老年人买菜、做饭、洗碗等家务难题，全面铺开长者饭堂建设，发展以“大配餐”为重点的社区居家养老服务，并以助餐配餐服务解决群众居家养老难题，更好地满足老年人多层次、多样化的服务需求。截至年底，全市共有长者饭堂846个，比上年增加662个，增长3.6倍，覆盖全市街（镇）、社区（村）。“市中心城区10~15分钟，外围城区20~25分钟”的全覆盖服务网络基本形成，由社会化运营的占85%，助餐配餐服务向连锁化、专业化、规模化发展。

【广州市在全国率先公开行政执法数据】 2017年3月31日，广州市各级执法部门在全国率先公开2016年度全部行政执法数据，包括行政复议、行政诉讼情况等行政执法数据。市级行政执法部门2016年合计实施行政处罚4597554宗，罚没总金额超过12.5亿元。5月1日起，经广东省人大常务会批准的《广州市依法行政条例》正式实施，该条例是全国第一部对推进依法行政工作进行全面、系统规定的地方性法规，将依法行政的基本要求以地方性法规的形式确定下来，奠定广州全面规范依法行政的制度基础。

【广州 $PM_{2.5}$ 浓度首次达国家二级标准】 2017年，广州 $PM_{2.5}$（细颗粒物）年均浓度为35微克/立方米，首次达到国家二级标准。从2013年国家正式对 $PM_{2.5}$ 开始考核起，广州用5年时间使 $PM_{2.5}$ 的年均浓度下降18微克，成为国家中心城市及地区生产总值超万亿元、常住人口超千万人的省会城市中率先实现 $PM_{2.5}$ 达标的城市。是年，广州 PM_{10}（可吸入颗粒物）年均浓度比2013年下降16微克/立方米，空气质量达标天数增加34天，全面完成国家“大气十条”空气质量改善终期考核目标任务。

【政民联动推进老旧小区微改造成全国试点】 2017年，广州市推进老旧小区微改造项目109个，安排资金2.5亿元，惠及群众80万人。广州市制订印发老旧小区微改造工作流程指引、实施方案编制指引、批复示范文本等多份文件，研究编制老旧小区微改造“三线”整治实施方案和技术指引。举办首届“老广州·新社区”老旧小区微改造规划设计方案竞赛，选取5个老旧小区面向社会无门槛征集设计方案，组织居民参与方案设计和成果评选，成为入选住建部老旧小区改造试点唯一的一线城市。

【来穗人员随迁子女积分制入学政策实现全市覆盖】 2017年，广州市11个区均按要求出台并组织实施积分制入学政策，首次实现全市全面实施来穗人员随迁子女积分制入学。全市共设积分制入学受理专窗230个，分期分批培训工作人员670人，编印入学指南16万份，共收取申请材料3.5万份，其中2.9万人通过审核；安排随迁子女入读义务教育起始年级学位2.47万个，其中小学一年级学位1.45万个，初中一年级学位1.02万个。

【广州在全国率先实施“租购同权”政策】 2017年3月30日，广州市政府发布《关于进一步加强房地产市场调控的通知》，完善全市房地产市场调控政策体系。6月30日，广州市政府办公厅印发《广州市加快发展住房租赁市场工作方案》（简称“方案”）。方案提出要保障租赁双方权益，支持租赁居住方式；增加租赁住房供应，满足新增住房需求；壮大现代租赁产业，形成新的经济增长极。提出16条具体措施，从商改租、入学、税收、水电等方面对住房租赁进行扶持。明确赋予符合条件的承租人子女就近入学等公共服务权益，保障“租购同权”。10月19日，广州阳光租房平台暨广州市房屋租赁信息服务平台正式上线运行。

【加强对一把手监督的十项措施发布】 2017年3月，中共广州市委为落实全面从严治党要求，进一步扎紧制度笼子，加强对一把手的监督，以穗字【2017】1号文件印发《关于进一步加强对一把手监督的十项措施》，从权力清单、选人用人、个人有关事项公开等10个方面，建立对一把手监督系列制度。措施具体包括：建立一把手权力清单；落实一把手选人用人责任；建立一把手违规干预、插手有关事项记录制度；公开一把手个人有关事项；完善主体责任约谈一把手机制；提高民主生活会质量；增强一把手“三述”监督实效；加强对一把手的巡察监督；强化对一把手的派驻监督；实行一把手问题直报制度。措施针对一把手“量身定做”，如涉及“三重一大”决策必须集体研究，一把手不能以现场办公会、招商引资会、文件圈阅等形式决定；各单位在向上级党组织推荐报送拟提拔或进一步使用的人选时，党委（党组）书记应对人选廉洁自律情况的结论性意见签字背书。

【首届广州文化产业交易会举行】 2017年12月11—24日，首届广州文化产业交易会举行。从12月12日起，广州市先后举办中国（广州）国际演艺交易会、中国文创产业大会·天河峰会、中国（广州）国际纪录片节、广州国际文物博物馆版权博览会、国家广告产业园区“1212广告中国”论坛、中国广州国际艺术博览会等多场文化会展活动，首次将上述文化会展资源整合起来。首届广州文化产业交易会吸引100多个国家和地区的近1000个机构、近1000台演出剧目、近5000部影视作品、2万件艺术品参展参映，成交逾20亿元，协议或意向成交约80亿元，参观人数近100万人。

【中国创新创业成果交易会永久落户广州】 2017年5月26—27日，2017中国创新创业成果交易会（简称“创交会”）在广州琶洲国际会展中心举行。创交会由中国科协、国家发展改革委、中国工程院、九三学社中央、广东省人民政府、广州市人民政府主办。该届创交会以“创享广州、合作共赢”为主题，展出创新创业成果项目约1300项，并举办专项活动20多场次，推介优秀项目成果。首次举办“知识产权与技术拍卖会”，共有60个项目达成合作意向。创交会经国家批准永久落户广州市。

【广州发布“IAB”计划推进战略性新兴产业发展】 2017年1月18日，《广州市科技创新领域简政放权改革方案》出台，将10个专项归并为1个“科技创新发展专项”。3月，广州宣布推进“IAB”计划，发展新一代信息技术（I）、人工智能（A）、生物医药（B）等战略性新兴产业，提升广州科技创新能力，力争3年内引进500个高精尖技术项目，助力广州打造形成高端产业技术创新资源聚集高地。6月17日，中国风险投资研究院创新资本研究院和天河风投大厦在广州成立，分别为全国首个风投研究院和首座风投大厦。5—8月，新一代信息技术、人工智能、生物医药等“IAB”3个百亿级产业基金相继揭牌设立。8月31日，广州无线电集团挂牌成立广电研究院、广电平云资本，启用中国电子信息行业广东研究院、广州新一代信息技术产业发展基金和广州无线电集团院士工作站，助力广州“IAB”计划发展。10月，《广州市建设“中国制造2025”试点示范城市实施方案》印发，方案提出广州要聚集新一代信息技术、人工智能、生物医药产业领域“IAB”产业人才，打造富士康、思科、通用医疗、百济神州、广汽智能网联产业园、琶洲互联网创新集聚区等10个左右价值创新园区；力争3年内引进500个高精尖技术项目。设立广州“中国制造2025”产业基金，带动更多社会资本重点支持“IAB”三大重点产业和方案中的“八大重点领域”“八大重点工程”。12月26日，广州首座芯片制造厂在中新广州知识城动工，广州开发区集成电路产业创新园同日启动建设。这是广州首座12寸芯片厂，标志着广州科技产业实现新跨越。

【官洲国际生物论坛永久落户广州】 2017年7月3—5日，第十届中国生物产业大会暨首届官洲国际生物论坛在广州市举行。大会宣布“官洲国际生物论坛”永久落户广州国际生物岛。该论坛作为服务全球的国际生物技术与产业发展交流和合作平台，每年举办一届，秉承“汇聚全球智慧，共创健康未来”的理念，打造享誉全球的国际生物“达沃斯”年度盛典。在主题论坛上，中国工程院院士钟南山、姚新生等数百名全球生物医药知名专家共话全球生物产业未来。广州哈佛医学科技创新中心、广州开发区智慧医疗合作等重点项目集中签约。 （广州市地方志办公室）

【深圳实施“十大行动计划”】 2017年1月13日，在深圳市六届人大三次会议上，深圳市提出，自2017年实施“十大行动计划”，打造具有全球竞争力的“创新之都”。“十大行动计划”包括布局十大重大科技基础设施；设立十大基础研究机构；组建十大诺贝尔奖科学家实验室；实施十大重大科技产业专项；打造十大海外创新中心；建设十大制造业创新中心；规划建设十大未来产业集聚区；搭建十大生产性服务业公共服务平台；打造十大“双创”示范基地；推进十大人才工程。截至年底，深圳国家高新技术企业总量超过1万家，落户深圳的诺贝尔奖科学家实验室新增3家、总数5家，深圳引领式创新实现新飞跃，经济建设再上新台阶。

【深圳提出率先建设社会主义现代化先行区】 2017年5月，为全面贯彻落实习近平总书记对广东、深圳工作的重要批示指示精神，中共深圳市委提出，率先建设社会主义现代化先行区。相关部门开展调研，进行谋划。多位著名学者参加在北京举行的“深圳率先建设社会主义现代化先行区研讨会”。探索制定社会主义现代化指标体系。8月，深圳市委六届七次全会召开，强调要加快建设社会主义现代化先行区，努力走出一条体现时代特征、中国特色、深圳特点的社会主义现代化之路。12月，市委六届八次全会召开，审议通过《中共深圳市委关于持续深入学习宣传贯彻中共十九大精神高举习近平新时代中国特色社会主义思想伟大旗帜率先建设社会主义现代化先行区的决定》。

【深圳全面推行“河长制”】 2017年5月，深圳市出台《深圳市全面推行河长制实施方案》，5月31日公布148条（160段）河流的河长名单，包括茅洲河、深圳河、龙岗河、观澜河、坪山河等五大河流干流及其流域面积大于10平方千米的一级支流，流域面积大于10平方千米的独立入海河流及133条黑臭河流。市委书记王伟中任市总河长，市长陈如桂任副总河长。年内，各区各部门推动水环境质量根本性改善，完成建成区36条（45段）黑臭水体整治任务。

【第19届国际植物学大会】 于2017年7月23—29日在深圳会展中心召开，由中国植物学会和深圳市政府共同举办，主题为“绿色创造未来”。大会议题分6大块，涵盖植物基础科学、产业应用、生态安全、环境保护，以及人类面临的挑战等内容。国家主席习近平24日致信大会表示祝贺。出席大会的各国专家学者通过交流和对话，倡导人类关心植物、关注未来，加强生物多样性保护、推动绿色发展。

【深圳纵深推进营商环境改革】 2017年7月，习近平总书记在中央财经领导小组第十六次会议上发表重要讲话，明确要求深圳等特大城市要率先加大营商环境改革力度，加快建设开放型经济新体制。中共深圳市委六届九次全会强调，深圳要率先建设社会主义现代化先行区，必须抓住牵一发而动全身的“九大战略任务”，其中之一是“坚定不移营造更加市场化国际化法治化的营商环境”。是年，深圳取消、下放市级行政职权

175 项，清理规范市直部门行政职权中介服务事项 24 项，开展企业困难帮扶行动，为企业降成本 1369 亿元。深圳新登记商事主体 55.2 万户，其中新登记企业 36.2 万户。全市累计登记商事主体 309.4 万户。深圳在国际化环境营造方面取得长足进展。ARM 中国总部、空客中国创新中心等一批优质项目落地。实际使用外资 74 亿美元，比上年增长 9.9%。对外直接投资总存量超过 850 亿美元，居国内城市首位。拓展“一带一路”市场，开通深圳至明斯克的首条中欧班列，与沿线国家贸易额比上年增长 19.8%。新增美国夏洛特市、法国伊夫林省等 3 个国际友好交流城市。新开通莫斯科、米兰、墨尔本等 16 条国际航线，新开国际航线总量比上年增长 61%。12 月 26 日，两个专门法庭——深圳知识产权法庭、深圳金融法庭同时在前海挂牌成立，优化诉讼流程。

【深圳北理莫斯科大学开学】 2017 年 9 月 13 日，深圳北理莫斯科大学开学，迎来首批 113 名 2017 级本科生。深圳北理莫斯科大学是由深圳市政府、莫斯科大学、北京理工大学三方合办的非营利性中外合作办学机构，面向全球招收本科生和硕士研究生，有三成左右的海外留学生，远期办学规模为 5000 人。

【《深圳经济特区人才工作条例》施行】 2017 年 11 月 1 日，《深圳经济特区人才工作条例》施行，确定每年 11 月 1 日为“深圳人才日”。深圳加速打造全球创新人才高地，推进“十大人才工程”，加速“高精尖缺”一流人才引进集聚，建立“战略科学家引才荐才直通车”等制度；实施百名院士引进计划。是年，深圳人才公园正式开园，新增全职院士 12 名，各类人才总量超过 510 万人。

【深圳第五次获全国文明城市称号】 2017 年 11 月 15 日，中国文明网发布第五届全国文明城市名单和复查确认继续保留荣誉称号的往届全国文明城市名单。自 2005 年获评首届全国文明城市开始，是深圳第五次、也是连续五次获得“全国文明城市”称号。年内，深圳市委、市政府出台《深圳市民文明素养提升行动纲要（2017—2020 年）》，动员全市各区各部门，开展修心、养德、守法、尚智、崇文、健体六大行动；深圳市委办公厅、市政府办公厅和市文明委分别印发《深圳市创建第五届全国文明城市工作方案》和任务分工表，市文明办印发《深圳市创建第五届全国文明城市攻坚行动方案》，针对创建工作的重点难点问题，部署开展“攻坚行动”，推进重点工作 33 项。

【深圳知识产权法庭和深圳金融法庭揭牌】 2017 年 12 月 26 日，深圳知识产权法庭和深圳金融法庭在前海揭牌成立。深圳市是全国首批知识产权示范城市、全国知识产权综合管理改革第一批试点地区，也是国内金融企业门类最全、机构最多的城市之一，金融产业是深圳的支柱产业和重要财政来源。2017 年以来，全市法院金融纠纷案件持续上升，截至 11 月底共受理一审金融纠纷案件 23639 件，是上年同期的两倍。知识产权、金融审判工作专业性要求高、审理难度大，涉及新物种、专利技术、集成电路、新一代信息技术的知识产权纠纷，以及金融创新所产生的诸多新类型金融纠纷、涉众型金融案件，给审判工作带来更大压力、提出更高要求。12 月 11 日，最高人民法院批复同意。12 月 21 日，深圳市委常委会审议同意设立深圳知识产权法庭和深圳金融法庭，两个法庭均为副局级建制，各设置 1 个司法行政机构（综合办公室）。

【深港合作发展】 2017 年，深圳市利用前海深港现代服务业合作区、落马洲河套地区开发建设两个重大平台，推进深港科技创新特别合作区建设，推动深港设计创意产业园、深港协同创新中心、深港国际中心等落地，促进深港合作发展。深圳与香港签署《关于港深推进落马洲河套地区共同发展的合作备忘录》，同意合作发展深圳福田与香港接壤的落马洲河套地区为“深港创新及科技园”。该园将成为香港最大的科技创新园区，引导和聚集优质高科技企业、研发机构、高等院校进驻园区。11月19日，作为第19届中国国际高新技术成果交易会的论坛之一，福田区深港科技合作发展论坛在深圳会展中心举行。论坛由中国工程院、香港工程科学院、福田区政府、香港生产力促进局等机构共同主办。围绕粤港澳大湾区时代深港合作的新机遇、新思路，深港两地政府、高校、企业、科研院所及美国硅谷科技界代表进行探讨。（深圳史志办公室）

【珠海车辆通行费年票制退出历史舞台】 2017年1月1日，珠海市根据《广东省交通运输厅 广东省发展改革委 广东省财政厅关于珠海市取消车辆通行费年票制有关问题的复函》，取消车辆通行费年票制，不再收取年票制年票或委托高速公路代收普通公路次票，试行22年的车辆通行费年票制退出历史舞台。1994年7月，珠海市根据国家“贷款修路、收费还贷”政策，在全国率先实行机动车辆一年一次性统缴路桥隧道费（俗称年票），全市保留上冲、金鼎、那洲、珠海大桥、斗门大桥、南门大桥、莲溪大桥7个关口收费站，对进入珠海的外地车辆单向收取车辆通行费（俗称次票），解决收费站点过多过密问题，提高道路的通行效率。截至2016年12月，累计征收约60亿元。收费收入扣除管理成本外，统筹用于偿还公路桥梁及隧道建设工程集资贷款本息。2016年，中央作出推进供给侧结构性改革工作部署，广东省将取消年票制工作列入降成本工作计划，要求各地市政府制定取消年票制实施方案报省政府审批。珠海市取消年票制后，社会物流成本降低，群众出行负担减轻，普通公路通行环境和通行效率进一步提升。

【“珠海一号”卫星发射成功】 2017年6月15日，“珠海一号”遥感微纳卫星星座首发星在酒泉卫星发射中心成功发射。“珠海一号”卫星星座隶属于珠海欧比特公司规划的“卫星空间信息平台”项目，是国家发改委专项基金支持的军民融合项目，项目投资总额9.12亿元，计划由12颗视频微纳卫星、4颗高光谱微纳卫星及2颗SAR（合成孔径雷达）微纳卫星组成，计划在2~3年内部署完成。此次发射的两颗视频微纳卫星由航天东方红卫星有限公司历时一年研制完成，单颗卫星质量55千克，具有凝视视频和条带成像两种工作模式。

【第三届中以科技创新投资大会】 于2017年6月27—28日在珠海市召开。参会企业2759家、参会人数5800多人，其中以色列耶路撒冷、特拉维夫、海法等城市有146家创新企业255人，广东、江苏、黑龙江等8个省25个城市有500多人参会。大会举办主题演讲、B2B对接、以色列企业路演、中以合作城市推介、中以合作成果展览展示等系列活动，吸引2.5万人次参加。会上启动和签约项目14个，涉及总金额25.18亿美元；B2B洽谈2653场，达成初步合作意向项目1035个。

【港珠澳大桥主体工程全线贯通】 2017年7月7日，港珠澳大桥全长6.7千米的海底隧道贯通，港珠澳大桥主体工程实现全线贯通。港珠澳大桥于2009年12月15日开工建设，总长55千米，是连接香港、珠海和澳门的超大型跨海通道，包括海中桥隧主体工程，以及香港、珠海、澳门三地口岸和连接线。大桥的主体工程集桥、岛、隧于一体，由6.7千米的海底沉管隧道和长达22.9千米的桥梁工程组成，隧道两端建有东、西两个人工岛。其中海底隧道是世界最长的海底公路沉管隧道和唯一的深埋沉管隧道。

【强台风“天鸽”正面登陆珠海】 2017年8月23日，第13号强台风“天鸽”正面登陆珠海市，登陆时中心风力14级，陆地最大阵风16级，海岛最大阵风17级以上（66.9米/秒），打破1961年珠海有气象资料以来的最高纪录。台风造成全市道路瘫痪、大面积停电、水厂全部停产、通信受阻，64.14 万人受灾，4.4 万辆车辆损坏，直接经济损失 204.5 亿元。防风过程中，珠海预置抢险队伍 300 多支、1.6 万人。灾害发生后，珠海组织 48.4 万多人次参与救灾，出动设备 7634 台、车辆 5852 台，投入救灾复产资金 13.36 亿元，市、区两级红十字会接收捐款 5500 万元。同时得到军警部队、广东省直部门、各兄弟市和驻珠单位的支持和帮助，累计 14173 人、机械设备 1968 台（套）支援珠海救灾复产。珠海在 4 天内基本实现通电、通路、通水、通信“四通”任务，在 7 天内全面恢复正常生活生产秩序。

【珠海获国家生态文明建设示范市】 2017 年 9 月 21 日，珠海市获第一批国家生态文明建设示范市县命名，成为国家第一批 46 个生态文明建设示范市县之一。国家生态文明建设示范市的前身是国家生态市县，珠海市自 2012 年启动创建以来，通过规划引领、制度建设、严抓污染防治、拓展宣传教育等措施，推进创建工作取得成效。

【珠海通过“实体经济十条”】 2017 年 10 月 10 日，珠海市政府常务会议审议通过《珠海市降低制造业企业成本支持实体经济发展若干政策措施》，措施着力于制造业企业“降本增效”，在原实施的培育壮大实体经济系列政策基础上，对标广东省的要求，结合珠海实际制订措施细则，包括 10 条政策 41 个政策点，被称为“珠海实体经济十条”。

【中国—拉美国际博览会】 于 2017 年 11 月 9—11 日在珠海市举行。博览会展出面积 3 万平方米。其中，中拉合作展区 5000 平方米，拉美特色展区 1.5 万平方米，粤港澳大湾区展区 1 万平方米。博览会期间举办主题及配套活动 14 场，61 个国家和地区的 523 家企业（机构）2423 名嘉宾参展参会；博览会上签约项目 73 个，签约总金额 32.5 亿元。博览会两天公众日吸引展馆入场观众 4.9 万人次，配套文体活动入场观众约 4 万人次。

【“21 世纪海上丝绸之路”国际传播暨中国（广东）企业走出去论坛】 于 2017 年 11 月 29—30 日在珠海市举行，论坛发布《中国广东企业“一带一路”走出去行动报告》，并设立以科技性、互动性为特点的广东企业“走出去”的成果展。以“合作、传播与价值”为主题，论坛聚焦基建出海、产能合作、金融国际化、文化产业创新等重大、核心项目领域，探讨“一带一路”倡议在为全球经济增长寻找新动力过程中所蕴含的新契机。

【特种飞机 AG600 首飞成功】 2017 年 12 月 24

2017 年 11 月 29—30 日，“21 世纪海上丝绸之路”国际传播暨中国（广东）企业走出去论坛在珠海国际会展中心举行。图为开幕式现场

（珠海市委宣传部供稿）

日，大型灭火 / 水上救援水陆两栖飞机“鲲龙”AG600 在珠海金湾机场完成陆上首飞。AG600 飞机是中国首次按照中国民航适航规章要求研制的大型特种用途飞机，是国家应急救援体系建设急需的重大航空装备。机长 37 米，翼展 38.8 米，机高 12.1 米，最大起飞重量 53.5 吨，最大巡航速度 500 千米 / 小时，最大航时 10 小时，最大航程超过 4000 千米，20 秒内可一次汲水 12 吨，具备执行森林灭火、水上救援等特种任务能力。（珠海年鉴编辑中心）

【佛山市招商引资推进会召开】 2017 年 3 月 27 日，佛山市召开全市招商引资推进会。会上，市长朱伟总结佛山上年招商引资成绩并给各区、市直单位签订招商引资责任书，通过绩效考核、压实任务，市区联动、加强协作，调动各区各市直部门招商引资工作积极性。2017 年，全市实际吸收外资金额 16.23 亿美元，全市五区投资额超 1 亿美元的外资重大签约项目 7 个，投资额超 10 亿元的内资重大签约项目 77 个；全市五区投资额超亿元的内资签约项目 395 个；全市超千万美元的外资项目 46 个（新批 24 个，增资 22 个），投资总额约 35 亿美元；全市五区投资额超 1 亿元的装备制造业签约项目 93 个。

【佛山投资促进中心成立】 2017 年 5 月 8 日，佛山市投资促进中心揭牌暨重大招商项目签约仪式在佛山市举行。市长朱伟、省商务厅投资促进局局长孙斌出席仪式并发表讲话；市投促中心采用项目小组方式精准招商，集中佛山所有的产业咨询，让市投促中心成为投资佛山第一站。

（吴晓荣）

【“佛山企业家精神”专题宣传】 2017 年 6 月 19 日，佛山市召开以市委、市政府名义主办的“佛山·脊梁企业”“佛山·大城企业家”命名大会，命名 20 个“佛山·脊梁企业”和 20 位“佛山·大城企业家”，表彰其为佛山经济发展和社会繁荣稳定所作出的突出贡献。中共佛山市委书记鲁毅在大会上讲话指出，佛山要大力弘扬和传承“佛山企业家精神”，把佛山打造成为企业家安心经营、放心投资、舒心成长的“创富天堂”。2017 年 2 月起，佛山传媒集团下属各媒体开展“佛山企业家精神”专题宣传报道。市委宣传部牵头在全市推选出 20 家“佛山·脊梁企业”和 20 名“佛山·大城企业家”。该次大会通过传统媒体和网站、“两微一端”等新媒体，综合运用多种手段进行宣传。《人民日报》、新华社、中央电视台、凤凰卫视、《南方日报》、《羊城晚报》等主流媒体刊发、刊播报道 200 余篇（条）。新华网命名大会网络直播覆盖人数 3622 万人，直播阅读量 2209 万次，访问人数 1413 万人；“南方 +”对大会进行图文直播，“佛山发布”、佛山新闻网、“佛山在线”等当地网络媒体全程直播；人民网、中新网等百余家网媒聚焦大会进行专题推送。

【佛山创建“全国质量强市示范城市”】 2017 年 8 月，广东省质量强省领导小组办公室组织省质监局、住建厅、商务厅、出入境检验检疫局有关负责人，以及省质检院、中国质量认证中心广州分中心相关专家，对佛山市创建“全国质量强市示范城市”进行为期两天的预验收，佛山市通过预验收。2017 年底，佛山市创建“全国质量强市示范城市”的验收申请和相关证明材料上报到国家质检总局。禅城现代电源、禅城丝光棉针织、南海半导体 3 个“全国知名品牌示范区”完成筹建，于 3 月通过验收；高明人造革合成革、三水陶瓷机械示范区均按照创建计划推进各项创建任务。至 2017 年底，佛山市获批创建的“全国知名品牌示范区”9 个，数量居全国地级市首位。佛山市质监局推动各区开展调研活动，摸排产业集群发展现状，并指导高明人造石英石、三水饮料、三水通信天线、南海西樵梭织面料 4 个产业集群申报“全国知名品牌示范区”，完成申报材料并上报国家质检总局。3 月 21 日，2016 年区域品牌价值评价结果发布会在北京召开，佛山陶瓷、南海铝材、南海半导体照明、盐步内衣、西樵面料 5 个区域品牌入选“2016 年区域品牌价值百强榜”，入选区域品牌数在全国地级市中排名第一位，区域品牌总价值约 781 亿元。

是年，佛山市质监局指导泛家居领域标准联盟完成佛山市照明电器行业、涂料行业、五金制品行业、塑料建材行业 4 个标准体系规划与路线图；指导各联盟组织制定《广东优质品牌团体标准陶瓷砖》《家具用牛皮》《家用和类似用途超滤净水机》《家用和类似用途破壁搅拌机》《铝合金家具用型材》等 21 个泛家居领域联盟标准，推进全市泛家居产业转型升级。5 月 24 日，佛山市举办工业机器人应用标准服务平台上线暨联盟标准发布会，正式发布激光焊接机器人、打磨抛光用工业机器人系统、工业机器人维护保养通用技术规范 3 项产业联盟标准，同期，佛山市工业机器人应用标准服务平台上线运作。佛山市质监局推动先进装备领域企业将两项专利分别转化为《焊接机器人柔性组合翻转夹具》《喷釉机器人生产线》先进标准。

年内，佛山市组织开展质量强市示范城市创建宣传活动，通过佛山电视台、电台、《佛山日报》、户外 LED 显示屏等传媒，宣传“匠心铸精品 质量强佛山”城市质量精神，印制质量强市宣传资料 3 万多份，在“3·15”国际消费者权益日、世界计量日、安全生产活动月等活动期间派发。开展市民质量满意度调查测评，开展 18 期 1800 余人次中小学质量教育实践活动，编制 24 期《佛山市创建全国质量强市示范城市工作简报》。11 月 23 日，国家质检总局新闻办到佛山市开展“质量提升媒体行”活动，来自中央电视台、《经济日报》、人民网、新华网等十余家中央媒体记者，实地采访佛山市制造企业开展质量提升活动的做法和成效。（管东东）

【佛山特色小镇建设】 2017 年，佛山市按照国家和省关于培育特色小镇的总体部署，立足制造业产业基础和岭南文化历史积淀，谋划一批特色小镇，在国家和省级特色小镇创建示范工作中取得显著成效。顺德北滘以家电产业为基础，以全省第一名的成绩入选第一批国家级特色小镇；以国家 AAAAA 级旅游景区西樵山为依托的南海区西樵镇，以发达的商贸业为支撑的顺德区乐从镇进入第二批国家级特色小镇名单。佛山因此成为广东省内国家级特色小镇数量最多的城市。高明区的东洲鹿鸣体育小镇被国家体育总局认定为全国首批运动休闲小镇试点名单，进一步丰富佛山国家级特色小镇的类型。陶谷小镇（石湾—南庄）、千灯湖创投小镇、顺德特色小镇示范群（北滘—龙江—乐从—陈村）入选第一批省级特色小镇创建工作示范区名单。佛山成为省内创建示范区数量最多、类型最广的城市。7 月，佛山市政府出台《佛山市推进特色小镇规划建设实施方案》，提出全市争取到 2020 年，建成 30 个以上市级特色小镇，8 个以上省级特色小镇，5 个以上国家级特色小镇的总体目标，重点在加强规划指引、发展特色产业、完善基础设施、营造文化特色等七个方面对特色小镇建设提出具体任务，要求以创建市级特色小镇为重点，带动和引领全市特色小镇建设工作。

2017 年 7 月，选定 15 个特色小镇作为首批市级特色小镇创建对象，总体包括四种类型：一是在“专业镇”的产业集群基础上，推进产业转型升级，如南庄的“建陶小镇”、龙江的“家居名镇”和西南的“水都小镇”等；二是传承佛山岭南历史文化，发展文化旅游产业，如西樵的“岭南文旅小镇”、乐平的“广府印象小镇”等；三是利用产业基础和区位优势，构建现代产业体系，如桂城的“千灯湖创投小镇”、张槎的“绿能装备小镇”和里水的“广佛里智慧慢城”等；四是依托生态环境优势，满足人们休闲运动需求，如高明的麓湖假日小镇和东洲鹿鸣体育小镇等。这些小镇谋划重点建设项目共计 250 个，总投资 820.03 亿元。强化组织保障，建立由市长担任组长，相关分管副市长担任副组长，市直相关部门及五区政府主要领导为成员的佛山市特色小镇建设工作协调小组，“一对一”挂点联系每个市级特色小镇，加强对小镇规划建设工作的指导。在资金奖励、用地保障、金融支持、人才引进等方面制定支持政策。对纳入国家级和省级的特色小镇给予2000万元和1000万元的奖励。是年，市区两级财政专门安排30亿（对每个市级特色小镇市、区两级财政各安排1亿元）扶持资金专项用于支持首批市级特色小镇建设。规定市级及以上特色小镇可根据自身发展需要，报请市政府按照“一镇一议”原则给予专属政策支持。根据每个特色小镇不同的创建方案，确定个性化考核指标，由市发展改革局与特色小镇所在镇政府（街道办）签订创建工作责任书。建立市级特色小镇考核验收制度，要求各镇（街）每月上报特色小镇建设进展情况，每季度通报一次小镇建设情况，每半年对市级特色小镇组织一次巡查评比，每年度组织一次考核评估，两年创建期满后统一组织验收。（苏耀聪）

【佛山制造向佛山智造、佛山创造转变】 2017年8月2日，佛山市召开推动机器人应用暨智能化技术改造现场会，总结佛山推动机器人应用和智能化技术改造的成果，推介佛山市家电、装备制造、陶瓷等7个主要行业的机器人应用和智能化技术改造成功经验。是年，佛山市认定广东华润涂料有限公司、广东华兴玻璃股份有限公司等29家企业和7个服务机构为2017年佛山市“中国制造2025”试点示范。全年新增机器人应用2227台，开展“机器换人”的规模以上工业企业175家。佛山市宏石激光技术有限公司等6家企业获评广东省战略性新兴产业（智能制造领域）培育企业，佛山市金银河智能装备股份有限公司、广东东承汇智能装备股份有限公司升级为广东省战略性新兴产业（智能制造领域）骨干企业。佛山华数机器人有限公司、佛山隆深机器人有限公司获评第二批广东省机器人骨干企业。佛山市新鹏机器人技术有限公司、广东泰格威机器人科技有限公司、华南智能机器人创新研究院获评广东省智能制造公共技术支撑平台。佛山欧神诺陶瓷股份有限公司、广东溢达纺织有限公司等7家企业入选2017年广东省智能制造试点示范项目。佛山市全年新增省级企业技术中心37个，市级企业技术中心33个，全市拥有国家级企业技术中心17个、省级企业技术中心187个、市级企业技术中心161个。佛山市南海区广工大数控装备协同创新研究院牵头的半导体智能装备和系统集成创新中心获批筹建省级制造业创新中心。广东国防科技工业技术成果产业化应用推广中心和佛山中国空间技术研究院军民融合技术推广中心落户佛山市南海区。（刘义超）

2017年8月28日，在第三届珠江西岸先进装备制造业投资贸易洽谈会佛山展区，美的集团与安川电机有限公司合作的3D视觉分拣机器人吸引参会者关注（王澍 摄）

【第三届珠江西岸先进装备制造业投资贸易洽谈会】 于2017年8月28—30日在广东（潭洲）国际会展中心举办。开幕式由广东省人民政府副省长袁宝成主持，工业和信息化部部长苗圩、中国工程院党组书记李晓红、中共佛山市委书记鲁毅在开幕式上分别致辞，广东省人民政府省长马兴瑞在开幕式上作讲话。中共广东省委书记胡春华，中共广东省委常委林少春，以及国家有关部委、广东省政府有关部门和珠江西岸城市的有关负责人出席开幕式。洽谈会共设5个展馆，总面积5万平方米，参展企业233家，4万余人观展，参会客商3600余人。洽谈会期间围绕智能制造、技术标准、专利技术和知识产权等内容，举办装备制造业专业交流对话活动3场，参会人数800余人。佛山市在洽谈会上组织装备制造业签约项目102个，投资总额1213.9亿元。包括广东省珠江西岸装备制造业融资租赁投资基金项目、中国标准化研究院绿色制造技术与标准创新研发中心（佛山）项目、顺德智能制造科技园项目、本田混合动力变速箱项目等。

（苏耀聪）

【佛山成功创建国家森林城市】 2017年10月10日，森林城市建设座谈会在河北省承德市举行，中共佛山市委书记、市人大常委会主任鲁毅代表佛山接过“国家森林城市”牌匾，佛山市成功创建国家森林城市。自2013年开展创建国家森林城市工作以来，佛山市市域森林覆盖率和建成区绿化覆盖率分别提高到36.3%、42.8%，累计新增造林绿化面积7019.4公顷，建设生态景观林带758.8千米，新建区级以上森林公园11个、区级以上湿地公园20个、乡村森林家园313个，人均公园绿地面积由12.37平方米提升到14.67平方米，40项指标均达到或超过《国家森林城市评价指标》要求。市领导班子连续11年，在春节后首个工作日开展新春植树绿化活动，编制实施《广东省佛山市国家森林城市建设总体规划》，累计投入“创森”资金86亿元。实施带状森林建设、“公园化”战略、“绿城飞花”绿化景观项目、森林下乡与公园进村等具有佛山特色的生态工程。围绕森林、绿地、湿地、农田等重点保护生态要素，将超五成的市域面积划入城市生态控制线，并编制完善林地、湿地及耕地、绿地等保护利用规划。打造50千米徒步、茶花节、桃花节、百合花节等14项生态文化品牌活动，推动生态文化渗透到社区、乡村、校园、企业。以获得国家森林城市生态标识全国试点建设为契机，新建生态标识示范点45处和生态标识牌8234块，提升生态服务功能。

（何持卓）

【第三届中国（广东）国际“互联网+”博览会】 2017年10月12—15日，第三届中国（广东）国际“互联网+”博览会暨第14届中博会专业展在广东（潭洲）国际会展中心举行。博览会以“新互联、新智造、新未来”为主题，聚焦互联网技术在工业、农业、医疗、交通、人工智能等方面的最新应用和研究成果。广东省副省长袁宝成、工信部信息化和软件服务业司司长谢少锋与国家相关部委负责人、省相关部门负责人，以及前民主德国总理洛塔尔·德梅齐埃等外宾出席开幕式并参观展馆。中共佛山市委书记鲁毅致欢迎辞，市长朱伟主持开幕式。该届博览会设立智能制造、“互联网+”前沿技术、智慧城市、“互联网+”金融、电子商务、创新创业和智能家居生活七大主题展区，并设有“中国制造2025示范线”、汉诺威佛山市机器人学院、汉诺威策展的1000平方米海外组团、中国轻工工艺品进出口商会策划的电子商务组团等展区，共有来自大数据、云计算、智慧物流、电子商务、工业及服务机器人、无人机、VR/AR（虚拟现实/增强现实）、互联网支付、人工智能等方面的80多品类，656家中外展商在面积4.5万平方米的平台上进行展示。博览会期间有20个涉及互联网技术的重大项目宣布落地佛山，总投资829亿元，同时举办第七届中国智能产业高峰论坛、2017中国机器人及人工智能大赛等31场专题活动。

（刘义超）

【佛山保留“全国文明城市”称号】 2017年11月14日，中央文明办公布佛山市保留“全国文明城市”称号。是年，佛山市委常委会三次专题研究部署迎接全国文明城市复检工作。加强市、区、镇（街）三级联动，加强文明办、公安、城管、住建、教育、交通等部门之间互动，开展“静净生活·整洁家园”“文明出行·你我参与”等专项行动，对背街小巷、集贸市场、“八乱一占”、网吧、出租车、行人乱穿马路等行为进行集中整治。委托第三方开展城市文明指数季度测评2次，针对背街小巷、集贸市场等重点区域组织专项测评，通过常态化、地毯式的巡查和测评，查找“创文”工作存在的不足与漏洞。全年发出整改督办通知近20份，推动“创文”工作常态化、精细化。5月，佛山被中央文明办作为“全国文明城市巡礼”城市之一，新华社、《人民日报》、《光明日报》、《经济日报》、中央人民广播电台、中央电视台等媒体以《佛山：“温暖”的制造业大市》《广东佛山推动文明创建延伸——乡村成景点　青山变金山》《文明创建向镇村延伸》《广东佛山：以文“化”人向村居厂企延伸》《广东佛山建设美丽文明村居　将文明创建延伸》《广东佛山：滋养精气神　增强城市活力》为题作集中报道。（雷郎才）

【全国首个创意城市博览会在佛山举办】　2017年11月16—19日，广东（佛山）创意城市博览会（简称“创博会”）在广东（潭洲）国际会展中心举行，这是全国首个以“创意城市”为主题的博览会。创博会以“全球创意网络城市”为亮点，以“文化+科技、文化+创意”为核心，展示面向未来的城市发展趋势和创意生活，分为创意城市、创意休闲、创意生活、创意设计、创意美食五大展区，展区面积5万平方米，包括美的、海信、南京物联、网易、阿里体育、腾讯、华侨城等344家国内外企业参展，来自苏州、广州、深圳、宁波、景德镇等国内城市以及美国、意大利、葡萄牙、北欧等国家和地区的创意元素、创意产品参现展览。广州与佛山联合打造“广佛馆”，展示广佛同城化发展成果和两市一脉相承的广府文化。博览会还举办中外高校大学生工业设计邀请赛、“D-DAY”创新设计大赛成果和中外工业设计成果精选等活动。博览会4天共有26万人次观众前往参观。（苏耀聪）

【佛山全面落实“河长制”】　2017年，佛山市按照“河长领治、源头主治、系统整治、依法严治、社会共治”工作思路，推进河长制河湖管理模式落地，市、区、镇三级出台全面推进河长制工作方案，设立双总河长，成立河长制工作领导小组和办公室，印发各项配套工作制度，实施市、区、镇、村四级河长制，明确3353条（座）河湖共计1306名河长并设立河长公示牌，完成主要河湖“一河一策”实施方案编制。推进省级、市级河长制示范点工作，将河长制列入市委、市政府重点督办事项，各级河长带队对负责河道进行巡查，采取督查令等方式督促各级河长尽责履职。推行“四源共治、六策治水”，采取挂图作战的方式精准推进全市河流整治工作和重点领域的污染治理。是年，全市饮用水源地水质稳定达到Ⅲ类，水质达标率100%；12个省考核断面除高明河沧江水闸断面外，其余11个均达到省考核要求。广佛跨界河流水质取得历史性突破，佛山水道、西南涌、芦苞涌的水质均值达到要求，6条城市建成区黑臭水体提前两年全部完成整治。（罗惠栅）

【江门市重大产业项目投资协议签约】　2017年2月28日，江门市在江门高新区（江海区）举行重大产业项目投资协议签约仪式，新能源汽车材料项目和电机产业城项目相继签约。新能源汽车材料项目的投资方是比利时优美科集团，是全球最大的锂离子电池正极材料制造商，锂离子电池材料全球市场占有率超过四分之一。至年底，优美科集团与江门市长优实业有限公司有3家合资公司落户高新区（江海区），投产后均成为各自领域内的行业标杆。该次计划在高新区（江海区）投资30亿元，打造年产量20万吨、产值超百亿元的全球最大新材料产业基地。（黎家宁）

【江门实施“大交通”发展战略】　2017年3

月，经中国铁路总公司批准，广珠铁路江门南站更名为江门站、广珠城际江门站更名为江门东站。12月底，中国铁路总公司批复珠西综合交通枢纽站站房工程初步设计，江门市迎来多层次综合交通全面发展的新格局。串联东部“三区一市”的江门大道东甲立交至三江段实现绕行通车。台开快速路、开平快速干线（西线）工程加快建设。连接广州、中山、顺德的广中江高速二期工程建成通车；对接深中通道，穿越中山的中开高速江门段全线动工建设；佛开高速南段扩建工程全线动工建设；开阳扩建工程、开春高速新建工程开工建设；高恩高速施工进展顺利。银洲湖高速、江鹤高速扩建、开台高速、香台高速、国道G325线恩平段和开平段改扩建、国道G240线新会段和台山段改扩建、省道S270线鹤城至杜阮段改扩建工程等项目前期工作加快推进。

【第16届广东教育装备展览会暨第二届江门·台湾教育装备展览会】 于2017年3月29—31日在广东珠西国际会展中心举办。该次展会是广东规模最大、内容最丰富的一次教育装备展览会，集聚近200家企业逾3000件先进教育装备产品，吸引约5万人次进场参观。这是广东教育装备展览会第一次在广州以外的地级市举办，也是江门首次举办省级大型教育装备展览会。（熊秀明）

【江门市获批国家森林城市】 2017年10月10日，在河北承德召开的2017年森林城市建设座谈会上，江门市等19个城市被全国绿化委员会、国家林业局授予“国家森林城市”称号。同时，新会小鸟天堂、开平孔雀湖成为江门市首批国家级湿地公园，镇海湾红树林国家湿地公园开展试点建设。

【江门市获批创建“全国质量强市示范城市”】 2017年11月，质检总局批准江门市创建“全国质量强市示范城市”，使江门市成为广东省2017年度唯一获批创建的地级市。江门市自2010年便推进“质量强市”建设，坚持以提高质量和效益为中心，以供给侧结构性改革为主线，完善质量监管体系，推动质量创新，提升产品、工程、服务、环境质量水平。推动质量强市战略的实施，广佛江快速通道江顺大桥工程获颁中国建设工程质量最高奖——中国建设工程鲁班奖。

【第三届世界广府人恳亲大会暨2017中国侨都（江门）华人嘉年华】 于2017年11月17—25日举行。世广会暨嘉年华期间江门共举办活动20多项，来自全球70多个国家和地区的2300多名海内外嘉宾参与其中。大会以“世界广府人共圆中国梦”“让世界认识侨都 让侨都走向世界”为主题，围绕侨都、文化、经贸三大元素，展示广府人的过去、现在和未来，带动广府文化与侨乡文化碰撞、交融。江门市在活动中有199个投资项目达成合约，总投资金额1269亿元。

（江门市地方志办公室）

【联合国世界旅游组织旅游可持续发展观测点落户开平市】 2017年11月18日，联合国世界旅游组织江门旅游可持续发展观测点在开平市自力村碉楼群揭牌。这是该组织在中国设立的第9个观测点，也是广东省首个旅游可持续发展观测点。“全球旅游可持续发展观测（GOST）”项目选择全球典型旅游地进行旅游影响监测，监测内容包括旅游的社会文化、经济发展、环境保护等多个方面，旨在通过监测活动指导旅游目的地科学发展，提高旅游目的地的示范性地位，推动旅游目的地的国际交流与合作。（司徒诗颖）

【深茂铁路新会段建成全球首例高速铁路拱形全封闭声屏障】 2017年12月15日，全球首例高速铁路拱形全封闭声屏障在深茂铁路新会段建成，这是为保护新会小鸟天堂景区生态环境首创的静音模式。建设中的深茂铁路全长390.1千米，是连接珠三角核心城市与粤西的第一条高速铁路，受地形影响，新会段选线必须通过小鸟天堂景区。为减少噪音对鸟类的影响，深茂铁路新会段耗资1.87亿元，建设全长2千米的拱形全封闭声屏障，有效控制高铁列车运行噪声在小鸟天堂自然分贝范围内，同时消除列车灯光对鸟类影响，防止鸟类与列车发生碰撞，提高线路运营安全。（范欣）

【江门人才岛开工建设】 2017年12月29日，江门人才岛开工仪式在江门市蓬江区举行，现场签约总投资为51亿元的项目13个，内容涉及景观美化建设、人才服务配套、旧村改造建设、道路桥梁建设等。江门市5年内将投入超300亿元，建设珠江西岸高品质人才培养示范基地、粤港澳大湾区高层次人才乐业平台、“一带一路”倡议国际人才服务创新区。开展一系列人才岛建设的相关配套工作，成立江门人才岛博士服务中心，启动“双百博士”引进计划；谋划共建“江门人力资源服务产业园”，以“一岛一园”的创新模式，打造全链条的人力资源产业集群。

（江门市地方志办公室）

【2017中国加工贸易产品博览会】 2017年4月20—23日在东莞市举办。博览会由商务部、国家知识产权局和广东省人民政府共同主办，广东省商务厅和东莞市承办。该届加博会展览面积6万平方米，坚持“1+6”专业化模式运作，即一大主题展、六大专业展。其中，主题展三大板块，分别为：工业设计板块、梯度转移板块和检测认证板块；六大专业展分别为国际智能手机及移动终端产业展区、国际潮流服装服饰展区、国际时尚箱包鞋帽展区、国际餐厨用品展区、国际礼品玩具家居饰品展区、电商和国际物流展区。展会吸引来自全国15个省市及港澳台地区的859家企业参展，比上届增长6.4%；入场观展采购的人数9.89万人次，增长6.7%，其中专业观众2.3万人次，增长15%；达成商贸合作项目（含合同、协议和意向）8100个，增长4.6%；意向成交金额998亿元，增长3.3%。展会期间，举办各类活动42场，其中大型配套活动17场、新品发布活动13场、专业采购对接会12场，累计上万人次参会。

【东莞市首次进入“中国外贸百强城市”榜单前三位】 2017年7月25日，由中国海关总署主办的《中国海关》杂志公布2016年“中国外贸百强城市”排名，前三位为深圳市、上海市、东莞市，分别获得综合得分80.8、78.4、78.1分，东莞市首次进入全国前三位。“中国外贸百强城市”评选由海关总署统计，评选标准包括外贸水平竞争力、结构竞争力、效益竞争力、发展竞争力和潜力竞争力五大分项25个指标、计算得出中国地级以上城市的外贸综合竞争力分值，具有较强的专业性和权威性。“中国外贸百强城市”榜单2008年开始建立，东莞市7次排名全国第四位，2009年列第五位。东莞市排名提升，主要得益于外贸效益、外贸发展、外贸潜力等分项排名的提升。

【中国散裂中子源在东莞市首次打靶成功】 2017年8月28日，位于东莞市的国家大科学工程——中国散裂中子源首次打靶成功，获得中子束流，中国散裂中子源是“十二五”期间建设的规模最大的大科学装置，由中国科学院和广东省共同建设，国家批复投资18.8亿元。该项目于2007年落户东莞市，2011年10月奠基；2014年10月，加速器首台设备——负氢离子源投入安装；2017年7月，快循环同步加速器成功将

·链接·

散裂中子源被誉为“超级显微镜”，在材料科学和技术、生命科学、物理、化学化工、资源环境、新能源等诸多领域具有广泛应用前景。其原理是：当中子入射到样品上时，与它的原子核或磁矩发生相互作用，产生散射。通过测量散射的中子能量和动量的变化，可以研究在原子、分子尺度上各种物质的微观结构和运动规律，告诉人们原子和分子的位置及其运动状态。

质子束流加速到设计能量 1.6GeV（十亿电子伏特）。2017 年 8 月 28 日，中国散裂中子源按期完成主要建设任务。该项目建在 13~18 米的地下，工程主要建设内容包括 1 台 8 千万电子伏特的负氢离子直线加速器、1 台 16 亿电子伏特的快循环质子同步加速器、2 条束流运输线、1 个靶站、首批建设 3 台谱仪及相应的配套设施和土建工程。加速器、靶站和谱仪工艺设备的批量生产在全国近百家合作单位完成，设备国产化率 90%以上。

【东莞市获全国综治工作“长安杯”】 2017 年 9 月 19 日，中央政法委、中央综治委在北京召开全国社会治安综合治理表彰大会。会上，对 2013—2016 年度全国综治工作先进集体和先进工作者进行表彰。东莞市第三次获“全国社会治安综合治理优秀城市”称号，首次获全国综治工作最高荣誉“长安杯”。截至 2017 年，东莞市委、市政府连续 11 年将治安工作列为“十件民生实事”之首，出台社会治安防控体系建设、命案防范、智网工程等多项指导性文件，全市 32 个镇街、592 个村（社区）、132 个工业园区（规模企业）统一建立综治信访维稳中心和工作站。建立健全医调委、交调中心、异地商会服务管理等第三方调解机制，发挥专业性、行业性人民调解组织对矛盾纠纷的预防化解功能，引导“莞香花”等知名社工服务品牌机构参与矛盾化解。推动“一村（社区）一法律顾问”工作，全市 592 个村（社区）实现法律顾问全覆盖。建立劳资纠纷联动治理工作机制，推动全市企业风险预警系统建设，将全市 35.6 万个用工单位纳入监控，全市劳资群体性事件和欠薪逃匿案件呈现逐年下降趋势。全市实现 2.7 万路视频监控图像、454 个卡扣采集点的互联互通；各级综治信访维稳平台实现对各自辖区视频资源的汇聚共用。加快落实综治视联网建设，推动实现全市各镇街综治信息中心全覆盖。

【2017 广东 21 世纪海上丝绸之路国际博览会】 于 2017 年 9 月 21—24 日举办。该届博览会按照“一展一会”的模式举行，展览部分在东莞广东现代国际展览中心举办，主题论坛在广州市东方宾馆举办。博览会有 79 个国家和地区参展参会。其中，来自国内及境外 56 个国家和地区 1682 家企业到会设展，参展国比上年增加 4 个，境外企业占比 67%。伊朗、俄罗斯和罗马尼亚为首次设立国家馆。来自境外 30 多个沿线国家和地区的商协会，中国百货商业协会等中国国字号的五大商协会，以及沃尔玛、家乐福等跨国商贸龙头企业，共 6000 多家境内外采购企业到场采购。展会接待海内外观众 25.1 万人次，比上年增长 5.5%，其中专业买家入场 3.1 万人次，增长 10.7%。展会达成签约项目 758 个，涉及签约资金 2190 亿元，比上年增长 5.9%。展会期间，秘书处与多个境外商协会签订共建“广东海丝跨境商品展示交易中心”战略框架协议。该项目由秘书处和东莞市人民政府筹建，旨在打造“永不落幕的海丝博览会”，与一年一度的海丝博览会形成“年度展＋常年展”的新格局。

9 月 22 日主题论坛在广州市东方宾馆举行。广东省委书记胡春华，省长马兴瑞，中国国际贸易促进委员会会长姜增伟，省委副书记、广州市委书记任学锋，斐济工业、贸易和旅游部部长法亚兹·西迪克·科亚以及 13 个沿线国家的前政要和部长级官员、22 个国家的重要商协会代表，还有来自约 80 个国家的官员、学者、企业家、金融机构等 1200 多名代表与会，涵盖亚洲、欧洲、非洲、大洋洲等地区。论坛主题为“共商共建共享，产融合作发展”，采用“1+3”模式，由主题大会及三个分论坛组成。广东省贸促会、广州市贸促会联合巴基斯坦中国联合工商会、马来西亚国际商务促进协会、南非开普敦商会等 17 个境外商协会举行“一带一路”沿线国家商协会国际实用汉语培训合作启动仪式，共同打造“一带一路”国际实用汉语培训桥头堡。此外，在东莞展会现场安排 15 场采购对接活动和 27 场经贸交流活动，推介交流合作商机。

2017年9月28日，东莞国际邮件互换局兼交换站运营启动仪式在东城跨境贸易电子商务中心园区举行

（东莞市人民政府地方志办公室供稿）

【东莞国际邮件互换局兼交换站投产运营】2017年9月28日，东莞国际邮件互换局兼交换站运营启动仪式在东城跨境贸易电子商务中心园区举行。该互换局的运营使东莞进出口邮件不必绕行广州，且拥有广州、深圳、香港多个空港资源，为东莞跨境电子商务发展创建更加多元、高效、优质的物流渠道。东莞国际邮件互换局占地面积4公顷，建筑面积3.2万平方米，在全国各互换局中首次使用智能机器人传输邮件，配备国内领先的收寄和分拣生产流水线，寄递时限较以往可缩短0.5~2日，日均处理能力最高可达80万件，完成二期建设后，处理能力最高可超过200万件/天。

【东莞市连续四次获“全国文明城市”称号】2017年11月17日，全国精神文明建设表彰大会在北京市召开，东莞市再次获得“全国文明城市”称号，这是东莞市继2008年首次获得“全国文明城市”称号后，连续四次获此称号。大会还授予东莞市东坑镇、茶山镇、中堂镇潢涌村等镇村“全国文明村镇”称号，授予东莞市国家税务局、东莞市气象局等单位“全国文明单位”称号。截至2017年，东莞市各镇街（园区）完成主题公园、旧墙改造、基层社区服务中心等文明创建项目311个。通过开展“同在莞邑”核心价值观进基层、城市暖流行动等一系列品牌活动，推进核心价值观具体化、大众化、生活化。推进“友善之城”建设，推进八大行动26项举措，打造“志愿爱心集市”“尚善365”爱心平台等文明创建品牌。2015—2017年，全市入选“中国好人”19人、“广东好人”20人、“东莞好人”519人，2人获“全国道德模范提名奖”，1人获评“广东省道德模范”，2人获评“广东省道德模范提名奖”，1人被评为“南粤楷模”。志愿服务活动蓬勃发展，注册志愿者有98万人，实现全市597个村（社区）志愿服务站全覆盖。在“补短板、促提升”行动中，全市累计清除卫生死角超过41万处，处理占道经营超过33万宗，关停处理“牛皮癣”号码1.02万个，拆除违章建筑超过1.17万处，清除违章户外广告超过10万块，建立便民信息发布栏4460个，修复市政设施约2万处，增设核心价值观等公益广告20.57万块，总面积超过63.87万平方米，新增垃圾桶超过2万个。启动基层文明示范工程，建成9类文明示范项目930个。

【2017中国城市规划年会在东莞市召开】 2017年11月18—20日，2017中国城市规划年会在东莞市召开。该年会由东莞市人民政府与中国城市规划学会共同主办、广东省住房和城乡建设厅协办、东莞市城乡规划局具体承办，是第一次在地级市举办。会议吸引来自全国各地城乡规划以及相关领域的近8600名专家学者参加，共同探讨“持续发展，理性规划”的主题，主要分为全体大会和平行会议。全体大会设置专题报告9个；平行会议设置57场，包括专题会议26场、

学术对话 23 场、主题对话 1 场、特别对话 2 场，分别从品质空间与城市创新、城乡建设绿色发展、特色小镇走向何方、湾区的善治与创新等方面展开学术交流讨论。该年会专门设置以“走向更美好的城市——东莞 30，30”为主题的东莞城市论坛，以东莞市为切入点，总结东莞设立地级市 30 年发展经验，谋划未来 30 年发展，邀请专家学者探讨东莞市由“世界工厂”走向“家园城市”的转型路径，为美好城市建设提供实践经验。

【莞惠城轨全线开通运营】 2017 年 12 月 28 日，莞惠城轨新开通运营常平东—道滘段线路，莞惠城轨全线开通运营。莞惠城轨小金口—道滘全程 103.1 千米。其中，惠州市小金口站至东莞常平东站于 2016 年 3 月 30 日通车运营。这次新开通运营的常平东—道滘段线路全长 44.2 千米。莞惠城轨设计时速 200 千米，起步价 5 元，全程票价 60 元，每天有 31 对列车在东莞与惠州之间穿梭开行，平均约半小时就有一班车，耗时 1 小时 30 分钟至 1 小时 40 分钟。莞惠城轨常平东—道滘段线路由东莞常平东站出发，经大朗镇、寮步镇至东莞市区，而后进入道滘镇，设有常平东、常平南、大朗镇、松山湖北、寮步、东城南、西平西、道滘 8 个车站。

（东莞市人民政府地方志办公室）

【2017 年中山招商引资·招才引智洽谈会】 于 2017 年 3 月 28—30 日在中山市举行，其间举行招商引资和招才引智活动 18 场。会议以“创新引领　智汇中山”为主题，开展产业和人才对接交流活动。20 多位国内外院士、50 多位顶尖专家学者和领军人才、100 多家知名企业和高新企业代表参会。会上达成可签约项目 158 个，合同（协议）投资总额 2500 亿元，项目数量与投资额均创历史新高，上台签约重点项目 71 个。其中，超 100 亿元的内资项目 6 个，投资金额超 3000 万美元的外商投资项目 4 个。盈富环球投资的生态农业项目投资额 3 亿美元，为洽谈会投资最大的外商投资签约项目；瑞科新能源项目投资额 5.6 亿元，是优质外资高新技术产业项目；比亚迪项目计划在中山打造新能源汽车、轨道交通装备基地，为区域优势产业高地注入新的发展动力。

【中山市再次获“中国十大数字阅读城市”称号】 2017 年 4 月 14 日，2017 年中国数字阅读大会在杭州市开幕，国家新闻出版总局授权大会发布《2016 中国阅读白皮书》。中山市继 2015 年度之后，再次获评为“中国十大数字阅读城市”。中国数字阅读大会由国家新闻出版广电总局直接指导，旨在推广全民阅读，搭建传统出版、数字出版融合与交流平台。该届入评的“中国十大数字阅读城市”除中山外，还有深圳、上海、成都、西安、青岛、杭州、重庆、贵阳、南宁 9 个城市。根据数据显示，2016 年，中山市民在数字阅读方面的数据来自采样的全国近 180 个城市以及全国 11 家主要数字出版发行平台。其中城市阅读总指数在十大城市中位列第二名，人均每月数字阅读天数和人均月在线阅读书本数均居十大城市之首，分别达到 4.16 天 / 人和 5.8 本 / 人。

【中山市肉菜流通追溯体系通过广东省验收】 2017 年 6 月，中山市肉类蔬菜流通追溯体系建设项目通过广东省考核验收，中山市成为广东省第一个通过这项验收的城市。2013 年，中山获国家商务部确定为第四批“全国肉菜流通追溯体系试点城市”，是全国唯一采用“政府购买服务、企业建设运营”模式的城市。2017 年，中山建成覆盖全市 25 个镇区的肉菜溯源系统，包含标准化菜市场 60 个、连锁超市门店 50 家、团体单位 30 个、屠宰企业 9 家和批发市场 2 个。中山市财政补贴及中央财政拨款投入 4470 万元，其余资金为项目运营方自筹。

【中山市纪念郑观应 175 周年诞辰学术研讨会】 于 2017 年 7 月 24 日在中山市召开。郑观应后人代表，来自北京、上海、广州、深圳、珠海、天津和澳门等中国城市以及澳大利亚的60多位专家学者，共同探讨郑观应思想与文化的当代价值。与会专家围绕郑观应的经济思想、教育观念、慈善思想、廉洁家训等方面进行研究交流，并提交一批学术论文。与会人员认为，郑观应思想与文化是中华优秀传统文化之一，对当前培育中国企业家精神、弘扬以爱国主义为核心的民族精神以及扶危济困的慈善精神，具有重要的启示作用。

【中山市第六次获评全国社会治安综合治理优秀城市】 2017年9月19日，在全国社会治安综合治理表彰大会上，中山市第六次获得“全国社会治安综合治理优秀市”称号，第四次获全国政法综治最高奖项“长安杯”，是全国获奖次数最多、捧杯时间最长的地级市之一。“长安杯”是对一个城市平安建设、社会治理创新、和谐社会建设及发展软环境等综合水平的最高奖，只有连续三届（每4年为一届）被评为全国社会治安综合治理优秀市才有参评资格。中山市历来重视综治平安工作，将综治平安工作纳入经济社会发展总体规划，提出创建全国最平安城市目标，将“大平安”“大和谐”列为市委市政府核心工作任务。中山市综治年度考评、群众安全感和政法工作满意度一直居广东省各地级以上市前列。

【全省首个省、市合作远程异地评标项目完成】 2017年10月11日，全省首个省、市合作远程异地评标项目在广东省公共资源交易中心和中山市公共资源交易中心完成。此次远程异地评标项目为“南朗镇榄边村道路（赤坎岐关街）路面维修工程”。项目评审委员会由5名专家组成，均从广东省综合评标专家库随机抽取。其中，2名广州专家在广东省公共资源交易中心评标席位评标，3名中山专家在中山市公共资源交易中心评标席位评标。评标工作由两地专家通过广东省远程异地评标调度系统、统一视频会议系统、统一视频监控等系统完成。全程在视频监控下进行。此次远程异地评标是广东省采取信息化技术手段开展跨区域、跨平台、跨架构远程异地评标的首次尝试。

【中山市实施组团式发展战略】 2017年，中山市坚持强化市级统筹，实施组团式发展战略，引导资源要素优化配置和高效整合。建立健全组团式发展机制，制定《关于实施组团式发展战略的意见》，明确组团式发展的基本原则、总体目标和功能定位，提出统筹组团发展规划、重大产业平台发展等5项工作重点。成立由市委书记任组长、市长任常务副组长的组团发展工作领导小组，下设办公室，各组团均设立管理委员会和综合办公室，制定组团领导小组、管委会、领导小组办公室等工作制度。将全市25个镇区划分为中心组团、东部组团、东北部组团、西北部组团和南部组团5个组团，形成“一中心、四组团”空间布局。根据地缘相近、文化相通、产业相关联的原则，明确各组团中心和组团领导。启动编制系列组团发展规划，《中山市域组团发展规划》形成阶段研究成果。启动各组团、各重大平台层面的产业、交通、公共设施等10个专项规划编制。推动解决镇区发展瓶颈问题215项，切实解决134项。重大公共设施项目建设取得突破，打通翠沙路、富康北路、大沙南路等断头路5条。建成古镇体育公园、火炬开发区得能湖体育公园、黄圃体育公园3个组团体育公园，金字山公园、儿童公园、古香林公园、金钟湖公园、气象公园动工建设。重点产业项目落地，共签约项目68个，投资额645亿元，其中引进新松机器人、比亚迪、忠旺铝材、木林森项目等4个百亿级项目。加快建设火炬开发区园、翠亨新区园、民众园、三角园、黄圃园、坦洲园、板芙园、小榄园、古镇园九大产业平台，各产业平台均成立“园区管理中心＋开发公司”的管理架构，推进各项工作。

【中山市建设全域森林小镇】 2017年，中山市推进全域森林小镇建设，南朗、板芙、古镇、南头 4 个镇区获广东省林业厅批准成为全省首批 38 个“广东省森林小镇”，中山市是全省数量最多的 3 个地级市之一。中山提出组团发展、全域联创的思路，统筹城乡绿化建设，全面提升城乡绿化一体化水平，打造生态宜居、各具特色的森林小镇。南朗森林小镇以“伟人故里”的名片，向外界展示丰厚历史文化与丰富旅游资源及良好的森林生态环境。板芙森林小镇依托优越的自然资源，构建结构合理、功能完善、层次丰富的绿化系统，完善和优化森林格局，推进生态环境与智能制造“双轮驱动”。古镇森林小镇抓住生态灯都为主线，开展平原绿化，构建生态大格局，获得可持续发展的竞争优势。南头森林小镇探索家电小城镇生态建设的新模式，注重创新、绿色、智慧发展，将中国品牌家电特色小镇与森林小镇建设共同推进，实现生态绿化、园林美化、森林文化的有机统一。

【中山市试点行政复议开庭审理】 2017 年，中山市作为行政复议开庭审理试点城市，继续探索行政复议开庭审理机制建设，推进行政复议委员会试点机制创新。对重大、复杂的复议案件试行开庭审理，保障当事人特别是申请人的参与权和陈述权、申辩权。建立行政复议快速立案机制。结合办理行政复议案件的实践经验，制定《行政复议快速立案工作规程》，在市区及镇区行政复议案件受理点运行行政复议快速立案机制，优化行政复议案件在受理阶段的审查环节，避免群众多次往返签收文书。组建行政复议委员会委员专家库，招聘来自法律界、医疗卫生界、城市规划界、教育界等领域的新一届非常任委员 33 名。

【中山市试点行政执法三项制度】 中山市是国务院推行行政执法公示、执法全过程记录、重大执法决定法制审核三项制度工作的广东省 2 个试点城市之一，2017 年落实试点工作并制订实施方案，成立由分管副市长任协调小组组长的三项制度试点工作协调小组，并将三项制度试点工作纳入中山市年度依法行政考评指标范畴。制定实施《中山市行政执法公示办法（试行）》《中山市行政执法全过程记录办法（试行）》《中山市重大执法决定法制审核办法（试行）》等制度文件。利用信息化技术手段和“互联网 +”大数据管理的思维，依托行政执法信息化管理平台——“中山市行政执法监督系统”，整合对接广东省网上办事大厅中山分厅行政许可业务办理系统、中山市行政执法监督系统、信用中山网“双公示”（行政许可、行政处罚结果公示）系统、各部门行政执法信息化管理平台，开发建设执法职权、执法主体、执法依据、执法人员、执法结果、法律法规、规范性文件查询、典型行政执法案例等 9 大电子数据库，实现全市执法信息互联互通和执法信息统一公示。建立执法公示机制，开发上线行政执法信息公示平台，网上公示涉及执法职权、执法主体等方面的行政执法信息，避免选择性执法、执法不公等情况。实现执法全过程记录。建立行政执法监督系统，实现行政处罚、行政强制执法全过程网上记录和实时监控；完善行政许可审批系统，实现行政许可网上“留痕”和重大许可决定网上法制审批；相关部门建成行政检查系统、行政征收系统，实现行政检查和行政征收全程“有迹可循”。推行重大执法决定法制审核，制定重大行政许可决定、重大行政处罚事项和行政强制事项法制审核目录和六类执法行为公示事项目录向社会公众公布，接受监督。至年底，各市级部门均通过平台公示执法依据、执法人员、办事指南等行政执法信息，公示自由裁量权档次 1.18 万项、行政处罚案件超 1.31 万件、执法人员行政执法证信息 5000 余人。

【中山市国家级生态园区建设】 2017 年，中山市推进国家级生态园建设，打造三个“国字号”生态园区。广东翠亨国家湿地公园是中山市首个国家级湿地公园，位于翠亨新区横门西水道，规划面积 625.6 公顷，其中湿地面积 395.44 公顷，投资金额 99984 万元，采用工程总承包（EPC）建设模式，年内，设立管理机构，全年完成 EPC 总承包项目合同工程量的 25%。广东中山国家森林公园是中山首个国家级森林公园，于2017年12月获国家林业局批准同意建设，总投资超21亿元，面积1066.67公顷，包括树木园、金钟湖公园、大尖山森林公园、古香林公园，年内，启动国家森林公园建设总体规划编制工作，各主题园区建设同步开展。筹建广东香山国家级自然保护区，在中山市长江库区水源林市级自然保护区的基础上，科学扩大划定范围，筹建国家级自然保护区，至年底，按自然保护区管理规定，完成省级自然保护区申报，由中山市人民政府与广东省林业厅启动共建。

【中山市综合医改全面启动】 2017年，中山市制订《中山市深化医药卫生体制综合改革实施方案》，启动医药卫生体制综合改革。中山市小榄镇探索基层医疗卫生体制改革，推动镇属医院与社区卫生服务机构建立紧密型医疗联合体，基本实现基层首诊、双向转诊、急慢分治、上下联动的分级诊疗结构。小榄镇经验获广东省肯定，并在广东省综合医改暨医联体建设推进会上作经验介绍，获中央电视台财经频道《经济半小时》“健康中国”节目、《人之初》杂志社等媒体作专题报道。

【中山市特色小镇建设】 2017年，中山市继续推进特色小镇建设。大涌中国红木文化旅游特色小镇入选国家住建部公布的第二批全国特色小镇名单，中山市古镇灯饰特色小镇、大涌中国红木文化旅游小镇、小榄菊城智谷小镇入选省级第一批特色小镇创建工作示范点名单。年内，中山市举办第一批市级特色小镇评选会，确定全市第一批市级特色小镇创建名单，18个市级特色小镇完成规划编制，全年在建特色小镇重点项目54个，实现固定资产投资约41亿元。全年特色小镇建设实现固定资产投资41.27亿元，新动工项目35个，实际固定资产投入12.45亿元（统计项目为入库入统项目，其中不含商品住宅项目）。

（中山市人民政府地方志办公室）

【2017年惠城区西湖花灯博览会】 2017年1月9日至2月28日，2017年惠城区西湖花灯博览会在惠州西湖举行，每天18点30分至22点亮灯，遇雨天则取消亮灯。其间共吸引游客200多万人次，春节期间日均客流量4万多人次。该届博览会以“金鸡晓鸣·飞鹅春翩”为主题，以“飞鹅春翩”“惠城传奇”“金鸡晓鸣”“梦幻光影”四大主题进行布局，灯组48组，围绕“民俗味、鹅城韵、人文情”的创作构思，将惠城区经济社会发展成就、中国传统年文化、东坡寓惠文化、麒麟文化以及多姿多彩的城市风情、民俗民风融入灯会，再现中华民族传统文化、惠城文化、岭南文化。灯组与西湖的园林山水结合，并按照“灯组下水、亮化上树”的原则，达到360°全方位无盲区的视觉观赏效果。博览会同步开通网络灯会，分电脑版和手机微信版，主要分为VR（虚拟现实）观灯、灯会VR宣传视频、最美花灯由你选、许愿墙四大功能，采用VR航拍技术、H5新媒体页面、智慧旅游（ibeacon设备）等网络技术。

【惠州绿色发展高峰论坛举办】 2017年1月12日，由广东省社会科学院与惠州市委市政府联合举办的惠州绿色发展高峰论坛在惠州市举行，围绕“践行绿色发展，建设惠州绿色化现代山水城市”主题作演讲。惠州市政协主席、市政协党组书记、市委宣传部部长黄雁行出席论坛并致辞。建设绿色化现代山水城市是惠州未来5年发展的核心目标，论坛讨论为惠州科学发展把脉献策，为推动惠州绿色化发展带来新思想、新启迪。

【国际无人机系统标准化协会大会召开】 2017年4月26日，国际无人机系统标准化协会第一届理事会2017年第一次全体会议在惠州市举行，中国工程院院士、中国航空工业沈阳飞机设计研究所首席专家李明，大疆、易瓦特、韦加和惠州本土的广东泰一科技等无人机企业参会。大会总结2016年申报的19个无人机系统团体标准项目，审议2017年工作计划，研究制订本土化无人机系统标准，探讨行业发展方向。国际无人机系统标准化协会由中国航空综合技术研究所牵头发起，2015 年 12 月成立，是研究制定引领支撑无人机产业发展，推进无人机技术成果向标准转化，推动无人机系统管理标准、技术标准研究、制定、服务、推广的社会组织。协会搭建产、学、研、用联合平台，提升无人机设计研发、生产制造、集成应用和服务保障的水平。惠州是中国首批国家级电子信息产业基地，拥有完善的电子信息产业链，为无人机企业的发展、无人机技术的推广应用提供较好平台。

【首届中国高校科技成果交易会】 于 2017 年 6 月 22—24 日在惠州市举行。首届科交会主题为“跨越产学鸿沟 携手创新共赢”，由教育部和广东省人民政府作为指导单位，教育部科技发展中心、广东省科学技术厅、广东省教育厅、广东省经济和信息化委员会及惠州市人民政府共同主办，旨在促进高校科技成果转化、推进高校与企业全方位合作、服务经济社会发展。300 所海内外高校、近 1 万项科技项目、近 3000 家企业参会，是改革开放以来中国高校科技成果最大规模的一次集中展示和交易。180 多所高校与 350 家企业交易科技成果 696 项，签约金额 39.9 亿元。在校地合作方面，2 个科技成果转化重大平台投资建设项目签约，金额 510 亿元。

【广东省首个诺贝尔奖工作站在惠州市成立】 2017 年 6 月 23 日，全省首个诺贝尔奖工作站——乔治·斯穆特诺贝尔奖工作站在惠州市仲恺高新区东江高新科技产业园硕贝德公司成立。乔治·斯穆特和约翰·马瑟因“发现宇宙微波背景辐射的黑体形式和各向异性”分享 2006 年诺贝尔物理学奖。硕贝德公司是中国领先的移动通信终端天线企业，期望与斯穆特合作研发出包括可穿戴移动设备在内的新产品。

【海龟人工繁殖技术突破】 2017 年 7 月 24 日，中国首窝全人工繁殖海龟在惠州市惠东海龟国家级自然保护区孵化成功，产卵 99 枚，出壳 91 只，标志着中国在国际濒危物种——绿海龟全人工繁殖技术上取得大突破。10 月 16 日，该保护区举行广东率先攻克海龟人工繁殖技术新闻发布会暨首批人工海龟增殖放流活动，99 只中国首批人工繁殖的海龟从港口海龟湾沙滩游进大海。至 10 月 17 日，该保护区诱导 5 只海龟产卵 19 窝、1547 枚，孵化出稚龟 639 只，单窝孵化率最高 91.9%、平均孵化率 48.1%，达到国际同行较高水平。

【手机创新周和云博会举行】 2017 年 11 月 1—3 日，2017 中国手机创新周和第六届中国（惠州）物联网·云计算技术应用博览会（简称“云博会”）在惠州会展中心举行。该届云博会以“智慧创造未来”为主题，集中展示物联网、云计算、大数据和智能制造等领域行业热点、前沿技术和最新科技成果，吸引参展企业和科研院所 506 家，包括腾讯、华为、思科、SAP（思爱普）、浪潮、科大讯飞、百度、展讯、中软国际、软通动力、金蝶等行业企业。展会分为车联网展区、智能制造及机器人展区、智能消费体验展区、可穿戴设备展区、“互联网 +”前沿技术展区、智能手机及 APP 软件展区 6 个展区。其中“互联网 +”前沿技术展区为首次设立，包括 202 家企业，占总参展企业 40%，成为云博会最大展区。首次安排中欧专场国际项目路演，与新产品新技术发布统筹安排展示。该届云博会签订意向合作项目 238 个，7.96 亿元；现场销售额 1.03 亿元；签订销售合同 195 个，金额 5642 万元；达成意向代理（经销）商 468 家；现场参观近 10 万人次，其中专业观众超 3 万人次。云博会期间，举行 3 场高端论坛（2017 中国智能终端产业高峰论坛、2017 中国云安全与新兴技术安全创新论坛、2017 中国制造创新峰会）及系列活动（中国手机产业创新之夜暨创业英雄大讲堂，2017 中国制造创新峰会之惠州竞争力研讨会和专家辅导会，成立中国智能终端产业百人会、中国云安全联盟，赛迪华南智能制造创新中心揭牌仪式等)。

【第七届中国生态文明论坛年会】 于2017年12月2—3日在惠州市举行。全国环保系统、生态文明建设试点示范区代表，有关专家学者、企业界和媒体代表、国际组织及“一带一路”相关国家代表等聚集惠州，就行业前沿领域热点话题进行研讨交流。该届年会以“生态文明 绿色引领——深入学习贯彻十九大精神，推进新时代美丽中国建设”为主题，包括高峰论坛和13个专题分论坛。高峰论坛聚焦中国经济发展新常态下的生态文明建设。分论坛包括“聚焦攻坚·厅局长论坛”“美丽乡村·区县长论坛”“环境修复·水生态文明论坛”“环保装备·中国智造论坛”“智绘山水·生态旅游论坛”“引擎驱动·绿色金融论坛”“创新共享·生态文明大数据论坛”“民心相通·一带一路国际论坛”“乡村振兴·生态农业论坛”“低碳出行·绿色交通论坛”“损害赔偿·法治建设论坛”“创新机制·健康中国论坛”“和谐共生·固废处理论坛”。该届年会继续发布《中国省域生态文明状况评价报告》，为各省生态文明建设政绩考核、责任落实等工作提供参考；首次发布《中国西部生态文明发展报告》，从理论和实践层面系统分析总结西部地区12个省、区、市生态文明建设的状况、进展、成效和经验；首次对外发布2017年优秀山水城市名单，通过典型引领，引导形成人与自然和谐共生的发展模式；首次和展会结合，推出“全国生态文明建设成果（惠州）展”，集中展示中共十八大以来全国各地生态文明建设重要成果。

【工程医院南方总部（惠州）成立】 2017年12月3日，工程医院南方总部（惠州）成立大会举行。工程医院由中国工程院院士、郑州大学教授、中国基础工程安全检测与快速维修领域专家王复明首创。工程医院南方总部（惠州）以南方工程检测修复技术研究院、非开挖材料公司（惠州明晟化工材料有限公司）、非开挖工程公司（广东维霖工程技术有限公司）和正在筹建的非开挖技术与地下空间开发综合试验场（中试基地）为支撑，主要运用互（物）联网、大数据、人工智能、无损检测和非开挖修复技术，建设以广东为中心、辐射周边地区的基础工程设施体检、诊断、修复、抢险网络化综合服务平台，创建基础工程非开挖修复新型产业体系，提升基础工程养护水平，保障基础工程设施安全。工程医院设有综合科室、专业科室和特色科室，实行总院和地区分院联网运行、协同合作，面向在建工程和在役工程，聚焦基础工程安全防护领域疑难杂症。其中，总院汇聚国内外相关领域专家、特色技术和典型工程案例，分院负责本地区工程检测，并将结果通过互联网提交总院。随后总院通过远程诊断，制订修复加固方案，再由分院实施处治，从而实现“体检在现场，诊断在云端，专家在全球，服务在身边”。同时，工程医院通过举办“名医名家”讲坛、网上课堂，在人才培养、技术培训和科学普及等方面发挥作用，提高基础工程设施病害诊治及应急抢险的效率和水平。

【第三届粤港澳台微影视作品文化交流周】 2017年12月12—15日，“光影聚惠，情满神州”第三届粤港澳台微影视作品文化交流周活动在惠州市举行。活动由国家新闻出版广电总局网络视听节目管理司指导，广东省新闻出版广电局、省政府港澳事务办公室、省政府台湾事务办公室、惠州市人民政府、南方财经全媒体集团联合主办，是粤港澳大湾区流行文化系列活动之一。交流周期间，举办粤港澳大湾区流行文化系列活动项目发布暨第三届粤港澳台微影视作品文化交流周开幕式、微影视业态高峰交流会、电视发展史暨4K超高清影视展、“微爱惠州”采风创作活动、优秀作品征评与公众展映、“微影周”闭幕暨优秀作品发布仪式等活动。活动共收到来自粤港澳台等地区的微影视作品600多部，比上届增加300多部。其中，538部为参评作品，70多部为展映推介作品。作品类别涵盖微电影、微纪录片、微动漫三大类。作品来源地域也突破粤港澳台四地，其中广东省87部，台湾103部，香港31部，澳门2部，粤港澳台以外地区由上年的4部增至315部。经评审，43部作品分别获得最佳编剧（策划方案）作品、最佳创意作品、最佳摄影作品、最佳导演作品、最佳剪辑作品、最佳音效作品、最佳作品等7大专业板块单项荣誉，一、二、三等奖3个院校版块荣誉及“网络人气作品”“评审团特别作品”等荣誉。各获奖者获得5000元至6万元不等扶持奖励资金。（惠州市地方志办公室）

【“互联网+精准扶贫”专用系统启用】 2017年1月13日，广东省首个“互联网+精准扶贫”专用系统在肇庆市鼎湖区启用。该系统分应用系统、数据中心、云资源服务、运营维护4个板块，其中应用系统中设置精准扶贫大数据平台、社会扶贫互动平台和精准扶贫、社会扶贫APP，应用于政务、社会公益组织及团体、个人等领域，实现数据动态管理。年内，该区883户贫困户和对口帮扶怀集县岗坪镇7个行政村217户贫困户的信息资料完成“互联网+精准扶贫”专用系统信息平台录入。（黄明基）

【肇庆市成为广东首批使用人脸识别养老金领取资格认证市】 2017年4月24日，“肇庆市养老金领取资格人脸识别认证系统”启用，成为继省直、广州市和佛山市后，全省首批第三个使用人脸识别技术进行养老金领取资格认证的地级市。参保人使用肇庆市社保智能服务平台手机APP或者自助服务终端，对着摄像头做系统指定的动作，系统就能获取人脸信息，与数据库信息比对完成验证，足不出户就能轻松完成操作。（黄妍）

【小鹏智能新能源汽车项目落户肇庆高新区】 2017年4月28日，肇庆市政府、肇庆高新区和小鹏汽车签订《小鹏智能新能源汽车整车项目投资协议》。5月4日，小鹏智能新能源汽车整车项目发布仪式在肇庆举行，小鹏汽车百亿级生产基地落户肇庆高新区。该项目计划总投资100亿元，其中第一期项目计划投资40亿元，项目投产后，年产智能新能源汽车10万辆，年产值200亿元，年创税10亿元。（李金玲）

【肇庆市高要区仙洞村被认定为全国“一村一品”示范村】 2017年7月18日，肇庆市高要区活道镇仙洞村被农业部认定为第七批全国“一村一品”示范村。该村是高要供应香港的蔬菜生产基地之一，主要生产粉葛、苦瓜、豆角、荷兰豆等，粉葛产业是仙洞村一村一品主导产业，“活仙葛”牌商标通过国家农业部无公害产品论证和广东省农业厅无公害产地论证、绿岛食品认证，是国家地理标志保护产品。仙洞粉葛成为香港政府指定收购的供港果蔬。2017年，该村粉葛种植面积53.33公顷，总产量120万千克，粉葛种植户占全村农户总数的69.5%，农民人均收入1.48万元。（陈观英）

【肇庆市成为全国首批集体建设用地建设租赁住房试点城市】 2017年8月21日，国土资源部及住房和城乡建设部印发《利用集体建设用地建设租赁住房试点方案》，确定肇庆市等13个城市为第一批集体建设用地建设租赁住房试点城市。试点内容包括完善试点项目审批程序、完善集体租赁住房建设和运营机制、探索租赁住房监测监管机制、探索保障承租人获得基本公共服务权利。（朱艳飞）

【肇庆市鼎湖区凤凰镇入选全国特色小镇】 2017年8月22日，住房和城乡建设部公布第二批“全国特色小镇”名单，鼎湖区凤凰镇名列其中。该镇旅游、森林资源丰富，至年底，开发九龙湖、黄金沟、藏龙沟等景点，其中九龙湖被列为肇庆“千里旅游走廊”必游胜景之一。该镇打造客家民宿、客家美食、客家风俗等，将其建成“望得见蓝天白云、看得见青山绿水、记得住客家乡愁”特色小镇。（黄明基）

【肇庆市实现广东省推进教育现代化先进县（市、区）全覆盖】　2017 年 8 月，肇庆市成为全省第九个实现“省推进教育现代化先进县（市、区）”全覆盖地级市。2013 年，肇庆市召开创建“教育现代化先进市”动员会，出台《关于推进教育现代化的决定》《肇庆市创建推进教育现代化先进市实施方案》。截至 2017 年上半年，全市投资 16 亿元实施教育信息化能力建设等“六大工程”，端州区、高要区、四会市、鼎湖区、德庆县、封开县、广宁县和怀集县先后建成省推进教育现代化先进县（市、区）。（姚灵娟）

【肇庆市高要区和四会市入选“全国中小城市综合实力百强区（市）”】　2017 年 10 月 9 日，《人民日报》发布 2017 年中国中小城市科学发展指数研究成果暨“2017 全国中小城市综合实力百强区（市）”等榜单，肇庆市高要区以第 66 位、连续第七年上榜入选“全国中小城市综合实力百强区（市）”，四会市则以排名第 91 位、第四次获此称号。（陈观英　黄强荣）

【四会市成为全国县级文明城市】　2017 年 11 月 14 日，中央文明办公布第五届全国文明城市名单，四会市成为全国县级文明城市。该市以“弘扬君子之风，建设玉德之城”为主题创建“全国文明城市”以来，投资 3.2 亿元实施 7 方面 19 项“创文”攻坚计划，完成民生工程 150 多项。城中街道下布村、市图书馆分获“全国文明村”“全国文明单位”称号，中山公园等 4 个主题公园建成使用，开展“爱心绿骑”“爱心四会”“彩虹行动”“爱心待餐”等志愿活动。1 人获评“中国好人”、5 人获评“广东好人”。（黄强荣）

【“肇庆金秋”经贸洽谈会】　2017 年 12 月 9—10 日，“肇庆金秋”经贸洽谈会在肇庆新区举行，签约合同项目 78 个，总投资额 980 亿元，其中工业产业项目 61 个；开工建设项目 67 个，总投资额 573.5 亿元；投产项目 67 个，投资总额 187.1 亿元，项目涵盖先进装备制造、节能环保、新能源汽车、汽车零部件、新材料、高端新型电子信息等产业。其间，还举行 2017 中国环保上市公司峰会、中国民商年度论坛。（钟晓明）

【怀集标话入编《中国语言文化典藏》】　2017 年 12 月 15 日，“中国语言资源保护工程”标志性成果《中国语言文化典藏》由商务印书馆在北京首发出版，肇庆市怀集县的标话作为首发出版的 20 种典型方言中唯一少数民族语言列入其中。怀集标话（当地称“豹话”）是怀集乡民的独特语言，属壮侗语族侗水语支一种独立的少数民族语言，讲标话的人集中在诗洞、永固、桥头、大岗、梁村 5 个镇。（莫少品）

【肇庆市高要区被认定为全国主要农作物全程机械化示范区】　2017 年 12 月 26 日，肇庆市高要区被农业部公布为第二批率先基本实现主要农作物全程机械化的示范区，是全省唯一获此称号的区。是年，该区水稻生产耕种收综合机械化水平 83.6%。其中，机耕水平 98.5%、机插水平 49.2%、机收水平 98.2%、机械化植保水平 33.0%、谷物产地烘干机械化水平 33.0%、秸秆处理机械化水平 99.93%。（陈观英）

【广东首个专业化住房租赁平台试点项目落成】　2017 年 12 月 25 日，肇庆市住房租赁平台房源落成暨人才公寓挂牌仪式在端州区举行。肇庆建鑫住房租赁有限公司在端州区采购出租房源 126 套、建筑面积 1.58 万平方米的“星光礼誉”项目为市直人才公寓储备项目，成为广东省第一个专业化住房租赁平台试点项目。（陈志杰）

【肇庆市端州区成为广东省首个国家传统知识知识产权保护试点区】　2017 年 12 月 26 日，肇庆市端州区被国家知识产权局授予广东省首个国家传统知识知识产权保护试点区。试点周期为 2017 年 12 月至 2019 年 12 月。截至 2017 年 10

月，端州组织实施国家、省级技术改造和科技创新项目 32 个；获上级部门立项科技项目 59 个，获扶持资金 3000 多万元。拥有国家高新技术企业 53 家、省级工程研发中心 68 个、省级技术创新专业镇（街道）4 个，认定国家级知识产权优势企业 1 家、省级知识产权优势企业 2 家，省级知识产权教育试点和示范学校 4 所。（林舒茵）

【肇庆市德庆县成为国家农村产业融合发展示范园创建单位】 2017 年 12 月 30 日，国家发改委等 7 个部委批复肇庆市德庆县为首批国家农村产业融合发展示范园创建县。示范园建设项目建设期限为 2017 年 11 月至 2018 年 10 月；范围包括德庆县德城街道、官圩镇、马圩镇和新圩镇，总面积 4.83 万公顷。该示范园规划包括“一片”（德庆县省级新农村示范片）、“三区”（特色农产品加工与现代物流功能区、现代农业生产与休闲农业功能区、特色农业与优质农产品供给功能区）、“九基地”（观光采摘园基地、优质茶叶种植观光基地、南药标准化种植示范基地、南药养生保健饮料生产基地、贡柑标准化种植基地、绿色蔬菜电商示范基地、林产品深加工生产基地、农产品深加工生产基地、道地南药批发基地），重点推进农业与休闲旅游、农产品深加工、康体养生等产业融合，培育乡村休闲旅游新业态。（陈雪梅）

【港深推进落马洲河套地区发展】 2017 年 1 月 3 日，香港特别行政区政府与深圳市人民政府签署《关于港深推进落马洲河套地区共同发展的合作备忘录》，共同推动在落马洲河套地区发展“港深创新及科技园”。香港政务司司长林郑月娥与深圳市委书记、市长许勤共同主持深港合作会议。会上，双方总结上年的工作成果和展望来年的合作方向，重点合作范围包括落马洲河套地区发展、创新及科技、前海发展、金融合作、专业服务和青年合作。为推进实施该备忘录，城市规划委员会于 6 月 9 日展示落马洲河套地区分区计划大纲图，以供公众查阅。落马洲河套地区计划建立重点科研基地，以及建造相关的高等教育和文化与创意产业设施。

【林郑月娥当选成为香港特别行政区首名女性行政长官】 2017 年 3 月 26 日，香港特别行政区行政长官候选人林郑月娥于选举日以 777 票胜出选举，成为香港特别行政区第一名女性行政长官，并于同年 7 月 1 日上任，成为第五任行政长官。其余两位候选人曾俊华及胡国兴，分别获得 365 票及 21 票。

【香港特别行政区收紧现行印花税机制的豁免安排】 自 2017 年 4 月 12 日起，香港特区政府宣布收紧原新住宅印花税机制下为香港永久性居民提供的豁免安排。根据经收紧的豁免安排，若以一份文书取得单一住宅物业，而买家是代表自己行事的香港永久性居民，并在取得有关住宅物业时不是任何其他香港住宅物业的实益拥有人，有关交易可继续按较低的从价印花税第二标准税率缴税。但若有关买家以一份文书取得多于一个住宅物业，则有关交易将不再获豁免，须按 15% 新住宅印花税税率缴税。

【香港 2030+：跨越 2030 年的规划远景与策略】 2017 年 4 月 30 日，香港特区政府完成为期六个月的《香港 2030+：跨越 2030 年的规划远景与策略》公众参与活动，有关研究更新全港发展策略，为香港跨越 2030 年的规划、土地及基建发展，建设及自然环境的塑造提供指引。其中，两个建议策略增长区（东大屿都会和新界北）将有利于香港迎接未来挑战与机遇。在综合考虑所收集的公众意见、技术评估的结果以及最新的政府措施后，政府会对《香港 2030+》研究作出总结。

6 月 30 日，香港特别行政区发展局公布《可持续大屿蓝图》，为大屿山的发展和保育计划提供参考路线图和指引。蓝图以广获公众支持的“北发展、南保育”为总体原则。北大屿山的规划以经济及房屋发展为主，东北大屿山计划发展为休闲、娱乐及旅游汇点。大屿山的大部分地区（尤其是南大屿山）计划作保育、休闲、文化及生态旅游用途。

【香港特别行政区劳工最低工资上调】 2017年5月1日起，香港特别行政区法定最低工资水平由每小时32.5港元调升至每小时34.5港元，比上年增长6.2%。最低工资上调后，有15.4万名雇员受惠，其中主要为零售、饮食、物业管理、保安及清洁服务等行业。就雇主备存雇员的总工作时数纪录的金额上限，也由每月1.33万港元修订为每月1.41万港元。

【香港特别行政区政府通过取消强积金对冲方案】 2017年6月23日，香港特别行政区行政会议通过取消强积金对冲划线方案。行政会议决定根据《施政报告》所提出的方案，以“划线”方式，在指定时间彻底取消强积金对冲，政府将订出一个生效期，长期服务金及遣散费将实时一并取消对冲，不设追溯期。此外，方案设有10年过渡期，期间政府将补贴雇主，10年共涉及约79亿港元，同时将遣散费及长期服务金的计算比例，由月薪的2/3下调至1/2。自2000年前强制性公积金计划实行后，绝大部分雇主采用“对冲”安排，即利用雇主供款所产生的累算权益，抵销向雇员支付的长期服务金或遣散费。

【习近平访港及大湾区协议签署】 2017年6月29日至7月1日，国家主席习近平访港3天。7月1日，习近平在香港出席庆祝香港回归祖国二十周年大会暨香港特别行政区第五届政府就职典礼，并见证国家发展和改革委员会主任何立峰、香港特别行政区行政长官林郑月娥、广东省省长马兴瑞和澳门特别行政区行政长官崔世安签署《深化粤港澳合作　推进大湾区建设框架协议》。该框架协议提出以全面准确贯彻“一国两制”方针，完善创新合作机制，建立互利共赢合作关系，共同推进大湾区建设为合作宗旨，并订下合作目标和原则。另外，习近平视察港珠澳大桥香港接线，听取港珠澳大桥香港段项目的汇报；并视察香港国际机场，听取机场发展以及机场扩建成为三跑道系统项目的汇报。

【庆祝香港特别行政区成立20周年】 2017年7月1日，香港回归祖国20周年。香港特区政府以“同心创前路，掌握新机遇”为主题举办一系列庆祝活动，涵盖社会各方面，包括大型展览、文艺表演、体育盛事、国际会议、城市艺裳、关怀弱势社群和青年发展计划等。民间团体也举办多彩多姿的庆祝活动，让全港市民共庆回归。

【中国第一艘国产航母“辽宁号”访港】 2017年7月7日，中国人民解放军第一艘航空母舰“辽宁号”进入香港水域，进行为期5天的停靠以纪念香港回归20周年。“辽宁号”的附属舰队“银川号”、“济南号”和“烟台号”亦跟随抵港，并停泊在昂船洲军营，于同月8日和9日开放给市民参观。

【高铁西九龙站“一地两检”方案公布】 2017年7月25日，香港特区政府公布高铁西九龙站“一地两检”方案参照深圳湾口岸模式，在西九龙总站设立香港口岸区及内地口岸区，内地口岸区根据两地合作安排，受内地法律管辖。落实“一地两检”意味乘客能在西九龙站一次即可办理香港和内地的通关程序。离港乘客上车后，就能乘坐列车到达国家高铁网络所有城市，不需要再在内地接受入境检查；另一方面，返港乘客亦可自由选择在国家高铁网络任何一个内地车站上车，抵达西九龙站才办理内地出境和香港入境等通关程序，不受内地车站是否设有通关口岸限制。

11月18日，香港特别行政区政府与广东省人民政府签署《内地与香港特别行政区关于在广深港高铁西九龙站设立口岸实施“一地两检”的合作安排》，为双方依据“三步走”推展“一地两检”的相关工作迈出第一步。12月27日，全国人大常委会表决通过有关在广深港高铁西九龙站设立口岸实施“一地两检”的安排，完成落实高铁一地两检“三步走”程序的第二步。相关文本列明，在广深港高铁西九龙站设立内地口岸区，不改变香港特区的行政区域范围；不影响香港特区的高度自治权；亦不减损香港特区居民依法享有的权利及自由。

【全国人大宣布《中华人民共和国国歌法》纳入香港特别行政区基本法附件三】 2017 年 11 月 4 日，全国人大常委会举行全体会议，通过将《中华人民共和国国歌法》纳入《中华人民共和国香港特别行政区基本法》附件三。根据《中华人民共和国国歌法》规定，在公共场合，故意篡改国歌歌词、曲谱，以歪曲、贬损方式奏唱国歌，或者以其他方式侮辱国歌的，由公安机关处以警告或者 15 日以下拘留；构成犯罪的，依法追究刑事责任；同时强制中小学实施国歌教育。国歌法作为在香港特别行政区实施的全国性法律，规范国歌曲谱和奏唱国歌时的礼仪等。

【香港特别行政区立法会通过修订议事规则决议案】 2017 年 12 月 15 日，香港特别行政区立法会表决通过由建制派议员提出的修订议事规则决议案。议事规则修订主要内容均与防止反对派“拉布”有关。“拉布”又称为“阻挠议事”，是指某些人在会议场合发动的行动，以消耗议事时间形式发表冗长的演说或质问对方，欲阻止某些对他们不利的政策、法案等通过。通过的修订《议事规则》决议案包括立法会全体委员会会议法定人数由全体议员一半下调至 20 人；除与拨款法案有关外，其他二读法案在负责议员发言后就须交付内务委员会处理；议员若要无经预告动议新闻界及公众人士离场，须获立法会主席或相关委员会主席同意才可动议；对琐屑无聊或无意义的修正案或动议，立法会主席可不予接纳；主席可命令于任何时间恢复会议或召开会议等。

（香港地方志办公室）

【强台风“天鸽”吹袭澳门】 2017 年 8 月 23 日，强台风“天鸽”正面吹袭澳门，天文大潮与风暴潮形成叠加效应，致使低洼地区严重水浸，部分地区长时间停电停水。风灾造成 10 人死亡、逾 200 人受伤，估算造成的直接经济损失 90.45 亿澳门元，间接经济损失 35 亿澳门元，合计损失 125.45 亿澳门元。从 8 月 25 日起，中国人民解放军驻澳门部队协助澳门灾后的各项援助工作，这是回归以来驻澳部队首次参与澳门特区的救援任务。经过 3 天奋斗，驻澳部队共完成澳门半岛十月初五街、河边新街、高士德大马路、新桥、氹仔广东大马路、濠江中学、沙梨头海边街至提督马路、黑沙环海边马路至黑沙环新街、青洲、孙逸仙大马路至新八佰伴等 11 个区域的灾后清理任务，累计面积 107.6 万平方米，街道总长 12.05 万米，截锯拉运树木 680 棵，运送垃圾 700 余车。澳门周边地区也协助救灾工作，紧急组织和调动救灾物资，缓解澳门救灾的压力。救灾善后期间，8800 多名纪律部队成员参与救灾抢险和清理路面。居民和社团自发组织义工队参与清理垃圾。澳门特区政府紧急向政府各部门征集义工人员，共 30 多个部门超过 2200 名公务人员参与支援。

【澳门特区第六届立法会选举】 2017 年 9 月 17 日，澳门特别行政区第六届立法会选举举行。第六届立法会由 33 名议员组成，议席分配维持直选议员 14 名、间选议员 12 名及委任议员 7 名的比例。此次参与立法会直接选举的组别及候选人数目均打破历届纪录，共有 24 组 186 人角逐 14 个议席，选民人数逾 30 万人，比上届增加近 3 万人，创澳门回归后新高。间选方面，5 个界别共有 6 份候选名单，其中专业界别 3 个议席有 2 张名单角逐。此届直接选举共设有 36 个投票地点合共 37 个投票站，比上届增加 6 个投票站。立法会选举总核算委员会于 9 月 19 日公布核算结果。9 月 27 日，行政长官崔世安根据《澳门特别行政区基本法》和《澳门特别行政区立法会选举制度》的规定，通过行政命令委任马志成、

2017 年 9 月 17 日，澳门特别行政区举行第六届立法会选举，选民踊跃投票 （澳门特别行政区政府新闻局供稿）

庞川、胡祖杰、柳智毅、冯家超、邱庭彪、陈华强 7 人为立法会议员。9 月 28 日，《特区公报》刊登澳门特别行政区终审法院的公告，确定澳门特别行政区立法会议员的直接选举和间接选举结果。14 名直接选举当选议员为麦端权、李静仪、施家伦、高天赐、何润生、区锦新、梁安琪、宋碧琪、吴国昌、林玉凤、黄洁贞、苏嘉豪、郑安庭、梁孙旭。12 名间接选举议员为贺一诚、高开贤、崔世平、叶兆佳、林伦伟、李振宇、崔世昌、陈亦立、黄显辉、陈虹、张立群、陈泽武。10 月 16 日，第六届立法会全体议员在行政长官崔世安监誓下，于政府总部宣誓就任，开始四年任期，并于同日举行首次全体会议，互选主席、副主席、第一及第二秘书。贺一诚、崔世昌、高开贤和陈虹依次当选。（摘自《2018 澳门年鉴》）

规划计划

【广州市一江两岸三带规划建设】 2017 年，广州市利用自然地理禀赋，以珠江为纽带，坚持产业升级、城市更新、水系治理、景观绿化和人文环境建设相结合，优化提升珠江两岸经济带、创新带和生态景观带，将珠江打造成为展示广州历史文化风貌和现代都市形象的城市名片。建立珠江沿岸全流域、全要素、全流程的管理机制，高水平推进堤岸、桥梁、岛屿等要素优化，提升珠江的整体风貌格局。一江两岸三带规划建设稳步推进。推进“三十公里”精品珠江建设，基本完成一江两岸三带核心段景观照明提升工程、试验段环境品质提升工程、码头环境提升整治工程，临江大道东延线一期、车陂路—新滘东路隧道等项目开工建设。聚焦“黄金三角区”建设，琶洲互联网创新集聚区 13 个产业项目全面开工建设，天河中央商务区启动整体提升工作，以国际金融城—黄埔临港经济区为核心的第二中央商务区规划建设稳步推进。建成二沙岛艺术公园、临江大道缓跑径等工程。发挥珠江新城、国际金融城、琶洲互联网创新集聚区“黄金三角区”的辐射带动作用，推动白鹅潭中心商务区等重要节点建设。

（吴正）

【广州市城市总体规划管理】 2017 年，广州市启动新一轮城市总体规划编制试点。在“三规合一”基础上，市国土规划委整合环保、教育、体育等 14 个专项规划的近期重点项目或管控底线，形成“专项规划近期项目建设用地图”和“多规合一”底线图。完成“多规合一”信息联动平台建设并上线运行。启动《新型城镇化建设“多规合一”实施编制规范》和全国《“多规合一”技术指南》制订工作。（黄亮华）

【深圳市编制新一轮城市规划】 2017 年 10 月 31 日，深圳市举行《城市总体规划（2016—

2035年)》编制试点工作新闻发布会，发布新一版城市总体规划编制试点工作的目标、思路和工作进展。新版规划的工作目标是明确深圳未来的城市发展定位，优化城市空间格局和功能布局，完善城市要素配置，提高保障和改善民生水平，加强规划改革创新。规划编制遵循“推进精明增长，引导城市转型”的基本思路，具体包括区域、生态、创新、空间、治理5方面转型。从创新产业转向创新生态，具体包括：瞄准世界科技前沿，强化基础研究；扩大技术和应用型创新优势，提升创新企业竞争力；完善产权保护等创新服务，提升知识教育、科技研发等支撑能力，培育创新生态，建设创新体系。在区域合作方面，提出从被动的功能外溢转向更积极的协同共建。具体包括，推进共建粤港澳大湾区，强化与泛珠地区、珠江西岸的交通联系，强化国家经济中心城市功能，优化现代服务业和高端制造业等核心职能；探索区域协作机制创新和区域基础设施供给侧结构性改革，引领深莞惠经济圈（3+2）发展，优化大都市圈空间格局，强力推进深汕合作区建设，推动深圳东进战略。

【《广深科技创新走廊规划》发布】 2017年12月25日，中共广东省委和广东省政府发布《广深科技创新走廊规划》。规划深入贯彻落实中央关于实施创新驱动发展战略的决策部署，主动适应把握引领经济发展新常态，把握全球科技革命和产业变革重大机遇，发挥市场在资源配置中的决定性作用和更好发挥政府作用，依托“一廊十核多节点”的空间格局，集聚创新人才、科技成果、创新型企业，抢占关键核心技术制高点，构建多层次创新平台体系，营造国际一流创新生态，建设具有全球吸引力的人居环境，创新体制机制，形成以创新为主要引领和支撑的经济体系和发展模式，打造中国“硅谷”，形成全国创新发展重要一极，全面支撑国家科技产业创新中心和粤港澳大湾区建设，为全国实施创新驱动发展战略提供支撑。规划明确，广深科技创新走廊范围为沿广深轴线区域，北起广佛交界处，经广州主城区、东莞松山湖、深圳主城区，南至深圳大鹏，沿广深高速、广深沿江高速、珠三环高速东段、穗莞深城际、广九铁路等复合型交通要道所形成的创新要素集聚区域，长度约180千米。规划指标数据统计范围为广州、深圳、东莞3市全域。规划期限为2017—2030年，展望至2050年。广深科技创新走廊总定位是为全国实施创新驱动发展战略提供支撑的重要载体。具体定位为全球科技产业技术创新策源地、全国科技体制改革先行区、粤港澳大湾区国际科技创新中心的主要承载区、珠三角国家自主创新示范区的核心区。

【广佛同城化“十三五”发展规划编制实施】 2017年，佛山、广州两市围绕广佛同城化助推两市综合实力提升、携领珠三角城市群发展的目标，共同编制《广佛同城化“十三五”发展规划(2016—2020年)》，提出打造珠三角世界级城市群核心区、全国同城化发展示范区、粤港澳合作核心枢纽、珠三角自主创新引领区、国家服务业和先进制造业中心，推动两地在基础设施、产业、创新、生态环保、公共服务、开放合作、同城化示范区建设等领域的合作不断深入。 （周敏）

【江门市《银湖湾滨海新城概念规划》编制】 2017年，江门市编制《银湖湾滨海新城概念规划》，并在9月28日召开的市城乡规划委员会2017年第二次工作会议进行通报。“谋划建设更具活力的银湖湾滨海新城”是江门市委十三届四次全会提出的“主动融入粤港澳大湾区建设”战略中的重要工作。至年底，依据市发改局的定位研究，确定“银湖湾滨海新城”选址于银洲湖南部出海口，规划研究范围面积340平方千米，包括滨海新城、崖门粤澳产业合作示范区和珠西新材料集聚区；按市政府党组会议部署，城乡规划局组织开展银湖湾滨海新城概念规划编制。银湖湾滨海新城定位为粤港澳大湾区的产业服务平台、江门沿江出海的绿色智慧滨海新城，新城服务核心位于滨海新城的南部，主要为银湖湾的围

垦区，规划面积约65平方千米。 （莫振光）

【东莞市《关于打造创新驱动发展升级版的行动计划（2017—2020年）》印发】 2017年9月5日，东莞市印发《关于打造创新驱动发展升级版的行动计划（2017—2020年）》。该文件提出，东莞市以建设广深科技创新走廊为主线，以散裂中子源等重大科技平台为支撑，以深化体制机制改革为动力，推动东莞从科技支撑产业向科技引领产业转变，从分散式创新向协同式全域创新转变，从服务自身发展为主向支撑国家重大战略需求转变，力争用3年时间，将东莞市打造成为粤港澳大湾区的创新高地和具有全国影响力的科技产业名城，迈入国家创新型城市行列。按文件，东莞市实施十大计划：一是实施创新型城市“提速计划”，二是实施重大科学基础设施“鲲鹏计划”，三是实施科技创新平台“支撑计划”，四是实施核心技术攻关“攀登计划”，五是实施龙头科技企业“倍增计划”，六是实施新兴产业“引领计划”，七是实施创新人才“领航计划”，八是实施院士成果转化“玉兰计划”，九是实施国际科技交流合作“联网计划”，十是实施知识产权“护航计划”。 （东莞市人民政府地方志办公室）

【惠州市实施“海绵行动”2017年度重点工作任务】 2017年3月20日，惠州市印发《惠州市实施“海绵行动”2017年度重点工作任务》（简称“工作任务”）。工作任务给定重点工作台账，以及重大项目责任分工表，确定2017年34项重点工作，包括61项重点任务、73个重大项目。至年底，61项重点任务全部完成，73个重大项目完成投资245.5亿元，完成年度投资计划的107.3%。

规划对接　年度目标包括：建设多规信息平台，实现平台上线运行，加强深惠规划信息平台对接，开展惠州市城市总体规划和市区综合交通规划修编（2016—2030年），联合深圳、汕尾开展东部国际黄金海岸旅游带规划研究；推进惠州市轨道线网规划、深惠城际轨道交通详细规划编制，启动惠州市域公路网规划、惠州港总体规划修编，开展惠州市通用航空发展规划、惠州市综合客运枢纽布局及规划研究，启动TOCC（综合交通网络运行协调和应急调度中心）平台前期研究；开展深惠产业合作规划研究，制定合作重点、合作路径、工作措施及保障机制等，编制惠州市“海绵城市”、海岸带保护与利用、生态控制线等专项规划。

交通对接　高速公路方面，武深高速公路新丰至博罗段2017年计划投资25亿元，2月完成征地拆迁；推进长深高速（G25）惠州白石互通立交及广惠高速机场互通惠州高速公路互通征地拆迁和各项报批，计划7月白石互通立交项目动工；河惠莞高速公路紫金至惠阳段2017年计划投资2亿元、河惠莞高速公路惠州平潭至潼湖段2017年计划投资20亿元，均计划2017年动工。轨道交通方面，加快推进广汕客运列车专线铁路、赣深客专惠州段建设，计划年内开工；编制《赣深客专惠州北站地区分区规划（含核心区城市设计）》和《广汕客专惠城南站地区分区规划》。航空交通方面，惠州机场路二期建设工程计划2017年7月底前完工；机场民航区改扩建工程2017年3月底前完成项目报批，2017年5月底前开工建设；启动惠州机场民航区改扩建工程；启动惠州机场二期建设工作，2017年6月底前完成项目预可研编制，2017年12月底前完成项目可研编制及立项批复。此外，依托惠州机场、惠州港，建设空港、海港综合保税园区，年内启动申请建设“两港”综合保税园区的相关工作。

产业共建　年内，惠州市为深化与深圳市产业合作，设立产业链招商图谱，精准靶向式招商，计划引进40个以上重点产业、重点企业项目落户惠州。为促进“深圳研发、惠州孵化”“深圳孵化、惠州产业化”，推动出台《促进发展众创空间和孵化器的实施意见》，吸引深圳优秀孵化器运营公司来惠建立孵化器。旅游产业主动对接深圳东部国际黄金海岸旅游带建设，整合提升双月湾、海龟湾、平海古城、海滨温泉等旅游资源，实施稔平半岛、大亚湾“一盘棋”战略，加快巽寮创建国家级旅游度假区和海龟湾创建国家AAA级旅游景区工作。全年全市对深圳招商选资项目196个，计划投资总额2210.89亿元，其中在谈项目130个，计划投资1024.80亿元，签约、落户项目66个，投资总额1186.09亿元；承接珠三角地区产业梯度转移项目60个，计划总投资额226.8亿元。

公共服务合作　全力提升教育、医疗、文化等领域的公共服务水平和政务服务水平，加强跨区域教育、文化、警务、信用信息共享等方面的合作，推动区域公共服务一体化。推动深圳东部与惠州各级公共图书馆、文化馆、博物馆的文化信息资源共享，计划2017年底前实现两市数字阅读资源共建共享。推动深惠两市联合开展跨界警务合作，包括计划建立各业务职能部门和交界地公安分局衔接制度等。通过宣传引导和违法违规查处，加强旅游秩序维护，打击非法倾倒垃圾行为。继续推动惠州与深圳社会信用体系共建共管共享。

合作机制　年内，计划建立与深圳、东莞、汕尾、河源等市更加顺畅的沟通协调机制，特别建立与深圳市发改委、深圳市科技创新委、深圳市规划和国土资源委、深圳市交通运输委等部门的工作沟通联络机制，定期或不定期研究探讨和沟通协调对标对接相关事宜。

【惠州市实施“海绵行动”产业提升发展规划】 2017年9月，《惠州市海绵行动产业提升发展规划（2017—2020年）》实施。规划在分析惠州市产业发展面临形势的基础上，理清产业提升发展的基本思路、总体目标、发展路径等，全面对标深圳，深入实施海绵行动，确定“四大核心产业”发展的重点领域，搭建“六个基础平台”的主要任务，提出支撑产业发展的“六项保障措施”，是指导惠州市实施海绵行动、推动深惠产业共建发展的重要指南。规划指出，深圳市确定的“十三五”规划四大产业领域（战略新兴产业、未来产业、现代服务业、优势传统产业），凡是惠州市有一定基础的战略性新兴产业或未来产业，要积极对接，采取“深圳研发、惠州孵化”“深圳孵化、惠州产业化”等方式，达到海绵行动的吸纳功能；而在现代服务业和优势传统产业上采取相互融合或发挥海绵行动的“挤出”功能，提高与深圳的对接的契合水准以及对河源、汕头等周边区域的渗透和挤出效能。打造“一核”（潼湖生态智慧区）、“两带”（百里滨海现代产业带、百里高铁创新产业带）、“多片区”（各县区、各产业园区）”的产业发展新格局，加快构建“2+2+N”（首“2”指电子信息产业＋石化产业，次“2”指汽车与装备制造产业＋清洁能源产业，“N”指其他多种产业）现代产业体系，推动产业迈向中高端水平。

规划总体目标是通过3年努力，惠州市工业高端化、智能化、绿色化、服务化发展步伐加快，工业规模持续壮大，产业结构不断优化，企业创新能力显著提高，质量效益明显提升，区域创新能力居全省前列。力争到2020年，全市完成新一轮技术改造的规模以上工业企业1500家，覆盖率60%以上；规模以上工业企业设立研发机构（含企业技术中心）比例20%以上，其中年主营业务收入5亿元以上的工业企业研发机构基本实现全覆盖；规模以上工业企业研发投入占主营业务收入比重提升至1.5%左右。先进制造业、高技术制造业增加值占工业增加值比重分别达60%和45%。工业企业全员劳动生产率提高至25万元/人左右，年均增长5%左右。

【深惠汕海上客运航线基地综合发展规划】 2017年11月23—24日，《深惠汕海上客运航线基地综合发展规划》调研启动。该规划项目是推进粤港澳大湾区建设、促进区域一体化协调发展的重要课题。规划研究根据深惠汕海上旅游航线协调会会议部署，是深莞惠经济圈（3+2）党政主要领导第十次联席会议重要成果和落实深圳、惠州、汕尾《共同建设海上旅游航线发展粤东滨海旅游协议》重要内容，由深圳市交通运输委员会牵头，与惠州交通运输局、汕尾交通运输局共同委托，将为开通深惠汕海上旅游交通航线、建设深惠汕海上客运航线基地提供研究支撑，以深入挖掘三市旅游产业的发展潜力，发挥综合开发优势，打造特色化旅游产业链条和品牌，促进区域“一体化”发展。规划研究的内容包括分析粤港澳大湾区、深莞惠（3+2）经济区和深圳东进战略等宏观背景对海上客运基地的影响；分析深圳市、惠州市、汕尾市三地港航发展条件、旅游业发展基础、海上客运及旅游发展需求；提出基地的选址、投资主体、航线、船型、运营模式的具体规划和实施措施建议，以旅游码头为中心，综合开发建设后方土地的酒店、商业、餐饮设施，建设集海上旅游、休闲度假、健康养生为一体的现代综合旅游服务基地。CDI物流与供应链管理研究所计划组织区域经济、海上客运、旅游管理、空间规划等领域专家成立课题组，开展为期6个月的规划研究。按照三市统一部署，预计2019年航线开通运营。力争通过5~10年努力，在海上客运码头规划建设、重点滨海旅游景区建设、海上旅游客运航线运营管理等方面合作取得突破，建成一批基础设施和滨海旅游项目，推进海上旅游交通健康发展，提供多样化的滨海旅游服务，打造世界级滨海旅游度假和休闲养生湾区。（惠州市地方志办公室）

【《肇庆市深化泛珠三角区域合作工作方案》发布】 2017年3月20日，《肇庆市深化泛珠三角区域合作工作方案》印发。方案由总体要求、主要任务、保障措施等组成，发挥肇庆市在泛珠三角“9+2”区域合作“东融西联”战略的重要作用，把肇庆建成珠三角连接大西南枢纽门户城市；以“建设成为珠江—西江经济带先进制造业重要基地、珠三角城市群联通大西南重要门户、珠三角连接大西南重要交通枢纽、国家生态文明示范市”为战略定位，到2020年，基本实现“‘东融西联’战略、经济发展进一步融合、社会发展共享共治、落实泛珠三角区域合作”等目标。（肖泳湘）

【肇庆市印发《进一步促进旅游业发展的实施意见》】 2017年8月1日，肇庆市政府印发《关于进一步促进旅游业发展的实施意见》，提出实施“文化旅游重点（肇庆府城保护与复兴项目）、文化旅游招商引资工程、旅游特色休闲街区、旅游特色小镇创建、乡村旅游特色村创建、旅游精品民宿与特色农家乐创建、景区质量提升、广东省旅游商品基地创建、旅游精准扶贫”九大工程，将肇庆建成“粤港澳大湾区旅游名城、省级旅游综合改革示范市、充分展现岭南文化魅力的旅游目的地”。到2020年，接待过夜游客总量要超过1500万人次，年旅游总收入超375亿元；建成21个休闲农业和乡村旅游特色村；建设50家乡村旅游特色民宿和100家星级农家乐；新增10个国家A级以上景区；建成10个旅游精准扶贫示范点、15个旅游精品项目，培育100名旅游扶贫带头人。（李伟）

【粤港澳大湾区发展咨询会】 2017年6月14日，香港特别行政区行政长官梁振英在政府总部主持咨询会，进一步征询社会各界就粤港澳大湾区城市群发展规划的意见。出席人士80多人，包括行政会议非官守成员，策略发展委员会及经济发展委员会委员，工商、金融、专业及青年团体代表，智库组织代表，港区全国政协委员及广东省政协常委香港代表。咨询会上，梁振英与出席人士就大湾区发展的相关议题作深入交流。与会者特别就香港在大湾区的发展定位、香港如何利用制度和机制创新促进与大湾区城市间的人流、物流、资金流和信息流，以及香港如何在不同合作领域发挥独特优势，与大湾区其他城市协调发展提出具体建议。

会议表示，在大湾区建设中，香港应充分发挥《国家十三五规划纲要》内港澳专章所明确的独特定位，打造新的竞争优势，并作为双向开放的平台，与大湾区城市“拼船出海”拓展国际领域，配合国家“一带一路”建设。香港作为国际金融、航运和贸易中心，有着高度开放、高度国际化的优势，可在大湾区担当“超级联系人”的角色，连接区内的内地城市和国际社会。

（香港地方志办公室）

政策创新

【广州市改革运转机制调整完善】 2017年，广州市建立完善由中共广州市委主要领导负总责、分管市领导负直接责任的改革分级责任制，每位市领导抓若干项标志性、引领性的改革。修订完善市委全面深化改革领导小组、专项小组工作规则，调整市委全面深化改革领导小组成员，将市委常委、副市长全部纳入领导小组，强化党对改革的领导。调整优化专项小组设置，将原有6个改革专项小组调整为11个。建立领导小组会议年度议题预告制度、专项领域和基层推进改革情况汇报制度。加强督察评估，确保各项改革部署落地生根开花结果。印发加强改革督察方案，跟进中共十八届三中全会以来要求地方制定贯彻实施意见的116份改革文件编制进度，对32项进度滞后的开展专项督察；对水环境治理、行政审批制度改革等重大改革任务开展专项督察；对中央、省部署在广州市实施的120项试点开展滚动督察，以试点突破带动整体改革。推动建立市领导抓改革督察制度，市委常委、副市长每季度开展改革实地督察工作机制。完善改革督办台账分类管理制度，建立完善督察结果运用机制，推动将年度改革要点和重点改革任务推进落实情况纳入全市机关绩效考核指标体系。

【广州市营商环境改革持续发力】 2017年，广州市成立营商环境改革专项小组，统筹协调营商环境改革领域重大问题。印发实施《关于建设市场化国际化法治化营商环境年度工作方案》，出台提升法治化营商环境25条意见，提出推动贸易和投资便利化等20项重点工作措施。深化“放管服”改革，入选全国“互联网＋政务服务”示范工程试点城市，政务服务环境满意度居全省首位。

【广州市放权强区改革纵深推进】 2017年，广州市实施政府部门权责清单管理，实现376项行政许可、备案事项受理清单标准化。印发实施市进一步放权强区改革工作方案，将143项市级行政职权事项和126项公共服务事项下放到区。推进财政事权和支出责任划分改革，完善市对区财政管理体制的方案，做好事权下放后相应经费划转。

【南沙自贸试验区制度创新】 2017年，南沙自贸试验区加快制度创新，“跨境电子商务监管模式”“企业专属网页”等经验入选商务部“最佳实践案例”。出台自贸区深化商事制度改革先行先试若干规定，在企业登记全程电子化、证照分离、名称和住所自主申报、境外投资者主体资格承诺制等方面先行先试。国际贸易“单一窗口”2.0版上线运行，实现企业报关“一个平台、一次递交、一个标准”，货物申报使用率99%，国际航行船舶申报使用率100%。

（广州市委改革办）

【深圳市完善创新驱动体制机制】 2017年，深圳市强化基础源头创新，实施创新“十大行动计划”，全年投入超18亿元实施1355个基础研究和重大技术攻关项目。挂牌成立格拉布斯研究院等5个诺贝尔奖实验室。搭建科技资源开放共享平台。印发有关基础设施和大型科学仪器共享管理的暂行办法，305个管理单位的8261台（套）科研仪器设备加入共享平台。推进创新科技项目管理模式改革。优化科技计划管理流程，提升科技财政资金利用效能，实施多元投入方式，通过科技金融计划放大政府财政科技资金的杠杆作用。南山区探索实施最严格的知识产权保护南山模式，全年全区国内专利申请量57277件，比上年增长19.9%，占全市32.3%。

【深圳市推进市属国有企业混合所有制改革】 2017年，深圳市出台《关于深化市属国有企业改革促进发展的实施方案》。年内，完成城交中心等5家企业混改，推动建科院、中新赛克公司IPO上市。实施2017“资源整合年”工作计划。重点推进金融、建工与基础设施等十大领域资源整合，地铁收购华润、恒大所持万科股份，市属国有出租车资源完成整合，完成全市地面公交、大水务整合方案，加快组建市交易集团，有序推进深深房、深深宝、深振业、深投环保等资产重组工作。推动低效无效资产退出。全市83家国有“僵尸企业”全部出清，其中关停57家、脱困26家。

【深圳市多措并举降低企业成本】 2017年，深圳市实施税费减免政策。实施“营改增”、调整“五险一金”等税费减免政策，全年为全市企业减负1369亿元。其中，降低企业税费负担975亿元，降低企业人工成本120亿元，降低企业用能用地成本21亿元，降低企业物流成本3亿元，提高企业资金周转效率5亿元，统筹运用财政资金减轻企业资金压力约245亿元，完成年终目标的101%。实现省定涉企行政事业性收费“零收费”。根据中央统一部署，取消、停征和调整14个行政事业性收费和政府性基金项目，至年底，全面实现省定涉企行政事业性收费“零收费”，涉企行政事业性收费项目仅有12个，政府性基金项目仅有6个，全部为国家定项目。

【深圳市推进基础设施供给侧结构性改革】 2017年，深圳市针对基础设施供给存在的突出矛盾和问题，出台《深圳市推进城市基础设施供给侧结构性改革实施方案》，将综合交通、科技创新、民生保障等六大领域1005个城市基础设施项目纳入工作台账。创新基础设施投融资方式。发挥政府部门和社会资本各自优势，创造条件鼓励社会资本参与城市建设和发展，出台《深圳市开展政府和社会资本合作的实施方案》，推进设立PPP事务中心和PPP项目库，开展基础设施投资基金筹建工作。

【深圳市深化土地供给制度改革】 2017年，深圳市创新民生工程建设项目用地审批制度。将民生工程项目建设用地审批权限由市政府调整至各区。各区上报市、区政府审批的民生项目用地累计484.24公顷，完成年度计划的86.5%，为历年来最高。深化土地市场化政策。制订发布《关于完善国有土地供应管理的若干意见（征求意见稿）》探索将原村集体建设用地入市范围扩大至所有用地。创新存量土地开发利用机制。健全完善城市更新政策体系和土地整备实施机制、配套政策，完善土地整备项目管理。严查严控违法建筑。严守违法建筑零增量底线，全市拆除消化各类违建2378万平方米。

【深圳市实施第五轮市区财政体制改革】 2017年，深圳市组织实施第五轮市区财政体制改革。推动事权与支出责任划分改革，按照“重心下移、权责统一、提高效能”的原则，清晰界定市、区两级政府和街道办事处等基层单位的事权，并匹配下放相应财权。扩大基层政府重点领域事权。明确下放事权144项，已下放108项全部实行清单管理。以事权定财权。优化政府间财力配置，提升基层政府支出责任保障能力，促进基本公共服务均等化。将“市投区建”投资事权全部下放各区。市财政通过转移支付下放财力，“十三五”期间预计下放财力超过1600亿元，市区总体财力格局由第四轮体制的59∶41调整为50∶50左右。

【深圳市社会信用管理体系建设】 2017年，深圳市出台该市首部综合性信用立法。规定本市国家机关、群团组织和法律法规授权具有公共事务管理职能的组织应当建立本单位失信联合惩戒措施清单。完善信用联合惩戒制度。全市28个部门签订失信企业协同监管和联合惩戒合作备忘录，建立信用信息归集、共享和联合惩戒机制。出台守信联合激励和失信联合惩戒制度实施方案，建成运行深圳市公共信用信息管理系统。推动行业诚信建设。以食品药品、金融等行业为重点，引导开展信用承诺公示，推进市场主体信用信息的记录、整合及应用，率先推动落实信用监管机制。

【深圳市推进“河长制”和海绵城市建设】 2017年，深圳市全面推行河长制工作。出台有关全面推行河长制的实施方案、工作考核办法，编制“一河一策”实施方案。全市754名领导干部担任310条河流市、区、街道、社区四级河长，河长制工作通过广东省验收。推进全国海绵城市建设试点工作。打造以“深圳质量”“深圳标准”为核心，覆盖项目建设全流程、各行业的海绵城市建设政策及技术标准体系，至年底出台相关文件15部。

【深圳市深化医疗综合改革】 2017年，深圳市基层医疗集团建设全面推进。全市组建基层医疗集团12家，基本实现行政区、功能区全覆盖。在深圳召开上全国医联体建设现场推进会，向全国推广罗湖医改的经验做法。公立医院综合改革步伐加快。组建基层医疗集团，推进区属公立医院政事分开、管办分开改革，加快建立公立医院法人治理结构。推进公立医院药品集团采购改革。试点医院从25所增加至58所，药品价格综合降幅超过22.57%，全市公立医院药占比下降至27.42%（不含中药饮片）。分级诊疗制度改革取得新突破。全面推广与分级诊疗制度相衔接的医保基金管理方式改革。全年全市新增社康中心63个、家庭医生367名、家庭医生服务团队229个，新增家庭医生服务签约人数130余万人，累计超过400万人，常住人口签约率33.6%。

【深圳市加快推进民办学校分类改革】 2017年，深圳市落实民办学校办学自主权。支持民办中小学校在完成国家规定课程前提下，自主开展教育教学活动。支持民办学校参与该市考试招生制度改革，将民办普通高中纳入自主招生试点范围。鼓励有条件的民办学校开展小班教学、双语教学等特色化教学，民办中小学经批准开展特色办学的实验项目，收费全部实行备案制管理。推动民办学校与国际接轨。支持民办学校与国外知名教育机构合作，截至年底，全市有3所民办学校通过教育部NCCT国际化学校认证，加入深港姊妹学校结对计划的民办学校达到64所。

【深圳市深化司法人员分类管理改革】 2017年，深圳市深化法官检察官员额制改革。年初，按照中央单独职务序列重新套改法官检察官等级，实现正常晋升。完成第二批现任法官入额和基层初任法官选任工作，遴选第三批员额检察官，至年底实有员额法官923名、检察官673名。实施劳动合同制司辅人员改革。率先在全国范围内建立制度规范、保障完善的司法辅助人员管理体制，改革后法检分别可新增722名、447名劳动合同制司辅人员，缓解审判检察辅助人员短缺问题。在全国率先突破警务辅助人员管理改革。出台公安机关警务辅助人员管理的改革方案，为建立一支专业化高素质的警务辅助人员队伍提供制度保障。

（孙华明　谢植雄　麦永冠　张青　赵文静）

【东莞市“粤港跨境直通快线”开通】 2017年11月7日，由黄埔海关与东莞市政府联合打造的“粤港跨境直通快线”开通，以莞产智能手机为代表的“东莞智造”货物可通过“粤港跨境直通快线”实现出口通关“提速度、降费用、简流程”。在“粤港跨境直通快线”模式下，企业可先将货物运至长安车检场内的空运集货仓，待收到空运指令后，企业将已申报货物转移到打板仓，在海关的监督下完成贴标、打板等物流增值业务；若需查验，则以“边查验、边打板”方式实施顺势监管。承运车辆由智能化卡口系统施封，通过绿色电子关锁及卫星定位装置，对货物全程实施以“跨境一锁，分段监管”为原则的自动化智能监管。粤港两地海关以电子关锁绿灯长亮为标志实现查验结果互认，借助智能化卡口自动验放系统，实现粤港无缝清关，确保货物全程无障碍快速直达香港机场。该模式减少载货清单申报、报关单附页补录、车次确认、人工施（验）解封、海关重复查验等8个环节，物流时间较改革前缩短40%。

（东莞市人民政府地方志办公室）

【惠州市促进海运业发展意见】 2017年4月10日，惠州市政府常务会议审议通过《关于促进海运业健康发展的实施意见》，确定惠州市海运业发展目标。到2020年，基本建成在港口、航道、船队、市场服务、安全保障、绿色发展等方面结构科学、能力适度超前、可持续发展的现代航运体系；到2025年，基本建成市场体系完善、服务创新能力强的航运市场，将惠州港打造成为“一带一路”上开放、便捷、高效、安全的重要物流枢纽门户；到2030年，海运业及相关产业成为全市经济发展的重要支柱产业之一，实现海运强市的目标。

在提升港航基础能力方面，要发挥集团优势作用，推进港口资源整合。处理好政府和市场的关系，充分发挥市场在资源配置中的决定性作用，以资本为纽带促进惠州市港口与其他各地港口的深度合作。推动港口企业资产互换、经营互补，提升资源利用效率和港口整体竞争力。加快内河港、海港协调发展，鼓励有条件的港口企业通过兼并、重组等市场行为对港口进行资源整合；深化与邻近港口的交流合作，突出优势、错位发展，成为珠三角东岸优势港口。

在完善海运市场体系方面，要推进铁水联运。依托京九铁路、惠大铁路等铁路干线，发挥惠州港作为珠三角东岸大宗散货集散地作用。完善惠州港进港铁路系统，包括惠大铁路复线和电气化改造、荃湾港区纯洲作业区煤码头进港铁路等项目建设，拓展和延伸惠州港区的腹地，发挥惠州港在珠三角东岸地区的港口辐射作用。

在发展绿色港航方面，要建设绿色港口。利用好国家和省、市环保政策，争取相关专项资金，采用新技术、新材料、新工艺不断提高港区大气污染和水污染防治水平。加快港区设施设备节能减排技术改造和污染物防治能力建设，重点做好电能替代、液化天然气应用、耗能设备淘汰、防风抑尘网建设、油气化工码头油气回收治理和船舶污染物接收能力建设等工作。到2020年，惠州市港口率先实现绿色化。

在健全海运发展保障体系方面，要强化培养和吸收港航专业人才。鼓励在惠院校开设港口和航运经济相关专业，培养航运业专业人才，缓解航运业人才需求压力，提升就业率。研究制定市级航运专业职业技能教育培训补助办法。同时将引进航运高端人才纳入市“人才双高计划”和“人才双十行动”，吸引多界别高端人才来惠发展创业，进一步优化“大众创业，万众创新”环境，并为落户企业和团队提供良好的生活和工作环境。

【惠州市国家创新型城市建设】 2017年8月3日，惠州市委十一届三次全会审议通过《关于加快建设国家创新型城市的实施意见》。该文件在总结两年多来惠州创新驱动发展工作的成效、经验和存在问题的基础上，遵循建设国家创新型城市的工作指引，结合“六大行动”及惠州特色，凝练“十大工程”，共36条具体任务措施。

惠州市建设国家创新型城市的目标：到2018年，建立较为完善的产业体系和区域创新体系，市场配置创新资源的机制体制健全，创新投入、创新能力、创新绩效和城市发展水平大幅提升，整体创新水平实现新跨越，成为国家创新型城市建设单位；到2020年，全面建成国家创新型城市，自主创新水平进入全国前列，“七大指标”实现“一个达标、三个倍增、三个翻两番”（“一个达标”指全社会R&D经费支出占地区生产总值比重超过2.5%的国家标准，“三个倍增”指与2015年相比，科技公共财政投入、高层次人才数量、万人发明专利拥有量三个指标增长一倍，“三个翻两番”指高新技术企业数量、科技企业孵化器面积、省级以上创新平台数量三个指标翻两番）。

惠州市建设国家创新型城市的主要任务：“十大工程”，即创新平台构建工程、创新要素集聚工程、创新企业培育工程、创新成果转化工程、创新政策改革工程、创新人才激励工程、创新服务完善工程、创新动能激发工程、科技创新惠民工程、创新环境优化工程。

该文件按照国家创新型城市建设指标体系的30个指标，并结合惠州自身特色的11个指标，形成惠州建设国家创新型城市指标体系的41个指标。其中全社会R&D经费支出占地区生产总值比重、高新技术企业数占规模以上工业企业数量比重、高新技术企业主营业务收入占规模以上工业企业主营业务收入比重、科技公共财政支出占公共财政支出的比重、党委政府出台实施创新驱动发展战略的决定或意见及配套政策（定性评价）和拥有能抓创新、会抓创新、抓好创新的科技管理队伍（定性评价）6个指标为建设创新型城市考核指标，其他35个指标为监测指标。

【惠州市非户籍人口落户城市政策创新】 2017年12月30日，惠州市印发《惠州市推动非户籍人口在城市落户实施方案》，推动农业转移人口和其他常住人口等非户籍人口在城市落户。该方案总体目标是：“十三五”期间，全市户籍人口城镇化率力争每年提高1个百分点以上，户籍人口城镇化率与常住人口城镇化率差距比2013年缩小2个百分点以上；2015年到2020年期间，完成不少于10万名本市农业转移人口和40万名异地务工人员落户城镇任务。

方案通过六项创新措施拓宽落户通道。一是全面放开放宽重点群体落户限制。以农村学生升学和参军进入城镇的人口、举家迁徙的农业转移人口和新生代农民工为重点，促进有能力在城镇稳定就业和生活的农业转移人口举家进城落户。二是全面放开惠东县、博罗县和龙门县3个市辖县落户政策。在惠东县、博罗县和龙门县3个市辖县的乡镇（街道）有合法稳定住所（含租赁）、并已在公安机关办理居住登记的人员，本人及共同居住生活的直系亲属可以申请迁入居住地常住户口。三是进一步放宽惠阳区、大亚湾开发区和仲恺高新区3个市辖区落户政策。在惠阳区、大亚湾开发区和仲恺高新区3个市辖区有合法稳定住所（含租赁），居住满2年（连续办理居住登记2年或以上），且连续合法稳定就业满2年或连续缴纳社会保险满2年的人员，本人及其共同居住生活的直系亲属可以申请迁入居住地常住户口。四是优化惠城区落户政策。惠城区设街道办事处地区的落户政策，在上述地区有合法稳定住所（含租赁），居住满3年（连续办理居住登记3年或以上），且连续合法稳定就业满3年或连续缴纳社会保险满3年的人员，本人及其共同居住生活的直系亲属可以申请迁入居住地常住户口；马安镇、横沥镇、三栋镇、汝湖镇和芦洲镇的迁入落户条件参照惠阳区、大亚湾开发区和仲恺高新区3个市辖区的政策执行。五是引进人才落户政策。引进人才对象指在本市行政区域内有相应学历或一定技能的非本市户籍人员。技能型人才包括经地级以上市相关部门认证的中级技能型以上人才（中级技能型人才年龄在45周岁以下），以及本地区经济发展特别需要的特殊技能型人才和特殊专业技术人才。六是调整购买商品房落户政策。2016年11月21日《惠州市人民政府关于印发惠州市进一步推进户籍制度改革实施方案的通知》出台之前，在惠州市范围内购买商品房（含二手房），已办理房产证、不动产权证、银行按揭购房凭证的，本人及共同居住生活的直系亲属可以申请迁入居住地常住户口。

（惠州市地方志办公室）

【肇庆市制度创新】 2017年，《肇庆市深化泛珠三角区域合作工作方案》印发，发布《肇庆市在粤港澳大湾区的定位与策略研究》课题研究报告。肇庆市商务局与香港贸易发展局签署《肇庆市商务局 香港贸易发展局 面向全球 携手打造粤港澳大湾区经贸合作备忘录》，加强肇港两地未来3年在现代服务业、产业转型升级、环保产业、携手开拓国际市场、投资环境推介和投资项目服务工作等范畴的合作。推进商事制度改革，实行企业开办“多证合一”服务模式，开办企业便利度跃居全省第一梯队。新登记各类企业比上年增长43.5%，实有各类商事主体总量首次超过20万户。创新户籍制度改革，实现“零门槛”入户。成为全省率先实现国际贸易“单一窗口”口岸全覆盖地级市之一。修订出台《肇庆市支持企业利用资本市场优惠奖励办法》，鼓励符合条件的企业到香港证券交易所上市，对完成股改和注册地及纳税地均在肇庆、被市政府认定为上市后备企业、在境外证券交易所上市并将所募集资金投资肇庆的企业，予以300万元的奖励。（肖泳湘）

【肇庆市依法行政】 2017年，肇庆市落实《肇庆市法治政府建设实施意见（2016—2020年）》，推进珠三角法治政府示范区创建工作，开展依法行政评查督导，在全省依法行政考评中取得“良好”等次。制定《肇庆市全面推进依法行政若干规定》《关于建立完善市委市政府法律顾问工作方案》《肇庆市人民政府法律顾问工作规则》，完成市、县（市、区）两级政府法律顾问室建设。实施简政放权，累计调整行政审批事项418项，精简率55.0%以上；建立完善权责清单制度，49个市直部门梳理权责事项6132项，8个县（市、区）政府及部门共梳理权责事项3.96万项，并在门户网站上公布；清理规范84项行政许可中介服务项目，公布市级保留的行政审批中介服务103项；优化“一门式一网式”政府服务模式改革，建成全省首个实现不分类收件、“一窗通办、全科服务”城市。清理1988年地改市以来的市政府规范性文件，废止规范性文件184个，修订规范性文件60个。健全行政执法和刑事司法衔接机制，接入两法衔接信息共享平台系统的单位增加到328个，基本实现全覆盖。制约和监督行政权力，强化行政复议内部层级监督，运用听证、调解、专家咨询、开庭审理等方式办理行政复议案件，及时纠正违法或者不当的行政行为，全年政府受理行政复议案件60件，审结45件，纠错率13.3%，依时办结率100%。出台《肇庆市行政应诉工作规定》，推动行政机关负责人出庭应诉。（刘丹宁）

【香港特别行政区粤港澳大湾区发展办公室成立】 2017年10月，香港特区行政长官林郑月娥在《施政报告》中宣布成立粤港澳大湾区发展办公室。办公室为期5年，以落实《粤港澳大湾区规划》初期的工作。除新增人手外，办公室每年的平均预算约为300万港元，用于进行相关的调研、举办座谈会和会议、推展宣传和推广活动等。同时，香港特区政府亦宣布将会设立“粤港澳大湾区发展办公室主任”一职，专责协调相关中央部委及广东省和澳门特区政府，以及香港特别行政区政府相关政策局及部门。

【便利港人在内地发展政策措施推出】 2017年8月起，国务院港澳事务办公室先后公布两批便利港人在内地发展的政策措施，涵盖教育、就业、创业和日常生活范畴，协助港人把握国家发展带来的机遇。有关措施包括：

教育方面，明确规定内地高校和相关部门必须一视同仁招收、培养、管理和服务港澳学生，以保障港澳学生的权益。要求各高校为港澳毕业生发放就业协议书，签发就业报到证，方便港澳学生在内地求职就业，并增加在内地高校就读的港澳及华侨学生奖学金名额和金额。

就业方面，允许在内地就业的港澳人士缴存住房公积金，让他们在缴存基数、缴存比例、办理流程，以及提取个人住房公积金、申请住房公积金个人住房贷款等方面，可享有与内地居民同等待遇。如港澳人士离开内地回香港定居，亦可提取住房公积金账户的余额，有助他们作长远计划，实现自身发展。

日常生活方面，中国铁路总公司在不同省市多个港人购、取票流量较大的火车站，设置可识读回乡证的自动售、取票设备，节省以往要在柜台排队办理手续的时间。

【香港特别行政区五亿元“科技专才培育计划”推出】 2017 年，香港特别行政区行政长官林郑月娥在《施政报告》中，强调对科技人才的培训，以推动本地科研及创科发展。为训练和汇聚更多科技人才，启动 5 亿港元的科技专才培育计划，包括推出博士专才库企划，资助企业聘用博士后专才，以及以配对形式资助本地企业人员接受先进制造技术。此外，优化实习研究员计划，提升实习研究员的每月津贴额和扩展其适用范围，务求令更多企业和 STEM 毕业生受惠。

（香港地方志办公室）

【澳门构建防灾减灾长效机制】 2017 年 8 月 27 日，为总结强台风“天鸽”对澳门造成灾害的经验教训，澳门特区行政长官崔世安批示，设立检讨重大灾害应变机制暨跟进改善委员会，检视危机处理机制，包括气象预报、民防工作的统筹、信息发布的协调，以及相关基础设施的状况；提出应对危机处理的整体规划，以加强对危机处理的协同效应，尤其在统一规划、行动及发布信息，以提高应对危机的能力，保障居民生命财产安全及维护社会和谐稳定。委员会由行政长官担任主席，成员包括 5 位司长、警察总局局长及海关关长，并根据需要邀请有关专家学者和社会人士列席会议。9 月 6 日，崔世安率领 5 位司长等官员，召开检讨重大灾害应变机制暨跟进改善委员会成立后首个记者会，介绍特区政府面对重大灾害的应对工作及方案，包括实时开展加高沿岸所有海堤的工程、与广东省跟进内港建挡潮闸；本地发电比例提升至五成；维持至少 12 小时供水的能力；邀请内地专家来澳协助检讨并完善防灾机制；设立暂名为“民防及应急协调局”的部门等。

9 月 11 日，崔世安率特区政府代表团到广州，与广东省省长马兴瑞等举行会议，共同商议澳门建设挡潮闸的方案。会议决定在既有的粤澳合作框架下，两地对口部门加强沟通机制，继续协调工作，开展挡潮闸工程的深度论证。9 月和 11 月底，特区政府先后两次邀请国家减灾委员会的专家团队到澳门，总结评估台风“天鸽”灾害处理情况，调研优化应急管理体制，协助特区政府完善重大灾害应变计划和预案。在《国家减灾委协助澳门“天鸽”台风灾害评估专家组的工作报告》中，专家就澳门特区政府制定短、中、长期防灾减灾规划建设阐述建议。主要建议包括完善防灾减灾救灾与应急体制机制；加强生命线工程和重要基础设施防灾减灾能力建设；健全完善粤港澳应急联动协作机制；提高应对大灾、巨灾及其风险的能力；健全防灾减灾与应急管理法规和标准体系；全面开展安全文化与素质建设；重点建设项目等。11 月 15 日，崔世安在 2018 年财政年度施政报告中，提出系列短中长期防灾减灾措施，宣布于 2018 年启动编制《澳门防灾减灾十年规划（2019—2028 年）》，构建防灾减灾长效机制。（摘自《2018 澳门年鉴》）

重点改革

【广州市科技体制改革稳步推进】 2017 年，广州市完善与国家创新中心城市、国际科技创新枢纽地位相适应的体制机制，推进全面创新改革试验三年行动计划部署的改革事项和重点工作任务。出台国家自主创新示范区实施方案，修订完善珠三角（广州）国家自主创新示范区空间发展规划。创立并发布“中国知识产权广州指数”，推进国家级和省级知识产权服务业集聚发展实验区建设，成为首批国家知识产权强市创建市。

【广州市国资国企改革蹄疾步稳】 2017 年，广州市出台关于促进国资国企改革创新发展的实施意见。推进国资布局结构优化，推动新纳入直接监管的 29 家企业整合进入现有企业，整合 11 家市属交通企业组建公交集团，完成 4 家一级企业整合重组，监管企业调整为 35 家。推进混合所有制改革，推进4家企业员工持股试点。

【广州市绿色金融改革创新试验】 2017年，广州市出台支持绿色金融和绿色发展“1+4”配套政策体系，加快绿色金融改革创新试验区建设，绿色债权、基金、保险等产品创新活跃，74家绿色金融机构入驻绿色金融街。

【广州市人才发展体制机制改革】 2017年，广州市公布高层次人才认定方案、服务保障和培养资助方案。在全国率先实施人才绿卡制度，全年发放人才绿卡3300张，引进创新创业领军团队21个、各类领军人才58人。印发新就业无房职工公共租赁住房保障办法和来穗务工人员申请承租市本级公共租赁住房实施细则，筹集可转作人才公寓使用的政府公有住房3000套。推进全国人才管理改革试验区建设。制定鼓励海外人才来穗创业“红棉计划”实施意见。

【广州市医药卫生体制改革】 2017年，广州市启动公立医院综合改革，印发广州地区公立医院医疗服务价格调整方案，取消药品加成、执行新的医疗服务价格政策，实现全市行政区域内152所公立医院综合改革全覆盖。加快分级诊疗体系建设，全市有241个各级各类医疗机构参与医联体建设。

【广州市城市规划建设管理体制机制改革】 2017年，广州市推进全国城市总体规划编制试点工作，启动新一轮城市总体规划编制工作，高水平编制面向2035年广州城市总体规划。全面推进“多规合一”工作。严控房地产市场，在全国率先提出“租购同权”，实施购租并举住房政策。

【广州市水环境综合治理体制机制改革】 2017年，广州市印发实施全面推行河长制实施方案、水环境治理责任追究工作意见和进一步深化排水建设管理工作体制机制改革的实施意见。印发实施治水三年行动计划，打响水污染防治攻坚战，全面推行河长制，推进“四洗”治水行动，清除污染源3.7万个，整治排水口2033个，开工建设48个城中村截污纳管。

【广州市改革经验宣传推广】 2017年，广州市加大对改革探索创新经验的总结和复制推广力度，编撰《广州改革发展报告（2017）》，系统总结党的十八届三中全会以来广州市全面深化改革各领域工作进展与成效。强化改革经验交流和宣传推广机制，全年编印《广州改革》93期。

（广州市委改革办）

【佛山市供给侧结构性改革】 2017年，佛山市深化供给侧结构性改革，推进“三去一降一补”向更深层次、更广维度、更大空间深化拓展。“去产能”方面，完成33家国有特困企业脱困出清，排查关停国有企业累计60家，完成考核目标。“去库存”方面，提前完成三年（2016—2018年）商品房去库存任务，累计净去化371.3万平方米，总去化周期9.5个月，基本处于库存的合理水平。“去杠杆”方面，融资性担保公司、小额贷款公司等地方金融机构杠杆倍数均未超过监管标准。银行不良贷款率稳步下降，金融运行持续稳健。“降成本”方面，实施降低企业成本等10条政策措施，帮助企业减负超320亿元，其中新政策减负超110亿元。“补短板”方面，将补短板与扩大有效投资结合，实现固定资产投资4214.5亿元，比上年增长20%，57个补齐软硬基础设施短板重大项目进展顺利。实施“以质取胜、标准引领、品牌带动”三大战略，促进产业质量效益提升。通过“全国质量强市示范城市”预验收，实施工业产品质量提升三年行动计划（2017—2019年），组织17家企业申报2017年省政府质量奖，新增通过质量管理体系认证企业806家、85个工业产品通过采用国际和国外先进标准认可。企事业单位参与制修订国家标准23项、行业标准6项、地方标准3项，制定发布《激光焊接机器人》等26项联盟（团体）标准。累计制定企业先进标准1325项。累计创建“全国知名品牌示范区”9个，新培育4个。全市拥有广东省名牌产品总数500个，占全省总数的25.5%，居全省第一位。

【佛山市建设国家创新型城市】 2017年，佛山市新增国家高新技术企业1159家，总数2547家。支持企业建立研发机构，规模以上工业企业研发机构建有率45%，其中主营业务收入5亿元以上工业企业实现全覆盖；新增省企业重点实验室4个，总数21个。启动建设先进制造科学与技术广东省实验室。举办第三届广东院士高峰年会、第22届全国发明展览会暨第二届世界发明创新论坛、佛山企业走进清华等活动。与广东省科学院签订战略合作协议，引进广东国防科技工业技术成果产业化应用推广中心、佛山中国空间技术研究院创新中心等平台。新增孵化器10个，总数62个；新增众创空间25个，总数57个。其中，国家级孵化器14个、国家级众创空间15个。加强人才培育引进，新增市级创新团队22个，总数89个。出台加快高等教育发展实施意见，分别与南方医科大学、广东财经大学共建全学段佛山校区，与北京科技大学、北京外国语大学共建佛山研究生院，创建研究生联合培养国家示范基地2个。推进佛山科学技术学院创建高水平理工科大学，仙溪新校区建成招生。推动金融科技产业融合发展，新增上市企业12家，总数54家，上市企业市值位列全国第7名。新增“新三板”挂牌企业27家，总数100家；新增融资租赁公司4家，总数23家；新增私募股权投资基金52家，总数386家。成立规模1.25亿元的债券融资风险缓释基金。中国（佛山）知识产权保护中心基本建成。提升高端创新载体集聚能力，推进珠三角国家自主创新示范区建设，启动“一环创新圈”和禅南顺（三龙湾）高端创新集聚区规划，主动对接广深科技创新走廊。佛山国家高新区全国排名由第38位上升至第29位。广东金融高新区累计引进项目369个，总投资额近700亿元。

【佛山市制造业转型升级综合改革】 2017年，佛山市出台《佛山市制造业转型升级综合改革试点三年行动计划（2017—2019年）》《佛山市制造业转型升级综合改革试点2017年工作要点》。按照“先易后难”的原则，以“开展泛家居市场采购贸易方式试点、跨境电商综合试验、推动佛山农村金融机构改制为股份制商业银行”3个事项为突破口，并争取国家政策支持。顺德区划定全国首个产业发展保护区，严守产业发展红线。推动珠江西岸“六市一区”获得批复创建“中国制造2025”试点示范城市群。出台《创建“中国制造2025”试点示范城市群佛山市实施方案（2017—2019年）》，制定《佛山市扶持“中国制造2025”试点示范企业的政策措施》。在“中国制造2025”试点示范企业未有统一标准的情况下，先行先试，创新性地提出“中国制造2025”试点示范企业的评价标准体系。征集发布第一批42个制造业服务机构，为制造企业实施“中国制造2025”战略提供咨询、诊断、解决方案及实施指导等服务。印发实施《佛山市进一步加快推动大型骨干企业跨越发展工作方案》，确定100多家冲刺100亿元的后备骨干企业并予以重点扶持。建立市区领导班子挂点联系大型骨干企业对口联络单位服务机制，开展骨干企业跟踪服务责任落实，收集企业诉求和生产经营中存在的困难，企业问题的答复归档率98%。落实《关于创新完善中小微企业投融资机制的若干意见》，缓解中小企业融资难，推动后备骨干企业上台阶。加大财政支持，对主营业务收入首次突破100亿元并符合纳税条件的企业进行资金奖励，单个企业奖励金额最高达1000万元。协助美的、联塑、志高等骨干企业申请省级促进大型骨干企业转型升级专项资金（中央研究院建设项目），带动企业研发投入15亿元。（覃业在）

【粤澳、粤港商事登记银政通启动会】 2017年5月19日在澳门商务促进中心举办。启动会现场为首批通过粤澳银政通服务办理的5家企业颁发营业执照，其中江门市俪人行国际美容有限公司作为首批享受该服务的企业到会领证。此举标志着江门银政直通车服务进一步向国（境）外延伸，实现商事登记离岸受理及远程办理。

7月28日，广东省工商行政管理局、中国银行（香港）有限公司和中国银行广东省分行在香港中银大厦联合举办粤港商事登记银政通启动会。省工商局、中国银行公司及香港贸发局的相关负责人为江门市三七实业有限公司和阿卡提斯食品（江门）有限公司等首批通过粤港银政通服务的企业颁发营业执照。（刘家路）

【江门市产业园区建设】 2017年，江门市主动融入粤港澳大湾区建设，在原有产业园区平台建设的基础上，进一步谋划建设5个万亩园区：位于新会区的粤澳（江门）产业合作示范区、珠西新材料集聚区、深江产业园，位于台山市的台山工业新城拓展区，位于开平市的开平翠山湖科技产业园拓展区。建立江门市工业园区开发建设工作联席会议制度，全面启动5个万亩园区416.67公顷土地平整工作，完成土规调整和部分园区控规审定工作，大圣线、司前园区跨线桥、变电站等配套基础设施建设提速，全市累计完成投资41.37亿元。江门产业转移工业园连续6年获省级产业园考评优秀等次。江门市实现省产业园在三区四市全覆盖，形成一个地级市示范园（江门产业转移工业园）和两个县级市一般园（新会、江海产业转移工业园）建设模式。

（江门市地方志办公室）

【东莞市粤港澳银政通暨个体工商户全程电子化登记改革】 2017年5月19日，广东省工商局与广发银行合作在澳门举行粤澳商事登记银政通启动会，东莞、珠海横琴新区、佛山（含顺德）、中山和江门为试点地区；7月28日，与中国银行合作在香港举行粤港商事登记银政通启动会，东莞、惠州、江门、中山、佛山（包括顺德）和汕头为试点地区。东莞市成为全省可以全面开展粤港澳银政通业务的4个城市之一。东莞市工商局与中国银行东莞分行、广发银行东莞分行进行对接，形成东莞市办理粤港澳银政通业务的流程。2017年8月10日，改革全面启动。截至2017年8月，东莞有港澳资企业（不含分支机构）6666家，占全市外商投资企业的62.56%；港澳居民在东莞开办的个体户991户，占全省的11.8%。是省内首批试点粤澳、粤港商事登记银政通服务城市。

同时打造“互联网+政务服务”在原来推进企业全程电子化登记改革的基础上，率先在全省地级市中启动个体工商户全程电子化登记改革。个体经营者利用个人网银政书，通过网上全程办理个体工商户名称自主申报、开业、变更及注销等工商登记业务。

（东莞市人民政府地方志办公室）

【中山市经济体制改革】 2017年，中山市发挥政府在市场资源配置中的作用，激发经济内生动力和市场主体活力。推进供给侧结构性改革，出清全部国有“僵尸企业”105家，淘汰印染行业落后产能7600万米；金融机构杠杆率控制在合理水平；通过降低企业税负、减免部分行政事业性收费等综合措施，降低企业各类成本124.2亿元；采取建立购租并举住房制度、组建专业化房屋租赁平台等措施，促进房地产市场稳健发展；推进建设补短板项目206个，完成投资258.95亿元，其中纳入省补短板项目计划的8个项目完成投资32亿元。提升创新能力，全市高新技术企业超过1700家，实现“倍增”；以色列创新中心、中国科学院大学创新中心等高端研发平台落地，省级以上创新平台增至385个；实施“人才新政18条”，引进国家重大人才工程专家10名、享受国务院政府特殊津贴专家4名。优化创新创业环境，制订《中山市加快推进大众创业万众创新实施方案》，修订协同创新平台、科技创新券、孵化器、新型研发机构等相关政策；摸索“风险补偿基金+保险+银行+评估公司”共担风险的融资模式，获国家知识产权局肯定推广。完善知识产权保护体系，成立家电、红木家具2个知识产权快速维权中心和中山海关知识产权保护工作室，升级广州知识产权法庭中山诉讼服务处功能。推进国资国企改革，根据主营业务和核心业务，将231家市属企业划分为商业一类、商业二类和公益类，分类推进国有企业改革。推进“十三五”期间市属国资商业类资产整体上市。在国资企业监管系统中设立产权监管中心，实施产权流转动态监管，防止国有资产流失。

【中山市推进城乡融合发展体制机制】 2017年，中山市坚持城乡一体化，协调推进农业农村现代化与新型城镇化。推进农村综合改革，全市农村土地承包经营权确权登记颁证率94.7%。实施《关于推进我市村改居社区“政经分开”改革的指导意见》。拓宽农业“政银保”（指由政府提供财政资金作担保，银行向符合条件的合作社提供免抵押贷款，保险公司为贷款合作社提供保证保险的合作项目）覆盖面，开展“惠农贷”（指为支持三农经济发展而发放的短期或中长期贷款）项目试点，协调银行、保险等金融机构探索创新适合农户需求的小额信贷产品，促进农业规模化经营。推进农业良种补贴、种粮直接补贴、农资综合补贴“三项补贴”改革，将农作物良种补贴、种粮农民直接补贴和农资综合补贴合并为“农业支持保护补贴”，支持耕地地力保护和粮食适度规模经营，建立地力保护补贴资金基础信息库及管理系统，监管保护补贴资金。推进城市更新，加大旧城镇、旧厂房、旧村居“三旧”改造力度，修订《中山市“三旧”改造实施细则》，选定西区马山片区等10个片区作为“三旧”连片试点项目。改进城市管理工作，制订《关于深入推进城市执法体制改革改进城市管理工作的实施意见》，在原市城市管理行政执法局的基础上，整合划入市住房和城乡建设局市政公用、市容环卫、园林绿化等城市管理职能和住房城乡建设领域全部行政处罚职能，组建成市城市管理和综合行政执法局，加强城市管理执法工作。推进城市管理执法规范化，实施城市管理行政执法全过程记录和文字记录规范指引等制度。推进供销合作社综合改革，加快基层供销社建设，成立西区、火炬开发区供销合作社。开展小额信贷服务，累计放贷5700万元。供销社系统在领办、创办专业合作社方面实现零的突破，6月26日，西区供销社联合港口供销社、合美电动喷雾器有限公司和4名农户，联合组建中山市西区农机专业合作社。

2017年8月15日，广州知识产权法院委托调解签约仪式在中山市举行 （中山市人民政府地方志办公室供稿）

【中山市健全开放型经济新体制】 2017年，中山市探索对外经济合作新模式、新路径、新体制。优化口岸通关环境，国际贸易“单一窗口”国家标准版试点上线运行，全年使用“单一窗口”标准版平台货物申报量累计12.16万票，在全省21个试点城市中排名前列，日报关覆盖率37.65%，报检覆盖率75.89%。监管通关信息平台实现中山港区全覆盖，一般进出口企业、大型生产企业货物平均流转时间分别缩短10个小时和5个小时，通关效率分别比上年提升27.1%、56%。健全企业“走出去”风险防范机制。探索境外经贸合作区建设模式，瞄准沿线国家制定年度重点参展计划和扶持政策，组团赴海外开展对外投资合作经贸活动。至年底，全市对“一带一路”沿线国家投资项目22个，投资总额12.4亿美元，占全市对外投资额的46%。以“政府搭台、商会组织、企业抱团、市场运作”方式搭建“双平台”贸易服务模式，在海外设立中山产品展销展示中心，在中山设立服务中山供应商的采购中心和服务中心，协同服务供应商和买家开拓国际市场。中山美居产品南非中南展贸展示展销中心获列入广东省商务厅境外广东名优商品展销中心培育项目名单。

【中山市推进社会治理领域改革】 2017年，中山市探索国务院行政执法三项制度试点工作，开发应用全市行政执法信息公示平台；制定《中山市公众参与政府立法工作程序规定》《中山市行政调解办法》《行政复议快速立案工作规程》《关于加强和改进行政应诉工作的意见》等文件。推进信访工作法治化、制度化。制定《关于依法分类处理信访诉求的工作指引》，依法分类处理信访案件；组建有140名成员的律师队伍，开展律师参与化解和代理涉法涉诉信访案件试点工作，超80%的来访群众能依法表达诉求。建立健全重大决策社会稳定风险评估机制，分类建立重大决策社会稳定风险评估工作“专家库”，评估重点项目20个。司法责任制改革取得成效，强化法官、合议庭办案主体地位，市中级人民法院推行合议制及单元制相结合的案件审理模式，基层法院实行以主审法官为核心的单元制审理模式，直接由独任法官、合议庭裁判的案件占案件总数98%以上，提交审判委员会讨论的案件数量大幅下降。市第一人民法院探索通过购买社会化服务解决法院辅助性事务，让法官专心做好“法官”本职工作，破解“案多人少”难题，改革经验在全国推广。实施《检察官联席会议制度实施细则（试行）》《院领导、检察委员会专职委员和部门负责人直接办理案件实施细则》，检察官直接承办并做出决定的案件占近90%，检察委员会审议案件比上年减少40%。市检察院在广东省率先开展不起诉公开听证和宣告制度改革试点工作，在不起诉审查过程引入诉讼化模式，将不起诉权公开公示，试点工作得到广东省检察院肯定；检察官联席会议制度在全省推广。完成30名人民监督员选任工作。提高公安机关执法规范化、法治化水平，制定《关于贯彻执行广东省公安机关改革完善受案立案制度的实施意见的通知》，加强受案立案工作的流程管控、动态监督和问题整治。

【中山市文化体制改革】 2017年，中山市通过健全完善工作长效机制，将文明城市创建纳入市、镇经济社会发展总体规划，纳入绩效考核体系，实行全市各部门、各镇区创建工作情况月度测评、季度点评和年度考评制度，形成家庭、社区、村镇“三位一体”的全域文明模式。建设基层综合性文化服务中心，各镇区成立建设工作领导小组，统筹建设用地、用房等，建成基层综合性文化服务中心56个，发挥公共文化服务供给功能，全年举办各类文化活动6000场次。在全省率先设立版权专项资金，引导中山市优势特色产业转型升级。全年完成版权作品登记2071项，比上年翻两番。整合社会中介资源，建成版权基层工作站8个，构建覆盖全市的版权公共服务体系。媒体融合发展取得突破。中山报业传媒股份有限公司挂牌“新三板”上市；支持“中山发布”“中山发布V”政务网络平台、《中山日报》手机应用软件（APP）、中山手机台APP建设。制作《伟人故里 中国中山》城市形象片，在中央电视台和纽约时代广场等平台投放。

【中山市社会事业改革】 2017年，中山市完善社会治理体系，建立网格化、立体化社会治理体系，形成“党政领导、部门联动、社会协同、全民参与、法治保障”的社会善治模式。自1993

年起，连续第六次获“全国社会治安综合治理优秀地市”称号、第四次捧得“长安杯”。推进“智慧公安”建设，全市刑事案件发案率比上年下降5.5%、破案率增长3.4%。推进教育综合改革，继续扩大中小学教育供给，完成新建改建扩建公办学校15所，动工建设18所，新增公益普惠性幼儿园15所，新增规范化幼儿园学位9745个；实施《中山市购买义务教育阶段民办学校学位暂行办法》，为进城务工人员随迁子女购买民办学位3600个。推进高水平大学建设，与瑞士洛桑酒店管理学院签署合作办学协议，开放大学获批准建设。探索医保管理体制和支付制度改革，实现住院和门诊医疗保障全覆盖，建立“三保合一”的城乡一体化医保体系，即城镇职工基本医疗保险、城镇居民医疗保险、新型农村合作医疗（新农合）实现统一；建立总额控制下门诊统筹，按人头包干付费、住院费用按病种分值付费的复合型医保支付体系，医保病种分值结算模式在全省推广，中山市被国家人社部确定为医保付费方式改革重点联系城市。推进医联体建设，以三级医院为龙头，联合镇区医院、社区卫生服务机构等，组建人才共享、技术支持、检查互认、处方流动、服务衔接的医疗集团。小榄镇紧密型医联体模式获广东省肯定，并被中央电视台报道。全面放开社会办医，新增民营医疗机构129个。家庭医生式服务重点人群签约率65.9%。

【中山市生态文明体制改革】 2017年，中山市落实治水管水责任，实施《中山市全面推进河长制实施方案》，建立市镇村三级河长体系，完成省管外江16条、市管内河63条、镇管内河978条，共1057条河涌名录、信息统计建册及分布图绘制。建立河长制行政责任体系，完善水环境社会共治体系，整治内河涌115条、城区黑臭水体8条，推进岐江河流域重点区域综合治理。实施创建国家森林城市方案，成功创建板芙镇、南朗镇、古镇镇和南头镇4个“广东省森林小镇”，数量位居全省第一名。健全污染源日常环境监管机制，推广“双随机”抽查制度，每季度开展双随机抽查工作，并在网上公开抽查工作情况和查处结果，接受社会监督。探索设立建筑垃圾监管机构，实施特许经营和片区包干制度。制订《中山市生活垃圾强制分类工作方案》，选取中心城区和五桂山作为试点，开展生活垃圾强制分类工作。

【中山市党的建设制度改革】 2017年，中山市健全选人用人机制，执行《党政领导干部选拔任用工作条例》《党委（党组）讨论决定干部任免事项守则》，开展领导班子经常性分析研判44次，提请市委常委会研究市管职位18批次187人次，重点选优配强市直单位和镇区一把手。落实“凡提四必”（指在讨论决定前，对拟提拔或进一步使用人选的干部档案必审、个人有关事项报告必核、纪检监察机关意见必听、线索具体的信访举报必查），坚决防止“带病提拔”要求，对14批次共49名拟提拔市管干部考察对象开展个人有关事项重点抽查核实。实施《关于以“四化”推进基层党建标准化体系建设的指导意见》，推进“组织建设科学化、党员管理规范化、组织生活制度化、发挥作用常态化”。探索建立异地务工人员进入村（社区）党组织领导班子机制，在全市符合条件的55个社区开展非户籍居民及党员参选“两委”（社区共产党员支部委员会和社区居民委员会）工作，实现24个镇区全覆盖，当选的非户籍委员平均年龄33岁，大专以上学历占98%。市属国有企业党委书记、董事长“一肩挑”比例100%，中山市人民政府国有资产监督管理委员会管理的一级企业均把党建工作要求写入公司章程，配备党委专职副书记。完善人才工作机制，探索建立人才创新创业生态园，设立生态园网站，网站集聚创新创业服务机构152个、创新创业孵化平台123个。实施《关于加强和改进党的群团工作的实施意见》，推进市总工会、共青团、妇联、侨联、科协等群团改革，总工会的“三工”（工会+社工+义工）联动职工服务新模式、妇联的家庭家教家风工作经验等在全国或全省推广。成立市委巡察工作领导小组，按组团式发展“一办四组”设置巡察机构，选取三角镇、坦洲镇党委和市商务局、市水务局党组作为首轮巡察对象，发现问题线索93件，向市纪委移交问题线索55件。设立市纪委派驻市中级人民法院纪检组和派驻市人民检察院纪检组，全市纪检派驻机构共处置问题线索33件，立案17件17人。实施《中山市实践监督执纪“四种形态”推进全面从严治党实施意见（试行）》，全年市纪检监察机关运用监督执纪“四种形态”处理609人次。

（中山市人民政府地方志办公室）

【惠州市投资项目审批制度改革】 2017年7月，《惠州市实施投资项目系统集成审批改革建立快审速批机制工作方案（试行）》发布。该方案首次将土地出让审批阶段纳入改革范围。梳理土地挂牌出让办理环节，合并办理测绘用地和编制红线图，并联办理现场公示和方案审批，取消出让后编制建设用地红线图环节，下放供地方案审批权限、压缩土地挂牌出让办理时限，将土地挂牌审批时间从149个工作日压缩到81个工作日。方案重点改革规划报建阶段的审批。重点是并联办理地规证和方案设计审查、并联办理工规证和初步设计审查、并联办理质监、安监和施工许可事项，取消审批事项3个、后置审批事项3个、整合审批事项9个，整个环节压缩约65%的审批时间。方案还实现土地挂牌阶段和设计报建阶段提前对接。压缩土地挂牌阶段和设计报建阶段审批事项，企业在竞得土地后提前进入设计报建阶段，进一步压缩审批时限，节省28个工作日。惠州市项目审批服务系统集成的重要内容是“一门受理、内部流转、并联办理、限时办结”。根据方案，惠州市探索建立并逐步推行首问负责制，服务窗口对项目审批全流程跟踪服务负责到底，为企业提供无偿跟办督促服务；优化“一网式”服务机制，依托网上办事大厅的企业专属网页，将分散在不同职能部门的投资项目受理业务向网上统一平台集成，建立便捷高效的政府服务新机制；实行“一图导引”，针对不同项目特点量身导出项目申报专用流程图，指导企业办理投资项目全过程审批事项。在房屋建筑等投资领域探索建立规划建设审批工作的快审信用承诺制，实行以法定条件引导、企业信用承诺、监管有效约束为核心的快审管理模式。信用承诺制的“承诺事项清单”由住建部门制定。在清单范围内，2014—2016年无不良信用记录的项目业主在符合相关法律法规的前提下，签订限期补交材料的承诺书后，住建部门可提前办理或办结相关审批事项，同时对承诺书进行公开，项目业主须按承诺的时限和要求补交材料。11月21日，《惠州市进一步降低制造业企业成本支持实体经济发展的十条政策措施》出台，深化投资项目审批制度改革，降低企业制度性交易成本。

【惠州市推进“三去一降一补”】 2017年，惠州市推进“三去一降一补”五大任务。

去产能，推动产业转型升级　摸查核实全市国有和非国有“僵尸企业”，建立“僵尸企业”数据库，印发实施《惠州市属国企出清重组“僵尸企业”促进国资结构优化的实施方案》，建立惠州市国有“僵尸企业”处置工作联席会议制度，制订出清“僵尸企业”施工方案、路线图，推进出清重组。至年底，234家国有关停企业全部、4家非国有“僵尸企业”出清；95家特困企业全部脱困。加强落后产能监测体系建设，开展淘汰钢铁落后产能专项督查和检查验收。完成压减50万吨粗钢和淘汰61万吨落后钢铁产能任务。

去库存，促进房地产市场平稳健康发展　加大房地产市场结构性调控力度，加大商品住房的价格调控，并化解商业、办公等非商品住房库存和推进重点区域商品房去库存。至年底，全市房地产库存面积1044万平方米，比上年下降0.2%。其中，住宅库存面积715万平方米，比上年增长9.4%，去库存周期6.7个月，处于偏紧状态。非住宅库存329万平方米，比上年下降18.9万平方米。

去杠杆，加大金融对实体经济的支持力度

推动金融机构去杠杆，确保全市银行机构不良贷款率低于全省平均水平，金融业务主要风险指标达到监管要求。降低企业杠杆率，促进实体经济持续健康发展。至年底，金融机构本外币存贷款余额分别为5485.6亿元、4012.9亿元，比上年分别增长10.3%、15.9%，两项指标增幅均居珠三角第三位。存贷比73.15%。不良贷款率0.93%，低于全省平均水平0.75个百分点。

降成本，减轻企业负担　落实“降成本行动计划”的7大任务35项举措，通过结构性减税、减免涉企行政事业性收费、降低社会保险费率和降低住房公积金缴存比例等措施，降低企业人工、电力等生产要素成本。全年全市降低实体经济企业成本161.7亿元，完成计划139.1%。其中，降低企业税费负担127.9亿元、企业融资成本2.1亿元、制度性交易成本1542.4万元、企业人工成本17.7亿元、企业用能用地成本6.7亿元、企业物流成本1.8亿元、企业资金周转成本5.4亿元。

补短板，建设现代化基础设施　补齐全市农网、通信、交通、新能源等现代基础设施短板。全年完成投资173.2亿元。其中，新一轮农网改造升级工程累计完成投资9.3亿元；完成投资1.14亿元，新建燃气管道102千米；完成投资7.85亿元，新建4G基站9385座、站址2611座（含存量改造）；完成投资820万元，全市新建WLAN热点459个；完成投资6.63亿元，新增光纤接入用户52.28万户、光纤入户行政村399个；建设完成充电站23座、充电桩757个；完成综合管廊建设1350米；高速公路完成投资70.5亿元，省道建设完成投资15.89亿元，农村公路建设累计投入3.86亿元；防灾减灾工程完成投资1.73亿元。完成投资17.2亿元，在全省率先完成村村通自来水工程，提前1年解决131.45万农村群众饮水问题（受益人口240.69万人）。

【惠州市国家新型城镇化综合试点】　2017年，惠州市开展国家新型城镇化综合试点，在拓宽农业转移人口市民化的实现通道、建立市民化成本分担机制、建立多元化可持续的投融资机制和城镇化综合配套改革等方面进行探索。至年底，全市常住人口477.7万人，常住人口城镇化率69.55%；户籍人口369.24万人，户籍人口城镇化率55.87%。

镇域规划修编　12月7日，惠州市住房和城乡规划建设局、惠州市发展与改革局联合印发《惠州市新型城镇化规划（2016—2020年）》，提出未来周期内，惠州将规划建设新区和重点城镇并逐步引导人口分散转移和布局，逐步形成“一区、三轴、六组团、多节点”的网络型市域城镇空间布局。规划提出具体目标：到2020年，力争不少于10万本市农业转移人口和40万异地务工人员落户城镇，全市常住人口城镇化率达到75%，户籍人口城镇化率达到65%。同时建立起完善的城乡基本公共服务和社会保障体系，使新市民获得与城镇户籍居民均等的社会身份和市民认同感，以及带动城市绿色生产、绿色消费的发展。至年底，惠州城市中心区控制性详细规划覆盖率97%，45个乡镇编制完成总体规划。全部1043个行政村中有640个编制完成村庄规划，2812个50户以上较集中自然村全部完成建设规划编制。

入户政策　9月，印发实施《关于进一步放宽引进人才入户条件的通知》，对高层次人才、学历型人才、专业技术人才和技能型人才四类人才提供“零门槛、无障碍、直通车”服务。12月，印发实施《惠州市推动非户籍人口在城市落户实施方案的通知》，推进非户籍人口在城市落户。至年底，累计超过20万人次落户惠州城镇。

成本分担机制　年内，惠州市建立基本公共服务专项统筹资金，市财政出资不少于1亿元，各辖区按上年度一般预算收入的3%参缴，对因落户数量大而承担较多基本公共服务支出的辖区，安排更多的财政转移支付，深化“人钱挂钩、钱随人走”机制。

投融资机制　年内，惠州市创新财政投融资体制改革，组建市级政府投资基金。推行政府和社会资本合作（PPP）模式，利用惠州市PPP项目咨询服务中介机构库，推进PPP工作。至年底，全市录入财政部PPP项目综合信息平台项目50个，项目投资概算金额528亿元，项目落地率74%，项目落地金额80%。小金河大道市政工程等4个项目入选国家第三批示范项目（一类），金龙大道改造工程等4个项目入选省重点项目（二类）。

城镇化综合配套改革　年内，惠州市建立城镇建设用地增加规模与吸纳农业转移人口落户数量挂钩机制；建立进城落户农民“三权”维护和自愿有偿退出机制；将进城落户农民完全纳入城镇住房保障体系；落实进城落户农民参加城镇基本医疗保险政策；落实进城落户农民参加城镇养老保险等政策；保障进城落户农民子女平等享有受教育权利；推进居住证制度覆盖全部未落户城镇常住人口。　（惠州市地方志办公室）

【肇庆市供给侧结构性改革】　2017年，肇庆市推进供给侧结构性改革，实施“三去一降一补”。建立租购并举住房制度，7月，肇庆市被国家住建部列为发展住房租赁市场首批12个改革试点城市之一；全年商品房交易面积598.01万平方米，商品住房库存面积674.78万平方米，商品住房清化周期为6个月，实现省定“去库存”目标。将国有“僵尸企业”中的关停企业、特困企业集中托管到省股权托管中心有限公司，9家钢铁落后产能企业全部关停，完成54家国有“僵尸企业”出清重组。加大金融监管合力和风险监测分析，全市地方法人银行机构杠杆率平均达4.0%以上。印发《肇庆市降低实体经济企业成本工作实施细则》，实施“降成本”，为企业减负48.99亿元。完成“补短板”项目投资99.4亿元。肇庆市创新创业中心挂牌，新增孵化器12个，在孵企业533家，建有众创空间12个，其中肇庆学院肇梦空间被纳入“第三批国家级众创空间”和广东省首批8个“互联网+小镇”培育单位。全市有高新技术企业289家，高新技术企业培育库入库企业56家。建成全省首家省市共建人才驿站，引进12名国家级专家和1名长江学者。肇庆学院大学科技园、肇庆高新区创新创业服务中心被评为国家级科技企业孵化器，实现肇庆市国家级科技企业孵化器“零”的突破。

【肇庆市行政管理体制改革】　2017年，肇庆市启动城市综合执法体制改革，出台《关于深入推进城市执法体制改革改进城市管理工作的实施方案》，设立市、县两级城市综合管理机构，建立健全联合执法和联合检查机制。成立环境监察监测执法垂直管理改革工作领导机构和专责小组，完成各县（市、区）环保工作有关情况摸底调研，拟定高要区金利镇、四会市大沙镇、怀集县冷坑镇列入委托镇级环保综合执法试点。创新“互联网+税务”模式，申报缴税等8大类838项业务可网上办理，电子税务局应用率88.3%；推进国地税联合办税，共建12个“联合办税服务厅”和9个24小时自助办税区。建设市场监管信息平台并投入使用，对各类市场主体实行“双随机”抽查，全市工商（市场监管）系统开展随机抽查20次，抽查市场主体8591户。

【肇庆市“放管服”改革】　2017年，肇庆市实施“放管服”（简政放权、放管结合、优化服务）改革，提升政务服务水平和效率。深化商事便利度改革，推行“多证合一”服务模式，实现名称核准、工商登记、涉税信息、刻章、开办银行基本户的归集一站式服务，企业开业办理时间由25个工作日缩短至7个工作日，申请人往返次数由11次减少为3次，填写企业资料由5次变为1次，该模式被广东省工商局推选参加全国商事制度改革工作专题宣传。完善“一门式、一网式”政务服务改革，推动网上审批“零跑动”服务，实施服务318宗，清单扩展至142个。完成与省目录系统的对接，每个服务窗口均可受理40个部门的619项业务，行政审批事项网上全流程办理和办结率分别为98.6%和96.4%。出台《肇庆市深化投资项目审批制度改革试行办法》，提出一般（小型）企业、政府投资项目审批总时限分别控制在30、38个工作日内，竣工验收时限控制在5个工作日内等要求。投资项目专窗自8月成立至12月底，受理业务831宗，有效提升政府服务效能。推进施工图审查市场化改革，放开施工图审查市场，全省有8个图审机构在肇庆开展施工图审查业务。

【肇庆市金融和投融资体制机制改革】 2017年，肇庆市建立金融体制和投融资体制。引导金融机构支持城市及园区建设，全市政府性投资项目获批融资（含PPP项目）444亿元，其中3个园区项目合计获批融资14.8亿元。建立政府资金与创投基金联动机制，发布《肇庆市政府投资引导基金管理办法》《肇庆市政府投资引导基金设立方案》，成立肇庆市产业投资引导基金，肇庆市红土引导基金投资管理有限公司完成工商登记，落实首期1亿元基金。引导银行机构参与肇庆市中小微企业贷款风险补偿基金和应急转贷资金业务，累计发放中小微企业风险补偿基金贷款129笔，金额4.07亿元；发放中小微企业应急转贷资金137笔，金额8.71亿元，为企业结余成本1004万元。年内，继续推进农村金融服务改革，鼎湖、高要、怀集、封开4个县（区）被列为省普惠金融"村村通"试点，建成县级综合征信中心；浙江泰隆商业银行获银监会批准，在四会市筹建村镇银行。推动粤桂叠加支持政策落地，粤桂合作特别试验区（肇庆）"1+3"配套方案向省申报实施，《两广金融改革创新综合试验区总体方案（2016—2020年）》上报两省区审批。

【肇庆市民生领域及其他领域改革】 2017年，肇庆市深化户籍制度改革，实行"一全面（全面放开亲属投靠入户）、五放宽［放宽租赁居住人员入户、放宽购（建）房和置业入户、放宽投资创业入户、放宽引进人才入户、放宽稳定就业入户］、两取消（取消积分入户、取消计划生育审核）"，放宽入户肇庆条件，实现外来人员"零门槛"入户；全年市外迁入2.37万人，比上年增长84.2%。深化教育体制改革，完善县域内公办义务教育学校校长、教师定期交流的刚性约束机制，2017学年全市义务教育学校交流校长166人、教师2228人；城镇学校、优质学校教师交流轮岗的教师1231人、骨干教师交流614人；建立健全乡村教师荣誉制度，对在乡村学校从教满15年以上的教师颁发荣誉证书。推进医药卫生体制改革，35所公立医院完成综合改革，全面取消药品加成；实施健康分级诊疗和家庭医生签约服务制度，家庭医生签约率33.30%，重点人群签约率61.05%；发布《肇庆市推进医疗联合体建设和发展的工作方案》，组建端州区妇幼保健院医疗集团等6个医联体；发布《肇庆市促进社会办医加快发展实施方案》，建成兼具医疗卫生与养老服务资质和能力的医养结合机构3个。实施生态环保体制改革，试行排污许可证制度，完成1家火电、31家造纸企业排污许可证申请与核发任务；实行"河长制"，建立西江水质保护负面清单制度，从源头控制污染排放。推进农村土地产权制度改革，完成实测面积16.06万公顷，实测率1.14倍；颁发权证66.26万本，颁证率94.8%；鼎湖区探索"地票制"改革，让村民成为新型城市"合伙人"。建立健全传统和新媒体融合发展机制，"肇庆市文化产品展示交易平台"上线运行，推出"新闻+"服务。推进基层治理多元化参与机制，引导和推动乡贤理事会等各类组织参与基层治理，成立村民（乡贤）理事会3267个。创新干部监督管理机制，落实干部干事创业容错纠错预警机制和干部能上能下机制；完善谈话提醒督促机制，对3000多名领导干部开展谈话提醒，提醒约谈7000多人次。深化纪检机构改革，县级纪委派驻机构全覆盖改革任务基本完成，启动镇（街）纪委工作机制改革。推进工青妇等群团组织改革，改革群团组织机构设置、管理模式、运行机制等。 （韦相伍）

【香港构建智慧城市】 2017年10月，香港特别行政区政府宣布将投放7亿港元，推展协助发展智慧城市的重要基础建设项目，包括提供“数码个人身份”；在选定的市区地点进行“多功能智慧灯柱”试验计划；革新电子政府系统的开发技术及设立大数据分析平台。此外，计划牵头提供经济诱因鼓励电信商扩展光纤网络至位于偏远地区的乡郊，并继续发展智能运输系统，包括安装新一代停车收费表，支持手机移动应用程序缴付泊车费及提供实时空置停车位信息等。

2017 年 12 月 15 日，政府进一步公布《香港智慧城市蓝图》，概述将香港构建成为世界领先智慧城市的愿景和目标，以及 2018—2022 年的发展计划。蓝图涵盖“智慧出行”“智慧生活”“智慧环境”“智慧市民”“智慧政府”“智慧经济”6 个主要范畴，具体推行的措施包括开放数据、推动空间数据共享平台、发展三维数码地图及增加公共 Wi-Fi 热点等。为协调和监督各项目，由香港特区行政长官林郑月娥主持的创新及科技督导委员会展开工作，以聚焦各政策局的力量和资源，全面推动香港的创科发展。与此同时，创新及科技局计划设立智慧城市办公室，以统筹各项工作。（香港地方志办公室）

合作协议

【广州、佛山、中山 3 企业签约共建南沙码头】 2017 年 8 月 9 日，来自广州、佛山、中山的 3 家国有企业在广州南沙开发区管理委员会主楼大厅签订合资建设经营广州港南沙港区四期工程的协议。根据协议，四期工程拟建设 4 个集装箱泊位，计划建设年限为 2018—2021 年，设计年吞吐量 480 万标准箱，相当于 2016 年广州港全部集装箱吞吐量的 1/4。从佛山、中山来的集装箱经南沙港出口，与走深圳或香港的码头相比，运输成本节约近 2/3，时间成本减少超 1/3。自 2016 年下旬广州港驻佛山、中山办事处先后设立以来，两地货物在南沙港区的出口量明显增长。2017 年上半年，广州港与佛山港互通集装箱量 26.7 万标准箱，比上年同期增长 12.8%；广州港与中山港互通集装箱量 10.6 万标准箱，增长 7.8%。广州港的“穿梭巴士”驳运航线对佛山、中山地区基本实现全覆盖。此次广州港南沙港区四期工程由广州港股份有限公司、佛山市公用事业控股有限公司、中山城市建设集团有限公司组建合资公司，项目合资公司注册资本为 16.8 亿元。工程总投资估算 55.88 亿元，拟建设 2 个 10 万吨级和 2 个 5 万吨级集装箱泊位及配套集装箱驳船泊位。南沙港区四期工程建成投产后，广州港南沙港区将有 10 万 ~15 万吨级专用集装箱泊位 20 个，集装箱通过能力超过 2000 万标准箱。（白芷）

【珠中江阳合作发展协议】 2017 年，珠海、中山、江门、阳江四市开展年度重点合作项目 26 个，新签订区域合作协议 2 个：《珠中江横琴消费维权合作协议》《主动融入粤港澳大湾区促进互联互通共建共享战略合作备忘录》，累计签订协议 73 项。12 月 27 日，珠中江阳区域紧密合作第十二次党政联席会议暨“大湾区大交通”论坛在中山市召开，签署《主动融入粤港澳大湾区，促进互联互通共建共享战略合作备忘录》。（珠海年鉴编辑中心）

【《江澳航天农业创业创新战略合作框架协议》】 2017 年 1 月 10 日，江门市农业局与澳门时富国际集团签订《江澳航天农业创业创新战略合作框架协议》，合作共建江澳航天农业创业创新基地。项目选址蓬江区，总投资额 40 亿元，首期投入 20 亿元。江门成为全国首个与澳门共建航天农业双创基地的城市。（蒿子枫）

【深圳市五邑商会与江门市商务局签订框架合作协议】 2017 年 2 月 13 日，江门市领导率队到深圳市开展招商考察活动。其间，深圳市五邑商会与江门市商务局签订框架合作协议，江门市驻深圳商务交流处举行揭牌仪式。江门市设立驻深圳商务交流处，将使其成为江门在深圳招商的大本营和前沿阵地，未来商务交流处将挖掘深圳在产业、科技、人才、资本和创新等多方面的优势资源，推动与江门本土资源的对接，重点加强招商引资、产业合作和城市推介等工作。（胡双敏）

【江门市粤港澳大湾区发展规划战略合作签约】2017年6月23日，在落实粤港澳大湾区发展规划战略合作签约仪式上，江门市政府与中国工商银行广东省分行签订《落实大湾区战略合作框架协议》。此外，围绕“粤港澳大湾区”建设及江门市“十三五”时期经济社会发展目标的实施，江门市政府、工行广东省分行、工银亚洲、工银澳门四方签订《政银企“聚侨引智”战略合作框架协议》；江门市政府、工行广东省分行、中电建路桥集团三方签订《银企全面战略合作协议》。

落实大湾区战略合作框架协议　江门市政府与工行广东省分行签订《落实大湾区战略合作框架协议》，结成长期战略合作伙伴，将就加强“粤港澳大湾区”建设进行全面合作。工行广东省分行将向江门市重点建设项目提供超过800亿元的意向性融资支持，为江门市交通一体化、工业振兴、城市建设的“三个千亿计划”，以及教育医疗、科技创新、文化旅游等领域提供全面的融资、融智支持。

“聚侨引智”战略合作框架协议　江门市政府、工行广东省分行、工行（亚洲）有限公司、工行（澳门）股份有限公司四方共同签订《“聚侨引智”战略合作框架协议》。根据协议，工行广东省分行将联动工银亚洲、工银澳门，与江门市政府携手，为侨胞、侨资回乡投资搭建桥梁，架设五邑地区侨胞、侨资通道，推动特区政府财政储备资金参与五邑地区民生项目，实现项目合作、投贷结合、托管等综合效应，共同促进江门市经济社会可持续发展。

政银企全面战略合作协议　江门市政府、工行广东省分行、中电建路桥集团有限公司三方签订《政银企全面战略合作协议》。根据协议，三方将通过资金支持、资源整合、项目推荐等多种方式，不断深化合作，互惠共赢，力推江门市交通基础设施建设加快实现跨越式发展。其中，中电建路桥集团有限公司参与江门市交通和城市等基础设施建设，这些项目建成之后，对全面提升优化江门市居住、投资环境，助力江门市社会经济良好发展将发挥积极作用。

银企全面合作协议　工行江门分行分别与江门地区9个重点项目企业签订《银企全面合作协议》，这9家企业都是在江门市重点项目建设中均发挥着重要作用的企业，涉及交通、健康、园区建设、小微双创等领域，如银葵医院大健康项目、亚太纸业年产90万吨高档文化用纸项目、广海湾启动区开发及配套设施建设项目、珠西物流港项目、翠山湖园区整体城镇化建设项目、恩平产业园区开发项目等。工行江门分行将通过融资、投行、结算等全方位金融服务，支持这些企业发展，促进相应重点项目落地实施。

（赵可义　谈秉刚）

【《珠中江横琴消委会消费维权合作协议》】2017年12月12日，珠海、中山、江门、横琴四地消费者委员会会在江门市工商局召开珠中江横琴消费维权联席会议，并签订《珠中江横琴消委会消费维权合作协议》。协议进一步强化消费维权合作的广度和力度，让消费者更好地了解异地维权的相关信息，共同营造珠海、中山、江门、横琴四地和谐安全的消费环境，更好地保护四地消费者的合法权益。（容永林）

【《广州市人民政府　东莞市人民政府深化战略合作框架协议》】　于2017年9月29日由广州、东莞两市人民政府签署。协议主要分为合作宗旨、合作原则、合作重点、合作机制4个部分，合作重点包括规划衔接、交通基础设施对接、港口航运合作、创新走廊共建、园区合作、产业发展协同、生态环境联治、公共服务共享八大领域的内容。协议要求成立由两市市委书记、市长组成的领导小组，负责重大事项决策和协调，领导小组会议由两市协商召开。协议提出，双方将优化两地创新走廊周边资源布局，协同引进重大科技创新平台、重点产业项目，构建协同有序、优势互补、科学高效的区域协同创新体系。以广州高新区、东莞松山湖高新区等国家级高新区为核心载体，与深圳共同建设形成沿广深轴线高度发达的创新经济带，把广深科技创新走廊打造成“中国硅谷”，辐射带动全省创新发展。

【《广州南沙新区　东莞市滨海湾新区战略合作框架协议》】　于2017年9月29日由广州、东莞两市签署。协议提出8个重点合作领域，主要包括规划、交通基础设施、产业、港口航运、科技创新、体制机制创新、岭南水乡特色文化、生态环境等方面的合作内容，并分别列出重点合作项目和近期工作任务，涉及经济社会各个合作领域。协议提出，双方将依托南沙新区作为广深科技创新走廊重要节点和华南科创中心新高地优势和滨海湾新区创新基地的科技创新优势，加强双方在科技创新领域的交流和信息资源共享，协同引进重大科技创新平台、重点科技产业项目；发挥双方在粤港科技合作方面的引领示范作用，推动广州中国科学院工业技术研究院、广州市香港科大霍英东研究院、国家物联网标识管理公共服务平台、国家锂离子动力电池工艺装备技术基础服务平台、广州超算中心南沙分中心以及滨海湾新区粤港澳科技创新孵化器合作区、粤港澳青年创新创业基地、粤港澳科创智慧湾等重点项目建设，加快集聚国内外高端创新要素。

【《广州港务局　东莞港管理委员会推进港口发展战略合作框架协议》】　于2017年9月29日由广州、东莞两市签署。协议提出，双方将推进实施穗莞港口一体化。打造广州—东莞港组合港，实现广州港和东莞港港口资源整合，航线等航运资源共享，以广州港为龙头，加快两市市属国有港口企业整合。以粤港澳大湾区建设为契机，共建优势互补、资源共享的穗莞航运体系，科学规划港口资源，加快两市码头建设，打造世界级枢纽港。为打造世界级枢纽港，按照穗莞战略合作机制，两港密切合作，共同开发建设新沙港二期，拟建4个10万吨级通用泊位。

【中国建设银行向东莞市提供2000亿元授信支持】　2017年9月8日，东莞市政府与中国建设银行广东省分行、中国建设银行（亚洲）股份有限公司、建银国际（控股）有限公司、中国建设银行澳门分行签署《支持与服务东莞市全面落实粤港澳大湾区城市群发展规划合作协议》，东莞市滨海湾新区管委会与中国建设银行东莞市分行签署《支持和服务东莞市滨海湾新区建设规划合作协议》。按照协议，建设银行将向东莞市提供不少于2000亿元综合授信支持，全面支持东莞市落实粤港澳大湾区城市群发展规划，支持东莞城市品质建设、“一带一路”规划、科技金融发展、产业创新升级、完善公共配套服务，全方位提供包括传统项目贷款、城市更新改造资金、PPP（政府和社会资本合作）项目融资、债券承销等综合化融资服务，助推东莞市实现更高水平发展。截至2017年9月，建设银行各项贷款余额占东莞市贷款总额10%。

【东莞市“融入大湾区拓展新产业”战略合作签约】　2017年3月16日，“融入大湾区　拓展新产业”战略合作签约仪式在东莞市道滘镇举行，来自香港、澳门、深圳、珠海等地的企业代表齐聚该镇，共同签订战略合作协议。此次签订的4份战略合作协议，莞澳大宗商品交易合作项目依托道滘镇贸易金融创新示范基地，建立澳门及葡语系国家产品的交易及展贸平台；影视文化创意园区项目，致力于聚集影视文化行业明星企业进驻道滘园区注册办公，打造泛娱乐生态链，孵化原创IP（知识产权），共同打造特色影视文创小镇；影视原创内容孵化项目，重点打造编剧中心，孵化原创剧本、原创IP，投资影视内容生产；中葡科技产业园项目，打造葡语国家与澳门科技成果转化平台、文化创意资源对接平台、产品内销平台，为企业提供研发、办公、生产、展销的组合空间，实现科技研发支持、产业集群发展与金融股权投资三链融合，促进莞澳在动漫制作、网络游戏、创意设计等领域的产业合作更加紧密。

【东莞市道滘镇与澳门签订合作协议】 2017年3月31日，东莞市道滘镇组织商务办、投资服务中心、统战办等相关部门以及道滘商会、食品龙头企业代表前往澳门招商考察。其间，参观澳门葡语国家食品展示中心，对接澳门贸易投资促进局等澳门机构以及澳门企业，与多家澳门企业达成战略合作意向，并于4月1日签订8个莞澳合作项目，包括与融和商品交易所、协和珠宝交易所共建东莞贸易金融创新示范基地项目；中广发（融资）租赁项目；粤港澳湾区再生资源电子交易平台项目；汇晟牧业与澳门企业合作运营项目；东莞市水乡文道影视文化创意产业研究院与澳门永道有限公司的合作项目；与澳门永道有限公司、葡萄牙捷星科技投资有限公司共建中葡国际科技合作产业园项目；与澳门吉道研究院共建人工智能应用示范基地；道滘商会与澳门永道有限公司签订济川同创城市更新投资基金项目。

（东莞市人民政府地方志办公室）

【中山—澳门青年创新创业合作工作会议召开】 2017年3月17日，中山—澳门青年创新创业合作工作组在中山市易创空间孵化基地召开首次联席会议。澳门经济局局长戴建业率澳门经济局、澳门生产力暨科技转移中心、劳工事务局、高等教育辅助办公室、澳中致远投资发展有限公司等单位代表12人参会。会议讨论贯彻落实《国务院关于深化泛珠三角区域合作的指导意见》，深化落实《粤港澳合作框架协议》，携手实施创新驱动发展战略，推进中山、澳门两地青年创新创业合作。澳门特别行政区与中山市人民政府于2016年6月签订关于合作推进青年创新创业的框架协议，并成立中山—澳门青年创新创业合作工作组，在中山市易创空间创业孵化基地设立港澳青年创新创业孵化专区，至2017年底有近10个澳门青年团队入孵。

【澳门中山青年商会与澳门青年创业孵化中心伙伴合作框架协议】 2017年12月7日，澳门中山青年商会与澳门青年创业孵化中心签署合作框架协议，旨在助力澳门青年创新创业，发挥各优势，推动澳门青年创新创业及中小微企业发展，融入区域合作，澳门中山青年商会会长梁健殷与澳门青年创业孵化中心行政总裁崔世平分别代表双方签署伙伴合作框架协议。根据协议，双方通过建立恒常互通信息机制，建立合作伙伴关系，搭建交流的正式管道；强化信息互换平台，及时向澳门创新创业人士提供及时国内海外创业环境、优惠政策信息；推动互相认可青年创业项目，推荐优秀项目进驻，为在澳门创新创业人士提供多元化的创业支援和专业顾问咨询服务，以及全方位使用各项配套措施，包括办公地点、商业配对、基金对接等服务；促进在澳门创新创业青年参与粤港澳大湾区与海外创新创业交流。

同日，澳中致远投资发展有限公司还与复星国际和国际大学创新联盟举行合作协议签署和揭牌仪式。澳门青年创业孵化中心与启迪环球网络举行合作协议签署和揭牌仪式，与国内青年创业合作项目和本地青年社团签署合作协议。

【2017年推进中山与澳门合作专责小组会议】 2017年5月17日，2017年推进中山与澳门合作专责小组会议在中山市召开，中山和澳门就携手参与粤港澳大湾区城市群建设达成共识。澳门贸易投资促进局和中山市商务局签署《共同构建葡语系国家食品展示中心合作框架协议》，打造开放型、高水平的国际合作平台，全面加强产业、商务、文化、教育、旅游、青年创新创业等多领域、全方位合作。

（中山市人民政府地方志办公室）

【《西江国际未来科技城战略合作框架协议》】 于2017年3月22日由肇庆市政府与中国产业发

展促进会、中国中铁股份有限公司签署，在城市整体综合开发运营和产业发展等领域建立战略合作关系，推动肇庆新型城市化发展。根据协议，三方将共同推进位于高要区的西江国际未来科技城建设，建立促进产业新城发展合作机制，以园区 PPP 为载体，打造高品质科技产业新城，促进“产、城、人”融合，5 年内完成“投资 100 亿元、实现产值 500 亿元”目标。肇庆市市长陈旭东、中国产业发展促进会副会长李小军、中国中铁股份有限公司副总裁周孟波等出席签约仪式。（韦相伍）

【《肇庆华侨城卡乐文化旅游科技产业小镇战略合作协议》】 于 2017 年 9 月 27 日由肇庆新区和华侨城文旅科技公司在深圳市签订，计划在肇庆新区合作建设肇庆华侨城卡乐文化旅游科技产业小镇，其中文化旅游项目投资 90 亿元，建设项目包括大型高科技、参与型文化科技主题公园卡乐星球欢乐世界，现代化滨水文化旅游商业休闲综合体“卡乐水街”、文化旅游科技创意产业基地等。肇庆市委书记赖泽华，华侨城集团党委书记兼总经理段先念见证签约。（谢智远）

【肇庆市政府与广州中医药大学建立战略合作关系】 2017 年 9 月 29 日，肇庆市政府和广州中医药大学举行《市校战略合作框架协议书》签约仪式。根据协议，肇庆市与广州中医药大学将在科学技术、教育与人才培养、中医医疗、中药产业、重大课题 5 个方面建立战略合作关系，实现资源共享、持续共赢的发展目标。肇庆市委书记赖泽华、市长范中杰，广州中医药大学校长王省良见证签约。（陈洪明）

【《共建武汉大学（肇庆）粤港澳环境技术研究院合作协议》】 于 2017 年 11 月 9 日由肇庆高新区和武汉大学在肇庆高新区签订。双方将在肇庆高新区共建武汉大学（肇庆）粤港澳环境技术研究院，以节能环保科学研究及产业发展为目标，促进武汉大学节能环保科学研究及科技成果的转化应用，服务肇庆和粤港澳大湾区生态环境建设，推进节能环保产业转型升级，优化土壤、河流水域等生态环境。肇庆市委常委、高新区党工委书记李奔，武汉大学科学技术发展研究院副院长、教授石岗出席签约仪式。（李金玲）

【《广东省珠三角“1+9”版权区域合作框架协议》】 于 2017 年 11 月 17 日在肇庆市召开的广东省珠三角地区版权工作联席会议上，由珠三角地区的广州、深圳、肇庆等九市签署。根据协议，广东省版权局和珠三角九市将在深化版权保护组织与执法机构合作交流、整合版权行政管理和行政执法资源、提高版权行政管理和行政执法水平等进行合作，形成由广东省版权局为指导、珠三角 9 市版权行政管理和行政执法部门共同参与的版权交流合作新机制。广东省版权局副局长陈春怀、肇庆市副市长陈宣群见证签约。

（钟海波）

【粤港两地敲定实施合作计划】 2017 年 2 月 23 日，香港特别行政区政府政务司司长张建宗与广东省副省长何忠友在广州共同主持粤港合作联席会议第 22 次工作会议。会议上确定实施《粤港合作框架协议》的《2017 年重点工作》作为粤港合作的行动纲领，合作项目有 77 项，涵盖“一带一路”、创新及科技、青年、金融、环境保护、旅游、跨境基建等范畴。其他的合作项目包括物流、运输与会展、文化创意、贸易促进、知识产权保护、文化交流、医疗卫生、食物安全及检验检疫等领域。

【香港与内地共同推动珠三角空域发展】 2017 年 5 月 19 日，香港民航处处长李天柱在深圳与中国民用航空局空中交通管理局局长车进军举行会议，并签订联合公报，表明支持珠三角地区航行导航和空域持续发展，为未来区内航空交通服务和空域发展奠定方向。

双方同意按照国家第 13 个五年规划提出要发展世界级珠三角机场群的目标，全力协助推展区内五大主要机场的扩展计划，包括继续共同研究相关安排，循序渐进令香港三跑道系统达到最终每小时处理102班航班的长远目标；落实《国务院关于深化泛珠三角区域合作的指导意见》，共同优化空域结构，逐步提升珠三角地区航行导航及空域使用的灵活性及效率；融入国家的《粤港澳大湾区城市群发展规划》，按照区内各机场的独特性及优势，确定各自的功能和定位，从而提升整个珠三角区域的运输竞争力，凝聚更强大的航空优势；研究缓解航班延误措施，完善运行环境，包括增加往返华东地区航道容量及优化流量管理协调机制，提升区内各主要机场运行效率及航班正常率，缓解相关地区的空域拥挤情况；把握国家“一带一路”倡议为航空业界带来的机遇，促进双方不同层面人员互动，深化合作及交流；共同制定阶段性的发展目标和工作大纲，让区内航行导航及空域同步融和发展。

【《内地与香港关于建立更紧密经贸关系的安排》框架下的新协议】 2017年6月28日，香港特区政府与国家商务部签署投资协议及经济技术合作协议，这是香港特区政府与国家商务部在《内地与香港关于建立更紧密经贸关系的安排》（简称“安排”）框架下签署的新协议。投资协议包括双方对投资准入的实体义务承诺。除协议列明的26项不符措施以外，内地承诺给予香港投资和投资者享有与内地投资及投资者相同的国民待遇，更在特定部门给予香港较其他外资更优惠的市场开放。协议的最惠待遇条款，表明内地对来自其他国家或地区的投资和投资者提供的优惠待遇，也会延伸至香港的投资和投资者。投资协议订明双方在保护及便利投资的承诺，例如限制投资被征收，补偿损失及投资和收益可转移至外地等。协议亦设立解决机制，处理投资者涉及另一方政府执行协议的实体义务的争端。经济技术合作协议整理和更新安排及其补充协议内有关经济技术合作的内容，配合香港和内地的发展趋势及需要，为双方以后更紧密合作打好基础并提供具体方向。协议把“一带一路”建设经贸领域的合作和次区域经贸合作纳入安排的制度性框架下，为香港具有优势的产业提供参与国家发展策略的机遇。协议在签署之日生效。

【《深化粤港澳合作　推进大湾区建设框架协议》】 2017年7月1日，在国家主席习近平见证下，国家发改委主任何立峰、香港特别行政区行政长官林郑月娥、广东省省长马兴瑞和澳门特别行政区行政长官崔世安在香港签署《深化粤港澳合作　推进大湾区建设框架协议》（简称“框架协议”）。框架协议提出以全面准确贯彻“一国两制”方针、完善创新合作机制、建立互利共赢合作关系、共同推进粤港澳大湾区建设为合作宗旨，并订下合作目标和原则。框架协议确立在大湾区建设中的合作重点领域，包括推进基础设施互联互通、进一步提升市场一体化水平、打造国际科技创新中心、构建协同发展现代产业体系、共建宜居宜业宜游的优质生活圈、培育国际合作新优势，以及支持重大合作平台建设。框架协议提出完善协调机制，签署四方每年定期召开磋商会议，协调解决大湾区发展中的重大问题和合作事项，并就推进大湾区建设订定年度重点工作，由四方以及国家有关部门达成一致意见后，共同推动落实。框架协议的合作目标中，包括巩固和提升香港国际金融、航运、贸易三大中心地位，强化全球离岸人民币业务枢纽地位和国际资产管理中心功能，推动专业服务和创新及科技事业发展，建设亚太区国际法律及解决争议服务中心。

【粤港澳三地签署提升空中交通管理效率合作备忘录】 2017年7月13日，中国民用航空局空中交通管理局、香港民航处和澳门民航局在澳门举行会议，并在国家民航局副局长董志毅和澳门运输工务司司长罗立文的见证下，签署合作备忘录，同意进一步提升三方在珠江三角洲地区空中交通管理的效率。三方同意共同建立流量管理定期交流机制，每年召开两次技术组会议，并定期组织工作互访，让三方相关技术专家及人员交流工作情况、研究运作问题和探讨解决措施，促进三方流量管理合作；建立流量管理日常协调机制，通过设立一个长期协调平台，通报运作信息，协调管理措施，提升航班运作效率；建立流量管理应急联络机制，紧急突发事件发生时，三方可直接联系、沟通协调，提高应急处理能力；推动自动化工作程序，例如：电子放行和空中交通服务设施间数据通信，并在流量管理方面优先处理香港和澳门机场升降的航班；利用先进技术，展开粤港澳大湾区空域类比模拟工作，通过模拟珠三角地区空域环境及空中交通情况，进行可靠、精确及详细的分析，用作筹划和拟定空中交通运作程序及措施，为香港国际机场修建第三条跑道，澳门、广州、深圳、珠海等机场持续扩建和发展，在空域优化方面提供数据及技术支援。

【港澳 CEPA 签署】 2017 年 10 月 27 日，香港特别行政区财政司司长陈茂波和澳门特别行政区经济财政司司长梁维特在香港签署《香港特别行政区与澳门特别行政区关于建立更紧密经贸关系的安排》（简称“港澳 CEPA”），并共同主持第 10 次港澳合作高层会议。会上，双方同意港澳与广东省共同推进粤港澳大湾区建设是未来的合作重点，并就来年在大湾区建设、经济合作、跨境基建及发展跨境直升机服务等方面的合作方向进行讨论。

【《粤港澳大湾区流动通讯服务计划》发布】 2017 年 12 月 6 日，香港、广东、澳门三地电讯公司（包括中国移动香港、广东移动及澳门电讯）共同推出《粤港澳大湾区流动通讯服务计划》，计划旨在让往来大湾区内工作或生活的客户，以优惠价格享有粤、港、澳三地话音及数据服务，在移动通信上达到互联互通。

【支持香港全面参与和助力“一带一路”建设的安排】 2017 年 12 月 14 日，香港特区行政长官林郑月娥代表特区政府，与国家发展和改革委员会主任何立峰在北京签署《国家发展和改革委员会与香港特别行政区政府关于支持香港全面参与和助力“一带一路”建设的安排》（简称“安排”），作为香港参与有关建设的方针和蓝本。安排聚焦金融与投资、基础设施与航运服务、经贸交流与合作、民心相通、推动粤港澳大湾区建设，以及加强对接合作与争议解决服务六大重点。特区政府将与发改委、国务院港澳事务办公室和其他相关部委建立联席会议制度，作为双方定期和直接的沟通平台，协商香港参与和助力“一带一路”建设事宜，研究具体工作重点。双方于会后签署 7 份协议，包括《粤港劳动监察交流及培训合作机制协议》《粤港保护知识产权合作协议（2017—2018 年）》《粤港医疗交流合作备忘录》《关于加强粤港高等教育交流合作备忘录》《粤港科技创新交流合作安排》《关于加强粤港青少年交流合作的协议》及《加强粤港建筑及相关工程服务合作意向书》，同意在劳动监察、知识产权、医疗、教育、科技创新、青年发展和建筑方面加强合作。

【香港与内地签署深化两地旅游交流合作协议】 2017 年 8 月 9 日，香港特别行政区商务及经济发展局局长邱腾华在北京代表香港特别行政区政府与国家旅游局副局长杜江签署《关于进一步深化内地与香港旅游合作协议》。双方将联合开发“海上丝绸之路”旅游产品，共同开展“一带一路”沿线旅游市场的宣传推广，丰富“一程多站”旅游路线；推动内地与香港邮轮旅游合作发展，支持区域邮轮母港之间的互惠及协调，加强邮轮旅游线路开发、宣传推广和人才培训等合作；加强旅游监管合作，共同打击以不合理低价组织的团队游和其他违法违规行为，推动内地与香港旅游市场健康有序发展；在《内地与香港关于建立更紧密经贸关系的安排》框架下逐步扩大开放香港独资旅行社经营内地居民团队出境游业务；建立定期沟通协调机制，就区域旅游合作和监管等议题进行研究和磋商。

【港深推进落马洲河套地区共同发展的合作备忘录】 2017年1月3日，香港特别行政区政府与深圳市人民政府签署《关于港深推进落马洲河套地区共同发展的合作备忘录》。两地成立河套区港深创新及科技园发展联合专责小组，负责对发展河套地区的重大事项进行研究和协商。2月9日联合专责小组在深圳进行第一次会议。深港双方根据《关于港深推进落马洲河套地区共同发展的合作备忘录》，在会上讨论并确认香港科技园公司就发展港深创新及科技园成立的附属公司的章程细则，以及附属公司董事局人选建议。董事局人数为10名。科技园公司计划成立附属公司，负责港深创新及科技园的上盖建设、营运、维护和管理。此次会议上，双方同意附属公司董事的背景应多元化，包括在学术、工程、科技、企业发展等领域具备经验的人士，以此更加有效地发展港深创新及科技园。

（香港地方志办公室）

【澳门与阿里巴巴签署构建智慧城市战略合作框架协议】 2017年8月4日，澳门特别行政区政府在确定智慧城市的发展目标后，与阿里巴巴集团签署构建智慧城市战略合作框架协议，以云计算、应用大数据等相关技术能力，将澳门逐步建设成为一个“以数字引领科技，智能服务民生”的智慧城市。合作协议分两阶段推进，涵盖旅游、人才培训、交通管理、医疗服务、城市综合管理与服务、环境保护、海关通关和经济预测等方面。 （摘自《2018澳门年鉴》）

合作交流

【广佛同城化推动】 2017年，广州市和佛山市组织召开广佛同城化党政联席会议，印发《广佛同城化“十三五”发展规划》，编制完成《广佛两市轨道交通衔接规划》。深化交通对接，黄榄干线接顺番公路全线建成通车，广州地铁七号线西延顺德段、广佛肇高速二期、海华大桥等项目加快建设，沉香大桥、珠江大桥放射线接广佛新干线等项目取得突破性进展。广州、佛山与中山三方签订合作协议，共同投资、建设、经营南沙港区四期工程，广佛港航合作迈出新步伐。推进广佛科技创新合作，起草《广州市人民政府 佛山市人民政府深化创新驱动发展战略合作框架协议》。推进花地河、牛肚湾涌等16条广佛跨界河涌综合整治，完成总工作量的98%。拓展政务同城化，扩大实体大厅跨城通办试点，番禺区与顺德区46个事项实现跨城通办，白云区与南海区第一批4个事项实现跨城通办。

【广清一体化推进】 2017年，广州市和清远市落实《广清一体化“十三五”发展规划》，结合广清对口帮扶，深入推进广清一体化。推动广清产业园提速增效，加快清城、佛冈、清新3个片区的基础设施建设和招商引资工作，累计166个项目签约入园。推动广清城际、佛清从高速北段、广清大道南延线、广连高速等交通项目建设，加快清远融入珠三角进程。共建广清旅游集聚区，清远长隆国际森林度假区、花都万达文化旅游城等重点项目顺利推进。共同开发利用北江优质水资源，完成广州北江引水工程前期工作。

【广佛肇清云韶经济圈建设推进】 2017年，广州市落实省关于珠三角带动粤东西北振兴发展的战略部署，以广佛同城化、广清一体化为引领，推动广佛肇清云韶经济圈建设。编制印发经济圈建设2017年度重点计划，共同推进70个合作项目或事项。推动汕湛高速清远清新至云浮新兴段、汕昆高速龙川至怀集段、怀阳高速怀集至郁南段等干线公路建设，顺利开展珠三角新干线机场前期工作，完成西江航道扩能升级工程。共建广佛肇（怀集）经济合作区，合作区开发693.33公顷，累计入园项目96个，建成投产项目36个，其中集美新材料、广东华昶实业等企业来自广州。

【穗莞新一轮深化战略合作】 2017年，广州市全面深化与东莞市合作，两市签署深化战略合作框架协议，南沙新区与东莞市滨海湾新区、广州港务局与东莞港管委会分别签署对口合作协议，初步建立相应的合作机制。协同推进穗莞深城际新塘至洪梅段、花莞高速、虎门二桥、莲花山过江通道等项目。以广州港为核心推动港口资源整合，共同打造广州—东莞组合港。共建广深科技创新走廊，打造中国“硅谷”。上下游联动，加强对东江北干流及莲花山水道的保护利用。

【穗中战略合作启动】 2017年，广州市与中山市共同起草《广州市人民政府 中山市人民政府战略合作框架协议》，南沙新区和中山翠亨新区起草完成合作协议。两市共同推进深茂铁路深圳至江门段、南沙港铁路、广州地铁十八号线自万顷沙站延伸至中山、南中高速、广中江高速等重点合作项目。 （苏磊）

【粤港澳大湾区发展论坛在深圳举行】 2017年4月8日，粤港澳大湾区发展论坛暨“一带一路国际经贸合作先导区”研讨会在深圳市举行。论坛由中国（广东）自由贸易试验区深圳前海蛇口片区管理委员会和招商局集团联合主办、深圳市前海蛇口自贸投资发展有限公司承办。商务部原副部长、中国国际经济交流中心副理事长魏建国，国务院发展研究中心原副主任卢中原，深圳市委常委、前海蛇口自贸片区管委会主任田夫，招商局集团副总经理苏新刚以及政商学研各界代表共200余人出席。论坛指出，发展“粤港澳大湾区”是党中央国务院又一重大战略决策，有利于提升珠三角区域的整体国际竞争力和服务“一带一路”的功能能级，有力助推中国从世界第二大经济体迈向第一大经济体。湾区发展为深圳、前海带来新的重大机遇，前海蛇口自贸片区将继续发挥保税港区、自贸区、深港合作区等叠加优势，把前海蛇口片区打造成为粤港澳大湾区的核心节点和重要引擎。

【粤港澳大湾区研究院在深圳挂牌】 2017年9月21日，粤港澳大湾区研究院在深圳市举行挂牌仪式，落户深圳罗湖区。广东省委常委、深圳市委书记王伟中，广东省委常委、宣传部部长慎海雄为粤港澳大湾区研究院落户揭牌。组建粤港澳大湾区研究院，是广东贯彻落实中央决策部署和《深化粤港澳合作 推进大湾区建设框架协议》，充分发挥新型智库作用的重要举措。研究院由广东省委宣传部牵头，广东省发展改革委、省港澳办、省社科院指导，由南方财经全媒体集团、深圳报业集团和南沙新区（广东自贸区南沙片区）共同发起成立，秉承改革创新精神，依托对外开放优势，为大湾区建设提供决策支持和智力支撑。粤港澳大湾区研究院以大湾区、自贸区、“一带一路”等课题为主要研究对象，以政府部门、产业和企业、中介机构、金融机构、投资者、研究机构、媒体为主要服务对象，开展高水平科学研究、咨询服务和信息传播等工作。

【首届粤港澳大湾区文创产业发展论坛在深圳举行】 2017年8月16日，首届粤港澳大湾区文创产业发展论坛在深圳市开幕。论坛由中国产学研投融资联盟、深圳产学研合作促进会和深圳市版权协会联合主办，深圳前域动漫文化有限公司承办，主题为“跨联·共生·共创”，旨在响应国家战略和有关规划，繁荣大湾区文创产业的发展，助力实体经济转型升级。论坛围绕文化创意、文化传播、文化旅游、文化地产和文化消费5个方面的内容展开。专家对大湾区文创产业未来的发展深入解析，探索文创产业布局与发展之道，从多个维度寻求大湾区文创产业的合作与共赢。论坛最后还举办粤港澳大湾区文创产业联盟筹备委员会的成立仪式。

【首届“粤港澳大湾区质量高峰论坛”在深圳召开】 2017年9月27日，首届“粤港澳大湾区质量高峰论坛”在深圳市五洲宾馆召开。论坛以“质量引领，融合发展”为主题，“质量导向、顶层设计、三地合作”为关键词锁定三地合作交流、共谋创新质量大平台。论坛由深圳工业总会、香港工业总会、澳门中华总商会、香港生产力促进局、深圳质量创新技术联盟、深圳市卓越绩效管理促进会、深圳市质量协会、深圳广电集团财经生活频道等联合主办，全国人大常委会原常委、深圳市委原书记、深圳工业总会荣誉主席李灏，中央人民政府驻香港联络办原副主任周俊明，原国务院参事、国家《质量发展纲要》起草组组长张纲，联合国海陆丝绸之路城市联盟理事长梁丹等嘉宾参会。会上，张纲发表主旨演讲，粤港澳大湾区规划研究课题组组长陈宣庆介绍大湾区规划的背景依据、规划思路、发展重点及重要意义；香港生产力促进局高级顾问任永权认为，粤港大湾区作为国家政策提出，标志着粤港澳地区的发展进入一个新的里程碑。活动为大湾区城市群企业、相关政府部门、质量工作机构、质量专家等建立对话交流机制，搭建粤港澳大湾区在进入质量时代的国际化交流平台，助力粤港澳大湾区发展规划的实施，社会各界共 300 多人参加高峰论坛。加快前海开发开放和自贸片区建设，新推出制度创新成果 111 项，其中 42 项全国领先；新引进汇丰前海证券等香港企业 2400 多家，新孵化港澳青年创新创业团队 81 个，启动深港设计创意产业园建设，前海新城建设展现新面貌。深化深港合作，与香港签署推进落马洲河套地区共同发展合作备忘录，加快莲塘 / 香园围等 4 个口岸建设改造。

【粤港澳大湾区重大药品安全突发事件应急演练在深圳举行】 2017 年 11 月 3 日，2017 年国家级药品安全示范性演练暨粤港澳大湾区重大药品安全突发事件应急演练在深圳市举行。该演练是在粤港澳大湾区战略规划背景下首次开展的国家级药品安全示范性应急演练，被列为 2017 年全国五大食品药品安全突发事件示范性应急演练计划之一，也是年内全国唯一跨省区的药品安全应急演练。该次演练及观摩会由国家食品药品监督管理总局、广东省人民政府主办，深圳市人民政府、广东省食品药品监督管理局、香港特别行政区卫生署、澳门卫生局承办，深圳市市场和质量监督管理委员会（深圳市食品药品监督管理局）、惠州市食品药品监督管理局、深圳广播电影电视集团负责执行。演练以“实战”为背景，采取现场展示、现场演练与视频录播相结合的方式，连贯演示监测预警与联合研判、先期处置与信息报送、现场调查与协同溯源、应急响应与风险控制、响应升级与统筹应对、舆情管控、响应终止与善后处理等，过程中穿插利用应急指挥车等高科技手段，展示省市药品不良反应监测系统和药品检验检测技术创新等药品安全监管的新经验、新做法、新成果，全面实现在国内药品领域首次成功探索跨境共同启动应急响应、开展应急协同处置、提供应急信息共享的应急模式，所开展工作均为国内首创。

【2017 大湾区机器人与人工智能大会暨深圳海智基地工作站授牌仪式举行】 2017 年 12 月 2 日，由中国国际科技交流中心与深圳市科协共同主办的“2017 大湾区机器人与人工智能大会”在深圳市举行。大会汇聚粤港澳大湾区“9+2”城市政府代表、全球机器人与人工智能领域知名学者、院士团队、行业专家及企业代表，探讨机器人与人工智能领域产业化等前沿话题，解读产业未来发展方向和趋势，并就湾区城市协同发展、区域经济振兴、产学研合作、推动科技金融发展等进行深度对话。中国科协党组成员、书记处书记束为，深圳市人大常委会副主任、深圳市科协主席蒋宇扬出席大会并分别致辞。在大会开幕式上，深圳市科协党组书记、副主席张莉为深圳产学研合作促进会授予“中国科协‘海智计划’广东（深圳）基地深圳产学研合作促进会工作站”牌匾。这是 2017 深圳市科协设立的第二家深圳海智基地工作站。深圳产学研合作促进会工作站将作为深圳海智工作重要平台，发挥产学研资源聚集的独特优势，广泛联系海外专家团队，在推动海外创新资源向深圳转移、促进国际协同创新体系构建等方面开展工作。深圳海智基

地与工作站联动，协同引智的创新工作模式，将吸引更多的国际人才投入到深圳国际科技、产业创新中心的建设中来，更好地为深圳经济社会发展和实施创新驱动发展战略提供海外智力支撑。

【2017 深圳院士专家高峰会暨粤港澳大湾区创新发展论坛】 2017 年 12 月 13 日，2017 深圳院士专家高峰会暨粤港澳大湾区创新发展论坛在五洲宾馆举行，18 位院士为粤港澳大湾区创新发展建言献策。深圳市副市长吴以环出席活动并致辞。论坛上，中国工程院院士李焯芬作《从大湾区到一带一路》主题报告。论坛指出，粤港澳大湾区不仅具有湾区城市群与创新产业相结合的优势，还有宜居的环境和绿色的空间，极具发展潜力。同时，粤港澳大湾区的工业产品及科技创新产品，日后可以输往“一带一路”沿线国家，扩展市场。而大湾区的金融服务、物流服务、专业技术服务也可以服务于“一带一路”建设，同时促进大湾区的未来发展。

【粤港澳大湾区企业家联盟在深圳成立】 2017 年 12 月 18 日，粤港澳大湾区企业家联盟成立大会在深圳前海举行。来自广州、深圳、佛山、东莞、惠州、中山、江门、珠海、肇庆九市和香港、澳门特别行政区的 200 多位工商界代表出席活动。粤港澳大湾区企业家联盟由深圳市前海香港商会联合“9+2”城市工商界共同发起。自 2017 年 6 月筹备，由全国政协教科文卫体副主任、香港中华总商会会长、新华集团董事局主席蔡冠深担任主席。联盟主席团成员涵盖粤港澳大湾区“9+2”各城市的商界代表，覆盖各个行业。来自腾讯、华大基因、卓越、嘉里、汇丰、华商林李黎、毕马威等企业的企业家代表均是联盟主席成员。全国政协副主席梁振英，深圳市委常委、前海蛇口自贸片区管委会主任田夫，全国政协教科文卫体副主任、香港中华总商会会长蔡冠深，全国政协港澳台委员会副主任、澳门中华总商会会长马有礼，香港特别行政区政府驻粤办主任邓家禧，香港特区政府政制及内地事务局副局长陈帅夫，广东省港澳办副主任黄锻炼等出席成立大会，并共同为粤港澳大湾区企业家联盟揭牌。

【首届粤港澳大湾区文化金融创新峰会在深圳举行】 2017 年 12 月 18 日，首届粤港澳大湾区文化金融创新峰会在深圳市龙岗区举行，来自政府部门、文化产业、金融产业领域的代表共同探讨资本市场热潮下文创产业投融资动态，促进优秀文创企业与投资机构项目融资对接，整合文创和金融行业的高端资源，进一步促进文化创意产业与金融业的跨界融合发展，吸引社会资本投资文化创意产业，实现互利共赢，共同发展。该届峰会是深圳市“创意十二月”以及龙岗区“文化创客月”系列活动之一，由深圳市龙岗区文化产业发展办公室、龙岗区金融服务办公室、龙岗区南湾街道办事处、龙岗区金融投资控股有限公司、深圳康利集团公司联合主办。

【粤港澳大湾区职业教育产教联盟在深圳成立】 2017 年 12 月 19 日，粤港澳大湾区职业教育产教联盟成立大会在深圳市召开，深圳信息职业技术学院当选理事长单位，校长孙湧当选理事长。首批加入联盟的成员单位 105 个。联盟以实现资源共享、优势互补、协同创新、合作共赢为目的，是由粤港澳大湾区的职业院校、行业企业、教育机构自愿组成的非政府、非法人、非营利性民间团体。大会讨论通过《粤港澳大湾区职业教育产教联盟三年工作规划（2018—2020 年）》。规划围绕“大湾区、新职教、新标杆”建设主轴，以“求真务实、与时俱进”为指导思想，进一步细化联盟的目标定位。规划从组织建设、课题研究、专业规范化建设、内涵提升与教学改革、师资培训与社会服务、质量评价、产教融合等方面明晰联盟 2018—2020 年发展重点，包括搭建新职教研究中心，开展“新职教”理念的研究与推广，强化产教融合理论体系研究；探索粤港澳大湾区产业密切相关的专业开展专业规范化建设；与联合国教科文组织，以及德国、瑞士及新加坡等国家和地区开展合作，引进先进的职教理念；探索针对大湾区产业特点的跨校、跨境、校企人才培养新机制；搭建联盟培训平台，开展师资培训和企业员工培训；建设成果转移中心平台，促进产教融合；组织成立质量评测工作组，探索构建质量评测的新指标等。

【首届粤港澳大湾区文学发展峰会在深圳举行】 2017年12月21日，首届粤港澳大湾区文学发展峰会在深圳市举行，来自粤港澳三地和其他内地城市的作家和专家学者齐聚一堂，共同探讨在新的、更高起点的粤港澳文学合作发展的新使命和新路径。峰会认为，改革开放以来深圳由于特殊的人缘、地缘优势，与港澳的文学艺术界互动频繁。随着粤港澳大湾区战略的实施，以及深圳在大湾区战略中心地位的承担，深圳城市经济社会发展和深化改革开放将进入新时期，粤港澳大湾区城市群文学界的交流将进入一个新时代，成为一种多层次、多样化的交流合作新格局。期待粤港澳大湾区城市间巩固形成一种精诚互信、友好协作、富有成效的新机制，开拓一种更加活跃、更加紧密、方式更加丰富多样的新局面。

【粤港澳疾病预防与控制联动机制建设研讨会在深圳市举办】 2017年12月20日，由中国疾病预防控制中心和广东省卫生计生委共同主办，深圳市卫生计生委承办的粤港澳疾病预防与控制联动机制建设研讨会在深圳市举行。会议围绕“携手粤港澳产学研基地，联运共筑大湾区健康长城”主题，研讨交流疾病防控工作。随着粤港澳大湾区建立，区域间经贸交往更加频繁，公共卫生安全与健康服务水平是保障大湾区良好投资环境与经济社会繁荣稳定的根本保证。联合联动粤港澳优势科研资源、医疗资源和产业资源，建立三地联动的预警机制，落实医改重点任务，形成大湾区疾病防控、新发突发传染病应对、病媒监测预警联合联动新局面，更好地为大湾区建设发展和人民健康保驾护航。　（深圳史志办公室）

【“香港＋佛山”合作】 2017年4月20日，全国政协副主席、香港特别行政区行政长官梁振英率团考察佛山，首次提出“香港＋佛山”一起面向全球、携手打造粤港澳大湾区的构想。6月5日，中共佛山市委书记鲁毅、市长朱伟率佛山党政代表团赴港拜会梁振英，提出7大合作领域11个重点项目，共同推进“香港＋佛山”共赢发展的合作意向，得到香港方面的认可和支持。至年底，佛山与香港在贸易、金融、专业服务、文化旅游、产业载体建设等方面不断深化合作。

两地贸易合作　2017年12月，佛山、香港两地签署《关于“香港＋佛山”面向全球携手打造粤港澳大湾区合作备忘录》，提出充分发挥香港国际商贸网络优势，推动佛山制造面向全球推广。2017年，佛山市对香港贸易总额492.65亿元。在服务贸易方面，香港是佛山服务外包主要的发包市场之一，2017年佛山承接香港的离岸服务外包执行金额19258万美元，占全市的26.63%。

双边投资扩大　截至2017年底，佛山市累计有来自香港的投资项目7228个，占总量的69.3%；投资总额518.6亿美元，占总量的64.5%。2017年，佛山共有新设的香港企业140个，比上年增长16.7%。香港企业在佛山的直接投资集中于第二、三产业，其中第二产业占比重较大，投资领域涉及家电制造、塑料制品、纺织及印染精加工、照明器具制造等。佛山企业赴港投资方面，2017年佛山对港澳新增企业13家，新增投资额3519万美元。

金融创新合作增强　佛山市赴港上市企业共有18家，其中2017年煜荣集团控股有限公司、佛山市顺德区万成金属包装有限公司2家企业成功赴港上市。跨境人民币双向资金池业务企业总数达51家，佛山跨境人民币结算量累计发生11949亿元。有4家港资银行在佛山设立7家分支机构，广东金融高新区引进东亚、恒生、大新等4家港资银行以及多个港资金融后台及服务外包机构，注册资本折合人民币约18亿元。

科技创新合作　2017年，香港科技大学LED-FPD工程技术研究开发中心成为开展粤港科技合作和吸引国际高端人才团队落户的典型示范。启动建设粤港澳科技展示交流中心，并投入使用，面向港澳及海外创业者，引入创新资源为创业团队提供场地和孵化支持。至年底，佛山共引进市级港澳科技创新团队3个，包括香港中文大学机械与自动化工程系终身教授刘云辉带头的“视觉导航移动机器人”港澳人才团队。

文教卫领域交流　2017年，第二届香港·佛山节（2017）在香港长沙湾举行。两地签订“香港＋佛山”旅游合作框架协议，联手打造“香港＋佛山”旅游精品，开创“香港＋佛山”旅游新模式。两地医院及企业签订合作备忘录，推动佛港建立更紧密医疗卫生合作关系。开展中小学教育教学与学校管理方面的专业交流。年内，佛山与香港结对姊妹学校64对，开展文化、体育、艺术等领域的交流活动，吸引2000人次香港青少年参与其中。

专业服务合作　2017年，佛山首家香港律师服务机构——香港林骆律师事务所驻佛山代表处在广东金融高新区开业。组织18个会员单位共48名会计专业人开展“2017年企事业管理人员香港培训班”。年内，佛山共实施“粤港清洁生产伙伴计划”的实地评估项目10个、示范项目11个，发放资助金363万港元。

重大载体建设　2017年，佛山千灯湖创投小镇、粤港澳合作高端服务示范区、伦教珠宝名镇、广东工业设计城、珠西粤港合作示范区等重大载体，加快打造优质的产业创新生态圈和品质生活服务区，加强软硬件配置，促进龙头企业集聚，吸引高端人才聚居创业，提升对香港、澳门地区招商引资力度，打造服务珠三角、链接港澳的产业中心，合力建设粤港澳合作示范载体。至年底，吸引一批香港创业团队、科技人才、专业队伍落户各重大载体平台。　（张晓峰）

【2017粤港澳合作论坛在佛山举行】　2017年11月28日，“2017粤港澳合作论坛”在佛山市南海区举行，全国政协副主席梁振英，全国人大常委会委员、华侨委员会副主任委员、广东省原省长黄华华，科技部创新发展司副司长余健，广东省政府副秘书长李贻伟，香港特别行政区政府创新及科技局局长杨伟雄，澳门特别行政区政府经济财政司司长办公室主任丁雅勤，中共佛山市委书记鲁毅，省港澳办主任廖京山等领导及粤港澳三地知名人士、企业家及专家学者约600人，共同探讨粤港澳三地的融合发展，进一步推动粤港澳区域的科技创新对接与合作。　（周倩云）

【粤港澳商事登记“银政通服务”开通】　2017年5月19日和7月28日，由广东省工商局与澳门贸易投资促进局、广发银行联合主办，澳门中华商会协办的“粤澳商事登记银证通”服务，以及由广东省工商局与中国银行（香港）有限公司、中国银行广东省分行联合主办，香港贸易发展局协办的“粤港商事登记银政通”服务，先后在澳门和香港启动。佛山市与惠州市、东莞市、中山市、江门市、汕头市成为粤港澳商事登记“银政通服务”试点城市，并开通粤港澳商事登记“银政通服务”。作为广东省首批业务合作试点单位，佛山市工商局分别受邀赴澳门和香港出席启动仪式，对在佛山市投资的澳资和港资企业颁发商事主体电子证照银行卡，提供一站式注册登记和银行金融服务。粤港澳商事登记“银政通服务”的开通，进一步简化澳企、港企和港澳个人到佛山市开办企业的注册流程。　（卢泰山）

【第二届香港·佛山节】　2017年12月1—4日，由香港佛山社团总会、佛山海外联谊会主办，以“佛山智造　中国功夫”为主题的第二届香港·佛山节在香港九龙长沙湾游乐场举行。第二届香港·佛山节有佛山美食旅游主题展、佛山非物质文化遗产文化特装展以及佛山武术舞台表演三大板块内容，为香港市民展现佛山特色。举办“最岭南之再向佛山行”2017佛山（香港）旅游推

山特色手信，展示佛山独特的岭南文化魅力。

（陈森平）

2017年12月1—4日，第二届香港·佛山节（2017）在香港特别行政区九龙长沙湾游乐场举办。图为与会嘉宾共同启动香港·佛山节

（佛山市旅游局供稿）

介会，推出旅游重点招商项目13个。推介会上，佛山市旅游协会、佛山市旅行社协会、香港入境旅游接待协会和粤港澳酒店总经理协会四方签订框架协议，推动“香港＋佛山”旅游合作，联合打造“香港＋佛山”旅游精品，建立旅游宣传共享平台、实现市场互惠、客源互济、提供培训、经验共享、建立议事交流机制等方面做出贡献，开创“香港＋佛山”的旅游新模式。（何名茗）

【佛山组团参加澳门国际旅游（产业）博览会】 2017年7月7日，第五届澳门国际旅游（产业）博览会在澳门威尼斯人金光会展中心举行。佛山市组团参加该旅博会，展示佛山丰富的旅游资源和独特的岭南文化，积极融入粤港澳大湾区，助推佛山旅游产业大发展。广东省旅游局局长曾颖如等领导嘉宾到佛山展位参观指导。该次展会，由佛山市旅游局领导带队，发动禅之旅、遨游假期、南海藤编（大沥）传习所等旅游文化企业组团参展，在现场派送《佛山旅游》《景点视频录》《佛山旅游招商指南》等宣传资料，向澳门市民推介佛山旅游产品，并免费派送醒狮狮头、黄飞鸿便签夹、佛山旅游环保袋、文明旅游行李牌等佛

【广佛同城化取得新进展】 2017年，佛山市南海区与广州市荔湾区首批3个人才服务事项实现“跨城通办”，还分别与广州市白云区、花都区实现内资有限责任公司设立登记等4个事项的跨城通办。同时，深化广佛两地“市民之窗”自助政务服务终端应用。至年底，荔湾区、白云区、花都区、南海区分别设“市民之窗”终端50台、5台、19台和469台，可办理荔湾区业务892项、白云区业务361项、花都区业务381项、南海区业务1454项。推进滘口—五眼桥综合开发治理试验片区建设。由广州市国土规划委牵头组织编制“广佛新城”城市设计专题规划，荔湾区规划局负责开展规划招投标，在位于南海荔湾交界的区域建设“广佛新城”。推进三山—东沙粤港澳高端服务产业合作区建设，由佛山市国土规划局负责城市设计专题规划，南海区负责出资及具体实施组织，广州市国土资源和规划委员会配合编制。此外，南海区与白云区在产业协作方面探索新路径。南海区在里水镇规划建设南海电子信息产业园，重点围绕半导体芯片制造、集成电路设计、智能终端等领域集聚发展，与“一江之隔”的白云区黄金围“新一代信息技术、人工智能产业园”实现联动发展，携手打造广佛智慧创新产业集聚区。（沈娜）

【珠海、中山、江门区域气象联席工作会议】 2017年4月7日，珠中江区域气象联席工作会议在江门市气象局召开的，江门、珠海、中山三

地气象局共同商讨进一步加强珠江口西岸区域气象合作，为珠中江三地经济建设及人民福祉安康提供更优质的服务。（江门市气象局）

【江门市政协调研组赴深圳考察学习】 2017年5月9—11日，江门市政协组织部分企业界政协委员及市政协经济委、市商务局负责人等赴深圳市调研，先后走访深圳五邑商会、江门市驻深圳商务交流处，以及与江门合作的深圳市得润电子股份有限公司、百汇精密塑胶（深圳）有限公司、深圳市帝晶光电科技有限公司等企业。此外，在深圳五邑商会，深江两地企业家围绕产业链对接、高端制造业发展趋势、企业经营管理、人才培养等方面进行交流。（丁成玉）

【江门市港澳政协委员赴深圳、河源开展国情学习视察活动】 2017年5月10—12日，江门市政协组织市内30多位港澳政协委员前往深圳市、河源市开展为期3天的国情学习视察活动。活动采用理论培训与实地考察相结合的形式，深入学习粤港澳大湾区、生态旅游等关注热点，把握新常态下江门市乃至全省、全国的发展新方向，履行政协委员参政议政，为地方发展建言献策的责任和义务。（唐达）

【“珠中江＋阳江”中学生环保活动】 2017年5月27日，由珠海、中山、江门、阳江四市环保部门共同主办的第九届“珠中江＋阳江”中学生环保活动“粤环保·粤时尚　简约生活·绿色创想”在江门市职业技术学院举行，江门市通过历时两个月的发动宣传和初次选拔，共选送56个作品参与角逐，最终江门市第一中学景贤学校学生林俊年的作品《融化》和江门市第一中学学生李杰、吴绮雯、邓琳三人小团队的作品《高压二流式节水洁手装置》分别获得大赛初中组、高中组一等奖。（谢妍妍）

【粤港澳大湾区共同拓展国际市场合作日在江门举行】 2017年6月16日，“粤港澳大湾区共同拓展国际市场日”活动在江门市举行。逾600名珠三角企业代表借此了解香港商贸平台及服务业优势、香港贸发局的多元化服务，特别是如何协助企业拓展包括“一带一路”沿线国家和地区在内的海外市场。该活动由江门市政府与香港贸发局联合举办，分为“环球经济新形势‘一带一路’下香港优势及角色”及“以科技和创意开拓国际市场”两个环节。“一带一路”倡议和“粤港澳大湾区”发展规划，为江门和香港提供新一轮的合作机会。而港珠澳大桥和深中通道，也为香港与江门全方位合作创造有利条件。

【2017粤港青年企业家对话会】 2017年6月24日，由中国国际广播电台、江门市人民政府主办的2017粤港青年企业家对话会在江门举行。来自广东和香港的16名青年企业家围绕“新动力新平台‘一带一路’倡议下粤港合作发展之路”主题进行对话。江门市工商业联合会（总商会）、江门市新生代企业家商会、江门市侨商总会青年会、香港五邑青年总会等近100位青年企业家参加对话会。该次对话会旨在“承文化之根、融民族之情、立基业之本、架丝路之桥”，促进粤港两地青年的沟通了解和文化认同，为粤港的繁荣稳定贡献智慧。来自粤港两地的青年企业家及学者围绕“我们的20年”“大湾区在‘一带一路’上的商业前景”“我们的商业未来”等话题，通过亲身经历和感悟，共同回顾香港回归祖国20年来粤港两地携手并肩，合作发展的辉煌历程，探讨如何应对新时期转型发展的机遇与挑战，展望“一带一路”倡议下粤港合作新未来。（江门市工商联）

【珠中江气象服务联防会议】 2017年9月4—5日，珠中江气象服务联防会议在江门市鹤山气象局召开，江门、珠海和中山三地气象局总结交流“天鸽”“帕卡”台风过程的预报服务情况，共同商讨推进珠中江三地灾害性天气联防和气象服务工作。（李传助）

【2017 年第六届珠中江老年人体育交流大会】 2017 年 9 月 15 日，2017 年第六届珠中江老年人体育交流大会在江门市举行。来自珠海、中山、江门三地近 50 名老年运动员进行门球、乒乓球、中国象棋、篮球投篮的交流比赛。最终，江门市代表队分别夺得乒乓球、中国象棋、篮球投篮的第一名，并夺得团体总冠军。

【第四届海峡两岸暨港澳地区健身气功交流赛在佛山举办】 2017 年 11 月 7—9 日，由国家体育总局健身气功管理中心、中国健身气功协会主办，广东省体育局、佛山市体育局协办，香港赛马会赞助的 2017 年香港赛马会杯第四届海峡两岸暨港澳地区健身气功交流比赛在广东佛山岭南明珠体育馆举行，来自香港、澳门、福建、广东及台北的 15 支代表队 113 人报名参赛。

（朱非白）

【深圳、东莞、惠州、河源、汕尾五市“3+2”区域信用合作第三次联席会议】 于 2017 年 1 月 10 日在东莞市召开。会上，东莞、深圳、惠州、汕尾、河源“3+2”区域五市共同签订并印发《2017 年区域社会信用体系建设合作实施方案》。方案明确，五市于年内共同制定“3+2”区域统一的信用信息标准，完成信用信息的分级管理，实现基本信用信息的共享和信息定期更新，制定信用服务机构跨市服务导则，以及建立信用服务机构失信通报制度。会议上，五市先后分享本市的信用体系建设工作成果，探讨交流经验做法、问题困难及工作思路。

【深圳、东莞、惠州、汕尾、河源五市警务协作联席会议】 于 2017 年 3 月 3 日在惠州市召开。广东省公安厅办公室、刑侦局有关领导和深圳、东莞、惠州、汕尾、河源等五市公安局领导和有关警种负责人出席会议。五市公安机关就加强边界查缉联动、情报信息共享、治安重点区域整治、社会治安防控体系建设等方面警务协作进行探讨和研究。会上指出，五市公安机关要认识跨市警务协作的重要性，通过建立完善良好合作模式，实现情报数据鲜活共享，重点加强边界地区跨区域、多发性有组织犯罪活动的动态打击，维护社会治安稳定。同时，加快“五市警务协作平台”测试启动工作，推动警务信息资源共享，解决打击防范、治安防控工作中需求迫切的警情、卡口、视频等数据交换共享问题。发挥警务协作机制效能，以打开路、打防结合，推进“飓风2017”专项行动，树立整体作战意识，以推动侦办边界地区、跨区域案件和重大团伙犯罪为重点，打击跨边界、跨区域、系列性、团伙性突出犯罪。争取当地党委、政府支持，促进和保障警务协作机制向更深层次、更大范围拓展。

【2017 年首届深莞惠汕河五市网球交流赛】 于 2017 年 3 月 18—19 日在深圳市笔架山网球中心举行。该次比赛为团体赛制，五个城市进行循环赛，每一场对阵设置五个点，分别是百岁组、80 岁男双组、70 岁男双组、75 岁混双组和 60 岁女双组。经过两天角逐，东莞网球队获得冠军，深圳网球队获得亚军，惠州、汕尾、河源三支球队分获第三、第四、第五名。

【深莞惠三市交通部门联席会议】 于 2017 年 4 月 1 日在深圳市召开。会议协商深莞惠三市交通部门提交联席会议审议的跨区域交通规划、建设、运营和管理的若干议题。会议提出，建立三市交通部门三级协调架构，在各市交通部门内设跨区交通专门协调机构。计划在观澜、塘厦、凤岗 3 地建设深圳港内陆港，发挥深圳市世界第三大集装箱港口的优势，推进海铁联运。在新一轮总规及干线路网修编工作中，开展对深莞惠区域路网衔接进行专项规划研究，并开通多条跨界公交，另外加强深惠城际轨道的建设。

【2017 年“中国旅游日”东莞主题活动暨深莞惠汕河、莞韶城际互游活动启动】 于 2017 年 5 月 19 日在东莞市寮步镇沉香博物馆举行，由东莞市旅游局、东莞市旅游协会主办，寮步镇人民

政府承办。2017年“中国旅游日”活动主题是“旅游让生活更幸福”。展示会现场分为文明旅游宣传、工业旅游展示、旅行社推广、旅游景区推广、东莞旅游商品和特色美食展示7个展区共37个展位。启动仪式上，为东莞、深圳、惠州、汕尾、河源、韶关市旅行社的代表授旗，倡导城市间的旅游合作。发出文明旅游暨争创全国文明城市“四连冠”倡议，并为东莞市7家获“工业旅游示范点”的企业授牌，为寮步镇“广东省文化旅游融合发展示范区”揭牌。此外，还举行《从东莞出发》旅游专题片暨“发现东莞新精彩微摄影大赛”开镜仪式。

【非遗墟市城际联盟成立】 2017年5月20日，2017东莞文化四季之非遗季在东莞市文化馆开幕，以“非遗走进城市生活”为主题的系列活动全面启动。启动仪式上，东莞市邀请广州、深圳、佛山、清远、惠州、河源、云浮、韶关、阳江等周边九市成立非遗墟市城际联盟，联合九市非遗项目，扩大非遗墟市影响力。

首场城际非遗墟市在东莞市举行。来自东莞市的龙舟制作技艺、麒麟制作、醒狮头制作技艺、茶山公仔、矮仔肠制作技艺、庾家粽制作技艺、糖不甩等16个本土非遗项目，与来自广州市的榄雕、佛山市的彩灯、深圳市的潮俗皮影戏、清远市的瑶族银饰制作技艺、河源市的桂山茶传统制作技艺、云浮市的南乳花生技艺、韶关市的乳源瑶族刺绣、阳江市的风筝、惠州市的龙门年饼制作技艺等18个精品非遗项目联合亮相。

·链接·

2017东莞“非遗季”时间为5—6月，活动期间每周六固定举办非遗墟市。此外，举办非遗文创产品设计大赛、非遗精品展演、东莞龙舟月系列活动、非遗原创服装设计、非遗征文颁奖暨朗诵会、“致敬非遗传承人”东莞市文化四季之非遗季闭幕式等系列活动。

【首届中国粤港澳大湾区国际精准医疗产业峰会暨松山湖国际精准医学园启动】 2017年6月10日，首届中国粤港澳大湾区国际精准医疗产业峰会暨松山湖国际精准医学园启动仪式在东莞市松山湖高新区举行。松山湖（生态园）管委会、科特勒医学技术发展（东莞）有限公司、德国医谷相关负责人共同揭开“松山湖国际精准医学园”牌匾，并与首批入驻的7家海内外企业进行签约。“松山湖国际精准医学园”是松山湖（生态园）与科特勒咨询集团及德国医谷合作建设的国际尖端医疗技术和精准医学产业中国转化创新中心。项目借助德国医谷运营模式，建立欧洲尖端医疗项目“加速器”和“弹射器”，引入国际相关研究机构，形成产业集群发展。首届中国粤港澳大湾区国际精准医疗产业峰会同时举行。峰会分为产业讯息与国际合作两个主题，邀请两院院士、国内外精准医疗产业知名专家学者对医疗科技发展最前沿讯息进行演讲交流，并由英国驻广州领事馆领事讲述国际产业合作经验，由德国医谷等全球知名产业公司分享产业园区运营模式等。截至2017年6月，生物技术产业基地引进企业215家，初步显现产业集聚效应，形成生物技术产业链。

【“深化莞港合作　打造对外开放新支撑”交流会议】 于2017年7月5日在香港召开。香港生产力促进局、香港东莞社团总会等各界代表近600人出席会议。会议指出，东莞市在全市选取包括179家香港企业在内的1260家试点企业给予扶持，对试点企业创新政策、产业、土地、资本、人才五大要素供给，通过创新驱动、产业链整合、业态和商业模式创新、总部经济、资本运营、兼并重组六大路径，力促企业在3—5年内实现规模和效益倍增。引进一批香港科技创新创业人才，联合打造更多科技企业孵化器，建设莞港澳台创新创业基地，力争到2020年，来莞创业的港澳台科技创新创业人才数量达300人以上，创新创业联合培优示范基地10个以上，在粤港澳大湾区营造创新创业氛围。在金融业方面，有近20个来自香港的外资金融机构在莞设立银行及保险分支机构或办事机构；文化创意产业方面，松山湖粤港澳文化创意产业实验园区等载体集聚超过800家香港企业。

【在莞港资企业升级转型联席会议】 于2017年7月5日在香港召开。中共东莞市委宣传部、统战部以及市商务局、发改局、经信局、金融工作局、港澳事务局等部门参加会议，香港贸发局、生产力促进局以及香港东莞社团总会分别就如何推动在莞港资企业转型升级、实现倍增进行发言，香港五大商会、东莞外商协会代表分别阐述在莞会员企业生产经营过程中遇到的困难及相关建议，东莞有关部门进行有针对性的回应。

【同心共赢——庆祝香港回归20周年·莞港合作专题图片展】 于2017年6月28日至7月28日在东莞展览馆举办。该次图片展由东莞市政府主办，市港澳事务局、东莞展览馆、《看东莞》杂志社联合承办。图片展全面梳理和回顾20年来莞港合作的做法和经验，分四个部分展示莞港两地在经济、社会、文化、教育等各领域交流合作所取得的成果。图片展中的图片记录莞港不同时期的人和事，证明莞港紧密合作的关系。主办方历时两个多月，向社会公开征集1500多幅图片，从中挑选出120幅反映莞港合作交流、莞港城市变迁的照片在展览中展出。

【2017年深莞惠汕河五地文艺展演】 2017年10月30日，由深圳市文体旅游局、东莞市文广新局、惠州市文广新局、汕尾市文广新局、河源市文广新局等文化部门联合主办，东莞市文化馆、深圳市群众文化学会、惠州市文化馆、汕尾市文化馆、河源市文化馆承办的共筑中国梦·同唱幸福歌——2017年深莞惠汕河流动大舞台五地文艺展演东莞专场演出在东莞职业技术学院举行。深莞惠汕河五地文化部门领导和数千名学生观看演出。当晚节目充满五地的文化特色，如惠州市的客家文化节目《涯系客家妹》，河源市的客家民俗歌舞《灯艺情》，汕尾市的渔歌表演《出海+捕鱼》，白字戏《无愧存心胸》，深圳市的街舞《JT DANCE》、相声《欢声笑语》，东莞市“太阳之子”组合重唱歌曲《我们出发》等。

【深莞惠汕河旅游联盟联席会议】 于2017年11月13—14日在东莞市麻涌镇举行。东莞市、深圳市、惠州市、汕尾市、河源市旅游主管部门主要负责人及五市旅游业界代表出席会议。会议总结旅游联盟2017年旅游合作联动工作，深莞惠汕河旅游联盟各成员单位依托各自优势旅游资源，为旅游企业搭建平台，开启区域协作的高效合作共赢模式，以“活力广东·缤纷深莞惠汕河”为主题，以“花颂岭南东江　海阔五城万象”为口号，创新营销手段和方式，联合举办“万人互游深莞惠汕河城际互游活动”“贵阳、昭通联合宣传推广活动”“西藏旅游合作交流暨业界踩线活动”；联合参加“2017广东国际旅游产业博览会活动”“西欧旅游宣传推广活动”、编制“深莞惠汕河自驾游地图”，推介深莞惠汕河五市的旅游资源，展示五市良好的生态环境和区域旅游新形象。会上，联合签订《区域旅游市场联合执法暨市场监管协议书》，推进五市旅游市场联合监管合作，完善区域旅游市场综合监管机制，规范区域旅游市场秩序，维护旅游者、旅游经营者和旅游从业人员的合法权益，促进区域旅游业持续健康发展。

【第16届香港珠三角工商界合作交流会】 于2017年12月8日在东莞市召开。该次合作交流会由香港工业总会、香港生产力促进局、珠三角工业协会主办，东莞市人民政府作为名誉主办机构，香港特别行政区政府驻粤经济贸易办事处、广东省粤港澳合作促进中心、东莞市外商投资协会联办，另有粤港两地数十个工商机构协办及支持。该次合作交流会旨在提升两地科技创新水平，推动香港与东莞在科技创新及先进制造的互动发展。活动中，香港工业总会和广东省人民政府港澳事务办公室，珠三角工业协会和东莞市外商投资企业协会分别签署合作备忘录。

（东莞市人民政府地方志办公室）

【中山市开展区域旅游合作】 2017年，中山借助粤港澳大湾区区域旅游平台，提升中山旅游品牌影响力。“中珠澳”“珠中江阳”“广中江”等区域旅游联盟开展多项旅游合作。中珠澳旅游联盟继续以“昔日大香山·今日中珠澳”的共同形象在马来西亚和印度尼西亚等国家与贵阳、苏州等国内城市开展旅游推介，共同制定区域旅游线路，并邀请马来西亚、印度尼西亚等国家的采购商实地踩线。9月，携手珠中江阳旅游联盟完成在重庆、宜宾国内等城市的旅游专场推介，四地整合滨海旅游资源，协同策划，打造“珠西蓝色国际旅游大走廊”精品线路，实现四地旅游一体化发展。11月，携手广中江旅游联盟完成在沈阳、牡丹江等国内城市举办的“活力广东 秀美广中江”旅游推介会，向东北游客推荐伟人故里文化游、冬季泡温泉休闲游、水乡美食游等旅游线路。

【粤港澳合作论坛——粤港澳大湾区发展高层峰会】 于2017年7月28日在中山市举行。论坛由广东省粤港澳合作促进会主办，广东省港澳办公室指导，中山市人民政府支持。论坛以“面向全球、携手共建、务实合作、共赢发展”为主题，全国政协副主席梁振英，中国国际经济交流中心常务副理事长、执行局主任张晓强，商务部国际贸易经济合作研究院副院长李光辉，香港中华总商会会长、香港新华集团主席蔡冠深等作为主讲嘉宾，其中，张晓强、李光辉分别作题为《粤港澳大湾区城市群发展规划研究》《加快推进粤港澳大湾区建设，引领开放型世界经济发展》的主题演讲，从国家战略规划和构建开放型经济的角度，深度解读和分析粤港澳大湾规划发展的重大意义、目标、路径、重点、优势、措施等内容。全国人大常委会常委、华侨委员会副主任委员黄华华代表广东省粤港澳合作促进会向香港特别行政区政府政务司司长张建宗颁发荣誉顾问聘书。广东省副省长袁宝成，以及中央人民政府驻香港特别行政区联络办公室、中央人民政府驻澳门特别行政区联络办公室、省港澳办公室，珠三角9市相关部门负责人，香港、澳门主要商协会、社团、工商界代表，专业界领袖、粤港澳三地知名人士、企业家及专家学者共400人参会。

【中山—香港健康产业合作交流会】 于2017年11月20日在香港召开。会议由中山市人民政府举办。中山市商务局、外侨局、卫计局、火炬开发区、国家健康基地负责人赴港参会，香港专科医护基金负责人和阿斯利康、诺华、辉瑞等跨国医药企业香港区负责人参会。交流会旨在通过交流加强粤港澳大湾区背景下中山与香港在生物医药产业和医疗服务领域的深度合作，寻求在创新医疗服务模式、前沿医疗技术研究与应用、粤港澳和国际创新资源对接等方面的多种合作，促进中山健康产业的发展和健康城市的建设。

【全国首次粤澳游艇自由行应急演练在中山举行】 2017年4月7日，全国首次粤澳游艇自由行应急演练在中山神湾举行。此次为广东省水上旅游安全与应急救援演练，以“平安航行，快乐畅游”为主题，由广东省旅游局和中山市人民政府共同主办，中山市旅游局、中山海事局、中山市教育和体育局、神湾镇人民政府承办，是全国首次涉及粤澳游艇自由行内容的水上综合应急演练，旨在加强广东省旅游安全应急救援体系建设、建立完善粤澳游艇自由行水上风险防控体系，提升应对水上突发事件的能力，确保水上旅游安全。演练共有20个单位的9艘船艇约200人参加，约200人到场观摩。

【第二届香港职业教育体验营在中山举办】 2017年6月28—30日，由香港教育局、中山市港澳事务局、中山职业技术学院共同主办的第二届香港职业教育体验营在中山市职业技术学院举办。体验营根据香港学生的需求设置服装设计（扎染）、餐饮业运作、工业机器人应用、航拍摄影理论与实践 4 门课程，比上年的体验营更加注重实操体验。40 名香港中学生和 6 名香港教师与香港教育局人员参加活动。

【中山市首个中山—澳门青年创新创业合作专区揭牌】 2017 年 5 月 17 日，澳门、中山两地合作的首个围绕青年创新创业合作的新平台“澳门互动区”在中山市举行揭牌仪式。“中山 760 澳门互动区”为澳门特别行政区政府通过澳中致远投资发展有限公司创办的一站式青年创新创业平台，是澳门和中山在粤澳合作框架下支持两地青年发展的新合作模式，是两地共建“粤澳全面合作示范区”的首创性项目。平台为有意进入内地发展的澳门青年创业者和有意到澳门拓展业务的中山企业提供便捷通道。

【中山美居易创空间中山—澳门青年创新创业孵化专区】 2017 年，中山市港澳事务局推动设立中山美居易创空间中山—澳门青年创新创业孵化专区。基地落实澳门特别行政区政府与中山市人民政府关于合作推进青年创新创业的框架协议，在政策集成、资金保障、产业引领、人才服务、创业培训、风投引领等方面指导各类创业园区和孵化基地促进中（山）港澳三地青年创业，实现优势互补、资源共享。中山美居易创空间创业孵化基地是由中山市人民政府投资建设，中山火炬职业技术学院管理，中山汇智电子商务投资管理有限公司负责运营的公益性、示范性创业孵化基地。基地以中山美居产业资源为核心，以推动中山市创业带动就业发展为目标，内设创业学院、远程会议中心、多功能演厅、创业项目展示厅、创业导师联盟等孵化空间。其中的 8000 平方米孵化空间主要为以高校生为主体的青年留学回国人员、军转干部、复退军人、台港澳青年、海外创新创业人才等创业团队提供一站式孵化服务。基地定位为公益性创业孵化基地、示范性创业孵化基地、示范性创业学院、港澳青年创新创业示范性基地等。示范性创业学院组建市级创业导师联盟和创业讲师团，开展创业教育和创业孵化研讨活动，开发出针对不同群体、不同行业、不同阶段的创业培训（实训）项目。

【全国粤语区市县广播电视台节目交流研讨会】 于 2017 年 12 月 29 日在中山市举行。会议由中广天择传媒股份有限公司、中山广播电视台、广东声屏传媒有限公司联合承办。广东省广播电视台、香港 TVB、澳门电视台、广州广播电视台、佛山广播电视台、广西梧州电视台等处于粤港澳桂粤语片区的省市（县）级电视台，以及来自上海、长沙等地媒体和影视制作企业 42 家超 100 人参会。会议共举行节目发布 7 场。

【粤港中学生版权知识和版权保护交流活动】 于 2017 年 4 月 19—20 日在中山市举行。活动由广东省版权局与香港海关、香港知识产权署联合举办。4 月 19 日，双方代表在中山市华侨中学举行粤港两地中学生版权交流活动暨征文活动启动仪式，两地学生就版权问题进行交流。交流团先后到港口游戏游艺产业城、大涌镇红博城、翠亨村孙中山故居等地考察交流。

【中山与港澳青少年品牌交流活动】 2017 年 6—8 月，中山市实施“粤港暑期实习计划”，共安排 2 批共 46 名香港学生到中山市实习。开办中山香港国防体验营，安排 2017 学年香港青少年国防体验营参加名额 113 个。广东省港澳事务办公室以专报形式将举办中山香港国防体验营的经验向国港办报送，得到中央领导重视及批示，并向全省推广办营经验。

【广州、深圳、东莞、中山成立四地家居界“职业经理联盟”】 2017 年 1 月 3 日，中国（大涌）红木文化博览城举办首届“我就是明星：职业经理人之夜”暨首届职业经理人——家居论坛，为职业经理人、企业管理者提供学习交流

2017年7月10日，由中山市政协主办的“粤港澳大湾区文化行”暨“香港与香山”系列人文活动在香港举行启动仪式　（中山市政协办供稿）

平台。来自广州、深圳、东莞、中山四地家居界职业经理人共108人，藉参加“红博城职业经理人之夜”活动之机，成立四地家居界职业经理联盟。

【第二届香港中山文化节】　2017年7月30日，香港中山社团总会和中山海外联谊会在香港黄大仙广场联合举办“香港中山是我家”庆祝香港回归祖国20周年暨第二届香港中山文化节启动仪式。文化节旨在加深旅港乡亲和香港各界对中山的了解认识，促进中山与香港两地经济文化交流。启动仪式上用艺术形式展示中山醉龙、咸水歌等非物质文化遗产节目20个；举办《中山印象》《孙中山与港澳》《中山人香港情》等系列图片展，展示小榄刺绣及小榄花灯制作技艺、梁杰康剪纸艺术等；香港特别行政区基本法委员会副主任梁爱诗等香港、中山市领导、嘉宾及市民1000人出席活动。活动期间举办寻找家乡的故事——伟人故里行、“庆回归·故乡情”旅港乡亲游中山活动、孙中山香港史迹游、千人盆菜宴、中山籍书画家书画展等系列活动。

【中山、江门、顺德开展禁渔期联合执法行动】　2017年5月16—18日，中山渔政支队、江门渔政支队、顺德渔政大队在三地辖区的珠江禁渔水域开展禁渔期联合执法行动。三地渔政部门共出动渔政执法船3艘次、执法快艇3艘次和执法人员16人次、船员12人次，采用编队巡航、夜间驻点值勤、突击检查等执法方式，在珠江禁渔水域和交界水域等重点河段开展联合执法巡查。共查获电鱼行为1起（岸上背包式，当事人逃逸），暂扣升压器1台、蓄电池1台；查获违反珠江禁渔规定实施捕捞行为17起，暂扣网具20张、蓄电池1台、增氧器1台、虾笼80米。

【第22届澳门国际贸易投资展览会】　2017年10月19—21日，第22届澳门国际贸易投资展览会（MIF）在澳门举行，该展会是澳门首个获国际展览业协会UFI认证的展会。展览设展位1600个，以“促进合作共创商机”为主题，设置中国内地省市、美国、欧洲、葡语国家、东盟等展区与产业专题及主题商品展区，举办多场论坛与会议，主题内容有“一带一路”、中葡平台、中小企业、文化创意、中医药、青年创业、大数据等，吸引超过50个国家与地区代表团参展。

（中山市人民政府地方志办公室）

【惠州与澳门开展足球交流】　2017年1月19—21日，惠州市体育局局长许国安等3人随惠州市足球协会应中国澳门蒙地卡罗体育会邀请，赴澳门开展足球交流活动。活动期间，惠州市恒兴惠足球队与澳门蒙地卡罗足球队进行友谊比赛。赛后，双方召开足球交流研讨会，讨论两地足球当前面临的困境和未来合作发展事宜，蒙地卡罗体育会会长文东沙同意协助培训惠州市青少年足球，并义务担任教练，同时文东沙担任惠州市沙滩足球队（代表广东省）参加2017年第九届全国沙滩足球锦标赛的教练。双方代表希望两地加强交流合作，共同促进体育事业的发展。

【深圳产学研合作促进会到惠州考察】 2017年2月28日至3月1日，中国产学研投融资联盟、深圳产学研合作促进会会长廖军文带领考察组一行来到惠州市，与惠州市政府领导麦教猛、胡建斌、林洪等交流，开展投资环境考察活动，以配合实施深圳“东进战略”，对接惠州“海绵行动计划”。考察组一行考察潼湖生态智慧区及智慧区创新园。3月1日，投资考察座谈会召开，促进会介绍拟推进落地的产学研项目、高新科技园区以及香精香料特色科技小镇，惠州市科技、发改、经信局、潼湖生态智慧区指挥部、仲恺、惠阳等相关负责人参加座谈。座谈会达成深圳产学研合作促进会与惠州市政府的初步对接，为投资项目奠定基础。促进会将组织会员企业相关负责人联合投资惠州，力促特色科技小镇、产学研项目落地惠州。

【2017年惠港国际医疗新进展讲座】 于2017年3月18日在惠州市第一人民医院举行。讲座由惠州市政府港澳办与惠州市卫计局联合主办，目的为深化惠港医疗卫生交流与合作，促进惠港两地医疗卫生事业发展。惠州市相关领导及惠港两地医学专家出席活动。惠州市卫计局副局长徐蓉主持讲座，惠州市第一人民医院医务部主任何伟锋代表承办方致辞。国际护理人才CHC华健（香港）顾问有限公司执行董事曹圣玉代表香港专家作简要讲话，以《香港居家护理探索之旅》为题讲授居家护理知识，分享在全球所见先进经验。香港专家陈洁莹就“临终关怀护理”分享心得体会。惠州市第一人民医院急救创伤中心副主任医师李王安汇报在澳大利亚阿尔弗雷德医院学习见闻。

【“5·19”中国旅游日惠州市主题活动】 2017年5月18—19日，惠州市旅游局联合龙门县人民政府、共青团惠州市委员会及市文明城市工作局等单位，在龙门县富力养生谷共同举办2017年“中国旅游日”惠州市主题活动。市政府分管旅游工作的领导出席活动并致辞；省旅游局代表、市直有关部门、“深莞惠3+2（河源、汕尾）”旅游局领导、西藏林芝朗县和鲁朗景区领导、专家学者、旅游达人、广东青年摄影协会、香港和本地旅行社代表、媒体记者等约150人参加活动。5月18日晚，在2017惠州旅游文化创意大赛颁奖暨大型旅游推介会上，惠州市副市长余金富向来宾介绍惠州自然景观和人文景观；西藏林芝朗县、鲁朗旅游小镇描绘西藏自然风光和人文风情。惠州市旅游形象大使何家劲和余金富、张莉兰等领导一起为创意人颁发各类大奖。5月19日上午，中国旅游日系列活动启动。广东青年摄影家协会代表介绍“一切精彩惠发生”摄影大赛情况，惠州市旅游局与乐途旅游网、林芝朗县旅游局的合作签约仪式、龙门文明旅游志愿服务队成立授旗仪式举行。启动“惠州市庆祝中国旅游日系列活动暨粤港澳万人游惠州龙门活动”。在“全民共建共享·惠州全域旅游系列沙龙”上，主办方邀请业内旅游专家结合“供给侧结构性改革与全域旅游创新发展”进行主题演讲和高峰对话，并开展主题为“惠民富民与主客共享”的全域旅游发展民间对话。各县（区）也举办庆祝活动。

【深惠两市文化部门交流合作】 2017年7月14日，惠州市文广新局局长朱伟思带领考察学习组赴深圳文体旅游局，就全面对接深圳“东进”发展战略，落实惠州市委、市政府“海绵行动”有关工作要求，进行对接交流。双方商定携手推动两市发展战略对接，加强两市文化交流与合作，为深莞惠河汕文化一体化发展探索更多有益路径。考察学习组与深圳文体旅游局相关处室，深圳龙岗区、大鹏新区等东部片区文化部门负责人就深惠文化交流合作事项进行座谈交流。双方商定，以推进两市公共图书馆、文化馆、博物馆的文化信息资源共享为基础推进两市公共文化服务资源的共建共享，以东江纵队革命历史文化挖掘为线索加强两市优秀传统文化的传承与弘扬，以文博文创产品开发为连接点推动两市文创产业的合作。双方在两市基层文化单位间建立“结对子”式交流机制，加强基层文化人员互动交流。双方商定，就具体合作事项进一步深化和明确，并择期签订具体合作协议，推动两市文化合作事项落实，实现两市文化共赢发展。

【东莞市到惠州学习交流全域旅游创建】 2017年8月22—23日，东莞市市政府办公室调研员黄福泉、东莞市旅游局局长林儒森率队到惠州学习交流全域旅游示范区创建工作。市旅游局副局长田佑良、龙门县副县长罗光少等陪同参加相关活动。东莞市调研组成员由市、镇（办）旅游部门、工业旅游企业代表70人组成。调研组前往龙门县富力温泉、林丰温泉、云顶旅游度假区、爱树乡村度假山居等地，学习交流龙门县创建国家全域旅游示范区工作经验；还调研惠城区劲家庄、博罗县景田百岁山、仲恺伊利工业园等工业旅游项目。在东莞（惠州）全域旅游学习交流座谈会上，东莞、惠州两地互相交流2015年以来全域旅游示范区创建工作进展和经验。惠州市在创建工作中，坚持“绿水青山就是金山银山”理念，践行“五大发展理念”，贯彻落实21世纪海上丝绸之路战略部署，围绕建设绿色化现代山水城市工作目标，主动对接广东省打造世界休闲旅游目的地的发展定位，着眼于“大旅游、大区域、大服务、大产业、大品牌”，以旅游供给侧结构性改革为主线，调动各方力量、整合资源、优化配置，对内优化空间布局，对外提升区域联动，以整体品牌统领区域旅游形象，探索“全域共建、全域共融、全域共享”的全域旅游发展模式，推进旅游业综合改革和创新发展。

（惠州市地方志办公室）

【肇庆市政协香港委员联谊会和澳门委员联谊会成立】 2017年2月13日和14日，肇庆市政协香港委员联谊会、肇庆市政协澳门委员联谊会成立大会分别在香港特别行政区、澳门特别行政区举行。两个联谊会均由政协肇庆市委员会设立，会员来自肇庆市政协香港、澳门区全体委员，受肇庆市政协统一领导，是具有爱国统一战线性质的联谊组织，是肇庆历届政协委员联谊会的组成部分。会员以自愿形式加入联谊会，遵守联谊会章程及有关规定。联谊会在香港、澳门联络处管理下开展工作，参加联络处组织的港澳地区活动。肇庆市政协每年组织联谊会会员列席市政协全会、参观和学习考察。第一届香港联谊会会员133人，黄醒林任会长；第一届澳门联谊会会员18人，吕强光任会长。（周海明）

【香港回归20周年肇港中学生体育旅游交流活动】 2017年3月25日，“回归二十载，肇港一家亲”—庆祝香港回归20周年中学生体育旅游交流活动在肇庆市星湖国际广场举行。香港跳绳冠军队，肇庆市立仁实验学校、市第一中学、市体育学校、市龙禧小学的代表展示跳绳、武术、舞蹈等，进行体育交流，打造“旅游+”全域旅游品牌效应，共建粤港澳大湾区体育旅游一体化。肇庆市旅游局联合市体育局、市教育局、市外事侨务局、市立仁实验学校等共同举办。

（李伟）

【“九城同创　森林惠民”主题宣传活动】 2017年4月9日，由广东省林业厅和肇庆市政府主办，肇庆市林业局承办的“九城同创　森林惠民”主题宣传活动暨广东省第36届“鸟节”和“爱鸟周”宣传活动在肇庆市羚羊峡古栈道森林公园举行。活动包括举行亲子家庭制作鸟巢、展示国家森林城市和森林城市群建设成果图片与野生动物标本。珠三角9市同时举行活动，启动创建国家森林城市群，打造“林城一体、林水相依、生态优先、绿色宜居、人与自然和谐相处”森林城市群。100多个亲子家庭和市民游客共500多人参加。（罗俊能）

【肇港青年学生拓展培训文化交流暨庆祝香港回归活动】 2017年4月21—23日，肇港青年学生拓展培训、文化交流暨庆祝香港回归20周年大型活动在广东工商职业学院举行。拓展培训内容包括融冰之旅、背摔、断桥、天梯、同心圆、外星人、求生墙7个项目。（韩治国）

【粤港青年志愿服务合作营】 2017年8月20日，庆祝香港回归20周年系列活动之第三届“情义两地行”粤港青年志愿服务合作营在肇庆学院开营，来自香港、肇庆两地的100名大学生参加为期7天志愿服务合作营，活动内容有：到肇庆各地开展以科技、文化、卫生等为主题的志愿服务活动；调研肇庆的文化、经济、旅游等，参观肇庆新区、知名企业、七星岩与鼎湖山景区、包公文化园、草鞋街、古城墙等；到肇庆市福利院、黄岗镇敬老院开展公益活动，宣讲卫生知识、环保知识、农业生产技术、香港人文情况等。活动还与广东省第六届留守少年儿童肇庆市福彩夏令营相结合，设立欢乐课堂，100名大学生与100名留守儿童进行“一对一”学习音乐、舞蹈、趣味运动、社科普及和手工烘焙等课程。

【粤港澳（肇庆）青年厨艺交流比赛】 2017年12月8—10日，粤港澳（肇庆）青年厨艺交流比赛在肇庆市举行。香港唐人馆“香港饮总”队、澳门美高梅酒店“澳门美食之都”队、肇庆雪狼队等8支代表队参赛，香港厨总队、澳门之光队、肇庆名厨锦里队分获金勺奖、银勺奖、铜勺奖。其间，港澳青年厨艺代表团一行到肇庆市商业学校、肇庆农业学校，与厨艺专业师生进行交流和探讨，参观供应港澳两地的食材基地。广东省港澳事务办公室主任廖京山、肇庆市副市长陈家添出席活动。活动由肇庆市港澳事务局、肇庆市旅游局等主办，其中香港饮食业职工总会、香港专业厨师总会、香港餐饮专业技师（国家专业资格）协会、澳门饮食业工会等选派80多人参加。（韦相伍）

【2017年泛珠三角区域合作行政首长联席会议】 2017年9月25日，“2017年泛珠三角区域合作行政首长联席会议”在湖南省长沙市召开，会议围绕共同推进“一带一路”建设和深化科技创新合作等议题进行讨论。在联席会议期间，在泛珠省区行政首长共同见证下，泛珠各方签署《泛珠三角区域口岸通关合作协议》和《泛珠三角区域旅游大联盟合作协议》。

【粤港澳交流优化珠三角空域发展】 2017年11月22日，中国民用航空局空中交通管理局局长车进军、香港民航处处长李天柱和澳门民航局局长陈颖雄在成都举行会议，就珠三角地区空域优化措施和改善航班延误等事宜交换意见。会议同意继续贯彻执行备忘录订立的流量管理协调机制，逐步提升航班运作效率，改善航班延误的情况。同时，以争取提高港澳地区飞往及飞越内地的航班准点率为目标，加快落实粤港澳大湾区空域类比模拟工作。

【粤港澳大湾区旅游业界合作峰会】 于2017年12月21日在香港举行。11位来自粤港澳大湾区的旅游协会代表共同签署合作协议书，承诺携手推动大湾区的旅游发展。该协议书主要内容包括推动区内旅游资源开发，实现优势互补；利用“一程多站”旅游概念，联合开发特色旅游产品，并展开旅游宣传工作；建立定期沟通渠道及日常联络机制，商讨合作计划和交流项目；不定期会晤及交流互访，加强信息沟通。峰会邀请多位嘉宾和学者作演讲，从多角度探讨粤港澳大湾区的发展潜力、旅游资源和机遇。

【粤港持续发展与环保合作小组第17次会议】 于2017年12月15日在香港召开。会议由香港特别行政区环境局局长黄锦星与广东省环境保护厅厅长鲁修禄主持，审议两地合作进展，议定来年合作计划。会上，合作小组通过2018年的工作计划，工作重点包括共同筹组成立科研小组，商讨2020年后的粤港空气污染物减排合作事宜；推进在粤港澳珠江三角洲区域空气监测网络加入大气中挥发性有机化合物浓度的常规监测；检视海上垃圾通报警示系统和相关通报机制的运作，及现行应对跨境海上重大环境事故的安排和合作。工作计划还包括水环境保护、林业及海洋资源护理等方面的合作。 （香港地方志办公室）

交通设施

【广州市交通基础设施建设】 2017 年，广州市一批交通生产力骨干项目规划建设取得成效。

港口航道建设 南沙港三期建成投产，广州港深水航道一期工程主体完工，广州港主航道珠江口内 66 千米航段中的 50 千米由 243 米拓宽到 385 米，实现 10 万吨级集装箱船与 15 万吨级集装箱船（减载）双向通航的试运行；开工建设南沙国际邮轮码头、南沙国际汽车物流产业园汽车滚装码头、南沙港区近洋码头和新沙港区 13 号泊位工程。

机场建设 白云机场二号航站楼完工，商务航空服务基础投入使用，开展第二机场选址。

铁路及城市轨道交通建设 《广州铁路枢纽规划（2016—2030 年）》《广州市城市轨道交通第三期建设规划（2017—2023 年）》获批，明确广州市铁路枢纽总布局，新增 10 条线、258 千米城市轨道交通建设里程；加快南沙港铁路等 3 个国家铁路项目、穗莞深城际新城至洪梅段等 6 条城际铁路项目，以及十四号线一期等 13 个地铁项目建设；新开工建设广汕客专，大田集装箱中心站，地铁十八号线、二十二号线等项目，新开通地铁九号线、十三号线一期、十四号线知识城支线、四号线南延线 4 条（段）地铁线路，新增地铁里程 82 千米，总运营里程近 400 千米。

2017 年底，凤凰山隧道工程主线双线贯通 （广州市交委供稿）

公路及城市道路建设 广州大桥拓宽工程、省道 S111 线洪奇沥大桥受损桥跨拆除重建应急工程、迎宾大道延长线、白云三线东段、均禾大道二期等 23 项重点工程建成通车，开工建设机场第二高速、车陂路—新滘东路隧道、临江大道东延线、空港大道、南大干线等 30 多个路桥重点项目；广州市 10 个在建高速公路项目全年完成年度投资 97.7 亿元，占年度投资计划 68.07 亿元的 143.59%；实现 186 千米的从化北部山区环线公路全线贯通，至年底，凤凰山隧道工程主线双线贯通；推进普通公路国省干线 10 个重点项目建设，其中国省干线生命安全工程、国省道灾毁及路面改造工程全部完工，恢复完整道路交通；推进炭步大桥及正果大桥危桥重建工程，年内完成原定计划施工分部分项工程目标。

【广州市高速公路项目建设】 2017 年，广州交投集团 4 个在建项目取得一系列建设成果，统筹兼顾 8 个筹建项目的前期工作。

在建项目建设进度全面加快。机场第二高速

项目北段工程、花莞高速、广佛肇高速广州段等项目分别于3月、5月实现全面开工建设；北三环高速第二期主体工程完工，成为国高网珠三角环线的收官之作，通车后可联通大广高速以及多条国道、省道，成为拉动珠三角经济社会发展的一条“黄金走廊”。

筹建项目前期工作稳步开展。从埔高速、南中高速完成工程可行性研究报告编制及评审，广州市政府明确南中高速由广州交投集团下属企业广州市高速公路有限公司作为项目投资人；增天高速、花莞高速西延线、番禺南沙东部干线等项目按计划推进工程可行性研究报告编制。上述项目纳入新一轮省高速公路网规划，成为广州交投集团重要的项目储备。（陈静华）

【深圳外环高速公路】 深圳外环高速公路是深圳市“七横十三纵”干线道路网的重要组成部分，列入广东省2013年至2017年高速公路建设计划。该高速公路深圳段长76.4千米。计划建设宝安段、深莞交界至深汕高速段，全长60.35千米，双向6车道，总投资209亿元，2019年完工。该项目先行开工段（沙井田园互通）于2014年8月开工建设。2017年，外环高速公路一、二期（沿江高速至深山高速段）完成投资26.83亿元，完成土地征收313.03公顷及房屋征收35.73万平方米，实现全线开工建设。

【广深沿江高速公路（深圳段）二期】 广深沿江高速公路（深圳段）二期由深中通道深圳侧接线（含机场立交）和国际会展中心立交两部分组成，其中深中通道深圳侧接线主线全长5.7千米，双向8车道，项目概算约66.15亿元。2017年，沿江高速公路二期完成投资5.95亿元，完成土地征收45.67公顷及房屋征收4.7万平方米。国际会展中心互通立交于2016年11月开工，计划2018年10月底完工；深中通道深圳侧接线（不含东人工岛范围内的桥梁工程）于2015年12月开工。深中通道东人工岛范围内的桥梁工程待东人工岛完成填筑和软基处理后开始施工。

【深圳市东部过境高速公路】 深圳市东部过境高公路速起于莲塘口岸，通过市政连接线与爱国路连接，通过口岸连接线与莲塘口岸连接，终点为龙岗金钱坳立交，与深汕、深惠高速公路连接，途径罗湖、坪山、龙岗三区，全长31.1千米，总投资61.8亿元。2017年，东部过境高速公路完成投资23.1亿元，完成土地征收54.9公顷及房屋征收10.81万平方米，项目于2014年9月开工建设，项目起点至梧桐立交段计划2018年底与莲塘口岸同步建成通车。

【惠盐高速公路改扩建工程】 惠盐高速公路改扩建项目起点位于与惠州深圳交界处的坑塘径，向南经深圳市龙岗区坪地、富地岗、金钱坳、龙岗、龙城等地，终点止于原荷坳收费站附近，向西与现有机荷高速公路相接，是深圳“七横十三纵”干线道路网规划的重要干道。项目全长20.33千米，其中路线起点至深圳外环坪地枢纽互通段扩建为双向6车道，其余路段拟采用双向8车道。投资概算28.75亿元。项目于2017年5月19日取得核准批复，先行工程于2017年10月31日动工建设，计划2020年建成通车。

【深中通道】 深中通道东接机荷高速公路，跨越珠江口，西至中山马鞍岛，与中开、中江高速公路对接，在深圳、中山及南沙登陆，推荐路线走廊北距虎门大桥约30千米，南距港珠澳大桥约35千米。包括深圳侧接线、海中段、和中山侧接线三部分组成，其中海中段长约24千米，主线采用设计时速100千米/小时的双向8车道高速公路技术标准。该项目业主为深中通道管理中心，深圳市配合开展部分前期工作。深中通道东人工岛于2017年12月21日开工，标志项目海中桥隧主体工程全线开工建设。

【坂银通道】 坂银通道工程属深圳市重大建设项目，南起黄木岗立交，上跨北环大道后以山岭隧道方式进入鸡公山，上跨厦深铁路梅林隧道，跨越南坪快速接坂雪岗大道终于环城路路口，全长 10.7 千米，新建鸡公山特长隧道 1 座（长 4.8 千米）、大型立交 3 座，项目批复概算 32.86 亿元。截至 2017 年底，坂银 5 个土建标进场施工，土建 1 标累计完成产值 26889.2 万元，占合同 78.06%；土建 2 标累计完成产值 47378.3 万元，占合同 65.2%；土建 3 标累计完成产值 18344 万元，占合同 35.7%；土建 4 标累计完成产值 4968.7 万元，占合同 61.8%；分洪隧洞标累计完成产值 1389 万元，占合同 20.85%，机电标已进场开始房建施工。

【南坪快速路三期】 南坪快速路三期位于深圳市龙岗、坪山境内，项目西起水官高速公路横坪立交，东至聚龙路（规划外环高速公路田头立交），全长 22.2 千米，其中起点至碧岭工业区段主线利用现状新横坪公路，为双向 6 车道，长 8.5 千米，碧岭工业区至聚龙路段为新建段，主线为双向 8 车道，长 13.7 千米，全线设置互通立交 13 座，按照城市快速路标准建设。工程分 16 个标段进行建设（其中土建标 7 个、路面标 1 个、交通标 3 个、机电标 1 个、绿化标 3 个、消防标 1 个）。截至 2017 年底，项目节点中山立交，横坑水库高架桥，锦龙立交，大山陂水库 1、2、3 号桥，马峦立交，龙坪立交等桥梁下部结构完成，上部结构完成 85%，桥面铺装及防撞护栏等工程施工进行中；3 座隧道总长 3645 米，掘进 2945 米，其中 2 隧道 450 米、3 号隧道 790 米挖通，支护及二衬工作进行中；土石方工程完成 74%，高边坡处理工程完成 82%。2017 年下达投资计划 4 亿元，完成 5.5 亿元，累计完成投资 21.8 亿元，累计完成拨付资金 19.66 亿元。

【坪盐通道】 坪盐通道工程是深圳市重大项目，工程范围跨越坪山、盐田两区，北起坪山新区现状锦龙大道—中山大道路口，南至盐田区盐坝高速、规划盐港东立交，设置 2 座大型互通立交（锦龙立交及盐港东立交）、1 座马峦山特长隧道（长 7.9 千米）、17 座桥梁，全长 11.25 千米，为城市快速路，设计速度 80 千米 / 小时，双向 6 车道，概算 45.25 亿元。2017 年，坪盐通道工程进展顺利，其中马峦山特长隧道开挖过半。

坪盐通道作为盐田区重要通道及盐田港疏港道路，可以缓解盐田港大量货柜车辆及假日休闲车辆造成的交通拥堵，改善盐田投资、居住环境，同时加强龙岗、坪山、盐田三区交通联系。

【盐港东立交】 盐港东立交位于盐田区盐田港东港区北面立交节点处，与坪盐通道与盐坝高速公路、龙盐快速公路、进港路呈多路交叉关系。盐港东立交共设匝道 12 条，其中 A、B 匝道纳入坪盐通道工程建设，其余 10 条新建匝道总长 7.71 千米（包括新建桥梁 17 座，桥梁长度 4282.8 米，桥梁面积 4.73 万平方米；新建隧道 5 座，成洞长约 1980 米）。其中，盐坝高速、盐龙大道、坪盐通道设计速度 80 千米 / 时；A、B、LZ、LY 匝道设计速度 50 千米 / 小时；J 匝道设计速度 30 千米 / 小时；其余匝道设计速度 40 千米 / 小时。盐港东立交工程是衔接盐坝高速公路、龙盐快速路、坪盐通道及东港区进港路的重要交通枢纽，也是盐田东港区重要的疏港枢纽节点，项目建设有利于改善区域之间交通联系，完善盐田港疏港体系，促进盐田港及周边地区发展。至 2017 年底，该项目施工、监理单位进场，临时用地申报及临建搭设准备工作进行中，预制厂落实，隧道、D 匝道图纸送强审，其他桥梁图纸设计中，规划选址论证通过市规土业务会，待公示后报市策略委审批。防洪评价报批，林地可行性研究报告完成。 （深圳史志办公室）

【珠海市交通基础设施建设】 2017 年，珠海市建设重点交通项目 19 个，年度投资计划 106.16 亿元，全年完成年度投资 131.42 亿元，完成年度投资计划 123.80%。港珠澳大桥主体桥梁全面贯通，海上工程全面完工；珠海连接线、珠海口岸工程具备通车条件。深中通道两侧连接线动工，西人工岛大圆筒打设完毕，东人工岛及主线堰筑段工程动工建设。跨区域高速公路加快贯通。广中江高速公路二期、中开高速、开春高速、香海大桥、洪鹤大桥加快建设，中江高速延长线（南中高速）、中山东部外环高速、广东滨海旅游公路珠中江阳段等项目前期工作加快推进。珠中江跨界道路加快升级和连通。深茂铁路茂名至江门段建设顺利，江门至深圳段前期工作加快推进。西江港口联盟规模进一步扩大，成员单位增至33个，包括广州、珠海、中山等15个沿江、沿海城市；新拓展桂平、石龙两条驳船快线，开通高栏港至阳江港集装箱驳船班轮航线。阳江合山机场改扩建一期完工，启动改扩建二期工程。

【珠海市交通规划】 2017年，珠海市编制完成《港珠澳大桥珠海口岸近期对外交通组织方案与接驳交通研究》《港珠澳大桥珠海连接线设置收费站征拆及补偿方案与交通影响评估研究》，港珠澳大桥珠海连接线不收费模式和珠海口岸交通组织工作加快推进。有序开展《珠海市围绕粤港澳大湾区建设的综合交通发展战略研究》《珠海市机场总体规划修编》《珠海市干线路网规划》等规划编制。协调推进中山东部外环高速公路二期等对接深中通道的线位方案研究，完成《珠海市对接深中通道交通规划》《珠中江跨西江通道研究》编制。聚焦全省高铁网络布局调整，完成《珠海市高铁线路布局研究》，为深珠江肇高速铁路和广珠澳高速铁路的规划布局谋篇。举办第十二届跨界旅运信息合作研究港深澳珠技术交流会，为大湾区跨界交通互联互通和资源共享创造便利条件。制定《珠海市建设项目交通影响评价管理办法》，完成交通影响评价审查40份。珠中江共开通21条互通公交线路，线路总里程400多千米。

【港珠澳大桥珠海连接线】 港珠澳大桥珠海连接线工程是港珠澳大桥的重要组成部分，项目起自珠澳口岸人工岛，接港珠澳大桥主体工程，止于南屏镇洪湾，通过广东省西部沿海高速公路接入国家高速公路网。项目全长13.4千米，采用双向6车道技术标准，设计速度80千米/小时，批复概算91.53亿元。项目分两期三段通车，其中，横琴北互通至洪湾互通段、南湾互通至横琴北互通段分别于2016年1月28日及2016年9月9日通车试运营。连接线二期工程（起点至南湾互通段）于2017年12月26日通过交工验收，具备通车试运营条件。

【香海大桥】 位于珠海大道北侧东西向交通要道，起点位于珠海市香洲区，对接翠屏路造贝互通。项目总投资41.78亿元。大桥连接线段路线长2.89千米，采用双向6车道一级公路标准，设计行车速度80千米/小时。先行段于2015年12月30日动工建设，2016年9月10日项目全面开工。2017年完成投资6.71亿元，年度投资计划完成率100.19%。

【洪鹤大桥】 位于珠海大道南侧东西向交通要道，起点位于珠海市香洲区南屏镇洪湾，终点与江珠高速公路延长线及鹤港高速公路相交，设鹤洲南互通枢纽。项目总投资39.75亿元。路线全长9.65千米，按双向6车道独立大桥标准建设，设计时速为100千米/小时，项目先行段于2015年12月30日动工建设，2016年8月25日项目全面开工。2017年完成投资5.62亿元，年度投资计划完成率117.12%。

【鹤洲至高栏港高速公路】 是珠海市洪鹤大桥西延段，起点对接洪鹤大桥终点鹤洲南互通，终点接高栏港高速公路，路线全长34.6千米。其中鹤洲南互通—金湾西互通路段采用双向6车道高速公路标准建设，设计车速100千米/小时；其余路段采用双向4车道高速公路标准建设，设计车速80千米/小时，总投资82.08亿元。项目分两期组织实施，一期工程由项目起点至鹤洲南互通（江珠延长线）和鹤洲南互通至机场高速公路两路段组成，路线全长18.46千米，概算金额51.4亿元。一期工程于2017年6月动工建设，完成年度投资计划4.5亿元；二期工程至2017进入初步设计阶段。

【金海公路大桥】 位于珠海市区西南部，起自太澳高速公路与港珠澳大桥连接线洪湾互通，终至珠海机场与机场高速公路相接，全长27.24千米，由已通车的横琴二桥工程和金海大桥工程、机场东路段高架工程组成。全线采用高速公路标准建设，设计速度100千米/小时，除机场东路段高架工程采用双向4车道外其余均为双向6车道，投资概算92.7亿元。至2017年底，工程可行性研究报告通过专家评审会评审并修编，公路铁路合建并行段施工招标挂网。

【洪湾枢纽互通二期】 是珠海市连接港珠澳大桥珠海连接线、西部沿海高速公路月环至南屏支线延长线、横琴二桥、洪鹤大桥等项目的枢纽互通工程。主要工程内容包括互通交叉点西侧（洪鹤大桥一侧）主线0.33千米，互通交叉点南侧（横琴二桥一侧）主线0.96千米，C、D、G、H匝道，港珠澳连接线主线330米和E匝道，投资7.28亿元。该项目于2014年开工建设，2017年9月28日实现全线通车。

【金琴快线】 起于珠海市港湾大道金凤路口，经凤凰山隧道，于梅华西路立交接香海高速至造贝立交，再经新南屏大桥，沿南湾大道至终点接港珠澳大桥连接线。项目建设路段全长13.8千米。金琴快线工程分为港湾大道至梅华立交段、造贝路口至珠海大道段、珠海大道至北三路口段等三个项目单独立项、同步推进，2017年实现全线动工建设。

【兴业快线（北段）】 工程呈“Y”字形南北走向。东线起于珠海市唐乐路，沿线下穿中山大学、鸡山村；西线起于哈工大路，沿线上跨金唐东路。东线、西线以隧道形式穿过凤凰山，合并后经过大镜山社区公园下穿梅华路接兴业路，道路总长18.8千米，道路等级为城市快速路。工程采用PPP模式推进建设，2017年12月28日先行段开工，标志工程进入实质性施工阶段。

【东西部公交快速化工程】 项目包括珠海市前山立交改造、前山大桥至明达路段拓宽、前山枢纽（临时）和湖心路口枢纽站建设，前山立交改造工程主桥拼宽和前山枢纽（临时）、湖心路口枢纽站建设工程于2016年投入使用。前山大桥至明达路段拓宽工程全线长1.58千米，主要建设内容包括前山大桥两侧各拓宽一座桥梁至双向12车道、前河西路—明达路段（华发新城段）拓宽至双向12车道等，于2017年开工建设。

【白石桥】 起点设在珠海市前山河西侧屏湾一路与东桥路的交叉口附近，终点设在前山河东侧港三路与港昌路交叉口，总长度1387.2米，其中桥梁长805米。主桥采用自锚式悬索桥桥型，主塔采用“H”型框架混凝土结构，桥面以上塔高约44米。道路等级为城市主干道、双向4车道，设计行车速度40千米/小时。于2015年9月20日开工建设，2017年7月30日建成通车。

（珠海年鉴编辑中心）

【佛山轨道交通二号线一期工程】 2017年，佛山城市轨道交通二号线一期工程全面开工建设，12台盾构机全面下井掘进。石梁站、湖涌站主体结构封顶，魁奇路站—石梁站区间左线、张槎站—石湾站区间右线洞通。11月16日，佛山地铁二号线一期工程登花盾构区间实现双线贯通。佛山城市轨道交通二号线一期工程起于西端的南庄站，终于广州南站。全长32.4千米，其中高架段6.4千米，地下段25.3千米，过渡段0.7千米。全线设车站17座（地下14座、高架3座），其中换乘站7座。禅城段里程18.2千米，设南庄站、湖涌站、绿岛湖站、莲塘站、张槎站、石湾站、番村站、魁奇路站、石梁站、湾华站10个站点。

【佛山轨道交通三号线工程】 2017年3月，佛山城市轨道交通三号线禅城段开工建设，站点建设全面展开。湾华站在轨道交通二号线工程中同步建设。佛山城市轨道交通三号线工程南起顺德学院站，北至科技学院站，为贯通佛山市南北的主干线，线路全长66.5千米，共设36座车站，其中禅城段全长10.78千米，设置湾华站、亚艺公园站、季华六路站、镇安站、中山公园站、佛山火车站6个车站。

【南海新交通试验段】 2017年7月28日，首列有轨电车在中车四方股份公司下线，采用自动驾驶技术，是全球首列实现自动驾驶的现代有轨电车，将运行于南海新交通试验段。佛山南海新交通试验段是横穿南海中心城区的轨道交通大动脉，路线全长13.1千米，包括地下线、地面线和高架线，设13个站点，是全国首条享有专有路权的有轨电车线路。

【佛山市高明有轨电车示范线】 2017年2月，佛山市高明区现代有轨电车示范线首期工程动工，线路长6.5千米，设车站10座、加氢站1座。高明有轨电车是全国首个以氢能源为动力的有轨电车示范项目，也是高明区首个轨道交通项目，将西江新城与荷城旧城区连为一体。首期工程预计在2019年投入商业运营。2017年12月6日，佛山高明现代有轨电车示范线的首列氢能源有轨电车在佛山下线。 （李丹心）

【珠中江阳区域紧密合作第十二次党政联席会议暨“大湾区大交通”论坛】 2017年12月27日，“以互联互通，共建共享”为主题的珠中江阳区域紧密合作第十二次党政联席会议暨“大湾区大交通”论坛在中山市举办。会上，珠海、中山、江门、阳江四市一致表示，要加速要素资源的互联互通，以项目为抓手、强调效率优先、坚持结果导向、完善协同机制，重点在交通、产业、环保三方面加强紧密合作，推动珠江口西岸城市加速发展，主动融入粤港澳大湾区。会上，四市签署《主动融入粤港澳大湾区　促进互联互通共建共享战略合作备忘录》。

【广中江高速公路二期建成通车】 2017年12月28日，广中江高速公路二期通车，从江门市城区到中山市城区行车时间缩短半小时。广中江高速公路二期工程的通车实现广中江、佛开、江肇、江鹤、中江5条高速公路的对接，使江门与粤西地区的经济对接更紧密、交通出行更方便。 （余宝莹）

【从莞高速公路东莞段（含清溪支线）工程通车】 2017年1月12日，从莞高速公路东莞段通车。从莞高速公路东莞段（含清溪支线）工程位于莞深高速公路和博深高速公路之间，是东莞市“五纵四横六连”高速公路网的“第四纵”，属于广东省、东莞市重点工程，由主线和清溪支线两部分工程组成，于2011年3月全面开工建设，全线长57.7千米，设计时速100千米，项目投资112.06亿元，由东莞市交通投资集团承建。该工程开通石排站、东部快速路站、东莞东站、樟木头南站、清溪湖站、清溪站、塘清站7个互通立交，连通相关的地方公路，结束石排镇、企石镇、横沥镇、清溪镇不通高速公路的历史，形成东莞市内纵向高速公路相隔10千米的合理高速公路网络。这是10年来东莞区域内一次性通车里程最长的高速公路。

【东莞市长安镇与深圳市十一号线碧头站公交线路开通】 2017年6月15日，东莞市长安镇与深圳市11号线碧头站的公交线路开通。这是第3条从深圳市出发抵达东莞市的跨市公交，此前2条公交线路为深莞1线和深莞2线，分别从凤岗镇、塘厦镇开出抵达东莞市。这条新开通的跨市公交线为“长安26路”，起始站为东莞长安汽车北站，终点站为深圳碧头地铁站北。该公交线路总里程21.9千米（双程），全程用时112分钟，发班间隔28分钟，首发6时30分从长安北站发班，末班22时从深圳碧头地铁站发班。碧头地铁站隶属深圳地铁十一号线，连接福田中心区、南山、前海、机场、福永、沙井、松岗等片区，从碧头地铁站只需坐 8 个站就到达深圳机场。

【东宝河新安大桥通车】 2017 年 8 月 26 日，东宝河新安大桥通车。该大桥是全国首座采用混合梁结构的波形钢腹板梁桥，为跨市界道路桥梁工程，连接深圳市沙井镇和东莞市长安镇，是深莞惠三市衔接道路的 8 个国省干道项目之一，承担中短距离通过性交通和沙井镇与长安镇之间的城市区域交通功能。该桥东起深圳市沙井新河路，西至东莞市长安建安路，路线全长 1.45 千米，其中桥梁总长 1.04 千米。主桥跨越深圳市和东莞市分界的东宝河，线路设计为双向 6 车道，车速 60 千米 / 小时。其中，新安大桥东莞长安段于 2015 年 11 月动工建设，2016 年 10 月完工。深圳、东莞长安两边分别组织验收，其中，东莞长安段于 2017 年 6 月底交工验收通过。深圳段于 8 月底验收通过，新安大桥通车后，长安前往深圳沙井仅需 5 分钟车程，比以前至少缩短 40 分钟。该桥建成后缓解国道 G107 线和省道 S358 线的交通压力。

（东莞市人民政府地方志办公室）

【东部外环高速公路建设】 东部外环高速公路是中山市“四纵五横”高速公路架构中位于东部的一条纵向高速公路，项目全长 57 千米，双向 6 车道，设计时速 100 千米，分 2 期工程实施。一期工程起点处与黄圃镇大雁互通，对接广中江高速公路，途经三角镇、民众镇，终点至翠亨新区横门南互通处，对接翠亨快线，全长 37 千米；二期工程从中山市翠亨新区至珠海市唐家湾，全长 20 千米。2017 年，东部外环高速公路项目先行工程大雁互通动工建设，一期工程全线计划于 2018 年动工建设；二期工程年内开展前期准备工作。东部外环高速公路是中山市与深中通道直接对接的 2 条高速公路之一，自北向南串联广中江高速、南中高速、中开高速、西部沿海高速等多条高速公路，是深中通道的重要疏散通道，是加强中山市与广州市、珠海市、深圳市交通联系的重要高速通道，计划于 2022 年建成通车。

【深中“水上巴士”通航】 2017 年 8 月 18 日，深中“水上巴士”中山至深圳机场福永码头的水路客运航线开通，结束中山到深圳水上没有直航交通的历史。水上巴士连接中山港与深圳机场码头，航程时间 45 分钟，每天往返 8 个航班，每隔 3 小时 1 个航班。打通珠江东西两岸交通梗阻，开辟“深中同城”新通道。中山市人民政府为加快实施“深中同城”的步伐，率先提出开通深中“水上巴士”，即中山至深圳水上巴士项目。水上巴士项目于 2017 年初启动，7 月底全面完成中港客运码头和深圳福永码头的改造建设，航线开通筹备工作历时半年完成。至年底，水上巴士共运载旅客 3.97 万人次，其中入口客运量 1.75 万人次，出口客运量 2.22 万人次。

【中港客运“南下挂港”航班开通】 2017 年 1 月 26 日，中港客运开通跨境客轮“南下挂港”航班，中山港客运口岸成为广东省首个开通“南下挂港”的客运口岸。中港客运“南下挂港”航班船舶由中山港开出，中途靠泊香港国际机场海天码头，海空联运过境旅客可到机场转驳国际航班，船舶最终开往中港城码头。

（中山市人民政府地方志办公室）

【河惠莞高速公路建设】 2017 年 8 月 28 日，河惠莞高速惠州市平潭至潼湖段红花嶂隧道、径村服务区、大溢井隧道 3 个控制性工程同日开工建设。河惠莞高速公路惠州境内分两段建设，分别是惠州平潭至潼湖段和河源紫金至惠州惠阳段。平潭至潼湖段全长约 47 千米，紫金至惠阳段全长 75.8 千米，其中惠州段长 29 千米。河惠莞高速平潭至潼湖段是河源龙川（粤赣界）至广州番禺高速公路的重要组成部分，项目接河惠莞高速公路河源紫金至惠州惠阳段，路线起于惠阳区平潭镇粟岗，途经惠城区水口街道、马安镇、三栋镇、河南岸街道、龙丰街道和仲恺区惠环街道、陈江街道、潼湖镇，终于潼湖镇长潭附近，接莞番高速公路桥头至沙田段。该段路线设计速度100千米/小时，采用双向6车道高速公路技术标准，在粟岗（枢纽）、水面岭（枢纽）、惠澳（枢纽）、惠南、四环、惠西、珠田（枢纽）、三和、岗头（枢纽）、赤岗10处设置互通立交。河惠莞高速紫金至惠阳段起于紫金县瓦溪镇，与汕湛高速揭博段和河惠莞高速龙川至紫金段相接，路线总体呈东北—西南向，途经紫金县瓦溪镇、九和镇、蓝塘镇、凤安镇、好义镇，惠州市惠城区横沥镇、惠阳区平潭镇，终于平潭镇粟岗附近，与河惠莞高速平潭至潼湖段对接。其中惠州段全线设计时速100千米，双向6车道；全线设置互通立交7处、服务区1处、管理中心1处、养护工区2处、收费站6处。

【惠州芦泰大桥动工】 2017年11月23日，惠州市芦泰大桥及其引道工程项目开工仪式在惠城区横沥镇鹅塘洲举行，芦泰大桥项目正式开工。项目建设方案（新桥址）3月27日经市政府十二届9次常务会议审议通过，并列入市重点建设项目，由市交通运输局直属分局地方公路站作为建设主体组织实施。项目路线全长7.6千米，起点位于县道X208线芦洲与横沥分界处，设立交与县道X208线互连，东西走向，途经横沥镇鹅塘洲，泰美镇盘陀村、车村村、新塘村、新星村，下穿惠河高速和赣深高铁，终点与国道205线相接，顺接泰美镇政府大道，距惠河高速泰美出口约400米。全线按一级公路标准，采用双向4车道进行设计，主桥拟采用85米+150米+85米预应力混凝土连续刚构桥，引桥长1190米，采用30米跨径为主的预应力混凝土小箱梁，项目概算6.38亿元，计划工期3年，预计在2020年10月建成。大桥建成通车后，将改善东江两岸交通格局，加强惠城区东北部与博罗县东部地区公路交通的集散功能，方便沿线群众出行，带动片区区域经济发展。

【惠州港建设】 2017年，惠州市港口重点建设项目进展顺利。荃湾港区煤炭码头一期工程，位于荃湾港区纯洲岛，建设规模为2个7万吨级煤码头泊位及其配套的仓储转运系统，业主单位为惠州深能港务有限公司，全年完成投资4.94亿元，完成年度计划的247%，累计完成投资25.7亿元，约占项目总投资的100%。华瀛石化燃料油调和配送中心配套码头及马鞭洲航道维护项目，主要包括生产能力1000万吨/年的燃料油调和配送中心及吞吐能力为2000万吨/年的配套码头项目。其中储罐共115万立方米，配套建设1个30万吨级油接卸船码头和3个2万吨级燃料油出运码头。业主单位为华瀛石油化工有限公司。全年完成投资7.24亿元，完成年度计划的103.4%，累计完成投资23.7亿元，占项目总投资的82%。荃湾港区5万吨级石化码头工程，建设5万吨级、1万吨级及5000吨级石化泊位各1个，码头总长303米，码头设计通过能力198万吨/年。项目总投资3.6亿元，业主单位为惠州港业股份有限公司。全年完成投资2900万元，占年度计划的29%，累计完成投资2.29亿元，占项目总投资的60%。

【惠州航空港建设】 2017年，惠州机场飞机起降8646架次，比上年增长66%；旅客吞吐量95.7万人次，增长74%；货邮吞吐量近4000吨，三大运营指标增幅均创历史新高。至年底，惠州机场开通19条航线，通航18座城市，分别为北京、上海、昆明、杭州、重庆、西安、武汉、成都、济南、哈尔滨、南京、贵阳、无锡、海口、郑州、南宁、上饶、合肥。2017年发布的《广东省综合交通运输体系发展“十三五”规划》提出，广东将重点打造“5+4”骨干机场，加快建设珠三角世界级机场群，惠州机场名列其中。为此，惠州市同步启动机场周边快速路、高速公路互通的规划研究工作。至年底，机场路二期工程、供油工程完工，新航油库投入使用；推进民航区改扩建，完成部队迁建临时安置营区建设、航站楼夹层改造和5号停机坪扩建工程建设；推进惠州航空公司成立事宜；加快制订惠州机场异地候机楼建设方案。

（惠州市地方志办公室）

【阅江大桥通车】 2017年8月8日，阅江大桥建成通车，是肇庆市城区第三座跨西江的大桥。该桥2012年9月动工建设，由上海城建路桥集团采用BIM技术（建筑信息模型）建造，为“帆”形双塔单索面预应力混凝土斜拉桥，总投资12.97亿元，全长3.84千米，其中主线桥梁全长2.36千米，桥宽33.5米，主塔高83米，双向6车道，主线桥段限速60千米/小时。广东省副省长许瑞生，中共肇庆市委书记赖泽华、代市长范中杰等领导出席开通仪式。（韦相伍）

2017年3月28日，香港立法会议员视察港珠澳大桥香港口岸旅检大楼建造情况

（香港特别行政区新闻处供稿）

【肇庆成为全国首批、全省首个实现公交车ODA应用示范城市】 2017年9月6日，肇庆市“智慧公交”项目发布上线。该项目在全省首创银联IC信用卡ODA乘坐公交车模式，支持银联IC借记卡、云闪付手机Pay、云闪付二维码、微信二维码、支付宝二维码等支付方式，是国内公交车领域金融IC卡及移动支付多元化应用程度最高的项目。至年底，智慧公交项目覆盖肇庆市公共汽车有限公司、肇庆市第二公共汽车有限公司在城区运营的480多辆公交车。

【西江（界首至肇庆）航道扩能升级工程】 2017年，肇庆市继续开展西江（界首至肇庆）航道扩能升级工程建设。按规划，该工程整治范围里程171千米，总投资10.28亿元；航道扩能升级工程整治标准为：西江界首至封开江口段航道12千米，通航设计尺度4.1米×90米×670米（水深×航宽×最小弯曲半径）；西江封开江口至肇庆大桥航道159千米，通航设计尺度4.5米×135米×670米（水深×航宽×最小弯曲半径）。年内，按计划完成投资2.20亿元，累计完成投资7.99亿元，升级主体工程基本完成，实现内河3000吨级设计代表船型通航要求，全市港口货物吞吐量比上年增长21%。（熊杰）

【肇庆市政道路项目建设】 肇庆市于2016年提出3年内打通城区50条“瓶颈路”建设目标。2017年，完成端州城区芹田一路、七星二路等19条道路两旁的房屋征拆任务，总面积14万平方米，其中人民北路、岗美路等16条道路竣工通车。（林舒茵）

【港珠澳大桥香港连接线全线贯通】 2017年5月16日，全长12千米的港珠澳大桥香港连接线全线贯通。港珠澳大桥东连香港，西接珠海和澳门，是粤港澳三地首次合作共建的大型陆路基建。通车后既能满足粤港澳三地陆路客货运输需求，又能大幅节省陆路客运和货运的成本和时间。通过港珠澳大桥的联系，珠江三角洲西部纳入香港3小时车程可达的范围内。

【港铁沙田至中环线】 港铁沙田至中环线是香港铁路有限公司兴建的铁路扩展项目。整段铁路长约17千米，共有10个车站，其中5个为新建车站，包括显径站、启德站、宋皇台站、土瓜湾站、会展站，另外有5个车站与现有车站交汇，包括大围站、重置红磡站，以及扩建钻石山站、何文田站、金钟站。截至2017年6月30日，该工程完成89%，预计于2019年中通车。通车后，能提升原有铁路网络的载客量，缓解客流压力，以及土瓜湾、红磡一带交通挤塞情况。同时亦为启德、九龙城、土瓜湾及马头围提供铁路服务。

【广深港高速铁路（香港段）整体工程】 广深港高速铁路（香港段）是连接香港与国家高铁网络的跨境基建，由西九龙向北延伸至深圳，与高铁内地段连接。通车后，由香港以铁路往来内地各主要城市的时间将会大大缩短，为乘客带来便利。截至2017年10月底，广深港高速铁路（香港段）的整体工程完成逾九成半。香港特区政府以2018年第三季通车为目标。

【莲塘香园围口岸】 莲塘香园围口岸位于新界上水竹园区，预计于2018年底落成。口岸连接深圳东部，将会成为香港和深圳之间的第七个陆路口岸，也是香港首个备有人车直达设施的陆路口岸。莲塘香园围口岸连接深惠高速公路至惠州及江西，以及深汕高速公路至汕头、汕尾、潮州、揭阳等地和邻近省份（包括福建、江西等），开通后将大幅缩短香港与广东省东部、福建省和江西省南部的行车时间。

【中九龙干线建造工程】 2017年12月19日，中九龙干线的建造工程开展。中九龙干线全长4.7千米，采用双程三线分隔车道的设计，是连接西九龙油麻地交汇处与东九龙启德发展区和九龙湾道路网的策略性干道，预计2025年通车，以缓解中九龙道路网的挤塞情况。工程完成后，中九龙干线将有助提升九龙主要东西行干道的交通容量，预计在繁忙时间取道中九龙干线来往西九龙与九龙湾的车程将缩短至约5分钟，较原车程节省约25分钟。 （香港地方志办公室）

重大项目

【广州市重大产业项目建设】 2017年，广州市105个重大产业建设工程共完成投资690.9亿元，完成年度投资计划的157.7%。其中，34个先进制造业项目完成投资259亿元，完成年度计划的185.5%，广汽丰田扩大产能及增加新品种建设项目、卡斯马汽配项目等8个汽车及零部件制造项目已全部完工，LG8.5代液晶面板项目完成投资超100亿元，富士康10.5代显示器全生态产业园区完成投资超80亿元。71个现代服务业项目完成投资431.9亿元，完成年度投资计划的144.6%，13个琶洲互联网创新集聚区项目建设进展顺利，广州鹏润云端、粤科科技金融大厦、康美药业华南总部、科大讯飞人工智能大厦、粤传媒大厦5个项目开工建设。 （马俊）

【莲塘口岸】 该项目位于罗湖区莲塘街道西南角，北临罗沙路，南至深圳河。占地面积17.4公顷，建筑面积14.9万平方米，投资概算15.45亿元。于2013年11月开工。截至2017年底，旅检大楼机电安装完成75%，精装修工程完成30%，大楼幕墙工程完成，非现场办公精装修工程完成50%；货检区结构施工完成90%；市政配套桥梁施工基本完成，护栏施工、声屏障安装中；场地及配套工程电力管道、雨水管道施工完成20%。

【深圳北理莫斯科大学建设工程】 于2016年12月初开工，位于深圳市龙岗区龙城街道大运新城西南部。截至2017年底，该项目开始主体结构施工、室内外装饰工程、机电安装工程。学校办学规模为全日制在校生5000人，建设校舍21栋，总建筑面积29.79万平方米（其中地下室

4.31万平方米），投资概算20.43亿元，主要建设内容包括新建主楼、图书馆、会堂、实验楼、教学楼、学生活动中心、宿舍楼（教师及学生）、食堂、体育馆、田径运动场，及室外配套（校区道路、校门、值班室、景观绿化、篮球场、水电管网等）工程。（兰聪）

【佛山西站投入运营】 2017年8月18日，广州铁路客运枢纽“五主三辅”中的一个主站——佛山西站开通运营，为佛山构建全国的铁路枢纽城市、打造粤桂黔高铁经济带合作试验区奠定基础。佛山西站位于佛山市南海区狮山镇的佛山一环—桂丹路交叉口东侧，距佛山市中心8千米。佛山西站功能定位为贵广、南广铁路始发终到站，与广州站、广州东站、广州南站和广州北站共同形成广佛都市圈“四主一辅”铁路客运枢纽。佛山西站是集高铁、城际、地铁、公交、的士、长途、私人交通等交通方式于一体的大型综合交通枢纽，是国内最大的下进下出式高铁站，总规模10站台23线，至2017年底引入贵广、南广2条国家铁路和佛肇、广佛环线（在建）2条城际轨道，并预留西向1条国家铁路线路接入条件，预计铁路年发送旅客量近期将达到5470万人次、远期将达到7590万人次。主站房建筑面积6.8万平方米，共分为5层，旅客进出采用“下进下出”的方式。佛山西站主要以西部方向的旅客为主，至2017年底，开通到达四川、云南、广西、贵州和省内广州、深圳、珠海等省市的高铁班次。满图开行列车212趟，其中始发终到列车36趟（城际28趟对、客专8趟），途经列车176趟（城际24趟、客专152趟）；日常开行列车170趟，始发终到车9趟（城际1趟、客专8趟对），途经161趟（城际16趟、客专145趟）。（郭庆）

【江门高新区（江海区）深圳产业对接大会】 2017年3月20日，江门高新区（江海区）深圳产业对接大会在深圳市举行，多家世界500强企业负责人共500人参加活动。大会现场进行江门高新区（江海区）20个项目签约仪式，包括智慧城市等智能项目、江门执信学校等教育项目、智能家居项目等创新项目、检测平台项目等科技项目。此次产业对接大会通过驻点招商等措施，探索建立加强与深圳产业对接的长效机制。（黎家宁）

【2017年深圳·江门招商推介会】 2017年8月2日，由江门市人民政府主办、新会区人民政府等承办的“2017深圳·江门招商推介会”在深圳前海举行，主题为抢抓湾区合作机遇，共建产业发展平台，重点推介3个万亩产业园区及新会区22个招商项目。世界500强、中国500强、大型跨国公司、上市公司、行业龙头企业、知名民营企业、深圳行业商协会、金融机构代表等来自250多家企业、超过500名代表参加推介会。推介会期间，新会区签约项目33个，计划总投资约180亿元，其中上台签约项目9个，总投资超过100亿元；达成合作意向项目26个，总投资超过480亿元。（范欣）

【粤港澳大湾区海外青年创业基地揭牌】 2017年11月18日下午，在江门市滨江新城总部经济区举行粤港澳大湾区海外青年创业基地挂牌仪式。该基地是在蓬江区“大工商联”的框架下，由蓬江海外青年联合会运营，适合海外青年在江门创业、生活、投资、交流，涵盖文化主题街、艺术广场、创意办公、青年公寓等主题业态为一体的全能型宜业宜乐宜生活的文化综合体。（熊秀明）

【第八届珠中江进出口商品展销会】 于2017年1月12—16日在江门市五邑华侨广场举行，由珠海市进出口商会、中国国际商会中山商会和江门国际商会联合主办。该届展会汇集江门、珠海、中山等城市的优质外向型企业，还吸引泰国、马来西亚、韩国、越南等11个国家以及港澳台地区的商家参展。展销会为市民带来家庭用品、家用电子、箱包服饰、鞋、食品、礼品工艺

品以及玩具等多类名优产品。（胡双敏）

【粤港机器人学院建设】 粤港机器人学院由松山湖国际机器人产业基地采用基于项目和课题学习的办学模式，与东莞理工学院、广东工业大学、香港科技大学四方合作共建，借此从大学生本科教育开始，培养机器人产业的技术人才，并孵化优质创业项目。该学院定位于培养基础扎实，视野开阔，动手能力、合作精神和创业精神强的机器人和高端装备技术工程师和技术管理领军人才，2015—2017年，招收3届超过400名学生。粤港机器人学院在国内率先探索创新机器人人才培养模式：为学生设计基于项目和课题学习的全新专业课程，采用世界一流大学通用的全新教材，配备工程和实践经验强的导师，机器人学院学生前两年在学校培养，后两年到松山湖机器人学院实习或创业。

【东莞港宜家家居出口集拼仓项目启动暨莞盐驳船快线（湾区快线1号线）开航仪式】 2017年12月12日，全球最大的家具和家居品零售商宜家家居集团在东莞港普洛斯现代物流园举行“东莞港宜家家居出口集拼仓项目启动暨莞盐驳船快线（湾区快线1号线）开航仪式”，标志宜家家居集团开始在东莞市开展业务。华南区域是宜家家居集团全球采购重镇，每年采购额超过40亿美元，其中在东莞市采购超过15亿美元。东莞港宜家家居出口集拼仓是宜家全球最大的出口拼箱仓，开仓后将使相关企业总体物流成本降低。宜家出口集拼仓每年可直接带动2万标准箱外贸货柜在东莞港完成出口，同时还将带来约1万标准箱/年的内贸集装箱增量。此外，项目启动后，东莞区域的工厂整柜出口也有望逐步回流到东莞港。“莞盐驳船快线（湾区快线1号线）”由宜家家居集团、东莞港务集团与东莞市港湾创新供应链有限公司共同开通。该快线于9月底开始试运作，首次将东莞港与盐田港紧密连接在一起，为东莞企业出口提供一条稳定的新路径。

（东莞市人民政府地方志办公室）

【中山市重大项目建设】 2017年，中山市重点项目年度建设投资首次突破500亿元，省重点建设项目34个、市重点建设项目167个，分别投资123.3亿元和545.9亿元，翠亨新区、坦洲镇、小榄镇、东区、港口镇、石岐区等镇区重点项目年度完成投资规模超过20亿元。第三届珠江西岸先进装备制造业投资贸易洽谈会签约项目63个，投资近1001亿元，百亿级项目4个，数量居珠江西岸城市首位。基础设施建设方面，打造区域性综合交通枢纽，开通广珠城际中山站开往北京、上海等9个方向的高铁线路，深中通道、南沙港铁路加快建设，中开高速公路、东部外环高速公路、中山港新客运码头东移项目动工，干线公路完成投资30亿元；城市运行保障能力提升，推进32个省级以上电网建设重点项目及82项重点水利工程建设。实现年主营业务收入5亿元以上工业企业研发机构全覆盖。推进能源产业发展，加快推进粤电三角电厂等重大电源项目，永安电力向21家用热企业实施集中供热。完成市域内油气管道安全隐患整治。促进特色小镇建设，大涌中国红木文化旅游特色小镇、东升棒球小镇被评为国家级特色小镇，3个小镇入选省级第一批特色小镇，完成规划编制市级特色小镇18个。

【中开高速公路中山段一期开建】 2017年6月20日，中开高速公路中山段一期工程在翠亨新区马鞍岛翠城道与纬十二路交叉口处开工。中开高速公路对接深中通道，是深中通道在珠江口西岸的主要连接线、粤西通往粤东的快速通道。中开高速公路是中山市负责筹建的第一条高速公路，也是中山历年来投资最大的基础设施项目。项目全长129.1千米，全线采用双向6车道高速公路标准，设计时速80~120千米。其中，中山段全长约44千米，途经翠亨新区、南朗镇、火炬开发区、东区、南区、沙溪镇、横栏镇。该工程把完善广东省高速公路网，将珠江口东岸的发展优势向西岸辐射，促进珠江西岸地区经济、旅游、临港产业的发展。中开高速公路中山段分两期工程建设，一期工程全长 11 千米，施工范围为马鞍岛至大常山。主线共设桥梁 11 座，总长 8.43 千米，互通 2 处（含预留 1 处），中隧道 1 座，服务区 1 处，桥隧比 82.4%，工程概算 31 亿元。一期工程的总工期预计为 4 年，主要控制性节点包括横门西水道特大桥、大常山隧道。

（中山市人民政府地方志办公室）

【万达文化旅游城项目落户惠州】 2017 年 3 月初，惠州市政府、惠州大亚湾开发区管理委员会与万达集团双方高层会晤洽谈万达文化旅游城项目事宜，3 月 28 日签订该项目战略合作框架协议。这标志着总投资约 800 亿元的万达文化旅游城项目落户惠州大亚湾。该项目是万达集团最大的单笔文体旅游项目，也是落实中央建设粤港澳大湾区战略部署的重大项目。惠州市领导陈奕威、麦教猛、黄雁行、李敏、张瑛、范中杰、徐云枢、刘小军、林洪，万达集团高级副总裁刘海波、华南区总经理沈景琰、广深区总经理文谦等参加相关活动。

【赛迪（华南）智能制造创新中心项目签约】 2017 年 4 月 6 日下午，惠州市政府与中国电子信息产业发展研究院合作共建赛迪华南智能制造创新中心签约仪式在惠州宾馆举行。中国电子信息产业发展研究院（赛迪集团）是直属于国家工业和信息化部的一类科研事业单位，此次在惠州组建赛迪（华南）智能制造创新中心，是赛迪集团全国智能制造创新服务网络在华南地区的重要节点，引入智能制造信息技术服务产业生态，为惠州以及华南地区制造业企业提供一站式智能制造综合服务，助力区域传统动能改造升级和新动能建设。项目建设内容主要包括以创新中心为主体，整合产业资源、科创资源、金融资源和人才资源，在惠州建设智能制造集成应用体验中心、智能制造企业核心能力评价中心、智能制造工程技术服务中心、信息物理系统测评验证中心、工控信息安全保障中心和智能制造人才培训中心等“一机构六中心”。该项目建成后，采用市场化机制导入相关产业要素，逐步运营成为全国领先的智能制造公共服务平台、产业技术转化及创新应用平台和产业人才培养平台，建设各产业主体广泛参与的创新网络，通过科技成果转化、技术及培训服务，实现自主经营、自负盈亏、独立发展。

【惠州东风本田一体化项目二期启动】 2017 年 4 月 14 日，位于惠州市大亚湾开发区西区的“东风本田一体化”项目二期建设启动，投资总额 30 亿元。预计 2019 年 9 月完成整体搬迁。惠州东风本田汽车零部件有限公司是本田公司和东风公司在中国轿车合作事业的发祥地，是本田和东风合资事业的原点，以发动机及底盘等的关键零部件为主要产品，1994 年落户大亚湾，经过 23 年发展，生产规模不断扩大，建成底盘部品、发动机部品年产量 120 万台的整车配套生产规模，员工由成立之初 88 人增加到 2400 余人，为大亚湾开发区汽车零部件行业龙头企业，2016 年产值 27.6 亿元，销售额 27.56 亿元、纳税额 3.41 亿元，产品主要供应广州、武汉本田汽车整车能扩所需的发动机及底盘等的关键零部件。二期投产后，生产能力将提升至每年 200 万台，产值将达 37 亿元。

【炼油工程试车成功】 2017 年 10 月 2 日，经近 3 年施工，中国海油惠州炼化二期项目 1000 万吨 / 年炼油工程试车成功。该次试车成功的炼油工程建设包括 15 套炼油生产装置、配套公用工程及辅助生产设施。从 9 月 16 日炼油工程常减压装置引入原油，至 10 月 2 日全厂生产流程全部打通，炼油工程用 16 天实现所有装置及公用工程的平稳生产，产出合格产品，创下业界最佳试车纪录。同时，炼油工程采用当前行业内先进的加工工艺，引进国内外专利技术 11 项。惠州炼化二期项目位于惠州市大亚湾石化区，项目总投资 466 亿元，是中国大陆在建规模最大的炼化一体化工程。

2017 年 11 月 1 日，惠州市与埃克森美孚公司签署战略合作协议
（惠州报业传媒集团供稿）

【惠州与埃克森美孚签署战略合作框架协议】2017 年 11 月 1 日，惠州市政府、惠州大亚湾开发区管委会与埃克森美孚化工投资公司在广州市签署惠州石油化工综合体项目战略合作框架协议和谅解备忘录。广东省省长马兴瑞会见埃克森美孚化工投资公司总裁裴恩博、副总裁戴博韬。省委常委、常务副省长林少春，省政府秘书长李锋，惠州市领导陈奕威、麦教猛、张瑛、徐云枢、余金富等参加会见或见证双方签约。埃克森美孚公司是全球知名石化企业和世界最大的非政府石油天然气生产商，在聚乙烯、聚苯烯等业务领域保持世界先进水平。惠州大亚湾石化区是广东省唯一国家重点建设的七大石化产业基地之一和国家第一批绿色制造体系建设示范绿色园区。根据框架协议，埃克森美孚化工投资公司拟投资数十亿美元，在惠州建设一个具有领先技术、最高安全标准和最优运营经验的化工综合体，该综合体包括一套世界级蒸汽裂解装置和配套的烯烃衍生物装置，采用埃克森美孚的世界领先专有技术，目标之一是投资运营符合环保和经济要求，为当地带来积极影响。

【中韩（惠州）产业园获批设立】 2017 年 12 月 11 日，国务院作出关于同意在山东烟台、江苏盐城、广东惠州设立中韩产业园的批复，中韩（惠州）产业园成为国内经国务院批复同意设立的三个中韩产业园之一，是广东省唯一经国务院批准的中外共建产业园。该产业园功能定位是落实中韩自贸协定，对标广东等自贸试验区建设，积极先行先试；把中韩（惠州）产业园建设成为广东“第四个自贸区”；以推动中韩（惠州）产业园高质量发展为核心，将园区建设成为华南地区实施中韩自贸协定先行区、粤港澳大湾区对外经贸合作平台、广东构建开放型经济新体制示范区。该产业园规划范围分两个层次，一是核心组团，包括 6 个片区：潼湖生态智慧区（面积 32.3 平方千米），包含作为起步区的国际合作产业园（面积 11 平方千米）；仲恺高新区高端产业合作区［面积 23.6 平方千米，含 S357 创新产业带陈江部分 8.8 平方千米，珠三角（仲恺）国家自主创新示范区约 8.8 平方千米，仲恺高新区高端制造集中区约 6 平方千米］；大亚湾化工及海港保税区（面积 7.6 平方千米，含海港保税区 1 平方千米）；惠州空港经济产业园（面积 21.7 平方千米，含空港保税区 1 平方千米）；惠城区高新科技产业园（面积 6.4 平方千米）；罗浮新区康养国际合作园（面积 2.5 平方千米）。核心区总面积 94.1 平方千米。二是联动组团，包括惠东稔平半岛环考洲洋经济带、惠城区高新技术开发区有关区域，以及惠州空港经济产业园、罗浮新区、仲恺高新区和大亚湾开发区除纳入核心组团的其余部分。（惠州市地方志办公室）

【肇庆市重大（重点）项目建设】 2017 年，肇庆市政府性投资项目获批融资 444 亿元，投资超亿元的项目 263 个；完成投资 560 亿元，比上年增长 65.3%。超额完成省、市重点项目年度投资计划，100 个市重点项目完成投资 545 亿元，其中 35 个省重点项目完成投资计划 1.53 倍，完成率居全省前列。纳入《珠江三角洲地区改革发展规划纲要（2008—2020 年）》的 140 个重大项目完成投资 348.63 亿元。其中温氏乳业有限公司项目、广东明德化工有限公司项目、观砚大道（民乐路至鼎湖大道）道路建设工程等 13 个项目投产（试投产）或竣工。完成年度建设目标任务的 60 个，占总数 47.0%；进展顺利 66 个，占总数 43.0%；进展滞后 14 个，占总数 10.0%。承接珠三角地区产业梯度转移项目 54 个，计划总投资 273 亿元。列入《加快建设珠三角连接大西南枢纽门户城市行动计划（2016—2020）》的 108 个重大项目完成投资 288.66 亿元。中广核肇庆德庆大顶山风电场项目、四会市江谷精细化工制造项目、阅江大桥新建工程 3 个项目投产或竣工。其中，完成年度建设目标任务 52 个，占总数 48.0%；进展顺利 45 个，占总数 42.0%；进展滞后 11 个，占总数 10.0%。（黄国辉）

【肇庆市招商引进大项目】 2017 年，肇庆市实施“招商引资年”，创新招商引资模式，提升招商引资精准性和效益。全年引进合同项目 198 个，计划投资 1168.5 亿元，其中超 20 亿元项目 15 个。京东华南智谷、新兴际华华南“安全谷”等大项目相继落户肇庆。“肇庆金秋”签约项目 78 个，投资总额 980 亿元，工业项目占比提升至 78.2%。签约项目包括投资总额 160 亿元的京东华南智谷及“亚洲一号”智能仓储基地项目、投资 150 亿元的龙光集团广佛肇总部项目、投资 90 亿元的新兴际华集团华南“安全谷”项目等。（韦相伍）

【粤港澳大湾区生态科技产业园动工】 2017 年 8 月 3 日，坐落肇庆新区的粤港澳大湾区生态科技产业园项目动工建设。项目包括面积 25 万平方米标准厂房、18 千米市政道路、10 平方千米市政基础设施、2.22 万平方米公共配套工程、3.2 千米景观渠，总投资 46.65 亿元，计划 2019 年 10 月完工。项目由中国建筑第八工程局广西公司采取 PPP+EPC 模式承建。肇庆市委书记赖泽华、市长陈旭东等出席动工仪式。（谢智远）

【肇庆府城保护与复兴项目建设】 肇庆府城保护与复兴项目位于肇庆市端州区城区中心、全国重点文物保护单位肇庆古城墙内。该项目按“保护、挖掘、复兴”原则，保护和整合府城现有历史文化资源，逐渐恢复重现府城、两广总督府、包公府衙等成片的整体历史风貌，促进文化与旅游的融合发展。项目建设范围含包公府衙中轴线、两广总督府地块、古城墙及骑楼街、包公府衙西北侧区域、米仓巷两侧区域和文昌阁与阅江楼区域、龙顶岗区域，用地面积 40.86 公顷，包括 3 大工程：肇庆古城墙修缮保护工程、肇庆两广总督府修复重建工程、包公府衙修复重建工程。肇庆市成立以市委书记为组长的领导小组和项目指挥部，对项目内的文物列出保护范围，制订保护措施，制订“一城环绿、两府复兴、三街畅旺”总体规划。计划用 8~10 年、投资 40.30 亿元完成保护与复兴项目建设。

考古发掘与维护 2017 年，肇庆市继续实施《肇庆府城复兴项目策划方案》，开展文物考古调查勘探和考古发掘，完成朝天门、南薰门、景星门 3 个城门考古挖掘调查，相继发现民国道路和建筑遗址，确认城墙北门、西门、南门的位置，以及城门的形制、规模和建筑材料工艺，确认南门月城遗址、西门城门遗址，发现南门、西门防洪水闸等防洪、排水设施，发掘出铁炮、铁剑、子弹等文物。完成青宁坊、西仁里南段、南门月城等地段的抢险加固工程建设，古城墙修缮保护、城墙公园、包公府衙、两广总督府等项目加快推进，基本再现“千年府城”轮廓。古城内的丽谯楼重新对外开放。完成府城公园（一期）项目设计并报省文物局审批。

规划建设 2017 年，肇庆市加快推进府城保护与复兴项目规划建设。截至年底，征收房屋 1227 间，建筑面积 14.5 万平方米，基本完成古

城墙周边沿线房屋征拆，展露古城墙本体；组织编制《肇庆府城重点地段修建性详细规划及重要建筑单体概念方案设计》，有效保护府城历史遗存；完成环城墙绿化带、人民南城墙连接天桥的设计方案（征求意见稿）；开展朝天门城楼、南薰门城楼、景星门城楼3个城楼，包公府衙、两广总督府以及十字街等设计；重修米仓巷、包公井，开放古城墙和草鞋街样板间供市民游客参观游览。

府城档案资料保存　2017年，肇庆市根据府城保护与复兴项目规划内容，对改造拆迁范围内17条道路街区现状和建设过程进行拍摄和录像，记录和传承肇庆府城历史文化，全方位展现肇庆府城风貌和发展变迁。年内，举办“肇庆府城记忆”摄影作品征集活动，征集整理1500张历史照片，有效保留城市建设的珍贵记忆。

（钟海波　侯学丽）

【港深创新及科技园】　2017年1月3日，香港特别行政区行政长官梁振英和广东省委常委、深圳市委书记、市长许勤共同见证香港特别行政区政府与深圳市人民政府签署《关于港深推进落马洲河套地区共同发展的合作备忘录》，同意在遵循“一国两制”，以及“共同开发、共享成果”的原则下，共同推动落实落马洲河套地区发展成为“港深创新及科技园”，建立重点科研合作基地，以及建设相关高等教育和其他配套设施。“港深创新及科技园”计划建立重点创新科技研究合作基地，以及相关高等教育、文化创意和其他配套设施，吸引港深两地及其他国内外的顶尖企业、研发机构和高等院校进驻，为港深两地的创新科技带来前所未有的发展空间和机遇。作为促进香港创新科技发展的专门机构，香港科技园公司将成立附属公司，专门负责“港深创新及科技园”的上盖建设和营运，并发挥“港深创新及科技园”与香港科学园及各个工业村的庞大协同和集群效应。

【香港国际机场大型提升项目】　2017年6月20日，香港机场管理局公布香港国际机场现有设施的多项大型提升项目，包括扩建香港国际机场一号客运大楼，以及兴建一条名为“天际走廊”的全天候行人天桥，以提升机场的处理能力。“天际走廊”长约200米，接驳北卫星客运廊，建成后将取代接驳巴士。旅客可利用天桥直接步行至北卫星客运廊，往来时间预计可缩短至少10分钟。天桥高约28米，可让最大型的A380客机在桥下通过。所有提升项目计划于2020年底前竣工。

【香港故宫文化博物馆建设】　2017年6月29日，在国家主席习近平的见证下，西九文化区管理局与故宫博物院就于西九文化区兴建香港故宫文化博物馆签订合作协议，确定合作的主要原则，包括西九文化区管理局与故宫博物院双方在香港故宫文化博物馆项目中的整体角色和责任、香港故宫文化博物馆的管治架构、财政安排、文物借展的框架安排，以及其他营运事宜。签署仪式在西九文化区临时苗圃公园（香港故宫文化博物馆的未来馆址）举行。香港故宫文化博物馆的建造工程将于2018年展开，计划于2022年竣工。建成后将长期展示故宫博物院的宫廷藏品，并通过多媒体展示、讲座、文创产品营销等方式展现故宫文化。

【香港科学园扩建工程】　2017年，香港科学园第三期西面进行扩建，计划于2019年落成。新建的2座科研大楼分别高14层及15层，将为园区提供面积9.27万平方米的科研及工作空间，加快园区内的医药及人工智能或机械人的科研发展。此外，香港科技园公司将于科学园旁边兴建永久性建筑“创新斗室”，计划于2021年落成。“创新斗室”为一幢高18层的大厦，将提供约500个单位租予科学园内租户或培育公司的负责人及其海外或内地员工，还有参与科学园内创新科技计划的海外或内地科研人员，从而推动创意交流和合作。（香港地方志办公室）

·责任编辑　何文倩·

区域发展

中国（广东）自由贸易试验区

广州南沙新区片区

【概况】 2017年，广东自贸区广州南沙新区片区新增创新成果101项，其中5项在全国复制推广，18项在全省复制推广。率先在全国实施智能导办、异地办理、跨境通办等政务服务。创新企业投资类建设工程项目审批服务模式。商事登记全流程电子化、跨境跨省登记等措施先行先试。设立南沙街外国人管理服务工作站。成立全国首个自贸区劳动人事争议仲裁委（仲裁院）和公证处，国际化法律服务体系更趋完善。

口岸通关效率提升 国际贸易“单一窗口”建成功能模块18个、覆盖部门业务21个，实现货物申报上线率99%，国际航行船舶和海运舱单申报上线率100%。建立“线上海关”，试行“提前申报、货到验放”通关模式。实现国际船舶联合登临检查。推行“智慧海事”，打造“CII易检”服务平台，实现船舶到港查验“零等候”。率先建立全球质量溯源体系并获美国、澳大利亚、泰国、西班牙、意大利等国家和中国澳门等地区响应。

对外开放水平提高 制订并上报南沙自由贸易港建设方案。制订建设高水平对外开放门户枢纽三年行动计划。启动粤港澳深度合作区起步区土地平整及征收工作，筹建港澳专业服务联盟。与国家发改委国际合作中心、中国贸促会等合作设立南方国际产能和技术合作中心、中国贸促会（广东）自贸试验区南沙服务中心、葡语系国家商品展示销售综合平台等对外合作平台，为国际产能合作和企业“走出去”提供便利化服务。与爱尔兰香农自由区等“一带一路”沿线国家和地区的自贸园区开展交流与合作。

【亚信大数据全球总部项目落户南沙】 2017年3月15日，亚信大数据全球总部落户南沙。亚信集团计划投资30亿元，在南沙区建设亚信数据全球总部，作为亚信数据全球业务的研发、人才、运营和服务中心，在南沙打造全球领先的大数据产业生态圈、中国大数据产业发展的核心试验区和人才汇聚基地。

【国际船舶登记中心揭牌】 2017年3月15日，交通运输部海事局印发通知，将“广东南沙”设立为中国（广东）自由贸易试验区南沙新区片区国际船舶登记船籍港。8月30日，在南沙海事处举行广州海事局南沙自贸区国际船舶登记中心揭牌，南沙自贸区正式开展国际船舶登记业务。试点开展特殊类型国际航行船舶进口岸受理，完成大型外轮OA流程测试，随后在辖区全面推行试运行，节约行政相对人的时间和交通成本。全年共受理482艘次。

【国际船舶联合登临检查机制】 2017年4月1日，南沙海事、边检、海关、检验检疫的执法人员登上靠泊广州南沙港的“歌诗达维多利亚”邮轮，完成广州南沙口岸首次国际船舶联合登临检查，国际航行船舶联合登临检查机制正式落地南沙。口岸查验单位通过联合登临检查方式，避免重复登轮检查，查验时间由4小时缩短到1小时以内，提升邮轮通关效率。针对南沙邮轮航班固定、停靠时间较短的特点，形成计划收集—动态跟踪—人员调集—到港必查—政务办理—建立档案的邮轮现场监管流程，编写《南沙海事处邮轮专项监管工作指引》，细化各监管环节具体工作，实现日常监管流程化、口岸手续无纸化、登轮检查集约化、动态监管智能化、PSC检查集战化和监管档案电子化的“六化”邮轮监管模式。

【首个自贸区无人机海事服务队成立】 2017年5月，全国首个自贸区无人机海事服务队在南沙海事处成立。服务队发挥无人机快速高效、机动灵活等优势，打造智慧平台远程指挥、海巡船蹲点值守、无人机抵前取证的远、中、近、海、陆、空立体监管格局，为南沙自贸区发展营造安全畅通的水上交通环境。是年，服务队有3台无人机和3名无人机操作员，建立无人机巡航工作制度和使用维修保养管理办法，全年巡航142架次，巡航时间1710小时，巡航684千米，检查船舶1845艘次，结合智慧平台查处违章52件。

【首家中外合资股权投资基金管理企业成立】 2017年6月12日，南网建鑫基金管理有限公司由南方电网资本控股有限公司和建银国际（深圳）有限公司在南沙注册设立。该公司主要作为南网建鑫（广州）基金合伙企业的基金管理公司，参与投资与电网主业相关的领域，通过推进产业链的有效整合，以提升中国电力行业的竞争力，拉动地方经济的转型发展。

南网建鑫基金管理有限公司是南沙自贸区首家中外合资股权投资基金管理企业，其成立是南沙贯彻落实“南沙金改15条”“广东自贸区总体方案”中“支持包括粤港澳在内的外资股权投资基金在南沙区创新发展，探索外资股权投资企业在资本金结汇、投资、基金管理方面的新模式”等金融创新政策过程中所取得的突破。

【自贸区首单飞机离岸租赁交易】 2017年12月11—12日，广州华胜一号飞机租赁有限公司通过离岸租赁方式，在柬埔寨交付两架空客A321飞机，为南沙区贡献固定资产投资3.28亿元，是广东自贸区首单飞机离岸租赁业务。

【华南地区首家期货保税交割试点】 2017年，广东自贸区南沙新区片区为解决期货保税交割政策缺乏企业需求长期难以落地等问题，依托南沙为华南地区进口甲醇超六成的集散地优势，联合地方政府支持企业取得试点资质。通过与郑州商品交易所计算机联网及与企业中控系统连接，实时获取交易电子信息及实物流，建立海关—交易所—企业无缝对接的商品交易动态监管模式。5月23日，郑州商品交易所指定广州发展碧辟油品有限公司为甲醇期货保税交割仓库，成为华南地区首家期货保税交割试点企业。

【跨境金融服务】 2017年，广东自贸区南沙新区片区发展跨境金融，助力“一带一路”建设，开展跨境人民币直贷、跨境资产转让等多项跨境金融创新试点，开展跨境人民币放款、双向人民币资金池业务。是年，为24家企业办理跨境人民币贷款备案31笔，累计备案金额61.69亿元，累计实现提款金额29.26亿元；区内银行向境外企业发放人民币贷款业务累计金额70.35亿元；为19家跨境集团企业办理双向人民币资金池备案，设立跨境双向人民币资金池19个，涉及成员企业141家，累计资金收付220.47亿元。为19家跨国企业集团办理跨境人民币资金集中运营业务，累计结算量220.47亿元，累计跨境人民币结算量1990.19亿元。

是年，南沙区推出多项创新业务和产品。区内多家银行资本金意愿结汇、NRA外汇账户资金意愿结汇业务落地；4月，中国银行与香港合作发行自贸区首例25亿元熊猫债券；10月，招商银行发行熊猫债券10亿元；为跨境电商开立跨境结算账户，并简化收结汇手续。

【劳动仲裁南沙模式创建】 2017年，南沙区创立全国首个自贸区劳动人事争议仲裁委员会和仲裁院，实现涉自贸区案件专门机构审理，机构设置实行立案、审理、监督分离，推动构建自贸区市场化国际化法治化营商环境。对标香港“先调后裁”劳动仲裁做法和国际劳工纠纷争端解决机制，建立并探索实施劳动争议替代性解决机制，通过合同约定先行调解、缩短或取消仲裁举证期和答辩期等，推动劳动纠纷快速化解和实现社会自治。构建自贸区特色仲裁服务模式，对接香港打造“高新、权威、便民”劳动仲裁服务模式，构建劳动仲裁收件、开庭“10分钟服务圈”，打造“自贸区审速”。是年，全区管辖受理案件平均31日快速审结（未含置换调解），较法定45日审限提速31.1%；仲裁案件起诉率全市最低，仅2.56%；一审对裁决结果维持率73%。建立公开透明“阳光仲裁”机制。在全国自贸区和广东省范围率先实施互联网公布劳动仲裁裁决书规定，实现裁决结果网上公开，鼓励当事人以调解快速化解纠纷。出台劳动人事争议仲裁公开制度，定期举办仲裁庭审公开日活动，吸纳社会各界参与和监督。自8月1日实施互联网公布裁决书以来办理的568件案件中，促使当事人调解和撤诉443件，调撤率78%。（李芳）

【南沙自贸试验区制度创新】 2017年，南沙自贸试验区加快制度创新，“跨境电子商务监管模式”“企业专属网页”等经验入选商务部“最佳实践案例”。出台自贸区深化商事制度改革先行先试若干规定，在企业登记全程电子化、证照分离、名称和住所自主申报、境外投资者主体资格承诺制等方面先行先试。国际贸易“单一窗口”2.0版上线运行，实现企业报关“一个平台、一次递交、一个标准”，货物申报使用率99%，国际航行船舶申报使用率100%。

（广州市地方志办公室）

深圳前海蛇口自贸片区暨前海深港合作区

【概况】 2017年，前海蛇口自贸片区暨前海深港合作区坚持“依托香港、服务内地、面向世界”的原则，以新发展理念为引领，以制度创新为核心，以风险防控为底线，推动前海开发开放。全年注册企业实现增加值2030.26亿元，比上年增长43.4%，超额完成年初目标任务；实现税收收入344.98亿元，增长28.2%；全社会固定资产投资430.83亿元，增长10.8%；合同利用外资271.65亿美元，下降36.0%，占全市的73.73%；实际利用外资44.48亿美元，增长16.9%，占全市的60.09%。年内，前海合作区每平方千米注册企业增加值突破100亿元，提前三年完成规划目标。11月6日，中共广东省委书记李希在前海调研，对前海深入学习领会中共十九大精神、结合片区实际情况推动贯彻落实的工作给予肯定。

【深港合作】 2017年，前海蛇口自贸片区暨前海深港合作区围绕“深港合作年”主题，落实“粤港澳深度合作示范区”新定位，融入粤港澳大湾区规划建设，拓展前海国家战略平台功能。

重大政策突破　向国务院上报前海合作区扩区方案，得到国家发改委支持。研究制订《全面建设前海粤港澳深度合作示范区（建议稿）》，提交国家发改委审议，被纳入粤港澳大湾区发展规划。研究起草前海合作区深改方案和专项改革方案；制订推进“大前海”湾区联动发展工作方案，建立“大前海”统筹协调机制；赋予自贸试验区更大改革自主权探索建设自由贸易港的建议方案已完稿，并上报国家商务部。

建设深港合作战略新平台　建设粤港澳服务贸易自由化示范基地，被广东省港澳办评定为优秀粤港澳服务贸易自由化示范基地。推动港人港企数据认证服务平台上线，成为国内首个支持香港数字证书的电子政务应用。启动深港设计创意产业园项目，与香港设计总会、前海蛇口自贸投资发展有限公司和香港启客集团共同签署四方战略合作框架协议。

香港回归祖国20周年系列活动　举办首届深港合作论坛，全国政协副主席董建华出席论坛；在香港举办前海开发开放座谈会；举办前海深港设计创意展，香港特别行政区行政长官林郑月娥出席并致辞；举办2017中国创新设计大会暨中国好设计颁奖典礼，全国人大常委会原副委员长路甬祥、全国政协常委潘云鹤出席活动并作主旨报告；举办紫荆园开园、“海外院士前海行”、深港院士座谈会、第四届深港人才合作年等深港合作主题活动。

支持香港青年创新创业　完善深港青年梦工场创业生态圈，推动前海 YOU+ 青年创业社区开业，新增培育 81 个香港青年创业团队，其中玖明智控团队获得 1 亿元、2000 万美元两笔融资。举办系列深港青年重大活动，与香港商会共同举办“寻根追梦·同心同行”青年论坛，香港特别行政区行政长官梁振英在前海与深港青年对话交流；举办世界青年创业论坛前海站、深港澳青年创新创业大赛、首届海外留学人才创新创业大赛。启动第三届粤港暑期实习计划，为香港大学生提供实习岗位 594 个。

全年注册港资企业增加值 486 亿元，占比 23.9%；片区新增注册港资企业 2482 家，新增注册资本 3140.32 亿元，纳税 91.87 亿元，占比 26.63%；完成固定资产投资 161.24 亿元，占比 37.43%；实际利用港资 43.30 亿美元，占比 97.36%。截至 2017 年底，片区累计注册港资企业 7102 家，注册资本 8705.42 亿元。

【重大制度创新】　2017 年，前海蛇口自贸片区暨前海深港合作区坚持以制度创新为核心，探索实施“比特区还要特”的先行先试政策。

全年新推出制度创新成果 111 项，关检自贸通等 42 项重大制度创新在全国首创或领先；截至 2017 年底，累计推出制度创新成果 319 项，全国首创或领先 131 项。其中，全国复制推广 8 项，全省推广 49 项，全市推广二批 31 项。5 月，中山大学评估结果显示，前海蛇口自贸片区制度创新总指数在全国自贸片区中排名第二位；海关总署广东分署评估显示，前海蛇口贸易便利化水平位居全省自贸片区前列。

建立制度创新常态化协同机制　完善制度创新顶层设计，研究起草《全面深化前海深港现代服务业合作区改革开放方案》，制定《关于深化制度创新工作的指导意见》等重大文件，印发《2017 年前海蛇口片区十大制度创新项目》，构建各部门协同创新工作格局；研究出台《推进基础设施供给侧改革行动计划》等专项方案。

深化投资便利化改革　首创跨境缴税、完善多元化缴税平台，开展城市级基础设施 BIM 技术应用；发布国内自贸区首个对外直接投资指数，完善投资管理体制；优化“外商投资”一口受理工作机制，实现外资备案后置，基于系统对接实现协同申报及数据共享；推动前海企业住所托管制度改革，完善商事主体退出机制。研究出台《深圳前海蛇口片区反垄断工作指引》，发布国内自贸区首个对外直接投资指数，完善投资管理体制。完成“证照分离”2.0 版改革试点任务，降低企业投资门槛。

提升贸易便利化水平　制订促进贸易便利化的“前海方案”；推动国际贸易“单一窗口”2.0 版上线试运行，船舶申报数据项减少 80%，船舶放行时间由 1 天缩短到 1 小时；海关推出“5+N”改革举措；国检在全国首次实现原产地智慧审签；海事制定便利举措“42 条”；推动海关和国检在以口岸直通、集检分出和分送集报

2017 年蛇口全景　　（郭进　摄）

等验放模式的基础上，再造联合查验作业流程，加强关检协作配合，首创关检自贸通，提升通关效率。“中国前海”船籍港国际船舶登记制度落地。

完善事中事后监管机制　启动公共信用平台（二期）建设，开发面向政府、企业、市民的跨部门信用查询应用；以“前海企业信用画像”为基础，建立前海企业信用合规度评价模型，搭建企业信用风险分类及预警平台。

金融开放创新　落地国内首单以平台为依托的跨境资产转让业务，成为国内首个获得授权由地方外汇分局自行审核的试点地区；推动外商独资私募证券投资基金试点（WFOE）取得突破，深圳首家外商独资私募证券投资基金管理人——东亚联丰获批落户；在国内率先重启合格境内投资者境外投资试点（QDIE）业务；协助深圳市金融办等部门对外商投资股权投资企业试点（QFLP）制度进行修订完善，促进前海外商投资股权投资企业试点规范发展；探索本外币合一的账户管理体系；发布前海跨境金融指数（QC-FI），建立前海金融创新数据统计指标体系，发布《前海金融运行报告》；制订《推进供给侧结构性改革强化金融服务实体经济行动计划》和《关于金融服务实体经济防控金融风险深化金融改革的实施意见》，探索建立多层次金融服务体系，推动前海金融创新发展。

强化制度创新总结推广　举办制度创新成果发布会，完成首批10个制度创新体验展示区建设；在全省第三批复制推广改革试点经验中，12项来自前海蛇口片区首创，占总量的60%。7月26日，商务部、交通运输部、工商总局等五部委发布的自贸试验区第三批共5项复制推广经验中，前海蛇口片区有1项（市场主体名称登记便利化改革）是全国首创，其余有3项处于领先或率先地位。在海关总署广东分署、省自贸办发布的《2016年广东自贸试验区贸易便利化绩效评估结果的报告》25项三级指标中，前海蛇口片区16项排名第一位，综合排名第一位。普华永道、德勤等第三方机构开展的“1+9”创新成果评估显示，前海蛇口自贸片区各项改革任务高效完成，改革进程位于国内自贸试验区前列。

【现代服务业集聚发展】　2017年，前海蛇口自贸片区暨前海深港合作区加快完善现代服务业体系，打通价值链、创新链、产业链、供应链，打造现代服务业、高端制造和未来经济等产业集群，推动片区产业迈向全球价值链中高端。

全年前海蛇口自贸片区新增注册企业4.44万家，新增注册资本2.36万亿元。包括世界500强新增设立企业60家、总量323家，内地上市公司新增投资设立企业71家、总量625家，纳税千万企业总数549家。截至2017年底，前海蛇口自贸片区累计6.68万家企业开业运营，开业率40.53%。

优化产业结构　二三产业结构比例从2016年同期的22∶78优化为2017年的16∶84，三产比例上升6个百分点。第三产业注册增加值1711.89亿元，比上年增长55.3%，对片区的增长贡献率99.3%。

加快引进总部项目、重大产业项目　汇丰前海证券、东亚前海证券、港交所前海联合交易中心等3家标志性港资企业在前海落地，众惠财产相互保险社、前海兴邦金融租赁、招商局仁和人寿等9个总部项目引进前海。前海深港基金小镇揭牌，平安银行国际总部、香港建滔集团中国区总部、中旅集团南方总部等项目取得实质性推进；中海外融资租赁、中原金控、泰东融资租赁等注册资本超10亿元的融资租赁公司相继落户；顺丰、东方嘉盛等供应链行业上市公司落户前海，中国首家供应链行业独角兽级企业越海全球供应链在前海诞生。“全球中心仓”、保税+实体新零售、黄金深港通、深港陆空联运改革等项目启动落地。

推动金融业加快发展　向国务院上报前海深化深港金融合作政策，由中国人民银行修改完善并征求各部委意见待报国务院，研究制定支持金融科技创新发展政策，推动百行征信（信联）等金融科技基础设施项目落户前海，支持微众银行、招商银行等持牌金融机构开展金融科技项目创新，实现国内首单区块链跨境支付业务、首个区块链跨机构金融应用项目在前海落地；吸引港交所等金融科技项目组进驻前海，初步建立具有创新集聚功能的金融科技生态圈。

强化金融风险防范　创新监管手段，推进与国家计算机网络应急技术处理协调中心战略合作，引入全国首家发改委批复的国家互联网金融风险分析技术平台，建设前海监控系统，利用大数据技术监测防控金融风险；与南山区建立金融风险防控协同机制，实现金融风险防控信息共享与协同排查；深化监管合作，推动深圳私募基金信息服务平台上线，为前海私募领域在线监测预警提供支撑；开展专项检查工作，现场检查 P2P 机构、未经批准的要素交易场所等 98 家，排查现金贷企业、股票配资等企业 72 家，开展信访投诉核查 11 家，指导 122 个 P2P 机构开展自查工作。6 月 19 日，中共深圳市委书记王伟中对前海《关于加强金融风险防控　打造金融安全示范区的报告》作出批示。举办前海深港财富论坛、巨灾与经济风险综合防范国际研讨会和中国寿险业十月前海峰会，搭建金融创新交流平台，开展前海金融创新案例评选，并发布优秀金融创新案例 23 个。

推进科技创新　发挥“双自联动”优势，编制《中国（广东）自由贸易试验区前海蛇口片区及前海深港现代服务业合作区科技创新行动计划(2018—2020 年)》，布局推进深化粤港澳科技创新合作、打造全协同创新平台、建设新兴产业创新集群、构建科技金融服务体系、打造高端科创服务平台、加强国际科技创新交流等六大任务，培育以发展科技创新为增长极的新动能；推动原联控公司转型为科创投公司，聚焦科技创新业务；与中国科学院、中国空间技术研究院、工信部中国电子信息产业发展研究院、深圳清华大学研究院等研究机构初步达成合作意向，储备一批优质的科技项目；引进恒昌国家信息安全检测中心等科技研发机构；支持中集海工国家工程实验室科研产业化应用取得进展，由中集海工自主设计建造的超深水钻井平台“蓝鲸 1 号”首次实现“可燃冰”的可控试采；推动瑞银前海财富管理、众安科技、腾云科技等金融科技机构落户前海。

加大产业扶持力度　有序出让产业用地，全年公告挂牌出让用地 3 宗，总建筑面积 32.47 万平方米，成交地价款 63.53 亿元。研究制订《深圳前海深港现代服务业合作区人才发展引导专项资金实施细则》，完善现代服务业扶持措施；完成第 8 批 42 个项目的第三方评审等工作，复核后第八批拟定 19 个项目 1.79 亿元的扶持计划，拉动社会规模总投资 19.05 亿元；引进总部企业，新增认定总部企业 10 家，对新认定总部企业落户扶持资金 5200 万元，累计对全部认定总部企业扶持资金 2.16 亿元；全年接受所得税优惠产业认定申请企业 82 家，为企业减轻所得税负 3.64 亿元。落实人才住房配租 2842 套；启动境外高端和紧缺人才认定办法、个人所得税财政补贴办法修订工作，完成 2016 年度第一、第二批境外人才个税补贴发放工作，向 139 名境外人才发放个税补贴 5070 万元。扶持留学人员创业项目，向市人力资源保障局推荐申报 78 个留学人员创业前期补贴项目，约占全市 30%。

【城市新中心建设】　2017 年，前海蛇口自贸片区暨前海深港合作区完善城市治理体系，提高城市治理能力，提升城市环境质量、人民生活质量、城市竞争力。

全年前海蛇口自贸片区完成固定资产投资 430.83 亿元，比上年同期增长 10.8%，投资强度 15.28 亿元 / 平方千米；其中前海片区完成固定资产投资 384.78 亿元，投资强度 25.65 亿元 / 平方千米，固定资产投资增速 29.3%。

开展规划优化工作　按照“城市新中心”新定位，组织开展前海城市新中心规划优化工作。《前海城市风貌和建筑特色规划》《前海合作区地下空间规划及重要节点周边地下空间概念方案设计》获深圳市 2017 年优秀城乡规划设计一等奖。举办第三届规划建筑周，邀请中国工程院院士何镜堂等国内外知名建筑师为前海规划建设献智献策。

推进自贸新城建设 分两批集中开工重大项目11个，总投资325亿元，同步推进在建项目82个，嘉里、华润等8个重大项目实现封顶，前海蛇口自贸片区累计实现175栋建筑主体结构封顶（含1.5级开发建筑45栋），其中建成并交付使用100栋190万平方米（含1.5级开发建筑45栋15.5万平方米）。“外联内畅”交通格局初具规模，累计通车23条道路、里程24千米，对外出入口增加至10个，8纵2横格局形成。轨道交通五、九号线主体结构全部完成，市政V、VI标开工建设，城市功能逐步完善。

打造前海特色精品建筑。制定《前海深港现代服务业合作区非国有资金投资项目建筑方案设计招标投标规则》及《前海创新建筑方案优选制度打造精品建筑实施意见》。新出让的地块要求进行高水平国际招标或委托中国科学院院士（建筑学专业）、中国工程院院士（建筑学专业）、梁思成建筑奖得主、普利兹克建筑奖得主主持建筑方案设计。通过城市仿真、建筑实体模型比较等方法，加强建筑设计精细化管理。

工程领域深港合作 举办两地建设领域的交流活动11场；嘉里、腾讯等一批项目试行“香港工程建设模式”；进一步扩大香港企业及专业人士执业范围，新增“屋宇测量”和“园林建筑”专业，完成香港企业及专业人士备案系统开发。

环境品质“双提升” 将环境与绿化提升作为前海“一号工程”，对包括城市公园、景观廊道、城市开放空间、市政道路绿化在内的130公顷区域进行优化提升，占前海总面积8%；以前湾一路和梦海大道为骨架的“十字形”市政道路景观廊道基本形成，新增80万平方米覆绿；信利康大厦等项目具备外立面展示效果，嘉里前海、华润前海等重大项目8栋塔楼建成封顶，前海自贸大厦亮灯，高低错落、疏密相间的天际线初具形象。

建设“智慧前海” 编制《智慧前海蛇口自贸区（前海片区）五年规划》，推进信息通信基础设施建设，率先开展城市级基础设施BIM技术创新型应用，建设前海“三网融合”全光纤网络，片区新建楼宇100%光纤入户；完成智慧前海公共Wi-Fi网络项目勘察设计和立项招标，完成“智慧前海视频云平台”工程方案设计，启动智慧前海运行指挥中心建设，提升城市治理智慧化水平，启动前海e站通政务服务平台建设，完成设计招标。

破解瓶颈问题 拟订招商局集团《土地整备实施方案》及《合资合作实施方案》，提请市政府常务会审议；明确中集集团、西部物流公司前海土地整备的思路及原则，签订中集集团《土地整备框架协议书》及西部物流公司《土地整备框架协议书之补充协议书》，开展土地价值评估，制订收地留地实施方案；签署《平南铁路深圳西站以南段拆除后土地移交协议》，收回拆除后用地3.9万平方米；完成基础设施建设用地清理和现状移交土地约11万平方米。航空限高方面，民航中南局出具《关于深圳前海深港现代服务业合作区管理局前海片区项目建设高度的意见》等文件，明确桂湾片区航空限高要求，前湾和妈湾片区的航空限高取得预批复；轨网规划方面，前海轨道线网增加到13条，轨网密度与东京等世界先进城市相当；治水提质方面，7个治水项目完工，10个项目顺利推进，累计完成投资25.4亿元，双界河、桂庙渠和铲湾渠各项水质指标已达标，在全市率先完成消除黑臭水体任务。

安全生产和公共安全 落实安全生产责任制。开展前海公共安全专项规划、安全管理体系评估、应急预案编制等管理提升项目。开展妈湾片区综合整治，协调推动南山区政府、招商局集团和相关部门，采取宣传约谈、围合值守、违建清拆、停电断路和违法训诫等措施，关停取缔17个历史遗留非法作业点，总占地约50万平方米。加快前湾桂湾片区道路交通信号灯、监控系统等设施建设，一期工程10个主要路口建成投入使用。配合交警开展30多次重型车辆交通违法专项整治，查扣车辆400多台次。建设前湾特勤消防站，定期开展建筑工地和集中临建区等消

防安全检查。协调落实 LNG 超高压管线降压站用地。

【中国特色社会主义法治示范区建设】 2017 年，前海蛇口自贸片区暨前海深港合作区出台全国首份自贸区法治建设的系统规划文件《前海中国特色社会主义法治建设示范区规划纲要（2017—2020）》；建立自贸区首个法治指数指标体系；成立最高人民检察院检察理论研究所法治前海研究基地，为自贸区检察机关乃至中国检察制度的创新发展提供智力支持。设立市政府前海公共法律事务调处中心、深圳市前海现代法治研究院，为履行重大行政决策、制定规范性文件、开展法治研究等提供支撑。推进司法体制机制改革。发布《深圳前海合作区人民法院涉外涉港澳台案件审判机制改革纲要及工作指引》，建设具有国际公信力的司法保障体系；深圳知识产权保护中心在前海挂牌成立，构建知识产权创造、保护、使用和管理的全链条生态体系；推动前海法院发布新类型案件裁判指引，探索构建司法、仲裁、调解三位一体的商事争议多元解决体系。首创适用香港法律审结经济纠纷案件，实现前海适用香港法律的重大突破。至年底，当事人选择适用香港法共 35 件，其中适用香港判决 11 件。推进法律服务业加快发展。出台《前海法律服务业扶持资金管理实施细则》，降低入区法律服务机构运营成本；制定《深圳国际仲裁院关于适用〈联合国国际贸易法委员会仲裁规则〉的程序指引》，成立“中非联合仲裁深圳中心”，推动法律服务跨区域、跨国界合作，建设国际争议解决高地；推出中国自贸区第一个“一带一路”法治地图，设立“一带一路”法律服务联合会，为企业参与“一带一路”沿线国家建设提供法律服务。承办 2017 年“中国法治论坛”，举办第七届中国华南企业法律论坛研讨会；召开法治创新成果发布会，发布 4 大类 37 项法治创新案例。

【“一带一路”支点建设】 2017 年，前海蛇口自贸片区暨前海深港合作区探索国际船舶登记制度改革。加快国际航运中心建设，推动“中国深圳”和“中国前海”船籍港获批设立，出台《前海蛇口自贸片区国际船舶登记办法》，聚集航运中心建设和航运要素。开展高水平国际合作。与英国金丝雀码头集团签署战略合作协议打造“中英金融科技城”；推动中科自贸产业园区合作，促进深圳与科威特在产能、金融、科技等领域开展合作。启动建设走出去公共服务平台，整合对外投资审批管理、国别贸易投资指南、境外项目信息数据、主权信用评级、跨境投融资服务、境外法律税收服务、快速通关服务、纠纷调解和快速维权服务等功能。截至 2017 年底，共有来自“一带一路”沿线国家中 36 个国家在前海蛇口自贸片区投资设立 262 家企业，注册资本 121.20 亿元；前海企业累计向“一带一路”15 个国家直接投资设立企业（机构）39 家（个），中方协议投资额 12.21 亿美元。

【体制机制改革】 2017 年，前海蛇口自贸片区暨前海深港合作区与深圳市人才办联合起草加快全国人才管理改革试验区建设的若干措施，大部分内容被吸收纳入中共广东省委上报中组部的支持自贸区人才政策 14 条之中。向深圳市编委报送设立前海金融监管局的有关请示，构建权威、高效、有力的金融监管体制。制订《关于开展相对集中行政许可权试点实施方案》，在省市授权委托自贸片区实施的 147 项管理事项中，选定 67 项行政审批事项于专门机构开展集中许可试点改革；挂牌设立前海蛇口自贸片区综合执法局；前海执业的香港工程建设专业机构类别由 4 个增至 6 个，备案专业机构数增至 137 个；率先落实公安部支持广东和自贸区建设 16 条出入境政策。通过内部选拔和外部引进的方式选拔中层干部 3 名，面向社会公开招聘干部 26 名，招聘清华大学、北京大学等国内外优秀毕业生 16 人，优化干部队伍结构；制定出台《局属企业董事会建设指导意见》《局属企业领导人员选拔任用暂行规定》等规范性文件，为三家局属企业聘任 6 名外部董事，不断完善企业法人治理；按规定提高政府绩效奖励标准，实施干部补充商业医疗保险计划，提升干部待遇和保障水平。打造前海廉洁示范区。推进集纪检、监察、检察、公安和审计“五位一体”廉政监督新体制改革，拓宽前海廉政风险防控的广度和深度，强化党风廉政建设主体责任和监督责任落实；开展“前海廉洁状况测评”工作，在全国自贸区范围内首创发布《廉洁状况白皮书》，被纳入广东省“第三批自贸区改革创新经验”在全省复制推广；印发实施《前海管理局防止利益冲突规定（试行）》，初步构建起“法律的底线，纪律的红线，利益冲突的警戒线”三级纵深监督体系；推动廉政“双合同”“工程建设廉情预警系统”等工作；结合“双提升”工程、新城建设等重大项目，开展明察暗访，大力推进作风建设；建立健全管理局及局属公司内控机制，形成内审监督与其多元监督方式相互衔接、协同运作的全方位监督体系。推动形成“举全市之力”新格局。组织召开前海合作区开发建设与前海蛇口自贸片区工作领导小组2017年第一次会议、前海蛇口自贸片区暨前海深港合作区咨询委员会2017年度会议等会议，组织开展“新时代、新平台、新标杆”主题系列活动。（深圳史志办公室）

珠海市横琴新区片区

【概况】 珠海市横琴新区片区（简称“横琴新区”）位于珠海市南部，珠江口西岸，总面积106.46平方千米，是澳门的3倍多。毗邻港澳，与澳门隔河相望，一桥相连，距离香港34海里。拥有保存完好的海洋、森林、湿地三大生态系统，环岛岸线长50千米。主要旅游景点有长隆国际海洋度假区等。

2017年全区生产总值183.62亿元，比上年增长11.6%；固定资产投资412.31亿元，增长19.08%；实际吸收外资6.72亿美元，增长28.3%；区级一般公共预算收入50.06亿元，首次突破50亿元，增长14%。

是年，横琴新区综合管廊项目获中国建筑工程质量最高荣誉奖——鲁班奖，是全国第一个获此奖的城市地下综合管廊项目。

【港澳合作】 2017年，横琴新区新注册港澳投资企业849家，比上年增长72%，总量达2006家。

产业协同发展　在横琴落地澳门产业项目中，2017年新签约项目4个，新供地项目3个，新开工项目4个。粤澳合作中医药科技产业园GMP中试大楼、科研总部办公大楼建成封顶，横琴新区专门出台14条措施支持园区产业入驻。

通关更加便利　启用“粤澳两地牌小客车检查结果参考互认”新模式后，提升通关效率30%。经澳门中转货物在横琴口岸实现“无纸化”通关，每票货物通关时间减少约1小时，报检无纸化率95%。澳门单牌车入出横琴政策落地实施并不断放宽申请条件，申请对象拓展至在横琴置业和工作的澳门居民，申请指标扩大到800辆。粤港澳游艇自由行政策落地。

服务一体　设立港澳中小企业法律服务中心，创新跨境商事登记导办和智能办税服务，方便港澳投资者办理商事登记和涉税业务。大西洋银行横琴分行正式开业，是内地首家澳门银行营业性机构。广东粤澳合作发展基金落户横琴，首期规模约200亿元。

青年创业优化　是年，澳门青年创业谷被认定为“国家级科技企业孵化器”。谷内累计孵化企业（项目）231家，其中港澳创业企业（项目）130家，占比近60%；累计20家企业获风险投资资金4.04亿元。

【对外开放】 2017年，为促进中国（尤其是广东）与拉美及加勒比国家和地区在经贸领域的交流和合作，打造横琴中拉经贸合作平台，10月10日，出台《横琴新区促进中拉经贸合作的若干措施》。11月9—11日，举办首届中国—拉美国际博览会，期间中拉经贸合作园正式开园。是年，与“一带一路”沿线国家更紧密开放合作，粤澳合作中医药科技产业园与莫桑比克卫生部、葡萄牙食畜总局等葡语系国家医药卫生机构建立合作关系，帮助企业拓展海外资源和市场；通过横琴“走出去”的企业83家，新增“引进来”外资企业886家，比上年增长56%；粤澳合作中医药科技产业园引入国际知名商业检验机构天祥集团；国家工商总局授权在横琴设立全国商标注册受理窗口，建立横琴“一带一路”商标注册申请服务中心。

【创新驱动】 截至2017年底，横琴注册企业突破4.2万家，其中科技企业超过6500家。

创新主体加速聚集　全区孵化器面积超15万平方米，建成科技企业孵化器3个。2017年新认定高新技术企业超过100家，比上年增加74家。引进横琴云计算资源产业联盟、北师大—北中医科技创新研究院等创新平台。是年，横琴澳门青年创业谷被确定为国家级科技企业孵化器，北京大学创业训练营横琴基地被确定为国家备案众创空间，粤澳中医药科技产业园被确定为省级粤港澳台科技企业孵化器。

创新人才加速集聚　获批全国自贸区首个博士后工作站，并取得博士后独立招收资格。截至年底，拥有博士后科研工作站（创新实践基地）8个，在站博士后5名。2017年新引进院士1名，培育广东省级创新创业团队1个、广东省领军人才2名，培育市高层次人才11人。落实出入境政策16条，在外籍人才申请中国绿卡、延长居留期限、办理人才签证等方面提供绿色通道。推出7期高层次人才交流会、4期横琴“人才沙龙”、4期博士后名师大讲堂等人才品牌活动。实施“港人港税、澳人澳税”，对在横琴工作的香港、澳门居民进行个人所得税的差额补贴。实施特殊人才奖励，2017年发放7887人次，累计发放1.5万人次。

创新环境持续优化　出台《横琴新区鼓励科技服务机构发展暂行办法》《横琴新区科技型企业办公场地租金补贴暂行办法》《横琴新区促进知识产权工作暂行办法》《横琴新区企业研究开发费补助资金管理暂行办法》《横琴新区科技型企业科技计划项目配套扶持暂行办法》等一系列促进科技创新政策，每年安排不少于1亿元财政资金用于培育高新产业，首次认定企业及新落户高新科技企业按100万/家奖励。重大科技平台落户最高支持200万、孵化器建设最高支持300万，创新创业团队按省标准1：0.5配套奖励，在研发补助、知识产权发展等方面均给予相应扶持。出台配套政策，两院院士领军团队来横琴创新创业，给予500万的专项扶持；横琴在站博士后取得科研成果最高可奖励500万元。

创新型产业实现突破　一是休闲旅游产业发展壮大。长隆国际海洋度假区累计接待游客超4000万人次，投资500亿元的二期工程正加速

2017年11月18—25日，第四届中国国际马戏节在珠海长隆横琴国际马戏城举行，来自18个国家的25支马戏表演团队参加演出

（赵崇幸　摄）

建设。举办四届中国国际马戏节、三届 WTA 超级精英赛、两届 WDC 标准舞 / 拉丁舞国际邀请赛等国际大型赛事。二是金融产业迅猛发展。截至 2017 年底，区内金融和类金融企业 6790 家，注册资本 8376 亿元，其中新增 3074 家。财富管理机构资产管理规模 2.4 万亿元。年内办理跨境人民币结算业务超 3065 亿元。上市企业 11 家。总规模超过 1000 亿元的珠海发展投资基金落户横琴。三是文化创意产业蓬勃兴起。香洲埠文化院街一期建成，二期加紧建设。9 家企业进驻横琴紫檀文化中心，其中故宫博物院和中国紫檀博物馆联手在横琴设立中国紫檀博物馆横琴分馆。国际高端广告产业聚集区加快建设，横琴国家广告产业园引进注册企业 200 多家。

【制度创新】 2017 年，横琴新区实际落地 84 项改革创新措施，其中 9 项改革创新措施在广东省全省复制推广，占全省复制推广比例 45%；11 项在珠海市复制推广，"企业专属网页政务服务新模式"获全国自贸区"最佳实践案例"。

创新自贸区供用电规则　首创《横琴自贸试验区供用电规则》，在明确客户建设、供电设备安置地义务等方面，填补国内规则空白。参照世界银行营商评估模型和测算数据，《规则》实施后，用电办理程序由 5 个减至 3 个，服务过程耗时缩减 73.2%；用电报装成本下降 81%；电力设备品类精简 75%。世界银行测评电力获得指数从全球 100 名外跃升至前列。

跨境纳税服务创新　全国率先启用政府共享电子税票应用平台，将电子税票与自主研发的 V-TAX 远程可视办税系统有机融合，让"互联网 + 跨境办税"形成完整的全流程体系。港澳纳税人通过 PC 端、移动端远程可视办税，实现"远程受理—视频办理—电子税票"的智能化操作，满足纳税人对税票取得的时效性和便利性需求。横琴自贸片区纳税人 3 月 7 日在澳门成功打印个税完税证明，开出全国首张境外电子税票。

全国首部临时仲裁规则　于 3 月 23 日发布。临时仲裁完全依据当事人的意思自治展开仲裁程序，双方当事人可以自行创设仲裁程序，自行组织管理仲裁案件，仲裁庭成员由当事人协商选定，实现与国际先进仲裁规则接轨。该规则同时适用于全国其他自贸试验区，具有重要复制推广价值。

全国首份失信商事主体联合惩戒清单　将清单管理模式引入信用监管领域，梳理首批 58 种违法失信情形，划分轻微、较重、严重等三个失信层级，覆盖全区 25 个行政司法机关，汇总整合 5 大类 80 条具体惩戒措施，以清单形式向社会公开，形成"一处违法，处处受限"的信用监管效应。全国首份失信商事主体联合惩戒清单于 4 月发布。

城市智慧化管理模式　4 月 18 日，"横琴管家"APP 正式上线运行。引导市民通过 APP 平台参与市政、市容、交通、生态、警情等七大类 17 小类城市治理问题，推动城市治理模式由"政府全包"向"市民治理"方向转变，构建市民、志愿者、商家、专业公司和执法人员五个层级的城市治理"新生态圈"。截至年底，市民累计上报案件 681 件。

立法认可人力资本出资入股　出台人力资本出资管理办法。通过向用人主体放权，鼓励企业家、创业者、管理人才、技术人才以其自身知识、技能、经验等人力资本出资入股，人力资本出资额不得超过公司注册资本的三分之一。7 月，办法在创业谷率先落地，珠海铂华生物工程有限公司申请变更注册资本，增资至 5000 万元，其股东作为血液肿瘤诊断和治疗技术领域专家，以人力资本出资方式出资。

推动港澳投资建设领域专业人士准入执业落地　横琴新区管委会和香港特别行政区政府发展局签署《珠海市横琴新区管理委员会、香港特别行政区政府发展局合作意向书》《在珠海市横琴新区试行香港工程建设管理模式的合作安排》，横琴成为全国首个以"港澳服务专项"形式推动港澳专业人士准入执业落地的自贸试验区。

【城市建设】 重大项目加快推进 2017 年，全区省、市重点建设项目累计完成投资 190 亿元。广珠城际机场延长线横琴段各站主体结构完成。北起十字门商务区、中经口岸服务区、南至长隆的环澳产业带近 50 个重点项目大规模集中建设，洲际航运中心大厦等一批项目竣工，港澳金融中心等一批项目主体结构封顶。

生态文明建设取得新成果 做好台风灾后修复工作，对绿化树木、公共照明、雨（污）管网等市政设施进行重点修复。在全市率先进行泥头车专项整治，营造干净整洁、环境优美城市风貌。全面落实河长制，严格实施排污许可证制度。新增马骝洲交通隧道项目综合管廊 2.8 千米。横琴芒洲湿地公园建成对外开放，并申报国家级湿地公园。建设"百里绿廊，十里花海"的城市公园绿地系统，完成森林碳汇重点生态工程 100 公顷。

【大西洋银行横琴分行】 于 2017 年 1 月 18 日开业。这是澳门首次在中国内地开设分行。作为首家受惠于 CEPA 及其框架下的《粤澳服务贸易自由化协议》而进驻内地的澳门本土银行，分行的开设为促进澳门打造"中葡金融服务平台""中葡人民币清算中心"增添助力。

【全国首个金融创新知识产权运营交易国家平台】 2017 年 6 月 19 日，全国首个金融创新知识产权运营交易国家平台——国家知识产权运营公共服务平台金融创新（横琴）试点平台（七弦琴国家平台）上线运营。平台集合社交、IP 电商、IP 金融、大数据功能，以七弦琴国家知识产权交易网与七弦琴 APP 客户端为载体，初步形成以知识产权金融创新、知识产权跨境交易为特色的知识产权线上交易系统。年内，在售知识产权交易额 2028 万元。

【港澳中小企业法律服务中心揭牌】 2017 年 11 月 8 日，横琴新区港澳中小企业法律服务中心新闻发布会暨揭牌仪式在横琴·澳门青年创业谷举行。该中心是全国首家面向港澳中小企业提供法律服务的专业机构，旨在打造趋同港澳的法律环境、接轨国际的营商环境，促进港澳中小企业在横琴实现深度融合、快速发展。

【中拉经贸合作园】 于 2017 年 11 月 10 日开园。作为落实国家战略的重点特色项目，合作园通过"三中心三平台"（中拉休闲旅游文化交流推广中心、中拉企业法律服务中心、中拉政策研究与创新中心以及中拉商品国际交易平台、中拉跨境电商合作平台、中拉金融合作服务平台）的搭建，利用横琴自贸片区政策和区位优势，全面深化与拉美合作，形成对外开放、跨境合作新亮点，打造国家级中拉商贸合作基地，全面打造科技创新生态圈与全能型创新社区。为中拉文化交流、旅游交流、跨境电商、经贸服务、现代商服等提供载体与平台，满足拉美企业的实际需求，发挥拉美企业集群发展的规模效应。

【第二届横琴新区发展咨询委员会】 2017 年 12 月 6 日，第二届横琴新区发展咨询委员会暨横琴自贸试验片区专家委员会年度工作会议召开。何厚铧、马有礼、蔡镠生等 22 位咨询委员和专家委员，围绕赋予自贸试验区更大改革自主权、粤港澳大湾区建设、开放型经济体制、创新驱动发展高地、大桥经济区等主题，提出咨询意见和建议，为增创横琴发展新优势、深化粤港澳合作发挥"智囊团""思想库"作用。

【城市新中心】 2017 年 12 月 26 日，横琴新区、保税区、洪湾片区一体化区域重点项目启动、签约、揭牌仪式在十字门会议中心举行。一批重点政府投资及社会投资项目现场签约，总投资额超过 1100 亿元，同时公布陆续动工的科学城、城市花园、中国铁建广场、光大控股华南区域总部等一批重大项目，正式拉开一体化区域建设序幕。

（珠海年鉴编辑中心）

国家自主创新示范区

广州国家自主创新示范区

【概况】 2017年，广州国家自主创新示范区(简称“广州自创区”)落实广东省委、省政府关于创新驱动发展战略的重要部署，根据《珠三角国家自主创新示范区2017年工作要点》和广州自创区建设2017年工作计划，开展相关工作，发挥广州在珠三角自创区的龙头带动作用，建设国际科技创新枢纽，引领全省打造国家科技产业创新中心。

【体制机制和政策创新】 2017年，广州自创区制订形成《珠三角国家自主创新示范区（广州）先行先试政策意见》，围绕跨境投融资和研发活动、生物材料和特殊物品进出口、人才引进和激励、科技成果转化、新型研发机构建设、知识产权、创新环境以及平台经济等形成先行先试政策意见16条，并提交市政府审定。出台支持文化科技融合的系列创新政策，重点扶持文化科技融合示范企业和文创产业园。探索有限合伙制创投企业法人合伙人所得税试点等政策。推进药品上市许可持有人制度试点。年内，共有4家企业和2个研究单位成功申报试点。推动华南生物材料出入境公共服务平台建设，实现生物医药材料快速通关便利化。采取多种手段为外籍高层次人才办理永久居留、变更签证等提供便利。

持续推进简政放权改革 落实《广州市商事登记制度改革方案》等改革框架性文件，实行工商登记注册与经营项目审批相分离的登记制度、住所登记与经营场所申报制度等，允许“一址多照、一照多址”。落实“一门式、一网式”政务服务模式改革，推动首批政务服务事项全流程网上办理和无纸化网上商事登记，打造全省“一窗式、一网式”政务服务模式改革示范区。深化科技创新领域的简政放权改革，将科学研究一般项目、珠江科技新星、产学研协同创新等专题作为项目立项决策权下放试点。修订《广州市科技计划项目管理办法》和《广州市科技创新发展专项资金管理办法》并正式印发。

深化“双自联动”发展机制 落实广东省《关于推动珠三角国家自主创新示范区与中国（广东）自由贸易试验区联动发展的实施方案(2016—2020年)》，发挥自创区和自贸区各自优势，在体制机制创新、服务体系完善上实现融合发展，拓展对接合作渠道，促进双方各类资源要素的自由流动与合作，推进跨境人民币业务创新，推动企业向外开展并购投资。促进境外高层次人才创新创业便利化，营造与境外趋同的税收环境，为港澳及外籍人才实施更为便利化的停居留和签证措施。

【国家省市科技创新政策落实】 2017年，广州自创区强化现有政策推广，全面落实国家自主创新示范区“6+4”政策体系，推行创业投资企业和天使投资个人税收政策。落实广州市“1+9”科技创新系列政策和产业领军人才“1+4”政策，并配合省自创办完成相关政策评估。继续做好科研项目经费管理改革，财政科技经费使用逐步实现“两个80%”，即科技专项经费用于支持企业(或企业牵头项目）的比重达到80%，后补助经费的比重达到80%。继续落实企业研发费税前加计扣除、研发投入后补助等政策，鼓励企业设立研发机构，推动高校和科研机构科技成果使用权、处置权、收益权改革，完善分层分类服务科技创新企业的政策体系。

深化科技成果转化机制改革。推进华南（广

州）技术转移中心建设，省、市、区投入经费1.8亿元联动共建。研究制订《广州市促进科技成果转移转化行动方案》，针对影响高校、科研机构科技成果转移转化的主要因素，完善技术转移转化市场机制，提高科技成果转移转化主体内生动力。落实《广州市科技成果交易补助实施办法》，鼓励企业主动承接高校、科研机构具有实际应用价值的科技成果。建立由“研发机构、企业、中介、经纪人”组成的等多元化技术产权交易体系，同时建立科技成果转化数据库。汇集科技成果9260项，为全市科技成果转移转化提供支撑。广州成为首批国家知识产权强市创建市，出台《广州市加强知识产权运用和保护促进创新驱动发展实施方案》，重点培育和扶持一批优秀核心专利技术的转化实施，推动知识产权运用和转化。

【创业创新载体建设】 2017年，广州自创区推动各园区协调发展。更新完善《珠三角（广州）国家自主创新示范区空间发展规划（2016—2025年)》，布局推动自创区各园区协调发展，构建广州自创区“一区十九园”的发展模式，突出科技创新区域集聚规律，形成“多点支撑”的发展格局。开展广州自创区建设统筹评价及科技园区建设发展模式研究，研究形成自创区园区评价监测指标体系，以形成园区各具特色、错位发展的创新布局。广州高新区实现稳步发展，2017年在国家高新区评价中综合排名第10位，比上年排名提高2位。广州科学城被列为国家首批17家区域“双创”示范基地之一。琶洲互联网创新集聚区吸引阿里巴巴、腾讯、国美、小米、欢聚时代等项目。广州生物岛成为广州国家生物产业基地的核心区。广州大学城建成国家数字家庭应用示范基地、大学城健康产业基地等新兴产业孵化基地。广州国际创新城吸引思科智慧城落户，带动系列产业链条。广州空港经济区规划建设航空产业创新价值园，吸引世界级航空企业入驻。增城富士康科技小镇、海珠琶洲互联网科技小镇、番禺思科汽车产业园科技小镇、南沙人工智能科技小镇等一批产城融合的科技小镇正有序开展建设。

推动创新创业孵化载体发展　按照“众创空间—孵化器—加速器—科技园”的创新创业孵化链条推动广州自创区孵化育成体系建设。全年新登记科技企业孵化器69个，总数261个；新登记众创空间49个，总数164个；新增加孵化面积74万平方米，孵化面积总量达909万平方米。年度新认定国家级孵化器5个，新认定国家级孵化器培育单位21个；年度新增国家级备案众创空间8个，新增省级众创空间试点单位29个。孵化器共培育上市 / 挂牌企业（主板、中小板、创业板、新三板）95家，培育高新技术企业769家。注重鼓励孵化器提质增效，依据自身专业特色资源，加强各种创新要素优化整合，为企业提供高质量的服务。

打造新兴产业创新中心　依托广州新兴产业龙头企业，联合上下游企业、高校及科研机构，发挥现有国家和省级创新平台作用，形成实体模式创新平台，推动新兴产业创新中心建设，培育金发科技股份有限公司牵头建成国家级先进高分子材料产业创新中心、广东聚华印刷显示技术有限公司建成国家级印刷及柔性显示制造业创新中心，支持广汽集团、工信部电子五所等建成4个省级制造业创新中心。76家企业获得省级企业技术中心资格认定。

【自主创新能力提升】 2017年，广州自创区扶持高新技术企业发展。继续实施高新技术企业和科技创新小巨人企业培育行动计划，加强政策宣传力度，深入挖潜并精准服务企业。是年，通过高企认定企业净增数超过4000家，省高新技术企业培育入库企业第一批通过1446家，全年入库数超过2500家，超额完成任务指标。研究制订《广州市高新技术企业树标提质行动方案》，推动高新技术企业发展提质增效。

全面提升企业自主创新能力　推动规模以上工业企业尤其是主营业务收入5亿元以上大型工业企业开展研发机构建设，鼓励和支持企业参与基础核心技术、产学研协同创新、前沿关键技术研发活动，研发更多具有自主知识产权的技术和产品。2017 年 1—9 月，全市规模以上工业企业的高新技术产品产值 6836.30 亿元，占规模以上工业总产值的 46.8%。

加强源头创新能力建设　实施科学研究专项，支持科学技术人员自主选题开展创新性的科学研究，营造宽松学术环境，激励原始创新、源头创新，取得一批原始性创新成果；面向重点实验室研究人员支持一批原始性创新和前沿技术研究项目，以解决一批制约城市发展的关键技术难题，提高参与国家、省重大基础研究的能力和地位。支持高水平大学建设，提升高等院校知识创新和应用技术开发能力。推进高等院校和科研院所的研发设施、研发服务、研发信息开放共享，服务全省乃至华南区域科技创新。

支持科技创新平台建设　广州再生医学与健康广东省实验室作为广东省政府优先启动建设的 4 个省级实验室之一，于 12 月 22 日正式揭牌成立，海洋领域的省级实验室建设方案上报省科技厅，并正式向省政府申请环境研究院落户广州。天河二号超算部署 700 多个应用软件和工具软件，用户总数突破 2500 家，部署各类应用软件共 163 种，是全世界用户数量最多、利用率最高的超级计算系统之一。完善重点实验室体系建设，全市共有 19 个国家重点实验室、213 个省级重点实验室、156 个市级重点实验室，国家重点实验室与省级重点实验室分别占全省比例为 70%、69%，数量均居全省第一位。加大新型研发机构培育力度，全市共有 52 个省级新型研发机构，数量保持全省首位。省级以上创新平台数量 1497 个，其中包含国家级工程技术研究中心 18 个、国家级企业技术中心 20 个、国家级工程研究中心 21 个。

深化产学研协同创新　在 5G 通信技术、通信芯片、新型显示、网络安全、大数据应用等领域推动新组建联盟 37 个，广州产学研协同创新联盟共有各领域创新联盟 140 个。设置产业技术重大攻关计划，下设现代产业技术、产学研协同创新、未来产业关键技术等专题，每年扶持经费 6 亿元，重点支持 IAB、NEM 等产业支撑领域。推进华南生物医药研究院、中科院广州生物医药与健康研究院、广州南沙中山大学科技创新产业基地、浙江大学华南工业技术研究院等一批产学研协同创新重大平台建设。

【新兴产业集聚发展】　2017 年，广州自创区增强先进制造业核心优势。推进企业技术改造，落实技术改造事后奖补政策，全年省、市、区三级共计安排事后奖补资金 10.12 亿元，补助企业 364 家，拉动投资 60.11 亿元。构建技术改造重点项目库，纳库管理重大项目 738 个，计划总投资额 2063 亿元，持续实施重点项目跟踪服务，截至 2017 年 11 月，完成工业技术改造投资 211 亿元，实施技术改造的规模以上工业企业近 800 家。持续实施重点项目跟踪服务，重点扶持广州创维平面显示、广汽本田汽车、广州风神汽车、中新塑料等 2017 年市重点建设项目和省跟踪督导重点工业项目。

加快发展战略性新兴产业　将 IAB（新一代信息技术、人工智能、生物科技）和 NEM（新能源、新材料）定为广州未来重点发展的战略性新兴产业，支持无人智能、AR/VR、石墨烯材料运用、区块链、基因诊断和治疗等前沿技术和未来产业发展。是年，编制《广州市加快生物医药产业发展实施意见》和《广州市加快生物医药产业发展若干政策及实施细则》等政策，明确未来具体发展重点和路径。7 月，承办第十届中国生物产业大会暨首届官洲国际生物论坛；通过广州国际投资年会、财富论坛推介会等平台，先后引进富士康、通用生物产业园、亚信数据等一批重大企业（项目）。首期投资 610 亿元的富士康第 10.5 代显示器全生态产业园区、LG 投资的 8.5 代 OLED 项目、中兴通讯研究院等一批项目开工建设。广州市工业转型升级专项资金重点投向高端装备制造、汽车零部件、生物医药与健康医疗、新一代信息技术产业等广州制造 2025 战略规划重点发展产业领域。

促进服务企业集聚发展　印发实施《广州服务经济发展规划（2016—2025年）》《广州市生产性服务业发展2017年工作要点》等，统筹推进全市服务业发展工作。印发实施《文化创意和设计服务与相关产业融合发展行动方案》《广州市物流业降本增效专项行动方案》，推进编制促进总部经济、高端中介服务业、养老产业发展的政策措施。研究制定《关于加快促进科技中介服务机构发展的若干意见》，指导行业龙头企业成立广州科技咨询服务联盟，并发布《广州科技咨询服务联盟服务规范》和《服务指导价格》，推动科技中介服务机构规范发展，提升服务能力。2017年前三季度，全市三次产业比例调整为1.01：30.07：68.92，全年现代服务业增加值占服务业比重提升至65.7%。

【高端人才培育和引进】　2017年，广州自创区落实国家、省重大人才工程，新增广东省"珠江人才计划"创新创业团队17个，共62个，占全省38.5%；新增广东省"珠江人才计划"领军人才12人，共65人，占全省54.2%。落实"1+4"人才政策，按计划开展广州市创业领军团队、创新领军团队、创新创业服务领军人才、杰出产业领军人才的评选，开展科技创新人才专项珠江科技新星专题的评审及立项等工作。

引进高端创新人才。集中各类政策吸引全球顶级创新人才、创新型企业到广州创业或落户。发挥中国海外人才交流大会暨中国留学人员广州科技交流会、创新创业成果交流会、"春晖杯"中国留学人员创新创业大赛等平台作用，吸引高层次海外人才及项目落户广州。实施人才绿卡制度，对在广州工作的非广州户籍国内外优秀人才给予享受购房、购车等市民待遇，在签证、居留、出入境等方面享受相关便利政策。

【完善科技创新投入方式】　2017年，广州自创区实施财政科技经费倍增计划。加大市级财政科技投入力度，2017年，全市一般公共预算中安排科技支出114.6亿元，完成财政科技经费达到108亿元的倍增计划，引导全社会研发投入提升。市本级财政资金主要以专项资金形式优先保障对创新驱动战略实施关键环节和重点领域的投入需求，通过创新财政资金投入方式，发挥财政资金的杠杆引导作用，撬动社会资金投入，优化科技投融资环境，解决科技型中小企业融资难问题。

完善科技金融服务体系建设　设立总市财政投入规模50亿元的科技成果产业化引导基金，联合社会资本与引导基金合作设立子基金，引导社会资本重点投向科技成果转化项目和早中期科技创新企业。从创业投资机构落地、创投人才引进、跨境风险投资对接等多方面建立激励机制，有效激活广州创投氛围。推动各银行机构加大科技信贷投放力度、创新科技信贷专营机构和管理机制，推动创新科技信贷产品、推动创新科技金融服务模式。组建广州市重点产业知识产权运营基金，筹集1.2亿元引导资金，运营基金规模按照财政引导资金1：5以上的比例放大，带动社会资本投入用于专利组合运营为主的市场短期运营。国家知识产权质押融资示范工作取得新进展，2017年1—11月，广州市平台知识产权交易额105.21亿元。广州市知识产权质押融资风险补偿基金正式运作。

实施科技企业上市培育行动　完善企业挂牌上市协调服务机制，联系沪深交易所及全国股转系统。2017年，广州地区累计培育境内外上市公司151家，其中高新技术企业60家。在全国"新三板"增速明显放缓的大背景下，广州年内新增"新三板"挂牌企业116家，近9成为科技企业，累计429家。广州市股权交易中心新增挂牌展示企业1612家，共4468家。与广州股权交易中心联合共建"广州科技创新板块"，完善广州多层次资本市场结构，畅通科技型中小企业融资渠道。

发展普惠性科技金融　创新风险共担机制，设立全国规模最大的科技信贷风险补偿资金池，首期投入资金4亿元，鼓励银行为科技企业提供信贷支持。截至2017年12月底，为978家企业出具贷款确认书，授信金额101.7亿元，实际贷款近60亿元，其中75%为纯信用贷款，首贷企业占比35%。推进科技支行建设，指导金融机构创新研发科技金融产品30余种，融资金额超过60亿元。设立科技担保、科技保险专项资金，降低高新技术企业成果转化风险，在保金额130亿元，占全省比例70%。加强科技转贷扶持，降低科技型企业融资成本。

【优质创新创业生态环境营造】 2017年，广州自创区健全创新创业发展体系。举办第六届中国创新创业大赛广东广州赛区大赛、“2017创响中国·广州站—2017年创交会”、2017小蛮腰科技大会、《财富》国际科技头脑风暴大会等。2017年创交会共有138个项目达成合作意向，成功对接落地项目40个，成果转化落地金额60.5亿元。组织《财富》中国创新大赛，获得一批优秀创新企业资源。2017大众创业万众创新活动周共举办项目对接、创新创业辅导等6大类共33场活动，覆盖青年群体逾3万人次，签约项目及达成投资意向项目9个，共计投资意向逾1亿元。打造“青创广州”青年创新创业服务品牌，鼓励和吸引创业青年来穗创业。

加强知识产权运用与保护 推进国家知识产权质押融资示范工作，设立知识产权质押融资风险补偿基金，推进专利质押融资常态化、规模化发展。广东省知识产权维权援助南沙分中心获得省知识产权维权援助中心授牌并正式运营，为南沙企业提供知识产权维权援助服务。贯彻落实《关于完善产权保护制度依法保护产权的意见》，增强各类经济主体创业创新动力。推动省、市、区共建中国（广东）知识产权保护中心，成立广东省南沙知识产权维权援助中心、广州市知识产权维权援助中心，加强知识产权公共服务。完善知识产权联合执法和跨区域知识产权执法协作机制，研究制定《广州市电商平台知识产权保护办法》，强化进出口环节知识产权保护，为电商领域经济发展保驾护航。2017年1—9月，全市知识产权局系统共处理专利行政案件1753件。截至11月，发明专利申请33720件，比上年增长35.3%。1—6月，PCT国际专利申请量645件，比上年增长56.2%。

完善高新技术企业服务体系 以现有省、市科技计划项目管理系统为基础，搭建广州市科技企业数据库，并与工信、工商等部门对接和完善数据库信息，至2017年入库企业突破17万家。在全市开展高新技术企业认定宣讲培训会16场，2653家企业共3789名人员参加，营造了社会关注高企、企业主动申报的良好氛围。通过精准服务，筛选出潜在高新技术企业名单超过5000家，作为认定重点培育发动对象。继续开展企业研发经费投入后补助工作，拟补助企业4045家，补助经费15.3亿元，推荐3690家企业获省企业研发财政补助资金项目支持，补助资金近14亿元。

（白芷）

深圳国家自主创新示范区

【概况】 深圳国家自主创新示范区是继北京中关村、武汉东湖、上海张江之后第四个国家自主创新示范区，也是全国首个以城市为基本单元的国家自主创新示范区。2017年，深圳国家自主创新示范区总面积397平方千米，涵盖深圳市10个行政区和新区的产业用地，相当于近35个深圳高新区，超过原深圳经济特区面积。深圳国家自主创新示范区享受国务院支持中关村科技园区先行先试的各项政策及其配套措施，包括中央级事业单位科技成果处置权和收益权改革试点、税收优惠试点、股权激励试点、科研经费分配管理改革试点、建设全国场外交易市场试点、高新技术企业认定试点等六个方面。此外，国务院还特别支持深圳结合自身特点，在科技金融改革创新、建设新型科研机构、深港经济科技合作新机制等方面进行探索。

【深圳科技创新能力提升】 2010—2017年底，

深圳获包括国家技术发明奖一等奖、科学技术进步奖特等奖在内的国家科技奖项 99 项，城市的科技创新能力实现提升。设立 5 个诺贝尔奖科学家实验室和 7 个海外创新中心，国家超级计算深圳中心、大亚湾中微子实验室和国家基因库建成使用，国家基因库成为全球最大的基因库之一和生物技术产业发展的战略库；国家、省、市级重点实验室、工程实验室、工程（技术）研究中心和企业技术中心等创新载体 1688 家，其中国家级 110 家、省级 253 家，覆盖国民经济社会发展主要领域，成为集聚创新人才、产生创新成果的重要平台，累计引进"珠江人才计划"创新团队 44 个、"孔雀计划"创新团队 101 个；国家级高新技术企业 11230 家，形成梯次型创新企业群；4G 及 5G 技术、超材料、基因测序、3D 显示、石墨烯太赫兹芯片、柔性显示、新能源汽车、无人机等领域创新能力处于世界前沿，深圳从应用技术创新向基础技术、核心技术、前沿技术创新转变。

【深圳市可持续发展规划征求意见】 2017 年 8 月初，深圳市政府在线发布深圳市人民政府办公厅关于征求《深圳市可持续发展规划（2017—2030 年）》和《深圳市国家可持续发展议程创新示范建设方案（2017—2020 年）》意见的通告，从 8 月 5—15 日面向社会公开征求意见。文件指明深圳未来 13 年的基本发展思路规划。经过三十多年的发展，深圳快速进入后工业化阶段，创造世界城市发展的"深圳奇迹"，但也面临着资源环境承载压力大、公共服务资源供给不足、社会治理能力有待进一步提高等问题。未来发展亟须依靠科技、产业创新，突破城市发展瓶颈，推动科技创新与社会发展深度融合，探索可复制、可推广的超大型城市可持续发展模式，为世界各国城市可持续发展提供示范。

【"深圳湾"科技园区产业创新生态系统发布】 2017 年 11 月 17 日，作为第 20 届中国高新技术成果交易会活动之一——"深圳湾"科技园区产业创新生态系统发布大会在深圳市五洲宾馆举行。该次大会由深圳市国资委主办，深圳市科创委、投资推广署、南山区政府支持，深圳市投资控股有限公司承办，深圳湾科技发展有限公司协办，来自政府、企业、高校等领域的负责人、专家及媒体记者约 500 人参加大会。大会内容包括深投控贯彻"圈层梯度推进总战略"及"一区多园"模式介绍、深圳湾科技园区产业创新生态全景介绍、科技园区金融服务体系推介、公共服务创新模式推介、产业生态系统企业（ARM、路畅科技）代表主题演讲、上海交通大学教授陈宪解读深圳湾创新生态发展方向等 6 场演讲推介活动，还包括人工智能产业链专业园区授牌仪式，创新生态服务平台 MyBay APP 上线启动仪式，深投控与南方科技大学、上海交通大学签署战略合作协议，园区运营战略合作企业签约仪式，深圳湾公司与 ARM、空客、商汤科技等拟入园重点企业签约仪式，园区产业生态企业联盟组建发

深圳盐田中央公园 （何兆平 摄）

起仪式等7场签约发布仪式。(深圳史志办公室)

【自主创新大讲堂活动】 2017年，深圳共举办自主创新大讲堂活动130期，其中创新型城市类论坛50期，科学技术类论坛43期，系列科普讲座37期，共邀请演讲嘉宾150人次，其中国外专家学者2人次，港澳台及外籍华人专家学者2人次，共28个学会、协会、民办非企业单位(组织)、高校等机构承办，参与听众20000人次以上。是年自主创新大讲堂活动侧重于各类学术论坛的举办，共举办各类学术论坛93期，占全年举办场次数的70%；全年邀请院士、高校教授与教授级高工专家共计57人；各类学术论坛在继续服务企业的基础上，进一步扩大受众范围，听众涉及企业技术人员、社区居民、在校学生等。大讲堂科学馆专场继续举办40期，举办场次、听众人数比上年有较大增加。

【第二届深圳(国际)科技影视周暨深圳市全国科普日重点活动举办】 2017年，科技影视周活动分为7个板块12个专题，延续上一届“未来”的科技元素主题，通过整合和利用“科技+文化+影视+N”等内容和元素，打造集“科、新、高、特、趣”特点的大众科技影视周。专题内容包括“深圳国际气候影视大会”“2017中国科教影视科蕾杯三十周年纪念活动”“‘晨星&水滴’中国原创科幻大赛”“科技拍客大赛”“科普影片公益展映”“智能科技展”“科学文化展”等，展示科技与影视交融的魅力和深圳创新之都的风采。其中，深圳国际气候影视大会收集102个国家的1600多部科技影片参加评选，于11月在联合国气候变化波恩大会“中国角”展映获奖的优秀影片。

【全国科技活动周暨首个全国科技工作者日系列活动】 2017年5月30日至6月1日，首个“全国科技工作者日”深圳科技创新成果科普展在宝安区科技馆举行。系列活动包括主题展示、科技工作者访谈、首届深港氢分子医学健康高峰论坛、广东院士专家企业工作站深圳交流会、科普系列活动(科普讲座、科普体验)、医疗机器人沙龙等部分，以首个“全国科技工作者日”为契机，围绕“精忠报国、敢为人先、求真诚信、拼搏奉献”的活动主题，按照深圳市“加快建设国际科技、产业创新中心”的战略任务，以“科技、创客、科普”为主要内容，集中展示体现深圳市产业发展特色及创新创业成果的科技项目，让全社会关注科技、关注科技工作者，通过“科技+峰会+路演”等手段，展现深圳特区科技工作者风采和“双创”工作、科普教育新气象、新风貌，突出科技创新、技术创新、自主创新的特色，打造出一个展现科技魅力、促进交流合作于一体的科技创新成果展。 (杨晓东)

珠海(国家)高新技术产业开发区

【概况】 珠海(国家)高新技术产业开发区(简称“珠海高新区”)位于珠海市北部，是出入珠海的主要门户，京珠高速、粤西沿海高速、广珠城际轨道等主要交通设施贯穿其中，与香港、深圳隔海相望。2017年下辖1个镇(唐家湾镇)，总面积187.95平方千米。全年全区生产总值214.59亿元，比上年增长10.5%；规模以上工业增加值106.6亿元，增长11%；固定资产投资123.4亿元，增长22.8%；社会消费品零售总额73.4亿元，增长11%；实际利用外资1.99亿美元，增长3.2%；一般公共预算收入16.2亿元，增长11.6%。产业结构进一步优化，高技术制造业和先进制造业增加值占规模以上工业增加值比重分别为57.8%、68.2%，互联网和移动互联网、软件和集成电路设计、智能制造和机器人产业收入实现30%以上的增长，智能配电网装备产业集群成为国家级创新型产业集群试点，三灶科技园生物医药产业集群纳入国家级创新型产业集群试点（培育）。企业规模持续壮大，新增规模以上工业企业9家；魅力科技产值增长近7倍，安联锐视产值增长80%，优时比、亿胜生物、ABB机器人产值增长40%以上；新增高新技术企业140家，总数352家；新增上市企业3家，新增“新三板”挂牌企业3家，上市企业和“新三板”挂牌企业总数40家，占全市1/3。高新技术企业产值1920亿元，比上年增长14%。珠海高新区在全国国家级高新区综合排名上升至第24位。

【创新动能】 2017年，珠海高新区统筹投入省、市、区财政资金8亿元。高端人才加快集聚，培育广东省领军人才2人，总数8人，占全市62%；培育市级人才64人，总数361人，占全市25%。创业载体优化升级，高盛科技园、中电科技园等新建、扩建孵化器投入运营，南方软件园、清华科技园获评优秀国家级科技企业孵化器，湾区清创空间、Bee+空间升级为国家级众创空间，南方软件园被认定为国家小型微型企业创业创新示范基地、获“2017年中国最具活力软件园”称号。科技金融服务力度加大，建立全市首个中小企业创新发展能力及信用评估平台，49家企业成功注册；完善“成长之翼”科技企业助贷平台，25家企业获得授信额度2.41亿元；区天使投资基金投资11个项目总额6020万元，撬动社会资本投资近1.3亿元，区直投和参股基金投资7个项目总额7000万元。科技创新能力提升，年主营业务收入5亿元以上企业研发机构实现全覆盖，规模以上工业企业研发机构覆盖率48%；罗西尼获评国家级工业设计中心，兴业新能源、世纪鼎利等14家企业获评广东省工程技术研究中心，清华珠海创新中心被认定为省级新型研发机构，珠海中科先进技术研究院挂牌成立；炬芯公司获批国家“核高基”重大专项，安联锐视、云洲智能等4家企业获评第18届中国专利优秀奖，欧比特公司成为国内首家独立运营卫星星座的民营企业，纳睿达公司研制的相控阵天气雷达被中国气象探测中心认定为“国内首创、国际先进”，英诺赛科自主研发的中国首条8英寸硅基氮化镓生产线通线投产；晶通科技、司迈科技等20家企业获得市级中小企业技术创新资金项目立项，占全市40%。

【第二届中国制造2025与人工智能大会】 于2017年9月12—14日举行，由珠海高新区主办。大会主题是“中德智造、共塑未来”，中德两国专家、学者以及相关领域的专业人士约600人出席，200家人工智能相关领域企业参加成果展示和项目对接。会上，完成基于光栅扫描的全自动高精度三维数字化重建、远程同步自主操控机器人、人类意识（脑信号）自动识别系统可穿戴设备、智慧城市能源优化系统工程等4个合作项目的签约。

【珠海智慧产业园】 2017年9月20日，在珠海高新区科技创新海岸北围片区举办珠海智慧产业园揭牌及项目签约仪式，15个总投资额近100亿元的重点项目现场签约。珠海智慧产业园规划为先导区和集聚区，重点发展大数据、云计算、人工智能等智慧产业，致力于成为国家级智慧产业示范园区，未来五年投资超600亿元。年内，先导区“港湾1号”项目一期完工，中德（珠海）人工智能研究院、360华南总部基地等12个项目签约，总签约面积48725平方米；集聚区北围市政配套基本建成，总投资75.5亿元的城智大数据中心、中以科技企业加速器等7个项目落地。

【珠海高新区综合排名升至第24位】 2017年11月27日，科技部火炬中心发布国家高新区2016年度综合排名，珠海高新区在146个园区中，排名升至第24位，其中产业升级和结构优化能力、国际化和参与全球竞争能力两大指标均位于前20名以内。评价结果显示，珠海高新区在企业研发投入、创新成果产出、企业国际拓展能力、高新技术企业培育以及知识产权产出等方面处于国家高新区领先水平。 （陶泓旭）

佛山国家高新区

【概况】 佛山国家高新区是1992年经国务院批准建设的国家级高新区，实行“一区五园，统一规划，分园管理，创新服务”的管理体制。2017年，佛山高新区实现地区生产总值1454亿元，比上年增长9%；工业总产值4423亿元，增长14%；集聚世界500强企业91家、上市及“新三板”挂牌企业74家，园区经济运行稳定。根据科技部火炬中心2017年公布结果，佛山高新区2016年度综合排名上升至第29位。至2017年底，集聚高新技术企业848家、国家级孵化器14个、国家级众创空间12个、省级及以上工程技术研究中心205个、省级及以上企业技术中心81个。是年，佛山高新区正式获批建设创新型特色园区，并获批成为国家知识产权试点园区，口腔医疗器械获批国家创新型产业集群试点。佛山高新区是珠三角国家自主创新示范区的重要组成部分、粤桂黔高铁经济带合作试验区（广东园）的主要载体，也是广东省金融科技产业融合创新综合试验区。2017年，佛山高新区推进珠三角国家自主创新示范区、中国（广东）机器人集成创新中心、广东省首个科技创新小镇群等战略平台建设，深化与中国工程院、中国科学院、清华大学等院校的合作，建设深圳清华研究院佛山创新中心、佛山智能装备技术研究院、广工大数控装备研究院、广东国防科技工业技术成果产业化应用推广中心、佛山中国空间技术研究院创新中心、广东省医学科学院（南海）转化医学中心等一批创新创业载体。

【汽车及零部件制造业】 2017年，佛山高新区狮山镇汽车整车及零部件制造业稳步增长，聚集超过350家汽车零部件企业，重点企业年产值638亿元，税收超50亿元，一汽－大众及其配套企业年产值约400亿元，税收36亿元，产值保持稳定增长。狮山镇汽车及零部件制造业形成以一汽－大众整车为中心、日系关键零部件企业为基础，大批民营企业为后盾的汽车产业集群，形成一条涵盖汽车零部件生产、整车生产、商品车物流、汽车销售专业市场、汽车售后服务的完整汽车产业链。

【新光源产业】 2017年，广东省新光源产业基地推进与中国科学院半导体研究所、哈尔滨工业大学、汕头大学等科研机构和高校的产业化对接，探索第三代半导体、智能装备等产业的跨界应用创新。至年底，累计集聚企业185家，聚合各类人才超4000人，芯光源孵化器与中科院半导体所共建佛山市南海区中科半导体技术转移中心，促成首个以深紫外器件中试产业化项目落户孵化，新增集聚企业8家，包括利信达、金迅能、中讯国创等项目团队和南海区级人才团队。芯光源孵化器累计孵化服务企业110家，吸引佛山市“双创”团队2个，南海区“双创”团队12个，吸引归国留学人员32人，吸引海外高素质人才18人，并举办“南海照明设计大赛”及相关系列活动、第四届南海照明行业论坛等全国性活动。

【生物医药及医疗器材产业】 截至2017年底，广东（南海）生物医药产业化基地引进生物技术、高端健康品、康复医疗七届、CRO服务以及口腔器材等生物健康企业200多家，其中引进产业化项目进驻产业化基地12个，涵盖单抗药物、实验动物模型、新型药物制剂、生物材料、医疗器械、医疗信息服务等领域。广东（南海）生物医药产业化基地是南海区政府与中国科学院合作共建的生物医药专业园区，聚焦创新医药、医疗器械、健康品、医疗健康服务、研发服务以及流通展贸服务等六大产业领域。基地一期共建成6.6万平方米产业载体，是孵化器的产业化配套载体。

是年，广东省医学科学院（南海）转化医学中心、佛山科学技术学院大学科技园、广医南海健康产业基地以及广工大生物国际技术转移中心等重大平台项目正式落户，打造一系列以科技成果转化为核心的产业化平台，发挥科研机构的人才资源优势，为高科技人才和高新技术项目提供配套完善的转化平台，推动佛山高新区生物医药产业的集聚发展。

2017 年，佛山市南海区广工大数控装备协同创新研究院展示“中国制造 2025” （周春 摄）

【智能家电制造业】

2017 年，佛山高新区狮山镇智能家电制造业重点企业产值超 40 亿元，纳税超 2 亿元，并以智能家电和智慧家庭为核心，推动传统家用电器向数字化智能化方向转型，打造集研发、设计、制造及交易于一体的家电产业体系。佛山高新区狮山镇是广东省家电技术创新专业基地和广东省家电产业集群省级示范区，扶持朝野、爱庭等本地产值超亿元企业突破技术瓶颈和丰富产品类型，增强产品服务功能，打造自主家电品牌。发挥辖区内五金、塑料、模具等材料配套优势，围绕智能家电产业链进行招商，建立健全产业链，增强智能家电产业抗风险能力。

【高端装备制造业】 2017 年，佛山高新区的南海区广工大数控装备协同创新研究院累计建成 4 个创新创业平台，引进 160 多名国内外高端人才，培育 60 多个高端创业团队，孵化 50 多家企业，申请 450 余件专利。中国（广东）机器人集成创新中心获 2017“影响中国”年度智造奖，口腔医疗器械产业获批国家创新型产业集群试点。高端装备制造产业重点企业 22 家实现产值超 58 亿元，比上年增长 14%；实现税收超 5.2 亿元，增长 12%。菱王电梯、东方精工、科蓝环保等知名企业保持快速增长，其中东方精工、科蓝环保产值比上年增长超 50%。高端装备制造业是佛山高新区狮山镇的支柱产业，陶瓷机械、铝材机械、包装机械、塑料机械和模具制造等产业的竞争力位居省内乃至国内前列。通过培育，涌现出南方风机、东方精工、摩德娜等一大批科技型骨干企业，形成集研发、工程设计、核心零部件、精密加工、系统集成、品牌服务、高端展会于一体的装备制造全产业链。

【智能制造加速发展】 至 2017 年底，佛山高新区组建佛山市机器人创新产业园、佛山机器人创新联盟等，同时引进华中数控“两司一院”（“一院”指佛山智能装备技术研究院，主导工业机器人技术与产品的先行研究，提供技术支撑；“两司”指佛山华数机器人有限公司和佛山登奇电机有限公司）项目。先后出台《佛山市南海区促进机器人产业发展扶持办法》《佛山高新区机器人行业应用研究项目管理暂行办法》等政策，助力佛山市实施“百企智能制造提升工程”“机器人领跑”专项行动和“百千万工程”。至年底，佛山高新区有泰格威、华数等机器人相关企业 53 家。佛山华数机器人具备年产 5000 台（套）工业机器人的生产能力，工业机器人整机销售 2100 台以上，签约 85 条自动化生产线，实现销售收入 1 亿元。5 月 24 日，工业机器人应用标准服务平台及联盟标准在佛山高新区发布。现场发布 3 项工业机器人产业联盟标准，填补国内工

业机器人相关标准或行业规范的空白。（梁敏飞）

江门高新区

【概况】 江门高新区（江海区）地处江门市东南部，是江门中心城区之一，下辖外海、礼乐、江南等3个街道，总面积110平方千米。该区地理位置得天独厚，广中江、中江、江珠等公路横贯蓬江、江海两区，广珠城轨、深茂铁路穿境而过，随着港珠澳大桥、深中通道的建成，将全面融入珠三角重要城市1小时生活圈。2017年，江门高新区（江海区）实施“三大战略”和“三个千亿”计划，主攻重大项目招商，推进实体经济、创新驱动，提高保障和改善民生水平，加快建设宜业宜居的珠西现代科创产业新城。在国家高新区综合排名中列第64位。

【经济发展】 2017年，江门高新区（江海区）地区生产总值比上年增长8.2%，规模以上工业增加值增长10.5%，地方公共财政预算收入增长20.4%，社会消费品零售总额增长12.5%，增速均居全市第一位。引进一批投资超亿元工业项目，计划总投资超100亿元。其中，投资30亿元的电机产业城、投资26亿元的优美科长信新材料两个重大产业项目实现“当年签约、当年供地、当年动工”。先进制造业、高技术产业和装备制造业增加值分别比上年增长16%、38%、25%。江海产业转移园纳入省产业园；盘活低效用地12.01公顷和低效厂房8万平方米；完成外海、江南全征地工作，收储土地面积533.33公顷。

【创新引领作用】 2017年，江门高新区（江海区）推进六大国家级创新发展平台建设，新增国家级高新技术企业84家，总数175家。新增省市级新型研发机构3个；新增国家级众创空间1个、省市级创新平台106个；规模以上企业研发机构覆盖率超50%；研发投入占比提高到3.6%；获得全市唯一的国家知识产权试点示范园区和国家知识产权强县（区）称号。逐步完善“人才江海”政策体系，率先在全市出台博士后系列扶持政策，博士后“双创园”加快建设，人才公寓建成并实现拎包入住。全年引进博士及博士后11人，硕士30人，新增高级职称专业技术人才84人。

【全面深化改革】 2017年，江门高新区（江海区）推进“放管服”改革，落实“1+3”清单，208项市级委托下放事项承接到位；食品经营许可审批实行承诺制，推进投资项目承诺制；推进电子化商事登记工作，加大“多证合一”力度，新登记市场主体数量增长42.4%；市场监管体系更加完善，完成全市唯一指定跨部门“联合抽查”试点工作，“网格e监管”平台建设经验向全国推广；推进监察体制改革试点工作；改革环

2017年2月28日，江门高新区举行新能源汽车锂电池材料项目投资协议签约仪式

（江门市地方志办公室供稿）

保体制，成立环保委，单设环保局，强化环境保护职能；整合城乡医保和职工医保。

【民生福祉持续增进】 2017年，江门高新区（江海区）民生支出9.1亿元，比上年增长16.6%，城乡居民人均可支配收入预计3.7万元，增长9.9%。十大民生实事落实；义务教育“三二一”工程全面动工建设，新增优质学位6000个；推进医联体建设，区人民医院和中西医结合医院分别与市中心医院和五邑中医院合作，实行“五统一”管理。提高城乡低保等困难人群保障标准；推进困难群众爱心结对帮扶；落实全征地农民养老保障，新增14个村2.1万人纳入养老保障范围，其中4200多人办理社保趸缴。

【城市面貌】 2017年，江门高新区（江海区）宜居环境有新提升，占地20多公顷的龙溪湖公园建成并投入使用；推进江门船厂、江门纸厂等9个“三旧”改造项目。全面落实河长制，启动黑臭水体综合治理工程，中央环保督查交办案件全部办结。完善全区基础设施，新中大道、胜利南路延长线、连海南路和礼睦路等道路建成通车；江海汽车客运站、高新污水处理厂投入运营使用；龙泉滘电排站和南冲电排站动工建设。

（马浩翔）

【江深对接】 2017年，江门高新区（江海区）发挥高新区特有的产业招商、科技招商和服务企业三支队伍的作用，整合华夏幸福招商资源，围绕战略性新兴产业，做好深圳产业对接项目的引进落户工作，引入具有核心竞争力的龙头企业和优质科技创新项目。深化供给侧结构性改革，推动企业提质增效，振兴实体经济，引进创业创新工作经验，主动接受深圳先进科技辐射和先进制造业及其配套产业、生产性服务业转移，推进资源共享，共同打造区域协同创新体系。突出产业联合优势，主动对接以先进装备制造业企业、科技型创新企业为重点的重大项目，从“产业链的互动”层面实施产业优化，通过产业区域异地联动，推动产业结构调整升级。

（廖晓莹）

东莞松山湖高新区

【概况】 东莞松山湖高新区（简称“松山湖高新区”）位于东莞地理几何中心，总规划控制面积103平方千米。2017年，松山湖高新区实现生产总值386.08亿元，比上年增长13.8%；税收总额148.11亿元，增长47%；固定资产投资总额148.59亿元，增长25.4%；规模以上工业总产值3039.78亿元，增长18%；规模以上工业增加值332.69亿元，增长18%。松山湖高新区在国家高新区综合评价排名升至第23位。纳入广深科技创新走廊十大创新平台，中子科学城、生态园、东部工业园纳入全省37个创新节点。编制形成中子科学城概念规划初步成果，划定53.3平方千米规划范围，推进空间梳理和土地整备工作；东莞材料科学与技术省实验室启动建设，产业研究、核心区规划、基础设施规划、土地整备等一系列工作快速推进；东莞材料基因高等理工研究院启动建设。

【科技创新主体质量提升】 2017年，松山湖高新区出台《关于加快松山湖高新区科技创新平台体系建设的实施意见》，松山湖高新区首个由财政出资建设、委托企业运营的公共技术服务平台——运动控制精密测量实验室建成运营；完善科技创新服务链，推动广州知识产权法院东莞诉讼服务处以及东莞产权交易中心落户，省知识产权服务业集聚发展试验区通过验收；举办第三届“松湖杯”创新创业大赛。2017年，松山湖高新区新增高新技术企业107家，高新技术企业总数253家，高新技术企业培育入库115家；规模以上工业企业研发活动经费总支出43.54亿元，研发占比12%；全年松山湖高新区专利申请总量8374件。规模以上先进制造业实现增加值304.69亿元，占松山湖高新区规模以上工业增加值 91.58%，比上年增长 18.5%；规模以上高技术制造业实现增加值 313.18 亿元，占松山湖高新区规模以上工业增加值 94.14%，增长 19.1%。实施孵化器建设行动计划，完善育成孵化体系建设，新增国家级孵化器 2 个、省级孵化器 3 个、省级众创空间 4 个，以及市级孵化器 5 个。

【科技成果转化】 2017 年，松山湖高新区推动清华大学韩敏芳团队的碳基固体氧化物燃料电池研发及产业化项目、信大融合研究院的可见光单向传输系统项目等一批高精尖项目在区内产业化；推动中子科学中心建设高能前沿技术应用产业创新中心，促成其 BNCT（硼中子俘获治疗）与东阳光集团合作转化；实施科技军民融合战略，东莞市三航军民融合研究院、东莞中船松山湖军民融合创新创业中心相继成立。

【科技金融融合】 2017 年，松山湖基金小镇加快建设，东莞市产业投资母基金等 22 家投资及投资管理公司落户松山湖高新区；出台《促进科技金融实施办法》，完善科技金融服务平台，为科技型企业提供个性化融资方案。全年松山湖高新区各银行为企业提供银行贷款余额 219.35 亿元，其中为高新技术企业贷款 30.38 亿元；出台《鼓励企业上市挂牌奖励暂行办法》，全年新增"新三板"挂牌企业 6 家、东莞市上市后备企业 4 家，"新三板"挂牌企业总数 26 家、上市后备企业总数 24 家。

【产业转型升级】 2017 年，松山湖高新区推进产业转型升级，促进经济发展。

“倍增计划” “倍增计划”覆盖松山湖高新区 71 家企业，成立松湖倍增发展产业投资基金，落实领导挂点帮扶企业，“一企一策”解决企业个性难题，为企业拨付扶持资金 5341.19 万元，提供银行贷款 35.56 万元。是年，倍增企业实现营业收入比上年增长 24.2%，税收增长 48.8%。

“4+1”主导产业体系 以华为为龙头的高端电子信息产业体量持续扩大，全年实现工业总产值 2816.34 亿元；机器人（智能装备）产业获批为科技部第三批国家创新型产业集群试点；新能源产业全年实现工业总产值 147.17 亿元，比上年增长 26.4%；生物技术产业通过“莞榕计划”引进台湾、香港等地优质生物技术企业总数 20 家，松山湖国际精准医学园投入运营，再生医学产业园一期启动建设；文化创意产业方面，覆盖动漫原创等 12 个文化产业领域，实现全年工业总产值比上年增长 48.9%；新材料等其他产业实现工业总产值 31.33 亿元，增长 12.1%；服务外包合同金额合计 2836.22 万美元，增长 63.7%。

招商引资 招商团队服务前移，项目落地流程时间压缩 50%；主动“走出去”招商和靶向招商，赴青岛、潍坊、上海等地上门招商，引进歌尔股份、三生制药等一批投资规模大、产出效益高的优质项目，全年引进购地项目 15 个，资金 120 亿元，新

东莞松山湖高新区中心研发区 （松山湖高新区供稿）

增工商注册企业 1729 家，注册金额 307.8 亿元。

重大项目建设　通过提前介入、优化服务、强化履约管理等手段，37 个重大建设项目累计完成投资 112.7 亿元，华为培训学院、长盈精密、中图半导体等一批项目超额完成年度投资计划。松山湖高新区管委会获评“东莞市重大项目建设管理先进集体”。

【省级人才改革试验区创建】　2017 年，松山湖高新区新引进院士 6 人、省领军人才 4 人、市特色人才 33 人，省创新科研团队 5 个、市创新科研团队 8 个，落地高层次人才创业项目 10 个。在全国首推“人才服务清单”制度，实行“一人一策”精准服务。人才大厦、高层次人才俱乐部等服务载体启动建设，松湖创业学院开班。协助人才入户，为各类企业及单位提供企业自评人才入户名额 622 个。全年完成 267 份人才积分入学申请。出台港澳青年人才创新创业专项资金管理暂行办法，完善与试验区建设配套的“领军人才集聚工程”“百名创新人才培养工程”“特色人才评审细则”“奖励贡献突出人才”等人才配套政策。举办广东省材料科学领军人才论坛、澳门招才引智推介会等活动。落实新引进人才生活补贴暂行规定等系列人才政策，全年拨付人才专项资金 2.1 亿元。松山湖高新区首个人才房项目幸福花园竣工，3386 套人才安居住房投入使用。

【园区统筹组团发展】　2017 年，松山湖片区推进园区统筹组团发展工作领导小组成立，出台《松山湖片区统筹联动发展战略研究》，建立联席会议制度、跨部门协调会议制度、专责小组运作机制等创新性制度。全年召开片区联席会议 4 次，研究审议涉及片区统筹运作机制、规划设计、项目建设等重大事项 33 项。推动市发改、规划、国土、交通、工商等部门设置片区直属分局，实现行政审批事项窗口前移，片区行政审批事项办结时间相比直属分局成立以前缩短 2～2.5 个工作日。松山湖金融产业集团挂牌成立，并与片区 6 个镇成立 6 个合资子公司，初步建立“一镇一特色”开发项目库。与大朗镇合作的中子科学城、与大岭山镇合作的滨湖国际社区、与寮步镇合作的松湖智谷科技产业园、与周边接壤村的环境提升工程等标杆性项目启动实施；通过园区引荐 12 个招商项目与周边镇对接洽谈；东部工业园（企石辖区）初步形成统筹开发模式和利益平衡机制。建立教育、医疗、投融资平台、基础设施、联合招商、共建科技园区 6 个利益共享机制。其中，松山湖中心小学与寮步镇西溪小学实施共建并开学；松山湖社卫中心与市第三人民医院签约共建医疗联合体；举办松山湖片区 2017 年深圳推介会，现场签约项目 29 个，投资总额超 250 亿元。

【城市建设】　2017 年，松山湖高新区松山湖北站 TOD 完成概念规划并启动首期地块控规调整工作，南部国际社区城市设计纳入中子科学城统筹规划，有轨电车规划完成首期选线，完成莞番高速线位调整。跟踪协调中虎龙城际东莞段、赣深客专南沙支线、赣深客专增城联络线、市轨道交通一号线一期工程、深圳十三号延长线等重大交通工程前期研究。松山湖城市候机楼、生态城市科普馆等公共服务设施建成使用。全年在建及筹建学校、幼儿园 16 所，实验小学二期开学。医疗服务网络逐步健全，社区卫生服务中心完成升级改造，兰馨园、松科苑社区卫生服务站投入使用。生态园公租房、松涛美寓 3386 套房源交付使用。保护和治理生态环境，成立松山湖高新区水污染治理工程指挥部，实施河长制，超额完成污水管网建设任务。北部工业园热电联产项目入选省级循环化改造示范项目。全年举办社会主义核心价值观主题活动 70 多场、各类群众性文化活动 80 多场；全面助力东莞“四连冠”文明城市创建工作，松山湖高新区获评“争创全国文明城市‘四连冠’工作突出贡献单位”。举办第九届漫博会、第 16 届亚洲马拉松锦标赛暨 2017 东莞国际马拉松赛等重大活动。

【改革创新】　2017 年，松山湖高新区创新自创区政策体系，《松山湖高新区招商引资管理办法》《节能低碳专项资金管理暂行办法》《促进集成电路设计产业发展扶持办法》等陆续出台。推动实体经济降成本，全年为企业减税超过7亿元。

政府服务水平提升　成立政务服务中心，统筹推进政府服务模式改革。松山湖市民中心实行全国首创微信叫号，“一窗受理”深化为“分类通办”，智能表单系统实现部门全覆盖，全年办理业务33万宗，业务办理平均时长控制在10分钟以内；建立“一中心、多站点”政务服务体系，在绿荷居社区综合服务中心和城市会客厅率先建设政府服务分厅，承接公共服务事项157项。

国企运营领域聚焦　控股公司聚焦科技金融、科技地产、公共配套三大领域，参与合作成立松山湖基金小镇股权投资母基金、东莞倍增优选基金、粤科松山湖母基金，总规模40亿元；成立项目公司启动机器人与智能装备制造产业加速器建设，创新科技园等9个建成的科技孵化和产业化载体项目入驻率86.85%；与东实集团合作推动南部商业地块开发，开展南部高层次人才房项目建设前期工作。生物技术公司聚焦生物技术产业项目合作，出资参股4个生技产业公共服务平台建设，促成45家生技企业落户。

（东莞市人民政府地方志办公室）

中山火炬开发区

【概况】　中山火炬高技术产业开发区（简称“火炬开发区”）位于中山市东部，面积90平方千米，辖张家边、博凯、联富、六和、城东、海滨、中山港7个社区居民委员会。2017年末常住人口25.1万人，户籍人口9.03万人。全区拥有国家健康科技产业基地、中国包装印刷生产基地、国家高新技术产品出口基地、中国电子（中山）基地、中国技术市场科技成果产业化（中山）示范基地、国家先进装备制造（中山）高新技术产业化基地、中山国家现代服务业数字医疗产业化基地、中国汽车零部件制造基地国家级产业基地牌子8块。初步形成以先进装备制造、高端新型电子信息、健康科技、新能源四大战略性新兴产业为主体的先进制造业体系。

2017年，火炬开发区地区生产总值465.56亿元；规模以上工业总产值1347.77亿元，比上年增长5.3%；固定资产投资223.81亿元，增长19.1%；国、地两税收入101.99亿元，增长12.9%；社会消费品零售总额87.96亿元，增长13.5%。优化产业结构，举办全国“双创”活动周广东省分会场启动仪式，光电展、激光展暨装备展，以及第12届健康与发展中山论坛暨吴阶平医学奖颁奖大会。增强产业集聚效应，明峰医疗等相继开工建设，健康科技产业实现科工贸总产值377亿元；规模以上装备制造业企业148家，增加值168亿元，获中国汽车工业协会认定为“中国汽车零部件制造基地”；光电产业方面，核拨3000万元光电产业发展专项资金，联大光电项目等重大项目引领产业聚集。安排4000万元扶持服务业项目和平台，新增市服务业新兴业态企业31家，服务业项目入园21个，大唐盛视智慧社区科技产业园、中山创意港被认定为市亿元楼宇重点培育项目。联合光电公司新增为市级总部企业，全区总部企业增至14家，占全市23%。火炬开发区获广东省经济和信息化委员会批准成为全市首个“省循环化改造试点园区”。

【创新驱动发展】　2017年，火炬开发区新增高新技术企业121家，总数307家。至年底，共有省级新型研发机构8个、市级17个，省级工程技术研究中心71个、市级123个，省级企业技术中心24个、市级49个，省级工程实验室3个，市级协同创新中心10个；规模以上工业企业建立工程技术中心的有159个。火炬开发区获国务院办公厅认定为国家级“双创”示范基地，创新创业中心获批准成为国家小微企业创业创新示范基地，创新创业中心、国家健康产业基地获国家级孵化器考评优秀；新增国家级孵化器和众创空间各1个，有国家级4个、省级2个、市级13个，孵化面积55.8万平方米，在孵企业及团队435个，累计毕业企业134家。自主创新技术攻关能力增强，全年共获国家、省、市科技项目立项815个，有效发明专利拥有量1713件，34家企业进入省市知识产权保护重点企业库。全社会研发比重居全市前列，技术改造全市第一，成为固定资产投资增长主要动力。中荣印刷等5家企业获批准成为省"两化"融合贯标试点。成立区科技金融服务中心法定机构，省市区联合设立2亿元科技信贷风险准备金，入池企业214家，授信金额约35亿元；联合光电在创业板上市，弘景光电、惠利普、斯瑞德等3家企业在"新三板"挂牌，百思途在前海股权交易中心挂牌。引进高层次科技人才101人，其中长江学者1人、博士以上学历人员80人；省创新团队3个、院士工作站6个。

尝试资本招商，成立规模10亿元的科创产业母基金以及点亮天使基金、7支健康类股权投资基金。成立区政务服务办，承接市级管理权限，执行"三张清单"管理意见。修订完善经贸科技政策文件10份，构建完备的政策体系。完善市场监管机构，构建起覆盖生产、流通、消费全过程的监管体系；放宽市场准入，各类市场主体快速增长，至年底，实有2.31万户。

【城市建设】 2017年，火炬开发区增强城市布局的合理性，精神文明创建成效显著，年内获评为全国文明单位、广东省文明单位、广东省公共文化服务体系示范区。推进东部组团各专项规划编制落实，多项跨界基础设施加快建设。高标准建设智慧健康小镇，确定小镇整体布局、发展方向和建设规划方案，年内完成投资5.3亿元。开展控规调整，完善城市综合交通体系，配合市开展重大交通基础设施规划，形成外通内达、便捷高效的综合交通体系。中山港新客运码头东移工程开工建设。8月18日，中山至深圳机场水上客运航线通航，率先开通"水上深中通道"。推进旧工业区转型升级和闲置地处置工作，主动破解土地资源限制。加快基础设施建设，完成道路桥梁、市政设施维护、新社区建设等八大类市政工程投资1.68亿元。公租房改建项目投入使用。开展交通秩序整治，整治无照流动经营行为，拆除各类违法广告4770个；推进"两违"整治，拆除违法建筑4.4万平方米。秀美村庄升级版建设顺利；完成泗门等12个项目的村道绿化改造工作。

【绿色发展】 2017年，火炬开发区加强节能减排，着力解决突出环境问题，实施大气污染防治工程，落实高污染锅炉综合整治任务，至年底91座在用小锅炉全部使用天然气等清洁燃料。实施大气扬尘污染综合整治，黄标车淘汰提前超额完成市任务。扬尘污染得到有效控制和改善。实施水污染整治工程，落实河长制。实施重点污染源管控工程，在全市率先开展工业废水在线监控。落实中央环保督察整改和省环保督察交办案件，立案查处环境违法案件68件，处罚金额224.5万元。实施绿化提升工程，投入约3700万元用于绿化新建、改造、补种，至年底全区绿化覆盖率43.98%。

【社会民生】 2017年，火炬开发区民生财政民生支出27.33亿元，比上年增长17.88%。完成区十大民生实事。全区应届大学毕业生就业率93%，挂牌成立10个"创业文化驿站"。加强帮教，连年实现邪教人员"零上访、零聚集"工作目标。社区卫生服务中心完成实体化建设，在全市公共卫生和基本医疗评价中排名第一位；实现卫生监督协管医疗机构综合服务体系全覆盖，解决群众看病难、看病贵问题。内河涌整治效果明显，实施生态修复的河段基本消除黑臭现象，达到用最经济的成本、最系统的方法实现最显著的治理效果。在全市率先设立省市共建和谐劳动关系试验区，完善信息预警，强化行业监测，实行诚信奖惩，构建政府工会企业三方共同参与协商协调的综合试验区；员工关爱工程全面开展，电子基地和健康基地园区职工服务中心建成投入使用，职工免费体检人数大幅增加。智慧城市建设工程顺利完成，重点公共场所 Wi-Fi 对公众免费开放。永春围海堤整治工程完成。得能湖体育公园完成改造，供居民运动休闲。对区内多处公共绿地升级改造，种植树木约 6100 棵。饮水质量提升工程取得阶段性成果，做好粮食安全工作，区获评为食品安全优秀镇区。区对保障对象应保尽保，双低家庭救助水平提高；建成公益火炬慈善品牌，为困难家庭圆梦 126 个；社工服务网络覆盖全区，高标准建设养老中心。高标准完成年度征兵任务，预备役集训获评为全省先进单位，武装工作年终考核位列全市第一名。怀集对口帮扶、昭通扶贫协作各项工作卓有成效，帮助怀集贫困对象 256 户 730 人脱贫，实现“输血扶贫”向“造血扶贫”转变。第八次蝉联“中山市初中教学质量评价先进镇区一等奖”。中山火炬发布获评为省十大最具影响力政务微信。

【社会综合治理】 2017 年，火炬开发区坚持源头治理、系统治理、综合治理、专项治理相结合，开展平安创建工作。强化消防安全、生产安全、交通安全、食品卫生安全、校园安全、经济和政治安全，社会总体平安。推进新老火炬人共融共建，1160 名流动人员子女通过积分入学、606 人入户；区流动人口和出租屋管理服务中心先后获评国家级“青年文明号”和“巾帼文明岗”。构建“七五”普法大格局，以法治思维和法治方式解决各种矛盾纠纷，区获评为“中山市 2016 平安综治考评优秀镇区”“广东省信访工作通报表扬单位”。实现无恶性群体性事件、无重大负面舆情，特大、重大群体性事件预警率 100%，连续 7 年到省进京“零上访”，全区社情总体稳定。

【健康科技产业】 2017 年，火炬开发区健康基地实现科工贸总产值 377 亿元，基地拥有诺华山德士制药公司、瑞士辉凌制药公司、康方生物公司、美国安士制药、中智医药集团、星昊药业集团、金城医药、明峰医疗、腾飞基因 9 家上市公司。培育一批国内领先、国际知名的自主知识产权品牌产品。建成涵盖研发、中试、检验检测、成果转化、金融资本、孵化加速全过程的产业创新体系，包括康方蛋白和单克隆抗体创新药研发平台、中智中药破壁技术研究服务平台、腾飞——NGS 基因检测与诊断中心、康方天成生物大分子药物中试研究服务平台、星昊小分子冻干、小容量注射、固体口服制剂 CMO 平台等高端创新平台。吸引高端领军人才和创新科研团队落户，至年底，有“长江学者”特聘专家 2 名、院士工作站 2 个、省级创新团队 3 个、市级创新团队 12 个。建立国家中医药管理局重点研究室以及国家重点实验室分室 3 个。至 2017 年，共承办由市政府主办的健康与发展中山论坛及吴阶平医学奖颁奖大会 12 届，推动中国医学科学技术创新发展，促进医学成果转化，为行业间合作与交流搭建平台。

【中山火炬开发区肝吸虫病综合防治项目启动】 2017 年 7 月 26 日，火炬开发区肝吸虫病综合防治示范区启动仪式在开发区健康花城小区举行，辖区内的 8 个小区为综合示范区，小区居民可享受免费的健康知识宣教、肝吸虫病感染检测、基本药物治疗和治疗效果追访的“四免”政策待遇。火炬开发区属于肝吸虫病中度感染地区，马安小区、濠四小区各年龄段人群的感染率为 20%。2016 年，制订《中山火炬开发区肝吸虫病防治规划实施方案 2016—2018 年》，将肝吸虫病防治目标纳入全区的卫生规划，成立领导小组，加强部门协作，落实肝吸虫病防治专项经费，确保实现肝吸虫病防治目标。

【广东省“青春健康沟通之道家长培训项目”试点单位】 2017 年 10 月 26—27 日，由火炬开发区卫计局、区计划生育协会、区社区卫生服务中心主办的青春健康“沟通之道”家长培训项目启动仪式暨师资培训班在区中心小学举办。2017 年，火炬开发区计划生育协会申报广东省计划生育协会青春健康“沟通之道”家长培训项目，该项目是中国计划生育协会与联合国教科文组织联合开展的国际合作公益项目，旨在为家长提供科学、准确的性与生殖健康知识，帮助家长以正确的态度看待青春期孩子所面临的问题，提升与孩子谈论性与生殖健康问题的信心，促进家庭健康教育良性有效发展。

【创建严重精神障碍患者救治救助工作示范区】 2017年，火炬开发区创建严重精神障碍患者救治救助工作示范区，探索和创新精神卫生工作模式，打造健全、规范、完善严重精神障碍患者预防、治疗、救治救助和康复等工作体系和服务网络。自2016年9月，火炬开发区获列为创建中山市首批严重精神障碍患者救治救助示范区之一，制定救治救助细则，成立区联席会议组织架构，落实有奖监护制度。创新开展严重精神障碍患者个案管理社会项目，启动个案管理社会购买服务，区疾控中心与中标的个案团队联合村委会成员入户患者家中建档、核实资料、随访病情、提供个体化优质服务，与患者共建良好的医患关系。至2017年底，全区建立个案档案248例，并制定个体化管理方案。根据救治救助实施办法指引，区拨付资金补助协助送院治疗行为。免费为确诊的389名精神障碍患者提供体检。将精防日康复治疗点转移至火炬开发区医院心理门诊，方便患者康复诊疗。

（中山市人民政府地方志办公室）

惠州仲恺高新区

【概况】 仲恺高新区于1992年经国务院批准成立。2017年底，下辖仲恺高新科技产业园、东江高新科技产业园、惠南高新科技产业园、留学人才发展基地4个园区以及陈江、惠环、沥林、潼侨、潼湖5个镇（街道），区域总面积500多平方千米，实际管理面积320平方千米，常住人口近50万。2017年，完成地区生产总值630.9亿元，比上年增长4.3%；规模以上工业总产值2883.1亿元，增长4.5%；规模以上工业增加值496.9亿元，增长4%；固定资产投资220.8亿元，增长8.9%；税收总额149.8亿元，增长1.3%；区级一般公共预算收入32.1亿元，增长11%；研发经费支出占地区生产总值比重4.9%。

【智能终端核心芯片应用研发产业化基地落户】 2017年6月3日，智能终端核心芯片应用研发产业化基地合作协议签约仪式在惠州举行。该基地选址仲恺高新区，由全球第三大手机基带芯片公司、中国半导体行业领军企业展讯通信（上海）有限公司投资建设，是以打造自主研发、核心技术为内容的“重科技核芯”项目。同时，展讯通信全球硬件测试中心惠州实验室以及恺信国际第三方检测认证实验室启用。展讯通信全球硬件测试中心惠州实验室的业务覆盖功能测试、性能测试、可靠性测试、可量产验证测试等方面，可为客户提供硬件开发测试支持、项目量产上市认证预测试等服务；恺信国际第三方检测认证实验室设有电磁兼容性、射频、光电、安规可靠性等实验室，并配备专门技术团队。展讯公司是世界排名前十的IC（集成电路）设计企业，致力于自主的CPU研发和SoC（系统级芯片）产业化，为全球客户提供支持2G、3G及4G无线通信标准、高集成高效能的芯片解决方案。

【“恺旋人才计划”2.0版发布】 2017年6月，仲恺高新区发布《关于实施“恺旋人才计划”2.0版的指导意见》，在原有“恺旋人才计划”六大工程、55条措施基础上，完善和改进“恺旋人才计划”政策体系，构筑引进、培养、激励、服务“四位一体”人才工作体系，全年计划投入人才专项资金1亿元。引才方面，重点引进4类顶尖人才和3类顶尖团队；推行“恺旋人才券”、设立“恺旋人才基金”、港澳台青年创新创业“恺菁基金”，助人才创新创业。育才方面，实施优秀大学生成长服务计划、高层次人才梯队培养

2017年6月23日，全省首个诺贝尔奖工作站——2006年度诺贝尔物理学奖得主乔治·斯穆特工作站在惠州市硕贝德无线科技股份有限公司揭牌　　（惠州报业传媒集团供稿）

计划、企业领航人才培养工程计划、高端职业技能资格培训，推动企业建设高层次人才科研平台。激励方面，优化人才激励扶持政策；推进高层次人才引进扶持工程；深化实施高层次人才优惠待遇；加强技能人才队伍建设。服务方面，探索推行“人才管家”模式，依托“一站式”服务窗口，采取政府购买服务人员的模式，为引进的顶尖人才（团队）、重点产业或项目特定人才提供专项服务；深入推行“恺旋人才卡”服务模式；实施恺旋人才安居工程，力争5年内建设1000套人才公寓。该区未来5年的人才目标：重点引进和培育两院院士等杰出人才3名；以企业（单位）为载体，在高新区重点产业领域引进和培养掌握先进技术的高端人才100名左右，引领产业发展的高端团队100个左右，从事科技创新、成果转化的高层次人才1000名左右；坚持高精尖和实用型人才并举，重点引进科技领军人才、新一代创业创新者、科技型企业家、海外高层次人才4支高精尖人才队伍，发展产业技术人才、高技能人才、科技服务人才、企业管理营销人才、青年后备人才、教育人才、卫生人才、社会工作者8支实用型人才队伍。

【357创新产业带建设指挥部成立】　2017年8月8日，357创新产业带建设指挥部揭牌成立。该产业带位于省道S357线在仲恺高新区沿线的陈江街道和沥林镇片区，因此而得名。该产业带位于仲恺高新区南部，以省道S357线沿线为轴，东起仲恺“陈江、惠环、潼侨”中心区、西临东莞谢岗镇、北靠潼湖生态智慧区、南接惠阳镇隆镇，占地面积约24平方千米，是仲恺高新区最靠近深圳、东莞的片区，创新资源集中，文化生态资源丰富。有博深、潮莞、惠河3条高速公路贯穿，赣深高铁、广汕高铁、深惠城轨规划在片区内或周边设置站点。该产业带按照“成熟一片、开发一片”的原则，拟采取PPP、“三旧”改造、村企合作等模式，分阶段、分地段、分领域逐步开发建设。划定陈江街道4个片区和沥林镇2个片区共计约7平方千米为起步区，确立发展以战略性新兴产业、孵化育成体系、文化创意产业及现代服务业为主的产业结构。该产业带是全面对标深圳、实施“海绵行动”的具体行动，也是仲恺高新区未来5至10年经济社会发展的战略腹地和重要经济增长极。

（惠州市地方志办公室）

肇庆高新技术产业开发区

【概况】　肇庆高新技术产业开发区（简称“肇庆高新区”）位于珠三角中心区西部、肇庆市最东端，与佛山市三水区一河之隔，东距广州市区50千米，西至肇庆市区45千米，属广佛肇半小时经济生活圈范围。国道G321线、二广高速公路、珠三角外环高速公路、广茂铁路、广佛肇城际轨道贯区而过，有2000吨级的集装箱码头，到广州黄埔港50海里，距广州白云国际机场38千米。2017年，高新区辖1个街道（5个社区、1个服务站），辖区面积96.58平方千米。年末户籍人口3.84万人，常住人口8.19万人。该区设立于1998年，原位于端州区三榕港，2002年上半年迁至大旺；2004年7月被确定为广东省吸收外资重点工业园区和广东省山区吸收外资示范区；2008年8月成为广东省首批示范性产业转移园；2010年9月升级为国家高新区；2011年8月被授予“全国模范劳动关系和谐工业园区”称号；2012年9月被认定为国家知识产权试点园区，2014年被评为广东省智能制造示范基地；2015年9月，经国务院同意获批建设珠三角国家自主创新示范区，在省工业园区服务星级评价中蝉联五星级园区；2017年12月被国家知识产权局确定为国家知识产权示范园区，肇庆高新区创新创业服务中心被确定为国家级科技企业孵化器。

【经济发展】 2017年，肇庆高新区生产总值202.68亿元，比上年增长7.9%。其中，第一产业增加值0.72亿元，比上年下降1.0%；第二产业增加值172.41亿元，增长8.5%；第三产业增加值29.55亿元，增长4.3%。人均地区生产总值22.73万元，比上年增长4.8%；固定资产投资170.23亿元，增长9.1%；社会消费品零售总额120.36亿元，增长17.2%；出口总额48.46亿元，下降10.3%；实际吸收外资3687万美元，下降62.4%；地方一般公共预算收入6.56亿元，增长21.7%；城镇常住居民人均可支配收入3.16万元，增长9.4%（与2016年统计口径发生变化）。

【基础设施建设】 2017年，肇庆高新区推进基础设施建设，其中列入“肇庆市十件惠民实事”的亚铝大街升级改造工程全线贯通。独水河生态修复工程主体完工，新增用地80公顷，该项目获“广东省宜居范例奖”。完成棚户区改造任务，完成600套公租房分配，312户拆迁户、危房户搬入安置房。启动规划建设用地面积308.13公顷，新开发及盘活用地面积260.6公顷，完成通用厂房建设30.23万平方米；大旺文体中心竣工，将军山体育公园开园，启动城市展览中心、南部小学等项目建设。

【招商引资】 2017年，肇庆高新区实施区域驻点招商和登门精准招商。评审入园项目72个，计划投资总额494亿元；新签投资合同27个，合同引资总额244亿元。小鹏智能新能源汽车、保利军民融合产业小镇2个投资额超100亿元项目正式落户。广东中电汽车自主研发生产的第一辆新能源汽车整车正式下线。遨优动力电池项目新产线投产，富锂锰动力电池攻克量产难题，鼎星新能源汽车项目、小鹏智能新能源汽车项目奠基动工，4个新能源汽车相关项目总投资超180亿元，与原有的合普动力、理士电源等汽配相关企业，千亿级新能源汽车产业集群初现雏形。

【重点项目建设】 2017年，肇庆高新区列为市级以上重点项目的逸舒制药、新能源动力产业小镇（一期）、华天成、广试试剂、唯品会（二期）等14个项目投产（投用）或试投产。工业生物（微生物）、中电汽车、奥迪威（二期）、创康食品等15个项目进行主体工程建设。落实各级各项惠企扶企政策，为企业获取技术改造、贷款贴息、转型升级等专项资金，共拨给49家企业专项资金3.39亿元。推行直供电改革，为区内企业降低用电成本0.66亿元；园区北部工业商贸区增量配电业务项目成为广东省唯一入选国家第二批增量配电业务改革试点项目。

【产业转型】 2017年，肇庆高新区实现新能源汽车产业产值68.44亿元，实现先进装备制造业产值66.73亿元，实现节能环保产业产值43.28亿元。累计新增工业技术改造投资备案68件，总投资44.9亿元。中亚、骏鸿、精英等6家企业共获省技改扶持资金2005万元；新增合普、骏鸿、华江、中乔4个省级企业技术中心。落实扶持先进装备制造业发展政策措施，组织装备制造业企业申报各类专项扶持资金项目。其中，广东中电汽车有限公司获省级工业与信息化发展专项资金（一事一议支持优质项目落地建设专题）1.95亿元；肇庆新力来轮胎有限公司、肇庆高新区鸿胜模具制造有限公司获省级工业和信息化发展专项资金（珠江西岸先进装备制造业发展方向——支持工作母机类制造业发展专题）共3555万元；肇庆兴旺投资发展有限公司获肇庆市智能制造产业集约集聚发展专项资金1500万元；中导光电设备有限公司获省工业和信息化专项资金［珠江西岸先进装备制造业发展方向——支持首台（套）装备研发与使用专题］261.54万元。成功申报省生产性服务业功能区和第二批增量配电业务改革试点项目。高新区园区被省经信委确定为第二批广东省生产性服务业功能区示范单位。

【科技创新】 2017年，肇庆高新区实施创新驱动发展战略，强化科技创新、科技服务和产业孵化，推进国家自主创新示范区建设。出台《关于加快实施创新驱动发展战略 建设国家自主创新示范区的若干意见》，以及扶持高新技术企业、科技企业孵化器、知识产权、新型研发机构和科技金融等“1+N”系列科技配套政策；制订《加快肇庆高新区国家自主创新示范区建设工作方案（2017—2021年）》。高新区创新创业服务中心被确定为国家级科技企业孵化器，实现肇庆市国家级科技企业孵化器零的突破；专利申请量比上年增长70.1%，其中发明专利增长1.24倍，新增国家知识产权优势企业2家、省知识产权示范企业1家。被国家知识产权局确定为国家知识产权示范园区。新增高新技术企业28家、省级以上创新平台18家。设立7000万元科技金融专项资金，整合区内外银行、证券、风投、担保等资源为科技企业提供金融服务，6家企业在“新三板”挂牌。

【人才强区】 2017年，肇庆高新区出台《肇庆高新区海外留学归国人员创业园建设方案》《肇庆高新区海外留学归国人员创业园管理办法（试行)》。新建院士工作站3个、博士后创新实践基地3个；引进院士，国家级、省级人才，博士、硕士等人才110多人，实现肇庆市自主培育“国家百千万人才工程”人选、“珠江人才计划”创新创业团队、“珠江人才计划”创新创业领军人才等三项“零”的突破，被《中国人才》杂志社评选为全国人才工作创新优秀案例奖。以“柔性引才”方式引进院士16人，培育引进长江学者2人、国家“百千万”人才工程3人、“珠江人才计划”创新创业团队1个、广东省领军人才4人、“广东特支计划”人选4人、中国青年科技奖1人、全国专业技术人才先进集体1个、肇庆杰出人才奖1人、西江创新创业团队2个、西江创业领军人才1人、西江拔尖人才5人。全区有博士67人、硕士390人、高级职称人员662人，人才总量4万多人。 （李金玲）

【肇庆市国家自主创新示范区建设】 肇庆高新技术产业开发区和珠三角其他7个国家级高新区组团获批建设珠三角国家自主创新示范区（简称“示范区”），纳入示范区建设面积32.39平方千米。2017年，肇庆市出台《肇庆国家自主创新示范区建设实施方案（2016—2020年)》《珠三角（肇庆）国家自主创新示范区发展规划纲要（2016—2025年)》《珠三角（肇庆）国家自主创新示范区空间发展规划（2017—2025年)》，推进肇庆高新区开展国家自主创新示范区建设。至年底，全市有国家级创新平台7个、新增高新技术企业101家（累计289家）、新增省级创新平台54个。新增开展技术改革的规模以上企业261家，其中年主营业务收入5000万元以上企业158家。运行孵化器20个（其中新建12个），孵化面积27.28万平方米，在孵企业533家，实现县（市、区）全覆盖。建有众创空间11个、加速器1个，初步建成“众创空间—孵化器—加速器”全链条的孵化育成体系。申请专利量5341件，比上年增长62.24%；发明专利申请量1848件，增长1.22倍。累计引进1名长江学者，一批带项目、带团队、带资金人才落户肇庆；引进博士97人、硕士434人。金融机构加大科技创新企业信贷支持力度，截至11月，向高新技术企业贷款余额57.05亿元，向上市高新企业募资额90.85亿元。

【肇庆市国家自主创新示范区建设和创新发展工作推进会】 于2017年8月11日在肇庆高新区召开。会议总结2016年以来肇庆市开展国家自主创新示范区建设工作情况，要求按照广东省关于建设珠三角国家自主创新示范区的部署，围绕建设珠三角连接大西南枢纽门户城市的目标定位，实施创新驱动发展战略，解放思想、对标先进，加快建设国家自主创新示范区。肇庆市委常委、市政府党组成员李尧坤，市委常委、高新区党工委书记李奔，肇庆市全面深化改革加快实施创新驱动发展战略领导小组成员单位负责人参加会议。（史盛兰）

【民生工程】 2017年，肇庆高新区民生支出6.04亿元，占财政总支出40.34%。2017年元旦起，该区低保标准由650元/月提高到715元/月，最低补差提高到504元。将社会散养孤儿养育标准由1250元/月提高到1375元/月。对符合条件的事实无人抚养儿童，按照事实无人抚养标准（500元/月）发放补助金。提高残疾人“两项补贴”（困难残疾人生活补贴和重度残疾人护理补贴）标准，困难残疾人生活津贴提高到每人1800元/年，重度残疾人护理补贴提高到每人2400元/年。辖区内五保、孤寡老人实行集中供养，供养标准每人每月2500元。

【高新区与格力集团签约】 2017年4月26日，肇庆高新区与珠海格力集团有限公司在高新区举行《肇庆高新区通用厂房项目框架协议》签约仪式。根据协议，格力集团计划在高新区建设面积50万平方米的通用厂房，涉及工业厂房、研发中心、园区市政配套等项目。肇庆市委常委、高新区党工委书记李奔，珠海格力集团有限公司党委书记、董事长周乐伟出席签约仪式。

【广东首个“军民融合产业小镇”落户高新区】 2017年7月4日，广东首个“军民融合产业小镇”落户高新区签约仪式在肇庆奥威斯酒店举行。肇庆·保利军民融合小镇项目是带IP（Intellectual Property，也称智力成果权）特质的国防主题公园，以“一轴”（军民融合大道）串联起“三区”（国防主题公园、军民融合产业园、文化主题小镇），总投资100亿元，规划用地面积333.33公顷。

2017年7月4日，广东首个军民融合产业小镇项目落户肇庆高新区（刘春林 摄）

【首辆新能源汽车（EM12车型）整车下线】 2017年12月8日，位于肇庆高新区的广东中电汽车有限公司生产的第一辆新能源纯电动车（EM12车型）下线，成为“肇庆制造”的第一辆整车。第一批EM12车型经过车管所检测，完成上牌并交给客户。EM12车型是中电汽车在物流货车运营领域主打产品，该车型续航里程230千米。至年底，完成2000多万元的销售额。

【高新区成为国家知识产权示范园区】 2017年12月26日，肇庆高新区被国家知识产权局确认为国家知识产权示范园区，示范工作周期为2018年1月至2020年12月。自2015年12月，该区国家知识产权试点园区工作通过验收后，成立创建国家知识产权示范园区工作领导小组，出台《肇庆高新区创建国家知识产权示范园区工作实施方案》，把示范园区建设列入年度重点工作进行督办考核，将知识产权工作纳入创新驱动发展考核和党政领导班子工作综合考评；与知识产权代理公司签订示范园区申报咨询服务协议，对照申报条件强措施、补短板，推进国家知识产权示范园区创建。

【高新区创新创业服务中心获“国家级科技企业孵化器”称号】 2017年12月27日，肇庆高新区创业服务中心被科技部火炬中心授予“国家级科技企业孵化器”称号。该中心于2005年6月成立，是以促进科技成果转化、培养培育高新技术企业和企业家为宗旨的公益性创业服务机构。至2017年，中心引进一批孵化项目，有信用担保公司、资产评估公司、知识产权代理公司等科技服务机构入驻，搭建科技文献查询、技术标准查询、创意设计服务等公共服务平台，先后被认定为“广东省双转移技术对接服务中心（肇庆）”“广东高校毕业生科技创业孵化基地”“广东省高新技术创业服务中心”“广东省科技服务业发展示范基地”。中心孵化企业54家（其中21家申请专利），累计毕业企业16家，设立创业引导资金1000万元，扶持入孵企业95万元。

【澳雪国际工业旅游园成为国家AAA级旅游景区】 2017年，位于高新区的澳雪国际工业旅游园成为国家AAA级旅游景区，是肇庆市唯一的工业旅游示范点。2014年，澳雪国际工业旅游园投入使用，创建洗涤文化博览馆，全馆总面积6000平方米，分洗涤文化历史、洗涤行业发展、集团文化和赢未来4个篇章。游客还可参观园内10万级GMP（生产质量管理规范、良好作业规范或优良制造标准）无尘净化医药级标准生产车间。

（李金玲）

【珠三角（肇庆）国家自主创新示范区空间发展规划（2017—2025年）编印】 2017年11月，肇庆市编印《珠三角（肇庆）国家自主创新示范区空间发展规划（2017—2025年）》。根据规划，位于高新区的珠三角（肇庆）国家自创区空间规模32.39平方千米，由8个区块组成，其中知识创新功能区1个、技术创新功能区6个、服务创新功能区1个；自创区范围内现状建设用地面积19.07平方千米，规划到2025年建设用地面积32.39平方千米。规划明确土地开发、产业引导、公共服务与基础设施建设、生态文明建设、财税政策、体制机制创新等政策和保障措施建议，重点从保障自创区重大项目土地供应、探索工业用地建孵化器分割转让、设立产业分类目录和准入门槛、创新投融资机制等方面支持自创区发展建设。还提出构建“1+5+N”格局、促进技术转移转化、加快科技产业链延伸对接、培育创新型产业集群、培育企业主体、推进开放创新、优化创新创业发展环境、推进创新改革试验8个方面的行动计划，分类整理近期重点项目32个。

（史盛兰）

国家级开发区

广州开发区

【概况】 广州经济技术开发区于1984年经国务院批准成立，是全国首批国家级经济技术开发区之一，与广州高新技术产业开发区、广州出口加工区、广州保税区、中新广州知识城合署办公(统称“广州开发区”)，实行“五区合一”的管理体制。经过30多年发展，广州开发区综合实力一直在全国开发区中排名前列，是广州市重要的经济发展增长极、科技创新重大引擎、创新驱动发展核心区。2017年，广州开发区与黄埔区深度融合发展，成为广深科技走廊和粤港澳大湾区建设的重要支点。是年，广州开发区完成地区生产总值2639.45亿元，比上年增长7.0%；固定资产投资956.87亿元，增长32.7%；规模以上工业总产值5728.12亿元；实际利用外资22.10亿美元，增长7.3%；进出口总值2411.49亿元，增长4.8%。财税总收入753.81亿元，比上年增长20.8%，居全国开发区第一位，提前三年实现“十三五”目标。广州开发区经济效益保持全国开发区领先地位，高新区闯入全国十强，综合经济实力迈上新台阶。

【招商引资】 2017年，广州开发区突出价值创新引领，聚焦IAB、NEM主导产业，规划建设新一代信息技术产业园、人工智能岛、生物医药产业园、新能源新材料园区和价值创新综合孵化园五个价值创新园区，为高端项目聚集拓展新空间。全年洽谈重大项目超过600个，择优引进项目102个，总投资超过2000亿元，预计产出百亿项目15个。新增商事主体2.39万个，比上年增长66.7%。新引进粤芯项目，填补全市芯片产业空白。广发证券、广发期货和广州农商行总部相继落户，实现金融总部“零的突破”。新引进百度风投等风投机构77个，资金管理规模近600亿元。引进乐金8.5代OLED、通用电气(GE)生物科技园等世界500强外资项目7个，中国建筑、航天信息、联通互联网等央企项目12个，宝能、雪松、阿里云工业互联网等民营企业500强项目20个，引进项目数量和投资规模创历史新高。

【新兴产业发展】 2017年，广州开发区智能装备及机器人产业快速发展，生物医药产业强势崛起，引进冷泉港亚洲首个成果转化和基金项目、赛默飞全球首家精准医疗中心，再生医学与健康省级实验室揭牌，举办首届官洲国际生物论坛。先进制造业加快发展，工业投资比上年增长56%，宝能新能源汽车等一批枢纽型项目落地建设，创维、海格通信、益海粮油等70个项目增资扩产，新增规模以上工业企业62家，新兴产业支撑作用增强。

【项目建设】 2017年，广州开发区项目建设全面提速。全区企业筹建完成投产项目100个，在建项目81个，进入建设报批程序项目39个。全年累计完成筹建企业固定资产投资310.9亿元，比上年增长36.3%，创造企业筹建项目固定资产投资额的历史新高。广东省重点项目完成投资进度369%，市重点项目完成投资进度206%。通用电气(GE)生物科技园等40个重大产业项目开工建设，乐金显示(二期)等100个项目投试产。区重点产业项目投资228亿元，比上年增长29%。企业建设实现“1个月审批、3个月交地、6个月动工”，百济神州项目立项14天即动工，爱丽思、卡斯马项目6个月建成。

【创新驱动引领发展】 2017年，广州开发区加速实施创新驱动发展战略，推进珠三角自创区建设，全省唯一的国家制造业创新中心落地建设，广州高新区闯入全国十强，知识城上升为国家级双边合作项目。新增高新技术企业近600家，比上年增长超50%；上市高新技术企业30家，占全市2/3；新增上市企业5家，累计49家，居全市第一位。至年底，广州开发区建成华南地区规模最大的孵化器集群，总孵化面积500万平方米，孵化器集群创新实践获广东省科学技术特等奖。企业研发投入占全社会研发投入比重超95%，各类研发机构760多个，省级新型研发机构21个，占全市总量50%。连续三年入选瞪羚企业数居全国高新区第二位。

【改革攻坚纵深推进】 2017年，广州开发区加大行政审批改革力度。作为广东省“创新行政管理方式、加强事中事后监管”和“相对集中行政许可权”两项审改试点区域，广州开发区成立全省首家“行政审批局”，推进“一个部门、一枚印章、一个流程、最短三十个工作日完成审批”的“11130”行政审批制度改革，财政建设项目从立项到动工由原来的466个工作日压缩至120个工作日。企业建设项目由110个工作日压缩至30个工作日。在17个试点领域完成“监管清单”建设工作，建立完善130项新型制度规范，环保领域实现智能监管模式，建立废气监测系统；安监领域首创“一个企业一个监管主体”改革，推行安全生产和职业健康一体式执法，改革经验在全国安监系统复制推广。依托于广东省首个“政策兑现窗口”，有14个业务部门218个政策兑现事项纳入“一门式”受理，政策兑现超过1万宗，拨付总额52.18亿元，兑现按时办结率99%，平均每宗兑现用时不足11个工作日。

【城市面貌和民生工程】 2017年，广州开发区推进新一轮城市总体规划，开展第二CBD城市设计国际咨询。建设“八纵八横”路网，建设开创大道、科学大道、生物岛环线等全要素示范路，建成道路15条，升级改造69条，地铁十三号线、十四号线知识城支线建成通车，有轨电车1号线开工建设，投放“中国红”纯电动公交车440辆，提升智能交通港31个。推动城市更新和三旧改造，开展查违拆违“百日攻坚”行动。落实河长制，4条重度黑臭河涌整治达标，永和河、双岗涌整治经验在全市推广。获评全国开发区绿色发展最佳实践园区。

是年，广州开发区持续加大民生投入，惠民工程落地实施，新引进英国修仕倍励、美国格林纳达山、新加坡南洋华侨中学等国际名校，新办各类学校、幼儿园14所，改扩建“麻雀学校”，新增学位1万个。引进南方医院、广医妇儿医院等优质医疗资源，推动岭南医院扩建新增床位900张，九龙镇中心卫生院获评全国百佳乡镇卫生院。社会保障覆盖面扩大，实现1.5万名失业人员再就业，城镇职工养老保险参保率居全市前列，率先实现养老助餐配餐服务村（社区）全覆盖。区图书馆总分馆建设模式在全国推广。举办首届黄埔（广州开发区）马拉松。

【知识产权服务聚集发展】 2017年，广州开发区获批为国家知识产权服务业集聚发展试验区，全区专利申请量1.7万件，比上年增长42%，专利授权量超9000件，增长37.5%，新增中国专利奖18项。知识产权交易量11万宗，金额突破110亿元。是年，广州开发区发明专利申请数量6797件，比上年增长33.6%；申请发明企业数量1087家。是年，广州开发区引进中国（广东）知识产权保护中心、广州“一带一路”版权产业服务中心，作为全国唯一的国家知识产权运用和保护综合改革试验田，辖区内拥有国家知识产权局专利局审查协作广东中心、广州知识产权法院、广东省知识产权服务业集聚中心、广东省知识产权研究与发展中心、广州知识产权仲裁院，广州开发区形成立体式、全链条的知识产权保护体系。

【政策集成创新体系建设】 2017年，广州开发区加强政策集成创新和制度供给。2月，出台先进制造业、现代服务业、总部经济、高新技术产业4个“黄金10条”产业政策。5月，推出人才、知识产权2个“美玉10条”，构筑起“金镶玉”政策体系。为发挥全市IAB产业发展的主力军、主战场作用，推动全市IAB产业，率先出台《加快IAB产业发展实施意见》，扶持项目建平台、快成长、创品牌，促进IAB产业聚集增长。为提高政策精准扶持度，出台风投10条、区块链10条、现代航运服务业10条、技术改革10条、绿色低碳10条等多个专项政策，丰富“金镶玉”政策体系，形成有利于创新驱动、开放发展的政策环境。

【高端人才引入】 2017年，广州开发区出台人才“美玉10条”政策，引进、留住、用好人才。综合各条政策扶持，新引进的杰出人才、优秀人才、精英人才在区内创新创业最高可获2亿元、1.1亿元、1200万元资助，对特别重大的人才项目最高资助10亿元。对新引进的本科、硕士、博士学历人才发放一次性住房补贴，为区内高层次人才发放万能捷通卡，享受多种服务绿色通道。设立50亿元的“黄埔人才基金”，引导各类种子基金、天使基金、创投基金优先投入高层次人才创办企业、初创期科技型企业、战略性新兴产业，加速推进科技成果产业化、市场化。广州开发区成立全省首个人才工作集团，在全国首创“上管老、下管小”的全链条人才服务方式。全区共引进院士创新创业项目34个，省创新创业团队16个。省“特支计划”创新创业领军人才15人，占全市50%。博士后科研工作站26个，占全市1/3。是年，广州开发区被中组部评为国家海外高层次人才创新创业基地。

【实施IAB、NEM产业计划】 2017年，广州开发区推进先进制造业和战略性新兴产业建设，实施新一代信息技术、人工智能、生物医药（IAB）和新能源、新材料（NEM）两大产业计划。在新一代信息技术领域，该区有企业106家；在人工智能领域，聚集智能装备及机器人企业70多家，连续5年保持16%的复合增长率；在生物医药领域，聚集企业530家。12月，阿里云工业互联网总部落户黄埔区、广州开发区，将依托该区大型骨干企业和工业产业集群，以ET工业大脑与制造业融合，打造工业互联网示范项目，为制造业带来智能变革。落户该区的项目有LG8.5代液晶面板三期项目、日本电气硝子增资扩产、国机智能总部、巨轮机器人基地，百济神州、冷泉港（广州）研究院、新日本科学等。

【国有企业改革】 2017年8月，广州开发区进行国资系统整合，11家区属国企合并为6家，新设4家，明确主业，理顺体制机制。10家国企集团的主业分别为生物医药与健康产业、新一代信息技术、人工智能、新能源新材料、交通基础设施投资、产业投资资本运营、现代金融、人才服务等。

【首届国家级开发区马拉松】 2017年12月24日，2017宝能广州黄埔马拉松赛开跑。来自全球10个国家和地区的1.5万名选手齐聚广州科学城广场，是国内首个由经济技术开发区举办的大型马拉松赛事。除上百个跑步爱好者团队和200多名公益参赛者外，还吸引宝能、广汽、蓝月亮等50多个企业的特色方阵参与。沿途企业、学校、社区居民以各种形式为选手打气助威，自发助威群众达6万余人，来自埃塞俄比亚的Regasa Mndaye Bejiga以2小时13分11秒夺得半程男子组冠军，来自埃塞俄比亚的Meseret Kitata Tolwak以2小时31分1秒获得女子组冠军。

（田果）

广州南沙经济技术开发区

【概况】 2017年，广州南沙经济技术开发区坚持新发展理念，加快建设广州城市副中心，打造高水平对外开放门户枢纽。全年实现生产总值1391.89亿元，比上年增长10.5%，增速连续四年排名全市第一位。亚信、微软云、小马智行、中电数据、云从科技、科大讯飞等30多家科技创新龙头企业平台项目相继落地，创新型产业实现跨越发展。南沙港区实现集装箱吞吐量1406万标准箱，比上年增长10.5%，助力广州港进入全球2000万标箱俱乐部，航运中心功能增强。"企业专属网页"政务服务新模式入选国家商务部第二批四大"最佳实践案例"，全国首张身份证"网证"签发，商事登记便利度进入国际先进行列。

【南沙邮轮产业发展】 2017年，广州南沙开发区发展邮轮旅游业务，冲进全国邮轮产业"第一梯队"，成绩居全国第三位。南沙口岸全年运营出入境邮轮122航次，比上年增长17.31%，接待出入境旅客40.35万人次，增长23.8%；实现"航次"与"人次"双增长。邮轮带动全域旅游发展，南沙区旅游综合竞争力提升。

在区"1+1+10"产业政策体系下，制定《南沙邮轮扶持资金管理办法》《广州南沙新区（自贸片区）促进旅游产业发展扶持办法》等。争取144小时个人过境免签、出入境15天团队免签等政策突破，申报中国邮轮旅游发展实验区。

【全国首单单元结算跨境船舶租赁资产交易成交】 2017年10月30日，工银租赁香港公司将境外1艘名为"海阔"的香港籍大灵便型散货船在南沙区广州航运交易所船舶交易平台以美元标价挂牌出售，由福建客户竞得，成交价840万美元。此次交易是境内首个采用外币结算的境外船舶资产交易案例。香港籍租赁船舶在无须境内靠港、无须报关的情况下，利用广州航运交易所船舶交易平台，将境外船舶资产转让给境内客户。此次交易均以美元为货币收取，突破境外船舶在国内第三方交易平台交易外汇收支业务的瓶颈和难点。

【"熊猫债券"业务发行】 2017年4月，中国银行作为主承销商为香港金茂集团发行广州南沙开发区内首例熊猫债券，首发25亿元。10月，区内招商银行发行100亿元熊猫债券，首期项目金额10亿元，是自9月份以来银行间市场同期、同评级债券最低利率，优于近期央企和地方国企的发行价格。

【国家超级计算广州中心南沙分中心试运营】 2017年，国家超级计算广州中心南沙分中心作为全国首个联通内地与香港两地大数据采集、分析、服务的领先平台，进入调试和试运营阶段。分中心完善基础条件建设，开始组建运营团队，配备软/硬件维护技术人员、高性能计算及CAE数值模拟技术支持人员及其他运维人员。推进超算资源的市场推广工作，与多家单位达成合作意向，开始面向区内企业提供试用，已有广汽研究院、番禺得意精密电子工业有限公司等单位进行试用，并与安世亚太、并行科技、澳汰尔等多家单位达成合作意向。分中心开展形式多样的宣传推广和科普工作。全年接待国内外企事业单位、政府机关和高校科研院所近300人次，两次在区内交流会上宣传分中心相关情况；举办结构冲击动力学专题培训一次，多家单位近50名技术人员参加培训。是年申报的广州市科技计划——超算数值模拟与工业设计科普开放项目获批立项。

（李芳）

广州增城经济技术开发区

【概况】 2017年，广州增城经济技术开发区（简称"增城开发区"）围绕打造广州经济发展主引擎的目标，坚持新发展理念，解放思想谋发展，立足实际打基础，创新载体抓落实，以招商引资、企业服务、园区建设三大工作为重心，推动各项工作取得新成效。是年，完成规模以上工业总产值 1124.32 亿元，比上年增长 17.87%；全口径税收收入 90.07 亿元，增长 29.81%；固定资产投资首次突破百亿级，全年完成 126.35 亿元，增长 145.22%；限上商品销售总额首次突破千亿级，全年完成 1117.11 亿元，增长 48.35%；利用外资实现倍数增长，其中合同利用外资 19.03 亿美元，实际利用外资 1.53 亿美元，增长 4.27 倍；进出口总额 34.85 亿元，增长 1.8%。

【超视堺项目建设】 2017 年，增城开发区、增城区成立项目服务团队，为超视堺第 10.5 代显示器全生态产业园区项目提供服务，创造增城企业筹建新速度。11 月，项目主体工程全面施工，完成年度投资 80.18 亿元。争取省、市的支持，完成土规调整、林地调整、用地报批出让等工作。迁移山坟 274 座，拆迁房屋 101 间，动员龙丰合作社实现整社拆迁安置，依法解决 15.8 公顷果场清表，高标准完成土石方量 700 万立方米的场地平整。建立专门项目服务团队，主动对接上级部门，建立省、市、区三级联动的服务机制，制定目标管理体系，全程实行“代办制、领办制”，高效完成工商登记等各项企业设立工作；每周召开工作协调会和专题对接会议，研究协调解决项目用地、环评、消防、规划报建、关务、人资总务、地税服务等问题，确保项目推进。省市部门开展上门服务、精准服务，协调解决项目防微振技术困难，帮助项目优化 220 千伏变电站建设方案，协同推动进口设备减免税和快捷通关，开展河道治理、绿化、排水排污等建设。

【产业发展多措并举】 2017 年，增城开发区利用国家级开发区、侨梦苑的重大平台作用，创新招商方式，引智引技引资，全年落户日立汽车马达系统、康宁玻璃等 12 个项目，投资总额超 53 亿元。储备 SMC 气动元件、日特固汽车零部件、奥宝科技等重点在谈项目 48 个。落实广州、增城科技创新政策和人才政策，全年引进高层次人才 10 人，引进澳大利亚和英国双院士 1 人。广州国际汽车零部件产业基地增城园区启动建设。广汽本田增城工厂实现 36 万辆产能，全年完成产量 42 万辆、产值 576 亿元，广本销售公司累计完成销售额 1073.74 亿元，比上年增长 47.92%。电装、提爱思、华德等一批汽车零部件企业建成投产，中汽研华南基地项目奠基，博创智能、广州江铜、华创新材料等一批高端装备制造和新材料企业发展壮大，阿里巴巴、广百物流等现代服务业企业保持良好发展态势。全年推进 28 个建设项目，博创智能扩产、苏德罗尼克等 5 个项目竣工投产，博济生物医药、纽恩泰热泵等 4 个项目主体工程封顶，宝盛视光、新莱福磁材等 8 个项目动工建设，中汽研、日立马达、永旺梦乐城等 11 个项目筹建中。

【侨梦苑建设管理】 2017 年，增城开发区侨梦苑加快发展。完成市级科技企业孵化器登记，引进瑞峰新能源、华钛三维材料等 5 个华侨华人创新创业项目。与暨南大学合作推动产学研合作，入驻项目大思自动化公司联动博创、华研等生产性企业升级改造，推动“两化融合”。至年底拥有高新技术企业 28 家，全年实现产值 111.21 亿元，占规模以上工业总产值的 28.7%；开发区拥有市级企业研发机构 31 个，省级工程技术研究中心、企业技术中心 8 个。宝盛视光、中科瑞龙、雄兵汽车孵化器等专业型孵化平台加快建设，引进迪安诊疗、北控水务等项目和一批孵化企业，形成集聚孵化、集聚发展的态势。

【基础设施建设】 2017 年，增城开发区推动市政基础设施加快建设，新和北路、新惠路、沙宁公路截污管和猪牯冚排洪工程完工，创誉路、永宁大道东段道路、沙宁公路升级改造、长风北路等道路工程加快推进，全年完成工程投资 4.5 亿元，比上年增长 2.15 倍。完成治安视频监控首期工程，完善供水、供电、截污管网、河道整治等市政配套工程。开发区首期拆迁安置区建成并完成首次分房，安置 4 个村 493 户 1700 人，二期拆迁安置新社区、龙丰社安置社区、员工生活配套区及高级人才公寓、员工生活配套区二期等工程动工建设。增城开发区小学、开发区第二小学投入使用，南方医院增城院区（区中心医院）建成试运营，万达、永旺梦乐城等一批商业综合体进驻建设。开展河涌整治、市政设施维护、环境卫生保洁等工程，完成道路及人行道两旁、企业门前、排水沟周边等空地的绿化美化工程，累计完成园区主干道路沥青铺设 42.3 万平方米、绿化提升面积 8.8 万平方米，建设绿化长廊 17 千米、绿化面积 7.2 万平方米，生态环境不断优化。

【土地资源整合利用】 2017 年，增城开发区完成超视堺、中汽研、日立电机、中科瑞龙等重点项目 246.67 公顷土地清表和场地平整工作，比上年增长 9.25 倍，保证各重点项目按计划顺利推进。全年实现房屋拆迁 79.7 万平方米，拨付征地拆迁资金 45.31 亿元，比上年增长 5 倍。全年有 6 批次 17 宗 194.47 公顷土地报批获批复；完成超视堺首期、万达、中汽研首期等 13 个项目约 196 公顷土地出让（划拨）工作，比上年增长 4.5 倍。

【开发区扩容提质】 2017 年，增城开发区首期扩区的仙村园区建设加快推进，编制仙村园区开发建设工作方案，完成规划范围内的文物考古调查和 500 千伏高压线迁改工作，完成南区 333.53 公顷征地补偿协议的签订工作，推进已征土地的村社户界划定、青苗清理和山坟迁移工作，推进场地平整、道路基础设施等工程。 （罗美平）

深圳出口加工区

【概况】 广东深圳出口加工区（简称“出口加工区”）于 2000 年 4 月 27 日由国务院批准成立，为全国首批 15 家出口加工区之一。出口加工区位于深圳市坪山区地域内，西起深汕路，东至绿荫路，北起丹梓西路，南至金牛西路，围网内面积 299.80 公顷。2001 年 3 月 31 日，通过国家八部委联合验收，并一次性封关运作。

2017 年，出口加工区运行形势严峻。规模以上工业企业工业总产值 84.7 亿元，比上年下降 34%，其中高新技术产业总产值 7.26 亿元，下降 17.9%；工业企业利润总额为 -11.62 亿元，下降 472.6%；工业增加值 21.15 亿元，下降 30.7%；平均从业人员 1.3 万人，下降 18.7%。出口加工区主要包含保税物流和加工贸易进出口业务，全年进出口总值 374.4 亿元，比上年下降 30.2%；其中，进口总值 164.5 亿元，下降 33.1%；出口总值 209.9 亿元，下降 27.8%。

年内，坪山区政府在出口加工区管委会的基础上，建立出口加工区管理委员会联席会议工作机制，统筹推进出口加工区的建设和管理工作，由区委常委、区政府常务副区长担任总召集人。联席会议办公室设在经济和科技促进局，负责统筹协调及日常工作。出口加工区管委会会同驻区海关，参照大鹏港码头管理模式，指导保通公司制定场站分区管理及车辆靠台管理机制，对通关货车采取分区停放、分类管理、按需分流、凭号靠台、凭单查验等措施，解决场站车辆拥堵、霸占查验区等问题；加强行政通道管理，安排安保服务专项经费 156 万元，增加值守力量，对现存行政通道进行 24 小时严格值守。

【基础设施】 2017 年，出口加工区入区项目土地利用率 59%；国有出让用地面积 146.93 公顷，占总面积 49.3%；国有未出让用地面积 84.17 公顷，占 28.3%；道路和绿地面积 66.78 公顷，占 22.4%。国有已出让用地上已建成建筑面积约为 160 万平方米。其中，土地规划显示为仓储物流用地的建筑面积约有 23 万平方米。出口加工区完成“七通一平”（通水、通电、通路、通邮、通讯、通暖气、通天然气或煤气、平整土地）建设。

年内，出口加工区启动升级综合保税区基础

设施建设：监管场站封闭管理和涉危车辆规范管理设施建设，建造出口加工区监管场站水泥隔离墩，在监管场站划分15个危化品和易燃易爆品运载车辆临时停放车位，投入资金13.99万元；分步升级出口加工区场站监管辅助系统，投入资金18.2万元，其中，辅助监管系统通关一体化升级改造6.6万元，通关无纸化升级改造工程11.6万元，以此推进通关一体化及通关无纸化改革；投入4.8万元，提升中国联通点对点数据专线网速，海关辅助系统使用的网速由4兆提升至10兆；检修维护海关电子卡口系统和视频监控系统，投入30万元购买服务，由承接服务方安排驻场人员，提供日常巡检和应急维护服务，确保出口加工区通关卡口、场站及行政通道的视频监控等软硬件设施运行顺畅；完善东、西、南通道闸口视频监控，将三个进出闸口改造为双向6车道，每条车道均加装监控摄像头，实现进出车辆及行人分流管理；对受“苗柏”台风影响倒塌的围墙进行紧急抢修，及时修缮围网破损处，投入资金8.45万元。此外，编制出口加工区升级综合保税区基础设施改造计划，计划投资7845.98万元，年内进入设计招标阶段。

【招商引资】 2017年，出口加工区引进深圳市中深联科技有限公司等企业13家，其中物流供应链类企业5家、加工制造类企业6家、检测维修类企业1家、数据库技术类企业1家。注册资本1亿元以上的企业3家，注册资本1000万元至1亿元的企业4家，注册资本500万元至1000万元的企业2家。至年底，出口加工区累计吸引入区经营企业140余家，行业主要集中在信息技术、家电、电子、五金、钟表、包装、保税物流服务等领域，初步形成以中芯国际集成电路制造（深圳）有限公司为龙头的集成电路产业集群、以奥仕达电器（深圳）有限公司为龙头的家用电器产业集群和以深圳市新宁现代物流有限公司为龙头的保税物流服务业产业集群。

（彭敏珍　吴晓东）

珠海经济技术开发区

【概况】 珠海经济技术开发区（又名高栏港经济区，简称“高栏港区”）位于珠海市西南端，2017年辖南水、平沙两个镇，由高栏、南水两个半岛和三角山、荷包、大杧等18个海岛及黄茅海东部沿岸陆域和海域组成，开发总面积380平方千米。年末户籍人口6.28万人，常住人口11.56万人。人口自然增长率12.23‰。

国家一类对外开放口岸、全国沿海主枢纽港珠海港的主体港区——高栏港位于珠海高栏港区内。高栏港是珠三角建港条件最好的港口之一，距离国际主航道仅1海里，建港岸线68千米，可以建设万吨至30万吨级泊位150多个，可最终形成货物吞吐能力2亿吨、集装箱吞吐能力500万标箱以上。高栏港区的气候属于亚热带海洋性季风气候，夏长冬短，日照充足，雨量充沛，海洋温泉资源和海岛旅游资源丰富，拥有海泉湾度假村、荷包岛、飞沙滩等著名旅游景点。高栏岛宝镜湾摩崖石刻距今约4000年，可辨别的石刻岩画有5处7幅。

高栏港区地势平坦，耕地面积53.33平方千米，粮食播种面积1.25平方千米，粮食年产量0.19万吨。林地面积73.70平方千米，森林覆盖率30.4%，活立木蓄积量19.44万立方米。重要矿产资源有钨矿、建筑用花岗岩、地热水和矿泉水等；海产资源丰富，盛产鱼、虾、蟹、蚝、贝等，有广东省连片最大的罗非鱼无公害养殖示范基地。区内由国务院农业部、国台办批准设立的广东省首个台湾农民创业园是台湾农业企业在珠三角的投资集中地之一。

2017年，全区生产总值274.47亿元，比上年增长10.4%。其中，第一产业增加值3.75亿元，比上年增长6.2%；第二产业增加值215.80亿元，增长10.4%；工业增加值208.48亿元，增长11.0%；第三产业增加值54.92亿元，增长11.0%。人均地区生产总值23.74万元，比上年增长11.3%；规模以上工业总产值998.88亿元，增长10.8%；固定资产投资263.08亿元，增长12.13%；社会消费品零售总额5.49亿元，增长14.4%；外贸出口额18.08亿美元，下降16.09%；实际利用外资3.88亿美元，下降14%；地方财政一般预算收入22.45亿元，增长10.7%；城镇居民人均可支配收入31629.3元，增长9.7%；农村居民人均纯收入19817元，增长9.1%。高中阶段教育毛入学率50.6%，九年义务教育巩固率100%。参加城镇职工基本养老保险66418人，覆盖率98%；参加城镇职工基本医疗保险68640人，覆盖率98%；参加城镇居民基本医疗保险15902人，覆盖率100%（与2016年统计口径发生变化）。

【港口开放】 2017年，高栏港经济区依托高栏港深水大港，实施江海联运、海铁联运、海公联运、管道运输等多式联运体系，拓展内外贸航线，新增集装箱班轮国内国际航线9条，集装箱班轮航线总数58条，高栏港—巴西维多利亚港直航航线于7月开通，高栏国际货柜码头水果口岸投入运行，巨涛码头1号泊位对外开放。珠海国际贸易“单一窗口”国家标准版在高栏港首单申报成功，推进海关、边检、国检、海事等查验单位压缩货物通关时间。全区实际利用外资3.88亿美元，占全市15.95%。

【港产城融合发展】 2017年，高栏港北港池15万吨级航道升级工程投入使用、黄茅海5万吨级航道及15万吨级主航道维护工程开工建设。截至年底，有生产性泊位71个，万吨级以上泊位27个。高栏港10万吨集装箱1号泊位投入使用，2号、3号泊位试运行，高栏港首个集装箱拆拼物流中心中谷物流正式签约，中谷国际航运在高栏注册，新增载重运力25万吨。平沙新城建设步伐加快。16条市政道路全面开工，4座主桥梁、地下综合管廊、对外交通4条主干道、碧桂园、保利项目、城市中心公园、生态公园建设加快推进，全年累计完成投资9.8亿元，完成年度计划投资的127.1%。城乡规划建设和市政设施方面。编制《高栏港经济区总体规划及“一园四小镇”城乡统筹概念规划》，平沙影视文化小镇入选广东省首批特色小镇创建工作示范点。建设核心价值观主题公园、广场7个，设置善行义举榜17个、“村民公约牌”19个。出台城市环境清理、规范、优化、提升“1+7”工作方案（高栏港经济区城市环境清理规范化提升总体工作方案、高栏港经济区立柱广告设施整治工作方案、高栏港经济区公共设施保洁工作方案、高栏港经济区科学合理设置交通标志工作方案、高栏港经济区文明公益广告优化工作方案、高栏港经济区市政道路设施和立面破损修复工作方案、高栏港经济区加强工地文明施工管理工作方案、高栏港经济区全区绿化综合提升工作方案），完成工地围挡总长度15.49千米，道路绿地改造5228平方米。平东大道实现单向通车，南水农贸市场人行天桥主体工程完工，完成低标准县道升级改造道路10.15千米。

【生态建设】 2017年，高栏港区进一步优化生态环境。实施森林封育管理100公顷、新增森林公园1个、完成森林碳汇面积177.33公顷，人均占有绿地33.91平方米，通过市政府考核。严格执行生态保护制度，完成2017年主要减排任务，全区4台燃煤发电机组全部实现超低排放改造，新建污水管网及雨污分流约10千米，全区城镇污水处理率90.4%。全区全年可吸入颗粒物（PM_{10}）平均浓度54微克/立方米、细颗粒物（$PM_{2.5}$）平均浓度22微克/立方米，氮氧化物（NO_2）平均浓度25微克/立方米，达到国家二级标准；全区15条河涌水质均达到《地表水环境质量标准》（GB3838—2002）要求，南新、先锋岭、白水寨水库等3个饮用水源保护地水质达到III类标准。

【平安港区建设】 2017年，高栏港区推动安全生产管理“四化”建设，基本完成智能化应急调度指挥平台建设项目，完成安全风险管控和隐患排查治理双重预防体系建设试点和全区化工产业安全容量分析。抓好减灾防治工作，地质灾害防治“高标准十有县”工作通过验收，完成全区乡村道路生命防护工程设施建设，通过省挂牌督办南水镇消防安全考核。加强公共安全体系建设。受理调解各类民事纠纷 1292 件，调解成功率 98.5%，受理各类法律援助案件 98 件，援助 574 人，为援助对象挽回经济损失 1000 余万元。建成全天候的治安防控系统，打击各种违法犯罪行为，平沙、南水两镇全年平安指数分别为 96.78、93.25，全年未发生食品药品安全事故。

【进境水果指定口岸建设】 2017 年 3 月 29 日，珠海国际货柜码头（高栏）有限公司（简称“高栏国码”）进境水果指定口岸通过国家质量监督检验检疫总局验收，并批准同意高栏国码于 8 月 1 日起开展进境水果试进口业务，高栏港成为珠江西岸城市首个东南亚进境水果货物挂靠港和集散中心，珠海进境水果指定口岸由原来的横琴口岸、斗门口岸增至 3 个，涵盖陆路、海港口岸，珠海口岸功能进一步完善。

【巴西维多利亚港与珠海港成功首航】 2017 年 8 月 10 日，中远海运特运“天祺”轮满载 3.5 万吨花岗岩和部分集装箱从巴西维多利亚港抵达珠海高栏港，标志着维多利亚港与珠海港直航航线正式开通。这是珠江西岸通往巴西的首条海运航线，也为中巴物流“海上丝绸之路”再添新通道。

【高栏港货物吞吐量突破亿吨】 至 2017 年 10 月 28 日，高栏港全年货物吞吐量突破 1 亿吨，较 2008 年增长 3 倍，占珠海港全港比例由 30% 提升至 90%，继 2013 年珠海港全港迈入亿吨大港的基础上实现主体港区新跨越。 （郑雪颖）

惠州大亚湾经济技术开发区

【概况】 惠州大亚湾经济技术开发区（简称“开发区”）是 1993 年 5 月经国务院批准成立的国家级经济技术开发区。地处惠州市东南，在惠东县、惠阳区和深圳市之间，东靠红海湾，西邻大鹏湾。陆地面积 293 平方千米，海域面积（含海岛）1319 平方千米，海岸线长 63.1 千米。属亚热带海洋性气候，年平均气温 22℃，全年无霜期 300 多天；有众多岛屿、沙滩，旅游资源丰富，有“海上小桂林”之称。开发区管委会为惠州市人民政府派出机构，副厅级建制，辖澳头、西区、霞涌 3 个街道，设村委会 29 个，居委会 10 个。2017 年末，常住人口 21.2 万人，其中户籍人口 9.56 万人。

2017 年，大亚湾开发区实现地区生产总值 505.1 亿元，比上年增长 6%；规模以上工业总产值 1584.3 亿元，增长 19.9%；固定资产投资 365.2 亿元；公共财政预算收入 53.1 亿元，增长 17.4%；税收总额 329.3 亿元（含海关代征税），增长 21.4%；社会消费品零售总额 38.8 亿元，增长 14%；实际利用外资 3.93 亿美元，增长 96.7%；全体居民人均可支配收入 3.7 万元，增长 10.8%。

年内，石化及电子信息、汽车零部件等装备制造、港口物流、滨海旅游等“1+4”现代产业继续发展。开发区获评国家新型工业化产业示范基地。石化区连续第四年位列“中国化工园区 20 强”第二位，入选国家第一批绿色制造体系建设示范园区、国家循环化改造重点支持园区。中山大学惠州研究院获评“中国产学研合作创新示范基地”，金百泽云创工场获评国家级众创空间。红树林国家城市湿地公园成功创建国家 AAAA 级旅游景区。

【大亚湾红树林城市湿地公园获评国家级】 2017 年 1 月 13 日，国家住房和城乡建设部官网发布《关于公布国家城市湿地公园的通知》，新批准全国范围内5座公园为国家城市湿地公园，其中惠州市大亚湾红树林城市湿地公园为广东省唯一入选项目。2月9日，该公园被广东省旅游景区质量等级评定委员会联席会议审议通过为国家AAAA级旅游景区。公园东起白寿湾大桥，南以滨河南路为界，北至中兴南路，西至中兴二路桥，周边全长3.9千米，规划总用地面积约111万平方米，包括水体整治、驳岸新建和改造、景观桥、公园配套设施、园路及铺装、绿化改造、公用工程等，总投资1.4亿元。大亚湾淡澳河红树林湿地连接出海口，是连接海洋、湿地、山体，构筑城市生态网络系统的重要自然生态廊道。红树林群落的面积由2001年的30.7公顷恢复到39.2公顷，17种红树植物生长于此，主要为本地品种，其中真红树10种，半红树7种；还有其他湿地植物30种，浮游植物5种。87种鸟类在此栖息，主要有大白鹭、小白鹭、池鹭、牛背鹭等；还有褐翅鸦鹃、红隼等7种国家二级保护动物。招潮蟹、弹涂鱼、虾虎鱼、斑头舌鳎等是红树林中常见的底栖生物。

【华瀛燃料油调和配送中心竣工调试】 至2017年，华瀛石化燃料油调和配送中心项目设计年生产能力1000万吨，是亚洲在建的调和能力最大的石化区仓储物流和燃料油调和中转基地，项目选址在距离大亚湾海岸线7.8海里的芒洲岛上。其中，30万吨码头工程共有钢引桥9座、钢联桥10座，钢引桥主要采用钢箱梁拱桁式结构，钢联桥主要采用钢管拱桁式结构。钢联桥、钢引桥经工厂加工制造，涂装完毕后按照既定路线从海上运输至施工现场，现场采用600吨起重船进行吊装定位，同时依靠驳船辅助安装。工程人员根据以往类似工程大型钢构件的安装经验，结合该工程实际采用"枕木＋千斤顶"的方式进行精确定位，完成钢桥安装。2017年11月2日，30万吨码头工程最后一跨跨径78米、桥宽10.5米、矢高10.0米、重约467吨的钢引桥成功吊装，并100%检验合格，至此，9座钢引桥全部安装完毕，标志着30万吨级码头顺利通桥。年底，项目竣工调试。

【惠州港荃湾港区煤炭码头启用】 2017年11月18日，粤东最大的煤炭集散基地项目——惠州港荃湾港区煤炭码头正式启用，第一艘运煤船靠泊码头。该码头是深圳、惠州两市联合推进港口、物流、能源深入融合发展的主动探索，由惠州深能港务有限公司负责投资、建设、运营，规划建设3个7万吨级泊位及配套设施，分两期建设，设计年接卸煤炭能力2300万吨，旨在建设成为粤东地区最大、华南地区重要煤炭码头。至年底，投产启用的一期项目投资额约30亿元，建设两个7万吨级煤炭卸船泊位及相应配套设施，水工结构均按靠泊15万吨级散货船设计，设计年接卸能力为1500万吨。码头建有直通中海油惠州炼化二期的供煤管道，运煤船靠岸后能通过卸船机、皮带机直接向中海油输送煤炭。该码头位于纯洲岛上，与陆地交通隔绝，全长2.7千米的铁路进港线建设当中。

【光弘科技公司上市】 2017年12月29日，惠州光弘科技股份有限公司在深圳证券交易所敲钟上市，成为惠州第12家A股上市公司，是惠州大亚湾区首家A股上市企业。此次光弘科技募集资金8.86亿元，主要投向大亚湾光弘二期生产基地项目、智能制造改造项目、工程技术中心升级建设项目、补充流动资金等。光弘科技成立于1995年，位于惠州大亚湾区响水河工业园，是一家从事消费电子类、网络通信类、汽车电子类等电子产品的PCBA和成品组装等的电子制造服务企业，是华为技术的供应商之一。

（惠州市地方志办公室）

区域合作示范区

中新广州知识城

【概况】 2017年，中新广州知识城历经七年的积累和发展，作为广东和新加坡合作的标志性项目，坚持高端产业项目、高端生活配套齐头并进，“产业＋枢纽”的优势展现，成为代表广东乃至中国参与国际竞争的知识经济高地。知识城致力于通过中新合作，深度融入国家“一带一路”和粤港澳大湾区建设，围绕建设高质量发展先行区总目标，打造广州国际科技创新枢纽核心区、广深科技创新走廊核心创新平台、粤港澳大湾区知识产权保护高地、世界一流水平的低碳生态智慧和谐知识新城。

【知识城交通建设】 2017年，中新广州知识城加快构建“南北贯通、山海相连、东西合璧、互联互通”的大交通路网格局。推动“九轨四高七快”的综合交通路网。地铁知识城支线开通运营，地铁十四号线、地铁二十一号线、穗莞深城轨加快建设。推动“知识城—机场”“知识城—广州东站”“知识城—南沙”“知识城—第二机场”4条高速地铁规划建设。加快创新大道、开放大道、科技大道、花莞高速、北部高速、东部快速等高快速路和五大产业价值创新园区微循环路网建设。至年底，建成道路（含改造）28条45千米，在建或已开标108千米。

【五大产业价值创新园规划】 2017年，中新广州知识城围绕IAB、NEM产业战略规划五大产业价值创新园区。在南起步区规划4.2平方千米的新一代信息技术价值创新园，加快鹏博士、万国数据等项目建设，打造技术服务、商务服务、创新服务相结合的新一代世界级信息谷。在九龙新城规划3.2平方千米的国际人工智能岛，产业用地、文化教育医疗用地占比83%，打造集总部基地、科技研发、智能体验、配套服务于一体的多功能人工智能产业枢纽。在北起步区规划3.4平方千米的生物医药价值创新园，以GE生物科技园、百济神州、康方生物等项目为核心，打造世界生物医药企业集聚区、国际一流的生命科学研发协作示范区。在知识城中部规划6.4平方千米的新能源新材料价值创新园，聚焦智能芯片研发、新能源、前沿材料测试等产业总部和产业园开发，打造广州创“芯”智造园。在知识城中部规划4平方千米的粤港澳大湾区科技创新综合孵化园，依托共享绿芯、产业发展、研发中心、服务配套四大功能组团，打造未来尖端科技中心、实验室、中小企业孵化器等创新创业载体。

【绿色智慧新城建设】 2017年，中新广州知识城注重生态环境保护，充分保留自然山体和水体，铺开海绵城市、绿色建筑建设。以“大海绵体”九龙湖、南部湿地公园建设以及河道治理为重点，落实海绵城市元素打造；制定绿色建筑专项规划，知识城内所有建筑按照绿色建筑要求建设，获得12个绿色建筑设计标识，40栋建筑获得专业认证。以《智慧城市顶层规划和建设行动计划（2018—2020年）》为主导，推动智慧城市建设。制定《综合管廊专项规划（2017—2030)》，建成10.2千米综合管廊，至2030年规划建设88.6千米综合管廊，建成后管廊密度将超过发达国家水平。

【招商引资】 至2017年底，中新广州知识城累计注册企业894家，注册资本956亿元，形成新一代信息技术、人工智能、生物医药、新能源新材料、知识产权服务、文化创意等产业体系，构建“知识密集型服务业为主导，高附加值先进制造业为支撑”的产业结构。新一代信息技术产业引进阿里云工业互联网总部、粤芯芯片、芯恩芯片、万国数据、京东共享中心及新物流基地等项目，人工智能产业引进巨轮机器人、景驰科技无人驾驶、广州创维智能制造新基地等项目，生物医药产业落户GE生物科技园、百济神州、绿叶集团等项目，并依托质子治疗中心和中大肿瘤医院、泰和肿瘤医院、皇家丽肿瘤医院，打造肿瘤医疗集聚基地。

【企业筹建服务】 2017年，中新广州知识城实施项目攻坚，加快项目建设，强化项目筹建工作统筹，国土规划、建设、招商引资等部门建立从土地出让、征地拆迁、土地平整、项目报建、竣工验收等全流程衔接服务机制，确保项目落地生根。宝能新能源汽车、南方医院知识城分院等15个项目开工建设，全部开工项目25个，其中竣工投产项目4个，筹建项目投资总额565亿元。推进供给侧结构性改革，推动企业提质增效。27家规模以上工业企业完成工业产值41.79亿元，比上年增长12.88%；12家规模以上商贸业企业完成商品销售额1408.86亿元，增长1.26倍；16家规模以上其他营利性服务业企业完成营业收入110.09亿元，增长9.96%。

【中新合作】 2017年，中新广州知识城与新加坡合作，打造国际高端新形象。中新双方推动知识城上升为国家级双边合作项目，协调国家发改委、商务部、外交部和省市有关部门申报知识城升级工作。加强与新加坡产业发展和招商合作，发挥新加坡国际招商资源和平台优势。加强新加坡工业4.0与“中国制造2025”发展战略对接，引进国际先进技术和优秀企业。在新加坡—广东合作理事会第八次会上，中新知识城签署8个合作项目。新加坡国际制造创新中心启动。中新知识论坛列为粤新理事会重点支持项目并从2017年第五届起与理事会年会同期举办，为知识城融入全球发展建言献策。推进人才交流活动，先后开展中新人才发展战略联盟合作计划、中新青年交流项目等51批次。

【知识产权运用与保护】 2017年，中新广州知识城加快知识产权运用与保护综合改革试验工作，打造最佳知识产权运用和保护区。中国和新加坡两国知识产权局与广东省政府三方签署《推进知识城知识产权改革试验三方合作框架协议》，落实国务院加快实施知识产权运用和保护综合改革试验部署。建成国家知识产权局专利局专利审查协作广东中心，年审查量占全国四分之一。引入广州“一带一路”版权产业服务中心，成为全国首个国家级“一带一路”版权产业服务中心。中新国际联合研究院完成筹建，16个实验室投入使用，孵化6家科技企业，联手打造国际化产学研创新联盟。

【地铁知识城支线开通】 2017年12月28日，广州地铁十四号线知识城支线开通。知识城线全长21.8千米，地下线长19.6千米，地上线长2.2千米，主要沿九龙大道敷设。共设新和站、红卫站、新南站、枫下站、知识城站、何棠下站、旺村站、汤村站、镇龙北站、镇龙站10个车站。知识城支线是广州地铁十四号线的支线，该线列车采用21号线的8节车厢列车，待十四号线开通后再用十四号线6节B型列车编组，列车最大运行速度120千米/小时。根据地铁知识城支线运营时刻表，全天上线6列车，行车间隔10分钟，每列车高峰满载客流1460人。

【三大项目动工建设】 2017年12月26日，宝能新能源汽车产业园、粤芯12英寸芯片制造项目、南方医科大学南方医院三大项目动工活动在中新广州知识城举行。宝能新能源汽车产业园投资约300亿元，首期规划产能50万辆新能源汽车。粤芯12英寸芯片制造项目投资总额约70亿元，月产3万片12英寸晶圆芯片，填补广东省、广州市“缺芯”空白。南方医科大学南方医院项目弥补知识城片区三级甲等综合医院的空白，总投资15亿元，可提供1000张床位。（田果）

深汕特别合作区

【概况】 深汕合作区位于广东省东南部，西与惠州市惠东县接壤，东与汕尾市海丰县相连，南临南中国海，总面积468.3平方千米，由原汕尾市海丰县鹅埠、小漠、赤石、鲘门四镇和圆墩林场组成，海岸线长42.5千米，常住人口7.65万人，可建设面积约145平方千米。合作区是珠三角经济区连接粤东地区乃至海西经济区的重要节点，厦深高铁、广汕高铁、正在规划的深汕高铁和深汕高速、潮莞高速、正在规划的深汕第二高速、国道G324贯穿其中，地理位置优越，交通条件便利，区内有山、有林、有湖、有海、有湿地、有温泉，自然环境优越，适合建设一座宜居宜业宜游的滨海新城。

2017年，将合作区调整为深圳市委、市政府派出机构，由深圳按照功能新区的要求全面主导建设，要求合作区五年内迅速发展，为全省乃至全国区域协调发展探索新路、树立标杆，将合作区建设成为区域合作发展示范区、自主创新拓展区、粤港澳大湾区辐射节点区。9月21日，广东省委、省政府印发《关于深汕特别合作区体制机制调整方案的批复》，将合作区党工委、管委会正式调整为深圳市委、市政府派出机构，由深圳全面主导建设，成为深圳第“10+1”个区。2017年，深汕特别合作区全年实现生产总值47.3亿元，比上年增长80%；全社会固定资产投资89.5亿元，增长28.6%，实现经济快速发展，在顶层设计、产业发展、基础设施等方面取得重大进展。

【顶层设计】 2017年，深汕特别合作区确立以“依托深圳、联动汕尾、立足深汕、实干兴城”为发展理念，以“深圳总部+深汕基地”为发展模式，以“纵向形成产业链、横向形成综合服务链，工业化推进城市化”为发展思路。在2015年广东省政府通过的《深汕（尾）特别合作区发展总体规划（2015—2030年）》基础上，进一步编制土地利用、基础设施、市政工程、产业发展、低碳生态建设等专项规划和鹅埠、小漠、赤石、鲘门等片区控制性详细规划，并集中力量重点发展鹅埠片区。认真研判当前的机遇和挑战，出台全区工作要点，明确以产业项目建设为中心，突出抓好产业项目落地、基础设施建设、重点区域建设、制度建设和干部队伍建设，推动体制机制调整工作，起草符合合作区发展实际的体制机制调整方案。

【产业项目建设】 2017年，深汕特别合作区按照广东省委省政府“聚焦鹅埠、聚焦产业”要求，开展“产业项目建设百日攻坚战”和“奋战三十天全面提速重点产业项目建设”，全年供地产业项目59个，其中，前期项目16个，桩基施工项目11个，主体施工项目21个，竣工项目1个，投产项目10个，盛腾、中瑞等先期投产项目发展势头良好。纵向形成产业链、横向形成综合服务链，优化存量、扩大增量，鹅埠片区已初步形成新能源、新材料、新一代信息技术等产业集聚。

【基础配套设施建设】 2017年，深汕特别合作区建设基础设施项目80个，总投资218.74亿元。计划建设道路58条，总长141.24千米，总投资94.73亿元。重点推进区内深汕大道、发展大道、红海大道和创新大道、通港大道等城市主干路网建设，协调推进厦深高铁、广汕客专和深汕高速、潮莞高速、河惠汕高速等外部交通路网建设。实现通车15条，里程47.7千米；动工23条，里程71.21千米；开展前期工作20条，里程22.33千米。鹅埠片区基本形成纵横连通、相互衔接的市政路网。在建公共配套设施22个，总投资123.74亿元。赤石220千伏变电站、南门河综合水系治理工程、生活中心3个公共配套设施建成并投入使用，邻里中心、鹅埠垃圾转运站、鹅埠污水处理厂等8个项目主体施工，东部大厦、辉煌1号、振业时代家园、鲘门站前广场及交通场站等4个项目进行桩基建设；完成燃气中压管网铺设6696米，开通区内公交1号和3号线，天威视讯有线电视网络开通运营，深汕简阅书吧建成并对外开放。

【土地收储】 2017年，深汕特别合作区通过推进土地征收、场平、出让、监管等重要环节，共向汕尾市海丰县下达征地任务书89份，征地面积30.89平方千米，累计实地移交6.33平方千米。机制转变后，优化土地征收方式，直接委托四镇开展征地，并在鹅埠镇和小漠镇实施按土地类别制定补偿标准实施征地。采取硬作风硬措施，严厉打击圈地行为，强制收回7宗已供地但未按时动工的国有建设用地，面积41.6公顷；征缴3宗因企业自身原因闲置的土地闲置费并限期开工；等价值置换1宗土地，实际收回用地43734.5平方米（占原用地的75%）；驳回1宗以变更股权的方式非法囤积土地申请。完成11批次土地组件报批，全年新供地50宗，面积1.82平方千米。增加保安力量，强化巡查监管力度，对违法抢建行为保持高压监管态势；积极配合汕尾市和海丰县开展“拆违集中整治行动”，拆除违法建筑和地基112处。（廖原）

粤桂黔高铁经济带合作试验区（广东园）

【概况】 2017年6月8日，《粤桂黔高铁经济带合作试验区（广东园）发展总体规划（2015—2030年）实施方案》经广东省政府同意，由省发改委印发实施。8月8日，第三届粤桂黔高铁经济带联席会议上，佛山高新区与南宁、贵阳高新区签署合作备忘录，缔结成为友好高新区，进一步探索跨区域合作新模式。8月18日，试验区核心区重要交通枢纽——佛山西站建成通车，正式开办客运业务，助推佛山成为对接粤港澳大湾区、大西南、东南亚的重要窗口。粤桂黔高铁经济带合作试验区于2016年3月被正式写入国务院泛珠三角区域合作指导意见，上升为国家战略。粤桂黔高铁经济合作试验区（广东园）以佛山国家高新区南海园为主体区，面积92平方千米；核心区即佛山西站枢纽新城，面积8.58平方千米；拓展区包括佛山国家高新区禅城、顺德、高明、三水四个分园。同时，广东省人民政府同意试验区云浮分园建设。2016年12月，成立粤桂黔高铁经济带农业产业合作联盟等7个联盟。（梁敏飞）

【《粤桂黔高铁经济带合作试验区（广东园）发展总体规划（2015—2030年）实施方案》印发实施】 2017年6月8日，《粤桂黔高铁经济带合作试验区（广东园）发展总体规划（2015—2030年）实施方案》经广东省政府同意，由省发展改革委印发实施。

该方案提出将试验区打造成中国高铁经济带发展先行区、粤桂黔创新创业合作聚集区、促进区域协调发展引领区、珠三角西部综合交通物流枢纽区和新型城镇化创新建设示范区。

该方案还提出将联合广西、贵州以“一区三园”的形式申报国家级跨区域合作试验区，为全国高铁经济带建设探索经验。为此，该方案从多方面制订开展跨区域合作的要求。深化体制机制改革创新、助推多方利益共享方面，该方案提出，要深化重点领域和关键环节改革创新，建立适应跨区域合作的管理体制和合作机制，释放改革红利，实现多方利益共惠共享，支撑贵广、南广高铁经济带快速发展。跨区域合作机制方面，该方案提出在贵广、南广高铁经济带合作机制框架下，建立省、市、试验区三级联动协调机制，并明确要建立高铁沿线园区交流合作机制。投融资制度方面，该方案提出鼓励社会资本组建发起规模100亿元的高铁经济带产业发展投资基金，吸引贵广、南广高铁沿线城市及社会资本、国内外投资机构加盟，发挥基金的杠杆效应和乘数效应，放大资本运作功能；同时，该方案还提出以试验区民营经济为主体，联合粤桂黔三省（自治区）民营机构，按照现代金融企业制度申请成立粤桂黔高铁经济带发展银行，重点为三省（自治区）高铁经济带沿线中小微企业成长服务。加强跨区域创新协同驱动、鼓励人才交流互动方面，该方案强调，要进一步优化创新创业服务环境，强化试验区与高铁沿线地区在科技研发、教育培训、创业就业等领域开展交流合作，实现跨区域创新协同驱动和人才交流互动。共建区域科技创新体系方面，该方案提出要强化高水平创新平台建设，筹建粤桂黔高铁经济带研究院，建立资源信息整合平台，筹建华南环保产业技术研究院，加强与新材料领域国家级科研机构的合作，组建产业技术平台；推进科技研发资源共享，筹建粤桂黔高铁经济带技术交流会，加强与贵州大数据产业合作，深化“中国在线制造”平台建设。此外，试验区将建立科技成果转化和交易中心：建立粤桂黔科技信息发布和交易网络平台，实现科技成果在线交易；推动佛山高新区与高铁沿线高新区高新技术成果转化项目认定绿色通道，同时享受当地优惠政策；积极对接欧美优秀科研机构和创新型企业，规划建设佛山新兴产业国际技术转移中心。人才合作培养与交流方面，该方案提出要加快高端人才合作培养，落实合作培养产业人才项目。同时，试验区还将探索建立粤桂黔小微创新型企业培育孵化中心和大学生创业基地，打造人才资源信息共享平台，定期举办专场招聘会。并且，试验区将探索建立佛山与桂黔地区“联合绿卡”制度，优秀创业人才可享受当地政策优惠。

【第三届粤桂黔高铁经济带合作联席会议】

2017年8月8日，第三届粤桂黔高铁经济带合作联席会议暨粤桂黔高铁经济带合作试验区（贵州园）建设工作现场会在贵州省都匀市举行。广东省委常委、常务副省长林少春及贵州、广西两地领导出席。佛山市委常委、副市长蔡家华代表佛山与12个城市签署《粤桂黔高铁经济带协同创新合作共识》，致力推进“粤桂黔高铁经济带合作试验区”建设，将围绕科学技术、金融发展、产业融合、合作机制等五大方面推进协同创新。

佛山西站是集3条高速铁路、2条城际铁路、3条城市轨道交通等交通模式于一体的重要枢纽节点 （王伟楠　摄）

该届联席会议为期2天，活动包含粤桂黔高铁经济带沿线城市经贸合作圆桌会、粤桂黔旅游联盟互动交流会、粤桂黔名优特产品展销会等多项内容。广东、广西、贵州三省（自治区）领导，国家发展改革委经贸司领导、中国社会科学院专家，以及南广、贵广高铁沿线13个城市代表团成员80余人参会。

会议开幕式上，粤桂黔三省（自治区）领导就进一步推动粤桂黔高铁经济带发展作大会发言。随后，13个城市代表进行高新技术产业合作项目现场签约。其中，佛山市与南宁市、贵阳市签订缔结友好高新区合作项目协议，未来将从搭建产业协同发展平台、支持企业稳定交流协作等方面，实现共赢发展。这是继广西柳州之后，佛山与高铁经济带城市就高新区开展合作的又一重要举措。（郭昊）

粤桂合作特别试验区（肇庆）

【概况】 粤桂合作特别试验区（肇庆）（简称“试验区”）于2014年4月由广东、广西两省（区）人民政府联合批复设立；7月，国务院批复《珠江—西江经济带发展规划》，试验区列入该规划并上升为国家战略；10月，两省（区）政府签署《试验区建设实施方案》，启动试验区开发建设。试验区由主体区和拓展区组成，主体区100平方千米，以广西壮族自治区梧州市和广东省肇庆市交界为中轴，双方各划出50平方千米组成。位于梧州万秀区白云山以东、肇庆封开县城西北，其中以西江南岸10平方千米为起步区。拓展区40平方千米（双方各划20平方千米），位于梧州龙圩区社学和肇庆封开县平凤镇境内，其中各划3平方千米为起步区。2014年9月，试验区管理委员会设立，为肇庆市政府派出正处级机构，行使市级经济管理和相应的行政审批权限。

【规划编制】 2017年3月13日，试验区群丰工业组团控制性详细规划通过专家评审；9月29日，试验区平凤片区起步区市政专项规划通过专家评审；12月29日，《粤桂合作特别试验区总体规划（2017—2035年）（广东片）》报批成果上报肇庆市政府审查。

【招商引资】 2017年，试验区出台招商引资项目和企业扶持政策，从厂房租赁、产业转移、创新驱动、金融资金、转型升级、人才发展、土地使用、市场开拓等方面扶持企业招商引资和发展经济。试验区与封开县联合举办两场招商引资项目集中签约仪式，组团参加第14届中国——东盟博览会系列活动粤桂合作特别试验区专场推介会暨第二届改革发展论坛，举办粤桂合作特别试验区深圳加工贸易招商推介会，签约德晟摩拜智能终端产品制造、旭宇盛翔智能终端触控、煜和环保建材等8个项目，总投资25.2亿元。

【建设资金筹措】 2017年，试验区范围内的封开县平凤镇凤塘片区基础设施建设项目2.2亿元融资筹集获农发行批复并放款2.1亿元，平凤起步区基础设施建设项目（一期）的2.8亿元融资筹集获国家开发银行批复并放款1.69亿元。平凤镇凤塘片基础设施建设项目和土地储备项目，分别获省政府新增债券转贷资金5000万元、地方政府新增土地储备专项债券500万元支持。试验区与桂林银行签订全面战略合作协议，桂林银行投放试验区的私募基金6亿元募集到位。

【基础设施建设】 2017年，试验区基础设施建设项目均列为省、市重点项目及市领导挂点联系项目，完成投资7.63亿元；启动园区规划建设用地213.33公顷；新开发用地面积107.69公顷。广梧高速公路连接线拓宽工程（分界塘至平凤中学路口段）完成硬底化建设。园区投资2.6亿元规划建设7条道路，主一路和主二路正在施工，主二路延伸路段和次二路完成施工图设计，次一路完成征地。总投资920万元的郁南至试验区跨区域引水工程施工，建成后每天可供水5000立方米，可满足1.5万人生活用水。西江粤桂联合环境监控预警及应急指挥中心投入使用，可实时监控试验区水体、大气等。总投资5989.43万元的污水处理厂列入省PPP项目库并完成招投标，设计规模为日处理污水1万立方米。总投资1.3亿元的110千伏红庄变电站，建设用地指标获省国土厅批复，完成用地调规、征占用林地手续、土地征收、进站道路施工及场地初步平整等。

2017 年 8 月 3 日，盈田项目动工仪式在肇庆平凤拓展区举行

[粤桂合作特别试验区（肇庆）管委会党政办供稿]

【重点项目建设】 2017 年，试验区引进标准化厂房园区运营商重庆盈田置业集团，将投资 20.4 亿元建设标准厂房 80 万平方米，占地面积 71.33 公顷，按设计、建设、招商、运营一体化模式，负责试验区 50% 厂房建筑面积招商任务，重点引进电子信息、装备制造等产业。至年底，启动建设面积 59 万平方米，建成 22.66 万平方米，其中办理验收手续 10.57 万平方米；德晟摩拜智能终端产品制造、旭宇盛翔智能终端触控、勤上光电、德维斯电子变压器电感器充电桩、佳利柯移动终端等项目租赁厂房 9 万平方米。

【体制机制】 2017 年，试验区完成“1+3”配套方案修编，并获肇庆市委常委会议和市政府常务会议审议通过，12 月 17 日上报广东省政府。与梧州市共建两广金融改革创新综合试验区的《两广金融改革创新综合试验区 2016—2017 年行动计划》获粤桂两省（区）金融办函复，《两广金融改革创新综合试验区总体方案（2016—2020 年)》报两省（区）审批。

【招商引资项目集中签约】 2017 年 8 月 15 日，粤桂合作特别试验区（肇庆）和封开县举行招商引资项目集中签约仪式，大立光电、中广核风电、兴业光伏电站、骏能化工 4 个项目总投资 11.5 亿元，项目涉及新能源、绿色化工、新材料、高新技术制造业等。

【粤桂合作特别试验区（肇庆）建设三周年活动】 2017 年 9 月 4 日，粤桂合作特别试验区迎来开发建设三周年。中共中央政治局委员、广东省委书记胡春华，广东省省长马兴瑞，广西壮族自治区党委书记彭清华，广西壮族自治区政府主席陈武等到试验区开展专题调研和考察活动。

（梁威）

特色新区

广州空港经济区

【概况】 广州空港经济区是广州国际航空枢纽建设的核心载体，位于广州北部，东起流溪河、西至国道G106线—镜湖大道、南起北二环高速、北至花都大道的区域，加上原白云机场综保区北区和南区范围，总面积116平方千米。其中，白云片区56平方千米，花都片区60平方千米，共涉及6个街镇，49个行政村，常住人口约15万人。区内企业约8300家，包括南方航空、省机场集团、GAMECO、新科宇航、联邦快递等。

2017年，广州空港经济区推进广州国际航空枢纽和国家临空经济示范区建设，在机场扩建、产业布局、招商引资和政策支持方面取得新的突破。2017年8月，广东省政府批复同意将2017—2021年新转入示范区的企业和项目产生的省级税收，以专项补助形式予以返还；9月，中共广州市委、广州市政府先后出台《关于加快空港经济区开发建设的意见》《推进广州国际航空枢纽和临空经济示范区建设三年行动计划(2017—2019年)》，提出61项支持措施和改革任务，明确2017—2019年在基础设施、航空维修、航空物流等领域计划推动重点项目80个、总投资3145.15亿元的建设任务；空港经济区制订出台“7+1”系列招商优惠政策等配套支持文件，鼓励发展总部经济、高新技术产业等高端临空产业，对重点临空产业、产业领军人才、招商机构等给予扶持奖励。11月，《广州空港经济区管理试行办法》修订实施，赋予空港经济区控制性详细规划审批、城市更新等54项行政管理权限。12月，省自贸办的《中国（广东）自由贸易港建设方案》明确将机场综保区作为广东省自贸港建设的核心区域，并上报国务院，空港经济区加快推动产业研究规划发展工作。

【广州临空经济示范区建设】 2017年，广州市政府审定《广州临空经济示范区总体方案》，明确示范区的总体发展思路和建设任务，提出打造国际航空枢纽、生态智慧现代化空港区、临空高端产业集聚区、空港体制创新试验区四大功能定位，重点发展航空商务商贸、航空金融、航空维修制造、航空物流及其他临空指向性强的先进制造业和现代服务业，规划建设航空总部商务区、

2017年，白云机场在枢纽建设多个方面取得新的进展

（民航中南局供稿）

航空高端制造区、航空维修制造区、航空物流区、综合保税区、公共服务区和生态保护区，并提出优化通关服务、创新监管模式、加强对外开放与国际合作、推进投资便利化四方面共11条体制机制改革创新举措。

【基础设施建设】　2017年，广州空港经济区加快推进国际航空枢纽综合体系建设，初步形成“外部大集散、内部微循环”综合交通体系。

白云机场二期扩建累计完成投资186.2亿元，T2航站楼基本完工。机场第二高速等高快速路、轨道交通、内部循环路加紧建设，完成机场北出口主干道飞粤大道和迎宾大道升级改造项目、清水河景观提升项目建设。

【临空产业发展】　2017年，广州空港经济区加快招商引资，推动临空高端产业集聚发展。新科宇航客改货项目、广州飞机维修工程有限公司零部件及复合材料维修中心、本田通用航空（本田公务机大中华区唯一经销商）、南航资本控股、唯品会广州空港跨境电商总部、宝能（广州）空港保税物流中心、广州香雪空港国际医药物联网中心、顺丰速递华南总部、圆通速递华南总部、德高集团等项目落户，签约动工项目43个，投资总额逾700亿元。广州空港经济区初步成为全国最大飞机维修基地。是年，该基地实现营业收入32.6亿元，比上年增长30%，初步形成全国最大空港物流中心。全年综保区进出口总额165.9亿元，比上年增长28.3%；全年经综保区操作引进租赁飞机23架，货值125.25亿元，架次、货值均增长1.3倍，成为华南航空租赁业务发展的新增长极，跨境电商业务发展继续领先国内空港口岸，全年跨境电商进出口总值超过40亿元，增长超过50%，B2C进出口业务实现翻倍增长。

【体制机制优化】　2017年，广州空港经济区优化机构设置，增设安全生产监督管理局、国库支付中心、建设工程质量安全监督站3个机构。由市工商行政管理局机场分局加挂空港经济区分局牌子，空港经济区工商分局实现独立运作。空港经济区形成内设“一办六局”，下设4个事业单位、1家国有企业，以及加挂2个功能分局的全方位、多功能综合布局。成立广州空港经济区规委会，承接规划审批权限，发挥规划对区域开发、建设与发展的龙头作用。拓宽投融资渠道，由区空港集团成立基础设施基金和航空产业发展基金，认购规模分别为20亿元、15亿元，发挥社会资本推动作用，以基金带动基础设施建设和产业发展。推动“三互”大通关改革和“单一窗口”建设，深化查验配套服务费改革。加强政务服务工作，空港政务服务中心对外运营，提供规划国土建设类、民防类和环保类等7类155项行政审批和备案事项的“一站式”政务服务。5—12月，受理行政审批事项申请593宗，按时办结率100%，办结用时较承诺时限提高15%。全年完成首批重点企业34名总量控制类专业人才入户工作，白云机场首条环线穿梭公交线路“空港1路”开通运营。加强安全生产日常检查，组织重点检查50余次，全区安全生产形势稳定，没有发生一般以上安全生产事故。　（姚春雷）

广东（江门）大广海湾经济区

【概况】　广东（江门）大广海湾经济区（简称“大广海湾经济区”）位于江门市东南部，地临南海，毗邻港澳，陆地上东与中山、珠海两市相邻，西与阳江市接壤，北靠台山、开平两市。区域横跨江门市新会、台山、恩平三个县（市）区，涵盖沿海17个沿海镇街，总规划面积3240平方千米，常住人口总数84万人。2017年，该区实现规模以上工业总产值970亿元、规模以上工业增加值302亿元，完成固定资产投资386亿元。

大广海湾经济区按照“一带三轴、一核三片”方针进行空间布局。“一带”是指东承环珠江口湾区、西联粤西和大西南地区的沿海黄金发展带；“三轴”是指东部江门主城区—银湖湾拓展轴、中部台山主城区—广海湾拓展轴、西部恩平主城区—镇海湾拓展轴；“一核”是指银湖湾—广海湾滨海核心区，面积约520平方千米；“三片”是指银洲湖沿江产业片、上下川国际旅游片、镇海湾海洋生态发展片。

2017年7月，大广海湾经济区在新时代习近平中国特色社会主义思想和习近平总书记系列重要讲话精神的指引下，被写入国家发改委和粤港澳签署的《深化粤港澳合作　推进大湾区建设框架协议》，正式升级成为国家级发展战略平台。

【区位优势提升】　2017年，大广海湾经济区推动铁路项目建设，加快高恩高速公路、开春高速公路、银洲湖高速公路等高速路建设，推进江门大道快速路建设。崖门万吨级航道整治工程完成工程可行性研究评估报告编制工作，广海湾作业区防波堤工程和广海湾作业区进港航道工程被列入交通部水运“十三五”发展规划，推进台山广海湾鱼塘港及开放口岸建设。

【产业集聚加强】　2017年，大广海湾经济区围绕珠三角实现大跨越发展新增长极的定位，推动银洲湖、广海湾、镇海湾三大片区的开发建设。重点推动轨道交通产业园、新会经济开发区、广海湾工业园等核心园区提质增效，规划建设粤澳（江门）产业合作示范区、珠西新材料集聚区。银洲湖先导区产值超亿元企业超过120家，广东轨道交通产业园累计完成投资超过52亿元，配套企业落户13家。粤澳（江门）产业合作示范区里，环保产业园内的新财富环保电镀基地启动第3期建设，汽车零部件产业区动工；新财富信息科技产业园签订投资协议，总投资10.2亿元；澳葡青年创业园完成土地利用总体规划局调整规划、控制性详细规划等前期工作，启动首期200公顷预征地工作；滨海旅游及中医养生文化产业园完成规划环评，进行用海申报前期工作。珠西新材料集聚区纳入省产业园管理。广海湾发展区产业集聚功能增强，广东省农产品加工示范区加快实施，区内总投资5.75亿元的香港利苑项目开始土建工程；镇海湾生态区形成超过2万公顷沿海养殖区，区内的红树林湿地公园对外开放。

（江门市地方志办公室）

江门市滨江新区

【概况】　江门市滨江新区是江门市委、市政府着力打造的未来城市中心，位于江门市区北部，规划面积174.4平方千米，户籍人口6.48万人，非户籍人口5万多人，未来发展规划人口60万人。2017年全区实现生产总值181.82亿元，比上年增长10.1%；规模以上工业总产值566.67亿元，增长13.08%；规模以上工业增加值136.69亿元，增长15.20%；实际利用外资1600万美元，增长209.48%；全社会固定资产投资122.73亿元，增长25.03%；外贸进出口总额115.26亿元，增长19.68%；限额以上社会消费品零售总额2133万元，增长8.52%；地方公共财政预算收入5.07亿元，增长16.85%。

【新城建设】　2017年，滨江新区龙舟山公园、蓬江湖、银葵医院项目进展顺利；体育馆、游泳馆、体育场进入内部装修阶段，会展中心建成交付使用，并配合区举办广东省第16届教育装备博览会；广东实验中学江门分校落地；依托全国顶级设计团队，开展总部经济基地项目规划设计，为打造珠西总部经济中心谋篇布局。园区扩园提质方面，新签约兰芳园食品、海目星激光、科业电器等11个优质项目，计划总投资40.3亿元；康师傅秉信、新日电动车建成投产，江粉高科技产业园、美心食品等一批重点项目进展顺利；推进园区基础设施建设，新棠路、堡莲路二期、莲塘二路污水管网等5项工程建成投入使用，推进堡莲路一期、三期、仁和路等一批工程，提高配套服务、绿化水平。

2017年，江门滨江新区加快发展　　（钟光明　摄）

书馆。新农村建设取得实效，投入770万元，实施农业类公益财政奖补一事一议项目17个。累计投入2495万元，完成良溪北坎电排站工程、显溪电排站工程、中小河流治理重点县综合整治及水系连通试点工程棠下—1项目区建设，2、3项目区建设、南冲电排站工程以及黑臭水体整治及水利工程PPP项目进行中。建成农村幸福院16个，“邑家园”服务实现村居全覆盖，打造家门口便民服务圈，棠下镇公共服务中心被认定为“广东省集中式城乡居保业务系统基层经办服务示范点”。

【招商引资】 2017年，滨江新区引进海信集团、康师傅食品、蒙德电气、华电能源等39个重大项目。采取“企业落户供地全程跟进、企业施工报批全程服务、企业反映问题一跟到底”方针，20多个重大项目落地投产。2017年列入江门市重点建设项目33个，项目总投资283.97亿元，成为拉动新区经济增长的重要引擎。滨江带动智能制造、健康食品两大新兴产业快速发展，产业产值超300亿元。企业自主创新能力增强，嘉宝莉化工获批建设省博士后创新实践基地，天地壹号被认定为国家高新技术企业、广东省工程技术研究开发中心，金莱特电器获评中国家居用品出口基地（江门）示范企业。

【社会事业发展】 2017年，滨江新区推动成立棠下慈善会，发动镇、村、厂企、海外华侨等社会各界力量参与，共募得善款2300万元。执行对标检查、对标整改，最大限度调动人力、物力，确保“创文”复检任务胜利完成。推进黄标车淘汰、小乱散污企业整治工作。按规范化学校标准完善教学设备设施，推动虎岭小学校安改造、实验小学运动场、陈垣纪念学校等11项教育工程建设。启动棠下卫生院住院大楼、棠下镇文化中心项目建设，建成棠下镇24小时自助图

【环境优化】 2017年，滨江新区投入资金120余万元，对大林垃圾中转站（40万元）、河山垃圾中转站（45万元）、虎岭岭西村垃圾中转站（28.34万元）、虎岭大岭尾小型垃圾转运站（6万元）等进行升级改造。投入资金29.46万元，兴建迳口、莲塘、圩镇三座垃圾分类站；投入4万多元增购配套小型垃圾清运车的垃圾箱10个；投入7万多元增购配套垃圾压缩运输车的垃圾斗10个，加强垃圾清运工作；投入13.6万元新购垃圾桶70个，对破损的环卫设施进行及时美化维修。整改陈垣广场和棠下公园旅游公厕4个，完善陈垣广场无障碍设施配置，盲道、缘石坡等无障碍设施按规定设置，无破损、脱节现象。共投入7万多元对圩镇范围内进行全面消杀，全年共消杀6次，净化辖区环境。

【基层治理】 2017年，滨江新区推进农村“三资”规范管理，投入180万元新建棠下镇农村集体“三资”管理服务中心，出台村级经济组织小型建设项目承（发）包实施办法等措施。开展

"两违"整治，完成年度整治攻坚任务，累计拆除违建超50万平方米。完成"拆一改一"（横江村拆村和新昌村改居）试点任务，化解一批重点信访案件，确保全镇大局平稳可控，完成"十九大""广府人恳亲大会""财富"论坛等特防期维稳安保任务。全镇安全生产形势平稳，未发生较大以上安全生产事故。（滨江新区党政办）

东莞滨海湾新区

【概况】 2017年4月，东莞市原长安新区更名为"滨海湾新区"。滨海湾新区以引领东莞未来30年发展的历史使命，抓住粤港澳大湾区建设及广深科技创新走廊的战略机遇，理顺体制，为新区工作开展奠定保障基础。年内，成立东莞滨海湾新区规划建设工作领导小组，组长由市政府主要领导担任。领导小组下设理顺体制机制工作小组等5个工作小组，明确责任分工，目标任务，定期召开会议，为新区发展定向靶标，解决新区建设难题。由市委副书记兼任新区党工委书记，领导班子配齐到位。10月，滨海湾新区揭牌，人员到位、机构到位、保障到位。建立健全党群组织。机关党支部和国有企业党支部基本筹建完成，共青团、妇委会、工会和工联会的换届选举基本完成。基本理顺新区控股公司股权关系、滨海湾水域海事管理关系，逐步理顺东莞港与沙田镇的关系。新区发展定位提升到全面对接国家、省战略部署的高度，融入"一带一路"、粤港澳大湾区和广深科技走廊等重要战略建设。

【土地扩容】 2017年6月，滨海湾新区扩展为由原交椅湾（规划面积20.36平方千米）、沙角半岛、威远岛三大板块构成，总面积83.2平方千米，扩容3倍多。全年完成400公顷滩涂土地结构调整任务，17个填海项目中的粤港澳文化街、深圳海洋科技研发服务基地2个项目获得海域使用权证书，其余15个项目报批中。推动沙角电厂等企业整体搬迁工作。

【规划编制】 2017年，滨海湾新区概念规划基本定稿。新区发展总体规划、城市总体规划编制工作启动，发展总体规划编制获得广东省政府同意开展编制工作。借鉴南沙、前海经验，创新规划编制模式，全面启动以城市总体规划为统领，同步开展城市总体规划、近期建设规划、相关专项规划等以及城市设计国际竞赛为一体的规划编制工作。前往深圳招商港口、广州港集团调研，委托设计单位编制沙角深水港区规划。

【东莞港资源整合】 2017年10月13日，东莞港沙田港区、麻涌港区、内河港区挂牌，明确责任，理顺机制体制。开展穗莞港航对接项目工程费用摊统筹策略与方案专题研究、广州港出海航道坭洲段改线工程潮流数学模型试验研究等论证。新沙港二期明确总平面布置图和各泊位的开发主体，启动前期报批协调工作。西大坦作业区推进驳船码头和9号、10号泊位工程建设，驳船码头建成投产4个泊位。立沙岛化工区港口岸线资源整合利用研究报告完成终稿；完成审核虎门宏业货柜码头迁建工程码头扩建工程、广州海洋地质调查局海洋地质码头扩建工程等码头岸线使用需求；开展广州海洋地质调查局海洋地质码头扩建工程岸线评估工作。启动东莞电子口岸及国际贸易"单一窗口"的立项相关工作，完成编制上述项目的可行性研究报告，推进国际贸易"单一窗口"国家标准版在东莞进行试点，完善通关信息平台的有关功能和扩大互联互通范围等工作。

【东莞港货物吞吐量增长】 2017年，东莞港全港货物吞吐量完成15742.94万吨，比上年增长7.95%。东莞港务集团新增航线4条。中远海运集运开通"东莞港—越南胡志明"1条外贸航线，洋浦中良、阳光速航开通"东莞港—锦州港"、洋浦中良开通"东莞港—营口港"3条内贸航线，航线总数24条，覆盖中国大陆沿海、中国台湾和东南亚等地区港口。下属东莞保税物流中心累计完成进出园区货值142亿美元，比上年增长21%，位列全国B型保税物流中心第一位。塑胶粒中心初步建成，区域通关一体化在园区内落地；普通仓逐渐形成规模效应，13万平方米的普通仓全部满仓，并吸引京东、途虎养车等大型企业在东莞港开展业务，逐步形成规模集聚效应；引进宜家家居全球最大出口集拼仓落户，直接带动2万标箱外贸货柜在东莞港完成出口，每年可为东莞带来超过20亿美元的出口额，并配套开通湾区快线1号线，打造“湾区快线”网络，构建以东莞港为中心，辐射整个粤港澳大湾区的水陆集疏运网络。

【基础设施建设】 2017年，滨海湾新区长安新河、海芯大道等基础工程开工，交通路网建设铺开。形成《东莞滨海湾新区土地1.5级开发方案》，并邀请国内知名设计单位参与启动区概念性设计方案征集活动。制订《滨海片区“1+4”统筹联动组团发展工作推进方案》，并获片区联席会议通过，提交市委改革办审定；推进磨碟河流域综合整治、茅洲河河堤及景观（滨海湾新区段）建设等工程建设。引进紫光集团芯云产业城、步步高智能制造基地等重大项目，投资总额超千亿元。与招商银行、正中投资集团等企业签署全面战略合作框架协议，引进优质企业参与新区开发建设。

【投融资建设】 2017年9月，滨海湾新区财政分局成立，实行一级财政预算管理体制，为新区投融资建设创造良好条件。摸清新区2017—2025重大基建项目建设资金需求，初步测算总投资额440亿元。推动银行与知名咨询机构研究论证后编制《2017—2021新区投融资规划方案》。推动10亿元新区建设首期启动资金，于11月30日从市财政拨入新区财政户；向广东省政府申报基建专项债券，探索通过政府发债筹集建设资金新路径。加强与多个金融机构对接，引进社会资本参与开发建设，东莞银行向新区授信8.13亿元，已放款7290万元；工商银行、建设银行以及招商银行向新区授信1100亿元。

（东莞市人民政府地方志办公室）

东莞水乡特色发展经济区

【概况】 东莞水乡特色发展经济区（简称“东莞水乡经济区”）位于东莞市西北部，地处东江北干流和南支流流经区域，包括麻涌、中堂、道滘、洪梅、望牛墩、万江、石龙、石碣、高埗、沙田10个镇街，总面积510平方千米，占全市总面积的21%。区域内常住人口160万人。2017年4月，东莞市委、市政府出台《关于推进园区统筹组团发展战略的实施意见》，将全市划分为六大片区，其中水乡新城片区范围包括洪梅、望牛墩、道滘、麻涌、中堂5镇，是水乡经济区的核心，并明确水乡新城是水乡新城片区发展的龙头和引擎，将建设成为东莞市城市副中心。

2017年，东莞水乡经济区实现生产总值1236.14亿元，比上年增长9.4%，增速比全市高1.3个百分点；税收总额220.04亿元，增长16.4%；固定资产投资、规模以上工业增加值、社会消费品零售总额分别增长9.6%、10%、13.7%。其中，水乡新城片区实现生产总值566.69亿元，比上年增长12%，比全市高3.9个百分点，GDP（国内生产总值）增速均高于全市平均水平；税收总额100.37亿元，增长29.2%，高于全市12.6个百分点；固定资产投资、规模以上工业增加值、社会消费品零售总额分别增长13.7%、13.6%、17.6%，均高于全市水平。

【水乡新城与片区发展定位】 2017年，东莞水乡经济区立足区位优势、交通优势和水乡特色优势，明确水乡新城总体目标是“岭南水乡、总部基地、国际商务港”，发展定位是“粤港澳大湾区东岸区域性现代服务业中心、广深科技创新走廊重要节点、对接穗深港台创新创意产业合作门户、东莞城市副中心和水乡经济区核心区”。同时，明确水乡新城片区“总部经济+新兴产业”的产业发展定位，以及“现代新城+特色名镇”的城建发展定位。水乡新城重点发展总部经济、布局高端商务服务平台，打造大湾区国际商务港，片区各镇重点发展新技术、新材料、新能源、新医药等新兴产业，结合特色小镇建设，以优化公共服务为着力点，打造多个战略新兴产业集聚区。

【体制机制创新】 2017年，东莞水乡经济区明确统筹发展思路和重点任务，落实市委、市政府园区组团统筹发展战略，研究制订水乡新城片区推进园区统筹组团发展工作方案。强化统筹开发，将东莞西站TOD（以公共交通为导向的开发模式）纳入水乡新城统一规划、统一开发，由水乡管委会统一管理。完善水乡管委会职能和机构设置，推进市直部门行政审批服务前移工作，突出投融资平台建设，成立水乡投资控股公司，设立20亿元水乡发展基金。

【招商引资】 2017年，东莞水乡经济区按照“产城融合、产业先行”的发展思路，围绕片区“总部经济+新兴产业”的产业发展定位，实行全员招商计划，联合水乡新城片区各镇，开展联合招商、精准招商、高位招商。全年接洽客商200多批次，举办签约活动3场，引进东莞平安金融科技城、碧桂园产城总部及新能源科技园、翼航东升军民融合国际无人机产业基地等40个重点项目（群），达成合作协议项目14个，项目涵盖总部经济、产城融合、科技金融、文旅科技等范畴，签约金额超过1800亿元。

【水乡新城开发建设】 2017年，东莞水乡经济区围绕增强水乡新城在片区的辐射带动能力，高标准、高起点规划，完成水乡新城概念性规划，控制性详细规划、综合交通改善规划编制相继启动实施。成立水乡新城开发建设指挥部，明确工作机制，推进开发平台组建、城市更新、招商统筹等相关工作。推进水乡新城城市更新，按照“新型城镇化连片改造、打造粤港澳大湾区金融科技创新城”的思路，明确开发模式和城市更新工作方案。

【新兴产业集群和特色小镇融合发展】 2017年，东莞水乡经济区以“产业集群+特色小镇”融合发展为方向，导入新技术、新材料、新能源、新医药等战略性新兴产业集群，促进片区各镇产业建设和城市建设同步推进、同步升级，推动每个镇至少建设一个“特色小镇与产业集群融合发展项目”。中堂镇作为试点，规划建设智能科技特色小镇，并推进规划设计、土地整理、招商引资。望牛墩镇计划引入平安集团建设大健康产业特色小镇。

【基础设施建设和生态环境治理】 2017年，东莞水乡经济区组织落实水乡经济区基础设施、生态环境、水系等专项规划。推动疏港大道延长线、水乡大道延长线、水乡横向中通道、水乡横向南通道、望沙路等一批项目建设，推进水乡大道、望洪路升级改造，加快构建无缝衔接的基础设施网络。坚持生态环境优先，以“清存量、控增量”为思路，以水环境综合治理为核心，统筹、协调督促水乡经济区各镇街全面推进生态环境治理。全年新建截污次支管网225.05千米。推进流域综合治理和内河涌综合整治，其中24条内河涌污染综合整治全部动工。

（东莞市人民政府地方志办公室）

中山市翠亨新区

【概况】 中山市翠亨新区（简称“翠亨新区”）位于粤港澳大湾区地理中心，50海里范围内可抵4个国际深水港，100千米范围内可抵5个国际机场。区境内有广珠轻轨、京珠高速公路、港珠澳大桥、深中通道，是珠江三角洲地区西岸承接深港地区高端产业和优质要素的桥头堡。2017年，翠亨新区借助东部组团整体优势和协同合力，实施创新驱动发展战略，以重大发展战略谋划和城市产业规划，重大基础设施建设和重点片区开发，重大平台构建和新兴产业培育，重大项目招引和高端人才引进为主要工作重点，集聚创新创业要素引领发展、完善城市功能促进发展、破解瓶颈难题加快发展、强化党工委核心领导保障发展，建设成为集创新中心、产业中心和高新技术企业集聚中心为一体的高新技术集聚区。全年固定资产投资98.05亿元，比上年增长13.24%；完成规模以上企业总产值129.55亿元，增长10.55%。

【发展战略规划】 2017年，翠亨新区根据创新中心、产业中心、高新技术企业集聚中心“三个中心”发展定位，空间布局以保护生态环境为基础，采取“双轴驱动”的空间发展策略，形成逸仙湾，新区城市发展轴和滨江景观轴，滨海公园景观带和五桂山生态景观带，先进智造区、中央商务区、文化交流区、英才培育区、转型示范区、国际旅游区六大功能分区的“一湾、两轴、两带、多组团”的空间发展格局。产业规划实施“3+3+1”的产业导向，即发展新兴服务业、生产服务业、生活服务业三大现代服务业，培育现代生物产业、新能源产业、海洋产业三大战略性新兴产业，择优择占地面积小、效益好、附加值高的高端制造业，明确新区起步区优先发展先进装备制造业和健康医药产业两大主导产业，调整产业用地规模比例，与邻近地区实现错位发展，将翠亨新区打造成产业结构高级化、产业发展集聚化、产业竞争力高端化的重大合作平台。

是年，翠亨新区落实新区土地规划中期调整成果，完成城市总体规划上报工作，启动起步区控规调整。开展起步区绿地景观、户外广告、配电网等专项规划。开展城市设计。采用国际竞赛方式开展起步区环岛路7座景观桥梁和新客运码头及现代综合体方案设计，聘请建筑设计大师何镜堂担任评委，遴选出由院士领衔的桥梁设计方案和新客运码头及现代综合体国际竞赛最优设计方案。牵头编制东部组团产业发展规划，实施产业单元规划先行，优化产业发展空间，引导相关产业项目集聚，形成与产业导向高度匹配的单元产业集群。盘活原临海工业园空置物业17.9万平方米，为科技型初创企业研发孵化提供场地。开展新区参与中山建设世界级现代装备制造基地、区域科技创新研发中心等重大课题攻关。强化土地开发统筹利用管理，制定中长期土地出让计划，控制土地出让节奏和规模。利用园区和产业单元规划成果，开展土地规划招商，遴选优质项目。加强存量土地管理，全年共清理、回收出租土地1006.67公顷，引入免费土源1050万立方米，平整建设土地333.33公顷。加快新增建设用地农转用审批，全年共完成国有农用证办理和新增建设用地农转用审批106宗。

【产业升级】 2017年，翠亨新区利用中国科学院、清华大学、复旦大学、哈尔滨工业大学等院校科技创新资源，落实科技创新举措，力促科技成果转化，搭建产业发展平台，形成高端产业和高层次人才集群集聚。

至年底，有高科技企业16家，占已投产企业数的26%。企业研发机构建设提速，全区设立研发机构的规模以上企业占比48%。完善孵化育成体系，新增孵化面积2.7万平方米，新增入孵企业20家，“戴思乐湾区孵化器”通过市级科技企业孵化器认定。全年完成企业技术改革投资31.85亿元，立信门富士“纺织印染后整成套自动化设备制造数字车间项目”获批准成为年度省级工业和信息化智能制造试点示范项目。新增市级创新创业科研团队2个。12月，翠亨新区成为省级双创示范基地。

搭建产业发展平台，制定支持先进装备制造业发展办法、支持中科院科技成果转化和哈工大项目落户专项扶持办法。全年安排3.5亿元用于支持高端产业发展。修订起步区购地类工业项目准入管理办法和利用工业用地建设产业创新平台项目准入管理办法，制定起步区社会投资产业类项目评审管理办法。引入专家评审制度。实施项目履约保证金制度，加强合同监管。统筹国内招商与海外招商，引进高端装备制造项目17个和生物医药项目4个，初步形成重大科技成果转化、高端智能装备、生物医药健康科技、时尚科技及智能可穿戴设备、科技产业创新平台五个产业集群。中山翠亨新区精密智能装备产业集群获国家科技部纳入2017年度“创新型产业集群试点（培育）”。在美国硅谷设立中美人工智能创新中心。推动中瑞工业园和中德（中山）生物医药产业园（翠亨分园）融合发展。中瑞工业园获评“中瑞经贸促进奖”。

成立区人才工作领导小组，制定翠亨新区人才发展“展翅计划”，协同火炬区创建省人才发展改革试验区。完善欧美同学会留学报国中山基地（海归创业中山学院）、中国中山留创园（翠亨分园）、粤港澳台青年创新创业基地和海外人才工作站4个高端人才载体，全年举办各类高峰论坛、创业培训和项目推介会9场，在美国波士顿设立中山青云创投基金海外办公室和中山人才工作站，促进海内外高层次人才相互交流、高端团队和项目向新区流动。全年引进国家杰出青年基金获得者1人、中科院“百人计划”3人等相关人才。

【重大项目建设】 2017年，翠亨新区推进城市基础设施建设、产业项目建设。加快交通基础设施建设，推进起步区“三横五纵”骨干交通网建设。全年完成环岛路项目投资4.8亿元。和信路、翠澜道、横四线延长段全面开工，全年完成投资2.1亿元。翠城道北段地下综合管廊及同步建设工程试验段动工。完成翠海道地下综合管廊及同步建设工程PPP（政府和社会资本合作）招标。完成翠微道道路改造工程EPC招标（指公司受业主委托，按照合同约定对工程建设项目的设计、采购、施工、试运行等实行全过程或若干阶段的承包）。协助推进深中通道、中开高速公路、东部外环高速公路、轨道交通2号线和中山港新客运码头等“四路一港”对外快速交通路网建设，深中通道桥隧、中开高速公路、中山港新客运码头港池部分等工程动工建设。产业项目建成投产，全年新动工亿元以上非房地产项目21个，比上年增长1.1倍。其中，完成13个省重点建设产业项目总投资346.44亿元，年度计划投资51.08亿元；完成21个市重点建设产业项目总投资634.87亿元，年度计划投资62.34亿元。全面动工建设深圳医疗器械产业园项目6个。完成哈工大智能装备产业园一期及配套项目室内装修，进驻项目11个。年内，哈工大智能医疗康复与助力助残机器人等6个产业化项目和中科奥辉荧光光谱仪等9个项目投产，中兴智慧城市产业园智慧展厅和创新平台投入运营。

【城市管理服务】 2017年，翠亨新区以建设珠江口西岸宜居精品城市为目标，推动从单一的城市规划、建设向城市管理、运营拓展。加强城市建设管理，充实综合执法中队、质量安全监督等机构人员，健全城市综合管理体制机制，实行精细化建设管理，提升城市综合管理效能。加强对起步区市政、路灯、环卫等工作的网络化管理，实施机关大院绿化提升工程，提高城市管养水平。开展进场前文明施工培训和建设中文明施工指导，突出运输环节和工地现场的监督管理，落实建筑工地屏蔽和安全施工措施。加强安全生产管理，充实区安全委员会机构，压实安全生产责任，加强各类人员安全培训，逐步配齐消防、抢险等装备设施。深化重点行业、领域的安全专项隐患排查，消除各类安全隐患盲点。健全区防台风、防洪水、防暴潮“三防”应急机制，落实防台风、防暴雨和排涝减灾工作责任，开展抵御“天鸽”等台风侵袭和灾后复产工作。加强城市公共服务，承接市19个部门144项市级经济管理权限，充实区行政服务中心人员，推动市国土局和火炬开发区规划分局等部门派驻翠亨新区办公，提升行政服务效能，全年共受理行政审批事项550宗，办结542宗，办结率91%。新开通免费公交线路3条，连接中心城区、火炬开发区和南朗镇的商业配套，共享周边公共资源。全年共组织大型现场招聘12场，拓宽免费招聘途径。成立翠亨能源公司和新区水务公司，开展售电、供水及污水处理等业务。完善翠湖公园一期配套设施和日常管理，加快二期建设，公园成功获批准成为市级湿地公园。中山翠亨国家湿地公园管理中心获批准设立，公园建设进入全面施工期。完成金水湖公园改造工程并对外开放。开展金山公园改造工程。动工建设滨河整治水利景观工程示范试验段，完成北部标段资格预审，进入PPP招标阶段。

【创新发展】 2017年，翠亨新区创新行政服务审批模式，制订新区推动审批创新、服务经济发展的工作方案，按照“门窗合一、一站办理、审前介入、精简高效”的改革方向，采取导办服务、并联办理、审批前移、建立电子材料库等创新举措，实现项目从立项到竣工35项重要环节中的14项并联或前移办理，在法定审批时限基础上压缩47.2%。建设以打造审批服务全流程、企业展示全方位、人才服务一站式为目标的翠亨新区政务客厅。

创新土地出让监管和综合开发模式。制定起步区土地出让监管实施办法，推动市相关部门制定促进土地利用、支持产业发展和促进综合用途建设项目用地管理等政策措施，突破工业厂房限高和工业地产分层出售等限制，解决制约新区工业地产开发的系列制度障碍。

创新投融资模式，运用市政府对新区政策支持，全年获得市地方政府债券9.12亿元。推动以PPP投融资模式建设环岛路、综合管廊、滨河整治水利工程等重大基础设施项目。对接推进市属公司和国有资本参与新区开发建设。加快翠投公司人力资源整合和经营运行机制优化，增强企业资本实力，提高市场化投融资能力。以翠投公司为开发运营主体，启动智能装备产业园和医药器械产业园规划建设。落实EPC、PC等招标新办法，优化招投标流程。完善监督管理机制，建立政府项目施工企业谈话制度，明确工程建设的行政、法律、廉政等责任，强化对在建项目的全过程监管。

【招商引资】 2017年，翠亨新区在实施选商引商上“走出去”策略，先后21次赴北京、上海、深圳、西安、哈尔滨等国内城市与美国、加拿大等国招商，实地考察意向落户企业，加快对先进装备制造企业的引入扶持。按照政府引导、市场主导、创新驱动、龙头带动的原则，优化产业布局，推动重大项目建设，提升自主创新能力，培育世界级装备制造业企业、市场和产业集群，以项目落地带动产业发展，以平台建设带动产业集聚。

3月28日，翠亨新区在中山招商引资·招才引智洽谈会暨第四届中山人才节中签约项目14个，签约总额超133亿元。项目集中在高端装备制造、健康医药等战略性新兴产业与高新技术企业。其中，哈工大机器人集团华南总部及首批落户项目、中科院荧光检测技术项目、亮艺LED智能照明项目、中山翠亨新区翠城道北段地下综合管廊及同步建设工程（PPP项目）、以端粒酶和端粒为靶点治疗多种癌症项目、广东欧美同学会与中山留学报国基地合作项目等6个代表上台签约。哈工大机器人集团选址于翠亨新区，将牵头建设机器人集团华南总部、高端无人装备产业园等，是翠亨新区首次尝试政校联合。中科院荧光检测技术项目是该区首个中科院科技成果转化项目，该项目技术团队开发出目前全球市场上唯一一款全自动、POCT荧光相关光谱分子分析仪，申请发明专利2项及软件著作权2项。以端粒酶和端粒为靶点治疗多种癌症新药项目为美国生物医学研究机构——德州大学西南医学中心的重大项目，该项目预计总投资5.5亿元。

8月29日，翠亨新区组织哈工大机器人集团和中科富海（中山）装备制造公司2家企业展出近30台（套）先进装备制造产品参加第三届珠江西岸先进装备制造业投资贸易洽谈会，围绕工业机器人、医疗护理机器人、大型低温氢液化和储运关键技术及其在氢能产业链中的应用模型等高端技术领域进行展示。最终签约优质项目12个，签约总额188.4亿元，其中“中科院低温制冷装备产业园”等3个项目在开幕式上台签约。

【中国航天（翠亨）军民融合技术转移项目路演会】 2017年3月24日，由翠亨新区管委会、中国航天系统科学与工程研究院联合主办的“中国航天（翠亨）军民融合技术转移项目路演会(第一场)”在翠亨新区举行。路演会旨在发挥航天国防高技术优势，探索军民两用技术转移新模式。路演会共有航天新长征电动汽车技术有限公司新能源专用车、深圳振华富电子公司的叠层片式多阶射频滤波器、北京清大际光科技发展公司石墨稀产业化3个项目参加，具有与翠亨新区主导产业契合度高、技术水平先进、市场前景广阔等特点。

【留学报国·展翅翠亨——2017翠亨新区海归创业学院创投创业春季峰会】 于2017年3月28日在翠亨新区举行，由翠亨新区管委会主办。美国科学院院士、德克萨斯州西南医学中心教授Jef De Brabander，中国科学院院士、中国工程院院士等受邀参加。峰会设置项目签约、新区投资环境推介、中美院士专家主旨演讲等创新创业团队项目路演、创业投资新趋势分析、与会专家代表圆桌讨论、创业项目和创投机构对接等环节。电传感全自动免疫检测、美国RayVio深紫外LED杀菌芯片、以端粒酶和端粒为靶点治疗多种癌症、国际集成电路健康应用、中山青云海外创投基金办公室、中山（翠亨新区）硅谷科技孵化器、中山波士顿人才工作站（翠亨新区、火炬开发区科技孵化器）及翠亨新区戴思乐科技孵化器等一批项目签约。

【中山中瑞工业园获“中瑞经贸促进奖”】 2017年5月13日，位于翠亨新区的中山中瑞工业园在由中国瑞士商会举办的第三届“2017中瑞商业大奖”颁奖现场获颁“中瑞经贸促进奖”。中山中瑞工业园作为广东省和瑞士在生物医药、精密制造等领域的合作示范园区，是中山乃至全省融入“一带一路”建设的新引擎。至年底，翠亨新区有瑞士纺织龙头企业丝丝姆纺织机械、美国昂欣科技、德国华斯曼利设备制造、瑞士阿尤布韦斯利咨询服务等在工业园落地的外资项目24个，全年产值13.2亿元。

【省、市项目动工】 2017年7月6日，翠亨新区举行省、市重点项目——翠城道北段地下综合管廊及同步建设工程、临海科技新城（二期）EPC总承包项目、横四线延长段EPC总承包项目3个项目动工仪式，总投资近60亿元。

2017年11月29日，中瑞合作办学签约仪式在三角镇举行。中山职业技术学院、民森房地产发展有限公司和洛桑酒店管理学院集团咨询公司三方共同签约，合力建设粤港澳大湾区首个中瑞酒店管理职业学院

（中山市人民政府地方志办公室供稿）

翠城道综合管廊工程是中山市第一个地下综合管廊工程项目，纳入中山市干线公路网，道路全长 8.3 千米、宽 80 米，建设内容包含道路、桥梁、地下综合管廊以及下穿隧道，总投资 32.2 亿元，是新区起步区的南北大动脉。项目采用 PPP 模式建设，将在 2020 年建成投入使用。

临海科技新城（二期）项目占地 5.47 公顷，总建筑面积约 35 万平方米，总投资 22.5 亿元，融产业孵化、金融商贸、商业配套于一体，并重点承载“高新技术企业集聚中心”的定位使命，致力于为科技型中小微企业提供包括会议、培训、实验研发、融资等共享平台，使企业有更低成本的营运环境及交流培训机会。项目计划于 2020 年竣工，将成为新区高新技术人才集聚地，与科技型中小微企业的成长摇篮。

横四线延长段位于新区起步区，西接翠亨快线及翠江道，贯穿起步区马鞍岛，是新区东西走向干线道路。道路全长 2.3 千米，设计宽度由 42 米至 90 米不等。经由此路，可西至新区国家湿地公园，东至深中通道出入口及中山港新客运码头。项目总投资约 4 亿元，预计 2019 年初建成。

【重点项目集中签约】 2017 年 12 月 26 日，翠亨新区在翠亨新区管委会举行重点项目集中签约活动，正式签约中科富海等重点项目 15 个，涉及总投资额 206 亿元，预计产值 560 亿元，税收 25.2 亿元。15 个重点项目签约后，翠亨新区企业总量突破 100 家，投资总额超 1000 亿元，逐步形成中科院系列重大成果转化的产业集群，以清华智能联网无人车、哈工大机器人为代表的高端智能装备产业群，以复旦大学等高校拔尖团体科研成果转化为代表的生物医药健康产业集群，以智慧松德、雷诺表业、星光达时尚等项目引领的高端精密及智能可穿戴产业集群，以及深中科技创新产业园等组成的科技产业创新平台集群。

（中山市人民政府地方志办公室）

惠州潼湖生态智慧区

【概况】 惠州潼湖生态智慧区（简称“智慧区”）位于惠州市仲恺高新区西部，北临东江、博罗，西接东莞，南近深圳。规划面积约 128 平方千米，区内有潼湖湿地约 55 平方千米，是广东省面积最大的内陆淡水湿地。智慧区被定位为“广东硅谷”，是惠州市突出创新驱动发展构筑的新平台，是惠州市的“创新核”“绿色引擎”和“生命工程”，是推动“惠州制造”向“惠州创造”转变的重大平台，也是惠州未来创新驱动发展的主战场。智慧区具有区位、交通、生态、空间、产业、政策等六大优势。潼湖湿地系统由“五进三出”的 8 条河流构成，包含湖泊湿地、河流湿地、基塘湿地和水库湿地等类型，总水域面积约 28 平方千米。规划区周边有观洞水库等生态资源。智慧区建设以“生态”为基础，坚持保护与开发并重，协同推进潼湖湿地公园和观洞森林公园建设，打造山水相连、城景相依的大生态格局，构建人与自然和谐共生的生态系统。通过布局建设万亩葵花、万亩荷花、万亩芦苇，以及桑基鱼塘示范园、生态农业体验园、湿地科普园等园区，把潼湖湿地建设成集生态保护、观光农业、科普休闲等功能于一体的国家级生态示范区和 AAAAA 级旅游景区。2017 年 4 月 28 日，广东省林业厅、环保厅、水利厅与惠州市政府签订合作共建潼湖国家湿地公园框架协议。5 月，广东省科技厅与惠州市政府签订协议，智慧区成为省科技体制改革创新示范区核心区。8 月 29 日，潼湖科技小镇（由碧桂园创新小镇和思科潼湖科学城组成）入选广东特色小镇创建工作示范点。至 2017 年底，智慧区共落户思科潼湖科学城、哈尔滨工业大学国际教育科研基地等引领型重点项目 8 个，比利时 IMEC 等研发基地 12 个，中国信息通信研究院华南创新基地、南方工程检测修复技术研究院等高端研发机构 14 个，协议投资总额 3000 余亿元；创新与总部经济区首期道路、智慧大道、万城智慧潼湖中心、碧桂园创新小镇、思科潼湖科学城等一批重大基础设施和产业项目动工，初步形成创新要素高端集聚、高度集聚、高速聚集的发展态势。

【智慧区发展总体规划】 2017年2月27日，经广东省政府同意，省发改委印发《广东惠州潼湖生态智慧区发展总体规划（2017—2030年）》，明确智慧区三大战略定位——国家绿色生态城市示范区、广东高端创新要素集聚区、大珠三角融合发展先行区，提出推进"四区联动"，推动"惠州制造"向"惠州创造"转变，打造"广东硅谷"，并成为广东黄金海岸产业带新的重要增长极。规划确定目标，到2020年，智慧区创新与总部经济区、科教园区、中韩科技园（国际合作产业园）、大数据产业园等平台初步建成，常住人口规模17万人左右，地区生产总值250亿元；到2025年，智慧区基本成型，地区生产总值600亿元，到2030年超过1000亿元。

规划按照人与自然和谐共处、产城人文融合的理念，打造"双核、四圈层、五组团"的空间发展格局。"双核"指生态核和智慧核。生态核以潼湖湿地公园为重点，培育形成兼具生态、文化和休闲旅游功能的都市型生态核。智慧核依托创新与总部经济区，打造珠三角的区域性科技金融创新中心、高端服务集聚区和生态宜居家园。"四圈层"包括生态、创新、服务、产业四大圈层。"五组团"包括生产、生活、生态融合的五大特色组团，具体指中韩科技园（潼湖东北部）、大数据产业园（潼湖东南部）、创意与设计产业园（莞惠城际轨道沥林站周边地区）、智能科技聚集园（潼湖西南部）、科教创新园（潼湖西北部）。另外，智慧区把潼湖湿地公园、创新与总部经济区的重点地区建设为中心区，面积4.9平方千米。围绕公园与水系等绿色开敞空间形成公共服务中心，引导科技创新与商务金融功能围绕服务圈集聚布局，完善外围邻里中心及居住社区，打造城景交融的生态科创新城。

规划设计智慧产业链、生命科技创新产业链、物联网互联网创新产业链、新能源新材料创新产业链、智能制造产业链、泛旅游产业链6条特色产业链，形成"创新圈—服务圈—产业联动圈"互动发展。智慧区拓展机器人、3D打印等智能化制造与成套装备产业。导入美国硅谷、德国工业4.0相关企业、产业链，建设广东硅谷，并聚焦工业4.0、机器人和智能能源系统等，举办工业博览，发展高端设备会展行业。智慧区计划对接广州、深圳生命健康产业，引入华大基因等著名的基因研发机构，开展基因测序和检测、基因组学、转基因等生物高新技术领域的研发和应用。加强与韩国等国际著名生物医药企业的合作。加强新能源汽车及零部件生产多区域合作，推进动力电池、关键零部件规模化生产，发展新能源汽车产业。与国内外一流的新能源科技公司合作，加大新能源技术研发力度。

规划设计"一环、三快、双铁、双轨"的交通格局，构建西融穗莞、东联粤东和粤东北、北通赣南、南接深港的对外交通体系，完善智慧区内部环湖绿色低碳的快速交通体系，推进交通智能化发展。构建环湖快速客货运交通系统，推进智慧北路、智慧东路、智慧南路等环湖快速路的建设；结合城市轨道3号线，规划建设环湖城市轨道系统，在组团中心设置轨道站点，增强六大园区交通联系；提升沥林站交通枢纽地位，实现与珠三角城际轨道交通网络的无缝衔接。优化三大高快速对外通道，在现有武深高速基础上，推进建设河莞惠高速，将省道S120升级为快速路；推进赣深客运专线惠州段工程建设，推进京九铁路沥林站升级改造，强化物流集疏运和客运功能。发展大运量公共交通，重点加强环潼湖慢行绿道系统建设，推广立体过街设施，实现人车分流，发展水上巴士和水上快线，打造不同主题的水上巴士游线。

规划设计建设一个整合周边水系、山林、农田等生态资源，集生态保护、观光农业、科普休闲等功能于一体的潼湖湿地公园，打造成国家AAAAA级旅游景区。配套建设湿地科普研究、农业科技等科研空间平台，以及垂钓荷塘、农事体验园、野炊营地、生态餐厅、度假农庄和生态酒店等旅游观光配套设施。建设更具岭南特色的都市田园，布局建设万亩葵花、万亩荷花、万亩芦苇，以及桑基鱼塘示范园、生态农业体验园、湿地科普园等园区。

【潼湖生态智慧区首个项目动工】 2017 年 3 月 13 日，智慧区万城智慧项目启动建设，此为智慧区首个启动项目，总投资约 120 亿元。首期计划建设集生态、智能、科技、创新于一体的超甲级高端企业总部大楼——潼湖中心。万城智慧项目合作协议于 2016 年 8 月由惠州市人民政府与万城发展有限公司旗下惠港（香港）有限公司签署，项目包括企业总部大楼（潼湖中心）、研发中心、孵化中心、专家大楼及突出生态园林和智慧智能的五星级园林度假式酒店等。其中，潼湖中心大楼规划建设占地 6 万平方米，主楼建设 50 层，计划建成未来智慧区的地标性建筑。惠港（香港）有限公司于 2 月 27 日摘牌 15 万平方米用地，该地块是智慧区创新与总部经济区首宗挂牌出售商住地，包括 5.5 万平方米商服用地和 9.5 万平方米商住用地，总建筑面积 60 万平方米。

【碧桂园创新小镇动工】 2017 年 5 月 17 日，碧桂园创新小镇项目在潼湖生态智慧区动工，规划建设用地约 1 平方千米，总投资 300 亿元，并举行创新产业签约大会，思科、（李开复）创新工场、浪潮集团、软通动力近 80 家企业机构签约进驻小镇，计划在 2018 年上半年入驻运营。创新小镇是由碧桂园集团产城融合战略转型后在全国布局的首个“创新小镇”，定位为世界级的物联网和智能控制产业基地，碧桂园计划与思科公司、IMEC（比利时电子研究中心）等一批产业领军机构，发展物联网及大数据、云计算、智慧城市、移动网络安全与培训、物联网智能设备制造等产业。创新小镇建设三大特色组团，东部组团以“智慧城市 + 科技服务”为核心，建设多功能智慧产业基地，创新工场、平安银行、清华大学、中科院综合中心、韩国 Formation 基金等企业、机构已进驻；中部组团以“智能制造 + 智能控制”为核心，建设以创新为核心的智能制造平台，富士康、奥林巴斯、中航货运、世贸集团、深圳无人机产业技术创新联盟等已进驻；西部组团以“物联网 + 大数据”为核心，形成高新技术研发制造产业基地，思科、施耐德、海康威视、惠州物联网孵化器、数字广东研究院等已进驻。创新小镇采取智慧城市、产城融合、科技创新、众创空间理念，汲取森林城市、立体景观、人车分流经验，结合海绵城市、低冲击开发原则，坚持政、产、学、研、金紧密结合，具备自主研发、成果转化、孵化育成、产业融资及科技创新公共服务、科技人才综合服务等功能，以建设成以人为本、产城融合、宜业宜居的智慧型枢纽型“双创”新社区为目标，整体规划中产业用地和科技用地比例超 70%。与清华大学、中科院、哈尔滨工业大学、创新工场等机构达成合作，首期用地优先布局产业。

【思科潼湖科学城动工】 2017 年 12 月 5 日，潼湖科学城项目动工，占地 6 平方千米，是由世界 500 强企业思科公司及其合作伙伴碧桂园共同建设的广东省重点创新建设项目，是思科全球业务转型的重要战略布局之一。项目集“产、学、研、商、居”于一体，将产业创新与都市生活相结合，拟打造产城融合的智慧城市形态。思科公司和合作伙伴利用云计算、大数据、人工智能等新兴技术，建设“超级云店端数”（“云”，打造云基础架构及服务平台；“店”，以智能制造、智能物流和智慧医疗为代表的行业应用平台；“端”，智能终端；“数”，人工智能及大数据的分析和应用）新型产业生态，形成创新集聚区，构建生态友好环境；通过建设“一院四中心”（智慧生活研究院，智慧城市运营服务中心、智慧城市安全运营中心、大数据中心、CISCO 网络教育认证中心），推动智慧区成为数字产业高地，助推惠州信息产业升级。在智慧科技应用方面，潼湖科学城着眼于出行、安全、能源、建筑、生态科技等领域，推动数字化智慧零售、智慧绿色制造、智慧供应链和创新办公体验等多种智慧场景的全景智慧城市建设，形成高度信息对称、和谐和高效的未来城市形态，向居民和入驻企业提供智慧而高效的医疗、教育、文化娱乐等服务。

（惠州市地方志办公室）

肇庆新区

【概况】　肇庆新区位于肇庆市东部、鼎湖区中部。2012年设立，为功能区。规划面积115平方千米，协调发展区面积585平方千米，规划总人口60万人。2017年，新区围绕“打造粤港澳大湾区创新发展示范区”目标定位，聚焦城市建设和产业发展，新型城市化示范引领作用凸显。全区生产总值55.68亿元，比上年增长9.0%；固定资产投资86.25亿元，增长32.7%；社会消费品零售总额12.98亿元，增长10.6%；外贸出口额13.95亿元，增长1.0%；地方一般公共预算收入2.06亿元，增长1.69倍。

【重点项目建设】　2017年，肇庆新区总投资649亿元的39个重点项目完成投资135亿元，其中总投资342.1亿元的22个市重点项目完成投资96.43亿元。覆盖65平方千米核心区的地下综合管廊和六大水系等市政基础设施和公共服务配套设施项目进展顺利，18平方千米起步区城市框架初步形成。

【产业园区建设】　2017年，肇庆新区引进京东云华南总部、跨境通（肇庆）电子商务总部、中丹环保产业园、肇庆华侨城卡乐文化旅游科技产业小镇、龙光集团广佛肇总部、广东厚能总部及智能制造基地、粤港澳大湾区生态科技产业园等18个项目，累计签约金额1087亿元。其中，中丹环保产业园（肇庆）谅解备忘录签署，生态科技产业园项目动工建设。

【京东云华南总部项目落户新区】　2017年3月27日，肇庆市政府与京东集团在新区商务中心签订京东云华南总部项目投资合同，共同打造肇庆“互联网+”特色产业发展新模式，建设5000台机柜，搭建肇庆统一的云计算服务平台。中共肇庆市委常委、副市长郑剑戈，京东云副总裁刘传玉代表双方签约。

【中丹环保产业园（肇庆）谅解备忘录签署】2017年5月5日，肇庆市政府、丹麦王国驻华大使馆、环保部环境保护对外合作中心在北京签署《关于开展环境保护合作及共同支持建设中丹环保产业园（肇庆）的谅解备忘录》，协议共同推进在肇庆新区建设国内唯一国家层面的中丹环保产业园，重点在低排放、废水、城市水漏损等环保领域开展经贸投资与合作。

【粤港澳大湾区发展高峰论坛在新区举行】2017年12月10日，国家发展和改革委员会城市和小城镇改革发展中心与肇庆市政府联合在肇庆新区商务中心举办粤港澳大湾区发展高峰论坛，论坛以“国家战略与肇庆机遇”为主题，来自国务院国资委规划局、中国区域经济学会、中国国际经济交流中心、澳门城市大学、国家发展改革委、首都经济贸易大学等政府部门、学术界和企业界的700多位代表参加。论坛围绕“粤港澳大湾区建设与肇庆机遇”“产业优势互补与城市共赢”“基础设施互联互通与区域协同”等主题进行对话，为肇庆新发展献计献策。上海交通大学城市科学研究院、新华社《瞭望东方》周刊联合编撰的《肇庆市在粤港澳大湾区的定位与策略研究》在论坛上发布。（谢智远）

·责任编辑　何文倩·

产业发展

支柱产业

【机械行业】 深圳市 2017年，深圳机械工业呈现稳定增长运行态势，全行业实现主营收入7200亿元，比上年增长8.03%；全行业工业增加值1600亿元，实现总利润550亿元，利润率7.64%，比全国平均水平高1.02个百分点。截至年底，深圳市机械行业有11000多家生产经营企业、超过100万从业人员，人均产值超65万元。3月29日至4月1日，第18届深圳国际机械展在深圳会展中心举办，展位面积11万平方米，参展商1235家，境外参展商262家，包括日本、德国、美国、意大利、瑞士和法国等制造业发达国家参展商。其中，日本和德国仍然领跑境外参展商，中国台湾地区参展商100家，比上届增长26%。该届展会包括金属切削机床、激光及钣金设备、机器人及集成、工业测量技术、数字化测量及3D打印、刀具及工具、特色主题活动及五金紧固件、金属材料及精密机械零件、钣金及冲压自动化、自动化生产线共十大主题展，现场带来各具特色的制造设备、技术和服务，其中金属成型区凭借顶尖的参展商和优质的展示内容，成为国内最重要的两大金属成型展之一。有展会观众92634人。其中，深圳市本地区观众占60.85%，境内其他地区观众占35.96%，境外观众占0.64%。 （刘复生）

东莞市 2017年，东莞市电气机械及设备制造业规模以上企业1375家，完成规模以上工业增加值590.93亿元，比上年增长10.4%，比全市平均水平高0.4个百分点，占全市规模以上工业比重17.8%，对工业增长贡献率18.3%。其中，电气机械及器材制造业实现增加值251.34亿元，比上年增长11.3%；仪器仪表制造业实现增加值64.39亿元，下降4.0%；通用设备制造业实现增加值99.58亿元，增长4.3%；专用设备制造业实现增加值95.36亿元，增长23.1%；汽车制造业实现增加值65.59亿元，增长19.3%；铁路、船舶、航空航天和其他运输设备制造业实现增加值14.66亿元，增长2.1%。拥有新能源科技、创机电业制品、长城开发科技、京瓷办公设备、京滨汽车、易事特等一批龙头企业，形成长安五金模具、横沥模具、虎门电子线缆、寮步汽车等规模较大的产业集群。

（东莞市人民政府地方志办公室）

【石油化工】 广州市 2017年，广州市石油化学工业受国际原油价格持续低位、市场景气程度不高以及资源环境约束等因素影响，石油化工制造业动能持续减弱，随着部分化学制品制造骨干企业生产降幅持续扩大，同时受企业设备检修和产销模式调整等因素的影响，全年石油化工制造业总体低位运行。全年全市石油化工制造业规模以上企业395家，实现工业总产值1887.58亿元，比上年下降4.8%；全年实现出口交货值110.85亿元，下降7.9%；实现主营业务收入1969.54亿元，下降1.7%。全年石油化工制造业实现利润总额159.99亿元，与上年持平；资产总计1403.90亿元，增长1.3%。全年生产初级形态塑料231.75万吨，比上年增长10.1%；乙烯22.61万吨，增长2.2%。全市石油化工产业主要分布在黄埔、南沙等区域，有中石化广州分公司等产业链上游龙头企业，石化产业炼油能力达到1300万吨，拥有22万吨/年的乙烯生产能力，形成炼油、乙烯、合成材料、涂料、精细化学品和橡胶加工为主导的产业链。骨干企业有中石化广州分公司、广州化工集团有限公司、金发科技股份有限公司、广州万力集团有限公司、广东珠江化工涂料有限公司、广州立邦涂料有限公司、广州立白企业集团、广州宝洁有限公司、安利（中国）日用品有限公司、广州市浪奇实业股份有限公司、广州蓝月亮实业有限公司等。全年全市石油加工、炼焦及核燃料加工业总产值508.47亿元，化学原料及化学制品制造业总产值1418.70亿元。 （杜雨华　林清）

珠海市 2017年，珠海市石化产业实现规模以上工业总产值588.26亿元，比上年增长

8.4%；增加值 96.82 亿元，增长 6.5%。其中，化学原料及化学制品制造业增加值 44.83 亿元，比上年增长 8.3%；橡胶和塑料制品业实现增加值 17.38 亿元，增长 11.9%；化学纤维制造业实现增加值 10.77 亿元，增长 10%。是年，珠海市在形成的 PTA 上下游，合成树脂、氨纶、润滑油及添加剂等为主的化工产业链条基础上，拓展烯烃和芳烃产业链条，发展电子化学品、新材料等高端精细化工产业。是年，主办 2017 中国新材料资本技术秋季峰会。引进台湾见龙集团 60 万吨聚苯乙烯项目，总投资 10 亿元，产值 50 亿元；引进与美国杜邦公司结成战略联盟的台湾著名电子材料企业大东树脂光阻干膜项目，投资 3 亿元，产值 5 亿元。引进中科院院士陈新滋为团队核心的香港理文化工新材料项目，设立院士工作站。珠海醋酸纤维有限公司的醋酸纤维绿色关键工艺系统集成项目入选国家工信部 2017 年绿色制造系统集成项目。是年，万华化学珠海工业园投产，主要用于生产新型环保材料，年度产能主要包括 10 万吨水性表面材料树脂、4 万吨改性 MDI，供应华南地区的需求。（曾素菲）

佛山市　2017 年，佛山市石油化工产业实现工业总产值 1087.32 亿元，比上年增长 10.9%，占全市先进制造业总产值比重的 10.6%。全市化工产业主要集中在产业下游，产品以沥青、涂料（内外墙建筑涂料、木器漆）、纺织印染助剂、变性淀粉、胶粘剂等为主，全省市场占有率较高。佛山市天安塑料有限公司聚合物新材料创新产业化基地是广东省民营企业（中小企业）创新产业化示范基地；佛山市瑞丰石化燃料有限公司是珠三角地区最大的非国营石油企业之一，也是广东地区最大的炼油企业之一；广东德美精细化工集团股份有限公司是广东省高新技术企业、国家火炬计划重点高新技术企业，企业技术中心被认定为“国家认定企业技术中心”。8 月 21 日，高明“众塑联”产业平台成立，该平台由 28 家企业共同投资 1 亿元建设，由核心股东、原材料供应商、塑料协会会员、新材料公司等 5 大部分组成，以“特色产业链 + 互联网 + 金融资本”为运作路径。（李鹏基）

江门市　2017 年，江门市化学原料及化学制品制造业完成规模以上工业总产值 343.19 亿元，比上年增长 1.89%；完成规模以上工业增加值 98.31 亿元，增长 4.11%。江门市在化学原料及化学制品制造业有一批成长性较好的企业。江门市谦信化工发展有限公司是全国最大的酯类生产企业。江门东洋油墨有限公司生产的印铁、印铝、塑料薄膜及丝网印刷系列油墨，其生产设备、技术水平及产品质量均属国内先进水平。是年，江门市涂料、油墨、颜料及类似产品制造业完成工业总产值 75.42 亿元，比上年增长 5.57%；完成规模以上工业增加值 18.78 亿元，增长 4.43%。广东嘉宝莉化工有限公司是全市最大的涂料生产企业，该公司成为全国涂料行业第一个获得“中国名牌产品”称号的企业。

（张莉莉）

惠州市　2017 年，惠州市石油化工行业总产值 1173.78 亿元，比上年增长 23.7%；增加值 333.49 亿元，增长 7.2%。其中，大亚湾石化区工业总产值 1018.1 亿元，工业增加值 302 亿元，工业销售产值 996.8 亿元；惠阳鸿海精细化工园区总产值约 30 亿元。大亚湾石化区是广东省唯一的国家重点发展的七大石化产业基地之一，2017 年连续第 4 年位列“全国化工园 20 强”第二，入选国家第一批绿色制造体系建设示范园区、国家循环化改造重点支持园区、“国家新型工业化产业示范基地”（优势类）。该区坚持“一核心、三集群”产业发展路径，发展壮大大炼油大乙烯“核心”，壮大发展石化中下游深加工、高端化学品和化工新材料、为石化产业配套的生产性服务业“三集群”，延伸发展产业链，促进产业关联高质量发展；该区企业之间“隔墙供应”成常态，园区循环经济产业链关联度 85%，原料就地转化率 71%；碳二、碳三、碳四、碳五、碳九等优势产业链形成。年内，该区引进石化项目 9 个，投资额 162.32 亿元。累计落户项目 79 个，总投资 1678 亿元。该区内中国海油惠州炼化二期项目 1000 万吨 / 年炼油工程试车成功，投资 70 亿—80 亿美元的埃克森美孚石化综合体项目签署框架协议及合作备忘录，伊科思碳五分离及综合利用项目完成建设。

（惠州市地方志办公室）

东莞市　2017 年，东莞市化工制品制造业规模以上企业 210 家，完成规模以上工业增加值 69.03 亿元，比上年增长 5.7%，比全市平均水平低 4.3 个百分点，占全市规模以上工业比重 2.1%。其中，石油加工、炼焦业及核燃业实现增加值 3.67 亿元，比上年增长 26.9%；化学原料及化学制品制造业实现增加值 65.36 亿元，增长 4.9%。拥有新长桥塑料、大宝化工、九丰化工、罗门哈斯电子材料、丰益油脂化学等一批主营业务收入较大的企业。

（东莞市人民政府地方志办公室）

【汽车制造】　广州市　2017 年，广州市贯彻实施《广州国际汽车零部件产业基地建设实施方案》，打造广州国际汽车零部件产业基地。全市汽车制造业规模以上企业 297 家，实现工业总产值 5117.04 亿元，比上年增长 17.4%；工业销售产值 5155.43 亿元，增长 14.7%；工业产品销售率为 100.8%；全年实现出口交货值 160.23 亿元，下降 6.5%；实现主营业务收入 5023.33 亿元，增长 19.1%。全年规模以上汽车制造业企业实现利润总额 465.19 亿元，比上年增长 30.3%，占全市规模以上工业企业利润总额的 34.5%；资产总计 2747.47 亿元，增长 18.3%。全年汽车产量 310.81 万辆，比上年增长 16.9%。其中，乘用车 157.35 万辆，比上年增长 5.9%；运动型多用途乘用车（SUV）147.33 万辆，增长 31.2%；新能源汽车 7382 辆，增长 55.0%。形成东、北、南三个汽车产业集群。东部以黄埔、增城区为主线，聚集广州本田、本田（中国）、北汽（广州）等汽车企业。北部主要是花都区，以东风日产乘用车公司为龙头的花都汽车城，包括东风汽车有限公司乘用车公司、广汽日野从化基地、广汽比亚迪新能源汽车有限公司等车企。南部以南沙、番禺区为主，包括广汽丰田和 3 个国际汽配产业园，以及广汽集团自主品牌乘用车项目、广汽菲克广州分公司项目等。是年，全市重点汽车产业项目情况有：成立广汽集团新能源汽车有限公司，投资 5.8 亿元的广汽卡斯马汽车系统项目在广州开发区动工；总投资 450 亿元的广汽智能网联新能源汽车产业园项目在番禺园区动工；总投资 18.5 亿元的中汽中心华南基地项目、总投资额不低于 30 亿元的日立汽车马达系统电机产品研发及生产基地项目在增城园区动工。举办系列汽车产业合作交流活动，广汽集团在白云国际会议中心举办 2017 中国广州国际投资年会汽车零部件产业论坛，中国机械工业集团有限公司和中央企业电动车产业联盟举办第二届中国（广州）新能源汽车产业发展趋势高峰论坛暨 2017 第二届中国（广州）国际新能源、节能及智能汽车展览会。增城区举办 2017 中国汽车零部件行业年

2017 年 4 月 27 日，广汽智联新能源汽车产业园项目动工

（广州市政府办公厅供稿）

会等。（杜雨华　林湥）

佛山市　2017年，佛山市汽车制造业实现总产值719.62亿元。全市拥有一汽－大众汽车有限公司佛山分公司、北汽福田汽车公司南海汽车厂等8家整车生产企业，年产能超过200万辆。拥有本田变速箱、丰田工机、文灿压铸以及中南铝车轮等一批规模大、素质高的汽配企业，汽车配套用品门类齐全。是年，佛山市汽车上牌量首次超过30万辆，汽车保有量228万辆。全年佛山市新能源汽车产业发展取得进展，已建设或在建的整车生产企业5家，具有新能源汽车生产资质的企业4家，分别是一汽－大众汽车有限公司佛山分公司、北汽福田欧辉新能源客车广东公司、佛山市飞驰汽车制造有限公司、佛山市路之友机械制造有限公司。12月18日起，佛山启用6位数的新能源汽车专用号牌。佛山市新能源汽车保有量超过16000辆。（李鹏基）

江门市　2017年，江门市汽车制造业完成规模以上工业总产值140.11亿元，比上年增长24.1%；实现规模以上工业增加值40.14亿元，增长21.31%。江门市是首个与广东省经信委共建广东（江门）汽车零部件产业专业园的地级市，是广东省重要的汽车零部件出口基地之一，半挂车轴、铝制轮毂、等速万向节、车载DVD、转向器、雨刮器等产品在质量和技术含量上均居国内同行业的领先地位。重卡和专用车领域方面，在拥有亚洲最大的半挂车专用零部件生产商富华重工、华南最大物流搬运设备制造商牛力机械、中国兵器集团投资的广东建成机械等一批知名重点企业的基础上，新引进富华汽车零部件及装载机、中集专用车生产基地等一批重大项目，产业集群发展迅速。新能源汽车领域方面，引进全球最大锂离子正极材料商优美科集团，打造全国最大高性能锂电池正极材料生产基地；引进投资40亿元的东风新能源商用车项目，打造华南地区首个新能源专用车生产基地；培育本土企业地尔汉宇，研发生产新能源汽车高效电机及电控设备，形成江门市新能源专用车整车、电动汽车充电桩、新能源汽车用驱动电机、电控、电池设备完整的产业链。（冼学文）

肇庆市　2017年，肇庆市汽车制造主要由汽车零部件及配件制造业组成，规模以上工业总产值100.78亿元，比上年增长15.3%，占全市规模以上工业的3.0%。有规模以上汽车制造企业19家，工业增加值25.1亿元，比上年增长14.9%。代表企业有肇庆本田金属有限公司、广东肇庆动力金属股份有限公司、广东宝龙汽车有限公司、怀集登云汽配股份有限公司、广东鸿图科技股份有限公司、广东鸿特精密技术股份有限公司等，主要分布在端州区、高要区、怀集县和肇庆高新区。其中，高要区是中国压铸产业集群示范基地、广东省六大汽配产业基地之一，有鸿图科技、鸿泰科技等35家汽配企业，广州国际汽车零部件的产业辐射区选址高要。（石金凤）

2017年9月7日，科技部联合国开发计划署“促进中国燃料电池汽车商业化发展项目”佛山项目启动仪式暨佛山市南海区新能源汽车（氢能）产业招商推介会在佛山南海举行（甘建华　摄）

【家用电器制造业】 珠海市 2017年，珠海市家电电气产业规模以上企业实现工业总产值1045.52亿元，比上年增长12%；工业增加值269.2亿元，增长9.9%。全年生产房间空气调节器1674.27万台、家用电热烘烤器具1466.39万个、通信及电子网络用电缆32.87万对千米。是年，珠海格力电器股份有限公司自主研发"分布式送风技术在热泵空调上的研究及应用"通过中国制冷学会组织的科学技术成果鉴定，经9名业内专家认定为"项目成果属国际首创，技术达到国际领先水平"。9月，"基于大小容积切换压缩机技术的高效家用多联机"和"面向多联机的CAN+通信技术研究及应用"通过中国制冷学会组织的科学技术成果鉴定，经13名权威专家评估认定为国际首创、达到"国际领先"水平。"空调机（分体立式柜机13-39）"和"一种双级增焓旋转式压缩机及空调器、热泵热水器"分别获第19届中国外观设计优秀奖和中国专利优秀奖。是年，珠海优特电力科技股份有限公司获评"广东省政府质量奖"，"变电运检作业安全管控系统"和"车辆段检修作业安全连锁管理系统"两项产品通过中国电力企业联合会组织的产品鉴定，均系国内外首创，总体性能达到国际领先水平。优特电力科技股份有限公司连续获得"高新技术企业""重点软件企业""广东省守合同重信用企业""广东省制造业五百强"等称号，有五项产品获广东省"高新技术产品"称号，主营产品获评"广东省名牌产品"称号。珠海许继电气有限公司连续四次通过高新技术企业认定，通过广东省战略性新兴产业骨干企业复审，被认定为"翼企飞翔"香洲区中小企业成长工程培育企业。授权发明专利16件，获软件著作权1项。自主研发"配电网馈线级故障就地处理关键技术研究、设备研制和应用"获珠海市科技突出贡献奖、中国电工技术学会科学技术奖三等奖，"基于参数识别的配电网单相接地故障区段定位方法及应用"获中国电力科学技术奖三等奖。"WPZD-135台区智能终端"被认定为广东省"高新技术产品"。（洪豪良）

佛山市 2017年，佛山市家用电力器具制造业完成工业总产值2111.67亿元，比上年增长9.1%。佛山市家用电器业主要产品包括微波炉、空调、热水器、洗衣机、电冰箱等。其中，微波炉产量3760.38万台，比上年下降30.8%，占广东省微波炉产量比重55.6%；空调产量1591.95万台，增长3.3%，占广东省空调产量的29.6%；热水器产量844.78万台，增长2.8%，占广东省热水器产量的78.8%；洗衣机产量464.78万台，增长33.7%，占广东省洗衣机产量的62.0%；电冰箱产量374.20万台，增长5.5%，占广东省电冰箱产量的24%。3月2—4日，2017中国（顺德）家电博览会在广东（潭洲）国际会展中心举办。该展览面积4万平方米，有万和、万家乐、志高、海信科龙、康佳集团等1200家企业参展，展示近10万款产品，有来自海内外8.12万人次的专业买家进场。该次顺德家电展的参展企业和展品贯穿家电产业上中下游（设计、研发、材料、配件、成品、认证、投资等）及关联跨界（机械、模具塑胶、电机、压缩机等）的行业。（李鹏基）

江门市 2017年，江门市家用电力器具制造业实现规模以上工业总产值143.19亿元。其中，家用空气调节器制造业实现规模以上工业总产值58.07亿元，家用厨房电器具制造业实现规模以上工业总产值24.12亿元，家用清洁卫生电器具制造业实现规模以上工业总产值27.69亿元。产品产量方面，房间空调器产量410.32万台，比上年增长26.3%；电风扇产量2256.26万台，增长23.7%；家用洗衣机产量150.07万台，增长13.6%；灯具产量7023.51万只，增长12.2%。（张莉莉）

中山市 2017年，中山市推动智能制造2025规划及"一带一路"建设行动计划，实施创新驱动发展的战略，中山家用电器行业生产经营继续走在全国同行业前列。全年广东电风扇、空调器、电冰箱等8种家电产品的出口额为1884.1亿元，比上年增长10.8%，中山占全省8种产品出口额的40%。中山家电行业建成较为完备的家电产业体系，形成有空调、彩电等大家电生产，配套齐全小家电生产的完整现代家电特色产业区域。南头镇被授予中国家电产业基地、东凤镇被授予中国小家电制造基地、黄圃镇被授予中国家电制造基地、古镇镇被授予“中国灯饰之都”称号。6月29日，“中国品牌家电特色小镇”建设启动仪式在南头镇举行。项目涵盖产业园区、服务平台、商业中心、高新企业、交通工程、公建配套等领域，总投资76亿元。“中国品牌家电特色小镇”总面积300万平方米，其中总部集聚区为核心区块，面积115万平方米。空间规划结构定义为“三区两带”，即家电智汇区、总部集聚区、人文溯源区、产业更新带、生态更新带。3月5日，第22届中国（中山）小家电交易会在黄圃国际会展中心举行，为期3天，吸引近700家家电企业携7万件产品参展。展会面积3.5万平方米，设展馆5个，其中搭建大棚展馆3个，设生活家电浙江馆、综合馆、品牌形象馆、精品厨卫馆等，汇聚厨卫家电、生活小家电、白色家电、黑色家电、家电配套产品、健康家电，覆盖小家电全线产品。

（中山市人民政府地方志办公室）

【建筑业和建材业】 深圳市　2017年，深圳市建筑业增加值596.50亿元，比上年增长5.1%。房地产业由于受全国房地产调控政策影响，商品房屋销售面积671.03万平方米，比上年下降8.9%，房地产业从业人员增速12.0%，房地产业从业人员劳动报酬增速21.0%。开工建设轨道交通四期十二、十三、十四号线等5条线路，开通龙华有轨电车、坪山至福田高铁快捷线、深圳至中山水上巴士，建成抽水蓄能电站和公明供水调蓄工程。拆除消化违法建筑2380万平方米，开工罗湖“二线插花地”棚户区改造项目。出台建设工程安全监管“铁10条”，建设工程质量提升24条，3个项目获国家鲁班奖，5个项目获国家优质工程奖。（深圳市住建局）

佛山市　2017年，佛山市建筑材料行业实现工业总产值1932.86亿元，比上年增长10.8%。其中，非金属矿物制品业实现工业总产值1439.19亿元，比上年增长9.9%。（李鹏基）

江门市　2017年，江门市建材工业（非金属矿物制品业）共完成规模以上工业总产值206.93亿元，比上年增长7.99%；完成规模以上工业增加值44.21亿元，增长5.75%。玻璃制造业完成规模以上工业总产值29.39亿元，比上年下降11.95%；完成规模以上工业增加值7.49亿元，下降9.48%。玻璃制品制造业完成规模以上工业总产值16.87亿元，比上年增长57.48%；完成规模以上工业增加值4.17亿元，增长45.59%。水泥、石灰和石膏制造业实现规模以上工业总产值17.49亿元，比上年增长6.32%；实现规模以上工业增加值4.57亿元，增长4.99%。江门市水泥制造业主要集中在恩平市和新会区。代表企业有江门海螺水泥有限公司、华新水泥（恩平）有限公司等。恩平市拥有丰富的石灰石和黏土资源，有“水泥之乡”之称。（张莉莉）

东莞市　2017年，东莞市建筑业实现增加值100.94亿元，比上年增长10.5%。总承包和专业承包建筑企业完成总产值297.42亿元，比上年增长21.3%；施工面积946.91万平方米，增长3.5%；竣工面积407万平方米，增长16.6%。总承包和专业承包建筑企业按施工产值计算全员劳动生产率为33.14万元/人，比上年下降2.7%。

（东莞市人民政府地方志办公室）

中山市　2017年，中山市完成建筑工程施工许可报建3306宗，建筑面积2158.38万平方米，造价288.87亿元。受理建设工程竣工验收备案3826宗，建筑面积1889.4万平方米。全年全市新增本地建筑业企业389家。至年底，全市有本地注册登记施工企业296家，房地产企业83家。（中山市人民政府地方志办公室）

肇庆市　2017年，肇庆市新型建材（水泥、陶瓷）产业规模以上工业总产值427亿元，占全市规模以上工业的11.3%，比上年增长10.33%。建筑材料制造业增加值比上年增长17.5%。资质等级以上建筑企业90家，比上年增长7.1%；增加值66.07亿元，增长10.7%；实现利润总额

5.92亿元，增长59.4%；利税总额8.35亿元，增长21.5%。建筑业固定资产投资3.29亿元，比上年下降34.2%。房地产业固定资产投资230.68亿元，比上年增长46.8%。房地产开发投资208.04亿元，比上年增长43.3%。其中，商品住宅开发投资146.86亿元，比上年增长29.8%；办公楼投资11.72亿元，增长1.52倍；商业营业用房投资和其他投资分别为28.89亿元和20.57亿元，分别增长1.14倍和47.7%。生产企业主要集中在高要区、广宁县、德庆县和封开县，高要是中国建筑五金产业基地之一。

（韦相伍）

【纺织服装业】 2017年，江门市纺织服装业实现规模以上工业总产值454.48亿元，比上年增长5.15%；完成规模以上工业增加值112.52亿元，增长5.27%。江门市布产量占全国0.8%，服装产量占全国0.9%，化学纤维产量占全国0.1%。江门市是广东省重要的纺织服装及化纤生产基地，拥有国家火炬计划江门纺织化纤产业基地（江门）、中国纺织服装产业基地（开平市）。（张莉莉）

【金属制品业】 江门市 2017年，江门市金属制品业完成规模以上工业总产值618.83亿元，比上年增长6.76%；完成规模以上工业增加值145.79亿元，增长5.12%。江门市金属制品业主要分布在蓬江区、新会区、台山市和开平市。其中，开平市水口镇是中国三大水暖卫浴生产基地之一，被中国五金制品协会命名为“中国水龙头生产基地”；另外，蓬江区杜阮镇、鹤山市址山镇也是主要的五金卫浴产业基地。新会区司前镇主要生产五金不锈钢制品，产品出口遍及欧美、亚非等90多个国家和地区。（张莉莉）

肇庆市 2017年，肇庆市金属制品业完成规模以上工业总产值471.86亿元，比上年下降4.1%；占全市规模以上工业比重12.5%。完成规模以上工业增加值105.08亿元，比上年下降1.4%。金属制品业价格上涨6.6%。主要代表企业广东新大明铝业有限公司、广东中亚铝业有限公司、肇庆市大正铝业有限公司、肇庆宏旺金属实业有限公司、肇庆市飞南金属有限公司、广东高登铝业有限公司、肇庆市亚洲铝厂有限公司、美亚（肇庆）金属制品有限公司等，主要分布在端州区、鼎湖区、高要区、四会市和肇庆高新区。（石金凤 胡立媛）

战略性新兴产业

【信息技术与大数据产业】 佛山市 2017年，佛山市信息产业保持平稳发展，计算机、通信和其他电子设备制造业实现工业总产值1412.60亿元，比上年增长16.9%。海尔滚筒洗衣机智能化生产建设试点示范等13个项目入选2017年广东省制造业与互联网融合发展试点示范项目。美的集团美的开普勒系统等项目获批2017年省级大数据应用示范项目，广东奥博信息产业股份有限公司等3家企业获批2017年广东省大数据培育企业。是年，佛山市数据开放平台汇总386条数据目录、3550万条数据，涵盖经济建设、资源环境等12个便民主题，提供数据查询、数据下载、数据关联、意见反馈等多个功能，手机APP同步上线试运行，方便公众或社会开发者获取政务数据资源。在贵阳大数据博览会上，佛山数据开放平台综合评分排名第七位，获“数开丛生奖”。在第三届广东院士高峰年会期间举办智能制造与工业大数据思客会。南海区大数据产业园获批第二批省级大数据产业园重点培育对象。

（刘义超）

惠州市 2017年，惠州市大数据和云计算相关产业总产值超3000亿元。11月28日，发布《惠州市发展大数据产业三年（2018—2020）总体设计方案（草案）》。全年全市光纤入户率115.7%，固定家庭宽带普及率102.9%。市区主城区、县城区及人口密集的乡镇区光纤覆盖率100%，基本实现光纤到楼（户）；市区公共区域基本实现 Wi-Fi 全覆盖，4G 网络实现行政村全覆盖。是年，惠州市电子政务网覆盖 200 多个市直单位和 7 个县（区），覆盖镇、街、村，电子政务云数据中心为 80 个政府部门提供按需分配、弹性调度的基础资源服务，支撑惠州 150 多个重要政务系统的运作。电信运营商云计算中心提供良好的云计算平台资源。惠州通过政务信息资源共享交换平台、网上办事大厅、企业综合信息采集平台、广东省重点企业直通车服务信息交流平台、相关企业生产经营数据采集等，汇聚政务数据资源和企业数据资源。电商企业积累交易、物流和支付等大数据资源。惠州市各产业园区专业化发展，主导产业优势凸显，产业链特征明显，为大数据创新提供应用场景。大亚湾石化产业园区世界级石化产业基地雏形初显；仲恺高新区平板显示、LED、移动互联网、新能源以及云计算应用、智能装备制造“4+2”特色产业体系建设稳步推进，国家级电子信息产业基地影响力增强；惠州汽车零部件产业园列入全省 6 个重点支持发展的汽车零部件产业园之一；潼湖生态智慧区大数据产业园 2016 年入选第二批省级大数据产业园，智慧区引领性重大标志性创新项目——潼湖科学城项目 12 月 5 日动工，首期建设思科大数据中心，将成为智慧区大数据产业园产业孵化的核心载体，推动智慧区成为数字化产业高地。

（惠州市地方志办公室）

香港特别行政区　2017 年 11 月，根据国际电信联盟发表的年度全球 ICT 发展指数，香港在亚洲排名第二位，仅次于韩国，全球排名第六位。根据世界经济论坛的《2016 年全球信息科技报告》，香港的网络准备程度指数（Networked Readiness Index）在亚洲排名第三位，全球排名第 12 位。香港在电信基建、监管环境及企业采用信息科技准备程度方面都较完善。2017 年 4 月 7—30 日，为期 3 周涵盖 33 项活动的“国际 IT 汇”开展，展示香港在信息技术领域的成就。4 月 10—12 日，举办 2017 互联网经济峰会，汇聚中西知名的信息技术界权威及领袖，探讨互联网经济的未来发展及机遇。5 月 31 日，香港特区政府推出 5 亿港元的创科生活基金，鼓励和资助运用创新意念及科技，开发令市民生活更方便、舒适和安全，或照顾特殊社群需要的项目。9 月 15 日，香港特区政府推出 20 亿港元的创科创投基金，与私营风险投资基金共同投资香港创科初创企业。9 月 25 日，创新及科技局与国家科学技术部合办“香江创科论坛 2017”，促进香港与内地在创新及科技上的交流和合作。该论坛吸引近 300 名来自两地政府、大学、研发机构和企业代表参加。10 月 27 日，香港生产力促进局设立“知创空间”，培育香港的初创文化及支持“再工业化”。“知创空间”提供工作空间及技术支持，协助初创企业家、学生及毕业生将创新意念构建成为工业设计，并通过原型制作转化成产品。数码港宣布参与“青年共享空间计划”，在荃湾营运 1858.06 平方米的 Smart-Space 共享工作间，可容纳 140 家初创企业。12 月 15 日，香港特别行政区政府发表《香港智慧城市蓝图》，以构建香港成为世界领先智能城市为目标。蓝图勾画科技未来五年及以后六个主要范畴下的发展计划，包括智慧出行、智慧生活、智慧环境、智慧市民、智慧政府和智慧经济，利用创新及科技提升城市管理成效，改善市民生活，增强香港的吸引力和促进可持续发展。（香港地方志办公室）

【电子信息产业】　广州市　2017 年，广州市电子产品制造业全年低位运行，各月累计增速波动较大，全年保持 10%以内的增长。全年全市电子产品制造业规模以上企业 608 家，实现工业总产值 2692.42 亿元，比上年增长 3.2%；工业销售产值 2612.11 亿元，增长 9.4%，工业产品销售率 97.0%；实现出口交货值 1062.45 亿元，下降 16.9%；实现主营业务收入 2241.36 亿元，增长 4.2%。全年电子产品制造业实现利润总额 148.12 亿元，比上年增长 22.0%；资产总计 2524.06 亿元，增长 18.1%。全年生产集成电路 9310.58 万块，比上年下降 4.9%；微型计算机设备 5.18 万台，下降 60.9%；光电子器件 110.61 亿只，增长 58.3%；智能电视 471.39 万台，下降 7.9%。全市电子产品制造业主要分布在黄埔、天河、番禺、花都、南沙等区域，优势电子产品有平板显示、移动通信基站设备、北斗导航设备、光电一体打印机、手机摄像头、数字音视频等。有海格通信、中海达、南方测绘、广州润芯等在国内卫星导航通信领域保持技术领先地位的高科技企业，以及北斗技术大众应用型的企业聚合成北斗产业“广州军团”。广东威创视讯电子成为数字显示拼接墙领域全国第一位；京信通信是北斗系统的主要部件供应商；国光电器股份有限公司是国内电声及音响行业的领军企业。是年，全市电子工业引进建设富士康 10.5 代显示器、乐金 8.5 代 OLED 面板、中电科华南电子信息产业园、粤芯等重大项目。是年，广州市电子信息制造 20 强企业中有 10 家新型显示制造企业。3 月，位于增城区投资额 610 亿元的富士康 10.5 代显示器项目动工建设。集成电路方面，泰斗微电子是国内首个集成射频、基带与闪存的“三合一”解决方案的厂家；广州兴森快捷电路科技股份有限公司是国内最大的印制电路样板小批量板、快件制造商之一。新一代移动通信方面，京信通信引领全球小型化多制式基站天线技术，移动通信天线产能全球领先。杰赛科技适应移动互联网发展和智能装备需求，向物联网、智能装备制造、智慧城市建设方向拓展。卫星导航方面，海格通信、中海达、南方测绘、广州润芯等企业聚合成北斗产业“广州军团”。海格通信整机产品在特种行业的市场份额排名国内第一位，润芯的北斗卫星导航芯片各项技术指标和销量国内领先。在全市范围内规划建设互联网产业“一核五基十镇”集聚区。琶洲互联网创新集聚区吸引阿里巴巴、腾讯、复星集团、唯品会、国美集团、小米、欢聚时代 YY、环球市场集团等 20 家地区总部及职能公司进驻。广州开发区大数据产业园获首批省级大数据产业园。凯得大数据产业园、纳金大数据产业园、绿地大数据产业园等分园区开展产业引进及招商工作。

（杜雨华　林清）

深圳市　2017 年，深圳市印发《深圳市深化制造业与互联网融合发展实施方案》，以落实国务院推动制造业与互联网融合发展的指导意见，协调推动落实制造强国战略和网络强国战略。深圳拥有华为、中兴、大疆等一大批有世界影响力的先进电子企业，形成产业链完整的电子产业集群。是年，深圳市电子信息制造业完成产值 18200.9 亿元，比上年增长 11.4%；完成工业增加值 4736.3 亿元，增长 11.2%。软件产业完成业务收入 5941.9 亿元，比上年增长 14.2%。软件出口额平稳增长，全年软件产业实现软件出口额 224.7 亿美元。是年，以电子信息为主的 PCT 国际专利申请量 2 万件，占国内 PCT 申请总量的 43.1%，连续 14 年排名全国第一位。实施信息化与工业化两化融合扶持计划，扶持两化融合项目 184 个，拉动相关项目单位信息化投入 6 亿多元。新增国家级两化融合管理体系贯标试点企业 42 家、省级两化融合管理体系贯标试点企业 117 家，新增通过国家两化融合管理体系评定的企业 47 家，新增国家级两化融合管理体系贯标示范企业 2 家。截至年底，深圳市参加两化融合评估诊断与对标企业 1658 家，排名全省第一位。被评为国家级制造业与互联网融合发展试点示范项目 3 个，占全国数量的 4.3%；入选省级“互联网 +”试点项目 8 个，占全省数量的 16%；在首批广东省工业互联网产业生态供给资源池遴选中，有 4 家企业入选工业互联网平台服务商，占全省的 1/3；8 家企业入选工业互联网解决方案商，数量占全省的 1/5。（张雯）

珠海市　2017 年，珠海市电子信息制造业产业实现产值 950 亿元，比上年增长 17.7%，占全市工业总产值 22.5%；增加值 177 亿元，增长 11.9%。规模以上电子信息制造企业 205 家。其中，产值超百亿元的企业 2 家，分别是魅族科技、伟创力制造。有国家级工程中心 1 个，国家级技术中心 1 个。是年，珠海市产值在 5 亿元以上电子信息制造企业 33 家。其中，百亿元以上企业 2 家，10 亿元至 100 亿元企业 19 家。依托魅族科技、艾派克科技、伟创力等企业发展通信设备、计算机外设及印刷线路板制造业。方正

PCB高密度互联混合集成印制电路板关键技术及产业化项目获国家科学技术进步二等奖，赛纳科技推出国内首台工业级全彩3D打印机，艾派克通过海外收购提升打印耗材芯片产品竞争力。

（崔玉霞）

佛山市　2017年，佛山市高端电子信息制造业实现工业总产值1367.08亿元，占全市先进制造业总产值的13.35%，比上年增长19.6%，高于全市同期规模以上工业10.9个百分点，高于全省高端电子信息制造业同期5.7个百分点。至年底，佛山市有佛山光电显示产业基地、佛山物联网和云计算产业基地2个省市共建战略性新兴产业基地（高端新型电子信息），形成以集成电路、新型传感器、新型显示、新光源、高端软件、高端服务器等高端电子主导产品的研制能力。新型显示搭建起以TFT-LCD、AMOLED为核心的产业发展框架，跻身全国三大光电显示示范基地行列，培育了佛山群志光电有限公司、广东盛路通信科技股份有限公司等高端新型电子信息产业骨干企业。群志光电是全球唯一拥有完整大、中、小尺寸LCD面板及触控面板的全方位显示器提供者，全球前三大液晶电视面板供货商，其开发出的56英寸液晶电视面板，分辨率居全球第一位；盛路通信是国内规模最大、技术最先进的（民用通信）天线和微波（通信天线）设备制造商之一，获“广东省工程科技研究开发中心”“广东省企业技术中心依托单位”等称号，是“国家火炬计划骨干企业”和“知识产权优势企业”。3月22日，卡姆丹克南控（佛山）电力总部项目落户佛山。该项目总投资1.5亿美元，选址南庄绿岛湖都市产业区，为该集团中国总部，包含采购中心、运营中心、技术中心和监控中心等，其业务主要为城市开发智慧能源，设计、投资、建设和运营小型商户太阳能分布式电站，以及研发、生产、销售电动汽车电池等。

（伍绍鹏）

江门市　2017年，江门市电子信息制造业实现规模以上工业总产值764.73亿元，比上年增长16.72%；实现规模以上工业增加值184.25亿元，增长18.68%。电子信息产业中以半导体照明（LED）为代表的绿色（半导体）光源产业形成从外延—芯片—封装—应用的由上游到下游一条龙的半导体照明产业链。江门市在LED产业上中游外延芯片产量和技术水平在国内处于领先水平，下游封装和应用企业形成集聚效应。打印机、印刷线路板、麦克风、电池等产品的产销量均处于全国领先水平，形成家庭视听设备和家用电器制造、计算机外围设备、电子元件等优势行业。得实集团和新会江裕信息产业有限公司生产的针式打印机占据全国一半以上的市场份额，恩平市是全国麦克风及电声器材整装生产集散地。

（梁业旺）

东莞市　2017年，东莞市电子信息制造业规模以上企业1077家，完成规模以上工业增加值1148.43亿元，比上年增长16.7%，比全市平均水平高6.7个百分点，拉动规模以上工业增长5.6个百分点，占全市规模以上工业比重34.6%，对工业增长贡献率55.9%。有华为终端、华为机器、欧珀移动、步步高等龙头企业，以及三星等一批世界500强企业。全市11家手机整机企业主营业务收入比上年增长34.8%。55家“倍增计划”电子信息制造业企业（含名誉试点企业）完成工业增加值314.34亿元，比上年增长15.8%，完成税收增长30.7%。电子信息制造业产业链配套（如电池、结构件、覆铜板等）完善。大部分镇（街）电子信息制造业保持平稳较快发展，工业增加值增速在10%以上的镇（街）有25个，增速居前三位的是中堂、虎门和谢岗镇。是年，松山湖电子信息制造业工业增加值占全市的25%。（东莞市人民政府地方志办公室）

中山市　2017年，中山市重点电子信息制造业企业累计实现产值1119.94亿元，比上年增长23%；主营业务收入1082.89亿元，增长18%。全市重点软件企业累计完成营业收入79.39亿元，比上年增长22.36%；软件业务收入26.01亿元，增长19.31%。纳入统计的中山市通信服务业累计完成营业收入59.76亿元，比上年增长8.42%；业务总量112.11亿元，增长

52.68%；交换机总容量 903.43 万门，下降 0.54%；固定电话用户约 80 万户，下降 4.89%；移动电话用户 691.5 万户，增长 3.84%；互联网用户 514.76 万户，增长 9.04%；家庭宽带用户 80.87 万户，下降 9.13%。中山市推进液晶显示、通信设备、智能穿戴、物联网等产业发展。全市光纤接入用户累计 154.2 万户，光纤入户率 140.7%，4G 基站 4.71 万座，WLAN 热点 5138 个，无线访问接入点（AP）3.01 万个。中山市电子政务云平台以 5156 个虚拟核、9260G 内存、4206T 存储的资源量，服务全市 111 个部门 342 个信息系统，实现全市电子政务服务器、存储、网络和第三方软件资源的统筹管理和资源共享。

（中山市人民政府地方志办公室）

惠州市　2017 年，惠州市电子信息产业总产值 3745.6 亿元，比上年增长 6.3%，占全市工业总产值 43.7%；增加值 737.2 亿元，增长 8.0%，占全市工业增加值 37.3%。组合音响、电视接收机顶盒、智能电视机等产品产量保持良好增长态势。彩色电视机 2236.53 万台，比上年增长 14.9%；液晶（LCD）电视机 2236.53 万台，增长 14.9%；智能电视机 1266.88 万台，增长 72.8%；组合音响 2512.46 万台，增长 177.5%；锂离子电池 4.28 亿只，增长 48.1%；电视接收机顶盒 2037.72 万台，增长 130.4%。移动电话机、智能手机、电话单机等通信产品，以及激光音、视盘机等传统视听产品持续衰落。移动电话机 1.19 亿台，比上年下降 34.4%；智能手机 0.94 亿台，下降 22.5%；电话单机 549.30 万台，下降 76.7%。激光音、视盘机 7229.97 万台，比上年下降 20.2%。是年，惠州市的骏亚电子、华阳集团、德赛西威、光弘科技等电子信息企业在 A 股市场挂牌上市。TCL 集团模组整机一体化智能制造产业基地项目动工建设，总投资 129 亿元。该集团面板制造的效率、效益指标连续 18 个季度位居行业第一位，电视面板产品市场占有份额不断提升，其中 55 寸产品市场占有率居全球第三位，32 寸产品市场占有率居全球第二位；AMOLED 工艺技术国家工程实验室建立，是唯一一家 AMOLED 领域的国家级工程实验室。德赛工业与恩智浦半导体、腾讯、百度等龙头企业合作，其音响导航居本土市场份额第一位，虚拟仪表及车用显示业务增长迅速，驾驶辅助系统（ADAS）的前装平台型项目实现量产，工业 4.0 智能制造二期车间投产，数字化制造系统完成部分上线，成为国内首家成功申请苹果 CarPlay 认证的汽车电子企业。

（惠州市地方志办公室）

肇庆市　2017 年，肇庆市电子信息工业总产值 173.69 亿元，占全市规模以上工业增加值 4.6%，比上年增长 13.0%。规模以上信息技术企业 48 家，工业增加值 38.26 亿元，比上年增长 12.1%。代表企业有广东风华高新科技股份有限公司、中导光电设备有限公司、肇庆绿宝石电子科技股份有限公司、肇庆市万亚电子工业有限公司、肇庆中宇电子科技有限公司、广东羚光新材料股份有限公司、肇庆华锋电子铝箔股份有限公司等，主要分布在端州区、鼎湖区和高要区。

（石金凤）

香港特别行政区　2017 年，香港特别行政区（简称“香港”）电子业占香港总出口 66.2%。业内出口多属高科技产品，有电信设备、半导体及计算机相关产品等。中国内地是香港电子产品贸易的主要来源地及目的地。零部件占香港电子产品出口约 3/4，大部分转口到中国内地作加工生产用途。制成品占香港电子产品出口约 1/4，其中大部分是家用电子消费品，包括多种视听设备、计算机产品及电信设备。大部分香港生产商把生产设施迁至中国内地以降低生产成本；香港办事处主要负责研发、产品设计和开发、管理、物流支持以及市场推广等。香港办事处的工作与内地的制造活动相关，在统计上大部分都归类为非制造机构。全年香港电子产品总出口比上年增长 9%。主要销往市场为中国内地、欧盟、东盟和美国。受惠中国内地加工生产需求，香港对内地销量比上年增长 9%。　（香港地方志办公室）

【船舶与海洋工程装备业】　2017 年，江门市船舶及相关装置制造业实现规模以上工业总产值35.02亿元，比上年下降28.94%；实现规模工业增加值7.76亿元，下降22.95%。全市拥有一批造船、拆船、修船及配套生产企业，初步形成造船、修船、游艇、配套、拆船五方面产业集聚发展。江门市是中国船舶拆解基地和广东省中小船舶及配套产业基地，在船舶制造、拆船产业等方面优势明显。其中造船方面，生产能力均在10万吨以下，在中小型细分船舶市场有一定的竞争力。在拆船方面，拥有200万轻吨的拆解能力，占全国拆船能力的50%。（冼学文）

【教育装备产业】 2017年，江门市推进教育装备产业的招商引资、载体建设、运营服务等多个领域项目建设，初步形成以南方教育装备创新产业城为核心的教育装备产业集聚区，发展模式开创创新发展的先河，产业集群初具规模，并得到海外和国内认可。是年，教育装备（蓬江区电子信息产业）产值238.25亿元，比上年增长14.08%。（梁业旺）

【生物医药产业】 广州市 2017年，广州市医药工业生产形势略有波动，生产增速低位运行，全市医药工业规模以上企业77家，实现工业总产值290.31亿元，比上年增长2.3%；工业销售产值270.69亿元，增长6.4%；全年实现出口交货值17.14亿元，增长4.0%；实现主营业务收入270.23亿元，增长9.4%。全年医药工业实现利润总额42.14亿元，比上年增长14.0%；资产总计585.88亿元，增长9.9%。全年生产化学药品原药2.06万吨，比上年增长6.9%；中成药7.16万吨，增长3.9%；兽用药品1.93万吨，增长31.5%。全市有115家药品生产企业、450家医疗器械生产企业，主要集中在广州科学城和生物岛。广州是国家生物制药研发及产业化主要基地之一，建有基因工程药物国家工程中心，行业主要分布在黄埔、白云、番禺、海珠等区，广州科学城集聚以中科院生物医药与健康研究院为代表的高水平生物技术研发集群，其生物医药产业园集聚20多家医药生产企业，国际企业孵化器和创新中心在孵生物医药企业100多家；广州国际生物岛打造生物医药研发基地和中试基地；广州大学城健康产业产学研孵化基地建设成为生物医药创新体系和科技创新服务平台。在医疗器械领域，分子诊断、检验试剂及透析等医用材料研发生产水平处于全国领先地位，干细胞产业发展引领全国，有广药集团、金域医学检验、达安基因、博济医药、奥咨达等代表企业。天普生化医药生产的注射用尿激酶占有全球市场份额的40%，贝恩医疗设备成为国内最大的血液净化类产品的专业制造商，产品销售覆盖60多个国家和地区。3月21日，百济神州生物药项目在广州开发区中新广州知识城动工建设，

2017年7月3日，广州市生物产业联盟（筹）、广州生物医药产业投资基金和广州市新兴产业发展基金管理有限公司揭牌成立

（广州市政府办公厅信息中心供稿）

总投资22亿元，占地面积10万平方米，主要生产大分子单克隆抗体类抗癌药，建设具有自主知识产权和美国专利的肿瘤治疗生物药品生产基地。9月，广州开发区与广药集团就医疗器械产业发展达成战略合作并签订协议，广药白云山国际医疗器械创新园落户广州开发区。

（杜雨华　林淯）

珠海市　2017年，珠海市生物医药产业规模以上工业企业总产值210.90亿元，比上年增长22.7%；规模以上工业增加值68.12亿元，增长19.4%。生物医药工业增加值占全市工业增加值比重6%。生物医药产业拥有国家高新技术企业123家，占全市高新技术企业总数8.2%；有丽珠、联邦、亿胜生物、健帆生物、汤臣倍健、宝莱特、和佳医疗、溢多利、润都、塞隆10家上市企业，占全市上市企业的26.32%。截至年末，珠海市生物医药企业中，创建各类创新研发机构77个。其中，国家级工程技术研究开发中心1个、国家级企业技术中心1个、省级工程研究开发中心25个、省级企业技术中心14个、市级工程研究开发中心12个、市级重点企业技术中心24个、国家博士后科研工作站3个、省级博士后科研工作站2个。是年，各生物医药重点企业坚持实施创新驱动战略。粤澳合作中医药科技产业园完成公共服务平台楼体建设，推动孵化区成片开发以及配套设施建设，启动大健康产业版块重点项目规划和建设，推动中医药产品和文化国际贸易和推广；丽珠医药集团股份有限公司组建“丽珠试剂+丽珠单抗+丽珠圣美+丽珠基因”精准医疗产业链，丽珠圣美引进唐东江博士为带头人的“精准医疗领域重大恶性肿瘤的液态活检技术开发及产业化团队”，建立国内唯一实现循环肿瘤细胞（CTC）进行直接测序分析液态活检技术平台，获“自动化细胞富集分离系统”产品注册证；珠海和佳医疗设备股份有限公司获批设立博士后科研工作站分站；广东宝莱特医用科技股份有限公司深化智能制造布局，在德国设立全资子公司，与国家质检总局实验室合作检测，通过实验室各类完善检测手段，完成科技及创新成果转化。是年，珠海联邦制药股份有限公司获“2017中国化学制药行业工业企业综合实力百强”“2017中国化学制药行业原料药出口型优秀企业品牌”“2017中国化学制药行业生物生化制品优秀产品品牌”“2017中国化学制药行业抗感染类优秀产品品牌”称号，重组人胰岛素项目获珠海市科技进步一等奖；珠海润都制药股份有限公司研发的“一种阿奇霉素肠溶胶囊”获中国专利优秀奖；珠海金鸿药业股份有限公司首次完成2.4类新药申报，有8个品种口服固体制剂进入一致性评价，5个完成药学研究，两个可进行临床生物等效性试验；珠海亿邦制药股份有限公司1.1类新药获2项国家发明专利授权，主打产品注射用克林霉素磷酸酯获得国家专利优秀奖，注射用伏立康唑销售量全国居前；珠海维尔康生物科技有限公司自主研发世界首台人工智能型高频电外科设备，获“创客中国·创新创业大赛”二等奖、“第19届中国国际高新技术成果交易会”优秀产品奖，取得相关专利；珠海健帆生物科技股份有限公司创立人董事长董凡2017年入选“广东特支计划”科技创业领军人才、“科技部万人计划科技创新创业人才”。

（郑敏）

佛山市　2017年，佛山市医药制造业实现工业总产值106.15亿元，比上年增长8.2%；医疗仪器设备及仪器仪表制造业工业总产值148.99亿元，增长12.1%。佛山新城的中欧科技创新转化中心，重点关注生物医药和智能制造两大产业，该中心进驻高科技企业40多家。其中，广东艾时代生物科技公司以干细胞产品、技术服务、药物研发为核心业务，完成技术积累和产品前期开发。至年底，顺德区有医药生产龙头企业约10家、生物技术企业126家、医疗器械企业20多家、生物医药企业100多家，搭建国际创新转化生物产业孵化中心、顺德生命科技产业园等产业平台。广东（南海）生物医药产业化基地覆盖生物制药、化学制药、医疗器械、诊断试剂、中药提取以及保健品领域。10月20日，首届全国生物传感、生物芯片与纳米生物技术高端论坛在佛山中德工业服务区中欧中心举行。来自中国科学院、中国工程院 8 名院士，多位国际知名专家，200 多位学者、学生和企业家，探讨生命健康产业发展前景。（李鹏基）

中山市　2017 年，中山市健康医药产业实现产值 544.2 亿元，比上年增长 10.2%。市经济和信息化局实施健康医药新一轮“旋风计划”(指为加大力度引进健康医药产业优质项目，推动项目落地和发展，锁定国内外优秀健康医药企业和团队，开展“旋风计划”招商)，扶持健康医药产业项目 21 个，总投资 29.05 亿元，预计达产后年产值 81.1 亿元、税收 4.45 亿元。其中，明峰高端医学影像设备华南总部等 11 个项目年内投产。至年底，纳入市级扶持的健康医药产业招商项目共 35 个，项目总投资 90.55 亿元，项目全部达产后，年新增产值约 250 亿元。是年，中山市健康医药产业产值超 10 亿元以上的医药企业 8 家，上市公司 11 家，有九州通医药集团股份有限公司、山德士（中国）制药有限公司、完美(中国)有限公司、中山市中智药业集团有限公司等一批健康医药产业行业龙头企业。拥有国家健康基地、华南现代中医药城、中德（中山）生物医药产业园、翠亨医疗器械科技园等多个产业发展平台，形成以生物制药、医疗器械、医疗信息为主导产业，保健食品、化妆品、健康服务业协同发展的产业集群格局。年内，中山市创建国家生物医药科技创新区。

（中山市人民政府地方志办公室）

肇庆市　2017 年，肇庆市的生物医药产业主要是医药制造业，有规模以上医药制造企业 14 家，工业增加值 14.47 亿元，比上年增长 14.8%；增加值增长 13.7%。代表企业有广东肇庆星湖生物科技股份有限公司、肇庆大华农生物药品有限公司、肇庆星湖制药有限公司、广东逸舒制药股份有限公司、广东一力集团制药股份有限公司等，主要分布在端州区、四会市和肇庆高新区。（石金凤）

香港特别行政区　2017 年，香港的生物科技产业稳定增长。香港约有 250~300 家生物科技相关的公司，其中大部分与医疗保健业务有关，包括药物、以传统中药为本的药用或保健产品、医疗和诊断器材。这些公司一般从事产品研发、制造、市场推广和销售工作。其中，超过 70 家公司在香港联合交易所和创业板上市。香港科学园建立 1 个生物医药群组，促进先进医疗器材、再生医药及中药技术等发展。至 2017 年 12 月 8 日，园区有 91 家从事生物医药领域的公司。加上卡罗琳医学院在香港科学园设立的复修医学中心，以及中国科学院广州生物医药与健康研究院于园内设立的研究中心，聚群效应开始形成。

（香港地方志办公室）

【电力能源产业】　广州市　2017 年，广州地区供电量 8296352 万千瓦·时，比上年增长 5.83%；全市地网固定资产总值 800.12 亿元，增长 9.27%。广州供电局强化风险管控和隐患排查治理，提升安全生产精益化水平，安全生产局面总体保持平稳，电网保持安全稳定运行，没有发生事故，没有发生对社会造成重大影响的事件，实现年度安全生产 365 天。完成中共十九大及广州《财富》全球论坛保供电等保供电任务 68 项。开展“5·7”特大暴雨以及台风“天鸽”“帕卡”等应急处置。调配 53 台应急发电机支援澳门灾后重建。广州市用电需求持续攀升，全年电网负荷 4 次创历史新高，最高负荷出现在 8 月 22 日，达到 1771.1 万千瓦，比上年增长 5.83%。是年度电力供需基本平衡，因持续高温天气引起负荷攀升，部分时段供气不足以及省内部分燃煤电厂临时故障，导致全省电力供应紧张，全年执行电源性错峰 4 天，最高错峰负荷 39.7 万千瓦，无网络受限错峰。全年供电量 829.64 亿千瓦·时，比上年增长 5.83%；用户年平均停电时间 3.25 小时 / 户，减少 0.05 小时 / 户。全年全市完成电网基建工程投资 67.1 亿元，投资计划完成率 100.3%，投资完成金额比上年增长 6.7%。主网方面，投产变电站 14 座，新增变电容量 3851 兆伏安，比上年增长 16.7%；投产 220 千伏化龙等 6 项迎峰度夏及重点工程，化解电网一级风险 6

项，解决重载变电站4座、重载线路2回，解决不满足N-1变电站11座、线路4条，广州首个220千伏直降20千伏绿色智能变电站知识城站投运，率先采用高可靠性20千伏“花瓣型”接线方式，用户用电满足N-2；220千伏镜湖变电站工程获“中国安装之星”奖和中国电力建设企业协会2017年度中国电力优质工程奖。配网方面，投产3850项工程，比上年增长38%，其中度夏项目723个，投产城中村配变583台，解决重过载的配变802台、10千伏线路273回，频繁停电类客户投诉比上年下降10%；完成20亿元“一户一表”专项投资，投产项目740个，为19万个客户提升服务品质；在大学城建设广州首个高可靠性供电示范区，可转供电率、典型接线率分别增长93%和72%。

（广州供电局有限公司）

珠海市　2017年，珠海市全社会用电量累计162.27亿千瓦·时，比上年增长6.4%。其中，工业用电量累计97.12亿千瓦·时，比上年增长7.3%。第一产业累计用电量7.40亿千瓦·时，比上年下降8.7%，第二产业累计用电量101.66亿千瓦·时，增长6.9%，第三产业累计用电量30.91亿千瓦·时，增长6.7%；居民生活累计用电量为22.70亿千瓦时，增长3.2%。珠海市全年供购电量154.27亿千瓦·时。其中，省网电供电量142.45亿千瓦·时，比上年增长2.6%；购地方电量7.70亿千瓦·时，增长15%。全市有珠海发电厂、珠海金湾发电厂、珠海深能洪湾电厂、珠海横琴风电厂、珠海高栏风电厂、西坑尾沼气发电厂、珠海垃圾发电厂、中电投望洋电厂、中海油依海电厂、珠海环保电厂、碧辟化工余热余压发电厂、威士茂光伏发电12家电厂，以及部分小型光伏发电厂，累计发电量196.09亿千瓦·时，比上年下降2%，发电设备年平均利用8011.65小时，下降1%。珠海市全年电网工程累计完成投资13.81亿元，完成年初计划投资的148.2%。完成年中调整计划投资的106.5%。建成投产220千伏金鹤输变电工程、220千伏吉大输变电工程、110千伏小林输变电工程、110千伏人工岛站输变电工程、雨塘站扩建110千伏新兆丰站间隔工程、临港站和港北站扩建110千伏华城用户站间隔工程等110千伏及以上项目，建成投产110千伏及以上线路114千米，建成投产110千伏及以上变电容量68.6万千伏安，建成投产20千伏及以下配网项目和配网线路、配变容量一批，超额完成年度投资任务。

（王元芳）

【仪器仪表制造业】　2017年，江门市仪器仪表制造业完成工业总产值1.03亿元，比上年增长19.7%；完成规模以上工业增加值0.3亿元，增长20.8%。

（梁业旺）

【新能源新材料产业】　广州市　截至2017年底，广州市累计推广应用新能源汽车约5万辆，全市新能源汽车产量7382辆，比上年增长55.0%。4月27日，广汽智联新能源汽车产业园在番禺区开工建设。产业园总规划面积500公顷，广汽集团联手落户园区企业计划投资超450亿元，预计产业园总产值超1700亿元，带动高端就业人口超2万人。12月26日，宝能控股（中国）有限公司在黄埔区动工建设新能源汽车产业园。该项目核心起步区规划占地面积66万平方米，投资约300亿元，首期规划产能50万辆新能源汽车，整车和零部件产值将超过1000亿元，预计2019年底首期项目建设投产。

（杜雨华）

珠海市　2017年，珠海市发挥龙头企业产业整合和带动能力，促进产业链向上下游延伸，建设产业集群，在新能源汽车产业领域形成龙头企业、中小配套企业协同发展态势。有省级新能源汽车战略性新兴产业基地，是省级新能源汽车集约集聚区，聚集相关企业77家。其中，大型企业10家、中型企业32家、小型企业35家。是年，珠海银隆新能源新增总投资200亿元，建设全产业链新能源产业园；中兴智能汽车基地建设提速；恩捷锂动力电池隔膜华南基地项目建成投产。以整车制造企业为龙头，带动电池、电机、电控等关键零部件以及充电设备等相关配套产业发展，形成以锂电池材料供应、锂电池研发、生产、销售为核心，延伸到电动汽车动力总成、整车及智能电网调峰调频系统的研发、生产、销售、技术为一体的新能源闭合式循环产业链。产业联动不断增强，珠海银隆新能源公司通过应用格力智能装备的无人自动化生产线，将工厂产能提升至3000块/天/条，生产效率提高11%，在人力成本方面节约55%。泰坦新动力拥有自主知识产权并且能够提供电池生产自动化生产线一站式服务的新能源汽车企业，随着新能源汽车的大面积上马，泰坦新动力的电池生产线需求大增，全年工业总产值达15亿元。7月14日，国家质检总局批准国家新能源汽车动力电池及电驱动系统质检中心（广东）在珠海市筹建，9月动工建设。12月6日，上海海事展期间，珠海市政府、中国船级社（CCS）、武汉理工大学与珠海云洲智能科技有限公司，四方共同启动全球首艘小型无人货船项目。（曾素菲）

佛山市　2017年，佛山市新材料制造业实现工业总产值1626.76亿元，占全市先进制造业总产值的15.89%，比上年增长2.3%。佛山市成为全国具有影响力的新材料产业基地，有佛山南海新材料产业基地、佛山高明新材料产业基地、顺德新型建材产业基地3个省市共建战略性新兴产业基地（新材料），船舶、地铁车体用增强铝合金制造领域取得突破。佛山市天安塑料有限公司聚合物新材料创新产业化基地是广东省民营企业创新产业化示范基地；广东安臣锡品制造有限公司无铅焊接材料创新产业化示范基地、广东炜林纳新材料科技股份有限公司高分子材料用新型稀土产品创新产业化示范基地是广东省中小企业创新产业化示范基地。广东海特高新材料有限公司有发明专利5件，高新技术产品3项，省市级科技创新项目3个，在特殊材料黏合及建筑节能材料等方面，以技术创新占领市场；佛山市珀力玛高新材料有限公司拥有千吨级的聚醚砜（PES）高分子材料生产基地，生产规模为中国最大，在全世界仅次于德国巴斯夫、比利时苏威、日本住友三大国际品牌。11月9—11日，第12届中国塑料工业新材料新工艺新装备行业峰会在佛山高新区举行。该峰会旨在推动塑料生产加工新材料、新技术、新工艺的研发创新，促进塑料行业先进技术和工艺的信息共享，加强国内塑料行业内企业间的互动交流，全国各地300多位专家和企业代表参会。（伍绍鹏）

江门市　2017年，江门市围绕新材料新能源及装备等战略性新兴产业，建设具有示范带动作用的龙头企业。发展新能源汽车核心部件汽车电机、电池材料及配套产业。引进投资总额超60亿元的新能源汽车材料和电机产业新城项目，长优·优美科长信项目增资扩产全面建成，地尔汉宇新能源汽车电机项目进展顺利。推动新材料企业提质增效。全年重点企业中鹤山市德兴环球电缆有限公司、广东泰宝聚合物有限公司、广东

2017年4月28日，肇庆市政府、肇庆高新区和小鹏汽车签署小鹏智能新能源汽车整车项目协议（西江日报社供稿）

新会美达锦纶股份有限公司、江门市优美科长信新材料有限公司年产值超过 20 亿元。全年新能源新材料产业集群共实现产值 439 亿元，其中新能源产业实现产值 142.8 亿元，新材料产业实现产值 296.2 亿元。（江门市发改局）

惠州市　2017 年，惠州市新能源汽车及关键零部件企业实现销售收入 124.5 亿元，五年来保持年均 35%以上增速。全市新能源汽车产业涵盖整车生产装配、动力电池、电机及电池管理系统等领域，新能源汽车电池研发与产业化走在国内前列；有比亚迪电池、亿纬锂能、亿能电子、德赛电池、欣旺达、科利达、贝特瑞新材料等生产企业；形成以仲恺、大亚湾为主的新能源汽车产业集群。中国锂电池行业领先企业亿纬锂能加大新能源汽车专用车和动力电池产业化布局，其高性能锂离子动力电池项目投产。推进亿鼎新能源专用车项目。建设一批新能源汽车零部件项目，如欣旺达、科利达、贝特瑞二期等。（惠州市地方志办公室）

肇庆市　2017 年，肇庆市新能源汽车产业规模以上企业 34 家，总产值 158.71 亿元，比上年增长 12%。年内，超百亿的小鹏汽车项目签约动工；位于肇庆高新区的广东中电汽车有限公司完成首辆新能源纯电动车（EM12 车型）整车下线，成为“肇庆制造”首辆整车；在“肇庆金秋”经贸洽谈会上，签约新能源汽车项目 4 个，总投资超 180 亿元。遨优动力电池动工并投产。引进新兴际华华南“安全谷”等项目，动力金属、海业汽配等项目动工建设。代表企业有广东肇庆动力金属股份有限公司、广东中电汽车有限公司、肇庆遨优动力电池有限公司、小鹏汽车智能网联科技产业园等，主要分布在端州区和肇庆高新区。（石金凤）

【节能环保产业】　肇庆市　2017 年，肇庆市节能环保产业规模以上企业 59 家，总产值 131.9 亿元，比上年增长 13.7%；增加值增长 10.1%。年内，高端膜材料生产基地等重大环保项目落户肇庆。代表企业有广东肇庆德通有限公司、肇庆恒港电力科技发展有限公司、肇庆市新荣昌工业环保有限公司等，主要分布在鼎湖区、高要区和德庆县。（石金凤）

香港特别行政区　香港的环境保护业主要涵盖六个业务领域，即节约用水及污染控制，空气及臭味污染控制，节约能源，废物处理、弃置及回收，噪音控制及缓和，环境顾问服务。据香港特别行政区政府统计处的数据显示，政府在 2017—2018 年度于环境事务上支出预计 148 亿港元，约占整体公共开支的 2.8%。2017 年 6 月 28 日，香港和中国内地签订《经济技术合作协议》，加强在环保产业领域的合作，包括加强两地的交流与沟通、加强在培训方面的合作、举办展会及研讨会等。10 月 26 日，香港特别行政区政府公布优化都市固体废物收费的落实安排，计划待相关法例在立法会获得通过后，最快于 2019 年年底实行这项措施。11 月 24 日，香港特

2017 年 5 月 27 日，第九届“珠中江 + 阳江”中学生环保活动在江门市举行。图为颁奖仪式现场　　（江门市环保局供稿）

别行政区政府启用新界东南堆填区沼气应用项目，把堆填区剩余的沼气转化为合成天然气作可再生能源之用，减少温室气体排放。12月15日，香港特别行政区政府与广东省政府确定两地在2020年的主要空气污染物减排目标，改善区域空气质量。12月19日，香港特别行政区政府与深圳市政府签订《深港船舶大气污染防治工作室合作协议》，共同落实珠三角水域船舶排放控制区的实施方案。（香港地方志办公室）

先进制造业

【机器人产业】 广州市　2017年，广州数控设备有限公司等8家企业入选广东省机器人骨干企业，占全省机器人骨干企业总数的31%。国机智能科技有限公司等6家企业获得工信部智能制造综合标准化与新模式应用项目支持，广州市香雪制药股份有限公司等3家企业项目获评工信部智能制造试点示范项目，23家企业获评省智能制造示范项目，占全省智能制造示范项目总数26%。引进新松机器人南方总部基地、广州国际机器人产业园两大智能制造总部，加快建设广州国际人工智能产业研究院。举办2017广州人工智能圆桌会议，承办广州《财富》全球论坛“智能制造和万物互联”分论坛。支持举办2017中国（广州）国际机器人、智能装备及制造技术展览会、2017中国（广州）国际数控机床展览会、2017中国机器人产业创新峰会及2017中国机器人TOP10峰会，支持机器人联盟在白云、花都、黄埔等区召开广州机器人骨干企业对接会及政策宣讲会等活动，促进机器人产业发展。（杜雨华）

深圳市　2017年，深圳市机器人企业增至594家；产值1035亿元，工业增加值362亿元。从各区发展与布局看：宝安区机器人产业发展迅猛，增速排名第一位；龙华区、龙岗区和光明新区的机器人产业扩大布局，所占比例提升。其中，深圳工业机器人产值755.56亿元，工业增加值275.12亿元；工业机器人企业主要聚集在宝安区，龙华区增速最快；从产值来看，南山区所占比例较高。服务机器人产业产值279.44亿元，工业增加值86.88亿元。从区域分布来看，南山区企业数量和产业产值均占据较高比例。其中，企业数量达到全市服务机器人企业数的36.84%。是年，深圳市工业机器人行业开启规模化效应，服务机器人进入快速发展期。在核心零部件领域，控制器、伺服驱动等机器人关键零部件企业崭露头角，填补行业空白，其中控制器、伺服电机发展迅速，但减速器规模化尚需时日，有雷赛智能、固高科技等优秀企业。“本体+系统集成”形成“最优解”，应用于3C和物流等主导产业，代表企业有雷柏科技、泰达机器人等。服务机器人在部分细分领域有新生力量，如AGV（自动导引运输车）、无人机、家庭机器人等，以优必选、勇艺达等为代表。

（深圳史志办公室）

【装备制造业】 珠海市　2017年，珠海市实现装备制造业工业总产值1976.91亿元，比上年增长16.6%。装备制造业增加值434.17亿元，比上年增长13.4%，占全市规模以上工业增加值的39%。工作母机类制造业增加值91.29亿元，比上年增长33.1%，增速居珠江西岸先进装备制造产业带“八市一区”第二位。装备制造业固定资产投资188.85亿元，比上年增长15.6%，占全市工业投资56%。装备制造业成为珠海市实体经济发展的重要支撑。（曾素菲）

佛山市　2017年，佛山市装备制造业完成工业总产值7556.78亿元，比上年增长13.2%，占全市工业总产值比重33.8%。全年装备制造业完成工业增加值1654.51亿元，比上年增长13.5%，占珠江西岸装备制造业增加值的52.9%。其中，工作母机类制造业增加值347.4亿元，占珠江西岸工作母机类制造业增加值的62.4%。佛山市初步形成以智能测控设备、关键智能基础装备、重大智能制造成套设备等为主导的智能制造装备产业基地。美的集团、万和电气、格兰仕等

2017 年 8 月 28 日，在第三届珠江西岸先进装备制造业投资贸易洽谈会佛山展区，美的与安川电机合作的 3D 视觉分拣机器人吸引参会者关注　　（王澍　摄）

传统佛山企业加快与海外智能装备企业的合作步伐，通过企业并购、成立新企业、研发新项目等形式，向全球输出佛山先进装备与智能制造技术。其中，在传统制造端，美的集团完成生产流程的自动化、数字化的运营，同时完成与全球机器人四大家族的日本安川电机合资成立公司，对德国机器人巨头库卡的收购，把以色列高创公司（Servotronix）收入版图。一鼎科技自主研发的智能储坯系统，成为佛山陶瓷生产从自动化走向智能化的助力。全市汽车行业机器人应用率达 50%以上，一汽－大众佛山分厂的应用率达 80%；陶瓷行业应用工业机器人超千台，自动化程度处于全国先进水平，东鹏公司建立起全国首家建陶智能化工厂。　　（李鹏基）

江门市　2017 年，江门市先进制造业实现规模以上工业增加值 463.34 亿元，比上年增长 13%，所占规模以上工业增加值比重上升到 40.46%。江门市响应省委、省政府提出打造珠江西岸先进装备制造产业带的战略部署，发展装备制造业。装备制造业实现规模以上工业增加值 337.7 亿元，比上年增长 13.8%；完成装备制造业投资 310.3 亿元，增长 16.4%，新引进装备制造业项目 67 个，其中新引进投资超 10 亿元项目 13 个。装备制造业产业集聚效应明显，形成轨道交通、重卡与商用车、船舶及海工装备等产业集群，新能源汽车、激光设备、节能电机等战略新兴产业发展。轨道交通产业从制造到研发、人才培育、检验检测的全产业链条呈现雏形，12 月被纳入国家第三批创新型产业集群试点；重卡和商用车产业集群形成以富华集团、中集车辆、中兵集团、世界 500 强德尔福集团为核心企业的专用车、商用车及零部件产业集聚；新能源汽车重点布局新能源商用车、汽车电机、电控及电池材料等关键产品，引进投资 40 亿元的东风新能源商用车、26 亿元的优美科长信新能源汽车电池正极材料、12 亿元的地尔汉宇新能源汽车高效电机等重点项目；激光产业引进的海目星科技是激光自动化装备综合解决方案提供商。　　（冼学文）

东莞市　2017 年，东莞市有智能制造装备企业 163 家，实现主营业务收入 182.65 亿元、平均用工人数 4 万人。涉及金属切削机床、金属成型机床、金属切割及焊接设备、电子工业专用设备、工业自动控制系统装置、木材加工机械、包装专用设备、塑料加工专用设备等 10 多个行业。是年，东莞市先进装备制造业实现增加值 350 亿元，比上年增长 18.6%。此外，长盈精密、华贝电子被列入国家 2017 年智能制造综合标准化与新模式应用项目，109 条经济适用型示范线完成建设，拓斯达、捷荣技术等骨干企业在 A 股上市。　　（东莞市人民政府地方志办公室）

中山市　2017 年，中山市 894 家规模以上装备制造业完成增加值 337.26 亿元，比上年增长 8.3%。其中，工作母机类制造业企业实现增加值 53.79 亿元，比上年下降 3.1%。装备制造业完成投资 145.88 亿元，比上年增长 0.3%。在第三届珠江西岸先进装备制造业投资贸易洽谈会上，中山市签约项目 63 个，投资总额 1001 亿元，上台签约项目 7 个，签约金额 800 亿元。其中，经广东省经济和信息化委员会审核通过项目 49 个，投资总额 937 亿元。是年，中山市聚焦工作母机，集中土地、资金等要素资源，优先发展工业机器人、高档数控机床、智能化光电加工装备、智能化纺织装备、智能化印刷装备等工作母机制造业。建立市工作母机企业库，全市入库企业 468 家。其中，规模以上工作母机企业 161 家。纳入省重点培育名录库的装备制造龙头骨干企业 41 家，占总数的 36.6%。年内，一批高精尖工作母机企业在各自领域优势突出，明阳风电的兆瓦级风力发电机组处于国际领先水平；凯旋真空成套设备占该领域市场份额的 35%；汉唐研发生产出国内领先的皮秒、飞秒光纤激光器和金属粉末 3D 打印机。

（中山市人民政府地方志办公室）

惠州市　2017 年，惠州市规模以上先进装备制造业企业 181 家，完成工业总产值 509.4 亿元，增加值 132 亿元，比上年分别增长 20% 和 5.6%；产值超亿元企业 54 家，产值超 2 亿元企业 36 家。全市引进先进装备制造业及产业链项目 30 个，协议投资金额 127.8 亿元。惠州市先进装备制造业主要以新能源电池制造装备、机床设备、新能源动力电池、车载电子设备、精密部件制造为主体，汽车零部件、仪器仪表、模具制造为补充。有本田、住友电工、双叶、普利司通等世界 500 强企业和德赛西威、华阳通用、华阳多媒体、比亚迪、亿纬锂能等国内著名汽车电子和动力电池生产企业，汽车电子、汽车线束和发动机零部件三大汽配产品产销量居全国前列。初步形成以仲恺高新区—惠城区—大亚湾开发区为主线的新能源汽车动力电池和零部件制造产业集群，以仲恺高新区和惠城区为核心的精密部件及仪器仪表专用设备产业集群，提升先进装备制造产业集聚水平。推进装备制造业智能化改造，2017 年新增国家级智能制造试点示范项目 2 个，国家级智能制造综合标准化和应用新模式试点示范项目 2 个；新增省级制造业和互联网融合试点示范项目 6 个，省级智能制造试点示范项目 4 个，智能制造技术改造试点企业 24 家，获评项目质量和数量均居全省前列。惠州市工业制造业主要以设备零部件和电子信息产业及传统产业为主，年内结合自身先进装备制造业的基础和优势，以创建“中国制造 2025”国家级示范区为契机，贯彻实施《惠州市先进装备制造业发展“十三五”规划》《关于推进先进装备制造业发展的若干措施》等文件，把先进装备制造业打造成为支柱产业。

（惠州市地方志办公室）

肇庆市　2017 年，肇庆市先进装备制造产业规模以上企业 123 家，总产值 294.9 亿元，比上年增长 8.0%。年内，先进装备制造业新引进、新开工、新投产超亿元项目分别有 22 个、18 个、14 个。代表企业有肇庆本田金属有限公司、广东鸿特精密技术股份有限公司、广东玛西尔电动科技有限公司等，主要分布在端州区、高要区和肇庆高新区。

（石金凤）

【无人机产业】　广州市　2017 年，广州市有无人机及紧密配套企业 30 多家，主要分布在广州开发区、番禺、南沙、花都等制造业发达区域，年产值约 10 亿元，约占全国无人机产业产值的 20%，是中国排名第二位的无人机生产基地。广州有亿航、极飞、华科尔、天海翔等无人机企业，在无人机领域的细分市场占据重要地位。其中，亿航开发智能无人机 GHOSTDRONE 2.0，以及全球首款智能的低空中短途自动驾驶飞行器“亿航 184”两款创新产品，其中“亿航 184”是世界第一款可载客的无人驾驶飞机。极飞研发制造的 XMission“极侠”全天候多功能无人机系统采用先进的设计和制造工艺，其研发制造的第三代植保无人机在新疆完成万亩棉花地的验证和试运营工作。华科尔主打的竞速无人机在灵敏程度、飞行速度、控制性能等方面具有非常好的操作体验。天海翔是无人机领域军民融合的典型代表。中科雅图是地理信息数据服务提供商和地理信息软件开发商，为无人机提供应用支撑，是广州市无人机企业中的非整机生产制造企业。

（杜雨华）

深圳市　2017 年，深圳无人机产值 300 亿元。2 月 7 日，深圳市无人机行业协会、中国无人机竞速联盟联合市公安局特种行业管理处、深圳市机场公安分局就“机场空域飞行器管控技术”举行研讨会。会议邀请知名无人机企业，针对全国机场频繁发生飞行器影响民航客机的事件，探讨从源头如何加强无人飞行器的管理，从技术上如何设置城市无人机禁飞区等。2 月 24 日，无人机标准委员会会议暨无人机技术标准修订研讨会在深圳召开。深圳市无人机行业协会会长杨金才出席会议并致辞。来自国内外行业组织、研究院代表及业内领军人物等出席会议。6 月 23—25 日，中国电子信息行业联合会、中国无人机产业联盟、深圳市无人机行业协会联合主办的 2017 首届世界无人机大会在深圳会展中心举行。会议主题为“世界因你而精彩”，来自 21 个国家驻广州总领事馆副总领事、领事，全球 53 个国家和地区的无人机、安保主管领导，行业组织负责人，专家及企业代表 600 多人参加，对行业焦点问题进行交流与探讨。7 月 14 日，深圳市无人机行业协会举行座谈会。会议探讨无人机安全管理立法的必要性，进一步做好《广东省无人驾驶航空器安全管理办法》立法工作，加快把广东及深圳建设成为无人机法治示范城市，为广东及深圳无人机产业发展营造良好的法治环境。9 月 8 日，为加强民用轻小无人驾驶航空器安全管理，维护公共安全和飞行安全，发布《深圳市民用轻小无人驾驶航空器管理办法（征求意见稿）》，向社会各界征求意见。11 月 23 日，深圳法制办通过“深圳法制”微信公众号，举行《深圳市民用轻型无人驾驶航空器管理办法（征求意见稿）》网络立法听证会。（深圳史志办公室）

【交通运输设备制造业】　广州市　2017 年，广州市船舶、铁路等运输设备工业总产值 312.76 亿元。广州是全国三大造船基地之一，有船舶企业 40 多家，其中具有船舶建造能力的企业 20 多家，船舶制造产品覆盖集装箱船、成品油船、大型多功能化学品船、滚装船、客滚船、半潜船等领域。中国船舶工业集团有限公司（简称“中船集团”）在广州主要单位有 8 家，分别为广州船舶工业有限公司、中船海洋与防务装备股份有限公司、广船国际有限公司、中船黄埔文冲船舶有限公司，广州中船文冲船坞有限公司、中船重型装备有限公司、广州船舶及海洋工程设计研究院、广州造船厂有限公司。中船集团在穗单位总产值占广州市船舶产业总产值的 70%。船舶建造能力 500 万载重吨 / 年，单船造船能力突破 30 万载重吨。

（杜雨华　钟丹丹）

珠海市　2017 年，珠海市交通运输设备制造业实现规模以上工业增加值 28.69 亿元。其中，汽车制造业实现工业增加值 25 亿元，比上年增长 15.6%；铁路、船舶、航空航天和其他运输设备制造业实现工业增加值 3.69 亿元，下降 12.3%。

（曾素菲）

江门市　2017 年，江门市铁路、船舶、航空航天和其他运输设备制造业完成规模以上工业总产值 277.13 亿元，比上年增长 7.19%；完成规模以上工业增加值 59.02 亿元，增长 3.22%。其中，全市摩托车制造业完成规模以上工业总产值 218.88 亿元，比上年增长 12.77%；完成规模以上工业增加值 50.23 亿元，增长 10.12%。江门市大长江集团有限公司、广东大冶摩托车技术有限公司、鹤山国机南联摩托车工业有限公司、江门市长华集团有限公司 4 家企业均位列 2017 年全国摩托车生产企业产量、销量前 50 名。江门市大长江集团有限公司连续 15 年在全国摩托车行业产中整车产量、销量均排名第一位。

（冼学文）

【航空航天制造业】　2017 年 12 月 24 日，中航通飞自主研发的全球最大水陆两栖飞机——“鲲龙” AG600 在珠海市金湾机场首飞。AG600 全

2017 年 12 月 24 日，中国航空工业集团公司自主研发的中国首款大型水陆两栖飞机——“鲲龙” AG600 在珠海金湾机场成功首飞

（张洲　摄）

机 5 万多个结构及系统零部件、近 120 万个标准件中，98%由国内供应商提供，全机机载成品90%以上为国产产品。该机采用悬臂式上单翼、前三点可收放式起落架、单船身水陆两栖飞机布局形式，装载 4 台国产涡桨发动机，最大起飞重量 53.5 吨，最大航程达到 4500 千米，具有载重量大、航程远、续航时间长的特点。　（曾素菲）

【北斗产业】　2017 年，北斗系统开始全球组网，手机导航、车载导航成为北斗应用最大的市场，而手机产业和车载产业是惠州市强势产业。惠州市形成手机设计方案、线路板集成制造、发射芯片、天线、玻璃基板、触摸屏、充电电池、充电器、蓝牙耳机、摄像头、手机外壳等配套较完善的手机产业链，手机产业关联企业近 1000 家，年产手机 2 亿多台；车载导航终端年产量约 800 万台，超过全国车载导航终端总产量的 40%，居全国首位。博实结、组合科技、峰华经纬等 20 多家北斗企业落户惠州市。5 月，北斗（惠州）开放实验室作为全国第六个、广东首个北斗开放实验室先后通过建设评估和授牌，该实验室位于仲恺高新区，聚合已有资源优势，结合惠州及周边区域产业特色，为区域科研院所、企事业单位提供仪器、数据、专家及研究资源开放共享服务；通过与其他区域的分实验室、成员单位的资源对接和合作研究，促进相关科技成果转化；建设国内北斗安全试验认证基地，促进北斗相关标准规范研究，推动北斗应用及产业发展。12 月 28 日，中国电子北斗高新产业园项目签约落户仲恺高新区，该项目由中国电子信息产业集团建设，规划占地 66.67 公顷，建筑面积超 100 万平方米，总投资 120 亿元。作为中国电子信息产业集团资源整合与地方政府对接的平台，园区以技术研发、技术转化、产业孵化为主，拟引入中电华大北斗开放性研究实验室、中国智能制造研究院、中电光谷 OVU 创客星等一批 CEC 旗下高技术机构及核心 IP，影响、带动、聚集以北斗技术为主导，同时聚集包括人工智能、大数据、云计算、现代信息技术等领域的各类高新企业。

（惠州市地方志办公室）

【机电工业】　2017 年，广州市机电工业受汽车制造业较快增长势头的带动和对装备制造等先进行业的政策扶持及引导的影响，全市规模以上机电工业生产有所增长，但与上年相比生产增速稍微放缓。全年全市机电工业规模以上企业 1138 家，实现工业总产值 6907.28 亿元，比上年增长 12.8%；工业销售产值 6904.30 亿元，增长 15.0%；工业产品销售率为 99.9%；全年实现出口交货值 553.99 亿元，增长 9.0%；实现主营业务收入 6797.67 亿元，增长 17.3%。全年机电工业实现利润总额 595.37 亿元，比上年增长 21.5%；资产总计 4703.34 亿元，增长 14.9%。全年生产发动机 19384.77 万千瓦，比上年增长

15.1%；工业自动调节仪表与控制系统 77.67 万套，增长 37.6%；锂离子电池 16684.26 万只，下降 8.5%。（林淯）

特色产业

【金融业】 广州市 2017 年末，广州市中外资银行业金融机构有营业性经营网点 2795 个；总资产 6.41 万亿元，比上年增长 6.9%；各项存款余额 51369.03 亿元，比年初增加 3838.84 亿元，增长 8.1%；各项贷款余额 34137.05 亿元，比年初增加 4467.23 亿元，增长 15.1%；不良贷款余额 356.35 亿元，比年初减少 37.49 亿元，不良率 1.04%，比年初减少 0.29 个百分点；全年累计实现税后利润 715.90 亿元，增长 20.2%。是年，广州地区金融市场健康平稳发展，资金面整体宽松。银行间货币市场交易总额企稳回升，降幅收窄。广州地区银行间货币市场交易总额 70.07 万亿元，比上年下降 7.1%，降幅比二季度末和三季度末分别减少 8.6 个百分点和 5.2 个百分点。其中，12 月份广州地区银行间货币市场交易总额 6.66 万亿元，比上年增长 16.3%。现券交易方面，累计成交 6.02 万亿元，比上年下降 48.2%。债券市场方面，累计发行各类债券 864 笔，发行总额 14198.70 亿元，比上年下降 13.3%。外汇交易市场方面，是年末，中国外汇交易中心广州分中心有即期外汇交易会员 30 家，比上年末增加 1 家，外汇远期、掉期和货币掉期交易会员各 5 家，期权交易会员 4 家，外币对会员 11 家，外币拆借会员 28 家。外汇交易总成交量 16362.89 亿美元，比上年增长 27.19%。是年，广州市办理跨境人民币结算业务 6171.79 亿元，比上年下降 6.0%，降幅比全省平均水平（20.0%）低 14.0 个百分点，结算量居全省第二位。全市有 1.5 万家企业和 796 个银行网点开展跨境人民币结算业务，有跨境人民币结算业务往来的国家和地区达到 201 个，业务范围覆盖全球九成以上国家和地区。跨国企业跨境资金集中运营业务发展良好。是年末，全市有 116 家跨国企业办理跨境人民币资金池业务，累计资金收付金额 2100.27 亿元。引导广州地区银行业金融机构加大对农业信贷投放的支持力度。截至年末，广州市涉农贷款余额 1492.05 亿元，比年初增加 252.80 亿元，增长 7.5%。其中，农户贷款余额 359.95 亿元，比年初增加 64.09 亿元，增长 21.7%。引导金融机构紧密围绕特色农业、乡村休闲旅游、农产品精深加工等新兴业态，提供供应链融资、订单融资、电商融资等金融服务。推广"企业 + 专业大户""企业 + 家庭农场"等农业产业链金融服务模式，基于本土农业绿色产业打造"绿色种植贷""绿色生态旅游贷"等信贷品牌，满足"三农"新产业新业态的资金需求。推广"银行卡助农取款 +""移动支付 +"等普惠金融特色模式，试点运行广东省农村支付服务综合管理平台，对农村支付服务环境主要指标、助农取款点相关业务实现动态化监测管理。

（袁艳勇）

深圳市 2017 年，深圳市金融业实现增加值 3059.98 亿元，比上年增长 5.7%，占全市同期地区生产总值比重的 13.6%；金融业实现国地税合计税收（不含证券交易印花税）1118.7 亿元，增长 14.3%，占全市总税收的 20.5%。全年全市新引进分行级以上持牌金融机构 36 个，其中法人机构 15 个。截至年末，全市持牌金融机构 439 个，其中法人机构 188 个。深圳银行业保持平稳运行，银行业资产总额 8.38 万亿元，比上年增长 6.85%。全市本外币各项存款余额 6.97 万亿元，比上年增长 8.2%；本外币各项贷款余额 4.63 万亿元，增长 14.3%。是年，深圳银行业实现净利润 1146.35 亿元，比上年增长 18.8%，增加 17.86 个百分点。全市小微企业贷款余额 8131.86 亿元，比上年增长 25.7%，高于各项贷款增速 10.9 个百分点，连续实现"三个不低于"目标。年末，深圳银行业金融机构不良贷款率 1.07%，与年初持平，低于全省（1.45%）

和全国（1.74%）平均水平。深圳辖区22家证券公司累计实现营业收入697.04亿元，比上年下降3.97%；累计实现净利润258.75亿元，下降4.68%。截至年末，深圳证券公司总资产（1.36万亿元）、净资产（3872亿元）、净资本（3132亿元）及营业收入、净利润规模等主要指标均仅次于上海，居全国各省市第二位。全年全市新增境内上市公司40家，总数273家；境内上市公司总市值5.34万亿元。全年新增“新三板”挂牌公司84家，总数780家。年底，深圳辖区在中国证券投资基金业协会备案的私募基金实缴规模1.67万亿元。全年深圳企业通过资本市场融资超3000亿元，比上年翻一番。是年，全市累计实现原保险保费收入1029.75亿元，比上年增长23.4%，保费规模首次站上千亿平台，保费增速比全国平均水平高3.89个百分点。其中，财产险保费收入282.31亿元，比上年增长18.92%；人身险保费收入747.44亿元，增长25.19%。全年全市保险业承担各类风险保障超161万亿元，为经济社会发展保驾护航。其中，出口信用险承保额超330亿美元，健康险新增保额3.4万亿元。（倪焱平　孙铎）

江门市　截至2017年末，进驻江门市的银行、保险、证券、期货等金融机构151个。其中，银行31家、保险公司56家、证券公司33家、期货公司2家、信用评级机构6个、小额贷款公司15家、融资性担保公司8家。至年底，全市本外币存款余额4271.88亿元，比年初增长5.99%；本外币贷款余额2796.77亿元，比年初增长13.24%；全年全市保费131.64亿元，证券交易额11329亿元。是年，江门市金融业增加值141.15亿元，比上年增长5.8%，占地区生产总值的5.25%。（王柳方）

东莞市　2017年，东莞市金融业增加值474.32亿元，比上年增长7.4%，占地区生产总值6.3%。全市有银行、证券、保险等金融机构129个，另有小额贷款公司、融资性担保公司、融资租赁公司等新兴金融业态机构100多个，金融机构密集程度居全国地级市前列。全市各项存、贷款余额12497.5亿元和6986.5亿元，证券交易额成交量累计3.21万亿元，累计实现保费收入468.1亿元。村镇银行数、“新三板”挂牌企业数和在中国证券投资基金业协会登记的基金管理机构数均居全省地级市第一位。

（东莞市人民政府地方志办公室）

中山市　2017年，中山市实现金融业增加值197.58亿元，比上年增长6%，对经济增长的贡献率4.93%，拉动地区生产总值（GDP）增长0.32个百分点，金融业增加值占地区生产总值和第三产业增加值的比重分别为5.7%和12%，金融业在全市支柱产业和服务业中的比重提升。综合性金融组织体系形成，至年底，中山市有金融机构166个。其中，银行机构27个，证券期货机构52个，保险公司57家，小额贷款公司23家，融资性担保公司7家，融资租赁机构及规范的互联网金融机构有序发展。创新开展“助保贷”，各合作银行为全市388家企业累计发放助保贷60.14亿元。开展转贷方式创新试点工作，累计使用专项资金帮助1498家企业解决过桥融资资金306亿元，帮助企业节约财务成本约4.59亿元。“资本中山”多层次发展，全市境内外上市和“新三板”挂牌企业102家，进入区域股权交易平台挂牌企业243家，通过多层次资本市场直接融资额累计648.48亿元，创业投资基金41家，创业投资管理机构18个，资金规模123亿元。银行业发展整体平稳。全市本外币存贷款增速逐步放缓。12月底，全市本外币存款余额5413.77亿元，比上年增长7.61%，增幅降低7.3个百分点。全市本外币贷款余额3734.93亿元，比上年增长10.92%，增幅降低5.41个百分点。全市不良贷款余额35.79亿元，占贷款比例0.96%。银行对小微企业和“三农”信贷支持力度加大。年底，全市本外币企业贷款1687.82亿元，比上年增长8.76%，增速增加3.02个百分点。其中，中型企业贷款增速增加至10.2%。保险业社会稳定器功能显著增强，证券期货业成交保持平稳。中山市保费收入保持增长。全年实现保费收入195.35亿元，比上年增长25.12%。其中，财产险保费收入47.07亿元，比上年增长15.34%；寿险保费收入148.28亿元，增长28.58%。全市保险公司有效承保额38690.18亿元，比上年增长26.36%。

（中山市人民政府地方志办公室）

肇庆市　2017年，肇庆市金融业固定资产投资0.69亿元，比上年下降74.8%。年末，全市金融机构本外币存款余额2259.76亿元，比上年末增长10.7%。其中，住户存款余额1388.91亿元，比上年增长9.1%。金融机构本外币贷款余额1501.96亿元，比上年增长16.1%。其中，短期贷款余额261.67亿元，比上年下降10.8%；中长期贷款余额1225.18亿元，增长24.6%。有上市公司7家，市场总值448.21亿元，比年初增长14.8%。证券营业部21家，股票账户74万户，证券交易额4035.84亿元，比上年增长0.2%。其中，股票交易额2477.30亿元，比上年下降10.8%。期货营业部1家，代理交易额1471.32亿元，比上年下降31.2%。实现保费收入66.16亿元，比上年增长11.0%。其中，寿险业务保费收入45.88亿元，比上年增长7.1%；财产险业务保费收入20.28亿元，增长21.0%。支付各项赔款和给付11.48亿元，比上年增长24.1%，其中寿险业务赔付支出2.51亿元、财产险赔付支出8.97亿元。（韦相伍）

香港特别行政区　2017年，香港继续处于货币低息环境。美国联邦公开市场委员会加息后，香港金融管理局三度上调贴现窗基本利率，合共调升75个基点至1.75%。批发及零售层面的利率仍大致维持在低水平。由于港元与美元的负息差扩大引发套息活动，港元兑美元即期汇率在年内大致转弱。美元兑欧元、英镑及人民币等大部分主要货币的汇率转弱，贸易加权名义港汇指数及实质港汇指数在年内分别比上年下降5.7%和5.8%。是年，在经济情况转强的带动下，贷款及垫款总额取得增长。在香港境内使用的贷款在年内增长15.5%，在香港境外使用的贷款增长17.4%。在环球经济情况改善及香港利率大致温和的推动下，香港股票市场取得增长。海外主要股票市场上升，恒生指数全年增长36.0%至年底的29919点。是年，香港股票市场的首次公开招股集资额居全球第四位。香港银行体系保持稳健。香港注册认可机构资本充裕，总资本充足比率在9月底维持在18.7%的水平。是年，离岸人民币业务仍然疲弱。经香港银行处理的人民币贸易结算总额39265亿元，比上年下降13.6%；人民币存款总额6184亿元，下降1.1%。人民币债券发行额206亿元，人民币银行贷款余额1445亿元。（香港地方志办公室）

澳门特别行政区　2017年，澳门特别行政区的金融机构包括银行、保险公司、金融公司、融资租赁公司，金融中介业务公司、兑换店、现金速递公司、非银行信用机构以及海外金融机构代表处。截至年末，在澳门特别行政区获准经营的金融机构有银行29个（其中1家为特区政府拥有的邮政储金局、2家离岸银行分行已停业）、保险公司24家、退休基金管理公司1家、金融公司1家、融资租赁公司2家、金融中介业务公司2家、兑换店11家、兑换柜台6家、现金速递公司2家、非银行信用机构1个、其他金融机构2个及海外金融机构代表处1个。

（摘自《2018澳门年鉴》）

【旅游业】　广州市　2017年，广州市加快旅游产业发展和政策扶持，加强旅游宣传推介和精准营销，完善旅游公共服务和管理体系。全年全市接待游客2.04亿人次，比上年增长10.09%。其中，国内游客5375万人次，比上年增长5.84%；入境游客900.48万人次，增长4.48%。旅游业总收入3614.21亿元，比上年增长12.35%。其中，旅游外汇收入63.14亿美元，比上年增长0.7%；国内旅游收入3187.89亿元，增长13.83%。旅游总收入增速保持多年来高于同期地区生产总值（GDP）增速的态势。截至年末，广州市有星级旅游饭店180家，其中五星级饭店22家、四星级35家、三星级104家、二星级19家。星级酒店数量位居国内城市前列，居全省第一位。是年，广州市加强旅游资源的开发与整合，各项工作得到推动和提升。沙湾古镇和神农草堂景区被广东省旅游景区质量等级评定委员会评定为国家 AAAA 级旅游景区，广东省旅游职业技术学校（广东修学旅游体验园）、大埔围美丽乡村景区被评为国家 AAA 级旅游景区。全年 A 级景区数量为 52 个，其中 AAAAA 级 2 个、AAAA 级 26 个、AAA 级 23 个、AA 级 1 个。全年纳入统计的旅游景区接待人数 1.83 亿人次，比上年增长 5.68%；经营收入 55.7 亿元，增长 14.18%。广州市旅游局批准设立旅行社 93 家，比上年增长 55%；办理旅行社变更备案 135 家、注销备案 3 家；吊销旅行社业务经营许可证 1 家。全市有旅行社 605 家，其中出境游组团社 128 家、台湾游组团社 7 家、外商投资旅行社 7 家；旅行社分社（省内外合计）445 家；旅行社服务网点 672 个。是年，广州市新增诚信旅行社 5 家，全市有 117 家“广州地区诚信旅行社”。

（韩卫　许莉　鄢波　左淑娣）

深圳市　2017 年，深圳市各级旅游部门深入实施关于促进旅游业改革发展的各项部署，贯彻落实《深圳市旅游业发展“十三五”规划》，推动旅游业改革发展和转型升级，各项主要旅游经济指标继续保持平稳较快增长势头，全年接待游客 13147.45 万人次，比上年增长 5.31%；全市旅游总收入 1485.46 亿元，增长 8.3%。年内新增旅行社 115 家，总计 815 家，其中组团社 212 家，旅行社营业网点遍布全市。注册导游 8901 人，备案领队 2240 人。星级酒店 108 家，其中已授牌的五星级酒店 24 家、四星级酒店 23 家、三星级酒店 47 家、二星级酒店 14 家。以“城市客栈”为代表的经济型连锁酒店蓬勃发展，并向全国各大城市拓展。强化“创意深圳，时尚之都”文体旅游形象宣传，制作深圳旅游形象广告片和旅游宣传片，打造“滨海浪漫”“主题公园”“文化创意”“运动休闲”“都市风情”五大文体旅游特色产品。已纳入市文体旅游局管理的各类景区有锦绣中华中国民俗文化村、世界之窗、欢乐谷、东部华侨城、欢乐海岸、观澜湖旅游休闲度假区、海上田园、青青世界、海洋世界、野生动物园、仙湖植物园等富有特色的各类景区景点 24 个，其中国家 A 级旅游景区 14 个，包括 AAAAA 级景区 2 个、AAAA 级景区 7 个、AAA 级景区 5 个。出台《深圳市全域旅游示范区创建工作实施方案》，统筹推进全域旅游示范区创建工作，大鹏新区被评为国家级旅游业改革创新先行区。加快建设中国邮轮旅游发展实验区，太子湾邮轮母港引进银海、皇家加勒比、歌诗达等 6 家国际邮轮公司，开辟日本冲绳、马来西亚、新加坡等 5 条国际新航线，全年接待邮轮游客近 19 万人次。“海上看深圳”项目暨深圳滨海游船旅游项目正式运营。乐高乐园等世界级主题公园、下沙佳兆业国际乐园等项目落地和建设进展顺利。

（韩利鹏）

江门市　2017 年，江门市以全域旅游为统领，推进旅游强市建设，在旅游项目建设、旅游品牌建设、乡村旅游建设、旅游基础设施建设和旅游宣传促销、人才培训等方面取得成效。台山市、开平市创建国家全域旅游示范单位和开平市开平碉楼文化旅游区创建国家 AAAAA 级景区工作推进；申报设立世界旅游组织旅游可持续发展观测点获得成功；投资 60 亿元的赤坎古镇项目举办动工仪式，蓬江区三十三墟街墟顶灯饰亮化二期工程、江海区江中珠游艇会和长廊生态园、台山中国农业公园核心区“禾海稻浪”主题园和端芬镇民国风情小镇一期工程、恩平市恒大泉都旅游城五国温泉小镇等一批精品工程竣工；鹤山宅梧镇等 3 个镇被评为江门市乡村旅游示范镇，台山海宴五丰村等 5 条村被评为江门市乡村旅游示范村。全年全市旅游总收入 492.53 亿元，比上年增长 20.10%。（江门市旅游局）

东莞市　2017 年，东莞市实现旅游总收入 488.9 亿元，比上年增长 9.64%。其中，国际旅游外汇收入 15.96 亿美元，比上年增长 2.71%；国内旅游收入 381.15 亿元，增长 11.37%。接待游客总人数 4141.85 万人次，比上年增长 9.23%。其中，国内游客 3738.18 万人次，比上年增长 10.19%；接待入境游客 403.67 万人次，增长1.03%。接待过夜游客2161.48万人次，比上年增长7.66%。东莞市国家A级旅游景区21个。其中，AAAA级旅游景区15个，占全省AAAA级景区的8.7%。12月，新增寮步香市文化旅游区、常平隐贤山庄2个AAAA级景区；有星级酒店33家，其中五星级14家、四星级12家，四星以上星级饭店数量在全省排第三位；有旅行社133家，其中出境游组团社14家、国内游组团社88家、分社31家、服务网点360个，全年新增出境游组团社2家、国内游旅行社14家、分社14家、服务网点75家。

（东莞市人民政府地方志办公室）

中山市　2017年，中山市推进建设国家全域旅游示范区，创建休闲旅游城市，优化旅游资源，加强行业监管，创新市场营销。全年接待过夜海内外游客1333.52万人次，比上年增长19.3%。其中，外国游客和港澳台游客66.11万人次，国内游客1267.41万人次。旅游景点接待游客1387.05万人次，比上年增长3.3%；旅行社接待总人数184.47万人次，下降16.3%。组团国内游113.48万人次，比上年下降9.17%；出境游22.83万人次，下降14.4%。全年旅游总收入287亿元，比上年增长16.2%，其中，旅游外汇收入3.53亿美元，比上年下降29.9%。年末，全市星级酒店18家，星级酒店客房数2500间，客房开房率49.6%。

（中山市人民政府地方志办公室）

惠州市　2017年，惠州市旅游业以推动全域旅游示范区创建为抓手，全年接待游客5393.58万人次，比上年增长14.42%。其中，宾馆、酒店接待过夜游客2238.94万人次（包括其他住宿设施接待过夜游客），比上年增长10.13%；景区（点）接待一日游游客3154.64万人次，增长17.68%。旅游总收入439.28亿元，比上年增长20.63%。惠州市获第一批“国家生态文明建设示范市”称号，在全球旅游竞争力排行榜上获评“中国山水田园康养名城”称号，在中国生态文明论坛惠州年会上获评12个“2017美丽山水城市”之一；龙门县、博罗县入围“第七届广东省县（市）域旅游综合竞争力十强”；惠东县入围“第七届广东省县（市）域旅游创新发展十强”；大亚湾开发区入列第二批广东省全域旅游示范区创建单位。惠州西湖创建国家AAAAA级旅游景区进入冲刺阶段。4月，在澳大利亚设立惠州首个在海外的旅游推广中心。至年底，全市建成景区70多个，其中国家级重点风景名胜区、森林公园和景区、省级自然保护区、历史文化名城、风景名胜区及自然保护区共20多个。有A级旅游景区25个，其中AAAAA级景区1个、AAAA级景区12个、AAA级景区11个、AA级景区1个。建成滨海休闲旅游、温泉康体养生、森林生态度假、运动休闲体验、文化旅游、乡村旅游、城市旅游七大系列旅游产品，形成城市综合旅游服务区中心和百里生态旅游带、东江文化景观旅游带，北部生态旅游区、中部文化旅游区、南部滨海休闲度假旅游区三大功能区，以及南昆山生态旅游、罗浮山旅游、惠州西湖旅游、秋长镇隆旅游、环大亚湾滨海旅游五大组团的基本格局。（惠州市地方志办公室）

2017年12月2日，中国生态文明论坛惠州年会为“2017美丽山水城市”颁发证书

（惠州报业传媒集团供稿）

肇庆市　2017年，肇庆市有地方特色的旅

游资源单体95个，开放利用的旅游景区（点）63个。旅行社44家，旅行社分社12家，旅行社营业部118个。星级旅游饭店19家，其中五星级饭店1家、四星级饭店1家、三星级饭店11家、二星级饭店5家、一星级饭店1家。景区接待游客4219万人次，比上年增长22.0%；入境外国游客6.70万人次，增长2.4%；香港特别行政区、澳门特别行政区和台湾同胞到肇庆旅游45.24万人次，增长2.4%。城市接待过夜旅游者1329.77万人次，比上年增长7.6%。旅游总收入308.00亿元，比上年增长7.7%。肇庆市是中国首批优秀旅游城市。星湖风景名胜区（含七星岩景区和鼎湖山景区）是第一批国家级风景名胜区，封开县龙山风景名胜区和怀集县燕岩风景名胜区是省级风景名胜区。星湖风景名胜区、悦城龙母祖庙景区、德庆盘龙峡景区、德庆学宫景区是国家AAAA级景区。鼎湖区凤凰镇和高要区回龙镇入选“全国特色小镇”。（李伟）

香港特别行政区　2017年，香港旅游业恢复增长，访港旅客5850万人次，比上年增长3.2%。随着内地经济稳健增长，全年内地访港旅客4440万人次，占访港旅客总人次76%，比上年增长3.9%。非内地市场，短途市场的访港旅客人次比上年增长1.8%，长途市场的访港旅客人次下降0.3%。是年，按留港时间分析，过夜旅客人次比上年增长5%，入境不过夜旅客人次增长1.6%。过夜旅客占访港旅客总人次的47.7%，入境不过夜旅客的比例下降至52.3%。随着访港过夜旅客人次增加，酒店房间平均入住率增长至89%，酒店实际平均房租1288元，增长0.1%。（香港地方志办公室）

澳门特别行政区　2017年，澳门特别行政区旅客人数呈现上升态势，旅客总消费恢复增长。澳门特区政府完成《澳门旅游业发展总体规划》的编制工作，澳门获评为联合国教科文组织创意城市网络美食范畴的新成员城市；开发多元化旅游产品，完善旅游法规配套和强化行业监管，加强业界培训；发挥联动效应，进行宣传推广，参与国际和区域旅游事务，加快建设“世界旅游休闲中心”的步伐。据统计，全年访澳的旅客人数3261.05万人次，比上年增长5.4%。全年留宿旅客1725.48万人次，比上年增长9.9%，占访澳旅客52.9%，留宿旅客的平均逗留日数维持2.1日，而总旅客平均逗留时间为1.2日。是年，大中华旅客（内地、香港和台湾）2942.14万人次，比上年增长5.3%，占总旅客90.2%；国际旅客318.91万人次，增长6.2%，占总旅客9.8%。内地市场继续成为澳门最大的客源地，达2219.62万人次，占总访澳旅客的68.1%，比上年增长8.5%，其中主要来自广东省（占内地旅客的41.6%）、湖南省（4.5%）及福建省（3.8%）。另外，以“个人游”签注方式来澳旅客1061.55万人次，比上年增长10.8%。而香港和台湾则分别为澳门的第二及第三大客源地，分别比上年下降4.0%和1.3%。至2017年底，澳门现存酒店场所116家，包含星级酒店81家、公寓35家。其中，五星级豪华酒店10家、五星级酒店24家、四星级酒店17家、三星级酒店15家、三星级公寓式酒店1家、二星级酒店14家。澳门有223家持有效准照的旅行社，比上年增加2间。全澳有1880人持有旅游局发出的导游工作证，比上年下降1%。导游人员分别能以粤语、普通话、英语、葡萄牙语、德语、日语、韩语、泰国语、法语、西班牙语、俄罗斯语、印度尼西亚语，以及汉语方言福建话、潮州话接待旅客。（摘自《2018澳门年鉴》）

【电子商务业】　广州市　2017年，广州市商务委联合市财政局印发《广州市商务发展专项资金电子商务与商贸物流事项实施细则》，以补贴、奖励和贷款贴息的方式支持电子商务发展项目和电子商务物流项目。6月26日，市商务委印发《广州市电子商务示范基地认定办法（试行）》，开展首批示范基地认定工作。推动电子商务产业集聚发展。按照“1+1+9”布局思路，推动琶洲互联网创新集聚区、广州云埔电子商务园区、广州荔湾区花地河电子商务集聚区国家电子商务示范基地集聚发展。琶洲互联网创新集聚区吸引腾讯、阿里、复星、国美、小米、YY、唯品会、环球市场、粤传媒、科大讯飞等14家企业在海珠区注册26个项目及业务运营公司，总注册资本109亿元，初步形成以“互联网+”为特色的世界级电子商务产业集聚区。广州云埔电子商务园区聚集120多家电子商务企业和电子商务服务机构，形成龙头企业+中小微企业集聚，综合电商、垂直电商、金融电商、跨境电商和传统企业应用多业态汇聚发展。广州荔湾区花地河电子商务集聚区覆盖塑料、服装、医药保健、花卉农产品。截至年底，广州有淘宝村91个，主要集中分布在白云、番禺、花都。是年，阿里巴巴、慧聪网、京东商城、卓越亚马逊、苏宁易购等国内电子商务龙头企业在广州市设立区域总部。鼓励电子商务企业创新商业模式、创新服务、创新技术，扶持电子商务行业领军企业、龙头企业和特色企业。有广州酷狗计算机科技有限公司等10家国家电子商务示范企业和广州华多网络科技有限公司等28家省级电子商务示范企业，国家和省示范企业数量均居全省第一位，认定广州市电子商务示范企业50家。全市开展网络销售电子商务企业超20万家。其中，主板上市16家，“新三板”挂牌23家。开展农村电子商务专项行动，在从化举办广州农村电子商务平台与从化涉农企业合作对接活动，对接企业实现农村电子商务交易额4600万元。成立广州市农村电子商务行业协会，吸纳66个产业链单位和企业加入。培育农村电子商务龙头企业，培育茶里电子商务有限公司成为市级电子商务示范企业。支持风行牛奶、粤传媒、广州邮政企业建设超6000个网点，布局农村电子商务板块。指导从化农村电子商务产业园规划建设，截至年底，30多家农村电子商务企业进驻。支持从化农村电子商务协会培训相关从业者近2000人次，支持广州大学孵化一批农村电子商务企业，引导企业开展农产品溯源、质量检测业务。支持阿里巴巴建设114个淘宝村级服务站，苏宁易购建设超过50个农村电子商务服务站。推动苏宁易购上线“从化特色农产品馆”，广州邮政建设“果蜂”平台，广东云图电子商务有限公司打造线上“广东馆”，推动农产品销售，带动农民增收。（李建党　张伟翔）

东莞市　2017年，东莞市电子商务交易额4202亿元，比上年增长13.5%；全市跨境电商进出口额159.0亿元，增长7.66倍；电子商务网络零售交易额401.7亿元，增长13.5%；服装、手机数码和家居家装位列前三，其中服装类交易额120.9亿元，手机数码类交易额80.8亿元，家居家装类交易额58.5亿元。

（东莞市人民政府地方志办公室）

肇庆市　2017年，肇庆市印发《深入推进“互联网+流通”行动计划工作方案》，促进互联网与流通业融合，推动流通转型升级和创新发展，全市跨境电子商务交易额1.34亿元。全市统筹700万元，扶持电子商务发展、农村电子商务发展、电子商务示范园区创建、电子商务服务企业及代运营企业、宣传推广及人才培训等30个项目。3月，睿骏跨境电子商务有限公司与大旺珠江物流有限公司在肇庆高新区合作设立的

东莞国际邮件互换局　（东莞市人民政府地方志办公室供稿）

肇庆市电子商务产业园二期项目 758 创意园　　　　（朱云初　摄）

“肇庆跨境电商监管中心”投入运营，成为肇庆首个跨境贸易电商直购进口与零售出口业务监管场所。6 月，肇庆小威当家软件科技发展有限公司和广东盈天下电子商务产业园有限公司在广州股权交易中心注册。年内，培育 12 个农产品电子商务产业基地，“供销菜篮子服务快线”“去农场 go go farms”“广宁小威当家”“封开商城”“怀集商城”“德庆商城”“德庆农业 e 家”等县域电商平台发展壮大。　（钟晓明）

【物流业】　广州市　2017 年，广州市货运量 12.07 亿吨，港口货物吞吐量 5.90 亿吨。快递业务量 39.33 亿件，连续四年居全国第一位。截至年末，广州市进口肉类指定口岸所拥有的冷链查验和存储一体化设施中，专用冷库容量 30030 吨，一体化设施综合进口能力 143.6 万吨，分别占全省 28.3%和 27.3%，占比均居全省第二位。广州市有一定规模的冷链企业 133 家。全市冷库容量 993239 吨，1000 吨以上冷库 102 个，5000 吨以上冷库 62 个。全市冷藏车 1776 辆，其中自有冷藏车 1124 台，常年租赁冷藏车 652 台。广州市大中型冷链企业的冷链设备基本实现从设备安装工程到硬件设施追溯监管体系的智能冷链。市内大部分冷库、冷藏车采用可调控温度技术，并可实行远程监控；运用视频监控、条码管理技术进行管理，实现商品临期报警。冷藏车安装 GPS 管理系统，实现远程、实时监控。全年全市生鲜农产品电商交易额 200 亿元，占全国交易总额的 14.4%。顺丰在广州推出丰巢智能柜（冷藏柜机），推进冷链产业发展。生鲜冷链发展方面，推动全市农业与第二、三产业的加快融合，田头冷库向规模化、规范化发展，加速农产品流通。出现广州东升农场有限公司、广州一衣口田有机农业有限公司、增城区全兴汉华农业发展有限公司等农业冷链公司。

（李建党　张伟翔　李干洋）

东莞市　东莞市于 2015 年申报成为全国物流标准化试点城市，围绕服务标准化体系、管理标准化体系、技术标准化体系、信息标准化体系四大专题建设。2017 年，东莞市 17 个试点项目拉动社会资金投入 3.15 亿元，仓库改造面积 25.93 万平方米，使用标准托盘 17.93 万个，带板运输率 52.05%，商品损耗率降至 0.27%，车辆周转率提升 0.86 次 / 天，装卸工时效率提高 11.03 吨 / 小时，装卸搬运单位成本下降 6.47 元 / 吨，企业物流成本占主营业务收入比重下降 7.16%，直接带动就业人数 2996 人。全年有冷链项目 4 个，共获广东省资金扶持 1405 万元。是年，东莞市海关特殊监管场所进出口总额 1995 亿元，比上年增长 9.3%，占全市外贸进出口总额的 16.3%。全市有保税仓库 23 个，出口监管仓库 21 个（结转型 12 个，出口配送型 9 个），保税物流中心（B 型）2 个，是全国唯一拥有 2 个 B 型保税物流中心的城市。其中，东莞保税物流中心（B 型）于 2010 年封关运作，业务量逐年增长，并拓展新业务、新功能；东莞

2017年10月12日，第12届深圳国际物流与交通运输博览会在深圳会展中心开幕　　（陈锡坤　摄）

清溪保税物流中心（B型）于2017年5月通过验收，并封关运作。

（东莞市人民政府地方志办公室）

中山市　2017年，中山市交通运输、仓储和邮政业增加值79.46亿元，比上年增长1.4%。全年货物周转量156.8亿吨千米，比上年下降5.0%；全年港口货物吞吐量8044万吨，增长18.5%；集装箱吞吐量144万标准箱，增长6.3%。全年中山市快递服务企业业务量累计完成3.12亿件，比上年增长27.33%；业务收入累计完成34.85亿元，增长21.32%。其中，同城业务量累计完成6353.41万件，比上年增长14.43%；异地业务量累计完成2.44亿件，增长31.46%；国际/港澳台业务量累计完成402.97万件，增长12.71%。

（中山市人民政府地方志办公室）

肇庆市　2017年5月，肇庆市对纳入2016年物流标准化试点的肇庆市致美物流有限公司、肇庆市供销社企业集团有限公司、广东鼎湖山泉有限公司、美亚（肇庆）金属制品有限公司、肇庆焕发生物科技有限公司等22家企业进行验收，项目包括物流标准化应用及信息化系统改造试点、农产品冷链物流标准应用和社会化物流信息服务平台、物流标准化、标准化托盘及运输设备更新等，全部通过验收；企业标准托盘数量77.87万个（其中自购标准托盘60.55万个，租赁标准托盘17.32万个），托盘标准化率92.1%。企业标准化托盘数量比试点前增加23.54万个，托盘标准化率提高15.0%，城市社会物流总费用占地区生产总值的比率下降至13.0%。同月，封开县召开百村电商大会，封开乐村淘入驻县域农村电商行业，为农民和创业者搭建便捷商品交易平台，解决农村电商物流难题。是年，肇庆市货物运输总量7171万吨，比上年增长8.2%。其中，公路运输总量5448万吨，比上年增长7.5%；水路运输总量1723万吨，增长10.6%。货物运输周转量76.11亿吨千米，比上年增长7.1%。其中，公路运输周转量49.36亿吨千米，比上年增长8.4%；水路运输周转量26.75亿吨千米，增长4.8%。旅客运输总量3042万人，比上年增长0.1%；旅客运输周转量13.88亿人千米，增长0.6%。港口完成货物吞吐量3931万吨，比上年增长21.2%。港口集装箱吞吐量79.44万标准箱，比上年增长10.8%。肇庆市主要物流集聚区包括怀集粤西物流中心、高要现代化农业综合物流园区、致美物流园区、粤达肇庆物流园、林安现代商贸物流产业园、唯品会肇庆物流园、普洛斯肇庆大旺物流园、大旺珠江物流、宇培肇庆仓储物流园、肇庆市世通保税物流园等，主要分布在端州区、高要区、肇庆高新区。

（韦相伍　钟晓明）

香港特别行政区　2017年，香港货柜吞吐量2080万个20呎标准货柜，比上年增长4.8%。在载货货柜吞吐量当中，转运货物比上年增长

9.9%，直接付运货物下降 2.0%。通过香港港口处理的贸易货值比上年增长 4.4%，占贸易总值的 18.1%。空运吞吐量 490 万公吨，比上年增长 9.2%。空运贸易总值比上年增长 11.7%，占贸易总值的 41.8%。6 月 20 日，机场管理局公布发展计划，包括香港国际机场一号客运大楼扩建计划及兴建“天际走廊”。（香港地方志办公室）

【服务业】 肇庆市　2017 年，《肇庆市推进国内贸易流通现代化建设法治化营商环境的工作方案》《肇庆市推动实体零售创新转型工作方案》出台。肇庆市批发和零售业固定资产投资 29.18 亿元，比上年下降 39.7%；住宿和餐饮业固定资产投资 14.42 亿元，增长 56.3%；租赁和商务服务业固定资产投资 10.63 亿元，下降 10.7%。社会消费品零售总额 809.93 亿元，比上年增长 10.6%。其中，城镇消费 575.37 亿元，比上年增长 10.6%；农村消费 234.56 亿元，增长 10.8%。批发零售业是消费品市场发展的主导力量，实现消费 729.59 亿元，比上年增长 11.2%，占总消费比重 90.1%，拉动增加 10 个百分点。全年限额以上商贸企业增加 48 家，限额以上批发零售业通过公共网络实现网上商品零售额 119.29 亿元，比上年增长 22.2%，增速降低 51.7 个百分点。在限额以上批发和零售业商品零售额中，粮油、食品类比上年增长 38.3%，服装、鞋帽针纺织品类增长 7.6%，金银珠宝类增长 17.4%，文化办公用品类增长 13.3%，家具类增长 14.7%，家用电器和音像器材类增长 30.8%，中西药品类增长 17.3%，通信器材类下降 13.2%，石油及制品类增长 8.6%，建筑及装潢材料类下降 46.8%，汽车类增长 9.0%。住宿业营业额 15.21 亿元，比上年增长 9.6%；餐饮业营业额 85.06 亿元，增长 5.7%。从事家政服务的公司和个体工商户 907 家，从业人员约 3000 人，其中女性从业人员占 80%以上；家政服务区域主要是肇庆城区及各地的县城，服务项目有室内外保洁、管道疏通、抽油烟机清洗、搬家、月嫂、婴幼儿看护、照料老人等，用工形式以住家保姆和钟点工为主。美发美容行业活动单位 2523 个，营业面积 4.02 万平方米，从业人员约 8000 人。

（韦相伍　钟晓明）

香港特别行政区　2017 年，香港服务业就业人数 340 万人，占香港整体就业人数的 89.47%。服务业是香港的经济核心，范畴广泛，包括进出口贸易、批发及零售业、运输、仓库、邮政及速递服务、住宿及膳食服务活动、信息及通信、金融及保险活动、地产活动、专业、科学及技术活动、行政及支持服务活动，以及公共行政、小区、社会及个人服务业等。是年，服务业净产值在首三季实质分别比上年增长 3.6%、3.2%和 3.6%。在各主要服务业中，批发及零售业的净产值在首三季合计是增长的，第三季升幅加快。住宿及膳食服务业的净产值比上年增长。区内贸易及货运往来蓬勃，进出口贸易业和运输、仓库、邮政及速递服务业的净产值均取得稳健增长。专业及商用服务业、信息及通信业和公共行政、社会及个人服务业的净产值均增长。是年，服务输出总额 8110 亿元。其中，旅游是服务输出中最重要的服务组成部分，占服务输出总额的 32.0%；运输服务的输出占服务输出总额的 29.1%；金融服务的输出占服务输出总额的 19.3%。（香港地方志办公室）

【游艇产业】 2017 年，珠海市游艇产业工业总产值 18.83 亿元。全市有游艇企业 57 家。其中，游艇生产企业 34 家，游艇生产配套企业及商贸公司 23 家。平沙镇被评为“广东省（游艇）技术创新专业镇”，成功申报广东省转型升级专业型示范基地。珠海加快游艇产业重大项目建设，太阳鸟连湾 3D 模块化项目和铝合金高速船艇生产基地项目建成投产；江龙船艇与澳大利亚澳斯达船舶在珠海合资成立铝合金船艇制造企业，高速船舶制造项目动工建设；横琴新区法拉帝游艇（亚太）中心项目建设，以法拉帝游艇亚太销售与服务中心、船东俱乐部、展示中心、航海学校、高端住宅为核心，打造办公与休闲配套设施并存的大型滨水商业综合体。编制《珠海市游艇港口岸线规划方案》，规划适合作为游艇港口岸线长度43.45千米，可容纳游艇泊位总数16810个。

（曾素菲）

2017年，佛山市高明区海天调味品生产基地　（佛山日报社供稿）

【食品制造业】　广州市　2017年，广州市规模以上食品工业生产延续上年低速增长的势头，并于下半年开始出现负增长。其中烟草制造业和农副食品加工业增速回落较为明显，但企业效益实现恢复性增长，主营业务收入和利润总额增速有所增长。全年全市食品工业规模以上企业270家，实现工业总产值1433.20亿元，比上年增长2.2%；工业销售产值1463.71亿元，下降0.4%；工业产品销售率102.1%；全年实现出口交货值19.72亿元，下降0.1%；实现主营业务收入1467.81亿元，增长0.4%。全年食品工业实现利润总额129.49亿元，比上年增长3.9%；资产总计1141.43亿元，增长0.6%。全年生产精制食用植物油157.01万吨，比上年增长8.6%；饮料酒909790.18千升，增长6.7%，其中啤酒909722千升，增长6.7%；卷烟624.08亿支，下降2.6%；乳制品27.74万吨，下降1.2%。

（林渲）

佛山市　2017年，佛山市食品饮料业保持良好的增长势头，全年实现工业总产值987.23亿元，比上年增长9.9%，占全市优势传统工业总产值的11.6%。佛山市食品制造业主要分布在高明区、禅城区和顺德区。其中，高明区海天调味品生产基地是全国最大的酱油、调味品生产基地；顺德区水产品加工基地是国内主要的鱼类罐头生产基地。饮料制造业主要分布在三水区、南海区和顺德区，佛山市是“中国豉香型白酒产业基地”，三水区及其西南街道分别为“中国饮料之都”和“中国饮料名镇”。佛山市拥有三大著名酒厂——九

2017年，广州市华侨糖厂转制成为广州市华糖食品有限公司

（黄晓敏　摄）

江酒厂、石湾酒厂和顺德酒厂，其中九江酒厂双蒸酒的酿造技艺入选广东省非物质文化遗产名录。佛山市食品饮料业主要产品包括酱油、啤酒和饮料。全年佛山市酱油产量332.26万吨，比上年增长8.1%；啤酒产量168971.76万升，增长3.3%；软饮料产量196.26万吨，增长0.4%。（李鹏基）

江门市　2017年，江门市食品工业实现规模以上工业总产值438.24亿元，比上年增长9.04%；实现规模以上工业增加值133.04亿元，增长15.51%。其中，农副食品加工业完成规模以上工业总产值189.53亿元，比上年增长9.65%，完成规模以上工业增加值3.94亿元，增长22.7%；食品制造业完成规模以上工业总产值230.11亿元，增长9.1%，完成规模以上工业增加值88.23亿元，增长9.04%；酒、饮料和精制茶制造业完成规模以上工业总产值18.6亿元，增长2.67%，完成规模以上工业增加值5.43亿元，增长2.15%。江门市食品产业历史悠久，是中国食品工业生产基地（新会区），食品工业是江门市六大支柱产业之一，约占广东省的比重6.6%。拥有“味事达”酱油和“嘉士利”饼干两个驰名商标。江门市在食品企业中推广智能制造，创建“国家新型工业化产业示范基地（食品）”“广东省智能制造示范基地”。（张莉莉）

肇庆市　2017年，肇庆市食品饮料产业工业总产值125.5亿元，比上年增长11.6%，占全市规模以上工业增加值3.3%。其中，绿色食品饮料增加值比上年增长11.3%，涉及行业有啤酒制造业、饮用水、食品业。代表企业有蓝带啤酒（控股）有限公司、广东鼎湖山泉有限公司、广东达利食品有限公司、肇庆焕发生物科技有限公司等，主要分布在端州区、鼎湖区和肇庆高新区。（石金凤）

【会展业】　广州市　2017年，广州市拥有会展场馆1303个，比上年减少3个，下降0.2%；场馆面积68.43万平方米，减少4.13万平方米。其中，展览馆面积47.13万平方米，减少3.85万平方米。是年，全市举办展览800场次，比上年增长6.2%。其中，市内展727场次，比上年增长6.0%；市外展61场次，增长15.1%。市内展接待展览活动人员1503.91万人次，比上年下降6.4%；其中接待境外人员113.86万人次，增长14.2%。接待会议5.54万场次，比上年增长8.6%，增速比上年同期增加6.1个百分点；接待参会人员20.80万人次，增长3.5%。国际会议场次和境外人士参会人数分别为101场次和8.67万人次，比上年分别下降6.5%和1.6%。是年，岭南集团旗下广州广之旅国际会展服务有限公司承办广东国际旅游产业博览会、广府文化旅游嘉年华、中国海外人才交流大会暨中国留学人员广州科技交流会等大型展会，实现营业收入2200万元。其中，广东国际旅游产业博览会为广之

2017年9月，岭南集团旗下广州广之旅国际会展服务有限公司承办广东国际旅游产业博览会（岭南集团供稿）

旅会展公司连续第9年举办的大型旅游专业展会，吸引全球55个国家及地区、全国22个省市及自治区、广东省内21个地市组团参展，展商数量比上年增长10%。是年，广之旅会展公司获“金五星组展单位奖”，并入选商务部第一批展览业重点联系企业名单。是年，岭南集团旗下广州白云国际会议中心有限公司加快市场化发展，启动涉及安全、会展和宴会、客房、场内道路修整和环境综合整治等方面的升级改造项目，从传统的场馆租赁方演变成综合服务运营商，实现营业收入2.2亿元，承接中国留学人员广州科技交流会、第13届中国国际儿童电影节等会议展览3000场次，累计使用会议室面积134万平方米、展览面积100万平方米、餐饮服务人数87万人次。挖掘南航中转旅客的商机，提升品牌影响力。是年，白云国际会议中心获“2017年度十佳会议接待饭店金鼎奖”“金五星优秀会展场馆奖”及“2017中国会议酒店100强”“2017年度优秀会议酒店”称号。（岭南集团）

东莞市　2017年，东莞市有广东现代国际展览中心、常平会展中心、虎门会展中心等专业展馆，每年举办较具规模的展会60场。6月29—30日，由中国会展经济研究会、《第一会展》杂志、中国会展联盟、各省市会展行业协会联合举办的“第14届中国会展业高峰论坛·中国会展产业发展大会”在杭州市举行，东莞市获“2017年度中国十佳会展城市”称号。在东莞市举办的中国加工贸易产品博览会和2017广东21世纪海上丝绸之路国际博览会两大展会均获“2017年度中国品牌展览会·金奖”。11月10日，商务部中国会展经济研究会举行“2017中国城市会展业竞争力指数发布会”，发布中国城市2016年会展业竞争力状况，东莞市入选“2017中国最具竞争力会展城市”。

（东莞市人民政府地方志办公室）

香港特别行政区　2017年，香港举办100多场展览，吸引到港参加会议、展览及奖励旅游（MICE）的海外过夜旅客193万人次。全年香港会展业贡献本地生产总值2.3%，参与有关工作人数8万人。香港有展览服务供应商100多家，提供专门或综合展览服务。根据香港特别行政区政府统计处的资料，全年访港过夜的会展旅客1927千人次，比上年增加36千人次。中国内地（51.2%）、南亚及东南亚（14.5%），以及欧洲、非洲及中东（11.2%）是香港会议、展览及奖励旅游过夜旅客的主要市场，来自南亚及东南亚等地区的会展旅客比上年下降1.7%。整个旅游、会议及展览服务界业务收益指数197.2，比上年增长1.4%。（香港地方志办公室）

澳门特别行政区　2017年，澳门特别行政区贸促局主办及承办的会展活动包括“2017年澳门国际环保合作发展论坛及展览”“第八届国际基础设施投资与建设高峰论坛”“澳门国际品牌连锁加盟展2017”“2017粤澳名优商品展”“第22届澳门国际贸易投资展览会”，以及“葡语国家产品及服务展（澳门）”等。其中，“2017年澳门国际环保合作发展论坛及展览”

2017年9月21—24日，2017广东21世纪海上丝绸之路国际博览会在东莞举行（东莞市商务局供稿）

首次设立“创新环保技术展示区”、新增“北京馆”“捷克馆”“十二五环保科技成就展”等，推出“绿色汇点”环保项目网上商业配对服务平台。“第八届国际基础设施投资与建设高峰论坛”期间，首次发布“一带一路”国家基础设施发展指数（2017）和《“一带一路”国家基础设施发展指数报告（2017）》，为有意投资“一带一路”沿线国家地区的企业提供参考。“葡语国家产品及服务展（澳门）”在“澳门国际贸易投资展览会”场内以“展中展”形式举行。为强化澳门的中葡平台作用，充分展示葡语国家产品及服务，2017葡语国家产品及服务展（澳门）首次独立成展，面积超过3000平方米，共220个展位，比上年增长60%。吸引211个（家）来自内地、澳门、香港、葡语国家的机构与企业，以及“信息网”葡语食品数据库的登记用户及专业服务供货商参展，同期加入更多活动推广葡语国家产品、服务和文化。

（摘自《2018澳门年鉴》）

2017年3月16日，第37届国际名家具（东莞）展览会在东莞市厚街镇举行

（东莞市人民政府地方志办公室供稿）

【家具制造业】 佛山市 2017年，佛山市家具制造业实现工业总产值578.86亿元，比上年增长11.2%。佛山市家具制造业主要分布在顺德区、南海区、三水区和高明区。其中，顺德区乐从镇是“中国家具商贸之都”，顺德区龙江镇是“中国家具材料之都”和“中国家具制造重镇”。佛山家具制造业主要产品包括板式家具、实木家具、软体家具、玻璃金属家具、现代竹藤家具、绿色环保家具以及新型高分子塑料家具等多类产品，全年全市家具产量2674.56万件，占广东省家具产量的17.8%。8月12—15日，第34届国际龙家具展览会、第24届亚洲国际家具材料博览会同时在佛山顺德区举办。来自国内和全球各地的家具业参展商、经销商、采购商齐赴盛会。第34届龙家具展览会参展企业428家，展出范围有软体系列、实木系列、板式系列、两厅系列、儿童/青少年系列、办公系列、家具原辅材料。第24届亚洲国际家具材料博览会开设三大馆、六大展区，展览范围主要包括家具填充及包覆材料、家具五金及配件、办公家具及配件、家具半成品、家具基材、家具专用化工材料、自动化机械设备等。

（李鹏基）

江门市 2017年，江门市家具制造业完成规模以上工业总产值97.96亿元，比上年增长4.23%；完成规模以上工业增加值23.62亿元，增长4.99%。除了现代家具制造，江门还是传统广作家具发源地之一，从事传统家具行业的企业约3000家，产业基础雄厚，是中国红木五大产业聚集地之一，有“中国古典家具之都”称号。

（张莉莉）

东莞市 2017年，东莞市家具制造业规模以上企业299家，完成规模以上工业增加值83.73亿元，比上年下降0.2%，比全市平均水平低10.2个百分点，占全市规模以上工业比重2.5%。有光润家具、大欣家具、赛诺家居、城市之窗家具、慕思寝具等一批主营业务收入较大的企业。

（东莞市人民政府地方志办公室）

香港特别行政区　2017 年，香港家具总出口比上年增长 4%。主要销往市场为美国、中国内地和日本。香港家具业历史悠久，生产家庭、办公室及厨房用家具，以及褥垫、床上用品和家具部件。生产家具所用的原材料种类繁多，包括木、藤、塑料及金属等。各类家具中，木制家具是业界的主要产品及出口项目。香港家具生产商擅于设计，也能配合海外买家的需要，承接原件制造（OEM）订单。有些公司通过投标合约，专为酒店、办公室及其他房地产项目承造高档成套家具。香港家具生产商建立自己的品牌。为符合国际标准，例如目标市场的法规或其他环保要求，厂商选择原材料时越趋谨慎，绿色家具是一大产品趋势。世界各地环保意识增加，法规日趋严格，有些制造商奉行物质减量（dematerialisation）的方针，设计用料较少的家具。家具涂料也要符合环保规定。

（香港地方志办公室）

【皮革制造业】　2017 年，肇庆市皮革制造业包括皮革、毛皮、羽毛及其制品和制鞋业。全市有规模以上皮革制造业企业 37 家，工业增加值 44.78 亿元，比上年增长 18.8%。代表企业有肇庆市中杰鞋业有限公司、肇庆红蜻蜓实业有限公司、肇庆利和皮革有限公司、广东省高要区皮革厂等，主要分布在鼎湖区、高要区、广宁县和肇庆高新区。

（石金凤）

【LED 产业】　2017 年，江门市 LED 产业总产值超过 350 亿元，从事 LED 产业生产的企业 1000 多家，引进西铁城、德力西、台湾一诠等企业，培育一批有竞争力的本地企业，包括同方友友、广东德力光电有限公司、江门市科恒实业股份有限公司、广东金莱特电器股份有限公司、广东聚科照明股份有限公司等。江门市 LED 产业形成从外延—芯片—封装—应用的由上游到下游一条龙的完备产业链。外延芯片方面，有广东德力光电有限公司和江门市奥伦德光电有限公司 2 家外延芯片生产厂家，有 MOCVD 设备 15 台，外延芯片技术在国内处于领先水平，接近国际先进水平。江门市建立国家半导体光电产品检测重点实验室，成立江门市 LED 行业协会、江门市照明电器行业协会、江门市 LED 产业标准联盟等服务机构。江门获得“国家火炬计划江门半导体照明特色产业基地”“广东省火炬计划半导体绿色照明特色产业基地”“广东省战略性新兴产业（江门绿色光源）基地”“广东省 LED 产业化基地”“广东省（江门）绿色（半导体）光源产业基地”等称号。

（梁业旺　陈振华）

【灯饰产业】　中山市　2017 年，中山市古镇镇灯饰业总产值近 200 亿元，灯饰生产制造厂家占全国总量的 70%，民用灯饰照明产品占全国市场份额的 80%；出口总额 4.2 亿美元，比上年增长 12.5%。古镇镇灯饰产品畅销全国，出口到东南亚、日本、美国等 130 多个国家和地区。3 月 18—21 日，由中国照明电器协会、古镇镇共同主办的第 19 届中国·古镇国际灯饰博览会（春季）在灯都古镇会议展览中心举行。开幕式上，举行 2017 年中国国际照明灯具设计大赛启动仪式、中国灯饰之都百强企业颁奖仪式、中国·古镇国际灯饰博览会网上展会（阿里巴巴国际站）上线仪式、中国·古镇国际灯饰博览会海外资源合作文本交换仪式、中国灯都海外展览中心（巴西）签约文本交换仪式和 2017 古镇制造及商贸展分会场授牌仪式。在华裕广场分会场举行华裕广场授牌和开业仪式。10 月 30 日至 11 月 3 日，第 20 届中国·古镇国际灯饰博览会（秋季）在灯都古镇会议展览中心举行。开幕式上，举行中国轻工业特色区域和产业集群创新升级示范区授牌仪式、古镇灯饰品牌联盟创始成员单位颁牌仪式、灯都古镇杯·中国作家报告文学奖颁奖仪式和灯博会分会场授牌仪式。该届灯博会以开拓外销为核心，兼顾内销为重要方向，深化“两展联动”“展店联动”办展模式，与 2017 古镇灯饰生产设备、原辅材料及配套服务展（秋季）及镇内 7 大专业灯饰卖场联动，重点突出设计、工业制造核心，打造专业化、市场化、国际化的灯饰

2017 年 10 月 30 日，第 20 届中国·古镇国际灯饰博览会在中山古镇会议展览中心开幕　　（中山市人民政府地方志办公室供稿）

专业展会；会展展览面积 150 万平方米，近 2000 家优质灯饰企业参展，主会场登记人数超 7 万人，吸引 118 个国家和地区的 30.1 万人次进场参观采购。11 月 30 日，中国古镇灯饰品牌联盟在古镇镇成立，由琪朗灯饰厂有限公司、华艺灯饰照明股份有限公司、莱亚照明电器有限公司、迪宝灯饰有限公司等企业出资，组建古镇灯饰品牌联盟股份有限公司，负责区域品牌维护、传播和许可授权，独立经营，独立核算，有效改变多数产业集群“有区域品牌、无品牌运作管理”现状。　　（中山市人民政府地方志办公室）

香港特别行政区　2017 年，香港照明产品总出口比上年增长 2.6%。主要销往市场为美国、欧盟、中国内地和日本。香港灯饰业出口多种照明产品，用于住宅装修及家居照明。最大出口类别包括使用电池操作的手提灯具，例如手电筒、提灯、手提白炽灯，和户外、运动及潜水用的 LED 灯。也有不少公司经营台灯、书桌灯、床头灯及坐地灯业务。其他出口类别包括壁灯和天花灯、吊灯、照明装设以及装饰灯具，例如圣诞树用的成套灯饰、灯罩等。制造灯壳和灯罩的材料有塑料、压铸金属、水晶、玻璃、陶瓷及抛光铜等。有些公司生产做广告或室内装饰用途的霓虹灯、灯光招牌和灯光名牌。香港大部分照明产品制造商把厂房迁往内地，香港办事处主要负责产品开发、市场推广和物流支持，包括产品设计、塑料注模、真空涂层、瓷釉镀层及装嵌等工序。

（香港地方志办公室）

【乐器业】　广州市　2017 年，广州市乐器工业生产较大幅度下滑，生产、销售和出口均萎缩。全年全市乐器工业规模以上企业 10 家，实现工业总产值 13.61 亿元，比上年下降 32.3%；工业销售产值 13.41 亿元，下降 29.1%；工业产品销售率 98.5%；全年实现出口交货值 1.40 亿元，增长 1.0%；实现主营业务收入 11.98 亿元，下降 27.1%。全年乐器工业实现利润总额 1.25 亿元，比上年增长 7.6%；资产总计 22.18 亿元，增长 63.0%。

（林清）

惠州市　2017 年，惠州市惠阳区有吉他及相关企业近 200 家，主要集中在秋长街，从业人员 8000 人。惠阳秋长街是全国最大的吉他生产基地，全年生产吉他约 900 万把，其中大吉他 300 万把、尤克里里 600 万把，产值约 20 亿元。秋长吉他产量占全国 60%以上、占全球 1/4，尤克里里占全国销量的 80%。所有吉他产品中 90%以上为贴牌加工，10%为自创产品。全世界 90%吉他知名品牌在秋长都有贴牌加工，形成原材料供给、半成品、电子五金配件、装饰包装、数控设备机械等“一条龙”吉他产业链，汇聚一大批吉他设计、研发、生产、销售方面的专业人才。是年，惠阳区出台《加快吉他文化产业发展的若干意见》《吉他产业发展扶持办法》《吉他电商扶持办法》《惠阳区吉他企业参展扶持资金管理暂行办法》《惠阳吉他品牌建设行动计划》5 项特色产业扶持政策，合理规划吉他小镇产业，将吉他小镇划分为吉他产业集聚区、艺术博览广场、音乐原创部落和文化慢生活村落。围绕吉他核心产业，深挖、延伸、融合、培育“吉他 + 商贸”“吉他 + 培训”“吉他 + 音乐”“吉他 + 旅游”“吉他 + 文化”等功能，实现跨界、融合、共享发展，产生叠加效应。4 月 21—23 日，第一届广东省（惠阳）吉他邀请赛暨吉他文化艺术节举行。6 月 23 日晚，“荔香琴韵”——第八届惠阳区镇隆荔枝文化节在惠州市惠阳区市政广场开幕，开幕晚会现场上演多项吉他音乐会表演，实现“荔枝 + 吉他”融合发展。10 月 16 日，“星耀惠阳”国际吉他文化艺术交流音乐会在惠阳大剧院举行。从 11 月 4 日起，每周六晚在秋长街道高岭村文化活动广场举行“吉他小镇音乐广场”活动，营造良好的吉他文化氛围。 （惠州市地方志办公室）

【端砚业】 2017 年底，肇庆市端砚行业综合产值 15 亿元，端砚年产值 3 亿多元，创税收近千万元。从事端砚制作的民营企业 300 多家、作坊近千家，主要分布在端州区、鼎湖区和高要区。端砚产品主要销往内地、台湾地区，以及日本、新加坡等国的华人居住区。端砚人才队伍有职称和称号的人员 675 人，其中亚太地区手工艺大师 1 人、中国工艺美术大师 4 人、国家级非物质文化遗产代表作传承人 2 人。2017 年 3 月，肇庆市在端州区中国端砚展览馆举行《砚韵丹青——刘演良从艺 70 周年作品展》，展出中国文房四宝制砚艺术大师刘演良从艺 70 年制作的端石作品 108 方。4 月，肇庆市组织 85 家端砚企业，参加第 39 届全国文房四宝艺术博览会暨第六届全国中小学生书法用品博览会，参展端砚 1.50 万方。6 月，贵州省岑巩县文体广电旅游局 20 人到肇庆市端砚协会交流、调研端砚文化产业，并到肇庆学院洽谈合作举办砚台雕刻大师培训事项。8 月，在中国端砚展览馆举行国家级非物质文化遗产项目代表性传承人程文端砚作品展，展出程文端砚作品 108 方。11 月，肇庆端砚协会的“端砚”商标获评“广东省著名商标”；肇庆第三届“卓越杯”端砚雕刻职业技能大赛在肇庆学院举行，20 人获“技术能手”称号。（林舒茵）

【陶瓷产业】 2017 年，佛山陶瓷建材总产量约 20 亿平方米，总产值超过 1000 亿元，产量占全国 30%以上。其中，非金属矿物制品业和建筑、安全用金属制品制造业总产值分别为 1439.19 亿元和 486.74 亿元，分别比上年增长 9.9% 和 13.7%。佛山市是“中国建筑卫生陶瓷特色产业基地”“中国陶瓷名都”，中国陶瓷产品的出口总量中，佛山陶瓷占 70%~80%。有佛陶集团、蒙娜丽莎、东鹏等大批实力雄厚和极具知名度品牌的龙头企业，抛光砖、仿古砖、微晶砖、内墙砖、外墙砖、广场砖、马路砖等品种，形成瓷砖生产、装备制造、化工制造、产品研发、物流运输等完整的产业链，出口 100 多个国家和地区，在国内一级经销商有数万家。10 月 18—21 日，第 30 届中国（佛山）国际陶瓷及卫浴博览交易会在佛山举办。包括 20 多家海外品牌在内的 690 多家参展商参加，上千款陶瓷卫浴新品在展会期间首发亮相。 （李鹏基）

【惠东制鞋业】 2017 年，惠州市惠东县有鞋业从业单位 6243 个，其中鞋厂 4322 家，鞋材及纸品包装业 1921 家；鞋业从业人员 23 万人。全年全县产鞋 9.2 亿双，产值 305 亿元，与上年持平。7 月 14—18 日，惠东县组织 7 家客商企业 31 人次，参加以科技、环保、创新为主题的 2017 惠州台湾精品博览会，加强推动惠台两地经贸交流和双向合作；10 月 10—13 日，组织企业参加第 14 届中国国际中小企业博览会，40 名普通观众客商、4 名专业采购客商参加中小企业高峰论坛和中小企业跨境撮合对接洽谈会等活动；11 月 1—3 日，组织 20 家企业参加中国（惠州）物联网·云计算技术应用博览会，提升企业产业交流；组织企业参加惠货全国行—惠州产品（福州）展销会及大型模特表演，推介“中国女鞋生产基地·惠东”区域品牌。

（惠州市地方志办公室）

【造纸及纸制品业】 2017年，江门市造纸和纸制品业实现规模以上工业总产值197.29亿元，比上年增长9.29%；实现工业增加值41.85亿元，增长7.21%。江门是广东省三大造纸基地之一，拥有规模以上造纸和纸制品企业60多家，机制纸及纸板产量约占全省6%、占全国1%。主要产品类别有生活用纸、办公、文化、新闻用纸、卷烟用纸、包装用纸、特种纸等。

（张莉莉）

【游戏游艺产业】 2017年，中山市有游戏游艺企业200家，配套企业100家，从业人员2万人。其中，规模以上游戏游艺生产企业16家，国家文化出口重点企业1家，中国驰名商标1个，高新技术企业12家，广东省著名商标1个，广东游戏游艺行业重点、骨干企业3家，广东省文化出口重点企业1家，市内资百强企业2家，上市企业1家，市后备上市企业3家，特种设备制造许可证企业21家（A级3家，B级3家，C级15家）。全年全市游戏游艺生产总值76.2亿元。1月，港口镇广东游戏游艺文化小镇获评中山首批市级特色小镇。8月11日，以“十年跨越，再创辉煌”为主题的2017中国（中山）国际游戏游艺博览交易会开幕，主会场设在中山市博览中心，分会场设在港口镇广东游戏游艺产业城内的新世界国际会展中心。大会总展览面积10万平方米，设展位1500个，吸引450家境内外企业参展，展出游戏游艺新产品600种，450家境内外企业参展。该届游博会首设游戏游艺金鼎奖评选活动，经专家评审和观众投票，中山市日东动漫科技有限公司的烈火雄心、中山市欢乐世博游艺设备有限公司的机械狂龙等游戏游艺企业产品获金鼎奖。

【电梯行业】 2017年，中山市电梯市场需求受房地产、建筑行业影响较大，60%的电梯实际需求由传统需求地产决定，40%的电梯需求由电梯配比提升、轨道交通、保障房、旧梯更新改造、电梯出口等非地产因素决定。全年全市电梯保有数量4.7万台。其中，乘客电梯2.49万台，自动扶梯电梯0.24万台，载货电梯1.88万台。中山市旧电梯更新改造成为潜力市场，截至年末，全市超过（含）15年的老旧电梯有1475台。组织开展在用电梯监督抽查和老旧电梯安全评估工作，治理中山市老旧电梯“带病运行”问题，建立和落实住宅小区维修资金简便使用、老旧电梯更新改造和电梯安全责任保险等机制，实现安全监管多元共治格局，确保乘梯安全。

（中山市人民政府地方志办公室）

【冶金工业】 2017年，广州市冶金工业受钢材价格变动的影响，全市规模以上冶金工业各月增速波动较大，但企业效益仍延续上年的增长态势，实现两位数的增长。全年全市冶金工业规模

位于中山市南区的广东菱电电梯有限公司

（中山市人民政府地方志办公室供稿）

以上企业84家，实现工业总产值681.44亿元，比上年增长24.2%；工业销售产值700.87亿元，增长26.6%；工业产品销售率为102.9%；全年实现出口交货值41.80亿元，下降29.2%；实现主营业务收入689.57亿元，增长24.8%。全年冶金工业实现利润总额7.3亿元，比上年增长5.36倍；资产总计459.83亿元，增长4.5%。全年生产粗钢163.57万吨，比上年增长13.6%；钢材954.86万吨，下降0.5%。

【纺织工业】 2017年，广州市纺织工业延续上年持续下滑的生产形势，生产陷入低迷，生产销售双双出现萎缩。全年全市纺织工业规模以上企业652家，实现工业总产值543.65亿元，比上年下降19.6%；工业销售产值538.24亿元，下降20.5%；工业产口销售率为99.0%；全年实现出口交货值164.28亿元，下降1.7%；实现主营业务收入534.25亿元，下降21.8%。全年纺织工业实现利润总额18.42亿元，比上年下降10.2%；资产总计372.68亿元，下降1.4%。全年生产纱2.30万吨，比上年增长50.7%；印染布39593.2万米，下降18.6%；服装41169.38万件，下降22.8%。

【橡胶工业】 2017年，广州市橡胶工业逐渐消化上年重点企业重组因素的影响，从年初开始生产形势呈现恢复性增长。全年全市橡胶工业规模以上企业48家，实现工业总产值62.26亿元，比上年增长8.9%；工业销售产值58.23亿元，增长10.8%；工业产品销售率93.5%；全年实现出口交货值22.70亿元，增长10.3%；实现主营业务收入59.37亿元，下降10.7%。全年橡胶工业亏损2.02亿元；资产总计91.33亿元，比上年增长6.9%。全年生产橡胶轮胎外胎1390.65万条，比上年下降7.8%，其中子午线轮胎外胎1215.64万条，增长14.7%。 （林清）

【创新及科技发展业】 香港特别行政区政府从八大方面发展创新及科技发展业，包括增加研发资源、汇聚科技人才、提供创投资金、提供科研基建、检视法例、开放政府数据、带头改变采购方法，以及加强科普教育。跨部门的“创新及科技督导发展委员会”将会审核及督导创科八大方向的措施和智能城市项目，以迅速有效率的方法推动香港的创科发展。2017年，顶尖创科机构先后落户香港，麻省理工学院香港创科中心正式于9月落户生产力促进局，为麻省理工学院、本地大学及企业的学生和科研人员提供科技及企业教育培训。 （香港地方志办公室）

【博彩业】 2017年，澳门特别行政区经济逐步回暖，博彩业取得近三年来首次正增长，全年幸运博彩毛收入2657.43亿澳门元，比上年增长19.1%。继续保持全球最大博彩市场的地位。各博彩业者推动各项建设，打造澳门成为世界旅游休闲中心。澳门获准合法经营的博彩类别主要有幸运博彩、互动博彩、互相博彩及彩票等。各种博彩的分类主要由《娱乐场幸运博彩经营法律制度》界定。幸运博彩是澳门博彩业最重要的组成部分，是年，幸运博彩毛收入占博彩业毛收入总额的99.68%。有6家博彩公司获准在澳门以独立法人资格及自主享有娱乐场幸运博彩经营权。截至年末，澳门有幸运博彩娱乐场营运40家。其中澳博有22家、威尼斯人集团5家、银河6家、永利2家、新濠博亚4家、美高梅1家。

（摘自《2018澳门年鉴》）

·责任编辑　周慧琴·

粤港澳大湾区
城市风采

≈ 广州市城区新貌　　（常国光　摄）

« 2017年，广之旅南极产品实现“自组团”零的突破
（岭南集团供稿）

≈ 2017年12月10日，2017广州马拉松赛在广州天河体育中心起跑
（广州市体育局供稿）

》 2017年12月26日，白云机场举办“见证年旅客吞吐量跨越6500万人次”活动（民航中南局供稿）

︽ 花城广场　　（王达毅　摄）

︽ 生态碧岭 （胡文修 摄）

大沙河高尔夫球场》
（黄雪波 摄）

︽ 大梅沙鸟瞰图 （深圳市盐田区经促局供稿）

海岸城夜景 （黄雪波 摄）

浪骑游艇会 （刘伯良 摄）

现代产业中心 （肖若红 摄）

深圳东冲 （深圳市大鹏新区综合办公室供稿）

珠海市

Zhuhai City

︽ 珠海中山大学附属中学 （吴长赋　摄）

《 香山驿站

（李建束　摄）

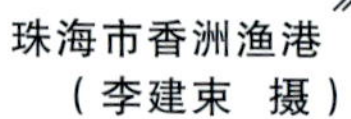

珠海市香洲渔港 》

（李建束　摄）

︽ 2017 年11月12—19日，2017 年全国帆船帆板锦标赛在珠海九州湾——香炉湾海面举行，全国各省市的帆船、帆板选手和教练员、裁判员 400 余人参加比赛 （阮耀林 摄）

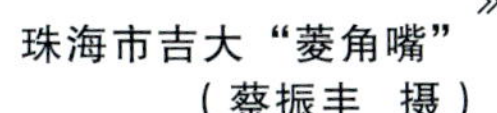

》珠海市吉大“菱角嘴”
（蔡振丰 摄）

《 2017年7月30日，珠海市首座自锚式悬索桥——白石桥正式通车。该桥设计总长度 1387.2 米，其中桥梁 805 米，引道 301 米，连接道路 281.2 米
（钟凡 摄）

佛山市

Foshan City

︽ 南海区西樵山听音湖 （高波 摄）

《 南海区九江镇河网水道纵横交错，鱼塘与桑基、蔗基等自然生态景象

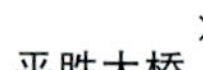

平胜大桥 》

《 亚洲艺术公园

︽ 一环南庄立交

︽ 高明荷城江滨

︽ 龙湾大桥

（本版图片除署名外均由佛山年鉴社供稿）

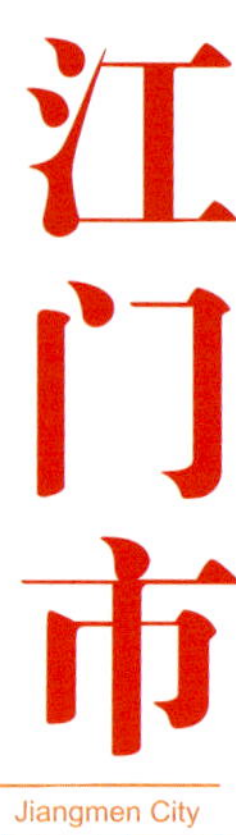

江门市

Jiangmen City

≈ 滨江体育中心 （莫振光 摄）

« 俯瞰江门市东湖公园
（江门市农业和园林局供稿）

≈ 江门发展大道 （江门市蓬江区地方志办公室供稿）

︽ 新会小鸟天堂国家湿地公园 （莫振光 摄）

︽ 江顺大桥 （江门日报供稿）

︽ 台城星光夜 （江门市城乡规划局供稿）

《 鹤山市沙坪街道中东西村 （罗文茂 摄）

东莞市

Dongguan City

︽ 东莞市篮球中心

东莞港》

︽ 东莞松山湖（生态园）高新区——珠三角国家自主创新示范区

≈ 东莞市旗峰公园

≪ 中国历史文化名村——东莞市茶山镇南社村

≈ 西城楼

（本版图片由东莞市人民政府地方志办公室供稿）

︽ 古镇镇灯都生态湿地公园音乐喷泉夜景

仁山玉宇——孙中山纪念堂 》

︽ 大涌红博城

南朗镇崖口村

三角镇迪茵湖小镇

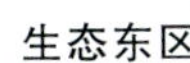

生态东区

中山纪念中学

（本版图片由中山市人民政府地方志办公室供稿）

惠州市

Huizhou City

︽ 惠州市区合江楼夜景 （巴山 摄）

《 惠州市区花边岭（冼华强 摄）

︽ 惠州市大亚湾石化城 （罗志明 摄）

≈ 惠州市区两江四岸 （冼华强 摄）

« 惠州市区演达立交 （冼华强 摄）

≈ 惠州市惠东县海湾大桥 （张正贤 摄）

肇庆市

Zhaoqing City

≈ 2017年8月8日，阅江大桥通车　　（曾玮　摄）

« 2017年1月14日，“2017请到广东过大年·肇庆行”活动在肇庆市江滨堤举行　　（梁志锋　摄）

« 2017年5月10日，肇庆市端州区“‘千骑’进网格，万众齐创文”启动仪式在牌坊广场举行　　（梁志锋　摄）

肇庆市大冲互通立交工程　　　　（曾玮　摄）

2017年10月1日，人民北路建成通车　　　　（梁志锋　摄）

2017年12月23日，中央电视台2018春联征集万人书写大会暨中国砚都肇庆第四届中小学生书画大赛颁奖仪式在牌坊广场举行
（何异能　摄）

香港

Hong Kong City

» 维多利亚港
（香港地方志办公室供稿）

« 启德邮轮码头夜景
（香港特别行政区政府新闻处供稿）

⌃ 昂船洲大桥
（香港特别行政区政府新闻处供稿）

︽ 铜锣湾避风塘　（香港特别行政区政府新闻处供稿）

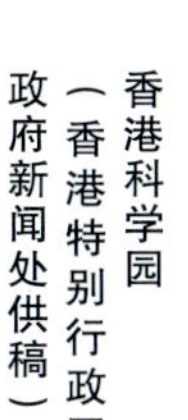

》香港科学园（香港特别行政区政府新闻处供稿）

《湾仔香港会议展览中心（香港特别行政区政府新闻处供稿）

Macao

^ 澳门特别行政区望德堂坊

^ 2017年12月17日，庆祝澳门回归祖国十八周年节庆活动——2017澳门国际幻彩大巡游

≈ 2017年6 月3日， 2017两地五市世界环境日嘉年华在澳门特别行政区友谊广场举行

» 2017年1月28日，金龙献瑞鸡年贺岁活动在澳门特别行政区举行

« 2017年4月1日，为“2017澳门国际环保合作发展论坛及展览”（MIECF）绿色公众日，公众通过此发展论坛及展览，提高环保意识，认识绿色低碳生活

（本版图片由澳门特别行政区政府新闻局供稿）

« 2017年8月27日，澳门特别行政区遭受强台风“天鸽”的正面吹袭后，破坏巨大。图为解放军驻澳部队、内地省区驻澳机构清理现场

2017年12月17日，2017澳门国际幻彩大巡游贺回归——恐龙造型的高跷表演 »

« 2017年6月8日，澳门特别行政区凼仔无障碍通行区

（本版图片由澳门特别行政区政府新闻局供稿）

大事记

2017 年大事记

1 月

2 日　△根据广东省政府印发的《关于健全生态保护补偿机制的实施意见》，佛山市对广佛跨界河流等重点跨市域河流试行水质考核制度。

3 日　△中国（大涌）红木文化博览城举办首届“我就是明星：职业经理人之夜”暨首届“职业经理人——家居论坛”活动，旨在为职业经理人、企业管理者提供学习交流平台。来自广州、深圳、东莞、中山四地家居界职业经理人 108 人，成立四地家居界“职业经理联盟”。

△香港特别行政区政府与深圳市人民政府签署《关于港深推进落马洲河套地区共同发展的合作备忘录》，共同推动在落马洲河套地区发展“港深创新及科技园”。

10 日　△江门市农业局与澳门时富国际集团签订《江澳航天农业创业创新战略合作框架协议》，合作共建江澳航天农业创业创新基地，项目选址蓬江区，总投资 40 亿元，首期投入 20 亿元。

△深莞惠、河源、汕尾五市“3+2”区域信用合作第三次联席会议在东莞市召开。

12 日　△是日至 16 日，第八届珠中江进出口商品展销会在江门市五邑华侨广场举行，吸引珠海、中山、江门三市及港澳地区 300 多家外贸企业和约 150 家境外企业参展。

△从莞高速公路东莞段通车。该段位于莞深高速公路和博深高速公路之间，全长 57.7 千米，总投资额 112.07 亿元。

17 日　△珠海、中山、江门、阳江四地旅游局在中山召开旅游联盟工作会议。

19 日　△是日至 21 日，惠州与澳门特别行政区开展足球交流。

26 日　△中港客运开通跨境客轮“南下挂港”航班，中山港客运口岸成为广东省首个开通“南下挂港”的客运口岸。

2 月

13 日　△江门市驻深圳商务交流处揭牌成立。

23 日　△香港特别行政区行政长官梁振英访问深圳和广州，就经贸、金融、基建及科技等范畴进行讨论，以扩大和深化三地的交流和合作。

△香港特别行政区政务司司长张建宗与广东省副省长何忠友在广州共同主持“粤港合作联席会议第 22 次工作会议”。会议上敲定实施《粤港合作框架协议》中的《2017 年重点工作》，合作项目 77 个，涵盖“一带一路”、创新及科技、青年、金融、环境保护、旅游、跨境基建等范畴。

△中共中央政治局委员、广东省委书记胡春华，广东省委副书记马兴瑞会见香港特别行政区行政长官梁振英一行。

24 日　△中共中央政治局委员、广东省委书记胡春华，广东省委副书记马兴瑞会见澳门特别行政区行政长官崔世安一行。

28 日　△江门市政协组织港澳地区委员到恩平

市就“打造旅游特色小镇，加快旅游产业发展”开展专题视察。

△是日至3月1日，深圳产学研合作促进会到惠州市考察。

3月

7日　△港珠澳大桥海底隧道最后一节沉管E30安装成功，距最终合龙差12米。

9日　△江门市政府与华为技术有限公司、深圳市中证城市发展投资基金管理有限公司在华为（长沙）中国生态伙伴大会上签署三方合作框架协议，共同推动江门市智慧城市及大数据产业发展和建设，合作建设珠江西岸信息枢纽城市。

10日　△珠海市“扫黄打非”调研组到惠州市考察调研“扫黄打非”进基层工作。

12日　△是日至14日，深惠港三地共同营救在大亚湾海域遇险的抹香鲸。

13日　△是日至14日，中共江门市委书记林应武、常务副市长许晓雄带领市商务局、市经济和信息化局以及相关市（区）负责人到深圳开展系列考察拜访活动，拜访和考察深圳市宝安区政府、深圳市五邑商会、江门市驻深圳商务交流处和有关深江合作企业，推动深江产业资源对接。

14日　△是日至16日，中山市科学技术协会、中山职业技术学院、火炬职业技术学院、广东理工职业学院、广东药科大学中山校区负责人到澳门大学、澳门科技大学、澳门城市大学和澳门理工学院4所澳门高校及澳门工程师学会交流学习，商讨区域经济发展和科技创新发展举措，推动中山市与澳门特别行政区高校间的科技、教育及学术交流合作。

16日　△“融入大湾区，拓展新产业”战略合作签约仪式在东莞市道滘镇举行，来自香港特别行政区、澳门特别行政区、深圳、珠海等地的企业代表齐聚该镇，共同签订战略合作协议。

17日　△中山—澳门青年创新创业合作工作组在中山市易创空间孵化基地召开首次联席会议。澳门特别行政区工作组代表团12人参会，双方交换合作意见。

18日　△是日至19日，2017年首届深莞惠汕河五市网球交流赛在深圳市举行。

19日　△“内地与港澳全域旅游暨旅游警察交流座谈会”在澳门特别行政区举办。

20日　△澳门特别行政区行政长官崔世安会见广州市市长温国辉，探讨在《粤澳合作框架协议》下继续深化穗澳合作。

25日　△香港特别行政区行政长官梁振英在海南出席“博鳌亚洲论坛年会”，并会见中共广东省委副书记、广州市委书记任学锋，共同研究制定粤港澳大湾区城市群的规划工作。

20日　△江门高新区（江海区）深圳产业对接大会在深圳市举办，智慧城市、江门执信学校、智能家居项目、检测平台项目等20个项目举行签约仪式。

4月

1日　△深莞惠三市交通部门联席会议在深圳市召开。

7日　△珠中江区域气象联席工作会议在江门市气象局召开，三地共同商讨加强珠江口西岸区域气象合作。

△全国首次粤澳游艇自由行应急演练在中山市举行，此次应急救援演练以“平安航行，快乐畅游”为主题。

8日 △粤港澳大湾区发展论坛暨“一带一路国际经贸合作先导区”研讨会在深圳市举行。

10日 △港珠澳大桥珠海连接线拱北隧道暗挖段贯通。

14日 △“活力澳门推广周·广东深圳站”在深圳会展中心开幕。

16日 △是日至17日，闽粤经济合作区代表团到肇庆市封开县考察粤桂合作特别试验区（肇庆）开发建设和跨省际园区建设等。

19日 △是日至20日，由广东省版权局与香港海关、香港知识产权署联合举办的2017年粤港中学生版权知识和版权保护交流活动在中山市举行。

△是日至21日，香港特别行政区行政长官梁振英率团到佛山市、肇庆市开展粤港澳大湾区城市合作考察，并出席粤港澳大湾区座谈会。

20日 △是日至21日，2017年德庆（深圳）投资环境暨招商推介会在深圳市福田区举行。

21日 △香港特别行政区行政长官梁振英率香港考察团就粤港澳大湾区城市合作到珠海市考察。双方就推进粤港澳大湾区建设及两地合作发展的构想进行交流。

25日 △是日至26日，肇庆市党政代表团到深圳市学习考察，并举行肇庆—深圳产业共建对接交流会。

26日 △中山市副市长袁永康带队到肇庆市广宁县调研危房改造、产业帮扶等，并举行两市精准扶贫工作联席会议。

28日 △佛山市旅游局在广州南站举办佛山号动车组冠名首发仪式。该列动车每日往返贵广两地，传播“佛山制造，中国功夫”城市形象。

5月

2日 △中共佛山市委书记鲁毅、市长朱伟率党政代表团到肇庆市考察交流，两市达成“建立更加紧密的沟通协作机制、推动重大交通基础设施建设、加快两地交通路网对接、深化各领域全方位合作发展、共同造福两地人民群众”等共识。

△港珠澳大桥海底沉管隧道最终接头吊装到指定位置，完成临时止水作业，并于5日凌晨精调到位。

4日 △香港特别行政区行政长官梁振英和创新及科技局局长杨伟雄到深圳会见中共深圳市委书记王伟中，就双方关注的议题及两地合作交换意见。

△香港东莞社团总会在香港会议展览中心举行第二届会董会就职庆典暨第十届世界东安恳亲大会，近2000名各界人士到场参会。

7日 △澳门体育总会联合会青年部组织交流团到东莞进行访问交流活动，参观东莞市展览馆、东莞生益科技有限公司和东莞水上运动中心，并就两地水上运动项目的发展情况以及未来的互访交流和合作进行座谈交流。

11日 △广东省实施《珠江三角洲地区改革发展规划纲要（2008—2020年）》评估考核组到佛山开展2016年度工作实地考核，考察北汽福田汽车股份有限公司、联东U谷国际企业港、华南创谷、美的全球创新中心和利迅达机器人系统公司等企业。

△香港特别行政区行政长官梁振英会见中共中山市委书记陈如桂，就双方关注的议题及两地合作进行讨论。

12 日　△第五次佛山市港澳合作工作联席会议召开，佛山市副市长俞进和联席会议 46 个成员单位相关负责人、联络员出席。会议对主动融入粤港澳大湾区建设、深化佛港澳各领域合作等工作进行部署。

△香港创新及科技局局长杨伟雄在深圳出席以“粤港澳大湾区：深港合作的新机遇”为主题的深港合作圆桌会议，就两地合作的新机遇进行交流。

△港珠澳大桥三地联合工作委员会第十九次会议在广州市召开。会议由三地委主席何宁卡主持，三地委委员、粤港澳三方代表参加会议。

15 日　△是日至 17 日，惠州市组团参加 2017 年香港医院管理局研讨会。

△东莞松山湖高新区推出扶持政策——《港澳青年人才创新创业专项资金管理暂行办法》，其中单项资助港澳青年创业最高 100 万元。

16 日　△全长 12 千米的港珠澳大桥香港接线全线贯通。

△中山市消费者委员会牵头澳门、珠海、江门消委会以及横琴新区消费者协会，在中山市举行消委会联席会议。

△是日至 18 日，江门、珠海、中山三地海洋与渔业执法部门联合开展珠江禁渔期执法行动，以水、陆结合的方式，对三地重点水域、交界水域、违规高发水域以及渔船停泊点进行执法巡查。出动执法人员 29 人，执法船艇 6 艘，查获电鱼行为 1 起，没收电鱼工具 1 套、网具 20 张、虾笼 80 米。

△是日至 18 日，中山渔政支队、江门渔政支队、佛山顺德渔政大队在三地辖区的珠江禁渔水域开展禁渔期联合执法行动。

17 日　△佛山市首个安全健康技术展示会开幕，展示职卫健康设备和技术，来自佛山、东莞等地 33 个单位参展，吸引 3000 多名企业负责人观看学习。

△澳门中山两地合作的首个围绕青年创新创业合作的新平台“澳门互动区”在中山市举行揭牌仪式。“中山 760 澳门互动区”是两地共建“粤澳全面合作示范区”的首创性项目，为有意进入内地发展的澳门青年创业者和有意到澳门拓展业务的中山企业提供便捷通道。

△2017 年推进中山与澳门合作专责组会议在中山市召开。会议就中山融入粤港澳大湾区主题进行探讨。

18 日　△香港佛山社团总会一行 120 多人到佛山市访问，中共佛山市委书记鲁毅表示，要深化与香港的产业合作和科技文化交流，推动两地协同发展再创新局。

△是日至 19 日，“5·19”中国旅游日主题活动举行，深莞惠河汕五市旅游局领导参加。

△澳门特别行政区行政长官崔世安与中共珠海横琴新区党委书记兼管委会主任牛敬会面，就《粤澳合作框架协议》下继续加强横琴与澳门的合作交换意见。

19 日　△香港特别行政区民航处与中国民用航空局空中交通管理局在深圳市签订联合公报，表明支持珠三角地区航行导航和空域持续发展，为未来区内航空交通服务和空域发展奠定方向。

△2017 年“中国旅游日”东莞主题活动暨深莞惠汕河、莞韶城际互游活动启动仪式在东莞市举行。

20 日　△由中国科学院深圳先进技术研究院与深圳市南山区政府共建的粤港澳大湾区青少年创新科学教育基地在深圳市揭牌。

△2017 东莞文化四季之非遗季在东莞市文化馆开幕，以“非遗走进城市生活”为主题的系列活动启动。启动仪式上，东莞市邀请广

州、深圳、佛山、清远等周边九市成立非遗墟市城际联盟，联合九市非遗项目，扩大非遗墟市影响力。

25 日　△港珠澳大桥 6.7 千米海底隧道全线合龙。

27 日　△由珠海、中山、江门、阳江四地环保部门共同主办的第九届“珠中江 + 阳江”中学生环保活动在江门市举行。

△首届粤港澳大湾区（国际）科技经济创新交流大会在深圳市举行。

28 日　△是日至 30 日，由佛山市旅游局、禅城区政府主办的“2017 首届佛山·禅城旅游文化周暨高铁经济带旅游博览会”举行，旅游文化周主体活动涉及佛山等 18 个沿线城市，共收入 2340 万元。

6 月

1 日　△是日至 2 日，粤港澳文化合作第十八次会议在佛山市召开。会议签署《粤港澳共同推进“一带一路”文化交流合作意向书》《粤港澳青少年文化交流合作意向书》及《粤港澳青年戏剧交流与合作意向书（第二阶段）》。

5 日　△中共佛山市委书记鲁毅、市长朱伟率党政代表团到香港，与香港特别行政区行政长官梁振英围绕“‘香港 + 佛山’，携手打造粤港澳大湾区”的合作项目交换意见。

△港珠澳大桥海底隧道北车道钢封门全部拆除完成，实现隧道单向贯通。

6 日　△是日至 6 月 14 日，江门市新会区青年粤剧团受邀到澳门参加哪吒庙值理会会庆粤剧演出，献演古装粤剧，弘扬传统民族文化、传播粤剧艺术，增强海外侨胞对五邑侨乡的感情。

△第六届中国创新创业大赛港澳台赛在东莞市启动，大赛总奖金 1600 多万元。

9 日　△为推进实施《关于港深推进落马洲河套地区共同发展的合作备忘录》，香港城市规划委员会根据《城市规划条例》第五条展示落马洲河套地区分区计划大纲图，以供公众查阅。

10 日　△首届中国粤港澳大湾区国际精准医疗产业峰会暨松山湖国际精准医学园启动仪式在东莞市举行。

13 日　△中共佛山市委书记鲁毅率队到粤桂两省（区）贫困村创业致富带头人（九江河清）培训基地调研，强调要鼓励更多佛山企业家参与扶贫工作。

△珠海、中山、江门、阳江四市联合印发《2017 年珠中江阳区域合作重点工作安排》，促进四市全面加强城市规划、基础设施、产业、环保和民生等重大领域的合作，推动珠中江阳区域合作发展实现新突破。

14 日　△粤港澳大湾区发展咨询会召开。香港特别行政区行政长官梁振英在政府总部主持咨询会，就粤港澳大湾区城市群发展规划向各界征询意见。

△首届“中国粤港澳大湾区国际精准医疗产业峰会暨松山湖国际精准医学园启动仪式”在东莞市举行。

16 日　△江门市政府与香港贸易发展局联合举办的“粤港澳大湾区共同开拓国际市场日”活动在江门市举行，来自香港贸发局及其全球 46 个办事处的代表、800 多名珠三角企业代表参加活动。

17 日　△由澳门民康医疗集团有限公司设立的珠海澳康健门诊部落户珠海，是首家受惠于《内地与港澳关于建立更紧密经贸关系的安排》政策进驻珠海的澳门独资医疗机构。

19 日　△是日至 20 日，2017 世界自贸区（横琴）论坛在珠海国际会展中心举行。

20 日　△首届粤港澳大湾区论坛在香港特别行政区开幕，海内外专家学者、商界领袖共同探讨粤港澳大湾区建设。

△西江流域粤桂合作突发环境事件应急演练在肇庆市举行。

△珠海、中山市联合印发《2017 年珠海－中山前山河流域跨界污染联合执法行动工作方案》，制定《前山河流域污染源监管工作方案》和 46 家重点废水污染源企业清单。

22 日　△香港特别行政区政府教育局局长吴克俭率领办学团体代表团到深圳市考察，了解其历史文化、基础建设、科技企业、创业基地等，并探讨促进教育合作和学生学习的机会。

24 日　△是日至 25 日，由香港中山青年协会主席彭诗敏率领的香港青年茶艺中山交流团一行 65人到中山市访问。该活动由香港中山青年协会和香港茶道总会主办，中山市港澳事务局协办。

△2017 粤港青年企业家对话会在江门市举行。

26 日　△“香港回归祖国 20 周年——同心创前路 掌握新机遇”成就展在北京国家博物馆开幕。

27 日　△“粤港合作 20 载”图片展在广州市开展，图片展以档案史料图片展示为主，集中反映香港回归 20 年来粤港合作成果。

△电视纪录片《港珠澳大桥》在珠海市举行首映式。

28 日　△香港特别行政区与内地在《内地与香港关于建立更紧密经贸关系的安排》（CEPA）框架下签署《投资协议》及《经济技术合作协议》，为两地持续增长的投资活动订立促进和保护投资的措施，建立明确及稳定的投资环境，并推进双方经济和技术的合作交流。

△是日至 30 日，由香港特别行政区政府教育局、中山市港澳事务局、中山职业技术学院共同主办的第二届香港职业教育体验营活动在中山市举办，有 40 名香港特别行政区中学生及 6 名香港特别行政区教师、香港特别行政区政府教育局人员参加。

29 日　△香港西九文化区管理局与故宫博物院签署《兴建香港故宫文化博物馆合作协议》。

△同心共赢——庆祝香港回归 20 周年·莞港合作专题图片展在东莞展览馆开幕。

7 月

1 日　△《深化粤港澳合作 推进大湾区建设框架协议》在香港特别行政区签署，国家主席习近平出席签署仪式。

△国家主席习近平在香港出席庆祝香港回归祖国 20 周年大会暨香港特别行政区第五届政府就职典礼。

△由国家发展改革委主办，广东省人民政府、香港特别行政区政府、澳门特别行政区政府协办的“携手共建粤港澳大湾区 合力打造世界级城市群”论坛在香港举行。

4 日　△中共肇庆市委书记赖泽华率党政代表团到中山市对接扶贫工作，学习考察中山翠亨新区建设经验。中共中山市委书记陈如桂陪同考察并参加座谈。

△肇庆市海事局对西江肇庆段实施封航交通管制，并与广西壮族自治区梧州市、广东省云浮市、佛山市、江门市海事局联动交通管制。

△肇庆怀集县政府与恒运集团签署《广佛肇（怀集）经济合作区集中供热项目合作协议》。

5 日　△穗澳合作专责小组第六次会议在澳门特

别行政区举行。双方确定下一步重点推动五个方面合作并签署《穗澳会展业合作备忘录》等合作协议。

△“深化莞港合作 打造对外开放新支撑”交流会议在香港特别行政区召开。

△在莞港资企业升级转型联席会议在香港特别行政区召开。

7日 △港珠澳大桥主体工程海底隧道贯通仪式在西人工岛隧道入口处举行。

△惠州市组团参加第五届澳门国际旅游（产业）博览会。

10日 △“粤港澳大湾区文化行”暨“香港与香山”系列人文活动在香港特别行政区启动。该系列活动从中山先行，并在粤港澳大湾区11个城市陆续开展，以文化寻根，以人文凝心。

13日 △肇（庆）梧（州）互派干部交流挂职座谈会在肇庆市召开，两市接收和派出挂职干部单位有关领导及挂职干部参加。

△中国民用航空局空中交通管理局、香港特别行政区民航处和澳门特别行政区民航局在澳门特别行政区举行会议，并签署合作备忘录，提升三方在珠江三角洲地区空中交通管理的效率。

15日 △由惠州、深圳、东莞、汕尾、河源五地文化部门主办的“2017年深莞惠汕河流动大舞台五地文艺展演启动仪式暨惠州专场”举行。活动以“共筑中国梦·同唱幸福歌”为主题，共12个文艺节目参加展演。

18日 △广佛两地共治跨界河涌工作会议在广州荔湾召开。荔湾区与南海区，番禺区与顺德区分别签署《荔湾区—南海区交界6条河涌共同治理协议》和《番禺区—顺德区交界3条河涌共同治理协议》。

19日 △佛山市构建开放型经济新格局重点工作推进会召开，以“五区竞合，参与粤港澳大湾区建设，构建开放型经济新格局”为主题，部署构建开放型经济新体制的思路和重点任务。

△由中国印刷技术协会、香港特别行政区印刷业商会、澳门特别行政区印刷业商会、台湾地区印刷暨机器材料工业同业公会联合主办的第十五届海峡两岸暨香港、澳门印刷业交流联谊会在香港举行，探讨新形势下，“一带一路”倡议中，印刷行业的融合、发展和变革。

△为期10天的“2017粤港澳青年文化之旅”在广州市闭幕。来自粤港澳三地的120多名青年大学生参加活动，在此期间实地参观香港特别行政区、澳门特别行政区、广东与贵州等地的文化景观。

20日 △“香港+佛山”粤港澳合作高端服务示范区投资环境推介会暨“香港城”发布会在香港特别行政区举行，就“香港城”建设蓝图和“香港城创业扶持基金”方案进行专项发布。

22日 △“2017年珠三角港澳青少年蔡李佛功夫赛”在佛山市体育馆开赛，来自佛山、广州、云浮、香港特别行政区等地的30支代表队、300多名运动员参赛。

23日 △由广东省青年联合会、香港青年交流促进联会、澳门青年联合会等单位联合主办的《粤港澳大湾区青年行动框架协议》签订仪式暨“爱我中华”海峡两岸暨香港、澳门青年大汇聚火车团出发仪式在广州市举行。

24日 △纪念郑观应诞辰175周年学术研讨会在中山市召开，邀请郑观应后人代表、60多名专家学者参加研讨会，探讨郑观应思想和文化的当代价值。

25日 △全球领先的新经济行业数据挖掘和分析机构iiMedia Research（艾媒咨询）发布

《2017—2018 中国粤港澳大湾区专题研究报告》。

25 日 △中共贵州省黔南州委常委、副州长范勇到肇庆市开展走访活动，就共同办好第三届粤桂黔高铁经济带合作联席会议、深化粤桂黔高铁沿线城市合作、打造粤桂黔高铁经济带合作试验区等召开座谈会。

26 日 △2017 年珠澳合作会议在澳门特别行政区举行，两地政府部门代表分别签署《珠海市文化体育旅游局与澳门特别行政区政府旅游局旅游合作框架协议》《珠海市文化体育旅游局与澳门特别行政区政府体育局体育合作框架协议》《珠海市文化体育旅游局与澳门特别行政区政府文化局文化合作交流协议》《珠海市统计局与澳门特别行政区政府统计暨普查局合作协议》。

27 日 △2017 粤港经济技术贸易合作交流会在香港特别行政区举行。

28 日 △2017 粤港澳合作论坛——粤港澳大湾区发展高层峰会在中山市举行。该次论坛围绕“面向全球、携手共建、务实合作、共赢发展”主题开展研讨。

30 日 △香港中山社团总会和中山海外联谊会在香港特别行政区联合举办“香港中山是我家”庆祝香港回归祖国 20 周年暨第二届香港中山文化节启动仪式。文化节旨在加深中山旅港乡亲和香港各界人士对中山的了解认识，促进中山与香港两地经济文化交流。

8 月

1 日 △广东省人民政府办公厅发布《关于 2016 年度实施珠三角规划纲要工作考核情况的通报》。

2 日 △“2017 深圳·江门招商推介会”在深圳市举行，主题为抢抓湾区合作机遇，共建产业发展平台，重点推介三大万亩产业园区及新会区 22 个招商项目。

3 日 △粤港澳三地警方刑侦主管第 23 次工作会晤在香港特别行政区举行。

8 日 △第三届粤桂黔高铁经济带合作联席会议暨粤桂黔高铁经济带合作试验区（贵州园）建设工作现场会开幕式在贵州黔南州举行。会上，粤桂黔高铁经济带沿线的 13 个城市签署《粤桂黔高铁经济带协同创新合作共识》。

9 日 △香港特别行政区与国家旅游局签署《关于进一步深化内地与香港旅游合作协议》，进一步加强双方在旅游发展的交流合作。

△来自广州、佛山、中山的 3 家国有企业在广州南沙开发区管委会签订合资建设经营广州港南沙港区四期工程的协议。

10 日 △东莞市粤港澳银政通暨个体工商户全程电子化登记改革启动新闻发布会仪式在东莞市东城举行，20 多家中央省市重点媒体记者参会。

12 日 △以“粤港澳大湾区建设与侨商发展”为主题的第四届侨商峰会在深圳市召开，峰会由中国国际广播电台华语中心与深圳市侨商智库研究院联合主办。

16 日 △首届粤港澳大湾区文创产业发展论坛在深圳市开幕。

17 日 △“粤澳跨境电商直通车”在广州南沙开通，全国首批《关于建立更紧密经贸关系的安排》框架下澳门跨境电商商品从南沙入境。

18 日 △深中“水上巴士”中山至深圳机场福

永码头的水路客运航线开通。深中水上巴士连接中山港与深圳机场码头，航程时间 45 分钟，每天往返 8 个航班，每隔 3 小时 1 个航班。

△香港特别行政区行政长官林郑月娥访问澳门特别行政区，与澳门特别行政区行政长官崔世安会面，就两地在经济、教育、创新科技、创意文化等方面的情况进行交流。

19 日　△首届中山侨界青年徒步行暨侨界青年中山公益林挂牌仪式在中山树木园举行，来自粤、港、澳的 10 多个侨界青年组织及侨友联谊会近 300 名侨界青年参加。

△是日至 20 日，香港特别行政区的 105 名中小企业家组团考察肇庆市投资环境，香港肇庆海外联谊会分别向德庆县回龙镇和怀集县连麦镇捐赠 10 万元，支持两镇新农村建设。

20 日　△庆祝香港回归 20 周年系列活动之第三届“情义两地行”粤港青年志愿服务合作营在肇庆学院开营，来自香港特别行政区、肇庆两地的 100 名大学生开展为期 7 天的活动。

22 日　△是日至 23 日，东莞市到惠州市学习交流全域旅游创建工作。

23 日　△2017 佛山影视产业香港招商推介会在香港特别行政区举行，宣传推介“广莱坞”中国南方影视中心项目。

25 日　△“香港回归祖国 20 周年——同心创前路 掌握新机遇”成就展在广州市举行。香港特别行政区政务司司长张建宗主持揭牌仪式，并与广东省领导会面，就粤港澳大湾区发展规划的议题进行讨论。

26 日　△东宝河新安大桥通车。该大桥连接深圳市沙井镇和东莞市长安镇，是深莞惠三市衔接道路的 8 个国省干道项目之一，承担中短距离通过性交通和沙井镇与长安镇之间的城市区域交通功能。

28 日　△是日至 30 日，第三届珠江西岸先进装备制造业投资贸易洽谈会在佛山市举办。该届“珠洽会”吸引 233 家企业、700 多件展品参展，签约项目 288 个，投资总额 3368.5 亿元。

31 日　△广东省文化娱乐行业转型升级现场推进会在中山市召开，中山、广州、深圳、东莞等地会长及众多行业场所代表 300 人参与。议题有阳光娱乐场所创建工作、经营模式和版权等。

△香港特别行政区行政长官林郑月娥到深圳市访问，体会港深两地近年在创意产业和创新科技的合作成果，并与深圳市探讨两地在粤港澳大湾区内发挥优势互补、互利共赢的合作空间。

9 月

4 日　△粤桂两省区在广西壮族自治区梧州市召开扶贫协作第二次联席会议。肇庆、贺州两市召开扶贫协作对接会，就建立两市协作扶贫工作联系制度、加强产业合作共享等达成共识。肇庆市的鼎湖区、四会市分别对口帮扶贺州市昭平县、富川县，高要区、端州区分别对口帮扶桂林市龙胜县、资源县。

△是日至 5 日，珠中江气象服务联防会议在江门市召开，江门、珠海和中山三地气象局总结交流“天鸽”“帕卡”台风过程的预报服务情况，共同商讨推进珠中江三地灾害性天气联防和气象服务工作。

6 日　△中共广东省委副书记、广州市委书记任学锋，中共广州市委副书记、市长温国辉率党政代表团一行，到东莞滨海湾新区、中国散裂中子源、松山湖华为智能制造基地考察，了解东莞抢抓粤港澳大湾区建设机遇，落实广深科技创新走廊建设，谋划高新技术产业等方面的情况。

7 日 △第三届珠三角城市群绿色低碳发展论坛在深圳市举行，并发布《珠三角九市绿色低碳建设评估效果（优地指数）》。

△是日至 8 日，香港政制及内地事务局局长聂德权到中山、珠海和深圳市访问，与有关市领导、香港企业和在当地工作的港人会面，就大湾区的发展和机遇交换意见。

8 日 △中国建设银行广东省分行与东莞市政府签署《支持与服务东莞市全面落实粤港澳大湾区城市群发展规划合作协议》及《支持和服务东莞市滨海湾新区建设规划合作协议》。

11 日 △惠州旅游营销推广中心、惠州投资推广中心在香港特别行政区揭牌。

12 日 △由东莞市电子信息产业协会、广东省南华技能和低碳发展研究院联合举办的珠三角节能技术推广会在东莞市举行，来自珠三角的近百名企业代表、节能行业精英、专家参加，分享节能减排的经验和行业的尖端节能技术。

15 日 △2017 年第六届珠中江老年人体育交流大会在江门市举行。来自珠海、中山、江门三地近 50 名老年运动员进行门球、乒乓球、中国象棋、篮球投篮的交流比赛。

18 日 △粤港澳大湾区龙岗自行车公开赛在深圳市龙岗区体育中心国际自行车赛场举行，上千名选手参赛，新增设儿童组滑步车比赛。

19 日 △广东省委、省政府在惠州市召开珠三角改革发展工作现场会，部署推进新形势下珠三角改革发展。

20 日 △第二届广佛国际创客节在佛山南海区开幕，采用政府统筹 + 市场主导 + 全民参与模式。

△是日至 22 日，中共肇庆市委书记赖泽华率代表团到广西壮族自治区贺州市、桂林市对接扶贫协作工作。

21 日 △粤港澳大湾区研究院落户深圳市罗湖区。

△中国科学院广州生物医药与健康研究院在香港科学园开设干细胞及再生医学研究中心。

△2017 广东 21 世纪海上丝绸之路国际博览会在东莞市开幕。该展会有 56 个国家和地区参展，参展企业 1682 家，展位 3556 个，展览面积 10 万平方米。

22 日 △粤港澳大湾区青年专业发展论坛在香港特别行政区举行。

23 日 △粤港澳侨界青年创新创业沙龙在中山市举行，活动邀请 8 位来自香港的金融、证券界精英与粤港澳侨界企业家交流联谊，分享创业经验。该活动有来自粤港澳侨界青年企业家代表 70 人参加。

24 日 △是日至 25 日，2017 年泛珠三角区域合作行政首长联席会议在湖南省长沙市举行，会议讨论共同推进“一带一路”建设和深化科技创新合作等议题，并签署《2017 年泛珠三角区域合作行政首长联席会议纪要》《泛珠三角区域口岸通关合作协议》和《泛珠三角区域旅游大联盟合作协议》。

26 日 △由深圳市工商联（总商会）指导，36 计、胡润百富、华润置地主办的 2017“胡润百富中国行”暨粤港澳大湾区全球价值链高峰论坛在深圳市举行。

27 日 △首届“粤港澳大湾区质量高峰论坛”在深圳市召开，该届论坛以“质量引领，融合发展”为主题。来自广东、香港特别行政区、澳门特别行政区等地的政府领导、质量专家等 300 多人参加，共议粤港澳大湾区时代背景下的质量发展战略。

△中共肇庆市委书记赖泽华率党政代表团到深圳市宝安区学习优化营商环境、提高政务服务效率、促进经济发展等经验。肇庆新区与深圳华侨城文华旅游科技股份有限公司在深圳华侨城总部签署战略合作协议。

29 日　△广州东莞两市签署《广州市人民政府东莞市人民政府深化战略合作框架协议》《广州南沙新区东莞市滨海湾新区战略合作框架协议》《广州港务局东莞港管理委员会港口合作发展协议》。

10 月

12 日　△由中央人民广播电台华夏之声、香港之声、香港电台普通话台联合内地及港澳 67 家电台推出的直播节目《城市新跨越》走进中山，与中山广播电视台合作共同推出直播节目《伟人故里 和美中山》。

△东莞市举行滨海湾新区、东莞港揭牌仪式。

17 日　△广佛同城项目建设相关工作协调会在佛山市召开。协调会就轨道、路网建设及污水治理等多个具体项目明确推进时间和责任单位。

22 日　△第一届粤澳合作发展论坛在澳门特别行政区举行。

23 日　△港珠澳大桥邻近香港的东人工岛风帽主体工程的全面封顶，标志着港珠澳大桥岛隧主体土建工程全面完工。

25 日　△粤港金融合作专责小组第九次工作会议在广东佛山市举行，就深化粤港两地金融合作进行讨论。

26 日　△佛山、珠海、中山、江门四地律师协会签订《佛珠中江四地律师法律服务区域合作协议》，共同推动四地法律服务同城化。

27 日　△第十次港澳合作高层会议在香港特别行政区举行。香港特别行政区财政司司长陈茂波与澳门特别行政区经济财政司司长梁维特出席会议，双方共同签署《香港特别行政区与澳门特别行政区关于建立更紧密经贸关系的安排》，并深入讨论下年在大湾区建设、经济合作、跨境基建及发展跨境直升机服务等方面的合作方向。

△是日至 29 日，2017 年“邹振先杯”粤港澳大湾区（东莞）青少年田径邀请赛在东莞市举行。包括广深莞和港澳等 11 座城市和地区的 500 多名中小学生同场竞技。

30 日　△广东省文化厅厅长汪一洋会见香港特别行政区政府民政事务局局长刘江华一行，双方就推进粤港文化交流合作进行探讨。

△共筑中国梦·同唱幸福歌——2017 年深莞惠汕河流动大舞台五地文艺展演东莞专场演出在东莞市举行。

11 月

3 日　△2017 年国家级药品安全示范性演练暨粤港澳大湾区重大药品安全突发事件应急演练在深圳市举行。

7 日　△2017 年香港赛马会杯第四届海峡两岸暨港澳地区健身气功交流比赛在广东佛山市开幕。该次比赛为期 3 天，有来自香港特别行政区、澳门特别行政区、福建、广东及中国台北的 15 支代表队 113 人报名参赛。

△“粤港跨境直通快线”启动仪式在东莞市长安镇举行。

8 日　△珠海横琴新区港澳中小企业法律服务中心揭牌。是全国首家面向港澳中小企业提供法律服务的专业机构。

11 日　△2017 年港珠合作发展研讨会在香港特别行政区举办。来自香港特别行政区、澳门特别行政区、广州、珠海的专家学者代表等 180 人参加。

△粤港澳大湾区青年行动联盟第一次联席会议在深圳市举行，52 家粤港澳大湾区青年行动联盟成员代表参加会议，会议围绕《粤港澳大湾区青年行动联盟联席会议制度》《团省委、省青联关于青少年交流领域境外非政府组织在粤活动管理办法》等进行讨论。

△澳门照明与光电学会组织“中国心·粤澳情”2017 大湾区青年照明光学考察团一行 20 人到中山市考察。

12 日　△由中央人民政府驻澳门特别行政区联络办公室宣传文化部、广东省体育局等单位主办的南粤古驿道文化之旅 2017 年群英故里香山古道骑行——纪念孙中山先生 151 周年诞辰及岐关车路有限公司成立 90 周年活动在珠海和中山古驿道举行。

13 日　△香港特别行政区“一国两制青年论坛”召集人、前香港发展局局长助理何建宗率代表团一行 8 人到中山市调研，以中山市为研究案例，探讨香港人在粤港澳大湾区中山发展机遇，让香港智库人员认识中山。

△是日至 14 日，2017 年深莞惠汕河旅游联盟联席会议在东莞市举行。

14 日　△江门市文广新局会同市外侨局到澳门特别行政区和香港特别行政区拜会有关部门，磋商加强江港澳文化交流合作，并就三地文化交流合作达成多项合作意向。

15 日　△2017 粤港澳大湾区海洋诗会暨“魅力湾区诗如画·秀美西江博爱情”活动在中山市举行。

△东莞市虎门滨海大道实现全线通车。全长 12.3 千米、投资额 25 亿元。

18 日　△粤港合作联席会议第二十次会议在香港特别行政区召开。会议由香港特别行政区行政长官林郑月娥与广东省省长马兴瑞共同主持，同意未来的合作重点将会是共同推进大湾区建设，深化互利合作，并服务“一带一路”建设。双方签署七份协议，同意在劳动监察、知识产权、医疗、教育、科技创新、青年发展和建筑方面加强合作。

△香港发展局与广东省住房和城乡建设厅签署《加强粤港建筑及相关工程服务合作意向书》，共同落实 CEPA 框架协议和“一带一路”建设协议等关于建筑及有关工程服务业的内容。

△香港特别行政区与内地签署《内地与香港特别行政区关于在广深港高铁西九龙站设立口岸实施“一地两检”的合作安排》，标示两地启动“三步走”程序，达成广深港高速铁路香港段在 2018 年第三季通车时可在西九龙站实施“一地两检”的目标。

△惠州港荃湾港区煤炭码头首船靠泊仪式在大亚湾区惠州港举行。

△粤港澳大湾区海外青年创业基地揭牌仪式在江门市滨江新城总部经济区举行。

20 日　△中山—香港健康产业合作交流会在香港特别行政区召开。

△2017 年粤港澳三地海上搜救联合演练在澳门特别行政区举行。

21 日　△2017 年湾区经济发展国际论坛在广东金融高新区举行。诺贝尔经济学奖获得者 Thomas J.Sargent 等国内外学者围绕粤港澳大湾区经济发展献策，为城市融入粤港澳大湾区提供多方位思考。

22 日　△中国民用航空局空中交通管理局局长车进军、香港特别行政区民航处处长李天柱和澳门特别行政区民航局局长陈颖雄在成都出席“珠江三角洲地区空中交通管理规划与实施三方工作组会议”，就珠三角地区空域优化措施和改善航班延误等事宜交换意见。

25 日　△《粤港澳大湾区城市群年鉴（2017）》《粤港澳大湾区城市群概览》（繁体字版）、《粤港澳大湾区城市群手册（2017）》创刊号在广州白云国际会议中心举行首发式。

28 日　△2017 粤港澳合作论坛在佛山市举行。论坛旨在促进粤港澳区域科技创新合作，推动粤港澳大湾区发展规划落到实处。

△是日至 29 日，香港中联办宣传文体部组织中国书法家协会香港分会会员一行 24 人到江门市开展参访交流活动，开展参观和采风，并与江门市书法家举行交流、笔会、雅集活动。

29 日　△由香港力嘉国际集团投资的力嘉环保包装印刷产业园在东莞市桥头镇开园。该项目占地面积 10 万平方米，建筑面积 16 万平方米，是广东省最大的“包装印刷 + 互联网”产业园。

△第 12 届跨界旅运信息合作研究港深澳珠技术交流会在珠海市召开。

30 日　△香港特别行政区行政长官林郑月娥在礼宾府与中国科学院院长白春礼会面，就创新科技发展进行交流，并为中科院与科学园合办的“科技‘一带一路’与粤港澳大湾区创新论坛”主持开幕仪式。

12 月

1 日　△粤港澳大湾区建设发展与制度保障论坛在佛山市举行。来自广东、香港特别行政区、澳门特别行政区、台湾等地的 200 多名法学专家学者就粤港澳大湾区建设发展与制度保障等问题开展交流探讨。

2 日　△由香港佛山社团总会、佛山海外联谊会主办的第二届香港·佛山节在香港特别行政区举行。佛山组团到香港推介旅游资源以及投资环境，佛港 12 个投资额约 145 亿元的重点合作项目集中签约。

△“2017 大湾区机器人与人工智能大会”在深圳市举行。

3 日　△粤港警方协同在东莞市侦破一特大跨境网络赌博案件，抓获犯罪嫌疑人 48 名，收缴涉案现金 700 万余元。

4 日　△第 16 届内地、香港、澳门卫生行政高层联席会议在海南省海口市召开。会议就大湾区内健康合作等议题进行讨论，并签署有关健康老龄化培训交流的合作安排。

△粤港澳湿地生态保育座谈会在珠海市召开，来自粤港澳 70 多名专家、学者及环保人士参加会议。

5 日　△《粤港澳大湾区先锋》大型系列纪录片在深圳市举行新闻发布会。

△香港特别行政区政务司司长张建宗访问澳门特别行政区，与澳门特别行政区行政长官崔世安会面，就两地在经贸、跨境基建等方面的最新发展及合作交流意见。

△东莞市“大湾区·深投控清溪科技生态城”奠基动工。该项目投资 500 亿元，计划 5 年建成。

6 日　△广东、香港特别行政区、澳门特别行政区三地电信公司（包括中国移动香港、广东移动及澳门电信）共同推出“粤港澳大湾区流动通信服务计划”，促进大湾区通信服务一体化。

△是日至 8 日，港澳台侨外事委员会组织部

分港澳委员到深圳市、惠州市就“以港澳合作为抓手，进一步完善江门市旅游产业链建设”专题进行调研考察。

7日　△澳门中山青年商会与澳门青年创业孵化中心签署合作框架协议，旨在发挥各方优势，融入区域合作，推动澳门青年创新创业及中小微企业发展，澳门中山青年商会会长梁健殷与澳门青年创业孵化中心行政总裁崔世平分别代表双方签署协议。

△香港特别行政区政务司司长张建宗到深圳市访问，与深圳市市长陈如桂会面。张建宗表示，香港会与深圳共同努力，推动各项重点合作项目，包括共同打造落马洲河套区“港深创新及科技园”，成为粤港澳大湾区的国际科技创新中心。

8日　△2017年第16届香港珠三角工商界合作交流会在东莞市举行。活动中，香港工业总会和广东省人民政府港澳事务办公室，珠三角工业协会和东莞市外商投资企业协会分别签署合作备忘录。

9日　△第七届珠澳合作发展论坛在珠海市举办。

10日　△2017莞港澳青少年科技教育交流活动在东莞市举办。莞港澳三地近250名师生参观东莞的玩具机械人生产厂商、松山湖展览馆、东莞科技博物馆等地，并分组参加机械人挑战赛。

11日　△粤港澳大湾区音乐教育与艺术发展联盟在广州星海音乐学院成立。

12日　△“珠中江横琴”消费维权合作框架协议签署仪式暨四地消委会联席会议在江门市召开。珠海、中山、江门、横琴四地签署《珠中江横琴消费维权合作协议》。

△是日至15日，第三届粤港澳台微影视作品文化交流周在惠州市举行。

△2017粤港澳大湾区发展论坛在澳门科技大学社会和文化研究所举办。

15日　△粤港持续发展与环保合作小组第17次会议在香港特别行政区举行。会议审议两地合作进展，议定下年合作计划。

△港珠澳大桥主体工程桥梁段供水管道贯通。管道全长约46千米，是国内最长的跨海大桥供水管道，管道出水量可达每小时120吨。

16日　△广东省委、省政府印发《广深科技创新走廊规划》，依托“一廊十核多节点”空间格局，支撑国家科技产业创新中心和粤港澳大湾区建设，为全国实施创新驱动发展战略提供支撑。其中，规划指标数据统计范围为广州、深圳、东莞三市。

18日　△来自广州、佛山、肇庆、深圳、东莞、惠州、珠海、中山、江门和香港、澳门特别行政区的200多名工商界代表，共同成立粤港澳大湾区企业家联盟，并在深圳前海举办成立大会暨就职典礼。

△是日至20日，中央经济工作会议在北京举行。中共中央总书记、国家主席、中央军委主席习近平在会上发表重要讲话，总结中共十八大以来中国经济发展历程，分析当前经济形势，部署2018年经济工作。会议指出，要围绕推动高质量发展，做好8项重点工作。其中在第四点实施区域协调发展战略中明确提出：“科学规划粤港澳大湾区建设”。

△澳门回归18周年暨港珠澳大桥澳门口岸管理区项目点亮仪式在珠海市举行。

△首届粤港澳大湾区文化金融创新峰会在深圳市举行。

19日　△粤港澳大湾区职业教育产教联盟成立大会在深圳信息职业技术学院召开，首批加入联盟的成员单位105个。

20 日　△粤港澳疾病预防与控制联动机制建设研讨会在深圳市举办。

△澳门特别行政区机动车出入横琴第二阶段相关政策正式实施。该阶段出入横琴的澳门机动车总量限制为 800 辆。

21 日　△首届粤港澳大湾区文学发展峰会在深圳市举行，由中共深圳市委宣传部和深圳市文联联合主办，深圳市作家协会承办。

△粤港澳大湾区文化教育交流中心在广东省出版集团成立。中共广东省委常委、宣传部部长慎海雄出席。

△深圳至中山跨江通道项目东人工岛工程开工。

△粤港澳大湾区旅游业界合作峰会在香港特别行政区举行。会上，11 位来自粤港澳大湾区的旅游协会代表共同签订《粤港澳大湾区旅游业界合作协议书》，承诺携手推动大湾区的旅游发展。

22 日　△广佛肇高速公路（S8）连通广西壮族自治区梧州市的环城高速省际通道项目通车，广佛肇高速江口省界主线站及封开西站出口和往广西方向入口同时开通运营。

24 日　△首届粤港澳大湾区大学生创新创业项目对接洽谈会在广州市举行。活动当天，投资机构与项目团队签订投资意向 55 个，融资金额 1.2 亿元。

26 日　△“2017 粤港澳大湾区工程设计论坛暨第五届建筑设计国际论坛（中国深圳）”在深圳市举办。该届论坛以“新时代　新设计”为主题，论坛期间，国内外行业院士大师、专家学者，政府有关部门和行业组织人士汇集鹏城，共商湾区、城市及工程建设行业发展。

27 日　△全国人民代表大会常务委员会作出决定，批准《内地与香港特别行政区关于在广深港高铁西九龙站设立口岸实施“一地两检”的合作安排》，两地在“三步走”程序完成第二步，为在西九龙站落实“一地两检”的安排提供法律基础。

△粤港澳大湾区金融创新发展论坛在广州市举行。

△珠中江阳区域紧密合作第十二次党政联席会议暨“大湾区大交通”论坛在中山市召开，共同签署《主动融入粤港澳大湾区，促进互联互通共建共享战略合作备忘录》。

28 日　△莞惠城轨新开通运营常平东—道滘段线路，莞惠城轨全线开通运营。

29 日　△全国粤语区市县广播电视台节目交流研讨会在中山广播电视台举行。广东省广播电视台、香港 TVB、澳门电视台、广州广播电视台、佛山广播电视台、广西壮族自治区梧州电视台等处于粤港澳桂粤语片区的省市（县）级电视台，及来自上海、长沙、广西壮族自治区等省内外媒体和影视制作企业 42 家 100 多人参与，举办 7 场节目发布。

31 日　△港珠澳大桥主体工程供电照明系统施工完成并全线亮灯。世界最长跨海大桥主体工程如期具备通车条件。

·责任编辑　周慧琴·

专题调研成果

关于建设粤港澳大湾区的几点建议

——急国家所需　扬港澳所长　尽广东所能

广东省人民政府参事室调研组

2017.11.

提要：本文在反映各界人士对建设粤港澳大湾区充分关注和期盼的同时，认为深化粤港澳合作，发挥港澳独特优势，共建粤港澳大湾区是国家所需；目前粤港澳大湾区发展质量与世界先进湾区的差距主要源于三地间“软对接”的短板，湾区之间的比较要更注重质量及城市群、产业圈的资源配置能力。从“急国家所需、扬港澳所长、尽广东所能”角度出发，提出在深化粤港澳间“软对接”上努力实现认识、机制、规则、信息、文化五方面对接，并在法律上对大湾区有关规划事项予以明确等建议。

一、社会各界对推进粤港澳大湾区建设充分关注和期盼

2017年3月5日，李克强总理所作的《政府工作报告》指出：要推动内地与港澳深化合作，研究制定粤港澳大湾区城市群发展规划，发挥港澳独特优势，提升在国家经济发展和对外开放中的地位与功能。

2017年7月1日香港回归祖国20周年之际，习近平主席视察香港并亲自出席《深化粤港澳合作推进大湾区建设框架协议》签署仪式，指出：中央政府将一如既往支持行政长官和特别行政区政府依法施政；支持香港发展经济、改善民生；支持香港在推进“一带一路”建设、粤港澳大湾区建设、人民币国际化等重大发展战略中发挥优势和作用。

党的十九大提出，要支持香港、澳门融入国家发展大局，以粤港澳大湾区建设、粤港澳合作、泛珠三角区域合作等为重点，全面推进内地同香港、澳门互利合作……把港澳与内地合作推上了更高的时代新起点。

粤港澳大湾区建设得到国家的重视，给广东增添动力，引起粤港澳各界人士高度关注。在调研中接触到，广州、深圳期望借此发挥中心城市的集聚辐射枢纽功能更有作为。深圳研究较系统，实际上已将一些发展平台纳入大湾区城市群规划思路。珠江口西岸城市意识到与东岸差距拉大的趋向，期望在大湾区一体化进程中发挥土地资源充裕的优越。港澳各界流露更多的是希望获得更多发展机会，助力港澳所长的发挥再创辉煌。

调研接触中，凡议论粤港澳大湾区“粤”的范围，几乎一致主张突破珠三角九市，拓展到广东全境，至少也要将广东沿海地区纳入。非珠三角一些城市有纳入大湾区规划的强烈愿望。当今城市化呈现城市群发展的趋势。广东1987年实行全面“地改市”主动推进城市化，同时经中央批准扩大珠三角范围搞综合改革试验。三十个年头过去了，纳入珠三角的城市发展起来了，而未纳入珠三角的，甚至原来在广东城市排名前列的湛江韶关却落后了。近几年广东省委省政府矢志不移实施振兴粤东西北战略并取得很大成就，但广东区域二元结构问题仍然突出，非珠三角城市仍跟不上珠三角城市的发展。究其原因，可能与城市化进程中对非珠三角城市规划定位降低档次，发展缺乏足够的空间和激励，错失或不能及

时接纳获取城市发展资源的机会不无关系。现在粤港澳大湾区建设进入国家战略，按照新时代中国特色社会主义思想的要求，顺应城市群发展的趋势，如果继续排斥非珠三角城市甚至同属一个海岸有的已积极融入珠三角发展的城市，其影响几乎可预料。应借粤港澳大湾区建设的战略机遇，以广东城市群起码是广东沿海城市群的阵势顺应城市化的趋势。

各界人士还提到，粤港澳合作建设大湾区，广东既应有“国家所需”的胸怀，又要有取港澳之长补广东之短的认识。习近平同志曾提到“香港经济高度自由开放，人员、货物、资金等要素自由流动，法律、会计、监管等制度同国际接轨，服务业完备，政府廉洁高效，营商环境便利等优势”，这些港澳所长也可能是广东的短板所在。取“港澳所长”补“广东所短”可以双赢。

这些意见，反映各界对粤港澳发展得到国家重视的喜悦，体现大家对大湾区城市群规划的关注和期盼，表明大湾区战略实施不仅有物质基础，而且具备难能可贵的横跨“一国两制”地区的民意基础。

二、深化粤港澳合作，发挥港澳独特优势，共建粤港澳大湾区是国家所需

从国家视角看，通过深化粤港澳合作共建粤港澳大湾区城市群，发挥港澳独特优势，提升港澳在国家经济发展和对外开放中的地位与功能，是中央的重大战略部署，也是粤港澳大湾区迎来的重大发展历史机遇。《国家“十二五”规划纲要》《“一带一路”愿景与行动》《国家“十三五”规划纲要》都明确提出，要深化粤港澳合作，促进区域经济共同发展，建设粤港澳大湾区，打造更具综合竞争力的世界级城市群。随着粤港澳大湾区城市群规划建设的展开，国家的区域总体发展“三大”战略（一带一路、京津冀一体化、长江经济带），将可能调整为加上粤港澳大湾区城市群战略的“四大”战略。

《国家“十三五”规划纲要》第十二篇“深化内地和港澳、大陆和台湾地区合作发展”中明确指出：“支持港澳巩固传统优势、培育发展新优势，拓宽两岸关系和平发展道路，更好实现经济互补互利、共同发展。”认识港澳的独特优势有两个基本出发点，一是国家所需、港澳所长；二是既要重视传统优势，又要拓展创新优势。习近平主席指出：“香港发展具有很多有利条件和独特优势。”一是香港经济高度自由开放，人员、货物、资金等要素自由流动，这是吸引国际资本、留住本地资本的重要因素。二是香港法律、会计、监管等制度同国际接轨，服务业完备，政府廉洁高效，营商环境便利，深得外来投资者信任。三是香港是重要的国际金融、航运、贸易中心，是内地和国际市场的重要连接中介，是国家“引进来”“走出去”的双向服务平台。目前香港是内地最大的外来直接投资来源地和境外融资平台，也成为内地最大的境外投资目的地和全球最大的离岸人民币业务中心。更为重要的是，香港享有“一国两制”的制度优势，不仅能够分享内地的广阔市场和发展机遇，而且经常作为国家对外开放“先行先试”的试验场，占得发展先机。

《国家“十三五”规划纲要》中也提出，支持澳门建设世界旅游休闲中心（“一个中心”）、中国与葡语国家商贸合作服务平台（“一个平台”），促进澳门经济适度多元可持续发展。因此，从国家所需的视角看，香港和澳门在“一国两制”特色之下，具有内地城市无法替代的重要功能，这些功能目前还存在着全面提升的空间。

三、粤港澳大湾区发展质量与世界先进湾区的差距主要源于三地间“软对接”的短板

（一）湾区间的比较不在于规模，而在于质量；不在于单体城市，而在于城市群和产业圈的要素配置能力

对标纽约、东京、旧金山等世界著名湾区，才能将粤港澳大湾区城市群建设成为世界一流湾区。经济全球化、信息化的大背景下，经济中心、经济腹地和经济网络的互动关系已经呈现出新的特征，大湾区城市群的比较标准也发生新的变化：一是不同湾区经济间的比较不在于大，而在于强；不在于规模，而在于质量；不在于单体城市，而在于湾区城市群和产业圈的集聚和扩散

能力。二是大湾区城市群必然表现为“多圈、多核、叠合、共生”的“大都市区”以至“大都市连绵带”的形态，对更大区域的引领功能是通过城市群整体合作来实现的，而不仅仅靠单体城市来实现。三是决定大湾区城市群质量的因素，首先取决于要素集聚和流转的交通、市场、信息三层网络叠合的密度与厚度，湾区各核心城市必须充分开放，融入扁平化、多节点的网络结构；其次还取决于大湾区是否具有相对广阔的发展空间，即取决于自身经济腹地的大小，取决于与湾区周边的城市群或大都市圈的地理距离。

（二）粤港澳大湾区的差距在于经济增长质量有待提高

与其它世界级湾区比较，粤港澳大湾区在人口聚集、建成区规模、基础设施建设等“硬件”方面的差距不大，但在国际影响力、服务功能、创新能力、环境品质等“软件”方面还存在较大差距，主要表现于湾区经济增长质量较低。人均GDP、地均GDP、全球金融中心指数排名、全球创新指数排名、世界100强大学数量、世界500强企业总部数量6项指标均大幅落后（见表1）。从表1还可以看到，珠三角内地九市的经济增长质量不平衡，拉低了粤港澳大湾区各项增长质量指标的总体水平。习近平主席指出的香港经济高度自由开放，人员、货物、资金等要素自由流动，法律、会计、监管等制度同国际接轨、服务业完备、政府廉洁高效、营商环境便利等优势，正是广东的短板所在。从这个意义上讲，“港澳所长”正是“广东所短”。只有充分认识和补齐广东之所短，才能更好地扬港澳之所长。

（三）粤港澳之间“软对接”的缺陷，直接影响湾区的经济运行质量

与其它世界级湾区的进一步比较表明，当湾区经济发展走向一体化时，人力、资金、科技、信息等要素应该是全方位流动、全球化配置的。我们要发展好粤港澳大湾区，就必须要使整个湾区的“多核、多圈”聚合成更高能级的“新核心区”，使核心城市成为全球化配置资源的加速器、催化器和放大器，以谋取更大的整体利益。因此，完善粤港澳大湾区内部各个经济圈和城市集群间的“硬对接”（交通等基础设施、产业等“硬件”的对接）和“软对接”（制度、体制、机制、法律体系、规则、政策等“软件”的对接），就显得特别重要。目前粤港澳间“硬对接”的亮点不少，但有待完善；软对接是硬对接的前提和保证，目前却因开放式、扁平化、多节点的网络

表1　粤港澳大湾区与其它世界级湾区经济质量指标的比较

指　标（2015年）	计量单位	东京湾区	旧金山湾区	纽约湾区	粤港澳大湾区			
					大湾区	内地九市	香港	澳门
GDP	万亿美元	1.8	0.8	1.4	1.36	0.99	0.32	0.05
人均GDP	美元	41068	99150	67567	20390	16854	43776	76923
地均GDP	亿美元/km^2	0.49	0.45	0.65	0.24	0.18	2.9	16.7
全球金融中心指数排名		5	6	2	–	22（深圳）	4	–
全球创新指数排名		16	4	4	–	–	14	–
世界100强大学数量		2	3	2	4	0	4	0
世界500强企业总部数量		60	28	22	16	9	7	0

结构没有形成，短板甚多。

首先是粤港澳间市场网络的碎片化。粤港澳合作内容和合作方式未能转型，港澳与内地间合作模式未能从“前店后厂”转为“前店后网”；三个相互独立的关税区的现实存在，导致粤港澳间要素自由流动困难；城市发展、产业发展、土地、海洋、环保规划无法对接；创新资源难以共享；区域发展严重失衡。

其次是粤港澳间交通网络的碎片化。三地间交通规划未能实现有效对接；交通（港口、空港、轨道交通等）和基础设施的协调对接机制不健全；交通枢纽功能不强，分布不平衡；湾区内外通道存在诸多梗阻，东西岸之间的连接有待进一步加强。

再次是粤港澳间信息网络的碎片化。制度差异造成三地间的信息壁垒；三地间由于缺乏互通共享的大数据平台。严重阻碍大湾区营商环境、电子商务、电子政务、资质互认等方面的改善。

四、竭尽广东所能，深化粤港澳间“软对接”的五点政策建议

（一）努力深化粤港澳间的认识对接

造成粤港澳三地之间“软对接”诸多障碍的深层原因，主要来自思想观念的滞后。一是对国家所需，即对国家关于粤港澳共建大湾区城市群的战略尚未达致共识；二是对香港和澳门的独特优势和功能如何提升尚未达致共识；三是对粤港澳三地如何在“一国”原则下具体界定“两制”尚未达致共识；四是对粤港澳三地开放融合的前景尚未达致共识。对广东而言，建议在大湾区规划颁发前后，集中一定时间和力量，组织全省学习领会习近平总书记今年七一期间关于香港问题的一系列重要讲话精神，广泛学习宣讲国家《大湾区规划》和《深化粤港澳合作推进大湾区建设框架协议》确定的合作目标、内容和路径，深刻领会国家关于共建粤港澳大湾区城市群和发挥港澳独特优势的战略意义，努力在全社会形成“合作才能补齐广东短板，才能共同提升湾区发展质量”共识。

（二）努力深化粤港澳间的机制对接

目前粤港澳合作中“两制”的差异较为突出，跨境执法依据、职业资格认证、金融保险规则、检验检疫标准等各异，成为三地合作障碍。应抓紧按照十九大“制定完善便利香港、澳门居民在内地发展的政策措施”的精神，推行港澳居民进入内地开展专业服务的负面清单管理，调整省内往返港澳的相关规定方便粤港澳各界经济科技交流合作。

第一，建议在《大湾区规划》颁发后进一步细化中央政府与粤港澳三地政府间的协调机制和制度安排。有必要在国家层面建立粤港澳大湾区合作领导机构和粤港澳大湾区城市群管理机构，下设基础设施互联互通、创新及科技发展、服务贸易自由化、通关便利化、生态环境保护等专责事务局。建议在粤港澳大湾区设立常设性的协调办事机构，负责处理日常事务。

第二，进一步梳理 CEPA 协议及各项补充协议的条款，逐条核对，整合简化后全面落实，以解决“大门开小门不开”等问题。

第三，全面推行港澳居民进入内地开展专业服务的负面清单管理，简化管控程序，优化审批流程。

第四，调整省内往返港澳的相关规定，支持粤港澳工商企业界、专业服务界、学术界等社会各界加强交流与合作。支持广东省政府智库和民间智库与港澳智库开展合作，共建粤港澳大湾区发展研究机构。

（三）努力深化粤港澳间的规则对接

第一，建议广东协同香港、澳门，共同争取国家赋予粤港澳大湾区城市群规划区改革创新先行先试的权限，设立粤港澳自由贸易试验区，作为国家与港澳深度合作示范区。目前可以先将规划区内地部分的“两特三自”（深圳、珠海两个经济特区及广东三个自贸试验片区）作为扩大广东自贸试验区范围的首选区域，允许获得与上海自贸片区相同的全部先行先试权限。条件成熟时，再推广复制到整个规划区。

第二，积极落实大湾区发展规划要求，探索

三个独立关税区之间的通关、货物查验监管、人员往来方式便利化的具体实施办法，优化通关政策和安排，提升人流货流通关效率。

第三，为推进专业服务行业在体制及规管方面的对接，建议争取国家授权，由粤港澳三方政府牵头，组织行业公会、协会、商会共同制定区域行业规则，细化相应法律法规的实施细则，制定行业服务标准，承担资格认定事项。

（四）努力深化粤港澳间的信息对接

建议设立粤港澳大湾区信息化专门委员会（或大数据平台建设协调委员会），以切实消除信息壁垒。争取2020年以前在以下几个重点领域取得突破：一是建立粤港澳三地海关、进出口检疫检验、税务、食品药品安全、环保、民生等政府部门共享的政务大数据平台；二是建立粤港澳三地政府科技部门、高校、研究院所、企业共享的科技创新信息、科研成果应用转化大数据平台。设立“广州—深圳—香港科技创新走廊”协调机构；鼓励港澳大学、研究机构联合海外研发团队，在大湾区建立产业研究院、孵化器，建立高效的技术转移机制；设立专项基金，引导支持港澳资金进入珠三角兴办创投、风投机构。三是建立知识产权、资质互认、电子商务、公司和个人信用等全社会共享的大数据平台。

（五）努力深化粤港澳间的文化对接

深化粤港澳间的文化对接，就是通过建设以中华文化为主流、多元文化共存的一系列文化交流平台，努力提升粤港澳三地的国家认同感，努力促成三地间发展理念和核心价值观的融合。为此，建议在《大湾区规划》的三地协调机制框架内，设立文化事务专责委员会，研究决定三地间文化事业、文化产业相互开放和合作发展的具体事宜。建议在三地政府的扶持下，将粤港澳大学联盟实体化，鼓励港澳大学与内地共享优质教育资源，鼓励内地大学到港澳设立教学和研究机构。建议粤港澳三方共同设立“一带一路”研究院，按国别重点研究“一带一路”沿线国家的经济贸易、法律、文化情况，让港澳在中国经济走向“一带一路”中扮演更加重要的角色。

五、提高大湾区规划的法律效力

粤港澳大湾区至少有两个含义：一为编制规划意义的粤港澳大湾区，以城市群专项规划的形式规范引导三地协调发展；二为发展战略的粤港澳大湾区，在国家层面配置资源促进不同制度的三地合作发展。体现这种意图，发挥其价值，必须着力提高这个规划的法律效力。

在全面依法治国的背景下，有“法律效力”的规划实施才有制度保障。粤港澳大湾区涉及“一国两制”两个不同法系的区域，对提高大湾区规划的“法律效力”有客观要求。中国现行的规划体系，体现法律效力大体有三类：一为土地利用规划。法律效力层面属于政府规章，因有用地审批的行政许可为抓手落地，所以很实。二为城乡规划系列。依据《城乡规划法》制定，以建设报建为抓手体现法律效力，也比较有力。三为发展规划。由过去指令性变为指导性，虽然不是依具体哪部法规来编制，但通过人民代表大会的民主政治程序审定，以立项为抓手落地。

粤港澳大湾区规划，从性质上肯定应当涵括以上三类规划。就确立和提高其法律效力问题，建议在内容上必须涵括“三规”，即在城市群规划的基础上，将用地和发展规划的资源配置内容表述充分，甚至分别设立专章，使之能够与当今立项、报建、用地许可等行政审批制度和各种行政执法兼容，成为三地合作发展的法规依据。

为此，建议在规划批准通过的程序上积极争取成为国家的顶层决策，如当年办特区和改革开放先走一步的决策那样，“经中共中央、国务院批准”“经全国人大通过”。这样的湾区规划法律效力才能超越诸多束缚发展的旧规，才能适应“一国两制”区域的许多特殊情况，才更有利于决胜全面建成小康社会，夺取新时代伟大胜利。

调研组成员：

苏泽群　省政府参事，广州市原市委常委、常务副市长

陈鸿宇　省政府参事室特聘参事、省委党校原巡视员

梁　琦　省政府参事、中山大学教授

刘　佳　省政府参事室特聘参事、珠海市人大常委会党组副书记

王培楠　省政府原参事、南方报业传媒集团副总编

（执笔人：陈鸿宇　苏泽群）

·链接·

广东省政府参事，广州市原市委常委、常务副市长，广州大学新型智库首席专家苏泽群在《行政改革内参》2018年第11期发表《提升粤港澳大湾区建设水平的建议》。作者认为，建设粤港澳大湾区是新时代推动形成全国开放新格局的新举措，也是推动“一国两制”事业发展的新实践。目前粤港澳大湾区发展质量与世界先进湾区的差距，主要源于三地间“软对接”的短板。广东应急国家所需、扬港澳所长、尽广东所能，补齐自身在粤港澳“软对接”中的短板，推动大湾区内各城市合理分工、互能互补，提高区域发展协调性，构建结构科学、集约高效的大湾区发展格局。文章主要内容包括：一是顺应新时代城市化发展趋势，广东应举全省之力推进大湾区建设。二是深化粤港澳合作，发挥港澳独特优势，共建粤港澳大湾区是国家所需。三是粤港澳大湾区与世界先进湾区的差距主要源于三地“软对接”短板。湾区间的比较不在于规模，而在于质量，不在于单体城市，而在于城市群和产业圈的要素配置能力；粤港澳大湾区的差距在于经济增长质量有待提高；粤港澳之间“软对接”缺陷，直接影响湾区的经济运行质量。四是努力深化粤港澳间的“软对接”。努力深化粤港澳间的认识对接；努力深化粤港澳间的机制对接；努力深化粤港澳间的规则对接；努力深化粤港澳间的信息对接；努力深化粤港澳间的文化对接。五是提高大湾区规划的法律效力。目前，广东已举全省之力推进大湾区建设。按照建设世界级城市群、国际科技创新中心、内地与港澳深度合作示范区和优质生活圈的定位，着力在提升市场一体化水平、科技创新合作、扩大对外开放、增进民生福祉、重大合作平台建设、促进文化交流交融等六个重点领域，率先取得突破。粤港澳大湾区建设应对外更加开放，对内更加放活，对下更加放权。当下“放管服”成效显著，应继续深化，在给企业信心的同时，应给予干事者更多的信任，不仅往下派督查组，还应该多派放管服指导组，释放更多制度红利，以良好的营商环境和政务环境，构建改革开放再出发的社会基础。

落实粤港澳大湾区战略，加快三地金融“软规则”对接融通的建议

一、乘风破浪，顺势而为：实现大湾区金融“软规则”对接融通，推动对内对外金融双向开放

2017 年 3 月，国务院提出研究编制粤港澳大湾区发展规划，其后，党的十九大报告明确将“粤港澳大湾区”列为“香港特别行政区（简称香港）、澳门特别行政区（简称澳门）融入国家发展大局”的重点。2017 年 12 月，中央经济工作会议在部署 2018 年工作时，再次提出“科学规划粤港澳大湾区建设”。2018 年 3 月，习近平总书记在参加十三届全国人大一次会议广东代表团审议时指出，要抓住建设粤港澳大湾区重大机遇，携手港澳加快推进相关工作，打造国际一流湾区和世界级城市群。《粤港澳大湾区发展规划纲要》编制已顺利完成，预计国务院会在近期批准实施。这一系列中央决策部署行动和习总书记指示精神表明，“粤港澳大湾区”上升为国家战略受到世界瞩目，一个世界级大湾区正在中国南海边强势崛起，成为国家重点部署的三大战略增长极之一。

从国际经验看，世界上成熟的大湾区都是内部高度整合一体化的巨型城市区域，如纽约湾区、旧金山湾区、东京湾区等。这种区域高度整合一体化，不仅体现在其内部各地区间的产业布局协同、基础设施互联、生态环境共治等“硬件”建设合作层面上，更体现在内部的制度与规则层面上，这些成熟的大湾区基本上不存在政治制度、法律体系等基本制度差异，其内部各市在做事政策、规则上也高度统一，确保湾区内部资源要素的自由流动。

然而，与其他世界级大湾区相比，粤港澳大湾区却存在很大的不同。这一湾区在规模体量上不输于任何一个世界级大湾区，在区内交通设施互联互通、产业布局互促共融、生态环境共保共治等“硬件”建设合作上也取得较大进展，实现了一定程度的区域融合。但由于历史的原因，粤港澳大湾区在政治、经济制度架构上却比较复杂，不仅从政治上属于“一国两制”，经济上是“一区三关”，而且在法律上也是“一区三体系”。这种复杂的基本制度架构差异，导致湾区内部在“软件”管理与服务政策、规则、标准的对接上尚存在较多障碍、瓶颈或摩擦，特别是在金融这一具有聚集性、辐射性、高端资源配置功能的领域，尤为明显。

迄今为止，香港、澳门和珠三角城市在金融制度和金融市场环境等差异较大。首先，目前大湾区内部存在三种流通货币，人民币、港币和澳门元受到不同银行体制的制约，三种货币至今仍未实现自由流通。其次，出于金融审慎的目的，内地对港澳金融机构的设立、公司的比例、业务限制、审批程序等方面设立严格的前置条件和门槛。再者，粤港澳三地金融环境、会计制度、业务经营范围、企业信用信息、财税政策等各不相同，相关资信讯息、政策宣介、交流平台等金融服务配套设施差异较大。最后，由于粤港澳三地分属两种政治制度、三种法律体系和关税区，香港、澳门和珠三角地区之间的法律体系及金融监管体制差异较大。在这种背景下，要实现大湾区的金融互联互通，金融体制改革力度和金融开放程度还需进一步增强。

事实上，随着粤港澳经济合作不断深入，大湾区金融核心圈正在形成。香港、广州及深圳均

是国际金融中心，各类金融资源丰富，跨境业务空间相当大。截至 2017 年末，粤港澳银行业总资产已超过 40 万亿元，其中广东省银行业总资产 22.72 万亿元，约占三地银行业总资产规模的一半。受惠于 CEPA 补充协议六，香港银行业顺利完成大湾区布局，珠三角地区的香港银行网点总数达到 147 家，占珠三角地区外资银行总数的 64%，实现对珠三角九市的全覆盖。粤资银行在香港拥有营业网点 83 个。赴港上市的粤企有 196 家，名列各省市之首。香港有 20 家粤资持牌证券机构。与此同时，在 CEPA 框架下广东亦已引入了部分港资证券、期货及基金公司。在粤港澳的经济发展中，金融业已经成为支撑粤港澳大湾区发展的核心产业之一。

随着大湾区经济融合的不断深化，未来三地通过加快金融“软规则”对接融通，推动大湾区内金融业融合发展，整体提升大湾区金融竞争力已是大势所趋。目前，粤港澳大湾区中的香港、深圳、广州三地金融总量超过纽约、东京等任何一个全球金融中心，粤港澳大湾区金融合作对中国金融业改革开放具有重要的影响力。在这种趋势和背景下，推动粤港澳大湾区金融市场的互联互通，发挥粤港澳大湾区金融资源集聚优势，加快推动粤港澳大湾区金融合作，既是进一步发挥粤港澳大湾区金融“窗口”“试验田”作用、推动对内对外金融双向开放的必然选择。基于上述考虑，研究推进粤港澳大湾区金融“软规则”对接融通的对策建议，具有重要的现实意义。

二、找准定位，认清方向：当前阻碍大湾区金融合作存在的制度障碍与突出问题

近些年来，CEPA 协议框架下有关扩大金融开放及促进跨境金融业务合作及便利化措施有所涉及，但有关规则、政策总体上仍未全面落实，阻碍了湾区跨境金融业务创新与便利化，主要障碍体现为：

（一）较为严格的市场准入制度，限制外资及港澳银行与内地银行的融合，严重制约外资银行等金融机构在内地发展的广度与深度

首先，对资本及申请人资产规模的规定，限制外资及港澳银行进入粤港澳湾区内部。根据 2002 年 2 月 1 日开始实施的《中华人民共和国外资金融机构管理条例》和《中华人民共和国外资金融机构管理条例实施细则》，独资银行、合资银行的注册资本最低限额为 3 亿元人民币等值的自由兑换货币；独资财务公司、合资财务公司的注册资本最低限额为 2 亿元人民币等值的自由兑换货币，外国银行分行应当由总行无偿提供不少于 1 亿元人民币等值的自由兑换货币的营运资金；对于设立各类外资金融机构的申请人也有相关的规定，即独资银行或者外资财务公司的申请人应当在中国境内已经设立代表机构 2 年以上，其提出设立申请 1 年年末总资产不少于 100 亿美元；设立外资银行分行的申请人应当在中国境内已经设立代表机构 2 年以上，提出设立申请前 1 年年末总资产不少于 200 亿美元，并且资本充足率不低于 8%；设立合资银行或者合资财务公司的申请人应该在中国境内已经设立代表机构，提出设立申请前 1 年年末总资产应不少于 100 亿美元。港澳银行在大湾区内部珠三角地区设立金融机构也比照上述条例和实施细则，包括在中国（广东）自由贸易试验区范围内（包括广州南沙自贸区、深圳蛇口自贸区、珠海横琴自贸区），也必须遵循同样规定。银监会在 2018 年 1 月进一步修订《中国银监会外资银行行政许可事项实施办法》，但这次修改主要目的在于推进简政放权工作、持续优化审批流程、提高外资银行在华营商便利度等，而在诸多关键门槛和限制条件并未有过多放松，不利于港澳银行在湾区内部珠三角地区分支机构的设置。

其次，外资及港澳银行参股内地银行的限制条件，限制了外资及港澳银行在三地之间的合作。根据 2003 年 12 月 8 日银监会发布的《境外金融机构投资入股中资金融机构管理办法》，境外金融机构投资入股中资金融机构，应具备下列条件：投资人入股中资商业银行的，最近 1 年年末总资产原则上不少于 100 亿美元；投资入股中资城市信用社或农村信用社的，最近 1 年年末总

资产原则上不少于10亿美元；投资入股中资非银行金融机构的，最近1年年末总资产原则上不少于10亿美元；银监会认可的国际评级机构最近2年对其给出的长期信用评级为良好；最近2个会计年度连续盈利；商业银行资本充足率不低于8%；非银行金融机构资本总额不低于加权风险资产总额的10%等条件。在银行和金融资产管理公司的外资持股比例方面，规定单个境外金融机构向中资金融机构投资入股比例不得超过20%，多个境外金融机构合计持股不超过25%的持股比例限制。事实上，按照国家金融开放的时间表和路线图，2017年银监会开始在全国取消银行和金融资产管理公司的外资持股比例限制，实施内外一致的银行业股权投资比例，同时大湾区内部珠三角地区如广州、深圳等城市也在2018年陆续出台相关落实政策，进一步放宽金融外资准入限制，但其他限制条件银监会并没有出台文件进一步放松，极大地限制外资及港澳银行与大湾区内部珠三角地区之间的合作。

最后，对外资及港澳金融机业务在地域、客户和业务方面的限制，制约外资银行三地之间的发展。从近年来外资银行的发展经验来看，外资银行的发展政策是逐步放开的。例如：在地域上，根据WTO有关协议，逐步取消外资银行经营人民币业务的地域限制：加入时，开放深圳、上海、大连、天津；加入后1年内，开放广州、珠海、青岛、南京、武汉；加入后2年内，开放济南、福州、成都、重庆；加入后3年内，开放昆明、北京、厦门；加入后4年内，开放汕头、宁波、沈阳、西安；加入后5年内，取消所有地域限制。这种政策限制，导致外资银行在大湾区内部珠三角地区营业网点扩张增速较慢，业务开展基础相对薄弱，而一些业务资质，如销售基金产品等，却一直到2013年才放开。在理财产品上，外资银行的产品多为结构性理财或者是QDII产品，浮动收益率不及中资银行固定收益率理财产品的吸引力大。由于人民币牌照近几年才发放，珠三角地区的外资银行普遍存在网点数量极少、民众熟悉度不高的情况，导致国民信任度远不及中资银行，在客户数量方面差距较大，目前大湾区内部珠三角地区所有外资银行加起来占有中国高端客户群体比例还不到5%。近年来，国家一直致力于放宽对外资金融机构设立形式限制、地域限制和业务范围限制，例如：2017年对外资银行开展国债承销业务、财务顾问业务、大部分托管业务放松了限制，而2018年新修改的《中国银监会外资银行行政许可事项实施办法》取消了外资银行开办代客境外理财业务、代客境外理财托管业务、证券投资基金托管业务、被清算的外资金融机构提取生息资产四项业务的审批，但由于中国对外资及港澳金融机构在地域、客户和业务方面依然采取较为严格的限制，制约了外资银行吸收存款和发放贷款的能力，导致外资机构在大湾区内部珠三角地区整体网点布局过少。

（二）缺乏完善统一的离岸金融业务法律、法规，阻碍湾区内部三地之间金融机构离岸金融业务的创新发展与融资便利化

自2002年开始，中国全面恢复并支持发展离岸金融业务已有十六年，但对离岸金融业务进行监管规制的法律条文仍沿用1997年中国人民银行与外汇管理局共同颁布的《离岸银行业务管理办法》及其实施细则，《境内机构对外担保管理办法》及其实施细则这些法律法规对于当前粤港澳大湾区内部珠三角地区开展离岸金融业务具有一定的滞后性，但对离岸金融业务的相关监管制度也只是分散在各条例、批复或者决定当中，尚未在大湾区内部形成一部统一的离岸金融监管法，也不能从系统上对离岸金融市场主体的准入、退出、风险监管、发展模式等进行统一的制度规定，使得大湾区内部珠三角地区金融机构的离岸金融业务创新难以取得突破性进展。例如：《离岸银行业务管理办法》及其实施细则仅允许中资银行在取得外事管理局批准的前提下开展离岸金融业务，但对外资银行开展离岸金融业务的资格排除在外；根据《中国（广东）自由贸易试验区总体方案》规定，仅将开展离岸金融业务的主体限制在自贸区内符合相应条件的中资银行，

这就将外资银行开展离岸金融业务的资格排除在外。此外，三地之间目前尚缺一个对离岸金融业务监管的统一机构，相应的权力和责任也未明确划分，人民银行、外管局、银保监会和证监会等各司其职，缺乏联动机制，导致监管效率低下，不利于粤港澳湾区内部各金融机构离岸金融业务的融合创新，以及三地之间企业融资的便利化。

（三）外汇管理部门对境外投资外汇风险和外汇资金来源实行较为严格的审查制度，限制湾区内部三地之间资本项目项下的投资自由化

根据国家外汇管理局公布的 2016 年 12 月 6 日《发改委等四部门就当前对外投资形势下加强对外投资监管答记者问》，发展改革委、商务部、人民银行、外汇管理局提出，在支持国内有能力、有条件的企业开展真实合规的对外投资活动、参与“一带一路”共同建设和国际产能合作的同时，上述监管部门将密切关注在房地产、酒店、影城、娱乐业、体育俱乐部等领域出现的一些非理性对外投资的倾向，以及大额非主业投资、有限合伙企业对外投资、“母小子大”“快设快出”等类型对外投资中存在的风险隐患。在境外放款途径的外汇监管方面，人民银行于 2016 年 11 月 29 日下发《关于进一步明确境内企业人民币境外放款业务有关事项的通知》，规定境内放款人从事境外放款业务的需满足包括成立时间、股权关系、经营规模、资金来源、利率、项目真实性与合规性等方面的要求。根据《境外投资项目核准和备案管理办法》及其修订，以及《境外投资管理办法》的规定，境内企业在向银行办理外汇业务时，如果达到一定额度，银行需要先向外管局等有关机关上报，待有关机关审核同意后，才允许境内企业办理境外投资的有关外汇业务。上述文件可知，大湾区内部珠三角地区投资者在外直接投资必须得到有关部门审批，外汇管理部门对境外投资外汇风险和外汇资金来源进行审查和审批，对投资资金的登记、汇出和收回以及投资利润和其他外汇收益汇回实施监督管理，影响三地之间企业的投资自由化程度。

（四）股票市场交易规则的不一致，制约湾区内部境内投资者的对外证券投资，以及港澳和境外投资者对内地股票市场的投资

自 2018 年 5 月 1 日起，沪股通及深股通每日额度分别调整为 520 亿元，沪港通下的港股通及深港通下的港股通每日额度分别调整为 420 亿元，每日额度较之前大幅扩大 4 倍，对提升粤港澳大湾区内部三地之间资本市场交易的流畅度和确定性起到较大促进作用。作为三地之间资本市场互联互通的重要举措，沪深港通的开通有利于提升港澳及外国投资者参与内地股票市场交易的广度与深度，也有助于获得湾区内部境外投资者的认可，但与香港等成熟的国际资本市场相比，沪深港通尚存在进一步完善的空间：股票市场的互联互通表面上是股票交易设施的连通，但本质上讲要求的却是不同股票市场交易规则之间能够实现协调一致，不仅保证本地投资者通过股票交易设施投资异地的资本市场，也要遵守异地股票市场的交易规则。目前，内地与香港的股票市场尚未能在粤港澳湾区内部实现规则统一，包括在交易日、结算机制、融资融券、公司治理、信息披露、收购兼并等都尚存在诸多不同，导致港澳及外国投资者在投资内地市场时要经常改变自身的交易习惯，长此以往将不利于粤港澳湾区内部三地之间资本市场的互联互通，要求在融资制度、停牌制度、公司治理、监管制度等方面进一步对接融通。

（五）湾区内部境内公司赴香港上市与香港证券交易所对境内公司赴香港上市的审查标准存在差异，制约湾区境内企业在境外资本市场进行上市融资

从 2012 年年底开始，证监会开始逐渐简化内地企业赴港上市流程：2012 年 12 月取消了对内地企业盈利和规模的限制，即取消“4 亿元净资产、5000 万美元融资额、6000 万元净利润”的标准条件和前置程序，将 IPO 申请材料目录文件数量从 28 个简化为 13 个，2015 年又进一步将赴港上市的程序从 13 项精简到 7 项。但不可置疑的是，内地对境内公司赴境外上市的审批制

度及与香港交易所对境内公司赴境外的上市标准之间存在的差异，严重制约湾区内地企业在香港等境外资本市场融资。内地企业要在港澳地区融资或上市，既要遵循国务院、证监会和外管局等境内相关部门的有关规定，也要遵循香港交易所的上市条件，更要遵循境内证券监管部门的规定。内地监管部门对赴香港上市的内地公司在某些条款的规定要比香港交易所规定的更严格，但有些条件也缺乏透明性。例如：国有企业赴香港上市，除提供一般情况下所规定批复材料外，还要获得国资委和全国社保基金关于国有股转持的批复文件，而从国资委拿到批复文件要比从证监会国际部拿到核准批复流程更为复杂，所花费时间也更长。此外，《关于股份有限公司境外发行股票和上市申报文件及审核程序的监管指引》规定，申请境外上市的公司其筹资用途符合国家产业政策、利用外资政策及国家有关固定资产立项等规定之外，还要符合证监会规定的其他条件，这使证监会在批准是否允许公司申请境外上市时缺乏透明度。由于审批制度和内地证券监管部门与香港交易所规定的上市标准之间存在差异，限制大湾区内部珠三角地区企业赴香港等境外市场的上市融资。

（六）保险领域资质、产品没有互认，理赔机制存在差异，所遵循的保险产品经营理念存在差异，导致三地保险业难以融合发展

首先，三地医疗机构资质互认未打通，导致投保人理赔可能遭遇一定风险。在香港购买医疗险，出险后的理赔手续较烦琐，如出具的医疗诊断结果等医疗机构检测及服务资质上标准不统一，也互不认可。例如：大湾区内部珠三角地区居民购买香港保险，若选择在大陆就医，只有就医于香港保险公司指定的医院才能获赔，但若在此范围外就医，是否理赔存在着较大的不确定性，这种规定不利于保险机构在三地之间医疗保险业务拓展或理赔。其次，三地保险项下的司法管辖权认定、举证责任、合同效力、处理纠纷机制等存在明显差异。举证责任上内地是谁主张谁举证，香港允许处于弱势方的被保险人及受益人免于举证责任；在合同效力上，内地在签订保险合同时无须到指定的机构面签，而香港投保时必须亲自前往第三方签约认证中心办理，确保投保者有完全民事行为能力。处理保险纠纷上，香港通过第三方机构保险索偿投诉局处理，为索偿人提供一个具效率及无须花费大量金钱的途径，解决就私人保单提出申索所引起的纠纷，而在内地没有专门的第三方机构处理保险纠纷。最后，香港保险公司采取的“严核保，宽理赔”的经营理念，与国内保险公司执行的“如实告知”原则存在差异。在香港买保险，所问询的问题较为开放，比如“在过去五年内，你曾否遭遇意外或疾病，而没有在上述提及”等，凡是投保人已知或应当知道的重要事实均应告诉保险公司，执行的是“严进宽出”的原则，与内地保险公司在经营理念上大相径庭，导致三地之间保险行业难以融合发展。

（七）湾区内部三地之间移动支付标准仍未完全统一，限制移动支付的互通和跨境使用，跨境金融业务便利化远未实现

手机支付如今已成为大湾区内部珠三角地区居民日常生活中不可缺少的一部分，但在香港、澳门等地区，移动支付目前已经拥有一定的普及率，实际使用率依然偏低。根据“AlipayHK 移动支付普及指数”调查显示，2017 年香港市民最常用的支付渠道为现金（99%），其次为八达通（97%），而移动支付只占到 20%，仍未能取代现金支付的地位。反观号称全球二大金融中心的香港，移动支付发展较为缓慢，尽管 APPLE PAY、ANROID PAY 和八达通等机构竭力推广，但使用频率依旧很低，除了现金，绝大多数人还停留在刷信用卡的阶段，主要的原因在于：湾区内部三地之间移动支付标准仍未完全统一，支付领域的应用场景包括金融 IC 卡（电子钱包）、移动支付机构二维码及手机支付，而三种支付方式的三地技术标准均不相同，港澳基本上采用的是统一个标准，但大陆却采取其他标准。例如：在金融 IC 卡方面，内地主要是银联 PBOC3.0 标准，港澳地区没有自己的标准，银联、VISA、

MASTER、JBC 等一些通行标准均可。在移动支付机构二维码方面，内地移动支付机构如支付宝和财付通都采用基于 URL 的二维码标准，而香港向本地持牌支付机构推广的是 EMV 码标准，使用 URL 码标的各种移动支付 APP 都无法识别 EMV 二维码。

（八）湾区内部高端金融人才缺乏统一认定标准及异地互认，导致金融人才服务政策差异大，操作难，高端人才自由流动和高效配置仍面临诸多制度性障碍

近年来，中央政府及粤港澳三地已为推进大湾区金融人才自由流动和优化配置做了不少工作，如实施外籍人才申请居留许可便利、白云机场 144 小时过境免签、部分工种职业技能“一试三证”等。随着粤港澳大湾区战略的深入实施，三地针对金融高端人才的一些政策便利及机制性障碍正逐步凸显，限制湾区内部金融高端人才的自由流动和配置。一方面，内地金融专业人士和外籍专家出入境不便，难以在湾区内自由高效流动。随着大湾区的融合发展，金融高端人才在三地的商务合作、项目洽谈、参加会议等需求日益频繁，对于金融高端人才来说，时间就是生产力，而目前金融高端人才在港澳通关以及签注是和普通居民一样的程序，其出入境申请手续及过关程序往往耗费太长时间，这导致三地在金融项目合作上成本高昂。此外，中国大陆免签国数量大大少于港澳，金融外籍人才需要三地申请居留许可方可自由流通。另一方面，金融高端人才缺乏统一认定标准及异地互认，导致人才服务政策差异大，操作难。广东省以及广州市、深圳市等城市均出台各自的金融高层次人才认证方案，设定标准虽然主体是一致的，但也存在一定差异，配套服务保障政策不尽相同。反观香港，虽然近期也出台“优才计划”等政策，但由于高层次金融人才证明没有互认，持有一地的金融高层次人才证明之专家如果到其他地方工作，无法享受到新所在地的人才服务政策保障，不仅影响金融人才要素择优就业的便利性，也影响金融高层次人才市场化的优化配置。

三、高标要求，开拓创新：探索金融合作新路径，加快湾区金融“软规则”对接融通的对策建议

粤港澳大湾区建设是习近平总书记亲自谋划、亲自部署、亲自推动的国家战略，是中央从国家发展全局和“两个建设好”的战略高度支持港澳与广东这块改革开放前沿阵地在共融中实现共建共享共赢的重大决策部署，大湾区三地之间正以乘风破浪之势，进行着一场前所未有的融合，而金融“软规则”的对接融通无疑是当中的关键一环。下一步，要把握粤港澳大湾区重大机遇，推进三地之间金融“软规则”对接融通，有序推动三地之间金融市场的互联互通，建立粤港澳大湾区货币自由流通机制，探索粤港澳大湾区内金融机构双向开放、同等国民待遇，逐步消除内地在企业注册、股份比例、经营范围、资质认定等方面对港澳金融机构实行的限制性措施，推动大湾区内基金、保险等金融产品跨境交易，扩大香港与内地居民和机构进行跨境投资的空间，建立资金和产品互通机制，推进粤港澳大湾区金融配套服务设施建设，加强粤港澳大湾区金融监管制度的协调和合作，为完善现代金融服务体系、推动经济高质量发展、实现“四个走在全国前列”提供有力支撑。主要对策思考包括：

（一）主动“谋势”：放宽外资准入限制及外资股比，降低港资澳资金融机构准入门槛

一是进一步放宽金融外资准入限制。按照国家金融开放的时间表和路线图，取消银行和金融资产管理公司的外资持股比例限制，允许外国银行在大湾区内部珠三角地区同时设立分行和子行。将证券公司、基金管理公司、期货公司、人身险公司的外资持股比例上限放宽至 51%，三年后不再设限。争取加快取消证券机构外资持股比例限制。支持商业银行在大湾区内部珠三角地区发起设立不设外资持股比例上限的金融资产投资公司和理财公司。二是大幅度扩大外资银行业务范围。扩大外资控股证券公司、基金公司、期货公司业务范围，允许其从事经纪、咨询等。放开大湾区内部珠三角地区外资保险经纪公司经营

范围，落实全面取消外资保险公司设立前需开设2年代表处的要求，支持符合条件的外国投资者到大湾区内部珠三角地区经营保险代理业务和保险公估业务。三是降低港资澳资金融机构准入门槛。按照CEPA补充协议和有关规定，允许港澳银行在粤分行在大湾区内部珠三角地区申请设立异地支行。支持符合设立外资参股证券公司条件的港澳金融机构在大湾区内部珠三角地区设立1家两地合资的全牌照证券公司。支持在广东自贸区设立两地合资全牌照证券公司，取消内地单一股东须持股49%的限制。允许符合条件的港澳金融机构按照有关规定设立合资基金管理公司。港澳保险经纪公司在珠三角设立独资保险代理公司的总资产要求由不低于2亿美元降至不低于50万港币。

（二）“乘势”而上：依托自贸区及绿色金融改革创新试验区等国家级试点，大力发展特色金融产业

一是依托自贸区先行先试离岸金融业务。与港澳共同发展离岸金融业务，探索建立与粤港澳大湾区建设相适应的账户管理体系。依托广东自贸区南沙片区积极推进跨境人民币业务创新试点工作，争取NRA账户业务创新先行先试，打通离岸在岸资金通道。吸引各类国内外总部机构和大型企业集团设立结算中心。鼓励金融服务企业设立国际业务总部、窗口企业和涉外专业服务机构。建设区域性股权市场，引进港澳及国际投资机构参与交易。支持符合条件的中外资金融机构深化股权和业务合作。二是拓展绿色金融湾区内部三地之间的合作。支持香港打造大湾区绿色金融中心，建设国际认可的绿色债券认证机构。支持广州建设绿色金融改革创新试验区，研究设立以碳排放为首个品种的创新型期货交易所。支持外资企业的境外母公司或子公司，按规定在大湾区内部银行间市场发行人民币绿色债券。支持港澳地区机构投资者按程序在试验区内开展合格境外有限合伙人（QFLP）业务，参与境内绿色私募股权投资基金和绿色创业投资基金投资，探索绿色金融市场交易机构与国外交易所成立合资公司。三是支持外资金融机构深度参与大湾区内部珠三角地区经济和社会发展。发挥香港在金融领域的引领带动作用，巩固和提升香港国际金融中心地位，打造服务“一带一路”建设的投融资平台。鼓励外资金融机构与湾区内部互联网金融企业、独角兽企业在金融科技、金融安全领域开展合作。支持外资金融机构参与湾区内部资本市场建设，通过设立天使投资基金、创业投资基金、股权投资基金等方式，参与上市培育、并购。鼓励跨境投融资，支持境外风险投资机构深度参与大湾区内部珠三角各市创新创业活动。支持外资参股湾区内部法人金融机构。支持境外证券交易所在大湾区内部珠三角地区设立区域总部或办事处。

（三）“因势”而谋：营造优质金融营商环境，加强湾区内部三地之间外资金融机构的服务

一是深化金融领域“放管服”改革。编制金融业对外开放负面清单，进一步推动事权下放，持续推进“多证合一”，简化行政手续和资料，优化外资金融机构办事流程，缩短审批时限。对有意落户大湾区内部珠三角地区发展的外资或中外合资金融机构工商登记、税务办理等开通绿色通道服务。争取实施外资金融企业外汇资本金意愿结汇，提高外汇资金使用效率。加强对外资金融机构金融产权和债权保护，提升案件审理和执行效率。引进金融知识产权服务机构，打造与港澳有效对接、符合国际惯例、简便高效的金融法治环境。推行楼宇可持续发展指数评定，创造与国际接轨的金融企业营运环境。二是加大金融政策支持力度。对位列世界500强的外资金融机构在湾区内部设立法人或分支机构，可按照相关规定认定为总部企业，享受总部经济的优惠政策。支持有条件的各区政府在大湾区内部珠三角地区打造“外资金融大厦”，对新注册在湾区内部并进驻“外资金融大厦”的外资金融机构实行“租金一免两减半”优惠：即第一年给予全额租金支持，第二年、第三年给予50%租金支持。提高政策的配套性和可操作性，充分利用政府网站、国内外各类媒体，宣传、解读金融扩大开放政策

和优势，营造良好舆论氛围，吸引外商到湾区内部投资发展。三是支持外资金融机构批筹工作。重点引进未在大湾区内部珠三角地区设立机构的世界500强金融机构以及“一带一路”沿线国家和地区金融机构。对有意落户大湾区内部珠三角地区发展的外资或中外合资金融机构新设（或申筹）项目，协助股东单位向国家金融监管部门申请牌照，全力支持新设机构的批筹和开业工作。支持外资私募机构成为外商独资和合资私募证券投资基金管理人，协调中国基金业协会给予登记备案支持。

（四）精心“用势”：推进金融跨境业务便利化，率先实施保险与支付领域的规制对接

一是提供便利化保险服务。推进内地与港澳医疗机构检测结果乃至服务资质互认，三地监管部门、保险行业协同制订通用的重大疾病定义的示范标准，减少三地投保人核保重复体检，促进三地保险市场的跨区域合作。二是建立大湾区保险创新试点，推进三地医疗资证互联互通，养老、交通、巨灾等领域推出可互认的保险产品或大湾区保险产品，投保资金及理赔资金在大湾区内可自由流动，实现湾区车辆、人员、财产等保障上互通。三是在大湾区对于保险项下的司法管辖权认定、举证责任、合同效力等方面，按照有利于被保险人、受益人的方面靠拢，统一相关规则。成立独立的大湾区保险仲裁机构，并赋予该仲裁机构一定的赔偿判决范围。四是建议统一支付标准，拓展基于多币种金融IC卡为载体的移动金融在粤港两地公共服务、旅游酒店、物业管理等领域的应用，加快两地支付服务一体化进程，提升两地跨境支付服务水平。如鉴于内地移动支付服务已处于世界领先，技术相对成熟，建议在大湾区内发行统一标准的金融IC卡（电子钱包），协调港澳地区不强制要求支付机构使用EMV码标准，便利粤港澳三地居民在大湾区使用第三方移动支付工具。统一粤港澳居民个人跨境消费电子支付平台标准，便利港澳居民在境内使用二维码、电子钱包等移动支付工具，为粤港澳居民个人跨境消费和投资提供便利，共建粤港澳优质生活圈。

（五）巧妙“借势”：加强服务外资金融机构人才，促进金融高端人才便利流动和优化配置

一是试行金融高层次人才的互认措施。建议由粤港澳大湾区统筹委员会牵头，组织广东省人才部门、广东省金融管理部门、广东省外国专家部门和港澳人才部门共同协商，达成金融高层次人才互认协议，持有省外国专家部门、省人才部门出具的金融高层次人才证明或持有港澳人才机构出具的金融高层次人才证明的，可享有规定年限内自由出入港澳的待遇。同时，商请省人社部门、省金融管理部门、省外国专家管理部门，牵头融合国家、部委、各省出具的金融高层次人才证明，统一湾区金融高层次人才证明标准。研究推进在自贸区工作的港澳金融专业人士通过培训测试的方式申请获得内地从业资格，其在港澳的从业经历可视同内地从业经历。二是试行金融高层次人才自由申请享受湾区内金融高层次人才配套服务待遇。由粤港澳大湾区统筹委员会牵头，组织广东省人才部门、广东省外国专家部门和港澳人才部门共同协商互相认可的金融高层次人才配套服务待遇保障，可以在取得珠三角9城市的高层次人才或港澳金融高层次人才的资格后，工作在大湾区内变动时，自动享受工作城市的各项配套便利服务设施和待遇，为促进金融高层次人才在大湾区内寻找到最适合最能发挥自身才能的地方，解除一些家庭或自身生活的后顾之忧。三是建立大湾区金融高层次人才联谊会或人才联盟。建议由粤港澳大湾区统筹委员会牵头建立大湾区金融高层次人才联谊会或人才联盟，定期将大湾区相同领域或不同领域的金融高层次人才汇聚起来，加强他们之间的沟通交流。牵头组织三地金融部门联合编制大湾区金融报刊，促进金融创新合作交流，避免信息闭塞和恶性人才挖角现象。四是加强服务外资金融机构高层次人才。大力吸引海外柔性引进人才，支持建设金融家（金融空间）等载体，为外资金融机构人才居住、工作、生活、休闲创造优质条件。争取率先落实国家人才签证政策，扩大外籍人才签证发放范围，

对符合条件的外籍人才，签发长期多次往返签证。允许符合条件的外籍金融人才在珠三角购买商品住房，并办理产权登记手续。在广州、深圳等地，允许符合条件的外籍金融人才申请中小客车摇号和竞价。

（六）“应势”而动：推动粤港澳大湾区金融交流合作，拓展湾区内部金融国际交流合作

一是加强与香港、澳门的金融合作平台建设。建立专题推介宣传机制，积极主动“走出去”，组织大湾区内部珠三角地区各金融机构到世界湾区、国际金融中心等主要国家和城市开展金融政策和金融成果等专题宣传，推介重点金融项目及人才政策等，加大金融招商引资力度。探索建立与港澳金融合作机制，通过联席会议、论坛等形式开展人民币跨境服务等金融合作，消除行政区划对离岸金融市场联通的阻碍，为实现湾区内部金融资源优化配置创造良好环境。二是加强与国际金融机构的合作。鼓励湾区内部各地金融机构与世界银行、亚洲基础设施投资银行和金砖国家新开发银行开展合作。鼓励跨国公司在湾区内部设立资金管理中心、结算中心，申请开展跨国公司外汇资金集中运营管理试点，积极开展跨境双向人民币资金池业务、人民币租赁资产跨境转让业务试点。支持符合条件的企业在全口径外债和资本流动审慎管理框架下，通过贷款、发行债券等形式从境外融入本外币资金支持项目发展。三是举办好国际金融论坛。从国际金融标准制订、国际金融工具合作开发、国际投资者网络搭建、金融资产展示对接等不同层面将粤港澳大湾区建设成为全球的金融资产交互展示中心，打造金融领域国际知名的高端对话平台。充分利用广东自贸区、金交会、亚洲金融合作协会等平台，加强对大湾区金融的国际推介，谋求合作商机，做好精准营销，主动上门服务，搭建引资平台，做好保障服务。

（广州市社会科学院　蔡进兵　陈旭佳）

打造粤港澳大湾区科技创新高地的对策建议

一、粤港澳大湾区打造科技创新高地的重要意义

1. 有利于有效应对中美贸易战的冲击

美国严重违反 WTO 规则，试图采取加征关税的措施迫使中国在贸易谈判中就范。考虑到特朗普政府的“美国优先”理念以及中美贸易不平衡问题的复杂性，中美贸易战即便能够得到缓解，中美贸易摩擦仍将长期存在。而且，美方对中方进口加征关税所涉及的领域很广泛，粤港澳大湾区作为中国对美贸易的重要阵地，在中美贸易战中会面临严峻挑战。特别是，由于粤港澳大湾区高科技产业发展仍处于起步阶段，很多核心技术和关键零部件尚未实现进口替代，中美贸易摩擦所带来的产业链供应一旦出现异常波动甚至暂时中断，对高科技企业的负面影响可能是致命的。例如：中兴通讯在对美缴纳巨额罚款以后，仍然一度因为美国的制裁禁令而进入“无工可开”的休克状态，即便制裁禁令后来得以解除，中兴通讯的商誉和订单仍然遭受难以挽回的重大损失。为此，在粤港澳大湾区打造具有核心竞争力的全球科技创新高地，通过自主创新实现对关键零部件的进口替代，降低对美国技术供应商的依赖，有利于中国更好地效应对中美贸易战的冲击。

2. 有利于推动湾区供给侧结构性改革

在中美贸易战的背景下，加快推进粤港澳大湾区供给侧结构性改革势在必行。供给侧结构改革以“创新、协调、绿色、开放、共享”为核心理念，目标在于去产能、去库存、去杠杆、降成本、补短板，最终实现产业结构的转型升级。要实现供给侧结构改革的上述目标，科技创新是关键。因此，打造粤港澳大湾区科技创新高地，借助高科技产业的发展，削减低技术含量产品在产品结构中的比重，提升高技术、高附加值、自主品牌产品在产品结构中的份额，能够有效增加高端供给和有效供给，为粤港澳大湾区实现“三去一降一补”的供给侧结构性改革目标提供支撑。

3. 有利于释放湾区经济增长的新潜力

粤港澳大湾区作为中国区域经济协调发展的重要战略部署，成为继纽约湾区、旧金山湾区和东京湾区三大国际湾区之后，最有潜力跻身于世界一流湾区的城市群之一。从现实情况来看，传统产业部门和固有经济发展模式对粤港澳大湾区经济增长的促进作用已经进入递减区间。结合三大国际湾区的实践经验，科技创新是经济增长的重要源泉。为此，建设全球科技创新高地，打造多主体联动、要素充裕且流动自由、制度高效协同的创新生态系统，通过科技创新提高企业生产效率和核心竞争力，有利于粤港澳大湾区实现经济增长路径的转轨和跃迁，进一步释放湾区经济增长的新潜力，实现高质量发展的目标。

4. 有利于增强“一带一路”建设的聚合力

粤港澳大湾区拥有香港特别行政区（简称香港）、澳门特别行政区（简称澳门）两个自由港，深圳、珠海两个经济特区，以及广东自贸区等开放窗口，是中国对外开放水平较高、经济发展条件较好、国际化营商环境优势突出的区域之一，在中国对外开放进程中发挥着重要的平台性作用。充分发挥粤港澳大湾区在“一带一路”特别是 21 世纪海上丝绸之路上的重要节点作用，实现“引进来”和“走出去”的联动效应，有助于增强一带一路建设的聚合力，通过国际产能合作

弥补中美贸易战所带来的投资与贸易缺口。从总体上看，打造全球科技创新高地，一方面有利于粤港澳大湾区集聚海外高端要素和创新资源，提升湾区的核心竞争力；另一方面，也有利于推动粤港澳大湾区与沿线国家和地区在产业、企业、技术等领域开展深度合作，为湾区企业占据国际高端市场创造条件。

二、粤港澳大湾区科技创新的问题和瓶颈

1. 基础弱：科技创新核心能力发展滞后

虽然粤港澳大湾区的发明专利数量已经全面超越了东京湾区、旧金山湾区和纽约湾区，但是具有核心竞争力的、具备世界一流水准的科技创新成果和科技研发机构仍然不多。根据科睿唯安发布的《2017年全球百强创新机构》，粤港澳大湾区仅有华为一家企业入选榜单，这也是中国大陆地区唯一的上榜企业。与此形成鲜明对比的是，日本和美国入选的机构数量分别为39家和36家，其中大多数创新机构分布于东京湾区、旧金山湾区和纽约湾区。正是因为科技创新“大而不强”，粤港澳大湾区产业在集成电路、高端加工设备、智能装备内控系统等领域的关键核心技术仍然高度依赖进口，未能实现进口替代。中兴通讯一度因为遭受制裁而面临生产中断的情况凸显了粤港澳大湾区科技创新核心能力发展滞后的困局。

2. 壁垒高：粤港澳三地创新合作难开展

为了更好地整合粤港澳创新资源，国家部委采取一系列举措，例如：放宽科研经费的跨境申请与使用、对特定科研设备入境适用优惠税率、深港共建落马洲河套地区等。但是，由于粤港澳三地分属不同的独立关税区，管理体制差异很大，创新要素资源的流动仍然存在较多限制。特别是，除了签证办理问题、评价机制有差异、知识产权归属认定标准不统一等显性壁垒以外，粤港澳三地人才流动还面临众多的隐性壁垒。较为突出的是，港澳科技人才在内地购房置业、申请车牌、子女教育和医疗保险都面临实际操作的困难，同时内地较高的个人所得税也影响了科技人才交流的积极性。要突破粤港澳三地科技合作的体制障碍，很多事项的协调仍需要中央统筹安排，这进一步增加了协同创新的难度。

3. 集聚低：高端要素资源未能充分集聚

粤港澳大湾区高端要素集聚程度相对较低，尚未形成创新资源的群聚效应，具体表现为：一是世界一流大学少，特别是排名进入全球百强的5所高校都在香港，科研人员的跨境流动和工作受到限制；二是高层次人才少，根据中国科学院发布的院士工作分布地图，截至2018年8月，在广东和港澳地区工作的中科院院士有39位，远低于北京的406位和上海的101位，也要低于江苏的45位；三是引领创新的独角兽企业少，根据《2017年中国独角兽企业发展报告》，粤港澳大湾区11个城市共有23家，而北京、上海、杭州三个城市就分别有70家、36家、17家。高端要素资源集聚水平不高对粤港澳大湾区打造全球科技创新中心带来“无米之炊”的潜在风险与挑战。

4. 资金少：科技金融对创新支持力度弱

粤港澳大湾区科技金融发展滞后于科技创新创业发展的实际需求，科技创新项目的投融资渠道窄、获资助金额小等问题长期存在。《广东风险投资报告（2017）》披露的数据显示，深圳作为粤港澳大湾区创投最为活跃的城市，2017年度发生的创投数量和金额分别是554起和163亿元，要落后于北京的1393起和718亿元的创投规模，以及上海785起和310亿元的创投规模。从总体上看，粤港澳大湾区科技创新活动仍然高度依赖于企业自有资金、银行信贷资金和政府专项奖励。风险投资等资金参与的力度虽然较往年有所提升，但是总体上仍然处于发展的初始阶段，还没有形成多元化的成熟运作体系，导致科技创新事业的发展受到资金的掣肘。

5. 氛围差：裂变式创新创业活动不活跃

和一般的创新创业活动相比，从事裂变式创新创业活动的企业家往往具备更为丰富的从业经验、敏锐的市场触觉和广泛的商业网络，创新创业成功的概率也更高。当前，裂变式创新创业活动在深圳发展较快，腾讯、华为、中兴、华大基

因等企业成功孵化出一大批新技术、新公司。例如：根据《腾讯系创业风云榜》，腾讯系员工作为创始人或者联合创始人创立的新企业就包括了快看漫画、货拉拉、天眼查等一批完成天使轮融资的企业，其中部分企业上市。然而，除了深圳和香港之外，粤港澳大湾区其他城市的裂变式创新创业活动发展较慢，具备作为裂变式创新创业母体的公司数量很少，创新创业的氛围也不如深圳和香港活跃，制约粤港澳大湾区科技创新的发展。

6. 竞争强：地方政府各自为战倾向明显

粤港澳大湾区虽然出台一系列涉及协调发展和统一规划的文件，但是在实施过程中仍然以行政区划作为基本载体，地区间各种显性壁垒和隐性壁垒还很多，“玻璃门”带来的低效率阻碍大湾区打造创新共同体的进程。特别是，为了在GDP锦标竞赛中胜出，大湾区城市大多制定各种招商引资优惠政策，对人才、技术、投资的争夺趋于白热化。同时，城市间功能定位不清晰、协调分工不明确的现象也较为突出，在政府工作报告中明确提出要打造科技创新中心或者先进制造业中心的城市就有香港、深圳、广州、佛山、东莞、中山，这也使得大湾区城市在科技创新领域重复建设、恶性竞争的问题较为突出，优势互补、利益共享的创新格局在短期内难以形成。

三、世界大湾区科技创新的经验借鉴

1. 打造科技创新的集群地带

无论东京湾区、旧金山湾区还是纽约湾区，无一例外都是全球性的高科技企业集聚地和创新研发机构的集聚地。根据《2017年全球百强创新机构》，日本和美国分别上榜的39家和36家企业大多分布于三大湾区，很多企业还是多次入选榜单。其中，富士通、佳能、日立、三菱、东芝、丰田等知名高科技企业位于东京湾区的东京都，甲骨文、微软、谷歌、英特尔、苹果、脸书等众多世界500强企业则位于旧金山湾区的“硅谷”。

三大湾区也是很多重点实验室和重大科技基础设施的集聚地，产出大批高质量的发明专利和创新成果。例如：旧金山湾区就集中直线加速器中心、劳伦斯伯克利实验室、洛斯阿拉莫斯实验室、劳伦斯利弗莫实验室、喷气推进实验室等一批为美国科技事业发展做出重大贡献的实验室。上述实验室在高能物理、生命科学、能源技术、计算机科学等领域的基础性研究，为美国科技创新发展提供强有力的支撑。结合《粤港澳大湾区协同创新发展报告（2017）》披露的数据来看，2016年旧金山湾区发明专利的施引数量为18606次，高于粤港澳大湾区的4244次，反映出旧金山湾区科技创新集群的产出成果虽然在数量上不占优势，但是核心竞争力仍然超过粤港澳大湾区。

2. 打通科技创新的协同机制

科技创新活动涉及研发、试验、应用等多个环节，通过协同机制建设打通从技术开发到商业应用的渠道必不可少。在这一方面，三大国际湾区均建立较好的协同创新机制。例如：位于旧金山湾区的斯坦福大学首创技术许可办公室模式（OTL），形成成熟的科研成果向生产力转化机制，成为湾区科技创新的重要引擎。根据斯坦福大学的统计，2016年该校从专利授权中获得收入9422万美元，通过专利许可持有149家公司的股权。目前，这一模式经过复制推广，成为大部分美国大学开展技术转移工作的标准模式。

同时，三大国际湾区还出台各种法案和规定，为创新协同机制的建设提供法律保障。无论是旧金山湾区还是纽约湾区，其科技创新活动的兴起都受惠于美国的史蒂文森－怀德勒技术创新法、拜杜法案、联邦技术转移法等法案所提供的制度性保障。这些法案通过法律的形式将涉及科技成果转移、风险投资体系、交易流程监管等领域的制度安排固定下来，为旧金山湾区发展成为世界上创新生态发育最成熟、创新集群最具多样性、创新环境最优越的地区创造良好的制度环境。

3. 致力于汇聚高端要素资源

三大国际湾区作为全球性的科技创新策源地，都致力于汇聚高端要素资源，突出表现为研究机构、企业总部、人才和技术的集聚程度都处于较高水平。一方面，三大国际湾区通过发展总部经济，依托高科技产业的集聚实现对技术创新的引领。其中较为突出的例子是旧金山湾区的硅谷，微软、谷歌、英特尔、苹果等世界500强企业的研发总部均分布于此，这些高科技企业都是所在行业的标杆，对科技创新发挥着显著的示范带动作用。

另一方面，三大国际湾区通过打造高等院校和研究机构的集聚中心，提升对人才资源的吸引力，为建设全球科技中心奠定基础。仍以旧金山湾区为例，旧金山湾区共有公立大学34所，私立大学49所，约每10万人和每245平方千米就拥有一所大学，其中不乏斯坦福大学、加州理工学院和加州大学伯克利分校等全球100强知名高校。这些高校为旧金山湾区科技事业的发展做出贡献，仅斯坦福大学就累计产生了60位诺贝尔奖得主，20位图灵奖得主和7位菲尔兹奖得主。

4. 科技金融成为科技助推器

科技创新离不开资金的支持，尤其是创新构思的探索试验以及创新成果的产业化应用高度依赖于投融资体系的支撑。从实践经验来看，三大国际湾区能够成为全球科技创新中心，与其金融业特别是科技金融的发展密切相关。其中，纽约湾区的曼哈顿华尔街拥有纳斯达克、美国证券交易所、纽约期货交易所等众多金融交易平台和与之相关的银行、保险、证券金融机构。类似的，东京湾区的东京都也汇集以三菱日联银行、三井住友银行和瑞穗银行等三大金融集团为代表的众多日本金融机构。根据第23期“全球金融中心指数”，纽约、东京、旧金山等三大湾区的中心城市金融业综合竞争力排名分别是第二名、第五名和第八名。

值得关注的是，除了银行、证券和保险业以外，三大国际湾区的风险投资也比较活跃，为科技创新活动提供充裕的资金支持。从20世纪50年代开始，旧金山湾区就兴起风险投资，众多的风险投资基金不仅仅为初创企业提供资金上的支持，而且还为初创企业提供公司治理、公司运营等增值服务，极大地促进新兴产业和新兴企业的发展。2017年，全球十大市值公司中位于旧金山湾区的企业就有3家，包括位居榜首的苹果公司，紧随其后的Alphabet，以及排在第六名的Facebook，这几家行业巨头在发展初期无一例外都接受过风险投资的资助和辅导。

5. 裂变式创新创业活动活跃

三大国际湾区具有很强的包容性，鼓励创新创业、容忍探索失败已经成为共识。特别是，精英员工从大企业辞职创办小企业，使大企业裂变出若干个小企业，这种企业衍生模式已经成为三大国际湾区高科技产业发展的主要路径之一。其中具有较强代表性的案例是“仙童公司八叛徒”，安纳克尔公司、联合碳化物公司、超微科技公司、英特尔公司等知名企业均由同一家母体公司衍生而来。正是裂变式的创新创业活动，催生一大批高科技企业，极大地巩固湾区经济在全球价值链中的优势地位。

显然，裂变式创新创业活动离不开高度包容化的营商环境，其内涵除浓厚的创业氛围以外，还包括宽松的制度环境以及优越的营商环境。三大国际湾区采用的都是负面清单管理模式，主要依靠市场机制发挥作用，政府扮演的是服务角色，为企业的创新创业活动和业务经营活动创造良好的外部环境。根据2017年发布的“全球独角兽公司榜单”，仅旧金山湾区就有52家企业入选，在全球216家上榜企业中所占的份额高达24%，充分反映开放包容的创新创业环境对高科技产业的促进作用。

6. 湾区城市实现专业化分工

三大国际湾区内部实现了高度的专业化分工，协调发展水平较高，为开展协同创新活动提供了较好的支撑条件。从总体上看，三大国际湾区的核心—外围圈层之间产业分工体系明确，协同演化效应显著，而且核心圈层与外围圈层之间的竞争优势能够实现动态的梯度演化，确保湾区经济的可持续发展。以旧金山湾区为例，硅谷作为核心区汇聚高科技产业，外围区域的圣何塞市以风险投资和高等教育集中闻名，为硅谷的创新创业提供资金保障和输送人才资源，奥克兰的制造业与交通运输则为硅谷高科技产业的技术溢出与产品输送提供载体。类似的，纽约湾区的曼哈顿依托于金融保险业，能够为周边外围区域科技产业和工业制造的发展提供资金保障，而外围区域工业的发展也拓宽曼哈顿金融保险业的市场范围，两者互为促进、共同演化。

同时，湾区内部城市间的专业化分工有赖于统一规划。这方面做得较为成功的是东京湾区，涉及湾区城市分工与统一规划的文件有《东京规划 1960——东京结构改革的方案》《10 年后的东京——东京将改变》《2020 年的东京——跨越大震灾，引导日本的再生》（后经修订变更为《创造未来——东京都长期愿景》）。这些规划文件为东京湾区早期的"工业分散"战略以及产业的空间布局奠定基调，作为核心区的东京都逐渐从以传统工业为主逐渐演变为以对外贸易、金融服务、精密机械、高新技术等高端产业为主，而外围的横滨市、川崎市等城市则发展出京滨、京叶两大产业聚集带和聚集区。

四、粤港澳大湾区打造科技创新高地的对策建议

1. 夯实基础：打造"三链协同创新地带"

一是需要基于智慧湾区理念，推进建设广深科技创新走廊的西延段和南延段，打造闭合的"创新链—创业链—资金链"协同体系。重点强化技术研发和创新应用，对传统产业和公共设施进行信息化、智能化、智慧化改造，实现劳动密集型生产流程的智能化变革，推动"制造"向"智造"的转变。依托各类创新孵化器、合作研发平台和产业园区建设，引入全球高科技研究实验室、创新平台和创新资本，建设国家级重点实验室和研究基地，推动智慧型粤港澳大湾区建设。打造"三链协同创新地带"需要紧密围绕广深科技创新走廊的建设来展开，充分借助重点高校和科研机构的智力支撑，依托深圳高新区、东莞松山湖、广州科学城等平台和载体，开展科技研发和示范应用。特别是，可以在广东自贸区等区域建设科技合作平台和创业孵化基地，积极探索推动创新投资的多元化渠道以及科研成果的产业化应用，打通从创意、创新到创业、应用的路径。

二是可以研究出台《粤港澳大湾区产业技术创新 2030 计划》，通过技术孵化、模式变革和创新应用来推动产业创新能力的提升。通过推出粤港澳大湾区技术创新 2030 计划，确立工业 4.0 为制造业的转型方向，大力发展战略性新兴产业，以及实现传统产业的效率提升和模式创新。在此基础上，充分结合港澳生产性服务业和珠三角制造业的发展优势，实现服务业和制造业的融合发展，进一步推动服务业开放和制造业升级，通过产业技术的创新与融合实现粤港澳大湾区产业结构的转型升级。

三是需要建立湾区大学联盟体系，围绕重点学科与紧缺专业开展专项合作与专项攻关，在此基础上探讨成立湾区大学的可行性。结合粤港澳大湾区高校的综合竞争力与专业特色，建立多层级的大学联盟体系，以此为依托鼓励高校之间开展资源共享与合作攻关。在资源共享方面，重点围绕数据库共用、图书馆互通、选修课互认等领域推进湾区内高校间的资源共建与共享。在合作攻关方面，鼓励高校联合开展重大科研攻关项目，并且为高校联合攻关项目提供必要的经费支持与政策倾斜，为研究者创造宽松的科研环境。在条件成熟的情况下，可以探讨成立粤港澳大湾区大学的可行性，集中资源培育和扶持大湾区紧缺专业的发展，为粤港澳大湾区打造世界级的科技创新高地提供支撑。

2. 打破壁垒：探索"科技资源绿色通道"

一是放宽对自然人流动的限制，鼓励香港和澳门居民到珠三角地区就业和创业，并且在资质认证、生活保障等方面提供便利指引。通过开展多种形式的粤港澳人才高峰会、创业论坛、交流招聘会等，为专业技术人才在粤港澳三地间的自由流动创造更多的机遇。在 CEPA 框架协议及其

补充协议的基础上，要进一步放宽对自然人流动的限制，特别是对于具有高级技术职称和专业技术证书的人才，要通过提供人才公寓、人才补贴、个人所得税减免等方式，鼓励技术型人才的跨区域流动。可以出台专项人才规划项目，打造人才流动的绿色通道，解决技术型人才在住房、户籍、子女入学等方面的后顾之忧，打造宜居宜业的居住环境和就业环境，促进人力资源在粤港澳大湾区内部的最优化配置，提升粤港澳大湾区科技人才资源流动的便利化程度。

二是研究设立粤港澳大湾区创新促进会、科技合作基金委员会，实现科技资源的共建共享共用，立足一体化市场建设打破流动壁垒。市场一体化是粤港澳大湾区协同创新的基本要素和前提条件。为此，有必要在营造国际化营商环境的基础上，研究设立大湾区创新促进会、科技合作基金委员会，推动湾区内部创新价值链条和资源分配模式的优化提升，并且实现科技资源的共建共享共用。在此基础上，可以定期开展创新成果推介会、创新创业交流会和科技成果转化会，推动科技成果的产业化应用，服务于粤港澳大湾区科技企业的交流合作与协同发展。

三是以港珠澳大桥通车为契机，打造无缝对接的综合型交通枢纽，构建一体化、网络化、立体化、嵌入式的基础设施布局新体系。推动交通基础设施的一体化建设，统筹规划粤港澳轨道交通网和各级公路网的建设，积极提升港口集群和机场集群的功能延伸和拓展，大力发展空港经济。同时，充分发挥重点项目“以点带面、点—线—面结合”的正面联动效应。此外，依托粤港澳港口群建设国际航运中心，打造内联外通、海陆空无缝对接的物流枢纽，构建一体化、网络化的基础设施布局体系。通过完善基础设施布局，打造湾区“一小时通勤圈”，为专业人才的通勤、科技设备的运输以及科技活动的举办提供良好的基础设施条件。

3. 汇聚资源：建设“高水平开放新枢纽”

一是提升总部经济集聚性，鼓励支持世界五百强企业将企业总部或者研发中心落户至粤港澳大湾区，建设“总部经济示范区”。将粤港澳大湾区打造成为总部经济的集聚区，有助于更好地发挥国际一流企业对粤港澳大湾区企业科技创新的辐射带动作用，产生以点带面的示范效应。为此，可以通过升级改造产业园区、制定一揽子激励方案、定向邀请投资等方式，为世界五百强企业和全球百强创新机构落户粤港澳大湾区创造条件。在此过程中，要逐步实现从管理型政府向服务型政府的转变，提升政府部门的行政效率，以及更加充分地发挥市场机制的主导作用，降低企业在大湾区投资的制度性交易成本，从而更好地吸引海外企业前来投资。

二是成立湾区人才服务机构，制定落实配套服务政策，提升粤港澳大湾区对于高层次人才的吸引力，打造“湾区人才服务中心”。湾区人才服务机构的主要任务在于，一是为港澳专业服务业人才在珠三角执业提供便利，在税制安排、执业资质、备案监管等方面提供明确的指引；二是为海内外高层次人才来湾区就业与创业提供公共服务和社会保障，解决教育、医疗、养老等问题，探索港澳社会福利在珠三角的跨境使用方案；三是定期举办“粤港澳大湾区高层次人才就业创业洽谈会”，并且主动到欧美国家设立分会场，宣传大湾区的人才政策与发展环境，吸引高层次人才到粤港澳大湾区来定居、就业和创业，通过打造人才集聚高地为粤港澳大湾区的科技创新提供智力支持。

三是依托于粤港澳大湾区城市群规划和CEPA协议，保障和推动粤港澳三地实现科技创新的协同发展，建设“开放式创新共同体”。立足于粤港澳大湾区城市群规划和CEPA框架协议及其补充协议，消除粤港澳三地在科技创新合作领域的各类显性壁垒和隐性壁垒，切实解决资金、技术、人才在粤港澳之间自由流动的障碍，实现跨境投融资便利化、技术研发协同化。在此基础上，鼓励海外高水平科研机构和高科技企业参与粤港澳大湾区科技创新计划和创新项目，为湾区企业、研究机构和研究团队与海外高水平研究机构建立合作关系提供便利。通过打造开放式创新共同体实现全球化配置创新要素资源，提升粤港澳大湾区科技创新的国际化水平。

4.促进金融：发展“高科技金融助推器”

一是实施“科技金融先行”策略，探索科技金融制度创新的先行先试，为粤港澳大湾区科技研发和成果应用创造良好的融资环境。在广东自贸区开展科研经费跨境使用、科研设备跨境采购支付、科技金融再保险等试点推广工作，为科技创新的资金往来提供便利化的条件。同时，争取设立粤港澳大湾区科技银行和创新基金会，为科技创新活动提供更为专业化、标准化的信贷与投融资服务。此外，进一步完善对科技创新项目和科技企业的征信系统建设，并且完善科技金融再保险机制，从而鼓励更多金融机构在信息更为透明的市场条件下向科技企业提供支持，为粤港澳大湾区科技研发和成果应用创造良好的融资环境。

二是打造“深港科技金融示范区”，引导科技与金融的深度融合发展，为粤港澳大湾区各种科技创新活动提供高标准的金融服务。建设深港科技金融示范区要充分发挥香港金融的国际化优势，聚焦深港金融科技合作，推动金融市场体系的健全发展，共同打造世界级科技金融湾区。其中，前海蛇口自贸片区可以重点探索研发总部与结算总部协同发展的“双总部”模式，深圳高新区可以重点探索进一步增强对科技投入的政策性支持，落马洲河套地区可以重点建设成为“科技创新自由港”。

三是建设“湾区金融设施联通网”，实现高效的、一体化的、国际化的金融基础设施网络布局，实现大湾区金融服务的同城化。进一步完善粤港澳大湾区金融服务体系，推动金融基础设施在粤港澳三地的互联互通，以金融服务同城化带动科技创新投融资的便利化。重点推进金融后台基地建设，高标准建设广东金融高新技术服务区，引导广州、深圳、佛山、东莞等地金融后台基地结合自身的产业基础和比较优势进行差异化发展，从而更好地满足科技创新活动的多层次金融服务需求。在建设湾区金融设施联通网的基础上，大力支持风险投资机构和上市辅导机构的发展，为具备上市条件的高科技企业募股集资创造条件。

5.包容创新：创建“国际化创新创业圈”

一是动态调整和优化市场准入负面清单、政府权力清单以及责任清单制度，高标准打造国际化、法治化、自由化的创新创业环境。在已有负面清单、事中事后监管等新型管理模式的基础上，进一步抓落实、看成效、做优化，提升配套改革事项的前瞻性、创新性和针对性，切实解决科技创新过程中科技人才和科技企业所面临的新困难、新问题。与此同时，基于高效可控的原则，在科研项目申请资助、经费使用、设备采购等环节实施更多的便利化措施，做到政府不缺位、不越位，为科技者和企业家在粤港澳大湾区从事创新创业活动提供更为宽松、便利、透明的制度环境。

二是分阶段、分层次推进创新创业管理体制改革，以服务创新为导向，实现备案式、电子化、高效化、一站式创新创业流程管理。创新创业管理体制改革要分阶段、分层次推进，可以在广东自贸区先行先试的基础上逐步延伸至珠三角地区，然后在整个大湾区推广铺开。先行先试的各项措施涵盖负面清单、经费管理、投资备案、税费抵扣等方面的内容，以激发和提升企业参与科技创新活动的积极性。通过对创新创业管理流程的优化调整，提升创新创业的便利化程度，为粤港澳大湾区高科技企业引领创新链条提供制度支撑，实现从跟随型创新到领跑型创新的转变。

三是打造湾区新兴业态孵化基地和合作平台，通过专项产业规划、政府扶持奖励、资质认证评级等方式引导新兴产业的融合发展。打造示范性创新发展平台与产业合作园区，鼓励新兴业态的交叉融合与应用发展。通过实施创新驱动战略，促进产业间的交叉融合，推动新技术、新业态、新模式、新产业的应用和发展。特别是，要依托湾区现有的产业园区和专业镇区，根据当地产业基础和发展定位，通过落实负面清单管理、优先资质认证评级、融资便利化服务等方式，促进新兴产业在粤港澳大湾区的融合发展，激发湾区产业交叉融合所带来的引致创新效应。

6. 协同分工：推动“共享型创新共同体”

一是规划编制《粤港澳大湾区协同创新建设行动指南》，为粤港澳大湾区建设共享型的创新共同体提供明确的目标、路径和指引。通过编制协同创新行动指南，进一步深化粤港澳科技合作机制，在人才交流、产业布局、项目对接、基础设施等领域加强合作，发挥协同效应。特别是，要鼓励港澳高等院校与内地高科技企业借助粤港澳大湾区的合作平台实现优势互补、联动发展、利益共享的科技创新格局。在制定协同创新行动指南的过程中，要充分吸收香港、澳门对于如何充分发挥“一国两制”体制性优势的意见和建议，做到既能够充分发挥港澳作为“超级联系人”对接海外创新资源以及作为世界一流大学集聚地引领科学研究的优势，又能够充分发挥珠三角城市作为“世界工厂”的制造业优势，立足动态比较优势加快创新共同体的建设。

二是立足粤港澳大湾区协调建设小组和联席委员会，搭建多层次的协同创新机制和渠道，形成制度化、定期化的协同创新沟通体。要加强多个层面的协同创新机制建设，通过联席会议、智库论坛、企业交流等形式，构建从政府到民间、从业界到学界的协同创新互动机制，推动解决粤港澳大湾区协同创新过程中出现的各种问题。其中，通过设立联席委员会，解决湾区协同发展的总体协调、目标设定、基本原则等重大问题；通过设立创新促进会、科技合作基金委员会，落实湾区协同创新的具体行动方案，解决协同创新过程中出现的技术性问题。协同创新沟通体建设要依照务实求是、沟通有效原则来开展，需要聘任一批具备较高专业素养的专业人才，其中既要有政府部门的参与，也要有创新主体机构的参与，从而确保能够找准问题并且解决问题。

三是鼓励跨区域设立科技创新合作园区，推动区域内部的资源优化配置以及专业化分工，发展优势互补、利益共享的创新共同体。粤港澳大湾区各城市在产业资本、科技创新、金融服务、人力资本、资源储备等领域都有很大的差异性，实现跨区域的资源优化配置与要素价值重构有助于提升科技创新对湾区经济的促进作用。为此，可以基于优势互补、利益共享的原则发展“共建经济”，在粤港澳大湾区设立跨区域的科技产业合作园区，通过资源整合提升创新效率和溢出效应。在此基础上，进一步深化粤港澳大湾区核心区、外围区与辐射区之间的合作，建立以及完善省内产业合作区和两广合作产业园、广湖合作产业园等跨省产业合作平台，促进资源的跨区域流动和整合，实现优化配置和结构重组，为粤港澳大湾区科技创新成果的产业化应用和推广创造更好的条件。

（广东外语外贸大学粤港澳大湾区研究院课题组　杨永聪等）

统计资料

粤港澳大湾区内地九市主要经济指标

年份	年末常住人口（万人）	#城镇人口	年末户籍总人口（万人）	年末就业人员（万人）	#城镇单位就业人员
1990	2369.93	1696.63	2371.57	—	—
1995	3292.03	—	2372.76	—	—
2000	4289.78	2981.23	2563.60	1902.93	495.46
2001	4376.10	—	2595.24	1947.10	480.97
2002	4414.68	—	2595.24	2034.09	498.78
2003	4463.55	—	2660.46	2250.43	523.34
2004	4516.50	—	2714.08	2492.27	570.64
2005	4547.14	3516.06	2763.32	2822.60	636.10
2006	4735.47	3771.33	2821.27	2963.93	675.38
2007	4930.68	3919.89	2872.47	3107.38	718.88
2008	5138.48	4119.52	2920.82	3232.88	724.38
2009	5361.72	4375.17	2967.02	3412.10	767.05
2010	5616.39	4645.88	3024.57	3572.01	823.67
2011	5646.51	4687.17	3073.87	3630.21	927.40
2012	5689.64	4770.19	3105.01	3638.83	969.59
2013	5715.19	4802.55	3156.02	3784.09	1552.80
2014	5763.38	4848.41	3207.94	3845.25	1555.45
2015	5874.27	4969.10	3265.69	3871.26	1532.73
2016	5998.49	5089.64	3350.52	3926.93	1547.13
2017	6150.54	5245.70	3475.10	3981.41	1560.00

年份	地区生产总值（亿元）	第一产业	第二产业	第三产业	人均生产总值（元）
1990	1006.88	153.78	441.65	411.45	4295
1995	4077.74	346.94	1984.48	1746.32	12681
2000	8471.28	460.17	4044.38	3966.73	20398
2001	9622.41	478.19	4544.01	4600.21	22208
2002	11030.18	499.42	5185.23	5345.53	25095
2003	13041.47	514.54	6321.58	6205.35	29379
2004	15615.63	560.41	7748.57	7306.65	34778
2005	18440.37	557.96	9392.60	8489.80	40691
2006	21901.00	567.69	11301.58	10031.73	47187
2007	26021.88	631.40	13215.60	12174.88	53841
2008	30267.12	721.65	15182.53	14362.94	60118
2009	32656.62	717.86	15784.12	16154.63	62202
2010	38377.06	797.94	18761.56	18817.56	69916
2011	44401.55	904.55	21551.16	21945.84	78846
2012	48593.96	958.57	22795.18	24840.21	85793
2013	54197.64	984.03	24904.27	28309.35	95110
2014	58640.12	1030.07	26839.16	30770.89	102173
2015	63383.88	1073.87	28138.02	34171.99	108929
2016	69070.26	1153.92	29692.80	38223.54	116351
2017	75710.14	1181.53	31542.82	42985.80	124564

续表

年份	地区生产总值指数（上年=100）	第一产业	第二产业	第三产业	人均生产总值指数（上年=100）
1990	117.5	107.2	119.9	119.0	115.2
1995	120.4	108.2	122.4	120.0	112.9
2000	113.9	104.3	114.6	114.0	107.4
2001	113.4	104.7	113.7	114.1	108.7
2002	114.4	105.9	115.5	114.1	112.8
2003	116.9	101.8	121.9	113.3	115.7
2004	117.0	103.2	120.6	114.3	115.7
2005	115.7	103.5	118.3	113.7	114.7
2006	116.9	98.8	118.9	115.8	114.1
2007	116.3	100.6	116.1	117.5	111.7
2008	112.9	103.5	112.0	114.3	108.4
2009	109.7	104.0	109.3	110.3	105.2
2010	112.2	104.2	114.2	110.4	107.3
2011	110.1	103.9	110.5	109.8	107.3
2012	108.2	103.3	106.8	109.7	107.5
2013	109.3	101.8	107.6	111.3	108.7
2014	107.8	102.9	107.6	108.2	107.1
2015	108.6	102.8	107.5	109.8	107.1
2016	108.3	102.2	107.1	109.4	106.1
2017	107.9	103.7	107.4	108.4	105.4

年份	公路通车里程（千米）	货运量（万吨）	邮电业务总量（亿元）	本地电话年末用户（万户）	移动电话年末用户（万户）	固定资产投资额（亿元）	房地产开发投资
1990	—	—	—	—	—	264.34	—
1995	20323	—	152.60	—	—	1515.82	—
2000	29029	—	587.64	—	—	2364.71	—
2001	29792	—	614.33	1069.79	1867.67	2612.88	—
2002	30354	—	728.24	1253.95	2508.32	2945.74	—
2003	30919	—	967.45	1663.32	3118.25	3749.51	—
2004	31582	—	1446.30	1915.25	4502.45	4515.27	—
2005	32312	103365	1738.94	2355.10	5317.71	5328.37	—
2006	52139	113275	2068.19	2559.62	5497.75	5964.60	—
2007	53106	122408	2348.22	2651.33	6075.36	6909.74	—
2008	53418	120916	2754.77	2529.77	6463.22	7829.03	—
2009	54261	142733	2983.47	2400.25	6867.61	9603.55	2583.17
2010	55848	161348	3949.45	2269.84	7457.64	11355.80	3118.66
2011	56380	182281	1544.39	2284.31	8285.85	12366.76	4022.87
2012	58590	203570	1730.31	2295.29	9573.16	13974.24	4483.67
2013	59555	243500	2019.89	2288.94	11228.38	16030.78	5362.75
2014	61548	254491	2751.65	2195.47	11318.90	17542.28	6293.55
2015	63054	266078	3573.05	2086.68	11437.39	20048.69	7075.57
2016	63631	271565	5487.87	1954.24	10933.74	22321.24	8601.16
2017	64119	287210	4997.13	1801.51	10828.40	25463.54	9827.78

续表

年份	社会消费品零售总额（亿元）	出口总额（亿美元）	进口总额（亿美元）	实际外商直接投资额（亿美元）	地方一般公共预算收入（亿元）	地方一般公共预算支出（亿元）
1990	424.35	222.21	196.77	12.36	97.98	80.03
1995	1694.60	513.31	429.29	79.47	275.26	322.81
2000	3204.99	847.77	743.15	103.87	599.06	690.64
2001	3581.35	908.29	776.32	114.96	749.65	832.94
2002	3996.23	1126.08	992.57	116.17	772.97	976.78
2003	4497.21	1450.56	1262.47	137.41	867.88	1113.18
2004	5106.86	1824.44	1596.44	90.16	930.99	1234.13
2005	5878.70	2273.18	1837.58	113.34	1218.48	1567.23
2006	6810.19	2887.45	2181.97	130.86	1460.77	1714.73
2007	7919.89	3540.85	2560.28	151.88	1882.01	2145.82
2008	9539.76	3872.08	2697.61	169.21	2248.16	2550.77
2009	10834.73	3417.77	2430.46	175.08	2522.29	2882.33
2010	12613.24	4318.02	3195.01	183.47	3139.58	3654.91
2011	14575.57	5064.89	3678.00	195.29	3674.70	4444.97
2012	16552.69	5477.09	3956.56	215.53	4129.09	4798.40
2013	18630.61	6070.93	4403.38	230.62	4669.16	5240.59
2014	20655.78	6137.68	4153.86	248.61	5375.37	5973.23
2015	22651.04	6087.57	3664.49	256.24	6391.70	8421.36
2016	25048.68	5650.87	3450.88	225.90	6923.98	9285.10
2017	27318.18	5902.41	3709.89	218.11	7455.96	10329.95

年份	金融机构本外币存款（亿元）		金融机构本外币贷款（亿元）	常住居民人均可支配收入（元）	城镇居民人均可支配收入（元）	农村常住居民人均可支配收入（元）
		本外币住户存款（亿元）				
1990	—	—	—	—	—	—
1995	—	—	—	—	—	—
2000	16211.75	7941.54	11227.42	—	—	—
2001	18562.11	9064.31	12447.65	—	—	—
2002	21881.50	10734.65	14689.30	—	—	—
2003	25574.00	12553.20	17772.73	—	—	—
2004	28704.24	14193.04	19642.60	—	—	—
2005	32962.25	16389.71	21073.93	—	—	—
2006	37367.68	18306.14	23613.32	—	—	—
2007	42555.31	18485.09	27982.87	—	—	—
2008	48512.14	22711.25	31044.80	—	—	—
2009	60618.78	25914.62	40608.44	—	—	—
2010	71294.51	29770.92	47159.74	—	—	—
2011	79575.13	33015.57	53133.57	—	—	—
2012	91585.24	37059.20	60568.45	—	—	—
2013	104255.28	40218.90	67988.65	—	—	—
2014	110800.56	41899.85	76017.12	33642.1	37063.7	15754.0
2015	141609.04	42737.49	85741.78	36662.0	40284.5	17296.4
2016	158966.41	46321.96	100149.59	40109.1	43967.4	19063.7
2017	171937.41	48505.38	113683.01	43840.1	47926.9	20813.5

说明：1. 粤港澳大湾区内地九市包括广州、深圳、珠海、佛山、江门、东莞、中山、惠州、肇庆

2. 2006—2009 年年末常住人口根据 2010 年第六次全国人口普查快速汇总数进行平滑调整，城镇人口也作相应的调整

粤港澳大湾区内地九市主要经济指标占全省比重

指　标	单　位	2016年		2017年	
		粤港澳大湾区内地九市	占全省比重(%)	粤港澳大湾区内地九市	占全省比重(%)
土地面积	平方千米	54764	30.5	54770	30.5
年末常住人口	万人	5998.49	54.5	6150.54	55.1
城镇人口	万人	5089.64	66.9	5245.70	67.2
年末从业人口	万人	3926.93	62.5	3981.41	62.8
地区生产总值	亿元	69070.26	79.7	75710.14	80.1
第一产业	亿元	1153.92	33.0	1181.53	32.7
第二产业	亿元	29692.80	79.7	31542.82	80.3
第三产业	亿元	38223.54	83.4	42985.80	83.4
人均地区生产总值	元	116351	—	124564	—
地区生产总值指数	上年=100	108.3	—	107.9	—
第一产业	上年=100	102.2	—	103.1	—
第二产业	上年=100	107.1	—	107.4	—
第三产业	上年=100	109.4	—	108.4	—
人均生产总值指数	上年=100	106.1	—	105.4	—
规模以上工业增加值	亿元	25229.60	80.5	25768.21	82.2
固定资产投资额	亿元	22321.24	67.6	25463.54	67.9
社会消费品零售总额	亿元	25048.68	72.1	27318.18	72.0
出口总额	亿美元	5650.87	94.4	5902.41	94.8
进口总额	亿美元	3450.88	96.7	3709.89	96.7
实际外商直接投资	亿美元	225.90	96.7	218.11	95.2
地方一般公共财政预算收入	亿元	6923.98	87.5	7455.96	87.6
金融机构本外币存款	亿元	158966.41	88.4	171937.41	88.4
金融机构本外币贷款	亿元	100149.59	90.3	113683.01	90.2

说明：1. 粤港澳大湾区内地九市包括广州、深圳、珠海、佛山、江门、东莞、中山、惠州、肇庆

2. 本表地区生产总值、工业增加值绝对数按当年价格计算，增长速度按可比价格计算

粤港澳大湾区内地九市

项　　目	企业单位数（个）		工业总（当年
		#亏损企业	
总　　计	**36500**	**4602**	**11264**
按经济类型分			
在总计中：国有控股经济	754	128	1518
国有经济	62	13	68
集体经济	92	10	11
股份合作经济	23	3	5
股份制经济	24034	2642	6305
外商投资经济	3768	625	2306
港澳台投资经济	7581	1261	2461
按轻重工业分			
轻工业	16780	2240	3599
重工业	19720	2362	7665
按企业规模分			
大型企业	1378	97	5724
中型企业	6769	801	2569
小微型企业	28353	3704	2970
按行业分			
煤炭开采和洗选业	—	—	—
石油和天然气开采业	3	—	35
黑色金属矿采选业	12	—	3
有色金属矿采选业	3	—	1
非金属矿采选业	80	5	9
开采辅助活动	3	—	1
其他采矿业	—	—	—
农副食品加工业	471	67	182
食品制造业	390	61	135
酒、饮料和精制茶制造业	129	21	92
烟草制品业	2	—	26

企业主要指标（2017 年）

单位：亿元

增加值 入法）	年末资产 总计	#产成品	流动资产 合计	固定资产 合计	年末负债 合计
768.21	**97741.87**	**4431.26**	**61254.58**	**19795.76**	**55373.02**
121.85	20092.29	502.51	8564.83	6360.26	10806.79
163.74	513.76	20.29	222.49	186.44	280.25
38.41	79.83	1.07	43.53	21.74	52.96
8.38	13.43	1.05	9.53	2.32	7.81
794.20	58922.46	2662.38	35671.49	11427.05	34279.91
987.12	16719.87	706.07	11059.26	3816.00	8895.10
563.47	21149.27	1029.88	14072.05	4234.49	11673.28
589.25	31281.11	1670.42	21006.74	5280.20	17419.45
178.96	66460.75	2760.84	40247.84	14515.56	37953.57
958.61	52223.46	2139.83	32369.66	9893.88	30012.17
784.62	22255.34	1045.83	13539.23	4938.50	11558.59
024.98	23263.06	1245.59	15345.68	4963.38	13802.26
—	—	—	—	—	—
276.08	600.43	1.50	72.36	457.23	290.75
12.27	26.29	0.80	5.22	20.73	10.01
1.53	4.00	0.25	1.63	0.75	1.17
25.41	49.40	2.60	21.09	19.24	24.29
1.64	56.17	0.01	12.98	41.11	13.05
—	—	—	—	—	—
190.54	1043.09	47.48	696.48	168.41	600.02
504.22	1064.21	47.28	646.60	246.72	445.32
252.91	758.17	19.67	448.25	227.36	410.88
206.15	314.57	8.24	245.14	33.20	67.80

续表

项　　目	企业单位数（个）	# 亏损企业	工业总（当年
纺织业	991	119	1609
纺织服装、服饰业	1721	262	2019
皮革、毛皮、羽毛及其制品和制鞋业	1354	177	1425
木材加工和木、竹、藤、棕、草制品业	299	29	424
家具制造业	1282	143	1757
造纸和纸制品业	923	92	1985
印刷和记录媒介复制业	702	89	943
文教、工美、体育和娱乐用品制造业	1167	208	2668
石油加工、炼焦和核燃料加工业	56	5	1325
化学原料和化学制品制造业	1805	184	4683
医药制造业	284	22	1045
化学纤维制造业	50	4	151
橡胶和塑料制品业	3096	338	4022
非金属矿物制品业	1482	161	3162
黑色金属冶炼和压延加工业	280	36	1300
有色金属冶炼和压延加工业	570	54	2418
金属制品业	3119	339	4927
通用设备制造业	1853	164	3912
专用设备制造业	1771	202	3116
汽车制造业	769	84	7673
铁路、船舶、航空航天和其他运输设备制造业	366	82	1147
电气机械和器材制造业	4550	589	12042
计算机、通信和其他电子设备制造业	5421	870	36018
仪器仪表制造业	637	97	1055
其他制造业	258	31	216
废弃资源综合利用业	122	14	728
金属制品、机械和设备修理业	40	5	165
电力、热力生产和供应业	151	21	4745
燃气生产和供应业	83	9	652
水的生产和供应业	205	18	408

增加值 入法)	年末资产 总计	# 产成品	流动资产 合计	固定资产 合计	年末负债 合计
35.08	1039.30	57.62	621.79	253.64	549.12
62.78	1340.66	108.26	974.28	197.93	744.04
12.31	786.72	63.66	564.30	128.11	449.61
97.46	305.97	13.86	192.41	82.17	151.18
27.10	1184.72	58.75	783.93	210.53	624.42
10.46	1754.27	56.40	987.00	557.34	906.23
56.50	841.56	27.91	520.53	196.92	405.41
80.40	1962.10	353.04	1617.92	203.65	1256.89
85.22	1023.91	18.06	487.58	393.33	634.03
96.85	4021.05	148.39	2282.84	917.28	2013.38
62.96	2007.20	81.74	1221.66	256.01	855.04
33.46	176.81	6.49	82.59	45.74	68.53
16.07	3060.67	148.24	1958.62	668.24	1669.44
28.45	2633.46	140.57	1516.64	724.47	1469.71
51.59	739.06	46.93	392.25	267.94	469.44
82.75	1302.27	205.26	843.86	289.49	903.55
10.05	3267.08	134.20	2004.77	829.59	1763.78
48.67	3619.37	177.13	2511.88	530.42	1939.26
50.10	3275.84	155.51	2156.85	500.59	1634.93
30.52	5552.43	161.39	3724.77	1128.34	3452.39
22.12	1250.62	35.68	855.69	229.86	764.37
70.57	12204.67	528.69	8703.03	1512.64	7403.68
43.50	28543.19	1459.34	20929.45	3514.34	17685.84
91.28	1205.86	62.08	863.67	137.77	574.45
47.83	153.78	9.27	110.24	26.92	86.40
36.05	271.57	10.32	140.06	106.12	137.66
48.90	193.06	4.25	133.21	45.15	109.60
15.77	7617.00	28.70	1255.15	3619.42	3363.05
54.72	762.83	1.09	267.53	337.82	416.94
87.92	1728.50	0.59	400.31	669.26	1007.37

续表

项　　目	年末所有者权益合计	主营业务收入	主营业 税金及
总　计	**42125.06**	**111404.35**	**951.**
按经济类型分			
在总计中：国有控股经济	9274.30	15471.64	461.
国有经济	229.12	682.02	29.
集体经济	26.26	118.10	0.
股份合作经济	5.45	48.95	0.
股份制经济	24509.60	62834.16	600.
外商投资经济	7782.36	22753.42	179.
港澳台投资经济	9424.40	23945.05	134.
按轻重工业分			
轻工业	13741.29	36009.58	331.
重工业	28383.77	75394.77	619.
按企业规模分			
大型企业	22201.01	56763.99	620.
中型企业	10680.61	25013.36	188.
小微型企业	9243.44	29627.01	141.
按行业分			
煤炭开采和洗选业	—	—	—
石油和天然气开采业	309.68	314.76	17.
黑色金属矿采选业	16.28	37.17	0.
有色金属矿采选业	2.84	19.08	0.
非金属矿采选业	24.03	93.65	2.
开采辅助活动	43.12	12.04	0.
其他采矿业	—	—	—
农副食品加工业	437.72	1960.73	3.
食品制造业	618.44	1327.06	12.
酒、饮料和精制茶制造业	345.95	880.83	19.
烟草制品业	246.77	253.61	131.
纺织业	483.25	1550.75	6.
纺织服装、服饰业	584.84	1920.17	10.

利润总额		利税总额	本年应缴增值税	全部从业人员年平均人数（万人）
	# 亏损总额			
7260.91	**451.90**	**11082.25**	**2858.20**	**1164.40**
1251.67	64.71	2269.10	553.13	62.88
67.97	1.80	116.67	18.96	2.90
6.55	0.17	9.21	2.14	3.75
1.54	0.03	3.01	1.15	0.23
3974.65	234.26	6424.15	1842.36	562.52
1657.51	100.78	2343.60	504.04	205.83
1502.12	114.36	2105.82	466.43	378.90
2534.64	129.93	3852.87	982.28	499.99
4726.27	321.97	7229.38	1875.92	664.41
4220.47	80.11	6491.30	1644.55	456.57
1645.03	186.25	2413.72	576.48	383.34
1395.41	185.54	2177.22	637.16	324.49
—	—	—	—	—
123.19	—	177.36	36.31	0.34
2.22	—	4.98	2.02	0.18
0.69	—	0.83	0.09	0.07
7.15	0.31	11.91	2.64	0.55
0.50	—	0.56	0.05	0.06
—	—	—	—	—
92.29	4.82	109.57	14.01	6.88
194.50	5.17	290.39	83.26	12.26
78.54	3.54	141.28	42.95	6.08
27.38		191.16	32.00	0.36
83.23	4.85	122.48	32.19	20.90
75.38	8.73	136.64	50.41	52.97

续表

项　　目	年末所有者权益合计	主营业务收入	主营业税金及
皮革、毛皮、羽毛及其制品和制鞋业	327.07	1414.06	7.2
木材加工和木、竹、藤、棕、草制品业	153.00	412.67	2.8
家具制造业	550.00	1714.93	9.0
造纸和纸制品业	836.40	1946.64	8.2
印刷和记录媒介复制业	433.86	914.73	4.9
文教、工美、体育和娱乐用品制造业	700.18	2695.46	7.9
石油加工、炼焦和核燃料加工业	389.81	1323.20	156.3
化学原料和化学制品制造业	1998.73	4703.09	29.0
医药制造业	1152.17	982.00	9.5
化学纤维制造业	75.86	149.06	0.5
橡胶和塑料制品业	1383.34	3915.29	18.1
非金属矿物制品业	1147.87	3068.91	17.2
黑色金属冶炼和压延加工业	266.19	1260.46	4.6
有色金属冶炼和压延加工业	395.74	2491.79	6.5
金属制品业	1477.47	4743.04	23.7
通用设备制造业	1672.63	3829.57	18.0
专用设备制造业	1638.22	2991.79	18.4
汽车制造业	2091.75	7555.33	148.2
铁路、船舶、航空航天和其他运输设备制造业	484.75	1105.50	5.9
电气机械和器材制造业	4790.16	12382.46	63.1
计算机、通信和其他电子设备制造业	10818.47	35491.87	139.9
仪器仪表制造业	628.17	1037.76	6.0
其他制造业	65.96	212.42	1.1
废弃资源综合利用业	133.16	725.94	3.2
金属制品、机械和设备修理业	83.39	164.54	1.0
电力、热力生产和供应业	4249.59	4690.05	29.7
燃气生产和供应业	346.90	710.33	1.9
水的生产和供应业	721.28	401.64	2.9

说明：本表统计范围为年主营业务收入 2000 万元及以上的工业法人企业

润总额		利税总额	本年应缴增值税	全部从业人员年平均人数（万人）
	# 亏损总额			
48.50	7.16	83.63	27.71	42.69
32.88	0.76	46.36	10.59	4.40
109.32	4.52	162.30	43.64	31.50
126.81	3.68	195.28	59.64	18.01
55.60	6.88	83.62	22.93	18.52
95.95	8.61	132.78	28.30	48.86
108.43	3.89	340.25	75.46	1.40
361.93	16.47	527.95	136.47	26.13
220.89	2.98	290.91	60.31	9.76
12.39	0.20	15.54	2.58	1.18
181.05	26.20	283.40	83.72	69.56
190.84	10.28	290.20	81.71	34.84
50.18	7.02	74.56	19.77	4.55
106.86	3.89	145.05	31.52	11.99
254.86	19.05	388.29	109.14	68.71
266.33	14.07	371.31	86.50	47.02
279.86	24.36	377.10	78.24	44.06
641.07	24.66	1015.72	225.23	39.29
63.46	16.93	85.98	16.51	11.55
898.14	36.11	1294.71	332.50	157.75
802.18	162.92	2727.38	782.97	324.70
84.82	9.26	117.01	26.11	21.47
7.89	0.77	12.87	3.86	4.86
66.92	0.32	85.16	15.02	2.11
9.55	1.43	14.30	3.61	1.78
356.00	6.69	555.19	168.50	11.68
61.20	4.63	76.83	13.47	1.40
81.93	0.75	101.42	16.29	3.98

粤港澳大湾区内地九市规模以

市 别	企业单位数（个）	资产总计		本年折旧	
		总量	比上年增长（%）	总量	比上年增长（
合计	18693	106861.14	17.0	1263.35	5.
广州	7414	46765.33	12.7	605.45	11.
深圳	6371	47028.12	24.2	329.09	−6.
珠海	828	3413.11	7.1	35.85	8.
佛山	1057	2273.97	6.9	97.34	3.
惠州	439	1464.21	6.4	31.11	−0.
东莞	1563	3997.13	12.5	98.46	−1.
中山	611	1255.59	6.8	38.78	110.
江门	286	385.97	5.2	17.73	3.
肇庆	124	277.69	43.8	9.53	4.

市 别	管理费用		财务费用		利润总额	
	总量	比上年增长（%）	总量	比上年增长（%）	总量	比上增长
合计	3037.83	13.6	623.99	−1.5	4571.80	2
广州	1083.40	12.8	317.10	−4.1	1235.17	1
深圳	1427.11	14.6	203.98	2.1	2609.20	3
珠海	116.25	23.4	30.16	18.0	151.07	10
佛山	88.46	13.8	22.14	13.6	118.73	−
惠州	30.33	8.1	20.60	−6.4	89.38	3
东莞	226.17	11.1	19.23	−20.9	296.38	
中山	41.73	8.7	5.48	19.8	44.92	
江门	15.22	−10.6	3.67	−26.3	20.17	
肇庆	9.16	−1.3	1.63	−29.7	6.78	−

业企业主要指标（2017年）

单位：亿元

营业收入		营业成本		营业税金及附加		销售费用	
量	比上年增长（%）	总量	比上年增长（%）	总量	比上年增长（%）	总量	比上年增长（%）
.50	17.8	16120.17	18.5	214.98	3.7	1351.64	10.2
.31	16.8	7398.23	17.4	75.17	8.0	564.94	12.2
.02	20.8	6641.78	22.5	111.12	5.7	578.42	6.7
.15	16.6	446.17	8.4	6.54	−11.1	37.11	20.1
.62	9.6	480.65	13.1	5.42	−16.4	47.36	11.8
.00	11.6	205.95	13.2	1.94	−19.8	13.65	0.4
.13	13.1	585.32	11.4	9.45	−7.0	70.77	19.5
.44	9.7	201.24	10.4	3.47	7.4	23.18	11.3
.61	5.2	103.80	4.6	1.36	−42.6	10.97	19.8
.22	8.5	57.03	7.3	0.51	6.9	5.25	13.6

应缴所得税		应付职工薪酬		应缴增值税		就业人员平均人数（万人）
量	比上年增长（%）	总量	比上年增长（%）	总量	比上年增长（%）	
.54	32.3	4623.94	21.4	604.46	23.7	411.86
.29	30.6	2016.45	24.0	251.76	21.8	163.55
.05	40.7	1987.75	20.4	247.94	23.3	167.45
.18	66.0	143.80	17.3	19.90	34.8	14.11
.35	−8.4	128.84	11.2	20.20	21.3	17.83
.19	−12.6	45.97	11.7	7.27	31.4	6.71
.31	11.2	194.09	24.6	43.04	39.1	27.10
.45	13.8	63.50	9.7	8.26	8.5	8.89
.64	1.1	29.28	7.9	4.38	19.0	4.29
.09	−5.2	14.26	17.2	1.70	6.0	1.92

粤港澳大湾区内地九市地区生产总值和指数

单位：亿元　上年 =100

市别	2000 年		2005 年		2010 年		2011 年		2012 年	
	地区生产总值	指数	地区生产总值	指数	地区生产总值	指数	地区生产总值	指数	地区生产总值	指数
合计	8471.28	113.9	18440.37	115.7	38377.06	112.2	44401.55	110.1	48593.96	108.2
广州	2505.58	113.4	5187.85	113.0	10859.29	113.2	12562.12	111.4	13697.91	110.4
深圳	2219.20	116.3	5035.77	115.3	10002.22	112.2	11807.23	110.0	13319.68	110.2
珠海	335.92	112.0	640.53	113.2	1225.88	113.2	1430.95	111.6	1536.74	107.6
佛山	1050.38	112.5	2450.67	119.3	5685.36	114.3	6259.68	111.5	6677.17	108.2
惠州	439.19	111.3	805.11	116.1	1741.93	118.3	2116.10	115.2	2407.01	112.8
东莞	821.14	119.7	2188.19	119.5	4308.92	110.4	4815.32	108.1	5095.96	106.3
中山	345.44	112.4	894.59	121.1	1877.87	114.2	2226.56	113.4	2482.58	111.3
江门	504.66	110.2	801.70	112.6	1581.52	114.5	1846.20	113.2	1899.14	108.1
肇庆	249.78	110.6	435.95	115.8	1094.06	117.2	1337.38	114.8	1477.78	111.1

市别	2013 年		2014 年		2015 年		2016 年		2017 年	
	地区生产总值	指数	地区生产总值	指数	地区生产总值	指数	地区生产总值	指数	地区生产总值	指数
合计	54197.64	109.3	58640.12	107.8	63381.85	108.6	69070.26	108.3	75710.14	107.9
广州	15663.48	111.7	16896.62	108.6	18313.80	108.4	19782.19	108.2	21503.15	107.0
深圳	14979.45	110.6	16449.48	108.8	18014.07	108.9	20079.70	109.1	22490.06	108.8
珠海	1709.63	110.8	1901.42	110.4	2066.35	110.0	2267.02	108.3	2675.18	110.8
佛山	7117.48	109.8	7561.37	108.3	8133.66	108.3	8757.72	108.1	9398.52	108.3
惠州	2738.80	113.8	3035.25	109.9	3178.68	109.2	3453.14	108.1	3830.58	107.6
东莞	5590.57	109.9	5968.38	107.9	6374.29	108.0	6937.08	108.0	7582.09	108.1
中山	2692.96	110.0	2865.19	107.9	3052.79	108.3	3248.68	107.6	3430.31	106.6
江门	2020.13	109.7	2104.80	107.9	2264.19	108.4	2444.09	107.4	2690.25	108.1
肇庆	1685.15	111.5	1857.61	110.0	1984.02	108.2	2100.64	105.1	2110.01	105.2

说明：1. 2017 年起，深圳市数据包含深汕合作区

2. 2009—2014 年区域生产总值增速由广东省统计局统一调整核算，其他年份增速由分市汇总计算

粤港澳大湾区内地九市第三产业增加值和指数

单位：亿元　上年 =100

市　别	2000 年		2005 年		2010 年		2011 年		2012 年	
	第三产业增加值	指数	第三产业增加值	指数	第三产业增加值	指数	第三产业增加值	指数	第三产业增加值	指数
合计	3966.73	114.0	8489.80	113.7	18817.56	110.4	21945.84	109.8	24840.21	109.7
广州	1381.27	116.3	2990.63	113.3	6599.09	113.5	7694.45	111.3	8668.96	111.9
深圳	1094.87	113.8	2316.34	112.3	5257.40	110.5	6187.43	108.6	7256.95	112.4
珠海	144.35	108.9	273.71	109.2	516.80	107.2	609.89	111.8	698.61	113.4
佛山	435.03	113.6	880.70	112.2	2006.00	113.2	2224.77	110.3	2385.02	106.4
惠州	121.70	108.6	273.22	117.3	613.96	110.6	765.79	116.8	893.15	111.5
东莞	343.76	120.0	935.50	119.4	2074.36	103.7	2342.88	108.7	2581.48	106.1
中山	141.09	110.0	315.67	126.0	727.80	112.0	911.57	113.0	1028.16	107.6
江门	199.72	110.2	303.66	104.0	581.47	111.9	695.48	109.9	770.61	112.2
肇庆	104.93	112.2	200.37	120.2	440.67	110.5	513.57	111.4	557.27	105.2

市　别	2013 年		2014 年		2015 年		2016 年		2017 年	
	第三产业增加值	指数	第三产业增加值	指数	第三产业增加值	指数	第三产业增加值	指数	第三产业增加值	指数
合计	28309.35	111.3	30770.89	108.2	34171.99	109.8	38223.54	109.4	42985.80	108.4
广州	10089.37	112.1	10970.28	109.5	12233.74	109.5	13653.21	109.6	15271.69	108.2
深圳	8315.11	111.5	9219.47	109.7	10328.76	110.1	11760.77	109.9	13152.39	108.4
珠海	797.66	109.8	890.76	108.8	980.08	110.2	1107.32	109.7	1339.17	110.8
佛山	2633.77	108.6	2707.50	107.3	3030.55	110.7	3343.18	109.8	3840.22	108.5
惠州	1043.35	113.3	1164.73	107.5	1264.48	108.6	1403.82	108.6	1646.81	115.0
东莞	2883.20	108.0	3075.12	106.3	3346.51	110.3	3646.02	107.6	3896.01	105.7
中山	1118.44	109.0	1196.11	107.9	1312.27	110.3	1457.91	109.8	1649.71	109.3
江门	839.54	109.4	894.77	106.9	982.97	108.9	1082.28	108.7	1177.94	107.9
肇庆	588.91	104.7	652.15	110.2	692.64	107.8	769.02	107.5	1011.86	109.9

粤港澳大湾区内地九市人均地区生产总值和指数

单位：亿元　上年 =100

市　别	2000 年		2005 年		2010 年		2011 年		2012 年	
	人均地区生产总值	指数	人均地区生产总值	指数	人均地区生产总值	指数	人均地区生产总值	指数	人均地区生产总值	指数
合计	20398	107.4	40691	114.7	69916	107.4	78846	107.3	85793	107.5
广州	25758	108.4	54160	114.3	88361	106.0	98677	107.6	107055	109.9
深圳	33276	105.8	61844	111.8	98437	107.7	113316	107.3	126765	109.2
珠海	28068	104.9	45682	110.5	79002	111.3	91458	110.7	97565	106.9
佛山	20231	106.3	42434	117.6	80794	109.2	86759	108.7	92145	107.7
惠州	13877	107.7	21942	113.2	38917	112.8	45829	111.7	51721	112.0
东莞	13563	105.1	33363	119.5	53575	105.4	58440	105.6	61593	105.9
中山	15077	105.4	36800	120.7	61691	108.5	71079	110.2	78846	110.8
江门	12844	108.7	19546	112.1	35873	112.4	41412	112.0	42447	107.8
肇庆	7422	109.9	11915	114.2	28198	115.5	33971	113.2	37253	110.2

市　别	2013 年		2014 年		2015 年		2016 年		2017 年	
	人均地区生产总值	指数	人均地区生产总值	指数	人均地区生产总值	指数	人均地区生产总值	指数	人均地区生产总值	指数
合计	95110	108.0	102173	107.1	108929	107.1	116351	106.1	124564	105.4
广州	121584	110.9	129938	107.6	137793	106.1	143638	104.4	150678	103.2
深圳	141474	109.8	153677	107.6	162599	105.2	172453	103.8	183544	103.9
珠海	107765	110.0	118672	109.3	127227	108.5	137005	106.3	155502	106.6
佛山	97784	109.4	103253	107.7	110054	107.4	117606	107.3	124324	106.6
惠州	58434	113.0	64398	109.3	67046	108.5	72465	107.6	80205	107.4
东莞	67320	109.5	71651	107.6	76812	108.5	84007	108.6	91329	107.5
中山	85101	109.5	90007	107.3	95365	107.7	100897	107.0	105711	105.8
江门	44990	109.3	46727	107.6	50143	108.1	53932	107.0	59089	107.6
肇庆	42106	110.5	46106	109.3	49016	107.7	51586	104.4	51464	104.5

说明：2009—2014 年区域人均生产总值增速由广东省统计局统一调整核算，其他年份增速由各市汇总计算

粤港澳大湾区内地九市地方一般公共预算收支

单位：亿元

市　别	地方一般公共预算收入								
	2000 年	2005 年	2010 年	2012 年	2013 年	2014 年	2015 年	2016 年	2017 年
合计	599.06	1218.48	3139.58	4129.09	4669.16	5375.37	6391.70	6923.98	7455.96
广州	200.55	371.26	872.65	1102.40	1141.80	1243.10	1349.47	1393.64	1536.74
深圳	221.92	412.38	1106.82	1482.08	1731.26	2082.73	2726.85	3136.49	3332.13
珠海	24.23	48.97	124.53	162.60	194.20	224.31	269.96	292.37	314.38
佛山	59.53	130.85	306.05	384.08	438.21	501.19	557.55	604.50	661.58
惠州	12.94	34.72	131.23	200.88	250.17	300.75	340.02	361.30	389.08
东莞	30.22	103.97	277.84	356.32	409.29	455.21	517.97	544.75	592.07
中山	17.46	54.26	139.38	201.89	225.42	251.74	287.51	295.04	312.76
江门	21.24	41.63	104.29	135.03	158.03	177.20	199.01	204.17	222.37
肇庆	10.97	20.44	76.80	103.81	120.77	139.13	143.36	91.70	94.85

市　别	地方一般公共预算支出								
	2000 年	2005 年	2010 年	2012 年	2013 年	2014 年	2015 年	2016 年	2017 年
合计	690.64	1567.23	3654.91	4798.40	5240.59	5973.23	8421.36	9285.10	10329.95
广州	240.72	438.41	977.32	1343.65	1386.13	1436.22	1727.72	1943.75	2186.01
深圳	225.04	599.16	1266.07	1569.01	1690.83	2166.18	3521.67	4211.04	4593.80
珠海	31.14	57.77	166.41	212.20	252.03	275.90	388.77	417.16	493.89
佛山	72.48	150.85	363.35	433.96	488.40	525.01	799.93	695.85	774.96
惠州	20.14	52.41	185.44	274.08	328.29	372.97	486.07	509.08	554.01
东莞	33.61	117.04	289.83	385.58	444.66	457.68	581.24	599.29	667.65
中山	19.24	56.71	145.85	215.32	237.24	261.46	355.37	367.57	455.22
江门	28.18	54.24	132.98	188.12	212.61	236.10	292.90	293.21	333.26
肇庆	20.09	40.64	127.66	176.49	200.40	241.71	267.71	248.16	271.15

粤港澳大湾区内地九市人均地方一般公共预算收入

单位：元

市　别	2000年	2005年	2010年	2012年	2013年	2014年	2015年	2016年	2017年
合计	1442.48	2688.72	5717.85	7284.81	8188.04	9365.92	10984.52	11663.63	12274.17
广州	2061.72	3875.93	7100.70	8615.73	8862.98	9559.65	10153.45	10119.18	10768.28
深圳	3327.64	5064.37	10892.78	14105.11	16350.94	19457.70	24613.26	26937.59	27271.52
珠海	2024.57	3492.54	8025.47	10323.14	12241.05	13999.46	16621.83	17668.96	18273.96
佛山	1146.57	2265.69	4349.20	5300.29	6020.44	6843.94	7544.00	8117.75	8751.43
惠州	408.85	946.27	2931.87	4316.39	5337.57	6380.78	7171.79	7582.07	8146.65
东莞	503.97	1585.20	3454.53	4306.79	4928.56	5464.83	6241.63	6596.89	7131.68
中山	762.08	2231.98	4578.83	6411.82	7123.35	7908.30	8981.32	9163.25	9638.12
江门	540.87	1014.97	2365.62	3018.13	3519.54	3933.88	4407.32	4505.42	4884.25
肇庆	325.95	558.68	1979.41	2616.91	3017.68	3453.32	3541.77	2251.91	2313.52

说明：本表按年中常住人口数计算

粤港澳大湾区内地九市全体、城镇、农村常住居民人均可支配收入与消费支出（2017年）

单位：元

市　别	全体常住居民		城镇常住居民		农村常住居民	
	人均可支配收入	人均消费支出	人均可支配收入	人均消费支出	人均可支配收入	人均消费支出
合计	43840.1	34353.0	47926.9	37684.6	20813.5	15836.1
广州	50782.2	37496.1	55400.5	40636.8	23483.9	18932.3
深圳	52938.0	38320.1	52938.0	38320.1	—	—
珠海	44043.1	32981.4	46826.4	34734.7	23496.4	20038.1
佛山	45813.3	32648.0	46848.5	33451.0	26389.6	18262.0
惠州	31090.6	22968.8	36608.3	26423.8	19284.3	15576.2
东莞	45450.6	31849.5	46739.1	32498.3	29078.3	23090.2
中山	43553.7	29034.2	45295.3	30131.5	30012.4	20832.6
江门	26850.6	19302.4	32477.8	22905.9	16473.3	12655.9
肇庆	22360.0	14867.7	28276.1	18945.0	16430.5	10925.6

说明：1. 按照国家统计局的统一部署，广东省各市县城乡一体化住户调查工作从2013年底正式启动，从2014年开始正式对外发布各市全体、城镇、农村常住居民人均可支配收入与消费支出数据

2. 按照国家统计局的统一部署，广东省各市县城乡一体化住户调查工作从2013年底正式启动，从2014年开始正式对外发布各市农村常住居民人均可支配收入数据，不再发布分市农村居民人均纯收入数据，这两项收入指标数据在调查范围、调查方法和统计口径上均有一定变化，不完全可比

3. 深圳因完全城市化，无相关数据

粤港澳大湾区内地九市农林牧渔业总产值和指数（2017 年）

单位：亿元　上年 =100

市　别	总产值						指　数					
	农林牧渔业总产值	农业产值	林业产值	牧业产值	渔业产值	农林牧渔服务业产值	农林牧渔业总产值	农业产值	林业产值	牧业产值	渔业产值	农林牧渔服务业产值
合计	2035.45	916.54	98.93	358.49	551.28	110.21	103.4	104.1	105.5	99.6	104.4	106.1
广州	396.70	226.64	3.58	39.31	74.17	53.00	103.7	105.7	94.4	100.2	99.0	105.4
深圳	38.86	12.34	0.24	2.90	21.50	1.88	122.7	131.4	96.9	148.5	118.2	94.5
珠海	91.63	11.21	0.14	9.72	61.62	8.93	107.3	102.7	330.9	99.3	110.4	102.0
佛山	270.33	80.66	1.47	48.91	120.42	18.86	102.1	100.5	109.6	99.6	104.2	102.9
惠州	266.55	184.53	5.71	49.83	22.60	3.89	104.0	105.6	103.8	99.3	102.1	105.3
东莞	35.49	26.28	0.35	1.81	5.77	1.28	101.8	104.2	96.8	101.3	92.4	100.0
中山	99.90	25.85	0.11	6.71	64.89	2.34	97.8	82.0	184.4	98.7	106.0	101.5
江门	338.00	116.66	9.69	72.56	127.85	11.24	102.7	104.2	120.0	98.9	101.4	119.3
肇庆	497.99	232.37	77.64	126.75	52.45	8.78	103.5	104.5	104.4	99.2	108.7	112.6

说明：本表按当年价格计算，指数按可比价格计算

粤港澳大湾区内地九市社会消费品零售总额（2017年）

单位：亿元

市　别	社会消费品零售总额	按消费形态分		按城乡分	
		商品零售	餐饮收入	城　镇	乡　村
合计	27318.18	24509.79	2808.39	25101.24	2216.94
广州	9402.59	8325.05	1077.54	9147.44	255.15
深圳	6016.19	5335.28	680.91	6016.19	—
珠海	1128.18	997.93	130.25	1096.56	31.62
佛山	3320.43	2989.14	331.29	2637.32	683.11
惠州	1363.46	1247.03	116.43	1099.53	263.93
东莞	2687.88	2515.70	172.18	2363.37	324.51
中山	1309.89	1191.92	117.97	1194.12	115.77
江门	1279.63	1159.55	120.08	971.34	308.29
肇庆	809.93	748.19	61.74	575.37	234.56

粤港澳大湾区内地九市限额以上批发零售企业商品购、销、存总额（2017年）

单位：万元

市别	商品购进总额	#进口	商品销售总额	批发额	#出口	零售额	年末库存总额
批发业							
广州	251155979	12179582	257610432	252045535	8353735	5564897	12268819
深圳	206275267	27990615	219601143	210771775	17125540	8829368	14694455
珠海	24183400	5775282	25633270	24850137	2768086	783133	1931023
佛山	77887827	13770752	70954583	69300140	5869050	1654443	3649406
惠州	4998751	31362	5990747	5538152	257282	452595	332425
东莞	36176450	2619520	38979088	37774642	4692550	1204446	2996308
中山	8992760	388758	9620051	9478074	2869552	141977	672291
江门	7505768	455909	8193021	7926240	2121617	266781	400691
肇庆	1375393	328464	1743137	1522884	119283	220253	121387
零售业							
广州	30946655	1144668	36615500	4456547	45957	32158953	2861091
深圳	26496170	1513831	30418827	3941420	38714	26477407	5670026
珠海	2875470	136924	3719853	918246	5233	2801607	355594
佛山	8333382	173747	9176222	1357204	26105	7819018	1406161
惠州	3871100	100468	5419384	747590	1759	4671794	270965
东莞	10474464	572291	12434886	362684	5626	12072202	877402
中山	4567562	126225	6382583	210722	157	6171861	481339
江门	3083503	18411	3637627	282355	1248	3355272	274237
肇庆	2460545	155059	2720723	270407	334	2450316	127889

粤港澳大湾区内地九市限额以上住宿餐饮业经营情况（2017年）

单位：万元

市　别	企业（单位）数（个）	营业额			
			客房收入	餐费收入	商品销售收入
住宿业					
广州	534	1331257	761230	351543	16455
深圳	385	1350004	806574	396452	8728
珠海	143	668766	271264	162196	38161
佛山	158	337578	135600	133963	13032
惠州	135	294863	151083	104530	13199
东莞	177	423350	175337	190112	4719
中山	123	182847	80032	73877	2058
江门	125	173525	76799	59074	7875
肇庆	73	85435	50930	27279	3080
餐饮业					
广州	1205	3158152	46151	2961814	102341
深圳	772	2591359	49679	2402311	86681
珠海	331	263217	2251	254992	3984
佛山	310	464100	22854	425219	9010
惠州	218	203656	23321	161590	6987
东莞	391	579173	7374	512654	52582
中山	285	284119	440	281620	237
江门	310	207771	4425	200151	945
肇庆	194	144083	6731	129210	4674

粤港澳大湾区内地九市旅游宾馆（酒店）住宿设施（2017 年）

市　别	宾馆（酒店）（家）	五星级	四星级	三星级	二星级	一星级	客房（间）	床位（张）	客房出租率（%）
合计	509	91	106	266	44	2	670907	914879	—
广州	168	22	34	95	17	—	207350	308952	65.7
深圳	108	24	23	47	14	—	102601	155532	69.4
珠海	66	8	8	47	3	—	51242	74415	60.6
佛山	46	10	15	20	1	—	29093	43971	57.0
惠州	31	5	8	18	—	—	46857	7200	53.9
东莞	33	14	12	6	1	—	110229	141531	59.2
中山	21	2	4	12	2	1	40775	58867	49.5
江门	15	5	1	9	—	—	46250	70056	67.2
肇庆	21	1	1	12	6	1	36510	54355	67.8

说明：本表星级宾馆（酒店）指 2010 年底止已得到国家旅游局或广东省旅游局批准的，不包已报未批部分

粤港澳大湾区内地九市旅游业收入

单位：亿元

市　别	收入合计		旅游外汇收入		国内旅游收入	
	2016 年	2017 年	2016 年	2017 年	2016 年	2017 年
合计	7279.71	8194.59	1172.68	1254.73	6107.03	6939.86
广州	3217.05	3614.21	416.47	426.32	2800.58	3187.89
深圳	1368.67	1485.45	313.86	336.64	1054.81	1148.81
珠海	317.08	367.70	69.37	81.70	247.71	286.00
佛山	624.72	710.84	95.91	102.27	528.81	608.57
惠州	364.14	439.28	61.51	65.48	302.63	373.80
东莞	445.40	488.90	103.17	107.75	342.23	381.15
中山	247.00	287.40	18.06	23.85	228.94	263.55
江门	409.90	492.53	72.59	87.13	337.31	405.40
肇庆	285.75	308.28	21.74	23.59	264.01	284.69

粤港澳大湾区内地九市普通中学情况（2017年）

市别	学校数（所）	毕业生数（人）	高中	初中	招生数（人）
合计	2129	771745	269939	501806	900754
广州	518	160974	58392	102582	176496
深圳	368	119643	39367	80276	152395
珠海	74	27283	9204	18079	32461
佛山	200	98012	37336	60676	116372
惠州	263	85641	30311	55330	103325
东莞	234	85796	26274	59522	115754
中山	103	46645	15766	30879	54698
江门	189	67118	25008	42110	73248
肇庆	180	80633	28281	52352	76005

市别	在校学生数（人）	高中	初中	教职工数（人）	#专任教师
合计	2535944	814430	1721514	285409	244464
广州	509427	170676	338751	59568	51181
深圳	417641	127099	290542	62164	51013
珠海	90237	29991	60246	9401	8187
佛山	327678	116913	210765	29912	26261
惠州	287517	90562	196955	29447	25660
东莞	310169	81052	229117	36347	29705
中山	154456	47212	107244	17051	14730
江门	210114	75599	134515	19808	17903
肇庆	228705	75326	153379	21711	19824

说明：本表2016年普通中学教职工、专任教师数包含初级中学、九年、十二年一贯制学校、职业初中、完全中学、高级中学

粤港澳大湾区内地九市中等职业教育基本情况（2017 年）

市　别	学校数（所）	毕业生数（人）	招生数（人）	在校学生数（人）	教职工数（人）	
						# 专任教师
合计	235	191574	182176	553099	35786	27058
广州	83	73208	63027	196796	11609	8044
深圳	15	12205	13005	39234	3447	2636
珠海	8	6907	5906	20117	1163	952
佛山	35	23099	20946	66878	4809	3960
惠州	25	18338	19143	53284	3219	2404
东莞	21	16441	20703	57964	4042	2755
中山	11	7407	8173	23133	1837	1559
江门	19	14520	12938	40419	2390	2166
肇庆	18	19449	18335	55274	3270	2582

粤港澳大湾区内地九市小学情况（2017 年）

市　别	学校数（所）	毕业生数（人）	升学率（%）	招生数（人）	在校学生数（人）	教职工数（人）	
							# 专任教师
合计	3373	681157	98.66	935049	4986686	210754	191500
广州	961	139815	95.75	191092	1004695	48709	44749
深圳	342	119948	99.85	181516	964510	31098	27795
珠海	122	22605	88.39	29876	162238	7321	6900
佛山	409	77585	100.00	105318	543598	26873	24895
惠州	463	75052	99.69	102481	556985	22649	21122
东莞	329	103106	100.00	142485	765120	28428	23067
中山	207	41466	100.00	55626	297389	12600	11346
江门	319	48067	99.69	58859	322934	14700	13974
肇庆	221	53513	100.00	67796	369217	18376	17652

说明：1. 各地市小学毕业生升学率，由于跨地市流动学生较多，如按教育部口径计算将与实际差异较大，因此采用各地填报的小学升上本地及外地高一级学校（包括普通初中、职业初中等）就读的学生数除以小学毕业生进行计算

2. 2011 年起小学教职工、专任教师数包含小学、教学点，不含九年一贯制和十二年一贯制学校小学部的教职工和专任教师数

粤港澳大湾区内地九市学龄儿童入学情况

市别	2016年			2017年		
	学龄儿童人数(人)	已入学人数(人)	入学率(%)	学龄儿童人数(人)	已入学人数(人)	入学率(%)
合计	4650646	4650646	100.0	4844413	4843838	100.0
广州	951820	951820	100.0	988961	988960	100.0
深圳	895907	895907	100.0	951889	951889	100.0
珠海	149204	149204	100.0	156703	156129	99.6
佛山	503181	503181	100.0	534917	534917	100.0
惠州	528535	528535	100.0	556046	556046	100.0
东莞	717244	717244	100.0	748010	748010	100.0
中山	278020	278020	100.0	292309	292309	100.0
江门	297149	297149	100.0	308256	308256	100.0
肇庆	329586	329586	100.0	307322	307322	100.0

粤港澳大湾区内地九市工业企业R&D活动人员和经费

市别	R&D活动人员（人）			R&D经费内部支出(亿元)		
	2015年	2016年	2017年	2015年	2016年	2017年
合计	493404	542439	646252	1435.00	1583.33	1761.26
广州	82594	80509	97894	212.26	231.77	254.86
深圳	174953	202684	232421	672.65	760.03	841.10
珠海	16229	16737	23152	43.40	49.05	59.09
佛山	68198	74427	96072	192.99	194.88	216.02
惠州	24376	34929	43255	59.72	67.69	80.31
东莞	59469	64963	73644	126.79	143.40	161.42
中山	38488	38970	45301	69.24	74.79	76.60
江门	17584	17120	22902	38.74	40.28	48.45
肇庆	11513	12100	11611	19.22	21.44	23.42

说明：本表统计范围是规模以上工业企业

粤港澳大湾区内地九市工业企业新产品产出情况

单位：万元

市　别	2016 年			2017 年		
	新产品产值	新产品销售收入	# 出口	新产品产值	新产品销售收入	# 出口
合计	278726280	273316730	89609725	335492381	329276055	106762945
广州	39893409	39041841	4652496	43889275	44303351	6009414
深圳	104986925	101883636	45264597	128017918	121387080	53227890
珠海	14411329	13436491	3090715	13026788	12313080	3253289
佛山	30277451	29610947	7628060	36353427	37385382	8464774
惠州	21032772	20968536	7828346	25321299	25932921	10804489
东莞	45756078	46427486	16506231	64091704	63927517	18840166
中山	8753863	8304444	2552042	10961804	10491736	3410823
江门	7510552	7324623	1820957	10356739	10042840	2514720
肇庆	6103902	6318725	266280	3473428	3492148	237379

说明：本表统计范围是规模以上工业企业

粤港澳大湾区内地九市文化、文物事业机构数（2017 年）

单位：个

市　别	艺术表演团体	文化馆	公共图书馆	博物馆（含美术馆）	档案馆
合计	19	56	56	108	73
广州	7	12	13	29	14
深圳	2	8	11	20	10
珠海	3	4	3	3	6
佛山	2	7	6	17	7
惠州	1	6	5	7	8
东莞	—	1	1	7	3
中山	—	1	1	6	3
江门	2	8	7	11	11
肇庆	2	9	9	8	11

说明：1. 自 2013 年起，艺术表演团体分为公有制艺术表演团体（事业）和公有制艺术表演团体（企业）
2. 各区域不包省直单位部分

粤港澳大湾区内地九市广播、电视事业机构数（2017年）

单位：个

市　别	广播电台	中波广播发射台和转播台	电视台	100瓦及以上电视发射台和转播台	县、市广播电视台
广州	1	2	1	3	7
深圳	1	2	2	2	3
珠海	1	—	1	1	2
佛山	1	—	1	—	—
惠州	1	1	1	6	4
东莞	1	—	1	1	—
中山	1	—	1	1	—
江门	1	—	1	6	5
肇庆	1	—	1	3	6

粤港澳大湾区内地九市医疗卫生机构、床位和人员数（2017年）

市　别	机构（个）		床位数（张）		卫生工作人员（人）		执业（助理）医师（人）
		#医院		#医院床位		#卫生技术人员	
合计	21228	858	281763	248545	551861	457763	163283
广州	4058	243	90222	81747	175714	145045	49747
深圳	4049	136	39777	36798	104351	85256	33293
珠海	742	43	9394	8335	20128	16962	6427
佛山	1715	110	35273	32646	60078	51314	18134
惠州	2725	72	22589	15550	39408	32953	12582
东莞	2446	97	29866	29046	60197	50600	17506
中山	806	59	15256	15140	26505	22904	8115
江门	1608	44	22774	16605	34531	28885	9859
肇庆	3079	54	16612	12678	30949	23844	7620

说明：机构、人员数含村卫生室数

粤港澳大湾区内地九市社会保险参保人数（2017 年）

单位：万人

市　别	城乡基本养老保险参保人数	失业保险参保人数	城乡基本医疗保险参保人数	工伤保险参保人数	生育保险参保人数
合计	5085.34	2772.62	5312.23	2900.23	2923.46
广州	1322.02	540.80	1161.68	579.31	518.92
深圳	1134.32	1089.49	1396.11	1100.68	1160.57
珠海	130.94	98.18	175.11	99.80	99.92
佛山	584.09	244.84	517.74	246.05	245.29
惠州	348.88	125.24	431.20	148.17	155.08
东莞	694.49	404.01	566.09	430.55	466.15
中山	247.40	143.24	266.98	155.22	148.85
江门	382.77	81.81	388.81	93.33	85.69
肇庆	240.45	45.02	408.52	47.12	43.00

说明：1. 各区域不包省直单位部分

2. 2012 年 8 月起，新型社会农村养老保险和城镇居民社会养老保险制度全覆盖工作全面启动，合并为城乡居民社会养老保险

粤港澳大湾区内地九市邮电业务情况　(2017 年)

市　别	业务总量（亿元）		函件（万件）	报刊累计数（万份）	快递（万件）	移动电话用户（万户）	本地电话用户（万户）
		# 电信					
合计	4997.13	2759.59	54046.32	46560.99	884006.96	10828.40	1801.51
广州	1544.90	724.48	18645.18	15656.63	393320.21	2705.26	437.50
深圳	1659.20	743.74	22133.94	9498.65	259509.66	2679.31	478.22
珠海	108.48	89.37	5387.02	2161.60	7271.52	332.46	61.79
佛山	360.64	276.36	158.36	2097.76	39016.62	1167.43	220.45
惠州	203.73	161.84	13.11	842.58	20259.28	611.51	100.14
东莞	694.35	429.69	993.78	2501.67	122485.76	1827.36	246.13
中山	211.28	148.16	1839.29	4130.81	31194.62	605.71	92.63
江门	128.86	109.23	4672.76	7560.27	7755.92	562.20	105.14
肇庆	84.18	75.22	202.88	2111.02	3193.37	337.16	59.52

粤港澳大湾区内地九市私人汽车拥有量 (2017年)

单位：辆

市别	汽车总计	载客汽车		载货汽车	其它汽车
			#轿车		
合计	12468182	11721063	7832764	731369	15750
广州	1912613	1773298	1150945	135335	3980
深圳	2622439	2526389	1699158	92030	4020
珠海	484092	456913	319597	26602	577
佛山	2098604	1960583	1324393	136003	2018
惠州	964774	915178	632896	48354	1242
东莞	2395586	2290070	1493074	103729	1787
中山	892281	809461	537052	81944	876
江门	639601	584734	414224	54317	550
肇庆	458192	404437	261425	53055	700

粤港澳大湾区内地九市公路基本情况 (2017年)

单位：千米

市别	通车里程	按等级分		按路面分			桥梁	
		等级路	等外路	有铺装路面	简易铺装路面	未铺装路面	座	米
合计	64119	61441	2678	53045	519	10555	17998	2265980
广州	9311	8624	687	8552	75	685	3167	564595
深圳	1634	1634	—	1634	—	—	815	117772
珠海	1453	1427	26	1301	24	128	475	122514
佛山	5366	5366	—	5366	—	—	2422	450896
惠州	13823	13805	18	10122	118	3582	3189	194044
东莞	5262	5179	83	5218	10	35	1452	249110
中山	2665	2621	44	2562	6	96	1230	182974
江门	10166	8349	1817	6911	64	3191	2708	190086
肇庆	14439	14435	4	11380	222	2837	2540	193990

粤港澳大湾区内地九市金融机构本外币存贷款

单位：亿元

市别	各项存款								
	2000年	2005年	2010年	2012年	2013年	2014年	2015年	2016年	2017年
合计	16211.75	32962.25	71294.51	91585.24	104255.28	110800.56	141609.04	158966.41	171937.41
广州	6200.47	11734.10	23953.96	30186.57	33838.20	35469.29	42843.67	47530.20	51369.03
深圳	3942.00	9486.76	21937.89	29662.40	33943.15	37350.50	57778.90	64407.81	69668.31
珠海	521.71	1014.08	2748.70	3449.70	4121.58	4570.67	5383.73	6124.26	6928.74
佛山	2119.08	3906.93	8462.33	10167.55	11387.13	11275.63	11867.67	13281.61	14042.40
惠州	394.44	823.96	2090.14	2696.97	3138.79	3394.60	3836.10	4974.48	5485.55
东莞	1327.79	3036.77	6077.87	7691.24	8874.91	9323.28	9968.80	11545.10	12497.97
中山	619.44	1186.76	2665.35	3469.71	4021.81	4149.69	4378.36	5031.00	5413.77
江门	805.18	1279.67	2285.75	2905.50	3335.27	3587.64	3766.81	4030.37	4271.88
肇庆	281.64	493.23	1072.54	1355.59	1594.43	1679.26	1785.01	2041.58	2259.76

市别	各项贷款								
	2000年	2005年	2010年	2012年	2013年	2014年	2015年	2016年	2017年
合计	11227.42	21073.93	47159.74	60568.45	67988.65	76017.12	85741.78	100149.59	113683.01
广州	4226.65	7622.20	16284.31	19936.52	22016.18	24231.71	27296.16	29669.82	34137.05
深圳	3032.13	7596.72	16808.12	21808.34	24680.07	27922.13	32449.04	40526.90	46329.33
珠海	349.20	486.72	1472.54	1920.30	2071.90	2426.24	2969.70	4098.08	4806.88
佛山	1581.90	2122.74	4868.99	6391.47	7111.31	7595.79	7950.53	8717.81	9376.97
惠州	221.42	409.44	1225.71	1735.12	2036.92	2436.97	2701.60	3460.97	4012.86
东莞	642.33	1540.48	3441.99	4446.82	4989.50	5562.36	5980.90	6545.66	6986.26
中山	382.09	498.05	1373.62	1969.07	2315.87	2644.90	2894.32	3367.09	3734.93
江门	574.26	565.45	1032.46	1467.17	1715.51	2024.51	2218.01	2469.83	2796.77
肇庆	217.44	232.13	652.01	893.63	1051.40	1172.51	1281.52	1293.43	1501.96

（广东省统计局）

2017年广州市国民经济发展情况

指　标	单　位	实　绩	比上年增长（%）
地区生产总值	亿元	21503.15	7.0
第一产业增加值	亿元	220.45	2.2
第二产业增加值	亿元	6011.01	4.6
工业增加值	亿元	5459.69	5.2
第三产业增加值	亿元	15271.69	8.2
人均地区生产总值	元	150678	3.2
规模以上工业总产值	亿元	20929.65	4.5
农林牧渔业总产值	亿元	432.92	0.7
固定资产投资	亿元	5919.83	5.7
社会消费品零售总额	亿元	9402.59	8.0
外贸进口总额	亿美元	579.30	16.0
外贸出口总额	亿美元	853.20	12.3
实际利用外资	亿美元	62.89	10.3
地方一般公共预算收入	亿元	1536.74	10.3
地方一般公共预算支出	亿元	2186.01	12.5
城镇常住居民人均可支配收入	元	55400	8.8
农村常住居民人均可支配收入	元	23484	9.5

2016—2017年广州市社会事业情况

指　标	单　位	2016年	2017年
普通高校	所	82	82
普通高校在校学生	万人	105.73	106.73
中等职业学校和技工学校	所	139	138
中职和技校在校学生	万人	43.93	42.65
普通中学	所	514	518
普通中学在校学生	万人	50.57	50.94
小学	所	953	961
小学在校学生	万人	96.85	100.47
卫生机构	个	3806	4058
卫生机构床位	张	87959	90222
群众艺术馆、文化馆	个	13	13
公共图书馆	个	14	14
博物馆、纪念馆、美术馆	个	32	32

（广州市统计局）

2017年深圳市国民经济发展情况

指　标	单　位	实　绩	比上年增长（%）
地区生产总值	亿元	22438.39	8.8
第一产业增加值	亿元	18.54	52.8
第二产业增加值	亿元	9266.83	8.8
工业增加值	亿元	8688.26	9.1
第三产业增加值	亿元	13153.02	8.8
人均地区生产总值	元	183127	4.0
规模以上工业总产值	亿元	30702.65	12.5
农林牧渔业总产值	亿元	36.99	19.0
固定资产投资	亿元	5147.32	23.8
社会消费品零售总额	亿元	6016.19	9.1
外贸进口总额	亿美元	1697.29	5.4
外贸出口总额	亿美元	2442.21	2.8
实际利用外资	亿美元	74.01	9.9
地方公共财政预算收入	亿元	3332.13	10.1
地方公共财政预算支出	亿元	4594.70	9.1
城镇居民人均可支配收入	元	52938.00	8.7

2016—2017年深圳市社会事业情况

指　标	单　位	2016年	2017年
普通高校	所	12	12
普通高校在校学生	万人	9.19	9.67
中等职业学校和技工学校	所	15	15
中职和技校在校学生	万人	3.97	3.92
普通中学	所	352	368
普通中学在校学生	万人	39.65	41.76
小学	所	337	342
小学在校学生	万人	91.10	96.45
医院、卫生院	所	3339	3492
医院、卫生院床位	张	41512	43868
公共图书馆	个	623	632
博物馆	个	46	47

（深圳史志办公室）

2017 年珠海市国民经济发展情况

指　标	单　位	实　绩	比上年增长（%）
地区生产总值	亿元	2675.18	10.8
第一产业增加值	亿元	48.82	8.7
第二产业增加值	亿元	1287.19	10.9
工业增加值	亿元	1133.21	9.7
第三产业增加值	亿元	1339.17	10.8
人均地区生产总值	元	155502	6.6
规模以上工业总产值	亿元	3943.56	12.9
农林牧渔业总产值	亿元	91.63	7.1
固定资产投资	亿元	1662.02	19.6
社会消费品零售总额	亿元	1128.18	11.0
外贸进口总额	亿元	1107.14	16.4
外贸出口总额	亿元	1882.98	4.4
实际利用外资	亿美元	24.33	6.0
地方公共财政预算收入	亿元	314.38	10.4
地方公共财政预算支出	亿元	493.89	18.4
城镇居民人均可支配收入	元	46826	10.1

2017 年珠海市社会事业情况

教　育				医疗　文化　体育			
项　目	单　位	实　绩	比上年增长（%）	项　目	单　位	实　绩	比上年增长（%）
普通高校校数	所	10	0	医院、卫生院数	所	55	3.8
普通高校在校学生数	万人	13.68	2.4	医院、卫生院床位数	张	8217	5.7
中职和技校学校数	所	13	8.3	平均每千人口医院、卫生院床位数	张	5.32	1.1
中职和技校在校学生数	万人	2.83	−2.5				
普通中学学校数	所	74	1.4	群众艺术、文化馆数	个	4	0
普通中学在校学生数	万人	9.02	3.8	公共图书馆数	个	3	0
小学学校数	所	122	3.4	博物馆数	个	2	0
小学在校学生数	万人	16.22	4.5	档案馆数	个	2	0
学龄儿童入学率	%	99.63	−0.36				
幼儿园数	所	318	6.7				
在园幼儿数	万人	7.79	8.5				

（珠海年鉴编辑中心）

2017年佛山市国民经济发展情况

指　标	单　位	实　绩	比上年增长(%)
地区生产总值	亿元	9398.52	8.3
第一产业增加值	亿元	133.65	2.0
第二产业增加值	亿元	5424.65	8.2
工业增加值	亿元	5230.53	8.4
第三产业增加值	亿元	3840.22	8.5
人均地区生产总值(按常住人口计算)	元	124324	6.6
规模以上工业总产值	亿元	22350.65	8.7
农林牧渔业总产值	亿元	291.05	1.8
固定资产投资	亿元	4265.79	21.5
社会消费品零售总额	亿元	3320.43	10.0
外贸进口总额	亿元	1203.83	19.6
外贸出口总额	亿元	3153.60	1.7
实际利用外资	亿美元	16.23	10.3
地方一般公共预算收入	亿元	661.35	11.6
地方一般公共预算支出	亿元	775.92	11.5
城镇常住居民人均可支配收入	元	46849	8.6
农村常住居民人均可支配收入	元	26390	9.2

2017年佛山市社会事业情况

指　标	单　位	2017年
普通高等学校	所	13
普通高等学校在校学生	人	122005
普通中学	所	200
普通中学在校学生	人	327678
普通小学	所	409
普通小学在校学生	人	543598
幼儿园	所	914
在园幼儿	人	294356
医院	所	110
医院床位	张	32646
剧场、影剧院	个	122
公共图书馆	个	6
公共图书馆图书藏量	万册	567.18
博物馆	个	18
体育场馆	个	222

（佛山年鉴社）

2017年江门市国民经济发展情况

指　标	单　位	实　绩	比上年增长(%)
地区生产总值	亿元	2690.25	8.1
第一产业增加值	亿元	193.84	3.5
第二产业增加值	亿元	1292.94	9.3
第三产业增加值	亿元	1203.48	7.5
人均地区生产总值	元	59089	7.6
规模以上工业增加值	亿元	1145.53	10.0
固定资产投资	亿元	1774.83	16.9
社会消费品零售总额	亿元	1279.63	10.4
外贸出口总额	亿元	1075.6	8.3
外贸进口总额	亿元	309.6	15.4
实际利用外商直接投资额	亿美元	5.11	7.3
地方一般公共预算收入	亿元	222.35	10.9
地方一般公共预算支出	亿元	335.37	14.5
城镇常住居民人均可支配收入	元	32478	9.9
农村常住居民人均可支配收入	元	16473	8.2

2017年江门市社会事业情况

教　育			医疗　文化　体育		
项　目	单　位	2017年	项　目	单　位	2017年
普通高校学校数	所	5	医院、卫生院数	所	1608
普通高校在校学生数	万人	5.63	医院、卫生院床位数	张	22774
中职和技校学校数	所	24	平均每千人口医院、卫生院床位数	张	5.0
中职和技校在校学生数	万人	5.36			
普通中学学校数	所	189	群众艺术、文化馆数	个	8
普通中学在校学生数	万人	21.01	公共图书馆数	个	8
小学学校数	所	319	博物馆数	个	6
小学在校学生数	万人	32.3	档案馆数	个	11
学龄儿童入学率	%	100	国民体质合格率	%	90（2016年）

（江门市地方志办公室）

2017年东莞市国民经济发展情况

指　标	单　位	实　绩	比上年增长(%)
地区生产总值	亿元	7582.12	8.1
第一产业增加值	亿元	23.36	-0.3
第二产业增加值	亿元	3593.84	9.2
规模以上工业增加值	亿元	3316.97	10.0
第三产业增加值	亿元	3964.65	7.2
人均地区生产总值	元	91329	7.5
规模以上先进制造业增加值	亿元	1675.49	13.7
农林牧渔业总产值	亿元	39.05	2.1
固定资产投资	亿元	1712.83	10.0
社会消费品零售总额	亿元	2687.88	8.8
外贸进口总额	亿元	5236.99	7.6
外贸出口总额	亿元	7027.38	7.4
实际利用外资	亿美元	17.19	-56.2
地方公共财政预算收入	亿元	592.00	11.2
地方公共财政预算支出	亿元	661.20	10.0
城镇居民人均可支配收入	元	46739	8.5
农村居民人均可支配收入	元	29078	9.6

2016—2017年东莞市社会事业情况

指　标	单　位	2016年	2017年
普通高校	所	9	9
普通高校在校学生	万人	11.26	11.84
中等职业学校和技工学校	所	26	28
中职和技校在校学生	万人	7.47	8.03
普通中学	所	231	234
普通中学在校学生	万人	29.58	31.02
小学	所	328	329
小学在校学生	万人	73.87	76.51
医院、卫生院	所	2304	2407
医院、卫生院床位	万张	2.81	2.99
群众艺术馆、文化馆	个	1	1
公共图书馆	个	641	653
博物馆	个	49	54

（东莞市人民政府地方志办公室）

2017年中山市国民经济发展情况

指　标	单　位	实　绩	比上年增长(%)
地区生产总值	亿元	3430.31	6.6
第一产业增加值	亿元	55.64	-6.4
第二产业增加值	亿元	1724.97	4.8
工业增加值	亿元	1648.43	4.9
第三产业增加值	亿元	1649.71	9.3
人均地区生产总值	元	105711	5.8
规模以上工业增加值	亿元	1073.72	4.9
农林牧渔业总产值	亿元	99.9	-2.2
固定资产投资	亿元	1248.48	8.7
社会消费品零售总额	亿元	1309.89	8.6
外贸进口总额	亿元	525.93	10.9
外贸出口总额	亿元	2055.58	16.6
实际利用外资	亿美元	5.09	7.4
地方一般公共预算收入	亿元	312.73	8.3
地方一般公共预算支出	亿元	455.28	24.1
城镇常住居民人均可支配收入	元	45295	8.8
农村常住居民人均可支配收入	元	30012	9

2016—2017年中山市社会事业情况

指　标	单　位	2016年	2017年
全日制高等学校	所	5	5
全日制高等学校在校学生	万人	4.87	5.36
普通中专学校	所	2	2
普通中专在校学生	万人	0.55	0.55
技工学校	所	1	1
技工学校在校学生	万人	1.33	1.34
职业高中	所	9	9
职业高中在校学生	万人	1.76	1.76
普通中学	所	102	103
普通中学在校学生	万人	14.87	15.45
小学	所	206	207
小学在校学生	万人	28.59	29.74
卫生机构	所	727	806
病床床位数	张	13754	15256
文化·艺术馆	个	1	1
公共图书馆	个	25	25
博物馆	个	6	6

（中山市人民政府地方志办公室）

2017 年惠州市国民经济发展情况

指　标	单　位	实　绩	比上年增长(%)
地区生产总值	亿元	3830.58	7.6
第一产业增加值	亿元	171.77	4.2
第二产业增加值	亿元	2099.22	7.9
工业增加值	亿元	1980.10	12.4
第三产业增加值	亿元	1559.59	7.6
人均地区生产总值	元	80205	7.4
规模以上工业总产值	亿元	8565.63	12.4
农林牧渔业总产值	亿元	278.50	0.4
固定资产投资	亿元	2234.88	9.6
社会消费品零售总额	亿元	1363.46	11
外贸进口总额	亿元	1182.86	10.2
外贸出口总额	亿元	2233.13	13.2
实际利用外资	亿美元	11.44	0.1
地方一般公共预算收入	亿元	389.07	10
地方一般公共预算支出	亿元	554.08	8.8
城镇常住居民人均可支配收入	元	36608	10.2
农村常住居民人均可支配收入	元	19284	9.6

2016—2017 年惠州市社会事业情况

指　标	单　位	2016 年	2017 年
普通高校	所	4	5
普通高校在校学生	万人	3.73	3.92
中等职业学校和技工学校	所	35	36
中职和技校在校学生	万人	8.17	8.13
普通中学	所	252	263
普通中学在校学生	万人	27.50	28.75
小学	所	456	463
小学在校学生	万人	53.05	55.70
幼儿园	所	637	695
在园幼儿	万人	20.72	22.48
医院、卫生院数	所	144	146
医院、卫生院床位	张	19383	19277
体育馆	个	35	35
群众艺术馆、文化馆（含镇级综合文化站）	个	79	79
公共图书馆	个	5	5
博物馆	个	6	6

（惠州市地方志办公室）

2017年肇庆市国民经济发展情况

指　标	单　位	实　绩	比上年增长(%)
地区生产总值	亿元	2200.61	5.2
第一产业增加值	亿元	324.96	4.4
第二产业增加值	亿元	1032.70	4.6
工业增加值	亿元	967.87	4.6
第三产业增加值	亿元	842.95	5.2
人均地区生产总值	元	53674	4.1
规模以上工业总产值	亿元	3763.43	4.7
农林牧渔业总产值	亿元	487.67	4.1
固定资产投资	亿元	1497.55	9.0
社会消费品零售总额	亿元	809.93	10.6
外贸进口总额	亿元	135.65	−9.0
外贸出口总额	亿元	222.26	−28.0
实际利用外资	亿美元	1.81	−51.1
地方一般公共预算收入	亿元	94.85	5.8
地方一般公共预算支出	亿元	271.71	9.2
城镇居民人均可支配收入	元	28276.10	9.1

2016—2017年肇庆市社会事业情况

教　育				医疗　文化　体育			
项　目	单　位	2016年	2017年	项　目	单　位	2016年	2017年
普通高校	所	5	6	医院和卫生院	所	148	148
普通高校在校学生	万人	7.02	9.16	医院与卫生院床位	张	14846	15473
中职和技校学校	所	24	26	平均每千人口医院和卫生院床位	张	3.63	3.93
中职和技校在校学生	万人	7.63	7.32				
普通中学学校	所	179	179	群众艺术和文化馆	个	9	9
普通中学在校学生	万人	23.57	22.87	公共图书馆	个	9	9
小学学校	所	222	221	博物馆	个	17	16
小学在校学生	万人	35.63	36.92	档案馆	个	11	11
学龄儿童入学	万人	32.96	34.14	国民体质合格率	%	94	90
学龄儿童入学率	%	100	100	人均公共体育场地面积	平方米	2.01	2.15
幼儿园	所	519	561				
在园幼儿	万人	14.87	15.39				

（胡立媛）

2017年香港特别行政区主要经济社会指标

指　标	单　位	2017年
本地生产总值		
以当时市价计算	亿港元	26626（+6.9%）
按2015年环比物量计算	亿港元	25432（+3.8%）
人均本地生产总值		
以当时市价计算	港元	360220（+6.1%）
按2015年环比物量计算	港元	344060（+3.0%）
人口及生命统计		
年中人口	万人	739.1
粗出生率	‰	7.7
粗死亡率	‰	6.3
劳动、就业		
劳动人口	万人	383
失业率	%	3.1
政府收支、货币、金融		
政府收入总额	亿港元	6198
政府支出总额	亿港元	4708
货币供应量M3	亿港元	138038
综合消费物价指数（CPI）	‰	+1.5
工业生产		
工业电力消费量	万亿焦耳	11196
工业煤气消费量	万亿焦耳	1569
运输、旅游		
集装箱吞吐量	万标准集装箱单位	2077
访港旅客	万人次	5847
酒店入住率	%	89
对外商品贸易		
港产品出口	亿港元	435
转口总额	亿港元	38324
进口总额	亿港元	43570
教育		
小学学生人数	千人	362
中学学生人数	千人	330.8

说明：财政年度数字，指当年4月1日至第二年3月31日

（香港地方志办公室）

2017 年澳门特别行政区基本情况

人口及住户

人口总数（截至 2017 年 12 月 31 日）：

653100 人

其中：男性 307000 人

女性 346100 人

年龄结构

14 岁以下：12.7%

15 至 64 岁：76.7%

65 岁或以上：10.5%

澳门人口主要国籍（2016 中期人口统计详细结果）

中国：88.4%

菲律宾：4.6%

越南：2.4%

葡萄牙：1.4%

澳门人口主要出生地（2016 中期人口统计详细结果）

澳门：40.7%

内地：43.6%

其中：广东省占内地：73.3%

福建省占内地：13.5%

香港：3.3%

菲律宾：4.4%

越南：2.5%

葡萄牙：0.3%

出生率：10.1‰

死亡率：3.3‰

结婚率：6.0 宗 / 千居民

离婚率：2.3 宗 / 千居民

老化指数：83.0%

住户总数：（截至 2017年 12 月 31 日）

191500 户

每户平均成员：3.03 人

居住在住宅单位的陆上住户总数（2016 中期人口统计详细结果）：187618 户

其中：拥有自置物业占：66.2%

租住物业占：25.8%

由雇主提供物业占：1.2%

人口密度：每平方千米 2.11 万人

地理及天气

东经：113°31′41.4″~113°37′48.5″

北纬：22°04′36.0″~22°13′01.3″

陆地总面积：30.8 平方千米

澳门半岛：9.3 平方千米

氹仔岛：7.9 平方千米

路环岛：7.6 平方千米

路氹填海区：6.0 平方千米

海岸线：暂缺（2017 年海岸线勘定工作仍进行中，故有关资料暂未能提供）

海拔高度：

澳门半岛海拔最高：90 米（东望洋山）

氹仔海拔最高：158.2 米（大潭山）

路环海拔最高：170.6 米（迭石塘山）

全年平均气温：23.0℃

总降雨量：1783.2 毫米

全年平均相对湿度：81.0%

全年日照时间：1775.1 小时

就业

就业人口：37.98 万人

其中：制造业：6.5 千人

建筑业：3.27 万人

金融业：1.13 万人

博彩业：8.04 万人

劳动力参与率：70.8%

失业率：2.0%

就业不足率：0.4%

行车道路及注册机动车

行车道路总长度：427.5 千米

新登记机动车：16803 辆

注册机动车：241457

其中：汽车：114773 辆

电单车：126274 辆

主要经济指标

本地生产总值（当年价格）：4041.99 亿澳门元 ^{P}

（环比物量（2015））：3917.50亿澳门元 P
人均本地生产总值（当年价格）：62.28万澳门元 P
月工作收入中位数：15000澳门元
狭义货币供应量（M1）：723.80亿澳门元（年底数值）
广义货币供应量（M2）：5914.85亿澳门元（年底数值）
居民总存款：5765.77亿澳门元（年底数值）
通胀率（综合消费物价指数）：1.23%
出口及进口
总进口货值：758.51亿澳门元
总出口货值：112.83亿澳门元
陆路货柜货物进出：13892公吨
海路货柜货物进出：160483公吨
海路货柜总吞吐量：129798个标准货柜单位
航空货运进出：37493公吨
抵澳商业航班：27415班次

旅游

入境旅客：3261.0506万人次
海路：1123.6083万人次
陆路：1862.9788万人次
空路：274.4635万人次
酒店及公寓入住率：86.9%
旅客人均消费（不包括博彩消费）：1880澳门元

说明：由于进位的原因，总数可能不等于各数合计

P临时数字

（摘自《2018澳门年鉴》）

附 录

国际湾区建设比较

国际四大湾区经济总量和产业等比较

编者按：2017 年 12 月 29 日，南方日报推出 2017 年度珠三角竞争力报告——《大湾区》，对标国际湾区建设，提出粤港澳大湾区发展对策。2017 年，广东外语外贸大学粤港澳大湾区研究院申明浩教授等撰写发表《国际湾区实践对粤港澳大湾区建设的启示》。编辑部综合上述资料，形成国际湾区建设比较的主体内容。上述研究情况对比基本采用 2016 年底的统计数据。

一、四大湾区基本情况

形成湾区经济必须具有强大的产业集群、有力的经济核心、广阔的经济腹地、发达的交通网络、创新的领军人才和开放的经济体系。湾区经济因具有沿海、湾区和城市群三种要素而成为开放经济中的最高形态。从世界版图看，全球 60%的经济总量集中在入海口，75%的大城市、70%的工业资本和人口集中在距海岸 100 千米的海岸带地区。全球最发达的城市大都位于湾区中，排名前 50 名的特大城市中，港口城市占 90%以上。美国纽约湾区、旧金山湾区、日本东京湾区等三大世界级湾区逐渐发展为全球经济的中枢与引擎。

旧金山湾区：由 9 个县组成，其中著名城市包括：旧金山、奥克兰市和圣何塞。旧金山湾区面积 1.8 万平方千米，人口 760 万人，GDP0.82 万亿美元，人均 GDP10.5 万美元。

纽约湾区：由 25 个县组成，包括纽约州中的 12 个县、新泽西州中的 12 个县和宾夕法尼亚州的 1 个县。纽约湾区的重要城市包括纽约、纽瓦克和新泽西。纽约湾区面积 2.15 万平方千米，人口 2340 万人，GDP1.66 万亿美元，人均 GDP7.09 万美元。

粤港澳大湾区：包括珠三角九市和香港、澳门两个特别行政区。粤港澳大湾区面积 5.65 万平方千米，人口 6765 万人，GDP1.37 万亿美元，人均 GDP2.02 万美元。

东京湾区：包括东京都及周边的埼玉、千叶、神奈川和茨城、栃木、群马、山梨等县（即“一都七县”）。东京湾区面积 3.68 万平方千米，人口 4383 万人，GDP1.82 万亿美元，人均 GDP4.15 万美元。

粤港澳大湾区涵盖珠三角九市和香港、澳门两个特别行政区，拥有 5.65 万平方千米的国土面积、6765 万人口和 12%的全国经济总量，在 2017 年全国“两会”期间粤港澳大湾区的规划被写入政府工作报告，上升到国家级区域经济战略的高度。粤港澳大湾区建设的加速推进，将整体带动泛珠三角“9+2”区域合作朝着更高层次、更广范围和更宽领域迈进，有利于统筹东中西部联动发展，更好地融入“一带一路”建设，带动内地与港澳企业共同“走出去”，推动区域经济战略格局的形成。粤港澳大湾区经济总量已超过旧金山湾区，接近纽约湾区水平，进出口贸易额约是东京湾区的 3 倍以上，区域港口集装箱吞吐量约是世界三大湾区总和的 4.5 倍。粤港澳大湾区总体经济增速在 7%以上，2016 年经济增速分别是纽约湾区、东京湾区、旧金山湾区的 2.26 倍、2.19 倍和 2.93 倍。按这种趋势发展，粤港澳大湾区只需 6 年即可超越东京成为全球经济总量最大的湾区。

二、经济总量、科技、物流、产业比较

●经济总量对标

如果将四大湾区作为独立的经济体，那么

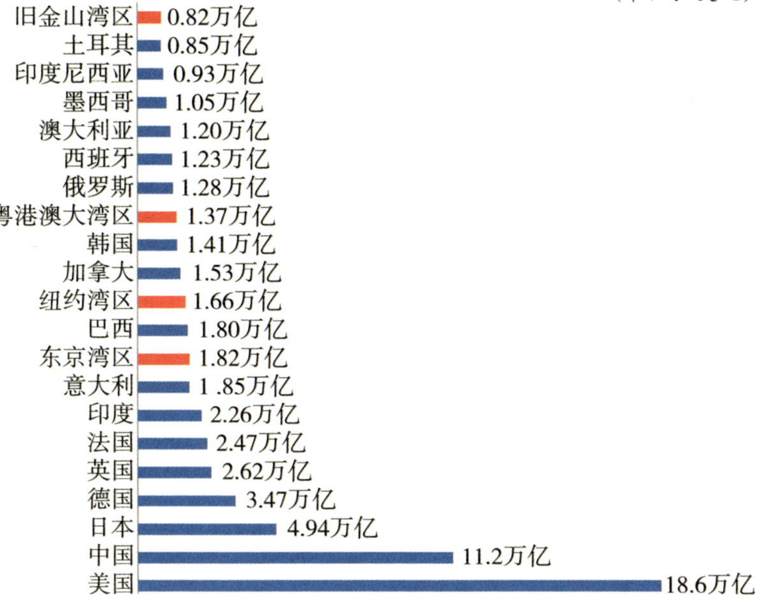

（数据来源：世界银行）

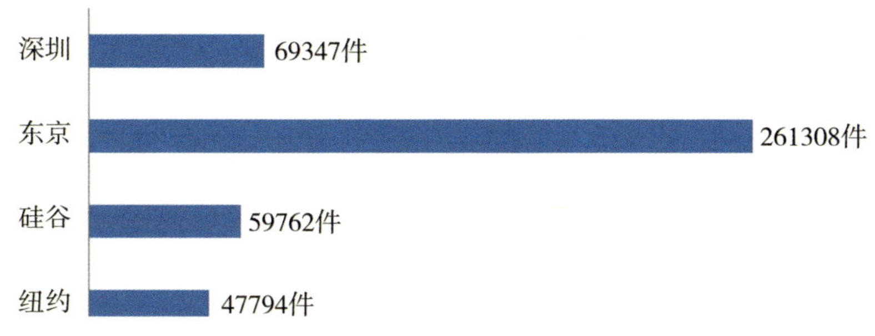

（数据来源：世界银行）

	粤港澳大湾区	纽约湾区	旧金山湾区	东京湾区
100 强大学数量（所）	4	2	3	2
世界 500 强企业（家）	16	46	36	60
最具创新力企业（家）	4	3	8	20

（数据来源：彭博资讯　《财富》杂志）

2016 年东京湾区的 GDP 总量将超过巴西，排在世界第 9 位；纽约湾区将超过加拿大，排在世界第 11 位；粤港澳大湾区将超过俄罗斯，排在世界第 14 位；旧金山湾区将超过荷兰，排在世界第 21 位。

按照粤港澳大湾区年均增长 7%，纽约湾区年均增长 3%，旧金山湾区年均增长 5%，东京湾区年均增长 2%计算，由预测模型计算结果，粤港澳大湾区 2022 年超过东京湾区和纽约湾区，在世界四大湾区中 GDP 总量第一。

●科技对标

科技方面，粤港澳大湾区启动 180 千米长的广深科技创新走廊规划建设，构建“一廊十核多节点”的空间格局，以加强基础研究和源头创新、加快产业技术研发和成果转化为抓手，着力推动重大基础设施、高水平大学和科研院所、实验室体系、新型研发机构、技术创新中心、技术服务平台体系功能的有机整合，将打造“中国硅谷”，成为全国创新发展重要一极。

截至 2016 年底，深圳累计 PCT 专利 69347 件。在全球性的创新活

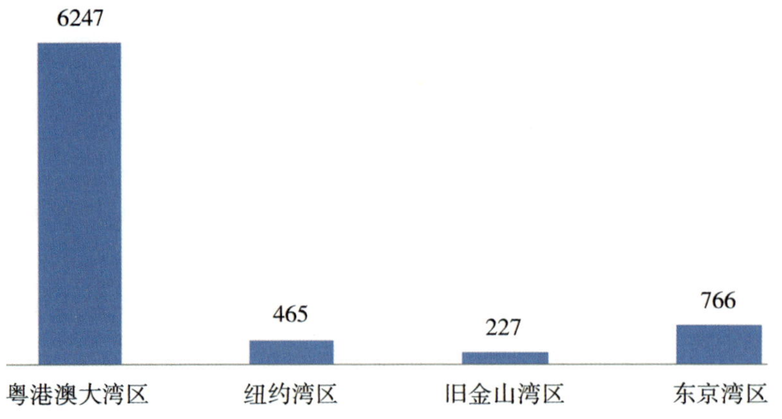

	粤港澳大湾区	纽约湾区	旧金山湾区	东京湾区
机场旅客吞吐量（亿人次／年）	1.85	1.30	0.71	1.12
海外游客人数（万人次）	169	5200	1651	556

动活跃的城市当中，深圳居第二名，仅落后日本东京的261308件，但领先美国硅谷的59762件，纽约的47794件。

世界500强企业中，粤港澳大湾区拥有16家；在世界排名100强的大学中，珠三角拥有4所。

● **物流对标**

大湾区拥有全球吞吐量第三大的深圳港、第五大的香港港和第七大的广州港等世界级港口。2016年，三大港的总吞吐量6247万标箱，排世界第一位。此外，大湾区的航空市场规模也领先全球，在机场旅客吞吐量方面合计1.85亿人次。具备建设成国际一流湾区的基础条件。

● **产业对标**

纽约湾区被誉为“金融湾区”，华尔街拥有纽约证券交易所和纳斯达克证券交易所。美国7家大银行中的6家，2900多家世界金融、证券、期货及保险和外贸机构均设于此，金融保险产业占GDP的比重达16%，在四大湾区中居第一位。

东京湾区被称为“产业湾区”，形成京滨、京叶两大工业地带，钢铁、石油化工、现代物流、装备制造和高新技术等产业十分发达，制造业和建筑业等第二产业占GDP的比重达16%。

旧金山湾区被称为“科技湾区”，拥有举世知名的硅谷和斯坦福、加州伯克利等20多所著名大学，谷歌、苹果、Facebook等互联网巨头和特斯拉等企业全球总部。

粤港澳大湾区的产业结构比较均衡：金融方面，香港是著名的国际金融中心，深圳是国内的金融中心，据英国智库Zyen集团最新公布的全球金融中心指数， 香港金融业竞争力排第4位，深圳排第22位。产业方面，珠江东岸的电子信息产业发达，拥有华为、腾讯等世界著名的IT公司，珠江西岸的装备制造业也蓬勃兴起。

四大湾区第三产业占比情况

湾区名称	占百分比
粤港澳大湾区	56.60
纽约湾区	89.35
旧金山湾区	82.76
东京湾区	82.27

（数据来源：粤港澳大湾区研究院）

三大湾区产业结构占比图

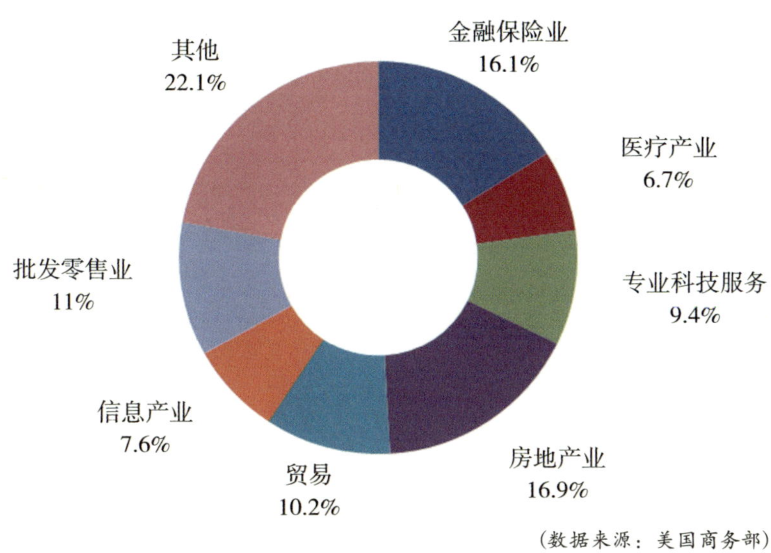

（数据来源：美国商务部）

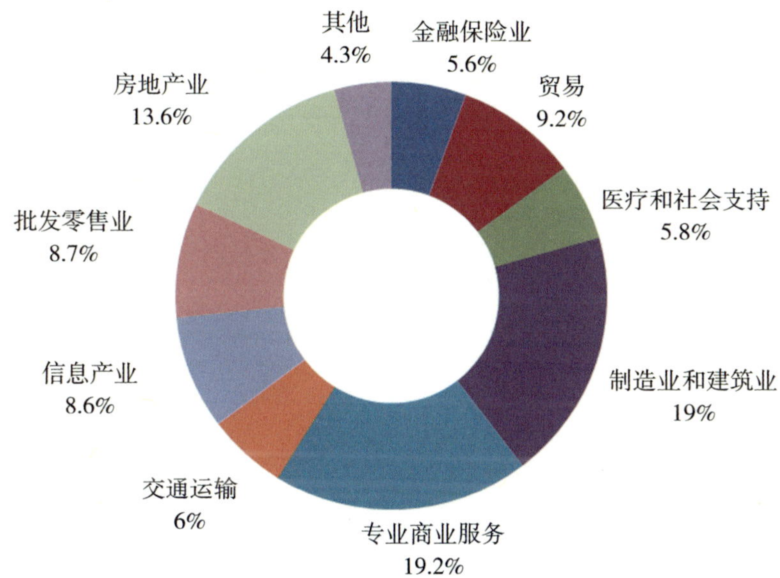

（数据来源：美国商务部）

东京“产业湾区”产业结构

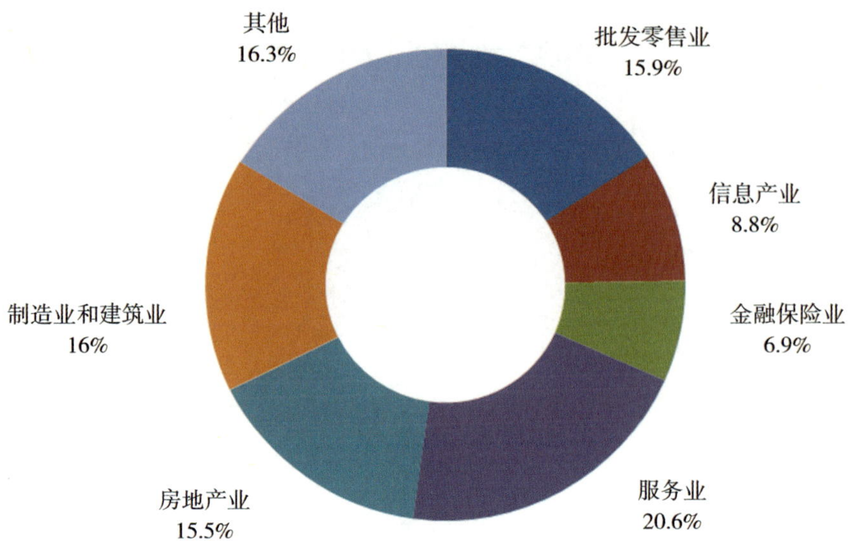

（数据来源：日本国家统计局）

粤港澳大湾区发展研究成果

粤港澳大湾区改革创新论文摘要（2017年）

论文题名： 基于“钻石模型”的区域展览城市选择研究——以珠三角为例
作者姓名： 余构雄　戴光全
文献来源： 华东经济管理
发表时间： 2017-01-01
内容摘要： 文章以区域展览城市选择为研究对象，以迈克尔·波特的“钻石模型”为理论框架，构建由27个要素组成的区域展览城市选择识别标准体系，采用层次分析法与熵值法分别代表主客观思想予以组合赋权，灰色关联分析确定与最优要素关联度高的要素，各要素权重值与关联度的结合能较为科学合理地测评区域展览城市选择的优先顺序。珠三角实证研究的结果表明：区域展览城市优选类为广州、深圳，次优选类为东莞、珠海、佛山、中山，备选类为江门、肇庆、惠州。

论文题名： 粤港澳物流一体化背景下珠三角区域物流人才的培养策略
作者姓名： 王文娟
文献来源： 教育现代化
发表时间： 2017-01-09
内容摘要： 本文认为，粤港澳物流一体化是粤港澳经贸合作的重要组成部分，但粤港澳区域物流人才的缺乏已经成为粤港澳物流一体化发展的障碍。文章分析粤港澳物流人才的供给现状，在此基础上指出粤港澳物流一体化背景下珠三角区域物流人才的培养需求，并就珠三角区域物流人才的培养策略给出相应的建议。

论文题名： 构筑湾区经济引领的对外开放新格局——基于粤港澳大湾区开放度的实证分析
作者姓名： 申勇　马忠新
文献来源： 上海行政学院学报
发表时间： 2017-01-10
内容摘要： 本文分析世界三大湾区经济开放引领的成功经验，以上海杭州湾区和粤港澳大湾区为例比较梳理中国湾区经济开放引领的基本条件和劣势，通过构建开放度测算模型对粤港澳大湾区的开放度进行分析。结果表明：湾区开放层级相对较高，是较大区域范围内经济发展的引领者，中国实施湾区经济开放引领战略意义重大。最后提出以湾区经济引领构筑中国对外开放新格局的政策建议。

论文题名： 珠三角区域创新生态系统建设研究
作者姓名： 高欣
文献来源： 经济研究导刊
发表时间： 2017-01-15
内容摘要： 本文基于生态学理论和市场导向理论对珠三角区域创新系统从“生产者”（企业、高校与科研机构）、“分解者”（政府、中介机构）、“消费者”（市场）等方面进行分析，发现存在的问题，从而提出完善珠三角区域创新生态系统的建议。

论文题名： 珠三角制造业与服务业融合的机制与模式分析

作者姓名：王世豪　余子萍
文献来源：经贸实践
发表时间：2017-01-15
内容摘要：本文从理论和实证的角度分别探索珠三角制造业与服务业融合的机制与模式，最后提出服务外包方式下制造业与服务业的融合路径。

论文题名：“深中通道”对珠三角港口经济发展的作用
作者姓名：陈端海
文献来源：特区实践与理论
发表时间：2017-01-25
内容摘要：本文认为，“深中通道”的建设，对于连通珠三角港口城市间相互联系及促进区域经济发展至关重要。珠三角区域经济经“深中通道”协同发展，推动各港口城市彼此间相互联系、密切协调、有机结合、协同发展，从而推动区域经济的繁荣。与其他发达省份相比，经济发达而现代化快速交通发展相对滞后一直是制约珠江口东西两岸地区经济发展不平衡的瓶颈。“深中通道”建成后将给珠三角港口经济发展带来积极影响，并为粤港澳大湾区的持续繁荣发挥重要作用。

论文题名：珠三角社会组织发展研究——承认政治的视角
作者姓名：曾令发　杨和焰
文献来源：华南师范大学学报（社会科学版）
发表时间：2017-01-25
内容摘要：本文认为，改革开放以来，社会组织获得一定的发展空间，在构建现代治理体系中发挥着重要作用。珠三角作为改革开放的前沿阵地，积极探索社会组织发展的新途径。从承认政治的视角看，珠三角社会组织在主体身份、主体权利、主体行动方式上得到了承认，但还只是一种有限度的承认。社会组织的进一步发展还需要在无差别承认的基础上实现公共空间的再分配、活动资源的再分配以及参与权的平等。

论文题名：与“一带一路”战略协调发展的粤港澳合作机制创新
作者姓名：左晓安
文献来源：特区经济
发表时间：2017-01-25
内容摘要：本文认为，粤港澳与“一带一路”地区经济互补性很强，与区域内发达国家高端产业合作空间大，与工业化中后期阶段国家产业、经贸合作可塑性强，与工业化初、中期国家产能合作空间大。“一带一路”区域经济和产业发展差异明显，合作受政治外交等因素干扰，粤港澳合作与“一带一路”区域协同发展必须创新相应合作机制。机制创新主要包括：营造适应创新创业与“一带一路”区域创新发展的合作机制；集成优势打造“一带一路”区域产业链重构合作机制；创新区域合作主体构建多方发力齐头并进的合作推进机制；完善与“一带一路”区域海洋经济合作发展机制；创新文化创意合作和传播交流机制；协调联动打造“一带一路”区域合作开放生态系统。

论文题名：推进粤港澳大湾区建设政策研究
作者姓名：何家鸿　戚晓曜　杜生鸣
文献来源：特区实践与理论
发表时间：2017-01-25
内容摘要：本文认为，深中通道建成后，粤港澳大湾区将形成新的区域经济发展轴，深圳市将获得上万平方千米的发展腹地，粤港澳大湾区两岸地区要素资源将实现更好的流动与融合，促进区域均衡发展。不论是跨海通道带来的桥头堡地区隆起效应，还是中山等西岸城市对于深中通道建设的回应，都将凸显深圳在粤港澳大湾区的龙头地位。

论文题名：粤港澳物流一体化发展的现状及对策思考
作者姓名：王文娟
文献来源：现代商业
发表时间：2017-01-28
内容摘要：本文认为，粤港澳物流一体化是粤港澳经贸合作的重要组成部分。文章分析粤港澳物流一体化的可行性及发展的现状，在此基础上指出一体化建设面临的问题，并提出相关建议。

论文题名： 珠三角地区公共图书馆老年读者服务研究

作者姓名： 陈艳伟

文献来源： 图书馆研究

发表时间： 2017-01-30

内容摘要： 本文以珠三角地区25家公共图书馆的实情出发，从服务内容、服务合作、服务效果等方面分析珠三角地区公共图书馆老年读者服务的现状，以及老年读者对图书馆的利用情况、常用的服务、文献借阅、满意度等内容，最终从构建合理的服务体系、调研本地老年读者文化需求、举办丰富多彩的阅读推广活动、加强社会合作和引入老年人参与机制等方面探讨拓展老年服务的发展策略。

论文题名： 珠三角一体化的经济增长效应研究

作者姓名： 毛艳华　杨思维

文献来源： 经济问题探索

发表时间： 2017-02-01

内容摘要： 本文以珠江三角洲地区为例对区域一体化的经济增长效应开展实证研究，使用珠三角九市在1999—2013年的面板数据，从城市间联系度、市场化同一度、政府效能同一度、经济发展四个维度构建和度量珠三角“广佛肇”“深莞惠”和“珠中江”三个都市圈的经济一体化指数，分析得出珠三角东中西三个区域的一体化程度均有不同程度的提高，其中区域经济一体化过程中的生产要素流动、经济结构、对外开放和政府投入等方面对经济增长具有显著的促进作用。根据实证分析结果，结合珠三角一体化发展的实际情况和面临的问题，就进一步促进珠三角一体化提出针对性的政策建议。

论文题名： 珠三角港资企业转型升级方略

作者姓名： 张文闻　李小瑛

文献来源： 开放导报

发表时间： 2017-02-08

内容摘要： 本文从珠三角港资企业的发展现状出发，总结珠三角港资企业转型升级的主要问题，包括核心竞争力不足难敌国外市场的竞争、缺乏企业家精神、政策优惠不再、政府税费过高、人才缺乏等。港资企业应把握“一带一路”倡议、CEPA合作，建立跨境电商平台，打造港商品牌，适时采取跨国并购，实现跨越式发展。

论文题名： 粤港澳经济圈OEM企业转型建议

作者姓名： 张滨　刘小军　李永健

文献来源： 开放导报

发表时间： 2017-02-08

内容摘要： 本文通过GDP总值数据分析“一带一路”沿线国家的经济状况，基于粤港澳经济圈原始设备制造商（OEM）企业的经济地位和现状，总结“一带一路”给OEM企业转型带来的机遇，针对粤港澳经济圈OEM企业面临的问题，对OEM企业转型升级提出建议。

论文题名： 珠三角地区耕地多功能空间差异与影响因素分析

作者姓名： 陈星宇　王枫　李灿

文献来源： 地域研究与开发

发表时间： 2017-02-10

内容摘要： 本文在借鉴文献的基础上，结合珠三角地区实际情况，构建耕地多功能评价指标体系，运用加权求和评分法计算得出耕地各类功能指数。结果表明：2005—2013年珠三角各城市耕地总功能整体表现稳定，空间差异表现为中心城市的功能等级较低，外围城市的功能等级较高，耕地资源禀赋和经济发展水平是影响耕地总功能的最主要因素；耕地的各项子功能整体表现较为稳定，体现出较为明显的空间差异；耕地资源禀赋、经济发展水平、人口及城市化水平、要素投入水平和政策因素等是影响各项子功能的主要因素。

论文题名：珠三角村镇居民新媒体使用情况的调查分析

作者姓名：李兢兢

文献来源：中国地市报人

发表时间：2017-02-10

内容摘要：在中国城镇化进程中，农村居民使用新媒体的情况已经大有改善，他们对新媒体逐步认可，成为中国互联网发展的重要增长动力。基于此视角，作者对广州、惠州和东莞三市周边村镇进行问卷调查，考察三市周边村镇村民以及农转非居民对于互联网、手机等新媒体的使用、评价以及新媒体给他们生活带来的影响。

论文题名：珠江三角洲体育都市圈建设的影响因素及发展对策

作者姓名：于兆杰　张玉超

文献来源：南京体育学院学报（自然科学版）

发表时间：2017-02-15

内容摘要：本文认为，珠三角都市体育圈是在珠三角都市圈区域社会、经济发展一体化的背景下，城市化发展和体育自身发展相结合的产物，都市体育圈的构建与发展是大都市圈社会、经济发展的主要内容和有益补充。从经济、地域、交通、体育氛围和体育产业等方面分析构建珠三角都市体育圈的前提和基础；分析影响珠三角都市体育圈的诸多因素，以期有针对性地在政策法律保护、核心城市的辐射、协调与协商机制、统筹规划等方面提出可选择的路径。

论文题名：珠三角传统水乡村落公共空间研究

作者姓名：杨婵玉

文献来源：四川水泥

发表时间：2017-02-15

内容摘要：本文通过对珠三角传统水乡村落的公共空间的类型及现状演变的研究，分析传统公共空间在城镇化进程中功能演变的动因，提出保护和传承传统公共空间的方法和策略。

论文题名：珠江三角洲对外贸易发展的现状、问题与对策

作者姓名：李春霞

文献来源：现代商业

发表时间：2017-02-18

内容摘要：本文以目前国内大陆地区的对外贸易经济发展前沿珠江三角洲为例，探讨该地区在近些年来对外贸易发展方面的主要现状形势和发展进程中所存在的现实问题，并以地方对外贸易投资一体化趋势为基本思路，思考珠江三角洲地区未来经济持续发展的有效途径。

论文题名：珠江三角洲典型地区土地利用信息变化及趋势分析技术研究

作者姓名：谢萍　吴楷钊

文献来源：国土资源信息化

发表时间：2017-02-20

内容摘要：本文研究旨在利用遥感技术提取研究区每年土地利用变化数据，对已有数据进行建模，分析土地利用变化规律及其与社会经济发展之间的关系，预测城镇建设用地扩张、农田抛荒、林业资源变化等趋势，为土地业务部门可持续利用土地提供科学合理的依据。

论文题名：城际轨道建设对珠三角地区旅游空间格局的影响

作者姓名：李涛　温小斌　刘永伟　高兴川

文献来源：测绘与空间地理信息

发表时间：2017-02-25

内容摘要：本文以珠三角地区运营和规划城际轨道为例，基于 GIS 网络分析技术和通达性指标，探讨城际轨道通车前后对珠三角地区旅游空间格局的影响。结果表明：城轨开通将会产生显著的“时空压缩”效应，旅游景点总通达时间降幅达 32.87%，旅游景点平均通达时间减少 0.7 小时；不同区域通达性水平提升具有差异性，城际轨道站点及其周边地区成为通达性水平提升最大的地区，随着与站点距离逐渐增加，通达性变化程度逐渐降低；城轨开通后各地区通达性水平差异逐渐缩小，并趋于均衡；城轨影响下的旅游景点通

达性的影响具有“廊道效应”与“隧道效应”相结合的特征，空间格局由开通前的“中心—外围”态势向面状均衡分布格局转变。城际轨道带来的“时空压缩”效应，在扩大旅游景点市场范围的同时，降低通行时间成本，提高旅游出行的效率。

论文题名：设计管理对设计技术的影响分析——以珠三角居住区景观为例

作者姓名：麦凝珺

文献来源：住宅与房地产

发表时间：2017-02-25

内容摘要：文章通过引入国外设计管理的先进理念，提出设计管理对设计技术有深远的影响。以分析珠三角优秀居住区景观为开端，总结出居住区景观设计管理与设计技术之间的相互作用。

论文题名：珠三角农地利用中的碳排放时空特征及影响因素——基于1996—2014年数据

作者姓名：洪凯　朱子玉

文献来源：湖南农业大学学报（社会科学版）

发表时间：2017-02-28

内容摘要：本文从化肥、农药、农膜、农机、灌溉、翻耕六方面测算并分析珠江三角洲（珠三角）1996—2014年农地利用碳排放量、碳排放的时空特征及其影响因素。结果显示：珠三角农地利用碳排放总量及强度均处于阶段性上涨态势，各地区之间碳排放总量及强度均差异悬殊，农业经济水平和产业结构对碳排放增长产生正效应，农地利用效率和农业劳动力则对碳减排具有推动作用。作者认为，降低农地利用碳排放，需要发展循环农业，创新生产方式与技术，优化产业结构，促进农地规模经营，加大政策扶持与资金投入。

论文题名：珠三角城际轨道交通经营模式研究

作者姓名：黄伟

文献来源：西部交通科技

发表时间：2017-02-28

内容摘要：文章通过对目前城际轨道交通各种经营模式优缺点的分析，结合珠三角城际轨道交通建设、运营、综合开发实际情况，对珠三角城际轨道交通各项目经营模式提出相关建议。

论文题名：珠三角地区公共图书馆老年读者服务调查分析及启示

作者姓名：谭绣文

文献来源：山东图书馆学刊

发表时间：2017-02-28

内容摘要：本文通过调查珠三角地区的老年读者的阅读喜好、阅读场所、阅读途径的基本信息，分析老年读者的信息需求特点，再从珠三角地区25家公共图书馆的实情出发，从图书馆的经费来源、场馆设置、活动频率、专职人员方面分析老年读者服务存在的问题，最终从明晰服务定位、建立合作实现“引资”、便捷图书阅览、开展电脑培训、设立专门场所、提供专门活动、配置专职服务人员等方面，提升中国公共图书馆老年服务水平。

论文题名：珠三角非银行金融机构对大学生创业推动作用研究

作者姓名：何小勋

文献来源：吉林大学

发表时间：2017-03-01

内容摘要：本文分析珠三角区域中非银行金融机构为大学生创业提供融资服务的门槛以及满足程度，进行非银行金融机构和大学生创业融资渠道的案例分析。其中以珠三角大学生创业团队“兼职猫”融资过程为案例，分析非银行金融机构对大学生创业的促进作用。在探讨研究的过程中，主要论述非银行金融机构业态差异及其对大学生初创企业提供金融支持的主要形式，非银行金融机构各种融资手段为大学生初创企业提供金融支持的力度以及效果等。

论文题名：珠三角地区中小企业电子商务运营模

式与路径选择研究

作者姓名：黄刚

文献来源：现代经济信息

发表时间：2017-03-05

内容摘要：本文认为，电子商务作为一种新型的商业模式，让中国的很多中小企业获得发展良机。由于电子商务的成本和技术平台门槛较低，对于很多中小企业来说，应用电子商务这种运营模式能在很大程度上提升其核心竞争力。但是，由于中国的电子商务基础较差、人才缺乏，制约了电子商务模式在中国的大范围应用和发展。基于此，作者通过分析中国珠三角地区一些中小企业在应用电子商务模式时遇到的问题，提出合适的商务路径。

论文题名：珠三角地区老年群体信息需求调查及分析

作者姓名：符艺

文献来源：图书馆学刊

发表时间：2017-03-07

内容摘要：本文调查珠三角地区老年群体的信息需求，分析老年群体的基本情况、阅读现状、对公共图书馆的利用情况，为公共图书馆老年群体服务的有效开展提出针对性的建议。

论文题名：粤港澳大湾区下 OEM 企业转型与升级

作者姓名：孔建忠

文献来源：中国国际财经（中英文）

发表时间：2017-03-08

内容摘要：本文认为，OEM 生产与现代工业社会有着密切的关系。某些研发型企业的生产商，由于自身的生产能力不能达到大规模大批次的生产条件，或因缺乏某些必要的部件等，需要求助于其他可以规模生产或者可以生产必要部件的企业。OEM 企业这类帮助原企业生产的企业便应运而生。中国还处在发展中国家的阶段，技术创新能力不足，加工出口型企业较多，随着近年来劳动力价格和数量优势的丧失，OEM 企业应当重新寻求发展之路。粤港澳大湾区作为对外贸易的口岸区，应该思考在当前国内外经济环境下，OEM 企业如何实现转型升级。

论文题名：区域一体化视角的机动车协同环境管理研究——以粤港澳跨行政区机动车为例

作者姓名：梅凤乔　高菲

文献来源：现代管理科学

发表时间：2017-03-10

内容摘要：本文认为，机动车污染成为影响中国各大城市环境空气质量的重要因素。随着区域一体化的继续推进，区域交通网络的不断完善，跨行政区车辆也成为城市机动车污染的重要来源。区域一体化为城市经济社会发展提供机遇，也为城市环境治理带来挑战。文章以粤港澳为例，分析跨行政区机动车协同环境管理面临的主要障碍，从构建跨行政区机动车协同管理体系、加强制度保障方面提出对策和建议。

论文题名：基于钻石模型的珠三角地区工业设计产业竞争力研究

作者姓名：曹小琴　黄雪飞

文献来源：艺术百家

发表时间：2017-03-15

内容摘要：本文认为，设计产业的竞争力状况与制造业的发展关系密切，是珠三角区域竞争力的重要基础。文章以波特“钻石模型”理论为分析工具，从六个不同因素出发对珠三角地区工业设计产业进行分析，并尝试提出建议，为珠三角地区的工业设计产业发展提供参考。

论文题名：“一带一路”战略下粤港澳体育旅游资源的空间结构特征及开发路径研究

作者姓名：王守力　范美丽

文献来源：贵州体育科技

发表时间：2017-03-15

内容摘要：“一带一路”倡议的提出对于体育旅游业的发展具有现实意义，体育旅游业的特性决定了其将在“一带一路”倡议中的先试、先行地位。本文运用文献资料法、实地考察法和逻辑分析等研究方法，从自然体育旅游资源和人文体育旅游资源两个方面阐述粤港澳体育旅游资源的空间结构特征，以“核心—边缘”理论模式为理论基础，提出粤港澳体育旅游资源开发路径可以从“空间定位”和“网络结构开发布局”“开发特色”实现。

论文题名： 粤港澳大学生近代史基本问题看法的比较与评析

作者姓名： 王庆华　范建荣

文献来源： 学术界

发表时间： 2017–03–15

内容摘要： 本文认为，历史观是对历史的认知和态度，折射出人们的知识判断和价值取向。粤港澳三地紧密相连又历程迥异，分时期从近代史重要历史界限、标志性事件、核心人物等几个方面通过问卷调查三地大学生的认知和判断。分析他们对近代史基本问题的看法，比较其中的异同，发现三地大学生对近代史基本问题的看法总体上比较客观、积极和乐观。但很多问题还是暴露明显的地区差异性，同时多元思想辐射凸显，现实社会状况对历史观的反作用隐约可见。

论文题名： 珠三角跨境电商出口企业品牌建设研究与分析——基于企业调研数据

作者姓名： 陈谊

文献来源： 工业经济论坛

发表时间： 2017–03–25

内容摘要： 本文认为，珠三角跨境电商出口企业的品牌建设，有利于企业打造长青基业，有利于国家向制造强国转变。对该地区跨境电商出口企业的调研发现，企业普遍品牌意识强烈，通过培养品牌人才，实施差异化品牌策略、多元化线上品牌营销措施，以及境外本土化营销措施，来打造知名品牌。但仍存在品牌团队能力欠缺、国际终端市场调研不足、产品优势不明显、资金跟不上、品牌宣传不到位等问题，需要继续培训相关人才，提高调研和创新能力，多渠道融资，以及提升品牌推广水平。

论文题名： 珠三角高职教育的“现代学徒制”人才培养模式探究

作者姓名： 沈华艳

文献来源： 学园

发表时间： 2017–03–25

内容摘要： 本文以典型的珠三角地区的高职教育为例，借鉴国外成功的模式，探索基于现代学徒制的校企合作新模式的主要做法和成效，联动政校企，为珠三角地区高职教育校企合作的深入推进提供借鉴和帮助。

论文题名： 珠三角地区房地产建设项目水土保持措施探讨——以佛山市天滨花园项目为例

作者姓名： 刘建

文献来源： 亚热带水土保持

发表时间： 2017–03–31

内容摘要： 本文认为，在房地产开发建设过程中，布设合理、完善的水土流失防治措施，可以有效地减少水土流失量，降低施工对周边环境的影响。文章以位于珠三角地区的佛山市天滨花园项目为例，根据不同施工区水土流失特点，布设相应的防治措施，以期达到保护生态环境的目的。

论文题名： 珠三角“代耕农”融入城市问题初探

作者姓名： 李洋

文献来源： 新西部（理论版）

发表时间： 2017–03–31

内容摘要： 本文介绍广东“代耕农”的界定范围及产生原因，分析“代耕农”融入城市的核心问题（城市资源共享方式欠缺），提出有效提升“代耕农”城市资源获取能力的途径。作者认为，解决“代耕农”城市资源共享问题，一方面是要提高“代耕农”自身的资源获取能力；另一方面政府需要出台相应的政策对“代耕农”进行支持。最终目的是建立一种多方都能认可的共享模式，促进城市资源的合理分配。

论文题名：谈珠三角地区地铁车辆基地内管桩应用

作者姓名：杨海

文献来源：山西建筑

发表时间：2017-04-01

内容摘要：本文论述珠三角地区地铁车辆基地内主要建筑物及构筑物的结构类型，并分析桩基的选择原则，探讨地铁车辆基地内管桩设计的注意事项，有助于促进管桩在该地区的推广应用。

论文题名：传统与现代：珠江三角洲宗祠文化的现实思考

作者姓名：梁敏仪

文献来源：文化软实力研究

发表时间：2017-04-02

内容摘要：本文在对珠三角宗祠文化历史描述的基础上，主要从宗祠文化的社会功能、农民思想观念等方面对珠三角宗祠文化进行探讨，最后揭示当今宗祠文化对珠三角社会主义新农村建设富有积极意义。

论文题名：珠三角先进装备制造业国际化发展趋势

作者姓名：米滢　刘敏

文献来源：特区实践与理论

发表时间：2017-04-08

内容摘要：本文认为，珠三角发展先进装备制造产业，对于加快广东产业转型升级，构建现代产业体系具有重要战略意义。推进珠三角先进装备制造产业的国际化发展进程，使广东先进装备制造的质量品牌得以在全球推广显得尤为意义重大。文章通过分析珠三角先进装备制造业国际化发展的现状以及面临的巨大挑战，对促进未来珠三角先进装备制造业的国际化发展路径进行研究，提出夯实企业质量基础，加强国际化核心价值提炼，加强国际化专业人才的引进和培养、形成区域集群产业效应等对策和建议。

论文题名：珠三角创造力产业生成路径及重点领域

作者姓名：苏启林　熊斌　刘光明

文献来源：科技管理研究

发表时间：2017-04-10

内容摘要：本文认为，珠三角产业转型升级衍生出对创造力产业巨大的需求，产业基础和政策设计的定位与目标的差异直接影响珠三角不同城市创造力产业沿着不同的路径生成和发展。文章结合运用技术预见理论和破坏性创新理论，指出传媒出版和电影（移动视频）产业将是珠三角创造力产业重点领域。

论文题名：基于主成分分析法的珠三角城市旅游竞争力评价

作者姓名：李蕊

文献来源：湖州师范学院学报

发表时间：2017-04-15

内容摘要：本文选取反映城市旅游竞争力的相关指标，运用主成分分析法对珠三角城市的旅游竞争力进行评价，结果表明：广州是珠三角中旅游竞争力最高的城市；深圳、惠州和东莞为第二层次，综合水平略低于广州；中山、肇庆、佛山、珠海和江门为第三层次，旅游竞争力相对较弱。政府应发挥主导作用，加强区域联合，相互扶持，构建珠三角区域一体化合作体系，从而全面提升珠三角城市的旅游竞争力。

论文题名：创新发展、深化粤港澳科技合作的再思考

作者姓名：周运源

文献来源：华南师范大学学报（社会科学版）

发表时间：2017-04-18

内容摘要：本文从新时期国家实施创新驱动发展战略的理念出发，结合粤港澳科技发展的实际，分析粤港澳经济发展取得的坚实基础以及港澳持续合作发展赋予的特殊使命，在此基础上提出更新发展理念、深化粤港澳科技合作的思考：发挥粤港澳科技现实基础，促进合作发展；把握"一

带一路”的战略机遇，推动合作发展；落实国家“十三五”规划中推出“大众创业，万众创新”的战略要求，推进粤港澳科技合作；以建设粤港澳创新圈为科技创新平台，促进合作发展；设立粤港澳科技协调发展委员会，促推合作发展；以广东良好环境与港澳人才技术金融资源为优势互补基础，促进粤港澳人才技术等紧密合作。

论文题名：新马克思主义视角下珠三角的区域治理与空间结构演化

作者姓名：郭炎　项振海　袁奇峰

文献来源：城市建筑

发表时间：2017-04-20

内容摘要：本文基于新马克思主义的空间生产理论，构建资本循环、尺度重构和区域空间结构互动机制的概念框架，并以珠江三角洲（以下简称珠三角）经济区为典型案例，聚焦其自改革开放以来的发展历程。实证研究发现，珠三角每次资本转型进入新的循环都配以尺度结构的上移，从村镇到城市再到城市区域，进而推动区域空间结构由初始的“广州独大＋节点分散布局”到“穗港发展走廊”，再演化为“港深都市区”与“广佛都市区”的两极化、节点互联互通的网络化发展格局。研究揭示过往资本循环与尺度重构互促的内在关系，并提出相应的区域治理优化对策和建议。

论文题名：珠三角地区城镇化质量评价

作者姓名：谢怡莉　魏作磊

文献来源：城市观察

发表时间：2017-04-20

内容摘要：本文在借鉴已有城镇化质量指标体系优点的基础上，结合新型城镇化要求，从城市发展质量、城镇化效率和城乡协调发展三方面构建由 33 个指标构成的综合评价体系，并采用 2014 年珠三角地区的相关数据，综合运用主客观赋权法对珠三角九市的城镇化质量进行评价。

论文题名：互联网背景下珠三角动漫游戏设计与传统产业的创造性融合

作者姓名：汤晓颖　张纯

文献来源：包装工程

发表时间：2017-04-20

内容摘要：本文剖析动漫游戏设计在互联网背景下的发展特点和优势。在此基础上，结合传统产业的转型需求，探索珠三角动漫游戏设计与珠三角传统产业创造性融合方法。动漫游戏设计为珠三角传统产业转型提供新思路，运用内容创新、开发模式创新、网状融合等方式，解决珠三角传统产业转型问题。

论文题名：关于珠江三角洲大城市群与泛珠三角经济合作区的发展问题

作者姓名：陆大道

文献来源：经济地理

发表时间：2017-04-26

内容摘要：文章阐述珠江三角洲大城市群的优化发展及其各部分的功能定位，认为以珠江三角洲为平台所统领起来的泛珠三角经济合作区，范围包括长江流域以南广阔的范围，指出该经济合作区运作中应当注意的几个问题。

论文题名：技术创新能力对组织创新与企业绩效的中介效果——以珠三角制造业为例

作者姓名：黄世政

文献来源：技术经济与管理研究

发表时间：2017-04-26

内容摘要：本研究探讨组织创新与技术创新能力和企业绩效之间的关系，并分析组织创新是如何影响技术创新能力与企业绩效。通过问卷调查的方式收集珠三角 200 家制造业企业数据，采用结构方程模式分析，实证结果发现：组织创新对技术创新能力呈正向显著影响，即企业进行组织创新有利于提高其技术创新能力；同时发现技术创新能力之组织能力、策略规划能力对企业绩效呈正向显著影响，而学习能力、研发能力、资源运作能力、制造能力和营销能力对企业绩效影响不显著；技术创新能力对组织创新与企业绩效影响具有中介效果。

论文题名： 新经济形势下珠三角地区国际贸易人才需求调查报告

作者姓名： 刘琦

文献来源： 太原城市职业技术学院学报

发表时间： 2017-04-28

内容摘要： 本文首先从珠三角地区经济的特点出发，调查珠三角地区对国际贸易人才需求的状况，分析区域经济特点对国贸专业人才培养体系的影响，提出适应珠三角经济发展的国际贸易专业人才培养的建议。

论文题名： 新世纪粤港澳经济合作的历程和现实启示

作者姓名： 雷骐瑜

文献来源： 中共南宁市委党校学报

发表时间： 2017-04-28

内容摘要： 本文认为，在“一国两制”方针指导下，粤港澳经济合作促进粤港澳三地的经济发展，从而带动辐射珠三角以及泛珠三角的经济发展。同时粤港澳经济合作的格局也在不断发展，大致经历了两个阶段：一是实施 CEPA 协议，为粤港澳经济合作奠定基础；二是在《珠江三角洲地区改革发展规划纲要》指导下，深化粤港澳合作与创新。“十三五”规划的开局之年，是粤港澳合作发展的黄金期和机遇期，要站在新的历史起点上及时总结经验，进一步推动粤港澳经济深度合作。

论文题名： 珠三角古村落文化林的构成要素及景观格局的研究

作者姓名： 曾超群

文献来源： 仲恺农业工程学院

发表时间： 2017-05-01

内容摘要： 本文运用景观生态学、景观设计学、城市规划理论、美学等相关领域的部分理论，对珠三角典型的三个村落：大岭村、小洲村、马降龙村进行聚落结构分析、文化林的构成要素分析和研究。在具体的研究方法上，笔者通过现场调查，采集数据，运用景观生态学的景观斑块、景观格局等概念，采用图表分析法，对文化林的构成要素和景观格局进行研究。通过探索古村落文化林的各构成要素的形态、功能等之间的相互联系，探讨出保护古村落文化林的保护模式和开发建设策略。

论文题名： 珠三角独立学院空港经济人才培养模式探索与实践

作者姓名： 苏明

文献来源： 文教资料

发表时间： 2017-05-05

内容摘要： 文章通过分析珠三角地区空港经济、独立学院空港人才培养现状，指出空港人才培养模式存在课程设置脱节社会、空港师资力量缺乏等问题，提出应采取准确定位培养目标、打造空港特色品牌、重视社会实践教学等措施。

论文题名： 粤港澳文化创意产业融合与互动发展研究——基于灰色关联分析的方法

作者姓名： 谭菲　范宇鹏

文献来源： 经济视角

发表时间： 2017-05-10

内容摘要： 本文简要介绍粤港澳文化创意产业合作的历程，结合近几年的统计数据，运用灰色关联分析方法，对粤港澳三地文化创意产业的关联系数进行测算，结果显示：三地存在紧密的文化创意产业关联。为实现粤港澳三地文化创意产业的一体化，发挥文化创意产业集群的集聚效应，应整合粤港澳现有的文化创意产业园区，对文化创意产业价值链进行重构与延伸，推进以版权融资为核心的知识产权融资机制，营造区域的文化创意氛围，培育创意阶层。

论文题名： 珠三角农产品电子商务的困境与突破

作者姓名： 宋卫

文献来源： 中国商论

发表时间： 2017-05-10

内容摘要：农产品电子商务指的是将现代信息、网络等现代科学技术与中国传统农业结合起来，利用现代科学技术来指导中国农产品的生产、组织以及加工，进而有效提高中国农业的信息化、现代化、规模化、标准化以及智能化水平。本文认为，中国农产品产销与现代科学技术融合推动农产品电子商务的快速发展，有效地推进中国农产品附加值的提升。但是，在中国农产品电子商务发展的过程中还面临着很多困境和问题，影响中国农产品电子商务的发展。文章以珠三角农产品电子商务发展为例进行深入分析。

论文题名：论述珠三角高经济密度区域水环境污染控制

作者姓名：游桃玲

文献来源：农家参谋

发表时间：2017-05-15

内容摘要：本文认为，珠江三角洲地区区域环境压力空前，在这些压力当中，以水环境污染最为严重，水体的污染成为制约当地经济可持续发展的一个关键性的因素。为了更好地解决珠江三角洲地区高经济密度区域水环境污染和经济高度发展之间的矛盾，推进环境和经济和谐发展，文章分析该流域水环境污染的特征，同时对污染控制措施进行探讨。

论文题名：珠三角一体化背景下的珠海市经济发展战略

作者姓名：黄汉文

文献来源：经济研究导刊

发表时间：2017-05-15

内容摘要：20世纪末，珠三角地区借助位置优势承接由香港向内陆进行的产业转移，形成了“前店后厂”的基本发展格局，并由此打开迅速发展的道路，成为中国经济发展最为显著的区域之一。作者认为，在珠三角的整体发展中，主要城市的带动力有着重要的作用，比如广州市、深圳市以及珠海市等都对珠三角的协同发展产生重要影响。在经历经济高速发展后，中国的综合经济实力加强，国内的区域竞争也加大。现阶段，珠三角、长三角、环渤海经济圈以及长江中下游经济带都成为国家经济发展的重点区域，在区域竞争日渐加剧的大环境中，要保持区域竞争的优势，就需要中心城市的进一步发展。本文基于珠三角一体化背景对珠海市的经济发展进行研究，旨在为珠海市未来经济发展战略提供参考。

论文题名：珠三角城市群空间扩展研究

作者姓名：马莉莎

文献来源：江西建材

发表时间：2017-05-15

内容摘要：本文选取珠三角城市群为研究区，以2000年和2010年Global Land 30地表覆盖数据为主要数据源，提取其建成区范围。通过计算城市群空间扩张的相关指标，分析并总结其演变特征。并从自然地理、人口数量、经济发展、交通规划、政策导向五方面探讨珠三角城市群空间扩展的动力机制。

论文题名：社区治理的实践探索与创新研究——以珠三角部分城市为例

作者姓名：侯军亮

文献来源：行政科学论坛

发表时间：2017-05-15

内容摘要：本文认为，实现社会治理的善治是贯彻落实全面深化改革的应有之义。在这一改革中，社区治理模式的选择与构建、角色的定位与转化、居民参与的力度等，都是实现善治所要研究和解决的关键。在珠三角部分城市社区治理的实践中，存在着行政缺位、社会组织之间协调困难等诸多问题。针对重点领域的治理，必须做到创新治理理念，引导和规范社区组织，维护好人民群众的利益，实行多样化的治理方式，提高公众参与社会治理的积极性。

论文题名：浅谈“互联网+”背景下珠三角地区的人力资源开发与培养

作者姓名：任慧晞

文献来源：经贸实践

发表时间：2017-05-15

内容摘要：本文认为，珠三角位于中国内地沿海地区，经济发达，劳动力人口众多。“互联网 +”背景下珠三角地区的人力资源开发与培养能更贴合地区特点，也能为国家综合推进“互联网 +”产业提供高素质、高水平的人力资源保障。

论文题名：珠三角城市群经济效率比较研究——基于三阶段 DEA 模型

作者姓名：彭丽花　游静　袁持平

文献来源：江苏商论

发表时间：2017-05-20

内容摘要：本文采用 Fried 的三阶段 DEA 模型，通过环境变量的引入，运用 SFA 回归模型剔除环境变量和随机误差对决策单元的影响，真实测算 2009—2013 年间的珠三角九市的综合经济效率。实证分析发现九市的绩效如下：深圳、珠海、中山三市的城市经济运营效率最佳；佛山只有 2011 年非有效，排名第四；广州、东莞的排名居中；惠州、江门和肇庆的城市经济效率最差。对比第三阶段和第一阶段的效率值，发现纯技术效率值提升了，说明环境变量对纯技术效率的影响较大。并结合技术无效率产生的原因，提出相应的政策建议。

论文题名：珠三角制造业与服务业融合的路径研究

作者姓名：余子萍

文献来源：广东外语外贸大学

发表时间：2017-05-22

内容摘要：本文在对珠三角制造业与生产性服务业发展现状描述的基础上，借助投入产出法和 2012 年广东省投入产出数据（最新的广东省投入产出表）对珠三角制造业与服务业融合程度进行分析。分析发现：首先，珠三角地区制造业与服务业融合程度还不高，但是呈现出提高的趋势；制造业对珠三角整体经济发展（包括生产性服务业）具有拉动作用，生产性服务业对国民经济其他部门的感应度较高，会随着经济发展而壮大。其次，本文通过制造业与服务业融合发展路径的机制分析，以及珠三角制造业与服务业融合的相关案例分析，对珠三角地区的制造业与服务业融合进行深入研究，得出结论：珠三角制造业与服务业融合必须要加大服务投入，把握自身的核心竞争力；不同类型的制造业与服务业融合模式各有特点，应根据企业实际情况及需求进行选择。最后，根据前文理论和实证分析的结果，文章提出以下政策建议：政府服务需进一步加强；激励企业增加研发投入，提升制造业企业的创新能力；增强品牌意识，打造珠三角品牌代表性企业；发展先进制造业，合理转变经济发展方式；推动产业集群，建设制造—服务一体化产业园区；完善创新型、服务型人才培养机制；凭借广东自贸区与港澳共同推进服务外包。

论文题名：面向珠江三角洲环保产业发展需求的应用型人才协同培养机制探析

作者姓名：罗鸿斌

文献来源：资源节约与环保

发表时间：2017-05-25

内容摘要：本文认为，珠江三角洲作为中国重要的发展引擎，经济发展取得很大成就；在高速发展经济的过程中，环境保护也取得一定成绩，但是环保问题依然存在。在新的发展时期，为了实现经济社会协调可持续发展，珠三角进入加快转变经济发展方式的攻坚期，而环保产业的发展对于经济发展的成败又有着深远影响。文章通过分析面向珠三角环保产业发展需求的应用型人才协同培养现状，就面向珠三角区域环保产业发展需求的应用型人才协同培养机制进行探索分析，并对珠三角环保产业应用型人才培养提出对策和建议。

论文题名：关于粤港澳大湾区金融监管合作的几点思考

作者姓名：逯新红

文献来源：特区经济

发表时间： 2017-05-25

内容摘要： 本文认为，“粤港澳大湾区”上升为国家战略受到世界瞩目，粤港澳大湾区金融合作是其中关键一环。实际上，近年来在各方共同努力下，粤港澳大湾区金融合作已具备坚实的基础，金融合作水平不断提高，合作领域逐步拓展，合作机制日益健全。作者认为，新形势下进一步深化粤港澳大湾区金融合作，健全跨境金融合作监管机制，是促进粤港澳大湾区金融监管一体化的现实需求，对于维护区域金融安全与稳定具有重要意义。

论文题名： 珠三角农地利用碳排放及减排政策研究

作者姓名： 朱子玉

文献来源： 暨南大学

发表时间： 2017-05-26

内容摘要： 本文从珠三角农地资源的现状出发，分析 1996—2014 年度珠三角农地利用碳排放的时空特征，并基于 Kaya 恒等式和 LMDI 模型探讨碳排放驱动因素。研究结果显示：1. 珠三角农地利用碳排放总体呈上涨趋势。其中，总量呈波浪式增长，强度增长迅猛。2. 各地碳排放差异悬殊。3. 农地利用化学化带来的碳排放最多，化肥更是占比最大的碳源。驱动因素方面，农业经济快速发展是碳排放增加最重要的驱动因素，农业产业结构调整也促进碳排放的增加；相反，农地利用效率提高极大抑制碳排放，农业劳动力规模减小对碳排放也起抑制作用。综上所述，本文构建结构减排、技术减排、规模减排、区域差异化减排与联动减排及切勿抑制经济减排的总体思路，并提出相应减排的政策建议：1. 完善政策制度设计，强化农地碳减排顶层设计；2. 运用市场经济手段，激发农地碳排放主体参与热情；3. 创新技术研发推广，提高农地利用效率；4. 加大宣传教育，做好农地碳减排技术理念推广；5. 促进土地规模化经营，奠定农地碳减排基础；6. 制定地区分异及联动策略，实现农地碳减排整体效果。

论文题名： 珠三角洲的产业结构变动与经济增长的关系研究

作者姓名： 林胜福

文献来源： 兰州财经大学

发表时间： 2017-05-26

内容摘要： 本文在借鉴前人研究成果的基础上，利用广东统计年鉴上的数据进行加工和处理，对珠三角地区的经济发展现状及产业结构现状进行分析和说明。在此基础上，利用统计软件 STATA 的统计分析方法进行建立模型，并且使用回归分析、单位根检验、协整检验、格兰杰因果检验等检验方法。结果表明：珠三角地区三大产业结构变动对经济增长具有长期的互相关系，其中第一产业对其产生负作用，而第二、三产业对经济增长产生正作用，同时它们的速率上也表现不同的相互关系。总之，产业结构变动对珠三角地区经济增长是有利的，但应该注意彼此之间的协调发展。最后结合实证分析的具体情况，提出较为合理的政策启示，以期促进珠三角地区经济持续地、健康地、协调地发展。

论文题名： 珠三角堤围论文专题特征与文献意义探讨

作者姓名： 刘水养

文献来源： 佛山科学技术学院学报（社会科学版）

发表时间： 2017-05-30

内容摘要： 文章运用文献信息项分类整理与统计分析的方法，将珠三角堤围论文的文献主题词、中图分类号、载文期刊、机构与作者等信息进行分项剥离、归类整理，本文根据这些信息项统计的结果，揭示该类型文献珠三角堤围专题特征，探讨这些专题特征所具有的文献意义。

论文题名： 珠三角地区住宅工业化设计研究

作者姓名： 陈景石

文献来源： 广州大学

发表时间： 2017-06-01

内容摘要： 本文通过对国内外工业化住宅的发展历程以及相关理论的研究，总结其经验与教训，用于中国住宅工业化的发展。文章通过对珠三角地区的住宅工业化现状进行调研，针对典型实例进行分析解读，得出目前珠三角地区住宅工业化发展情况，在此基础上，结合珠三角地区气候环境特征与建筑适应性要求，提出适合珠三角地区的住宅工业化设计策略。

论文题名：珠三角海洋文化产业发展的问题及对策研究

作者姓名：谢安

文献来源：广东海洋大学

发表时间：2017-06-01

内容摘要：本文认为，珠三角地区地理区位优越，海陆交通便利，是中国最早开始改革开放的地区，经济实力雄厚，创新能力强，素有"南海明珠"之称。同时还是广府文化、古越文化的发源地，悠久的海上贸易历史、频繁的对外交流形成特色的海洋文化，具备发展海洋文化产业的基础条件。本研究通过学习基本理论知识，介绍珠三角地区发展海洋文化产业的重要性，着重探讨其在发展过程中所面临的问题，相应地从政府、地区发展模式、政企联合以及人才教育等方面提出对策建议，以推动该地区的海洋经济发展和文化建设。

论文题名：广东珠三角地区农民工工伤保险问题研究

作者姓名：黄月琴

文献来源：湘潭大学

发表时间：2017-06-01

内容摘要：本文认为，珠三角地区作为广东经济发达的地区之一，民营、私企业众多，且多为劳动密集型的、工伤发生率较高的加工制造业及建筑行业等，相对于外资企业、国有企业而言，民营企业、私营企业对于工人的文化程度要求不高、入职门槛较低且需求量较大，因此吸引大批的农民工到该地谋生、就业；多数民营、私营企业在生产中往往只注重追求利润的最大化，而忽略对农民工工伤预防、安全生产等合法权益的保护，同时，农民工因文化程度不高，对所从事岗位的职业危险性认识不足，在日常的工作中常常缺乏自我保护及安全防护的意识，因此工伤事故的发生率较高，农民工的合法权益受到侵害。文章通过将典型的工伤案件与工伤保险基础理论及相关法律制度相结合的方式分析目前广东珠三角地区农民工工伤保险存在的问题，并对完善广东珠三角地区工区农民工工伤保险提出相关建议。

论文题名：论粤港澳大湾区的创新生态系统

作者姓名：周任重

文献来源：开放导报

发表时间：2017-06-08

内容摘要：本文认为，促进粤港澳大湾区创新生态系统的发展，是打造世界级湾区经济的关键。粤港澳大湾区具备创新资源聚集、产业配套完善等有利条件，同时也面临区域内制度差异与跨境要素流动性障碍等一些突出问题。需要加强区域协同创新，跨境创新要素流动，创新服务体系，创新文化，在区域融合方面取得新的突破。

论文题名：加快粤港澳大湾区城市群建设的几点思考——基于深圳市

作者姓名：曹方平

文献来源：财会学习

发表时间：2017-06-13

内容摘要：本文认为，加快建设粤港澳大湾区城市群具有重要战略意义。建立粤港澳大湾区城市群是希望能够深化与港澳台合作，推动珠三角城市群和跨省区重大合作平台的建设，深圳在湾区建设中具有排头兵作用和重要性。粤港澳大湾区城市群的提出对深圳是重大的利好，但同时面临着诸多的制约因素。

论文题名：高铁经济对珠三角区域协调发展的影响与对策

作者姓名：董同彬

文献来源：产业与科技论坛

发表时间：2017-06-15

内容摘要：本文认为，珠三角已经进入高铁经济与区域协调发展新时代。发展高铁经济不仅大为改善珠三角的交通状况，而且对经济发展、社会建设、人口流动、旅游等产生重要影响。作者认为，应加快推进高铁建设，完善区域协调发展机制，科学决策，促进高铁经济健康发展。

论文题名：基于三阶段 DEA 模型的珠三角港口效率研究
作者姓名：王爱虎　吴文玲
文献来源：工业工程
发表时间：2017-06-15
内容摘要：本文为评价珠三角地区港口效率，选取 2010—2014 年珠三角地区九市港口的投入产出面板数据，用三阶段 DEA 方法对珠三角港口效率进行实证分析。研究结果表明：珠三角地区港口综合效率整体偏低；规模无效率是综合效率低下的主要原因；珠三角地区港口的综合效率、纯技术效率和规模效率均呈逐年递增的趋势，但是上升幅度不明显。

论文题名：基于城市群公共危机的应急网络组织构建——以珠三角城市群为例
作者姓名：杜军
文献来源：现代城市研究
发表时间：2017-06-15
内容摘要：本文认为，珠三角城市群正面临多形态公共危机的威胁，公共危机表现出更加复杂的特征，区域内致灾因子脆弱性进一步增强。同时在城市群公共危机应对过程中组织存在着应急主体单一、应急权力垄断、应急力量分割以及应急效率偏低等多重缺陷。基于此，一种新的组织范式——应急网络组织得以构建，并从主体构成维度、组织结构维度、权力运行维度进行三重探索，旨在为政府应急管理进行更多有益的尝试提供理论参考。

论文题名：珠三角全域规划的区域交通分析
作者姓名：陈斌
文献来源：住宅与房地产
发表时间：2017-06-15
内容摘要：文章采用大数据和多专业的分析方法，提出珠三角交通方式变革的模式与过程，分析珠三角城市群轨道网络建设的必要性和存在症结，全面解析珠三角城际交通未来发展的关键问题。

论文题名：珠三角区域旅游发展现状及对策研究
作者姓名：梁佼佼
文献来源：山东农业工程学院学报
发表时间：2017-06-15
内容摘要：本文认为，珠三角是中国华南地区的重要经济城市，与时俱进迎合经济发展浪潮切实推动旅游产业的全速发展是必要举措。然而近几年来，区域旅游战略理论与实践的不断深入对珠三角旅游产业的发展提出更高的要求，其在发展过程中亦逐渐突显出一些明显的问题，制约着珠三角旅游的发展。文章以此为出发点，浅谈珠三角旅游发展的现状与对策，以期为更多更为深入的研究提供参考。

论文题名：供给侧改革视阈下珠三角高职商务英语专业创新人才培养研究
作者姓名：林逸
文献来源：广东轻工职业技术学院学报
发表时间：2017-06-15
内容摘要：本文认为，在供给侧结构性改革国家经济战略新形势下，经济贸易活跃的广东珠三角地区企业亟需创新技能型人才。高职商务英语专业人才培养需抓住供给侧结构性改革的发展机遇，转变观念，从供给侧着力进行创新，增强学生核心能力和技术能力，培养与供给侧相适应的创新技能型人才，服务于珠三角区域社会和经济发展。

论文题名：珠三角地区建筑工程类人才需求调研——以华南理工大学毕业生就业为视角

作者姓名：王燕林　张蔚洁

文献来源：高等建筑教育

发表时间：2017-06-15

内容摘要：本文通过调研了解以广州、深圳为核心的珠三角地区建筑业用人单位的需求趋势和企业对人才培养的建议，以华南理工大学毕业生就业为视角，详细了解土木工程、工程管理、工程力学、水利与水电工程专业和土木工程全英班毕业生在就业中存在的问题，并有针对性地提出对策建议：明确人才定位，打造人才培养特色；将能力素质培养融入到日常教学和管理；早规划早定位，促进校企合作。

论文题名：珠三角地区软土沉降特性及工程应用研究

作者姓名：万友元

文献来源：公路交通科技（应用技术版）

发表时间：2017-06-15

内容摘要：本文采用珠三角地区某高速公路软基路段软土进行室内一维固结蠕变试验，对试验数据进行分析，绘出该软土的蠕变特性曲线，并对曲线进行分析。利用数值分析软件 origin，采用不同的蠕变模型拟合曲线，得出模型参数值，以相关系数 R2 评估拟合精度，从而确定合适的流变模型。现场实测数据反映所得模型的合理性，对同地区高速公路路基沉降控制具有一定的指导意义。

论文题名：珠三角民营制造企业内部控制中的非正式制度研究

作者姓名：梁永辉

文献来源：广东财经大学

发表时间：2017-06-19

内容摘要：本文以东莞市 Y 玩具有限责任公司为例，研究中小民营企业内部控制中的非正式制度及其对内部控制的影响，并提出中小企业内部控制中非正式制度的改进措施。作者认为，企业应重视非正式制度在内部控制中的影响和作用；非正式制度对内部控制的运行可能产生积极或消极的影响，需要肯定非正式制度的作用，协调非正式制度与正式制度的关系，共同提高企业内部控制的效率。另外，内部控制理论和实务应当更多地关注本土化因素，促进具有中国特色的内部控制本土化创新。

论文题名：改革开放以来粤港澳经济关系的回顾与展望

作者姓名：任思儒　李郇　陈婷婷

文献来源：国际城市规划

发表时间：2017-06-19

内容摘要：本文认为，改革开放近 40 年的发展见证粤港澳经济合作举世瞩目的成就。粤港澳三地的经济关系由早期单一的“前店后厂”跨地域分工模式向“厂店结合”等多种模式并举演变，实现地域范围的延展与合作内涵的丰富。进入 21 世纪后，香港经济转型的同时面临广东省服务业崛起的挑战，粤港澳三地通过基础设施的对接与优化不断争夺腹地，以突破土地资源的束缚实现经济发展空间的拓展；“一带一路”与“人民币国际化”背景之下，金融业合作可能成为粤港澳经济合作第三阶段的发展重点。在经济关系转变的同时，粤港澳的空间格局亦由“小集聚、大分散”逐步转向“小分散、大集聚”。作者分析粤港澳未来经济关系的走向，认为粤港澳区域合作将从分散发展走向边界突破，从宜居湾区走向世界级湾区，从中心—腹地走向枢纽—网络，最终实现对经济关系转变的空间回应。

论文题名：珠江三角洲城市社会极化与新型城镇化路径选择

作者姓名：蔡丽茹　刘炜

文献来源：城市观察

发表时间：2017-06-20

内容摘要：本研究从城市社会极化的视角出发，通过对珠三角城市社会极化现象及其产生的社会民生问题的分析，对传统城镇化路径中出现的问题进行反思，并以此为基础提出新型城镇化路径选择的方向。

论文题名：珠三角自主创新示范区空间发展的理论基础与策略建议

作者姓名：黄鼎曦　陈洋　丁镇琴

文献来源：城市观察

发表时间：2017-06-20

内容摘要：本文认为，珠三角自主创新示范区涉及多个城市的不同空间载体，偏向技术创新领域，创新资源的集聚及创新网络日渐成熟，但创新主体单一，且创新要素相互间联系不足。区域创新体系理论强调各种基本要素的相互作用，强调区域政策对区域资产的动员和网络关系的建设。开放式创新成为创新发展模式的新趋势，在空间上具有很强的空间集聚态势，同时与传统核心城市分离，并具有时空的延续性。由此，未来珠三角自主创新示范区的空间发展策略将围绕“加速要素流动，网聚优势集群”这一核心而提出。

论文题名：珠三角地区企业“用工荒”浅析

作者姓名：马颖

文献来源：时代金融

发表时间：2017-06-20

内容摘要：本文认为，随着国家宏观经济结构的调整、劳动力的转移以及电商等新经济形态的出现，珠三角地区企业“用工荒”成为广东经济社会发展的一个必然产物，同时也体现一个时代发展的缩影和阵痛。对此民工迷茫，企业焦虑，政府关注。文章从政治、经济、社会、企业、文化等层面对珠三角地区企业的用工现状及历史因素进行分析，并提出解决“用工荒”问题的基本策略。

论文题名：浅谈珠江三角洲环境地质控制性因素及问题分析

作者姓名：杨桂青

文献来源：山东化工

发表时间：2017-06-23

内容摘要：本文认为，珠江三角洲经济区濒临南海，海洋和陆地之间的相互作用比较强烈，地质的侵蚀和剥蚀作用比较明显，地貌类型多样，也是地质环境中的过渡带以及敏感带，由于独特的区域特色，使得当地的地质环境比较敏感。文章从地形细毛、海平面变化等方面出发，对珠江三角洲的环境地质控制因素和相关问题进行分析，并且提出建议和对策。

论文题名：论粤港澳区域合作中的法律问题及其反思

作者姓名：赵伟

文献来源：江汉大学学报（社会科学版）

发表时间：2017-06-23

内容摘要：本文认为，行政协议作为粤港澳区域合作中的重要合作机制，对中国粤港澳区域合作的发展和深化产生着重要影响。目前，粤港澳区域行政协议存在着法律地位不明确，有违宪法、法律规定等问题，对这些问题展开分析和反思对完善粤港澳区域合作法律机制极为重要。由于法治理念所蕴含的规则之治、良法之治、程序之治、理性之治等理念所带来的效果，人们足以相信在改革过程中的法治先行，可以在一定程度上减少社会转型所带来的风险。

论文题名：珠江三角洲水资源配置工程全过程造价控制措施

作者姓名：关晓帆

文献来源：水资源开发与管理

发表时间：2017-06-25

内容摘要：本文以珠江三角洲水资源配置工程为例，阐述水利工程项目造价存在的主要问题及其造价管理的重要性，给出策划、设计、招标投标、施工及竣工等阶段的造价管控措施体系，实现工程全过程造价管控。

论文题名：推进广州佛山同城化打造珠三角城市群核心区

作者姓名：金永亮

文献来源：城市

发表时间：2017-06-25

内容摘要：广州、佛山两个地处珠江三角洲的城市，经济社会发展走在广东省前列。本文认为，在国家大力倡导区域合作背景下，强化广州佛山同城效应，推进广佛同城化建设，对于加快推进珠三角区域一体化发展，打造世界级城市群建设具有积极意义。

论文题名：珠三角科技金融促进高新技术产业发展的效果与方式研究

作者姓名：陈佳媚

文献来源：暨南大学

发表时间：2017-06-30

内容摘要：本文以珠三角为研究对象，把高新技术的发展过程分为新技术孵化、科技成果转化、技术市场导入和高新技术产业化这四个阶段，并围绕公共科技金融和市场科技金融等科技金融投入方式，分析珠三角科技金融、高新技术产业的发展现状和问题，研究珠三角科技金融促进高新技术产业发展的效果与方式。效果分析方面，从不同城市、不同技术创新阶段和不同科技金融投入方式切入，通过制定科技金融综合指数聚类分析科技金融在不同城市间的投入产出效果；并采用面板模型，深入分析公共科技金融和市场科技金融等科技金融投入方式促进高新技术发展的效果、不同投入方式在不同技术创新阶段的促进效果、以及不同投入方式在珠三角各城市间的促进效果及其差异。方式研究方面，立足于珠三角现有的金融支持体系和所处的技术创新阶段，通过借鉴美国、日本、韩国三个国家金融支持科技创新的经验，研究表明广州、深圳的促进方式应采用以市场科技金融为主、公共科技金融为辅的模式；佛山、东莞、惠州、江门则采用市场科技金融和公共科技金融相辅相成的模式；而珠海、中山、肇庆采用以公共科技金融为主、市场科技金融为辅的模式。最后，针对研究结论提出合理的对策和建议。

论文题名：国际湾区实践对粤港澳大湾区建设的启示

作者姓名：申明浩　杨永聪

文献来源：发展改革理论与实践

发表时间：2017-07-01

内容摘要：国际一流湾区的代表主要有纽约湾区、旧金山湾区、东京湾区，从三大湾区的实践经验来看，基础设施一体化、要素流动自由化、产业分工协同化、营商环境包容化是其获得巨大成功的基本要素。本文认为，粤港澳大湾区要实现从区域性湾区向国际大湾区的跨越和升级，就必须在湾区深度融合与协同分工上取得新的进展，具体的实现路径包括推动一体化深度融合、打造特色化协同体系、构建自由化要素流动保障以及营造国际化营商环境等。

论文题名：“任务驱动”教学模式在珠三角空港经济人才培养中的应用探讨

作者姓名：苏明

文献来源：文教资料

发表时间：2017-07-05

内容摘要：本文认为，珠三角地区空港经济发展态势较好，对空港人才的需求随之扩大，如何培养适应珠三角地区空港经济发展需要的人才，是摆在珠三角地区高校面前的一项重大课题。论文介绍“任务驱动”教学目标、教学方式、教学步骤，提出“任务驱动”教学模式在珠三角空港经济人才培养的应用中应注意问题情境的设置、教师扮演的角色、学生能力的培养等事项。

论文题名：珠三角区域 $PM_{2.5}$ 浓度特征及时空变化规律

作者姓名：张莹　赵燕

文献来源：科技与创新

发表时间：2017-07-05

内容摘要：本文在统一仪器设备和参数设置的条件下开展珠三角区域 $PM_{2.5}$ 浓度监测，分析珠三角区域 $PM_{2.5}$ 时空变化。研究结果表明：珠三角区域 $PM_{2.5}$ 平均浓度总体分布为西部高，中部和南部中等，北部和东部低。其中，南部 $PM_{2.5}$ 浓度水平随季节变化明显。

论文题名： 粤港澳大湾区城市群经济外向拓展及其空间支持系统构建

作者姓名： 林先扬

文献来源： 岭南学刊

发表时间： 2017-07-06

内容摘要： 城市群经济的迅速崛起正日益改变着中国传统的城市经济区格局，已经成形的京津唐、长江三角洲和粤港澳大湾区城市群被视为未来中国最具有辐射力和影响力的全球城市地区，决定着中国经济发展的未来。本文认为，新一轮的投资浪潮将改变粤港澳大湾区城市群原有的产业和城市空间，也会促进其经济外向拓展。粤港澳大湾区城市群经济外向拓展为近域拓展、远域拓展与泛域拓展，相应地需要构建产业链网络、基础设施网络、城镇网络、创新网络等空间支持系统，提升其综合竞争力。

论文题名： 产业转型时期珠三角现代服务业集聚分布差异与政策建议

作者姓名： 沈小平　江娜平

文献来源： 科技管理研究

发表时间： 2017-07-10

内容摘要： 文章在对现代服务业集聚测度指标适用性讨论并改进的基础上，着重对珠三角区域及城市之间现代服务业的集聚程度、专业化水平和行业集聚结构及其空间分布特征进行实证分析。作者从引导现代服务业差异化集聚发展、构建同制造业协同发展的产业生态系统和优化现代服务业区域共生发展环境等方面提出政策建议。

论文题名： 基于珠三角地区中小企业融资困境的供应链融资分析

作者姓名： 毛煜　曾小燕　罗海英

文献来源： 当代经济

发表时间： 2017-07-10

内容摘要： 本文认为，珠三角地区中小企业的生存与发展一直受到资金的限制，许多中小企业都会面临借贷无门的问题，金融机构为了拓展融资业务和降低风险，在传统的融资背景下推出供应链融资模式。然而供应链金融在珠三角地区实施过程中却面临一系列问题。文章以珠三角地区中小企业融资问题为背景，介绍运用供应链金融模式解决珠三角地区中小企业融资问题的方法及优点，并为供应链金融业务在珠三角地区的推广和应用提出相关建议。

论文题名： 粤港澳大湾区建设与三地共建开放型经济新体制

作者姓名： 林江

文献来源： 中国财政

发表时间： 2017-07-10

内容摘要： 本文认为，在新形势下，需要探讨如何通过推动粤港澳大湾区和世界级城市群的建设来实现粤港澳三地共同构建开放型经济新体制的目标。文章分析粤港澳大湾区建设的内涵，对推进粤港澳大湾区建设提出建议。作者认为，充分利用广东经济外向程度高的优势，与香港联手营造与国际接轨的良好营商环境。加快粤港澳大湾区与世界级城市群的建设步伐。打好两张“9+2”牌，进一步发挥香港作为国际城市和国际金融中心的优势和作用。

论文题名： 珠江三角洲天河水文站水位过程预报方案改进

作者姓名： 卢康明　徐爽

文献来源： 人民珠江

发表时间： 2017-07-11

内容摘要： 本文结合河网洪水演进数值模拟，对天河水文站水位预报方案上游来水影响预测改进，解决原方案仅适用上游来水以西江洪水为主的问题。改进方案增加天河站潮汐影响随上游来水增大而逐渐减小的趋势分析，提高天河站高水位过程的预报精度。应用于2015年5月以北江干流来水为主的洪水和2015年6月以西江干流来水的洪水为主的模拟预报，方案成果符合预报规范要求，可为珠江三角洲感潮河网地区日常防汛提供技术参考。

论文题名：粤港澳大湾区城市群建设的战略意义和现实挑战
作者姓名：蔡赤萌
文献来源：广东社会科学
发表时间：2017-07-18
内容摘要：本文认为，共建粤港澳大湾区世界级城市群，既是粤港澳区域经济社会文化自身发展的内在需要，也是国家区域发展战略的重要构成与动力支撑点，承载着辐射带动泛珠三角区域合作发展的战略功能；同时，也是国家借助港澳国际窗口构建开放型经济新体制的重要探索，是建设“一带一路”枢纽、构建“走出去”“引进来”双向平台的重要区域支点；此外，也是构建港澳经济长远发展动力，成功实践“一国两制”、达致港澳长远繁荣稳定和凝聚港澳向心力的重要措施。目前粤港澳大湾区有合作基础，但要达致建设目标与战略价值仍面临诸多挑战。作者认为，如何在两种制度、三个关税区、三个法律体系的异质城市群内，按照湾区经济和城市群的发展规律，实现要素便捷流通、资源高效配置和产业协同效应，涉及到如何突破跨境行政壁垒和体制束缚，也面临着如何建立统筹协调机制推动协同有序发展，如何完善营商环境对标国际一流吸引国际高端资源集聚湾区，如何消弭经济融合对多元主体的不同影响的问题，对三地政府跨境治理带来很大挑战，是中国探索参与全球治理的“试验田”。

论文题名：粤港澳大湾区城市群发展路向选择的维度分析
作者姓名：丘杉
文献来源：广东社会科学
发表时间：2017-07-18
内容摘要：本文从四个方面分析粤港澳大湾区城市群发展路向：从长效合作机制的维度看，未来大湾区要以“互联互通”为基本原则和方向，促进珠三角和港澳的共同发展；从国家发展动能维度看，未来大湾区要将更多的国家发展理念、发展空间输送香港，促进其繁荣稳定；从“一带一路”的维度看，未来大湾区要实现与沿线国家和重要城市的无缝连接，打造总部功能，成为“一带一路”重要门户枢纽；从大城市群的维度看，未来大湾区要以内部行政边界模糊化，推动连片发展，打造无城界阻碍的超级城市群。

论文题名：粤港澳大湾区战略推进的背景分析
作者姓名：宋丁
文献来源：特区经济
发表时间：2017-07-25
内容摘要：本文讲述，在2017年的全国两会上，建设粤港澳大湾区被确定为国家战略，并写入政府工作报告，这对粤港澳及周边地区来说是实现经济转型升级，促进经济又好又快发展的重大机遇。文章就这一国家战略提出的特定背景加以分析，以期为后期粤港澳大湾区建设规划的制定提供参考意见。

论文题名：粤港澳地区港口物流企业成本管理综述
作者姓名：曾艳英
文献来源：经济研究导刊
发表时间：2017-7-25
内容摘要：本文认为，粤港澳地区港口物流的发展对于中国国内的港口发展有着非常重要的启示作用，粤港澳地区港口不仅占据着极其特殊、重要的地理位置，还有其自身的特殊优势。它们是连接中国和世界的窗口，受到世界先进理念的冲击。特别是近年来，全球经济得到快速的发展，服务、物流一体化的需求明显。从现代港口物流的现状特点入手，通过分析粤港澳地区港口物流企业管理存在的问题，提出以物流价值链管理为核心的、优化企业成本管理的建议。

论文题名：粤港澳大湾区金融合作背景和战略意义
作者姓名：逯新红
文献来源：金融与经济
发表时间：2017-07-25

内容摘要：本文认为，粤港澳大湾区在推动内地与港澳地区深化合作、提升国家经济发展和对外开放中日益发挥着重要作用，其金融合作机制日益健全。合作领域逐步拓展，发挥金融核心作用，提升粤港澳大湾区整体竞争力。

论文题名：粤港澳大湾区城市群建设中的法律冲突与法律合作

作者姓名：张淑钿

文献来源：港澳研究

发表时间：2017-07-25

内容摘要：本文认为，粤港澳大湾区城市群建设面临不同法系不同法律制度的法律冲突，推动粤港澳三地法律合作进一步发展，有助于对粤港澳大湾区城市群建设中的法律冲突进行有效协调，并减少三地经济合作的制度障碍。未来，粤港澳三地可携手合作共建国际法律服务和纠纷解决中心，解决可能出现的区际商事争议并共同服务于国家“一带一路”倡议。

论文题名：粤港澳紧密合作中的软法研究

作者姓名：王紫零

文献来源：探求

发表时间：2017-07-26

内容摘要：本文认为，由于香港、澳门的回归和台湾地区特殊情况的存在，中国已经由原来的单一法制国家变成多元法制国家，形成“一国两制三法系四法域”的复合法域国家。目前，四地区形成一个共同发展的“中华经济圈”，区际法律冲突问题已经成为亟待解决的重要问题，软法现象和软法的作用变得日益突出。这时如果公法学仍然一如既往地对软法现象视而不见，那么这不仅是公法理论体系本身的缺憾，而且还会严重地制约着公域之治与全面依法治国目标的实现，因此有必要深化中国公法学上的软法理论研究。

论文题名：珠三角制造业高技能人才与制造强区需求的拟合度研究

作者姓名：邓佐明

文献来源：高等职业教育探索

发表时间：2017-07-28

内容摘要：本文为探讨珠三角制造业高技能人才与制造强区的拟合度，选取珠三角具有代表性的100家制造企业进行有关数据资料采集，在回顾珠三角经济社会发展现状、统计分析调查结果、剖析珠三角制造业高技能人才与其实现制造强区人才需求拟合度的基础上，初步建立了产业高技能人才公式，并提出珠三角制造业应对高技能人才短缺的建议措施和研究展望。

论文题名：珠三角科技型小微企业融资问题研究——供应链金融视角

作者姓名：苏国强　张殷

文献来源：佛山科学技术学院学报（社会科学版）

发表时间：2017-07-30

内容摘要：本文基于现金—现金流敏感性模型，选择珠三角“新三板”挂牌科技型小微企业相关数据进行实证研究，发现供应链金融的发展有助于解决珠三角科技型小微企业的融资问题。因此，珠三角地区的政府、金融机构和企业应协同合作，大力发展供应链金融，以缓解珠三角科技型小微企业融资约束，从而促进珠三角地区经济金融的发展。

论文题名：粤港澳大湾区背景下“融就业一体”的高职药学专业实习教学改革探索

作者姓名：杨文豪

文献来源：职教通讯

发表时间：2017-07-30

内容摘要：本文基于粤港澳大湾区，尤其是顺德地区人才需求，分析高职院校实施“融就业一体”的药学专业实习教学改革的必要性和可行性。文章探索符合技术技能人才成长规律的“融就业一体”实习教学模式，分析其意义和优势所在。进行“融就业一体”的实习教学改革后，药学专业实现实习教学与就业工作相融合，提高学生就业率，提升就业质量和实习教学效果。

论文题名：基于粤港澳大湾区背景的跨境电商发展优势分析

作者姓名：舒阳　陈奇

文献来源：现代经济信息

发表时间：2017-08-05

内容摘要：本文认为，在粤港澳这样一种优劣势并存的环境下，跨境电商有何种优势从中发展，文章从基础设施、管理手段和配套服务等方面分析粤港澳大湾区背景下跨境电商发展优势，以此为基础，提出相应对策。

论文题名："21世纪海上丝绸之路"下的粤港澳大湾区联动开放新路径

作者姓名：黄超　陈奇

文献来源：现代经济信息

发表时间：2017-08-05

内容摘要：本文主要分析"21世纪海上丝绸之路"战略背景下的粤港澳大湾区的外贸创新发展新路径，介绍粤港澳大湾区与海上丝绸之路战略的重要关系、粤港澳地区合作的旧模式，最后总结新时期下大湾区外贸发展的创新模式。

论文题名：发展粤港澳湾区经济的思考

作者姓名：李晗

文献来源：中国商论

发表时间：2017-08-07

内容摘要：本文认为，发展粤港澳湾区经济，是主动落实国家"一带一路"倡议的重大举措。准确把握湾区经济内涵特征，对于加快发展世界一流湾区经济，更好地服务"一带一路"倡议，具有重要意义。文章通过对建设粤港澳大湾区的原因分析以及优劣势分析，提出发展粤港澳湾区经济的相关建议。

论文题名：关于建设粤港澳大湾区创新设计圈的建议

作者姓名：王晓红

文献来源：开放导报

发表时间：2017-08-08

内容摘要：本文认为，建设粤港澳大湾区创新设计圈将为构建大湾区产业创新体系，使珠三角在"中国制造2025"战略中发挥引领示范作用提供有力支撑，同时为深化内地与港澳合作的体制创新提供实践。粤港澳产业优势互补、设计资源协作优势明显，具备良好的合作基础。作者认为，应围绕推动大湾区成为全球制造业创新中心、自主品牌集聚区、国际化设计人才集聚地和具有全球影响力的创新设计集群，构建产业、人才、文化、体制深度融合的大湾区创新设计生态体系，加快体制机制创新。

论文题名：粤港澳大湾区发展规划研究

作者姓名：哈尔滨工业大学（深圳）经济管理学院课题组

文献来源：开放导报

发表时间：2017-08-08

内容摘要：本文认为，粤港澳大湾区规划是广东投身"一带一路"建设的历史机遇。未来应加快沿海城市带发展，以港深为核、珠江为轴、沿海为带，形成"T"字型空间结构，发展包括五大城市圈等23座城市，构成"一核一轴一带五圈"的空间结构。坚持发挥市场的决定性作用和中央政府的统筹作用。以开放推动转型升级，全面提升粤港澳大湾区对内经济辐射功能与对外国际化水平。

论文题名：以"双转型"引领粤港澳大湾区发展

作者姓名：综合开发研究院（中国·深圳）课题组

文献来源：开放导报

发表时间：2017-08-08

内容摘要：本文认为，单一城市向都市群转型，金融中心向"金融+科技"中心转型，已经成为世界一流湾区发展新潮流，能否实现"双转型"，关系到粤港澳大湾区的发展愿景。推动"双转型"，有效拓展新空间、打造新动能、培育新主体、构建新机制，粤港澳大湾区将成为全球工业革命策源地、全球高端科技汇集地、全球数字经济生成地和全球创新生态系统培育地。

论文题名： 在粤港澳大湾区建设中深化深港合作创新

作者姓名： 许鲁光

文献来源： 开放导报

发表时间： 2017-08-08

内容摘要： 本文基于建设粤港澳大湾区的背景，从湾区经济产生及运行特征出发，论述粤港澳大湾区建设中深港创新合作的轴心战略地位及其应发挥的枢纽作用，针对当前深港合作创新依然面对的障碍，提出在粤港澳大湾区建设中要提升深港创新合作层次，通过制度创新，促进粤港澳大湾区早日建成的若干策略建议。

论文题名： 粤港澳大湾区背景下深莞惠经济圈的创新发展

作者姓名： 阳结南

文献来源： 开放导报

发表时间： 2017-08-08

内容摘要： 本文认为，深莞惠经济圈逐步向深莞惠创新型经济圈转变，其建设过程中也存在协调机制障碍明显、创新主体薄弱、创新网络亟待完善等问题。为提升深莞惠经济圈创新发展能力，需建立具有实质约束力的协调机制，主动适应粤港澳大湾区战略，统筹布局产业层级，并顺应产业层级，合理布局创新主体，强化创新核，推进创新网络建设与融合。

论文题名： “村改居”社区文化存在的问题及对策——以珠江三角洲地区“村改居”社区为例

作者姓名： 张雪峰

文献来源： 经贸实践

发表时间： 2017-08-15

内容摘要： 本文认为，转制社区因生活环境、社交网络、生计模式、规则意识等因素的变化，造成一系列文化困惑和冲突。转制社区应该在加强社区文化建设、提高社区文化认同上下功夫，从而消除因乡村文化与城市文明之间的矛盾，造成对转制社区转制过程的负面影响。

论文题名： 基于设立雄安新区后京津冀区域经济一体化研究——与长三角、珠三角地区的对比分析

作者姓名： 冯雪玲　张永庆

文献来源： 物流工程与管理

发表时间： 2017-08-15

内容摘要： 本文认为，随着经济全球化发展的加快加深，区域经济一体化成为增强区域综合实力的一种必然选择。珠三角、长三角和京津冀是中国整体竞争力最强的三大城市群，珠三角和长三角的经济发展长期领先于京津冀地区。文中将三大城市群经济进行对比分析，同时，基于设立雄安新区后的新视角，提出优化京津冀区域经济一体化协调发展的新对策。

论文题名： 基于地理国情普查数据的土地开发强度评估——以珠三角核心区为例

作者姓名： 江齐英　马世发

文献来源： 国土与自然资源研究

发表时间： 2017-08-15

内容摘要： 本文通过深入分析土地利用现状数据及地理国情普查数据的内容及土地开发强度评估的内涵，表明地理国情普查数据在土地开发强度评估方面的优势及合理性。阐述基于地理国情普查数据的土地开发强度评估原理，以珠三角核心区六市为研究区域，研究六市总体及各自的房屋建筑分布状况，以及每平方公里建筑及土地的平均开发强度。结果表明：珠三角核心区总体以高密度低矮房屋建筑较多，整体开发强度并不高，相对来说，东莞市的土地开发强度略高于其他市，这与该市良好的经济发展是密切相关的。

论文题名： 珠三角和粤北两地区医务人员现状及绩效评价参考因素选择的分析

作者姓名： 靳月琴　周舒冬

文献来源： 中国卫生人才

发表时间： 2017-8-15

内容摘要： 本文以珠三角 4 家二级公立医院和粤北 2 家二级公立医院的医务人员为总体，按科室

中的职称比例（初级：中级：高级=5：3：1）进行分层随机抽样，选取医务人员进行问卷调查，发放问卷320份，收回有效问卷303份，对医务人员的基本情况、待遇评价、进修和培训、绩效考核参考因素的选择等情况进行分析。结果表明：与珠三角相比，粤北地区的二级医院卫生人力资源结构整体特征为学历低、年龄偏大、收入不高、脱产继续教育机会少。对应分析显示，本科及以上学历、30～39岁的医务人员都选择技术含量和岗位的风险系数作为绩效评价体系的参考因素；初级或以下职称的医务人员则倾向于选择工作量和患者满意度；40岁及以上的医务人员均倾向于选择职称。得出结论：粤北地区优质的卫生人力资源仍然较为匮乏，亟需政策推动。不同岗位、不同资历的医务人员关注绩效评价的参考因素不同，在构建绩效考核体系时应适当加以区别和考虑。

论文题名：基于价值链的珠三角时尚饰品行业发展和转型研究

作者姓名：何景师

文献来源：东莞理工学院学报

发表时间：2017-08-15

内容摘要：本文基于价值链理论分析时尚饰品行业供应链，指出产业链中的基本价值链活动和高价值链活动，并分析珠三角地区时尚饰品行业发展现状和发展中存在的问题，指出企业应积极向创意设计、加强工艺技术创新、拓展电商渠道、进行跨界和智能化发展、宣传展示产品创意等高价值链环节发展。

论文题名：珠三角地区传统道路客运企业转型“旅游＋交通”模式的探讨

作者姓名：武香林

文献来源：广东交通职业技术学院学报

发表时间：2017-08-15

内容摘要：本文认为，珠三角地区高铁、城际轨道交通系统的快速发展，给传统道路客运企业带来巨大的竞争压力。面对客流分担率逐年下滑的严峻考验，结合当前旅游交通的发展趋势，传统道路客运企业迫切需要探索新的运营模式。文章通过构建科学合理的“旅游＋交通”的信息平台，提供无缝衔接高服务水平的运输服务，实现“旅游＋交通”创新转型，为经营状况每况愈下的道路运输企业注入新的经济增长点，在当前道路运输企业转型过程中显得尤为重要。

论文题名：粤港澳大湾区背景下广东高校创业教育的优化分析

作者姓名：杨永聪

文献来源：韶关学院学报

发表时间：2017-08-15

内容摘要：本文认为，在建设粤港澳大湾区的背景下，广东高校提升创业教育质量的重要性更加凸显。面对当前创业教育出现的碎片化、脱节化、形式化和封闭化问题，广东高校需要通过推进创业教育体系化建设、提升创业导师专业化水平、注重创业团队内涵式培养以及打造开放式创业教育新模式等方式，为粤港澳大湾区建设培养和输送更多合格的创业人才。

论文题名：广东省珠三角地区中医药服务能力的效率评价

作者姓名：张淼丽　庞震苗　徐庆锋

文献来源：现代医院管理

发表时间：2017-08-18

内容摘要：本文采用数据包络分析（DEA）对珠三角地区79所医院的中医药服务能力的效率进行分析评价。结果显示：珠三角地区DEA有效的为深圳市、东莞市，DEA弱有效的为中山市、佛山市，其余5个市的DEA均无效。珠三角地区79所医院的综合效率、纯技术效率和规模效率分别为0.464、0.556、0.864，DEA有效的比例为12.66%，DEA弱有效比例为32.91%。其中，规模收益不变的单位有13家，规模收益递增的单位有31家，规模收益递减的单位有35家。得出结论：珠三角地区的中医药服务资源分配不均衡，存在明显的地域差异；不同规模的医院存在着不同程度的资源浪费情况。

论文题名： 长三角和珠三角地区技术同构性研究
作者姓名： 魏巍　王林辉
文献来源： 软科学
发表时间： 2017-08-19
内容摘要： 本文从技术等级和技术类型两个维度分析长三角和珠三角的技术同构性，通过多角度的特征事实证明近期内长三角的技术等级高于珠三角；利用三方程标准化供给面系统对技术进步偏向性表征的技术类型测定证实长三角技术偏向于资本，而珠三角技术偏向于劳动。在此基础上对引起上述技术同构差异的原因进行剖析并提出政策建议。

论文题名： 新生代进城务工人员科学素质影响因素的实证分析——基于珠三角地区的调查数据
作者姓名： 吴九占　陈紫鹏
文献来源： 山东工会论坛
发表时间： 2017-08-20
内容摘要： 本文借鉴关于科学素质影响因素的研究，植于中国社会语境，在个体差异与外部环境的刺激是影响科学素质形成与发展的重要因素的理论假设下，经过调查研究和方差分析可以验证，人口统计学特征、科学兴趣、大众媒介、科普场所、科普活动是影响新生代进城务工人员科学素质水平的重要方面。文章通过多元线性回归模型，证明文化程度、科学兴趣程度、上网浏览科技信息频率、上网频率、参加科技培训频率，是影响新生代进城务工人员科学素质水平的重要因素。

论文题名： 服务珠三角外贸转型的跨境电商与对外贸易相关性研究
作者姓名： 周铁
文献来源： 商业经济研究
发表时间： 2017-08-23
内容摘要： 本文基于2005—2015年珠三角地区外贸与跨境电商相关数据，采用灰色关联度分析研究珠三角跨境电商与对外贸易的关联度以及跨境电商在影响外贸发展的因素中的关联排序。研究结果表明：珠三角地区的跨境电商在近两年对外贸增长的贡献大幅度增加，但跨境电商业务本身的质量以及有效性阻碍了对外贸发展的带动作用，使跨境电商自身的发展速度与外贸中跨境电商的贡献并不对等。此外，在经济形势较差和外贸进入转型期时，跨境电商会对传统外贸造成冲击，跨境旅游、网民规模等影响外贸发展的因素的促进作用将会降低。针对研究结果，在行业业务整合、法律体系的完善、诚信系统的建立等方面对跨境电商的发展提出建议。

论文题名： 部门协同视角下出口贸易拉动经济增长路径探索——基于珠三角高新技术产品出口贸易的考察
作者姓名： 陈喜强　邓丽
文献来源： 特区经济
发表时间： 2017-08-25
内容摘要： 本文基于Feder模型，将出口部门拓展为高新技术产品出口部门和非高新技术产品出口部门，从部门协同视角探讨珠三角地区高新技术产品出口贸易拉动经济增长的路径。实证结果表明，高新技术产品出口贸易主要通过四个路径拉动经济增长：通过技术进步提高自身产出拉动经济增长；通过提高劳动力边际生产率促进就业拉动经济增长；通过提高资本边际生产率吸引投资拉动经济增长；通过外部经济效应影响非出口部门发展拉动经济增长。

论文题名： 粤港澳湾区内部的经济辐射效应
作者姓名： 肖亚红　国世平
文献来源： 特区经济
发表时间： 2017-08-25
内容摘要： 本文认为，粤港澳大湾区经济将成为世界最大的湾区经济，粤港澳之间也会产生辐射。粤港澳各城市之间在较大程度上互补，尤其是香港特别行政区、深圳和广州这三个金融中心会对珠江三角洲产生辐射。粤港澳大湾区经济首先实行内部辐射，再对全国进行辐射。

论文题名： 从粤港澳推动科技成果产业化的经验看科技助推贫困地区脱贫

作者姓名： 刘宾

文献来源： 中国发展

发表时间： 2017-08-25

内容摘要： 本文通过介绍粤港澳合作推动科技成果产业化的现状，总结经验，并对通过科技助推贫困地区脱贫提出相关建议，包括结合贫困地区具体情况引进发达地区高校与企业科技成果并高效产业化；政府提供前期资金带动，建立良好的科技资金竞争使用机制并逐步引入风险投资等市场化运作机制；建立从领导干部到科技人才到双向交流招才引智的长效科技扶贫机制。

论文题名： 珠三角地区公共图书馆阅读推广创新实践调查报告

作者姓名： 戴晓颖

文献来源： 山东图书馆学刊

发表时间： 2017-08-28

内容摘要： 本文认为，珠三角地区公共图书馆是国内图书馆事业发展最具活力及创新精神的区域之一，特别表现在阅读推广活动领域。文章通过梳理珠三角地区公共图书馆阅读推广现状并总结阐述其创新实践之处，希望为其他地区公共图书馆的发展提供一定的参考价值。

论文题名： 新型城镇化中的地方治理结构创新——以珠三角为例

作者姓名： 张紧跟

文献来源： 中共福建省委党校学报

发表时间： 2017-08-28

内容摘要： 改革开放以来，珠三角地方政府持续的治理结构改革在驱动城镇化突飞猛进的同时，面临着区域资源整合和结构升级难、城市中心功能弱化与城镇化质量难以提升等困境。本文认为，应该通过建设公共服务型城市治理联盟、推进城市治理体系现代化、创新城市群区域治理来适应珠三角新型城镇化发展需求。

论文题名： 珠三角区域地表臭氧浓度变化趋势研究

作者姓名： 李连和

文献来源： 能源与环境

发表时间： 2017-08-30

内容摘要： 本文介绍臭氧污染的定义和相关国家标准，依据历年粤港澳珠三角区域空气监控网络监测结果分别对珠三角区域城市和区域监测站点臭氧浓度变化趋势进行深入分析，得出城市内臭氧浓度得到有效控制，但整个珠三角区域内臭氧浓度仍徘徊在高位的论断。

论文题名： 粤港澳文化信息互动传播现状与创新策略

作者姓名： 陆丹

文献来源： 青年记者

发表时间： 2017-08-30

内容摘要： 本文认为，随着整体经济发展和媒介技术的革新，粤港澳区域文化信息的传播方式须进行调整，在互联网时代，新媒体传播成为提升粤港澳区域文化传播影响力的重要平台。在现有环境下，运用新媒体提升粤港澳文化信息传播的丰富性和影响力、实现三地公共文化服务合作的创新，加强和完善新媒体在三地文化信息传播中的运用。

论文题名： 粤港澳大湾区城市群空间结构研究：从单中心到多中心

作者姓名： 汪行东　鲁志国

文献来源： 岭南学刊

发表时间： 2017-09-11

内容摘要： 本文通过对文献的梳理和湾区经济发展的回顾，以及位序规模法、首位度等城市群空间结构度量方法，发现粤港澳大湾区城市群空间结构呈现出由以香港特别行政区为单中心向广深港多中心转变，湾区城市群的多中心空间结构存在中心城市同质化竞争和空间整合不足的难题。作者认为，未来湾区城市群应建立区域经济发展协调机构，实行产业错位发展战略。

论文题名：粤港澳大湾区城市群发展战略思考
作者姓名：覃成林　刘丽玲　覃文昊
文献来源：区域经济评论
发表时间：2017-09-11
内容摘要：本文认为，粤港澳大湾区城市群发展已纳入国家发展战略序列，其所担负的战略使命是对标纽约、旧金山、东京三大湾区，发展成为对世界经济具有主导作用的大湾区，在发展理念和经济结构方面引领世界经济发展新方向，成为“一带一路”建设的重要枢纽。粤港澳大湾区城市群要顺应世界科技革命和第四次产业革命的新趋势，以建成全面小康社会和信息社会、具有强大引导力和辐射力的世界经济中心、国家重要的增长极和世界最具活力湾区为发展战略重点。粤港澳大湾区城市群应通过四个方面的努力，实现发展局面的战略性突破：一是善用“一国两制”优势，形成面向世界的竞争合力；二是突破“两制”约束，加快经济一体化发展；三是大力提升经济国际化水平，增强发展动能；四是建设环珠江口自由贸易区，营造发展新引擎。

论文题名：转型期珠三角工业生产空间与工业产业结构的变化及其耦合特征
作者姓名：丁俊　王开泳
文献来源：中国科学院大学学报
发表时间：2017-09-15
内容摘要：本文通过引入工业生产空间综合变动系数和工业产业结构调整指数分析转型期珠三角工业生产空间和工业产业结构的变化情况，并运用耦合模型对耦合协调度进行评价。研究结果如下：1. 珠三角的工业生产空间整体呈核心向边缘扩张的态势，且边缘地区的工业生产空间变动程度大于核心地区。2. 转型期以来珠三角的工业产业结构整体有所优化；工业化水平较高城市的优化整合程度较高，并注重发展质量和对环境的保护；工业化水平较低城市的工业增长以资源型和高污染产业为主。3. 虽然珠三角边缘地区工业生产空间变动与工业产业结构调整之间的耦合协调度在数值上高于核心地区，但这只是一种低水平的耦合和低质量的发展方式。在未来的转型发展中不应仅关注“量”的增长，更应该注重“质”的提升。

论文题名：基于扎根理论的珠三角会展服务创新研究
作者姓名：庞华　苏学英　任璐延　郑立勋
文献来源：经营与管理
发表时间：2017-09-15
内容摘要：本文通过访谈法对珠三角会展企业进行多样本实证研究，并运用扎根理论编码原理，运用 nvivo7.0 软件进行节点分类，提出珠三角地区会展企业服务创新的形式、特征、途径。结果发现：样本企业都存在服务创新行为，私营企业、互联网企业对服务创新的重视程度远超过国企，对质量创新和市场创新的重视程度远大于产品创新、技术创新、组织创新。

论文题名：公共部门公职人员绩效考评政治知觉初探——基于珠三角的调查研究
作者姓名：喻锋　潘泠
文献来源：公共管理与政策评论
发表时间：2017-09-20
内容摘要：本研究采用描述式情境量表测量珠三角地区公共部门公职人员在绩效考评过程中的政治知觉。结果发现：受访者对其中一些情境的感知程度相对较高，并且判断趋于一致，而对另一些情境则相反；不同年龄、不同职级的受访者对一些考评政治的感知程度有显著差异；在剔除感知程度偏弱的四个情境之后，通过探索性因子分析可以将保留的情境分为“科层”“体系”“互动”三组聚类，表明在公共部门绩效考评过程中，考评结果有可能因跨越层级的部门间关系、维持部门体系内部状态、上下级部门间直接互动等原因而发生改变。

论文题名：基于粤港澳航运一体化的动态信息采集系统平台建设

作者姓名：蔡佩林

文献来源：水运管理

发表时间：2017-09-20

内容摘要：本文从社会、技术、经济三个方面分析粤港澳航线市场动态信息采集平台建设的可行性，运用B/S三层结构，结合数据挖掘技术、推送技术进行整体架构，构建粤港澳航线市场动态信息采集模型，以实现信息资源采集、加工与编辑、审核与发布、管理、服务一整套流程。建立面向粤港澳航运市场开放的、多元化的信息资源发布平台，实现粤港澳航运一体化发展，航运资源优势互补，在珠三角地区形成粤港澳国际航运合作的新优势。

论文题名：“粤港澳大湾区”城市群发展规划之可为与不可为

作者姓名：林初昇

文献来源：热带地理

发表时间：2017-09-24

内容摘要：本文从落实层面提出“粤港澳大湾区”城市群的可为与不可为。不可为者：1. 不可夸大政府在其中所能起到的作用；2. 不可片面偏袒粤港澳三方中某一方的利益；3. 不可舍长远利益而牟眼前利益；4. 不可弃自然利益而牟人类利益。三地政府可为者：1. 可为“粤港澳大湾区”城市群规划定制目标；2. 可为达到既定目标作情景分析并勾划路线图；3. 可为达成既定目标创造有利基础和制度环境；4. 可为规划和实施创造跨境合作的体制和机制；5. 可采取广泛咨询、落实公众参与的决策制度；6. 可为地区资源的永续发展公平利用定下规则。

论文题名：珠江三角洲地区酸性地下水分布特征及其影响因素研究

作者姓名：程新伟　孙继朝

文献来源：地下水

发表时间：2017-09-25

内容摘要：本研究基于珠江三角洲地区地下水pH值及地下水常规无机成分，对地下水酸化的空间分布规律与影响因素进行分析。结果发现：pH<6.5的偏酸性地下水主要分布于东、北、西的低山、丘陵地区，主要土地利用类型为果林用地及农田用地，主要含水介质类型为基岩裂隙水，同时分布有松散岩类孔隙水、还有碳酸盐岩类裂隙溶洞水；pH≥6.5的地下水主要集中在三角洲中心平原区，主要土地利用类型为城市用地，地下水类型为松散岩孔隙水。

论文题名：珠江三角洲物流效率实证研究

作者姓名：肖斌

文献来源：特区经济

发表时间：2017-09-25

内容摘要：本文基于2010—2015年珠江三角洲九市面板数据，应用DEA-Malmquist方法对珠三角物流效率进行动态和静态分析，结果表明：珠三角物流业整体生产力水平得到持续提升，物流业初步进入集约式发展阶段。物流效率的提升来源于技术进步推动，但推动力逐年下降。在区域内物流发展水平上，广佛肇一体化水平较高。以2015年为例，珠江三角洲区域整体物流效率呈DEA无效，部分城市存在较严重的资源投入产出冗余。

论文题名：经济增长质量与能源效率研究——以珠三角地区为例

作者姓名：叶祥松　刘敬　王江波

文献来源：江西财经大学学报

发表时间：2017-09-25

内容摘要：本文在测度2000—2013年珠三角地区经济增长质量综合指数和全要素能源效率的基础上，运用GMM方法实证检验经济增长质量对能源效率的影响。研究结果显示：经济增长质量整体上与能源效率具有一致性，经济结构的变化对能源效率具有促进作用，而经济增长效率的提高则抑制能源效率的改善。

论文题名：粤港澳智慧湾区发展策略研究
作者姓名：邓昭华　何舒慧　王世福
文献来源：城市建筑
发表时间：2017-09-25
内容摘要：本文展望粤港澳智慧湾区，以ICT技术为基础，快速感知、收集、甄别城市群数据，通过建立跨时空调配供需关系，提供高效便捷的粤港澳跨境智慧城市群服务。文章在分析智慧城市群的内涵及相关理论实践的基础上，认为粤港澳智慧湾区建设应包括公共管理、生活休闲、产业经济、基础设施四个维度，并提出粤港澳智慧湾区的顶层设计建议，以实现管理更协同、生活更便利、生产更高效、设施更智慧的智慧湾区建设目标。

论文题名：粤港澳边境立体化治安防控机制构建卮议——以打击粤港、粤澳边境偷渡活动为例
作者姓名：徐进奇　周培桂
文献来源：特区经济
发表时间：2017-09-25
内容摘要：本文探讨分析粤港、粤澳边境偷渡活动的现状及反偷渡工作面临的挑战，阐述粤港澳边境治安防控纳入立体化社会治安防控体系的必然趋势，提出建构粤港澳边境立体化治安防控机制的五个路径：健全治安形势分析研判机制、建强边境群防群治组织力量、完善边境防控高效集成载体、强化实战指挥机制的构建、拓展跨境警务合作的内涵。希冀高效防范与惩治粤港、粤澳边境偷渡活动，震慑跨境违法犯罪，为粤港澳区际经济的可持续发展营造良好的社会治安环境。

论文题名：借势粤港澳大湾区加速广州创新驱动发展研究
作者姓名：吴兆春
文献来源：特区经济
发表时间：2017-09-25
内容摘要：本文依据城市群内部职能分工理论，使用职能部门就业的区位商衡量城市群内部分工。从职能分工促进广州创新来看，广州研发人员区位商与广州专利授权量增速有强负相关性；而广州营销人员区位商与广州专利授权量增速有强正相关性。而且，广州研发人员与营销人员的加总区位商与广州专利授权量增速有中等程度正相关性。这表明，广州借势粤港澳大湾区加速创新，要增强营销等现代服务业职能。

论文题名：粤港澳大湾区迈向区域一体化新时期
作者姓名：贺凯
文献来源：城市住宅
发表时间：2017-09-25
内容摘要：本文认为，在粤港澳大湾区城市群发展规划下，由香港、澳门特别行政区及广东省九市组成的大湾区，将成为全球产业最多元化的湾区经济体。这项规划战略将为区内各城市的宏观经济及社会发展带来转变，而位处大湾区及中国大陆门户的香港将可凭借“超级联系人”的定位及金融服务业的优势，帮助大湾区的内地城市与国际市场接轨。

论文题名：粤港澳大湾区治理与合作模式探索
作者姓名：刘璟
文献来源：开放导报
发表时间：2017-09-26
内容摘要：本文认为，粤港澳大湾区治理与合作进入关键期，文章从合作内容、动因分析、差异化机制分析出发，以“互融共兴”为理论核心，从合作前提、联动机理、执行机理以及监督、评估、反馈五个方面，构建初步的分析范式。作者建议构建以协调委员会为主的协调管理体制，从法律、市场、政府和社会四个方面创新协调机制，以结构式强制、契约式和互动式三种方式配套相关政策。

论文题名：政府主导区域经济一体化战略影响制造业结构优化研究——以泛珠三角区域为例的考察
作者姓名：陈喜强　傅元海　罗云

文献来源： 中国软科学

发表时间： 2017-09-28

内容摘要： 本文利用1996—2012年泛珠三角地区九省区制造业的面板数据，运用动态面板GMM估计方法实证检验政府主导区域经济一体化战略对区域制造业结构优化影响的差异性。结果表明：在不考虑身份治理影响条件下，政府干预和区域一体化对制造业的区域分工、结构升级和结构合理化均没有显著影响，在考虑身份治理影响条件下，二者的交互作用即政府主导区域经济一体化战略促进区域内制造业产业分工，提高制造业合理化水平，但降低制造业高级化水平。

论文题名： 基于偏向型技术进步理论的企业“用工荒”成因探析：来自珠三角地区的实证

作者姓名： 魏巍　王林辉

文献来源： 宏观质量研究

发表时间： 2017-09-28

内容摘要： 本文尝试从劳动力需求变化的深层次原因——偏向型技术进步视角进行解读，构建CES生产函数并分别估算珠三角的技术进步资本偏向性指数和技能偏向性指数，对企业的劳动需求进行量化分析，对其影响因素进行实证研究。对于技术进步资本偏向性指数的测定表明：珠三角的技术进步偏向于劳动，即大量的劳动力需求造成珠三角大范围的用工缺口和居高不下的求人倍率，从根本上解释了珠三角普遍性的“用工荒”问题。实证研究表明，港澳台地区的技术溢出促进了劳动偏向型技术进步的发展，其他地区的技术溢出和自主研发抑制劳动偏向型技术进步的发展，要素禀赋结构是造成珠三角劳动偏向型技术进步的主要原因。对于技术进步技能偏向性指数的测定显示：珠三角的技术进步偏向于技能劳动，造成珠三角大量的技能人才缺口，进而解释了珠三角占据主导的结构性技能人才短缺的“用工荒”问题，实证研究表明，自主研发促进技能偏向型技术进步的发展，对外贸易抑制技能偏向型技术进步的发展，要素供求对珠三角技能偏向型的技术进步起到决定性作用。

论文题名： 从效率到品质：建构公共休憩空间的珠三角村镇工业化地区城镇更新路径

作者姓名： 李建学

文献来源： 规划师

发表时间： 2017-10-01

内容摘要： 文章通过分析总结珠三角地区以公共休憩空间引导城镇更新的经验，提出在村镇工业化地区产业升级及城镇更新过程中应从转变设计理念及范式、创新空间设计路径和建立休憩空间运营管理新机制等方面提升空间活力及品质，推动珠三角村镇工业化地区产业转型与品质提升协同发展。

论文题名： 基于能力结构关系模型的泛珠三角旅游合作创新研究

作者姓名： 江金波　李欢　蒋婷婷

文献来源： 旅游学刊

发表时间： 2017-10-6

内容摘要： 本文针对现有关于合作创新研究存在的缺乏对能力定量化内在性关注、结果较为粗浅、解释力较差等不足，文章选取泛珠三角九省区为研究对象，依据2015年的样本数据，引入能力结构关系模型，开展旅游创新能力结构、能力结构耦合度及其利益分配的测度，在深入分析综合创新能力结果基础上，探讨合作创新耦合度以及合作创新获益分配格局形成的原因。研究认为，泛珠三角区域旅游业创新能力存在较大差异，空间发展不均衡，创新要素跨区域流动存在阻碍，区域内合作创新范围和效率不高。广东省和其他省区合作创新的耦合度偏低，属低程度耦合，而广西壮族自治区、海南与其他省区合作创新的耦合度偏高，合作创新的可能性大；两省区之间旅游合作创新的可能性会受创新能力相似性与地理邻近因素影响。广东省与其他省区旅游合作创新的总获益值最高，但合作较不稳定，江西、贵州、广西壮族自治区这些综合能力比较相似的省区间获益比接近于1，进行旅游合作创新最稳定。基于此，提出推动泛珠三角区域旅游合作的对策建议。

论文题名：深圳在粤港澳大湾区经济带中的地位与作用——中国三大湾区经济带比较视角
作者姓名：陶一桃
文献来源：特区实践与理论
发表时间：2017-10-08
内容摘要：本文认为，在深化改革和实施“一带一路”倡议的大背景下，湾区经济是一种新的开放模式和发展理念，是继特区、自贸区后中国新一轮对外开放的区域引擎，还肩负着探索国际间区域合作的可行模式；探寻共同繁荣、分享发展的有效方式；开拓以开放促改革的制度变迁的创新路径之使命。作者认为，粤港澳大湾区的形成是近 40 年改革开放积累的结果，是进一步深化改革的契机，是中国社会由政策开放走向制度开放的自然选择，是由外向经济走向开放经济的必然路径，是构建中国政治经济新版图的伟大实践，更是中国道路的一个重要组成部分。作为粤港澳湾区经济带中最富有活力的城市，深圳具有不可替代的制度变迁的“示范效应”，区域经济的“引擎作用”，集聚优质要素的“虹吸效应”，带动周边区域的“扩散效应”及创新趋动的“引领作用”。

论文题名：湾区经济的形成机理与粤港澳大湾区定位探究
作者姓名：申勇
文献来源：特区实践与理论
发表时间：2017-10-08
内容摘要：本文认为，湾区经济形成需要基本条件，共享湾区是湾区经济形成的基础条件，对外开放是湾区经济形成的前提条件；区域合作是湾区经济形成的实现条件。湾区经济的形成机理是“拥海抱湾，合群通陆”，“拥海”形成国家对外开放的新引领，“抱湾”促进各种生产要素的集聚，“合群”产生“港口群 + 产业群 + 城市群”的叠加效应和创新能力，“通陆”促使湾区城市拓展腹地。由此，粤港澳大湾区的定位就应该从拥海开放、抱湾集聚、合群叠加和连河通陆四个维度进行。

论文题名：深圳参与粤港澳大湾区规划建设的定位与着力点
作者姓名：卢文彬
文献来源：特区实践与理论
发表时间：2017-10-08
内容摘要：本文认为，打造粤港澳世界一流湾区，为深圳“高位过坎”、促进更高质量发展竖立新标杆，为深圳全方位开放合作注入发展新动力，为深圳更好发挥中心城市辐射引领功能提供新空间。深圳应充分发挥毗邻香港特别行政区的独特优势、改革创新氛围、人才和产业基础以及国际化市场化的体制机制优势，打造前海和落马洲河套等重大合作平台，争取若干先行先试政策，为粤港澳大湾区建设发展做出贡献。

论文题名：自贸区背景下深化粤港澳金融合作研究
作者姓名：谢梦园
文献来源：中国市场
发表时间：2017-10-08
内容摘要：本文认为，自贸区背景新形势下给深化粤港澳金融合作带来重大机遇。文章从金融组织体系构建、金融业务创新、金融市场完善、金融智库建设、金融环境营造、金融监管体系建立健全以及金融风险防范七大角度入手，提出新形势下如何构建适应粤港澳金融深入合作的政策建议，以期为粤、港、澳三地金融合作的纵深发展提供指引，使粤、港、澳三地在优势互补与良性互动中实现双赢。

论文题名：珠三角农民工特征变量与工作满意度关系研究——以广东省佛山市顺德区制造业为例
作者姓名：谌晓舟　周欢

文献来源：南方农村

发表时间：2017-10-10

内容摘要：本文采用多独立样本的K—W检验和均值分析，研究珠三角地区佛山市顺德区农民工的员工个体特征、工作特征和企业特征对其工作满意度的影响，认为沿海地区制造型企业要提升员工稳定性、规避人力投资风险，可行的途径是制定匹配性的人力资源管理策略以提升员工的工作满意度。

论文题名：珠三角地区制造业产业空心化问题研究——基于制造业面板数据的系统GMM分析

作者姓名：伍欢

文献来源：现代商贸工业

发表时间：2017-10-15

内容摘要：本文认为，在中国产业结构升级、虚拟经济膨胀、制造业成本大幅上升的大背景下，珠三角地区原本依靠微薄利润生存的制造业民企大量破产、倒闭，产业转移升级的背后似乎也伴随着“产业空心化”问题的出现。文章以珠三角地区制造业的面板数据为基础进行系统GMM分析，验证珠三角制造业是否出现产业空心化问题，结果表明：珠三角地区目前还没有明显的产业空心化问题，但产业空心化趋势已开始初步显现。基于上述结论，提出一些具体有效的促进珠三角地区预防产业空心化的建议。

论文题名：珠三角地区流动人口的居住意愿及其影响因素

作者姓名：金盈盈　支晓娟

文献来源：人口与社会

发表时间：2017-10-15

内容摘要：本文采用2015年国家卫计委流动人口动态监测数据，对珠三角地区九市15000个流动人口样本的城市定居意愿及其影响因素进行多模型的横向、纵向检验分析。研究结果表明：年龄、受教育程度、婚姻状况、家庭月收入支出水平、流动范围、流动时间、参加城镇医疗保险以及本地朋友数量等因素对流动人口城市定居意愿具有显著影响。应采取加强对流动人口教育和培训的投入、提高流动人口的收入水平、完善公共服务体系等措施，提高流动人口的城市居住意愿。

论文题名：族际交往与城市民族关系研究——以珠三角地区为例

作者姓名：温士贤　沈萍

文献来源：黑龙江民族丛刊

发表时间：2017-10-15

内容摘要：本文认为，族际交往情况如何，城市民族关系融洽与否，将对中国民族关系的走向产生重要影响。文章通过对珠三角地区少数民族群体的研究发现，其族际交往活动呈现常态化、多元化、社区化、内卷化的特点。本文对影响城市族际交往的主要因素进行分析，并对改善城市民族关系提出对策建议。

论文题名：试论粤港澳大湾区府际合作的法律基础

作者姓名：刘云甫　陈丹雪

文献来源：政法学刊

发表时间：2017-10-15

内容摘要：本文认为，宪法是粤港澳大湾区府际合作的根本法，但其依据是非常薄弱的；香港基本法、澳门基本法等宪法性法律是粤港澳大湾区府际合作的法律依据，但其对粤港澳大湾区府际合作的权威性、可行性、约束力还有待证明；WTO规则是粤港澳大湾区府际合作的国际法基础，但其作用的范围有限，仅限于贸易及其相关领域；中英、中葡《联合声明》是历史文件，对粤港澳大湾区府际合作没有法律效力；CEPA及其补充协议是粤港澳大湾区府际合作的软法基础，但其实施机制仍未建立，从而影响其实效。

论文题名：科技服务业的集聚特征与影响因素研究——以珠三角为例

作者姓名：张媛媛

文献来源： 科技与经济
发表时间： 2017-10-17
内容摘要： 本文认为，科技服务业在技术扩散和知识传播过程中扮演重要角色，是连接科技与经济的有效桥梁和纽带。产业集聚化是科技服务业发展的一种空间演化形式，而且产业集聚也会带来一定的规模效应和知识溢出效应，对于带动产业和经济的发展具有很重要的意义。研究以珠三角为例，运用空间基尼系数、区位熵指数对科技服务业集聚特征进行分析，在此基础上分析珠三角科技服务业发展的影响因素，进而提出促进科技服务业发展的相关建议。

论文题名： 20 世纪 90 年代珠三角城镇群建设初探
作者姓名： 洪晓霓
文献来源： 红广角
发表时间： 2017-10-20
内容摘要： 20 世纪 90 年代，广东立足自身实际，开展市场经济探索，推动城镇化进程。本文认为，在广东推进城镇群建设的实践中，珠三角城镇群的发展成就最为显著。这一成功实践不仅得益于制度与政策层面的有力保障，还与珠三角外向型经济的成熟发展、民间城镇化意识的觉醒密不可分。

论文题名： 推进“一带一路”建设下粤港澳文化交流与合作
作者姓名： 余欣
文献来源： 城市观察
发表时间： 2017-10-20
内容摘要： 本文认为，粤港澳大湾区已被纳入国家“一带一路”愿景规划，作为极具经济活力的地域，文化交汇融合的步伐也越来越快。三地文化各有所长，且三地文化合作以优势互补、资源共享、平等协商、稳步推进为原则，在各方面取得良好进展，并可在“一带一路”建设中发挥重要作用。作者认为，如何利用一带一路助推粤港澳文化融合发展，促进文化产业传播和发展，是值得当前探讨和研究的重要问题。

论文题名： 珠三角快速城镇化地区发展的增长与收缩新现象
作者姓名： 杜志威　李郇
文献来源： 地理学报
发表时间： 2017-10-25
内容摘要： 本文认为，珠江三角洲是世界范围内经济和城镇发展“增长奇迹”的典型地区，当中以东莞为代表的“外向型城镇化”模式长期受到国内外学者的关注。随着中国经济步入新常态，城镇化快速发展过程中伴随的局部收缩现象逐渐引起学界和社会的广泛讨论。基于此，本文从城镇发展要素的集聚与流动出发，结合经济、人口和用地三个维度，提出理解城镇增长与收缩的分析框架，并对不同类型特征的城镇进行区分：持续增长、转型增长、潜在收缩与显著收缩。在实证分析部分，文章以东莞为案例，通过考察各镇街单元城镇增长与收缩的时间演变和空间格局，结合典型城镇案例分析，从经济危机冲击、刘易斯转折点、路径依赖存在、制度环境安排四个方面探讨东莞城镇增长与收缩的形成机制，最后对增长与收缩的未来深化研究方向进行讨论。

论文题名： 用超越历史的眼光发展粤港澳大湾区——香港发挥独特优势积极参与粤港澳大湾区建设
作者姓名： 陈晓锋
文献来源： 港澳研究
发表时间： 2017-10-25
内容摘要： 本文以“一国两制”下香港特别行政区参与粤港澳大湾区建设的角色为切入点，旨在对香港战略定位的独特优势和存在的问题进行分析和研究，并结合改革开放和“一国两制”的理论和实践，提出要用超越历史的眼光来探索粤港澳大湾区建设。

论文题名： 粤港澳大湾区与世界主要湾区和国内主要城市群的比较研究——基于主成

分分析法的测度

作者姓名：刘瞳

文献来源：港澳研究

发表时间：2017-10-25

内容摘要：本文在总结学术界关于湾区经济相关研究成果的基础上，将粤港澳大湾区与世界主要湾区和国内主要城市群进行比较研究，通过横向对比归纳出粤港澳大湾区的比较优势和劣势，借鉴国际先进经验，对粤港澳大湾区未来的发展潜力和发展方向进行展望。本研究认为，粤港澳大湾区的独特之处在于包含香港、澳门两个特别行政区，内部整合面临结构性矛盾，该湾区未来的发展出路是构建香港特别行政区、深圳市双核增长极，通过港口的差异化发展和金融的一体化进程，释放贸易和金融潜能。在这一过程中，要着力破除阻碍生产要素自由流通的体制机制障碍，促进港澳融入国家发展大局。

论文题名：融入城市群，打造湾区经济——粤港澳大湾区城市群发展分析

作者姓名：刘成昆

文献来源：港澳研究

发表时间：2017-10-25

内容摘要：本文认为，湾区经济的开放、高效与城市群的集聚、协作相叠加，更有助于发挥复合效应。对标国际一流湾区和国内其他湾区，粤港澳大湾区城市群有其优势，也存有劣势。明晰香港、深圳和广州的核心城市地位，密切各城市的分工协作、健全区域公共治理、发挥市场机制、衔接“一带一路”倡议，将推动粤港澳大湾区城市群的持续建设，亦将深化粤港澳合作，促进港澳深入融合到湾区发展。

论文题名：粤港澳大湾区要素自由流通的制约及改善——以粤港口岸通关为例

作者姓名：张玉阁

文献来源：港澳研究

发表时间：2017-10-25

内容摘要：本文认为，“一国两制”决定粤港澳大湾区难以实现要素自由流通，且要素流通管制目前具有一定合理性。而从湾区演进发展规律看，要素自由流通是打造世界一流湾区的重要基础和条件。要素流通管制的必要性和要素自由流通的重要性，构成政策张力，是粤港澳大湾区建设需要面对的问题和挑战。粤港口岸通关客流和车流的特点、现状和问题，一定程度上反映出粤港乃至粤港澳大湾区要素流通的状态和水平。更为重要的是，要素流通水平既是分析粤港澳大湾区市场、消费、经济产业一体化程度的标尺，也在一定程度上决定着粤港澳大湾区的建设进程和所能达到的高度。

论文题名：粤港澳大湾区背景下的澳门中葡平台建设策略及对策

作者姓名：邓丹萱　连信森

文献来源：港澳研究

发表时间：2017-10-25

内容摘要：本文认为，大湾区建设的提出是包括港澳在内的珠三角城市融合发展的升级版。有别于传统的粤港澳经济合作，粤港澳大湾区建设是整体规划和整体协调发展的结果，是分工合作层次的上升。在粤港澳大湾区的背景下，澳门中葡平台建设面临更大机遇。作为大湾区建设中的澳门，应当搭乘国家发展的快车，按照国家所需、澳门所长的定位，以“一中心、一平台”的建设服务国家发展大局，推动澳门经济适度多元可持续发展。

论文题名：论粤港澳在中国—东盟国际贸易的桥头堡地位

作者姓名：盛玉奎　熊斌辉

文献来源：内江师范学院学报

发表时间：2017-10-25

内容摘要：本文在分析经济功能是现今桥头堡最重要功能的基础上，通过分析近几年广东省占中国 GDP 比例以及广东—东盟贸易额占中国—东盟贸易额比例，指出粤港澳在中国—东盟国际贸易中地位重要。通过分析粤港澳—东盟交通运输

基础设施，指出粤港澳—东盟国际综合运输大通道已经基本形成。从粤港澳经济总量大，吸引力、扩散力以及可持续发展能力强，现代信息技术、交通运输技术淡化地理空间影响三个方面分析，得出粤港澳将成为中国—东盟国际贸易桥头堡，珠三角地区将成为中国—东盟物流集散中心。粤港澳与广西壮族自治区、云南等地相互协作，并辐射带动沿线及周边地区共同发展，促进中国—东盟贸易增长，加快推进“一带一路”建设。

论文题名：推动粤港澳大湾区建设的若干战略思考

作者姓名：王喆　王琛伟　李红娟

文献来源：中国经贸导刊

发表时间：2017-10-25

内容摘要：文章提出粤港澳大湾区建设的战略意义，分析粤港澳大湾区建设面临诸多现实挑战，并提出政策建议。作者认为，市场化是粤港澳三地最大的优势与经验，也是大湾区形成的根本动力。“让市场在资源配置中起决定性作用”是粤港澳大湾区发展建设必须遵循的一条核心原则。应避免使用行政命令整合大湾区资源要素，强行拉郎配。

论文题名：关于“粤港澳大湾区”的若干思考

作者姓名：李立勋

文献来源：热带地理

发表时间：2017-10-26

内容摘要：本文就粤港澳大湾区及其发展规划提出若干观点：1. 粤港澳大湾区概念的关键词是“粤港澳”，而不是“大湾区”；2. 粤港澳大湾区建设和粤港澳大湾区城市群发展规划的核心和实质，是促进粤港澳合作的拓展和深化，保障“一国两制”下香港特别行政区、澳门特别行政区的长期繁荣稳定，帮助港澳融入国家发展大局，提升粤港澳地区在国家经济发展和对外开放中的地位与功能；3. 要在全球格局、国家战略中认识粤港澳大湾区的使命，在引领中国发展新高度、连接中国和世界、引领改革与创新三方面凸显其角色；4. 粤港澳合作要从优势互补走向优势整合、从各施所能走向协同争取、从各有精彩走向共同缔造。

论文题名：城市等级与服务业 FDI 区位分布——基于珠江三角洲城市群的实证研究

作者姓名：陈诗敏　黄阳平

文献来源：集美大学学报（哲社版）

发表时间：2017-10-28

内容摘要：本文运用 2010—2015 年空间面板数据分析影响珠江三角洲城市群服务业利用 FDI 的因素，并检验群内不同等级城市服务业 FDI 区位分布的差异。发现：除受市场规模、制造业 FDI 等传统因素影响外，珠江三角洲城市群服务业 FDI 区位分布存在空间相关性；不同等级的城市服务业 FDI 的影响因素不完全一致，主要体现在制造业 FDI、服务业工资效率、地区对外开放度、集聚经济等因素。

论文题名：浅析珠三角配送业的现状发展

作者姓名：刘荣志

文献来源：现代职业教育

发表时间：2017-10-28

内容摘要：本文对珠江三角洲配送业的发展现状进行分析，寻找珠三角配送业发展中遇到的问题以及解决措施，从而更好地为珠三角配送业的发展找到方向。

论文题名：珠江三角洲地区跨界道路改善对策

作者姓名：方顺

文献来源：广东公路交通

发表时间：2017-10-30

内容摘要：本文认为，珠三角地区高度城镇化以及地区一体化使该区域城市发展呈现集群化、连绵化的特点，也使跨界交通需求快速增长并有城市化交通发展趋势。文章简要梳理近年来珠三角地区跨界道路发展历程和工作措施，并分析珠三角跨界道路规划建设中存在的问题，最后针对性提出珠三角跨界道路交通改善和发展策略。

论文题名： 珠三角新机制高校服务地方高水平崛起的实例研究

作者姓名： 陈伟鹏

文献来源： 教育现代化

发表时间： 2017-10-30

内容摘要： 本文认为，靠非国家财政拨款办学的新机制高校经过近20年的发展，通过服务支持地方经济社会高水平崛起促进高校自身的跨越式发展，在校地发展中获得“双赢”。笔者以东莞理工学院城市学院为例，对新机制高校服务地方高水平崛起的具体举措和内部机制进行分析，提出存在的问题。

论文题名： 协调发展视角下区域市场一体化的经济增长效应——基于珠三角地区的考察

作者姓名： 杨林　陈喜强

文献来源： 经济问题探索

发表时间： 2017-11-01

内容摘要： 本文以珠江三角洲地区为考察对象，在价格法理论框架基础上利用市际面板数据，探讨不同经济发展水平下区域市场一体化经济增长效应的差异性。实证结果表明：一般情况下，随着经济的发展，区域市场一体化水平的提升将促进区域经济增长。但区域经济发展水平的高低影响着区域市场一体化的经济增长效应：在珠三角区域经济一体化组织内部，高经济发展水平组的市场一体化的经济增长效应比低经济发展水平组小。

论文题名： 粤港澳大湾区协作治理机制的演进与展望

作者姓名： 李建平

文献来源： 规划师

发表时间： 2017-11-01

内容摘要： 文章在总结粤港澳三地关系与协作治理机制演进的基础上，认为随着《深化粤港澳合作推进大湾区建设框架协议》的实施，粤港澳大湾区的协作治理机制建设将进入新阶段，建议加强区域统筹规划、构筑“四方协议 + 大湾区发展合作委员会 + 联席会议 + 专项合作”的协作机制、完善粤港澳大湾区法治框架，以推进粤港澳大湾区建设成为国际一流湾区。

论文题名： 环境技术效率、绿色生产率与可持续发展：长三角与珠三角城市群的比较

作者姓名： 李平

文献来源： 数量经济技术经济研究

发表时间： 2017-11-05

内容摘要： 本文采用基于松弛的方向性距离函数和Luenberger生产率指数法，测算长三角和珠三角城市群25个城市2000—2010年的环境经济绩效。研究发现：纯技术进步和技术规模变化两个指标对生产率增长的贡献均非常显著，规模效率变化的贡献较小，而纯效率变化的贡献很小甚至为负值。长三角城市群相比珠三角城市群更倾向于“高投资率”模式，考虑环境因素后，珠三角城市群内部的环境技术效率水平更趋于分化，非平衡性加深。长三角城市群的整体水平略高于珠三角城市群，表明其他因素的贡献抵消了长三角城市群技术效率水平落后的负效应。文章同时运用基于松弛的方向性距离函数和Luenberger生产率指数测度和分析长三角及珠三角城市群环境经济绩效的区域差异。研究价值：传统经济绩效评价方式忽略资源、环境作为经济发展内生变量的刚性约束和时代对绿色生产率和可持续发展的诉求，因而存在一定偏差。

论文题名： 国际湾区经验对粤港澳大湾区建设的启示

作者姓名： 王静田

文献来源： 经济师

发表时间： 2017-11-05

内容摘要： 本文认为，粤港澳大湾区作为国家战略规划，可与当今世界三大湾区——纽约湾区、旧金山湾区、东京湾区相媲美，不仅加快粤港澳

湾区经济的融合，更是对改革开放 30 多年来珠三角地区经贸格局和产业的再升级，有利于“一带一路”倡议的推进。文章首先介绍四大湾区的基本情况，然后运用 PEST 分析方法，从政治、经济、社会、技术视角对比分析粤港澳大湾区与世界三大湾区的发展情况；最后基于世界湾区的发展经验，为粤港澳大湾区的规划提出可行的政策建议。

论文题名： 粤港澳大湾区经济发展时空演变特征及其影响因素

作者姓名： 周春山　罗利佳　史晨怡　王珏晗

文献来源： 热带地理

发表时间： 2017-11-06

内容摘要： 本文以粤港澳大湾区各地域单元 1995—2015 年经济数据为基础构建指标体系，采用熵值法确定指标权重，对经济发展综合水平进行综合测度，并借助标准差、变异系数与 GIS 空间分析等方法分析粤港澳大湾区的时空演变特征。研究发现：粤港澳大湾区整体经济综合发展水平呈波动式快速增长，经济指数港澳总体上一直是湾区内最高值，广深增加速度较快；区域经济绝对差异总体上在扩大，相对差异在缩小；经济空间格局由港澳两极中心变化为广州、深圳、香港特别行政区、澳门特别行政区多极中心，呈现出沿内湾倒“U”型分布趋势；外部环境、区位特征、区域发展政策等是区域经济发展时空差异的主要影响因素。

论文题名： 粤港澳经济一体化：基于边界效应视角的分析

作者姓名： 李晓　王小彬

文献来源： 湖北社会科学

发表时间： 2017-11-10

内容摘要： 本文通过选取广东珠三角地区的九个主要城市以及港澳形成不同的跨边界城市组合，利用 2002—2014 年 8 类商品的居民消费价格分类指数构造跨边界的价格波动指标，通过控制商品异质性的实证模型，对粤港澳三地间的边界效应进行估算。结果显示：距离因素不是影响粤港澳一体化的主要因素；在考虑商品异质性后，广东九市和香港特别行政区的边界效应下降了一半以上，但是依然达到 20479 千米；相比其他研究中的边界效应，粤港澳地区的边界效应更多地反映边界两侧间的各种制度性因素，即粤港澳经济一体化已经进入制度性整合时期。

论文题名： 粤港澳大湾区金融风险控制对策研究

作者姓名： 张大禹

文献来源： 中国商论

发表时间： 2017-11-10

内容摘要： 本文针对金融风险控制方面，发现在建设过程中资金外逃加剧和热钱内流造成金融市场波动加剧的问题，通过讨论风险的来源，对如何去规避相应的风险提出建议，为中国粤港澳大湾区的建设建言献策。

论文题名： 粤港澳大湾区土地利用效率的时空特征及其影响机制

作者姓名： 朱孟珏　傅晓婷

文献来源： 热带地理

发表时间： 2017-11-10

内容摘要： 本文采用 SBM 超效率模型和 Tobit 回归分析模型，构建土地利用的投入—产出指标体系，分析 2000—2015 年粤港澳大湾区城市土地利用效率的时空演化特征，探讨其影响机制并提出相关建议。结果表明：1. 粤港澳大湾区土地利用效率整体处于较高水平，2015 年分区域效率由高到低依次为广佛肇地区、港澳地区、深莞惠地区和珠中江地区，广州、深圳和珠海土地利用效率明显高于其他城市。2. 土地利用效率水平由纯技术效率和规模效率共同作用，但纯技术效率贡献作用大于规模效率。其中，2000 年小型城市纯技术效率较高，大部分城市规模效率普遍不高；2005 年后土地扩张速度加剧，规模效率普遍达到较高水平，纯技术效率成为核心因素。3. 经济水平、产业结构、科技水平、政策制度、政府作用是影响粤港澳大湾区土地效率的主要驱动力。基于驱动力的差异性，需要从严控土地面积过度投入、提升技术创新能力、提升环境效益、加强区域空间整合等方面制定不同的优化调整策略。

论文题名：供给侧改革视阈下的环渤海经济区与珠三角经济区间外贸服务业溢出效应实证研究

作者姓名：尤彧聪　易露霞

文献来源：环渤海经济瞭望

发表时间：2017-11-15

内容摘要：本文基于供给侧改革视阈，研究环渤海经济区与珠三角经济区间外贸供给侧改革，通过构建基于环渤海经济区与珠三角经济区的双区域投入产出模型，测量并计算出中国环渤海经济区与珠三角经济区间外贸服务业的区域间的溢出效应。基于本文的实证，提出环渤海经济区与珠三角经济区间外贸供给侧改革的建议。

论文题名：岭南山区县农业发展刍议——借鉴珠三角农业发展模式

作者姓名：李一方

文献来源：基层农技推广

发表时间：2017-11-15

内容摘要：本文根据以广东省怀集县为代表的岭南山区县农业发展现状，借鉴学习珠三角农业企业产业规划、适度规模经营、休闲观光农业、农产品深加工等现代农业发展的先进理念和经验做法，提出岭南山区县农业发展方向，为山区县域农业大发展提供思路。

论文题名：珠三角地区金融诉讼实证研究及启示

作者姓名：莫然　杨斯淼

文献来源：法治社会

发表时间：2017-11-15

内容摘要：本文以珠三角地区某基层法院2014—2015年审结的239件金融纠纷诉讼案件为样本，从中整理出被告类型、案由、被告人出庭情况、审理天数、结案方式、是否申请强制执行六组数据，运用统计学工具对六组数据进行分析比对。结果显示：在中国经济发达地区，金融法治化程度较高，非诉讼纠纷解决机制初具规模，金融诉讼案件类型日趋集中，诉讼调解适用空间开始萎缩，判决适用率迅速上升。可以预见：随着中国金融改革和创新程度在不断深化，在金融纠纷解决层面，社会公众对金融审判专业化与诉讼效率的要求越来越高，法院公正确定的判决对非诉讼解决机制的指导和示范作用也将愈发受到重视，因此法院司法权的价值定位和运作方式必定会朝着专业化和高效率两大方向转变。

论文题名：粤港澳大湾区城市群休闲游憩带结构研究

作者姓名：刘少和　梁明珠

文献来源：华南理工大学学报（社会科学版）

发表时间：2017-11-15

内容摘要：本文在对中国经济发达地区——粤港澳特别是广东省高铁高速路网梳理的基础上，发现高铁高速路网建设引导游客流向与投资方向，并塑造全域旅游空间格局，使面向都市居民休闲游憩、休闲度假需求的“粤港澳大湾区城市群休闲游憩带”逐渐成型。从“粤港澳大湾区都市旅游休闲区”到“城郊休闲农业与乡村旅游带”，再到“粤北山区生态旅游度假休闲游憩带”“粤南滨海旅游度假休闲游憩带”，乃至“省界地域风情体验休闲游憩带”等四个层面，呈扇形、梯次、带状分布，这为粤港澳大湾区都市居民的日常休闲游憩、休闲度假提供理想空间，不仅有利于粤港澳大湾区宜居宜业宜游的优质生活圈建设，也有利于促进粤港澳区域，特别是城乡一体化发展。

论文题名：粤港澳大湾区战略背景下香港—东盟关系重构初探

作者姓名：曾刚　苏灿　曹贤忠　王丰龙

文献来源：热带地理

发表时间：2017-11-17

内容摘要：文章首先介绍粤港澳大湾区建设的战略背景，从经贸、金融、航运、科技等领域着手，归纳香港与东盟关系现状特征；其次，剖析大湾区战略对香港—东盟合作区位优势、合作互补性、发展潜能的影响；最后，从发挥香港中外“超级联络人”传统优势、提升中国全球影响力、提升香港特别行政区居民生活品质的目标出发，提出借助“一带一路”契机，发挥“一国两制”政策优势、促进香港与东盟多渠道经贸合作、提升交通基础设施连通性、加强香港—东盟创新合作等重构香港—东盟关系的思路建议。

论文题名：珠三角创业板上市公司财务能力研究
作者姓名：李永红　赵雅君
文献来源：现代商业
发表时间：2017-11-18
内容摘要：本文以珠三角创业板上市公司为研究对象，以珠三角地区50家创业板上市公司作为研究样本，进行实证分析。首先，文章从创业板上市公司的背景出发，整理并查阅国内外有关创业板上市公司的财务能力研究的文献；其次，介绍创业板上市公司特征并给出影响创业板上市公司的因素；再次，构建财务能力评价指标体系，采用SPSS软件并利用因子分析法对珠三角地区的50家创业板公司的财务能力进行实证分析；最后，根据本文的研究结论提出建议，以促使投资者根据自身对风险的爱好情况做出更好的选择，同时促进创业板上市公司的健康发展。

论文题名：珠三角港口群发展现状评述
作者姓名：元晓鹏　黄大明　汪超
文献来源：交通企业管理
发表时间：2017-11-20
内容摘要：本文对珠三角港口群在基础设施、生产营运、临港物流、航运服务等方面的发展成就进行分析，从发展格局、能力适应性、服务腹地、能力水平及发展环境等方面总结现阶段珠三角港口群发展特征及主要存在问题，以期对珠三角港口群今后的发展提供帮助。

论文题名：社区治理现代化视域下我国城市社区统战工作社会化和科学化研究——基于广东省珠三角的历史考察
作者姓名：祝全永　李义
文献来源：湖南科技大学学报（社会科学版）
发表时间：2017-11-20
内容摘要：本文基于城市社区治理范式和历史考察，发现中国城市社区统战工作社会化和科学化应基于七大对策，即以社区为依托、把新的社会阶层人士统战工作纳入统战范围，贯彻统战政策；以“互联网+”现代信息网络为媒介、发挥大数据时代“互联网+”现代高科技手段优势，构建城市社区网络统战工作机制；构建城市社区“两新”组织党建和统战工作机制、统战组织人事人才工作机制、教育学习培训和动态管理“四位一体”的统战工作机制、城市社区治理褒奖激励机制和城市社区“三社联动”机制。

论文题名：基于满意度绩效评估的珠三角城市公共体育服务发展现状与对策研究
作者姓名：杜晓旭　李运锋
文献来源：山东体育科技
发表时间：2017-11-21
内容摘要：本文以满意度绩效评估为切入点，运用专家访谈法、实地调查和问卷调查法对珠三角城市公共体育服务发展现状进行分析与对策研究。满意度绩效评估能更加客观、清晰分析和掌握政府公共体育服务的现实状况，了解实施过程中出现的具体问题。政府部门能够及时了解民众公共体育服务的具体需求。满意度绩效评估对促进政府职能部门改进工作、改善政府形象、促进社会和谐发展都有积极的作用。

论文题名：贸易促进下的粤港澳大湾区一体化发展
作者姓名：李郇　郑莎莉　梁育填
文献来源：热带地理

发表时间：2017-11-24

内容摘要：本文通过梳理贸易与区域一体化作用的理论与实证研究，提出贸易对一体化作用的长期动态理论；以此为出发点，分析珠江三角洲与港澳地区贸易往来的历史地理，认为贸易对粤港澳大湾区一体化的过程起到促进作用。粤港澳大湾区一体化过程中，珠三角与港澳地区的贸易对象从商品到生产过程，最后到服务的转变，贸易主体从实体商品为主到无形服务为主的这种变化，是促进粤港澳大湾区从初级一体化向高级一体化迈进的主要过程。此外，贸易的一体化过程有着极大的外溢效应，完善地区基础路网的建设，推动产业集群的产生，带动区域创新，将一体化区域提升至国家“一带一路”倡议中的重要地位。未来，粤港澳大湾区将会紧紧抓住服务贸易作为贸易发展的主线。因此，对未来大湾区的发展提出三大发展走向：必须先发展湾区的陆地轨道交通网络，完善港口和机场交通体系的新建和协调；依托交通体系，形成一体化两大枢纽：“广佛”与“深港”，作为推动一体化的主导力量；最后，以“广州—深圳—香港”为主要节点的区域创新走廊是未来大湾区的增长新动力。

论文题名：深圳在粤港澳大湾区中的定位和对策

作者姓名：邓志新

文献来源：特区经济

发表时间：2017-11-25

内容摘要：本文通过对深圳在粤港澳大湾区定位的SWOT矩阵分析，发现深圳的定位是创新创业之都、金融创新中心、高端产业中心和港口物流中心。深圳在粤港澳大湾区发展战略中，首先，要发挥创新优势，大力发展服务业，在科技创新、金融创新、制造创新和服务创新上发挥主导作用；其次，借助自贸区发展的平台，做出标杆；再次，打造龙头产业，占领产业高端；最后，与粤港澳其他地区分工合作，发挥各自优势，打造世界一流湾区。

论文题名：基于战略与行动相结合的区域空间规划实践——以珠三角全域空间规划为例

作者姓名：李建平

文献来源：城市发展研究

发表时间：2017-11-26

内容摘要：本文基于对空间规划战略属性和行动属性的理解，结合珠三角全域空间规划的开展，对战略与行动相结合的空间规划方法进行探索，并提出推进珠三角世界级城市群建设的四大战略和五项行动。

论文题名：借鉴旧金山湾区创新经验，构建粤港澳大湾区创新共同体

作者姓名：丁旭光

文献来源：探求

发表时间：2017-11-26

内容摘要：本文认为，美国旧金山湾区是全球创新中心，其科技创新特色与经验值得粤港澳大湾区建设创新共同体借鉴，在激发粤港澳大湾区大学和科研机构知识创新源头作用、突出企业的创新主体地位并发挥好政府作用、构建粤港澳大湾区科技创新带、支持鼓励粤港澳大湾区风险投资发展和积极吸引国际高端创新人才等方面发力。

论文题名：珠三角地区商业建筑之老幼关怀设计研究

作者姓名：黄欣

文献来源：华南理工大学

发表时间：2017-12-01

内容摘要：本文针对中国目前处于实体商业低迷、人口结构呈老龄化趋势以及全面二孩政策颁布的新形势下，一方面老幼人群不断扩大，另一方面商业建筑的老幼关怀设计还不完善，已经不能满足人们日益增长的品质生活需求的新情况，以珠三角地区为研究据点，提出应健全商业建筑老幼关怀设计，以解决老幼关怀需求的实际问题。文章从孩子和老人的视角出发，通过资料查阅、相关理论研究、人物采访、实地调研等手段展开调查研究。以老幼人群的商业活动一般步骤

为线索，结合珠三角地区的地域性特征，掌握老幼人群在商业活动中的生理、心理及行为特点及新的变化趋势，结合马斯洛的“需求层次论”，分析得出老幼人群五个层次的关怀需求。以此为依据，从关怀的角度进行设计研究，初步建构珠三角地区商业建筑的老幼关怀设计体系，归纳出商业建筑老幼关怀设计的十项设计原则：易达、便利、引导、安全、交往、尊重、学习、舒适、美观、自我实现，以及老幼关怀设计的主要内容，包括设计要点及设计方法。以理论指导实践，通过实际案例调研来验证理论的实用价值，能更全面更科学地解决新时期的实际问题，为老幼人群的出行、购物提供方便，消除障碍，改善购物环境，发挥老幼关怀设计在商业建筑中的重要作用。

论文题名：粤港澳大湾区建设进程中大湾区文化的时代内涵

作者姓名：侯培江　尹伶俐

文献来源：广州航海学院学报

发表时间：2017-12-01

内容摘要：本文认为，粤港澳大湾区的规划，是广东在新的历史时代在经济新常态下转型发展的新推手。上升为国家战略层面的粤港澳大湾区将为粤港澳城市群带来前所未有的发展机遇，广东如何在大湾区城市群的概念引领下进行战略定位，事关广东在全面深化改革的历史关键时刻，在国家对外开放战略格局中，在21世纪海上丝绸之路的关键支点上，实现新的飞跃发展。本文注重粤港澳大湾区在建设进程中的湾区文化内涵研究、湾区文化目标定位研究、湾区精神与湾区形象研究、湾区文化成长研究、湾区文化战略布局与文化领导权问题研究等。

论文题名：高职院校大学生职业道德教育现状透析——以珠三角地区为中心

作者姓名：吴新风　刘汇钰

文献来源：经济师

发表时间：2017-12-05

内容摘要：文章论述珠三角地区高职院校大学生职业道德教育存在的现实问题，并提出丰富教育教学内容，发挥专业教育作用，加强自身职业道德主体作用等路径来提高高职生的职业道德。

论文题名：粤港澳大湾区及周边城市经济空间联系与空间结构——基于改进引力模型与社会网络分析的实证分析

作者姓名：彭芳梅

文献来源：经济地理

发表时间：2017-12-06

内容摘要：本文根据2015年粤港澳大湾区及周边共23个城市的多指标数据，应用TOPSIS评价法计算城市综合质量，基于改进引力模型测算城市间空间联系作用，绘制空间联系图直观考察城市群整体空间联系特征与空间结构。研究发现，粤港澳内部城市的综合质量、联系水平均存在显著的空间非均衡分布特征，粤港澳网络联系呈现出由港深穗向周边梯度衰减态势，且表现出显著的圈层结构特征。此外，通过应用社会网络分析方法中的网络密度分析、中心度分析、核心—边缘结构分析和凝聚子群分析，进一步验证空间联系分析所得结论。研究表明：粤港澳大湾区及周边城市在空间结构上表现为显著的“核心—半边缘—边缘”结构和三级圈层结构特征，整体网络联系过度依赖港深穗的辐射带动和中介桥梁作用，缺乏合理的梯度层级。最后为未来粤港澳建设世界一流城市群提出加强经济空间联系、着重构建梯度层级城市体系、扩大湾区经济空间范围和腹地纵深三点建议。

论文题名：粤港澳大湾区发展思路探讨

作者姓名：劳铖强

文献来源：开放导报

发表时间：2017-12-08

内容摘要：本文从粤港澳大湾区的内在本质出发，在空间、动力、引擎和方向四个层面探讨粤港澳大湾区的发展思路，认为重点需要优化空间结构，形成新格局；提升创新水平，形成新动力；促进协调发展，形成新核心；深化对外开放，形成新方向。

论文题名：技术创新能力对创新资源与企业绩效关系的中介效应——以珠三角制造业为例
作者姓名：黄世政　周家贤　朱炎亮
文献来源：科技进步与对策
发表时间：2017-12-10
内容摘要：本文以珠三角200家制造业企业为例，采用结构方程模型进行实证分析。研究发现，创新资源对技术创新能力呈显著正向影响，即企业创新资源获取有利于提高技术创新能力；同时，技术创新能力中的策略规划能力对企业绩效呈显著正向影响，而学习能力、研发能力、资源运作能力、制造能力、营销能力和组织能力对企业绩效影响不显著；技术创新能力对创新资源与企业绩效的关系具有中介效应。

论文题名：珠三角九市专利实力现状与提升对策研究
作者姓名：陈欣
文献来源：科技管理研究
发表时间：2017-12-10
内容摘要：本文基于2001—2015年授权的珠三角九市中国发明专利数据，从专利数量与专利质量两个层面，全面分析珠三角九市的专利实力现状。实证研究结果显示：珠三角九市发明专利授权量近年来呈迅速增长趋势，但存在专利数量与专利质量不协调的情况，且各市专利质量综合评分及各维度得分差异显著。最后，基于实证分析结果提出各市提高专利实力的对策建议。

论文题名：粤港澳大湾区优化营商环境的对策建议
作者姓名：刘城
文献来源：新经济
发表时间：2017-12-10
内容摘要：本文认为，优化营商环境，是粤港澳大湾区打造国际化优质生活圈，建设世界一流湾区的重要条件。目前，珠三角“多证合一”等注册登记便利化的优化营商环境取得成效。今后，进一步降低市场准入门槛、落实负面清单、加强信用监管是进一步优化营商环境的方向。

论文题名：珠三角地区民办高校创新创业教育课程研究
作者姓名：毕会东　陈朝晖
文献来源：继续教育研究
发表时间：2017-12-15
内容摘要：本文针对珠三角地区民办高校创新创业课程所存在的定位模糊、内容不完善和师资力量有待加强等问题，提出“精准定位、把创新创业课程融入高校人才培养计划中；完善创新创业课程内容、加强内涵建设和建设优质师资队伍”的建议。

论文题名：珠三角乡村公园与村落的空间关系浅析
作者姓名：李宜斌
文献来源：广东园林
发表时间：2017-12-15
内容摘要：本文基于乡村公园与村落公共空间的结合、公园界线的划分、交通可达性和资源整合等问题，结合广州、佛山地区乡村公园的案例实践，提出解决相关问题的思路和方法。作者认为，乡村公园与村落是相互依存的关系，应当使公园尽可能与公共设施的空间结合，其边界尽量与村民生活与生产空间切合，并妥善解决交通可达性问题。

论文题名：基于模糊物元分析的珠三角物流枢纽城市规划
作者姓名：王芹
文献来源：山东交通学院学报
发表时间：2017-12-15
内容摘要：本文为有效避免物流枢纽规划评价标准的不确定性、主观臆断性带来的影响，将模糊物元分析模型引入物流枢纽规划。界定物流枢纽的内涵及研究对象，构建包含社会经济、货运规模、交通区位条件、物流发展政策四大要素的物流枢纽评价指标体系；建立基于模糊物元分析的珠三角物流枢纽布局规划模型，引入信息熵理论进行权重赋值；将规划模型成功应用于珠三角物流枢纽城市规划，证明该规划方法具有一定的科学性、合理性。

论文题名：粤港澳大湾区高等教育现状及合作模式探讨

作者姓名：冼雪琳　安冬平

文献来源：深圳信息职业技术学院学报

发表时间：2017-12-15

内容摘要：本文对粤港澳三地高等教育现状及交流合作状况进行详细的分析，并分别从合作的重点及合作的层面提出粤港澳三地深化合作模式的建议，培养粤港澳大湾区高素质人才的重要途径是加强粤港澳三地高等教育的紧密合作。

论文题名：粤港澳大湾区经济开放度研究——基于四大湾区比较分析

作者姓名：张昱　陈俊坤

文献来源：城市观察

发表时间：2017-12-20

内容摘要：本文构建湾区经济开放度比较的基本体系，并据此对包括粤港澳湾区在内的四大湾区进行比较研究。结论认为，粤港澳地区已经形成发展为世界顶级湾区的开放型经济雏形与良好的基础设施支撑，但仍然存在巨大的发展空间。粤港澳大湾区的开放发展应更加强调经济效率、开放均衡性、内部协调发展等问题。

论文题名：粤港澳大湾区对外开放水平的测度与比较

作者姓名：杨永聪　申明浩

文献来源：城市观察

发表时间：2017-12-20

内容摘要：本文基于贸易开放度、投资开放度等多个维度，应用主成分分析法对粤港澳大湾区在2010—2015年间的对外开放水平进行测度，并且与京津冀城市群和长三角城市群进行比较，结果发现：粤港澳大湾区的总体对外开放水平处于上升通道，而且显著高于京津冀城市群和长三角城市群；同时，粤港澳大湾区城市间的对外开放水平表现出总体分化、局部趋同的特征。作者认为，可以通过充分发挥香港“超级联系人”功能、借助广东自贸区开展制度创新、“引进来”与“走出去”双向互动以及推动基础设施一体化建设等方式，进一步提升粤港澳大湾区对外开放水平，为粤港澳大湾区集聚和优化要素资源配置、激发经济增长新活力和新动力创造条件。

论文题名：全球机场群空间格局及其对粤港澳大湾区的启示

作者姓名：曹小曙　杨景胜　廖望

文献来源：城市观察

发表时间：2017-12-20

内容摘要：本文基于2016年的OAG计划航班数据，重点分析全球机场群的空间格局，并以纽约、旧金山、日本湾区为全球城市区域机场群的典型案例，具体分析三大湾区发展现状。研究发现：除美国和欧洲的英、法、德、意等国外，中国、日本、泰国和巴西等国的机场群数量占有绝对优势。粤港澳大湾区作为中国发展最为成熟的机场群，呈现出多核心的发展模式，机场体系较为完善，但辅助机场潜力尚待挖掘。从空间距离来看，世界三大湾区机场群内机场布局更为紧凑，而旅客在粤港澳大湾区机场间流通的时间成本仍旧过高。在“粤港澳大湾区”的发展主题下，未来应注重打造多功能国际航空门户，服务于“一带一路”倡议，挖掘辅助机场的发展潜力，完善机场等级体系，加快建设高效的地面交通疏散网络。

论文题名：粤港澳自贸区协同引领“一带一路”建设研究

作者姓名：黄霓　陈茜

文献来源：城市观察

发表时间：2017-12-20

内容摘要：本文认为，“一带一路”倡议和自由贸易园区的设立均是新时期中国扩大对外开放的主要形式，是中国全方位融入世界的重要战略部署。粤港澳地处中国南大门，面向东南亚，背靠泛珠江三角洲等广大腹地，更是21世纪海上丝绸之路的门户枢纽。依托港澳自由港优势，粤港澳自贸区协同充当“引进来”和“走出去”的桥梁和平台，将引领“一带一路”建设向纵深发展。

论文题名：基于DEM的珠江三角洲流域范围划分研究

作者姓名：谢文凯

文献来源：北京测绘

发表时间：2017-12-25

内容摘要：本文选取广东省陆域为研究区，建立了50米分辨率的DEM数据，应用ArcGIS软件提取流域水文特征，进行广东省珠江三角洲流域范围的划分。

论文题名：基于序数—序数DEA模型的珠三角城市群竞争力评价研究

作者姓名：姚一民

文献来源：特区经济

发表时间：2017-12-25

内容摘要：本文运用序数—序数DEA模型对2009年和2014年珠三角九市的城市竞争力进行评价，并从五个视角进行交互式讨论。分析结果显示：2009年和2014年，广州和深圳的城市综合竞争力均居珠三角城市群前列。在分项竞争力方面，广州和深圳也处于明显优势。珠三角城市在五个分项竞争力（指标）评价中，呈现出六种分项竞争力（指标）类型：第一，竞争力始终保持领先；第二，具有竞争力，且拉高城市排序；第三，不具竞争力，且拉低城市排序；第四，不失竞争力或者具有竞争力，但未改变城市排序；第五，不具竞争力，但未改变城市排序；第六，不失竞争力或者具有竞争力，但城市排序下降。在分析RKO值的集中化指数的基础上，本文还提出关于珠三角城市群发展的对策建议。

论文题名：粤港澳闪电定位系统与深圳高塔雷电光学观测对比分析

作者姓名：郭宏博　邱宗旭　杨悦新　苏琳智　秦子龙

文献来源：广东气象

发表时间：2017-12-26

内容摘要：本文介绍粤港澳闪电定位系统布点情况、定位方法、探测参量及指标以及深圳高塔雷电观测系统的概况。利用2016年9月2日三次高塔接闪的光学（高速摄像）观测数据与闪电定位系统数据从回击探测效率、定位误差、云地闪识别和首次回击判断四个方面进行对比。结果发现：粤港澳闪电定位系统对深圳高塔的回击探测效率约为92.9%，定位误差优于300米，云地闪识别准确率84.6%，但首次回击的判断准确率不理想。

论文题名：基于珠三角地区外向型经济需求的商务英语人才培养研究

作者姓名：莫利娜

文献来源：成都师范学院学报

发表时间：2017-12-30

内容摘要：本研究基于需求分析理论，以服务珠三角地区的经济发展为导向，以《高等学校商务英语专业本科教学质量国家标准》为依据，通过对珠三角地区涉外企事业单位对商务英语人才的需求进行调研，探讨符合珠三角地区外向型经济发展需求的商务英语课程体系建设和人才培养模式，并基于调查结果，就跨学科的商务英语课程体系建设、复合型师资队伍建设、教学方法和教学手段改革以及实训教学方法和实训激励机制等方面提出建议。

·责任编辑　周慧琴·

文献法规

广东省深化泛珠三角区域合作实施意见

（广东省人民政府2017年1月20日印发）

为深入贯彻落实《国务院关于深化泛珠三角区域合作的指导意见》，推动广东省在泛珠三角区域“9+2”各方合作中发挥更加积极的作用，根据《国家发展改革委办公厅关于印发〈深化泛珠三角区域合作重点工作分工方案〉的通知》《国家发展改革委办公厅关于印发深化泛珠三角区域合作近期工作要点的通知》有关要求，制定本实施意见。

一、总体要求

（一）指导思想

全面贯彻党的十八大和十八届三中、四中、五中、六中全会精神，深入贯彻习近平总书记系列重要讲话精神，统筹推进“五位一体”总体布局和协调推进“四个全面”战略布局，牢固树立和贯彻落实创新、协调、绿色、开放、共享的发展理念，坚持“政府引导、统筹推进，改革引领、创新驱动，优势互补、合作共赢，陆海统筹、全面开放，生态优先、绿色发展”的原则，着力深化改革、扩大开放，推动广东省在泛珠三角区域“9+2”各方合作中发挥更大的作用，推动内地九省区一体化发展，深化与港澳更加紧密合作，促进泛珠三角区域经济协调联动发展，共同打造全国改革开放先行区、全国经济发展重要引擎、内地与港澳深度合作核心区、“一带一路”建设重要区域、生态文明建设先行先试区，共同构建经济繁荣、社会和谐、生态良好的泛珠三角区域。

（二）战略定位

——深化合作排头兵。进一步增强大局意识和责任意识，积极担当经济大省的责任和义务，更加主动加强与泛珠合作各方的沟通、衔接，不断强化合作机制，更加主动推进统一市场建设、基础设施互联互通、产业协作发展，在体制改革、对外开放、创新发展方面进一步增强服务、辐射作用。

——改革开放先行地。充分发挥广东作为国家“一带一路”战略枢纽、经贸合作中心和重要引擎的功能和经济特区、中国（广东）自由贸易试验区的带动作用，着力抓好深化改革各项试点工作，在完善社会主义市场经济体制、推进经济建设、对外开放、社会管理、生态文明建设等方面积极开展先行先试，携手泛珠各方共同拓展参与“一带一路”建设的广度和深度，为泛珠区域和全国深化改革、扩大开放积累经验。

——创新发展重要引擎。以建设珠三角国家自主创新示范区和全面创新改革试验试点省为契机，创新合作机制，提升合作水平。把协同创新与珠江—西江经济带、粤桂黔高铁经济带合作试验区、粤桂合作特别试验区、闽粤经济合作区等跨省区重大平台建设结合起来，在区域创新发展方面发挥重要示范带动作用，成为促进全国创新发展的重要引擎。

——与港澳深度合作核心区。在内地与香港、澳门关于建立更紧密经贸关系的安排（CEPA）及其补充协议框架下，充分发挥广东省与港澳联系密切以及“一国两制”的优势，深化各领域合作，协助港澳拓展发展空间，推动泛珠区域提升开放型经济水平。

——生态合作先行区。主动建立跨区域的生态建设、生态保护和污染防治联动机制，积极开展跨省区流域水资源保护、水污染防护、大气污染综合治理，强化跨省区生态保护和修复，推动泛珠区域清洁生产，开展生态保护补偿试点，为打造生态文明建设先行先试区提供重要支撑。

（三）合作目标

到2020年左右，实现以下合作目标：

——紧密合作格局基本形成。粤港澳大湾区、珠江—西江经济带、粤桂黔滇高铁经济带、琼州海峡经济带和东江生态经济带等跨区域合作建设目标初步实现；粤港澳、粤闽、粤桂琼等海洋经济合作圈基本建成；以粤港澳大湾区为龙头，以珠江—西江经济带为腹地，带动中南、西南地区发展，辐射东南亚、南亚的经济发展格局基本形成。

——经济发展深度融合。广东省与泛珠内地八省区间统一、开放的市场体系初步建立；交通、信息、能源等基础设施互联互通水平显著提高；广东在泛珠区域创新体系中的辐射、协调作用进一步提升，区域协同创新体系初步形成；分工合理、布局优化的先进产业集群逐步建立，区域产业协作体系初步形成；以粤港澳大湾区建设推动内地九省区与港澳合作进一步深化；广东作为中国改革开放试验田的作用进一步强化，推动区域内体制创新明显加快、对内对外开放水平明显提高。

——社会发展共享共治。内地九省区教育、医疗、文化等资源共享水平明显提升，社会治理区域协调水平明显提高。跨区域环境保护与治理成效显著，生态环境协同保护和治理机制明显强化，东江、西江、九洲江等流域补偿机制初步建立。

——合作机制进一步完善。在国家的支持和指导下，行政首长联席会议和省（区）部际协商会议对区域重大合作事项的决策、推动和协调作用进一步发挥，泛珠三角区域合作与发展论坛成为促进泛珠三角区域合作的重要智库，泛珠合作发展研究院和泛珠合作发展基金为深化泛珠合作提供强大的智力支持和资金保障。

二、主要任务

（一）深化区域经济合作发展

1. 优化区域经济发展格局。共同编制实施《泛珠三角区域合作发展规划》《粤港澳大湾区发展规划》《北部湾城市群规划》等重大区域发展规划。大力推进珠江—西江经济带、粤桂黔高铁经济带、琼州海峡经济带、东江生态经济带建设，合力构建沿江、沿海、沿重要交通干线的经济发展带。建立毗邻省区间发展规划、城镇群规划、城市群规划衔接机制，推动空间布局协调、时序安排同步。注重陆海统筹，协同福建、广西、海南等省区及港澳合作发展海洋经济，积极构建粤港澳、粤闽、粤桂琼三大海洋经济合作圈，共同科学开发海洋资源，保护海洋生态环境。（省发展改革委牵头，省经济和信息化委、国土资源厅、住房城乡建设厅、商务厅、海洋与渔业厅、交通运输厅、港澳办及有关地级以上市政府等按职责分工负责）

加快发展珠江—西江经济带，推动西江航道整治、大藤峡水利枢纽和西江航道扩能升级工程建设。加强经济带沿线城市在科研创新、人才交流、金融合作、旅游合作、产业对接等方面合作，推动沿线产业园区合作共建和产业联动发展。启动编制《珠江—西江岸线开发利用和保护总体规划》《珠江—西江生态综合治理规划》等相关专项规划，完善区域环保合作机制。（省发展改革委牵头，省交通运输厅、水利厅、环境保护厅及交通运输部珠江航务管理局等按职责分工负责）

携手港澳共同打造粤港澳大湾区，以大湾区建设为重点，推进大珠三角世界级城市群建设，辐射引领泛珠区域梯度发展。建设世界级城市群，促进城市群之间和城市群内部分工协作。（省发展改革委牵头，有关地级以上市政府等按

职责分工负责）

2. 共同培育先进产业集群。顺应“互联网+”发展趋势，积极推动国家超级计算广州中心、深圳中心与贵阳国家大数据中心、中国—东盟（钦州）华为云计算和大数据中心等合作联动，推进制造业数字化、网络化和智能化。推动珠江西岸先进装备制造产业带和珠江东岸电子信息产业集群与泛珠合作各方的产业协作，在高端新型电子信息、生物技术、高端装备制造、半导体照明、新材料等产业方面加强合作，建立跨区域的产业链，培育形成优势互补、分工合理、布局优化的先进产业集群，共同打造“中国制造2025”转型升级示范区和世界先进制造业基地。探索以“轨道交通+产业园区+人才小镇+公共配套”为要素的都市圈城际住房合作模式。（省经济和信息化委牵头，省商务厅、科技厅、住房城乡建设厅及有关地级以上市政府等按职责分工负责）

改革服务业发展体制，创新发展模式和业态，扩大服务业对内对外开放，依托中国（广东）自由贸易试验区和粤港澳服务贸易自由化示范基地，深化粤港澳合作，打造粤港澳服务贸易自由化升级版。（省发展改革委牵头，省商务厅、港澳办等按职责分工负责）

加快转变农业发展方式，加强与海南省的南繁育种合作以及与湖南、广西、江西等省区的粮食产销合作，与广西开展特色农产品示范基地建设合作，共同推动供港澳农产品基地建设，共同打造西江沿岸生态农业产业带。促进与泛珠合作各方农业大数据共享。携手海南、广西、福建深化与东盟国家的渔业合作。（省农业厅牵头，省海洋与渔业厅等按职责分工负责）

3. 引导产业跨区域有序合作。积极推动广东省与泛珠区域内省区有序开展产业组团式和集群式发展。推动泛珠合作各方共同制定产业转移指导目录，建立产业转移跨区域合作机制。（省商务厅牵头，省经济和信息化委、发展改革委等按职责分工负责）

充分发挥各类合作平台在促进产业转移中的积极作用，大力推进粤桂合作特别试验区、闽粤经济合作区、粤湘开放合作试验区、湛江—北海粤桂北部湾经济合作区、湛江—玉林经济示范区、广州泛珠合作园区、广安（深圳）产业园等跨省区合作平台建设。（省发展改革委牵头，省有关单位及有关地级以上市政府等按职责分工负责）

（二）大力推进统一市场建设

4. 实施统一的市场规则。清理阻碍要素合理流动的各种规定和做法，主动与泛珠合作各方相关部门对接，推动实施统一的市场准入制度和标准，推动各类生产要素跨区域有序自由流动和优化配置，规范发展综合性产权交易市场。（省发展改革委、经济和信息化委、人力资源社会保障厅、商务厅、国资委、工商局、金融办等按职责分工负责）

加强标准制订合作，推进产品检验、计量检定、品牌评价、资质认证等结果互认，促进商品自由流通，有序推动服务业区域标准制定。（省食品药品监管局、质监局、工商局等按职责分工负责）

推动建立统一的市场执法标准和监管协调机制，依托企业信用信息公示系统，推动实现市场主体基础信息互联互通、市场监管信息共享共认、市场监管措施协调联动、消费者异地投诉处理和行政执法相互协作。（省工商局牵头，省发展改革委、质监局、食品药品监管局等按职责分工负责）

规范行政处罚自由裁量权，探索建立区域行政处罚裁量基准制度，推动内地九省区行政处罚裁量权的运用逐步统一。（省法制办牵头，省工商局等按职责分工负责）

5. 加强社会信用体系建设合作。推动建立区域信用联动机制，开展区域信用体系建设合作与交流，促进信用建设经验成果及信用市场服务的互通、互认和互用。推进社会信用体系建设合作，与全国信用信息共享交换平台实现对接，以统一社会信用代码为标识，实现企业登记、产品质量监管等信用信息的共享交换。建立完善统一的企业信用分类标准，实现跨地区信用联合惩戒，完善“一处失信、处处受限”的失信惩戒机制。（省发展改革委牵头，省社会信用体系建设统筹协调小组成员单位等按职责分工负责）

6. 构建区域大通关体制。加快建立大通关电子口岸信息平台，推进电子口岸互联互通和资源共享。完善口岸综合服务体系和口岸联络协调机制，推动广东省与内地省区口岸通关协作、与港澳地区通关协调，实现口岸管理相关部门信息互换、监管互认、执法互助。在中国（广东）自由贸易试验区全面实施涵盖海关、检验检疫、外汇、边检、海事等管理部门的国际贸易“单一窗口”，进一步优化口岸监管执法流程和通关流程，为区域大通关创造经验。探索在海关特殊监管区等地实施“单一窗口”。优化完善广东省与福建、广西、海南等泛珠区域通关一体化机制，加强与长江经济带等区域通关一体化合作，进一步扩大通关一体化范围。（省口岸办、质监局，海关广东分署，广东、深圳、珠海出入境检验检疫局等按职责分工负责）

（三）推进重大基础设施一体化建设

7. 共建现代化综合交通运输体系。加强与泛珠合作各方交通基础设施互联互通，构建安全、低碳和便捷的综合交通运输体系，增强对区域发展的支撑能力。规划建设服务和辐射泛珠合作各方的高快速铁路网和高速公路网，实现到2020年内地九省区省会城市高速铁路互联互通。着力推进海陆空综合互联互通，积极发展跨境多式联运，完善统一相关标准规范和服务规则，加快建设具有多式联运功能的货运枢纽和物流园区，完善枢纽节点集疏运体系。加快智能物流网络建设，推进交通运输物流公共信息平台发展，建设面向东南亚、南亚的区域性国际物流公共信息平台。着力构建区域国际物流主干网络，大力推进国际物流通道建设。（省发展改革委、交通运输厅牵头）

铁路方面。共同推进区域内列入国家《中长期铁路网规划》的项目建设，推进合浦至湛江铁路、赣州至深圳客专、龙川至龙岩客专、瑞金至梅州铁路、韶关至柳州铁路、罗定至岑溪铁路、柳州至广州、琼州海峡跨海通道工程、湛海铁路扩能工程、黎湛铁路电气化改造工程、洛湛铁路电气化等项目建设，规划研究张家界经湛江至海口旅游高铁、深圳至肇庆客专（衔接贵广、南广高速铁路）、沿海高铁漳州至汕尾段等铁路项目。（省发展改革委、交通运输厅牵头，广铁集团等按职责分工负责）

公路方面。加快跨区域高速公路、干线公路建设和升级改造，打通省际“断头路”“瓶颈路”。加快推进港珠澳大桥、广佛肇至梧州高速、玉林至湛江高速、连山至贺州高速、宁都至龙川高速、甬莞高速、深中通道等项目建设。着力解决制约甩挂运输发展的瓶颈问题，推进泛珠三角区域甩挂运输网络化发展。（省交通运输厅牵头，省发展改革委等按职责分工负责）

港口航运方面。优化沿海港口功能布局，增强沿海港口对内陆地区的服务能力。积极发展沿海港、沿江港与无水港的联动体系，共同发展现代物流、临港产业，推进北部湾港口群协调发展。联合海南省在琼州海峡南北岸规划建设新客货滚装码头，提高琼州海峡客货滚装运输服务能力和水平；加快琼州海峡港航一体化发展，编制实施琼州海峡经济带和琼州海峡南北两岸发展规划。共同推进西江、北江等珠江主要干支流高等级航道建设。完善珠江水运发展协调机制，推进实施《珠江水运科学发展行动计划（2016—2020）》。（省交通运输厅、发展改革委，交通运输部珠江航务管理局，有关地级以上市政府等按职责分工负责）

航空方面。支持泛珠区域空域资源统筹管理，进一步推动区域内各国际机场航权开放，推进广州白云国际机场世界级航空枢纽和深圳宝安国际机场国际航运建设，强化与区域内其他机场的协调联动，服务泛珠和全国。优化完善机场布局，加快推进广东省支线机场建设及与周边区域的联动。推动加密区域内城市间航线航班，促进区域内客货快速运送。推进珠三角世界级机场群建设，以及与区域内其他重要机场的协调联动。

（民航中南管理局、省发展改革委、省机场管理集团、深圳机场集团等按职责分工负责）

8. 共建能源供应保障体系。加快推进区域间电源与电网建设，在珠三角地区科学布局建设热电联产、调峰电源和分布式能源站等支撑电源的同时，与周边省份开展电力输送及煤炭、油气储运合作。合作发展新能源和可再生能源。合理增加接收西电，落实《云电送粤“十三五”框架协议》和《黔电送粤“十三五”框架协议》，建设滇西北至广东±800千伏特高压直流输电工程，加大配电网的建设与改造力度。推进西气东输三线等油气管道建设，完善区域性油气管网建设。（省发展改革委牵头，省国土资源厅、水利厅等按职责分工负责）

9. 合力完善水利基础设施体系。推动区域防洪供水工程和综合防洪抗旱减灾体系建设，保障区域防洪供水安全，确保对港澳供水安全；加快推进韩江高陂水利枢纽工程建设，推进环北部湾水资源配置工程前期工作，支持澳门防洪（潮）排涝体系建设，统筹实施珠江干支流河道崩岸治理及河道综合整治工程。加强与福建、广西等省区标准江海堤围建设的相互衔接，推进实施千里海堤达标加固工程，加快西江、北江、东江和韩江干流堤围达标建设。推进珠江流域综合整治开发，联合实施水源涵养和水土保持能力提升工程。落实最严格水资源管理制度，推动开展江河水量分配，依法对区域内的年度用水实行总量管理，强化规划和项目水资源论证，严格水功能区监督管理。加强水资源保护与开发利用，强化区域水资源管理。推动加快制定出台珠江水量调度条例。推进水利信息化建设，提高跨省区流域水资源调控、水利管理和工程运行信息化水平。（省水利厅、水利部珠江水利委员会牵头，省发展改革委、经济和信息化委、国土资源厅、环境保护厅、海洋与渔业厅等按职责分工负责）

10. 加强信息设施互联互通。加快构建高速、移动、安全、泛在的新一代信息基础设施，建设区域通信枢纽，推动区域网络基础设施建设升级，强化信息网络安全。加强广州等国家级互联网骨干直联点互联工程建设，实施省际骨干网络优化工程，建设区域骨干网核心节点，提升网络传输能力及网间互联互通水平。推动开展“宽带中国”示范城市（群）创建工作，贯彻实施光纤到户国家强制标准。加强与江西、福建合作，推进原中央苏区农村超高速无线局域网应用试点。实施大数据战略，加强与泛珠区域的对接，打造具有国际竞争力的大数据产业园，打造区域数据中心，着力构建重点领域信息共享平台。（省通信管理局牵头，省经济和信息化委、发展改革委等按职责分工负责）

（四）促进区域创新驱动发展

11. 构建区域协同创新体系。加强与泛珠各方对接合作，推进珠三角国家自主创新示范区建设，充分发挥广州、深圳的创新引领与辐射带动作用，将珠三角地区建设成为国际一流科技产业创新中心，进一步推动泛珠区域创新发展水平。加强深港创新圈等区域科技创新合作，加快落马洲河套地区开发，推进深港创新及科技园建设，构建以企业为主体、市场为导向、产学研相结合的泛珠区域协同创新体系。制定区域科技创新基础平台共享规则，率先相互开放国家级和省级重点实验室、中试基地等试验平台。加强区域内国家国际科技合作基地的横向交流和联系。深化产学研合作，共建协同创新平台，联合开展重大科技攻关，共同实施科技创新工程。组建区域产业技术创新战略联盟，联合开展产业重大共性科技攻关，推动科技成果转化和产业化。（省科技厅牵头，省发展改革委、经济和信息化委、教育厅、住房城乡建设厅，省科学院，有关地级以上市政府等按职责分工负责）

12. 优化区域创新环境。鼓励和支持社会资本设立泛珠三角区域创业投资基金，激发区域创新创业活力。深化区域知识产权合作，完善泛珠三角区域知识产权合作联席会议制度，促进知识产权创造，健全知识产权保护协作机制，推进区域知识产权信息共享，完善区域专利代理服务诚信建设。推动区域内知识产权司法协作，建立跨省区知识产权保护联盟。推动中新广州知识城开展国家知识产权运用和保护综合改革试点，为区域内知识产权保护创造可复制推广的经验。推动建立区域科技人才资源库，完善区域科技人才市场体系，推动科技人才交流与共享。（省发展改革委、知识产权局、工商局、版权局、人力资源社会保障厅、科技厅及广州市政府等按职责分工负责）

（五）加强社会事业领域合作

13. 促进教育文化合作。建立跨省区教育合作交流平台，开展师资培训、课程改革、实训基地建设、毕业生就业等方面合作。建立区域优质教育资源相互交流、共建共享机制，扩大优质教育资源覆盖面。鼓励广东省高校与区域内其他高校加强合作，联合共建高校优势学科和研究机构，联合培养人才和开展科学研究。完善跨区域就业人员随迁子女就学政策，推动实现平等接受学前教育、义务教育和中职教育，确保符合条件的随迁子女顺利在广东省参加高考。（省教育厅牵头，省发展改革委、人力资源社会保障厅等按职责分工负责）

深化文化遗产保护合作，加强文化市场监管合作，推动建立泛珠三角区域非物质文化遗产展演展示、公共文化服务体系建设合作交流机制，促进泛珠三角文化市场区域合作和一体化建设，支持组建区域演艺联盟和跨地区企业连锁，促进文化产品流通，扩大区域文化消费规模。推动省区、城市之间开展多样化的文化、体育交流活动。（省文化厅牵头，省发展改革委、新闻出版广电局、体育局等按职责分工负责）

14. 加强医疗卫生合作。建立健全区域内疾病预防控制、突发公共卫生事件应急处理协调机制和联防联控网络。促进区域公共卫生服务资源合作共享，推动广东省与区域同级医疗机构检查结果互认。依托互联网发展远程医疗，提高边远地区诊疗水平。加强食品药品监管能力建设，提升区域食品药品安全保障水平，推动建立区域食品原产地可追溯制度和质量标识制度，建立健全大案要案查处联动机制和跨区域重大安全事故应急联动机制。（省卫生计生委、食品药品监管局牵头，省发展改革委、公安厅、人力资源社会保障厅、农业厅、质监局等按职责分工负责）

15. 加强人力资源和社会保障合作。推动建立九省区公共就业服务信息数据共享机制，促进人力资源合理配置和有序自由流动。支持内地九省区互派干部挂职交流。加强劳动力职业技能培训合作交流，提高劳动力技能水平和就业能力，引导农村劳动力有序转移就业。推动建立区域劳动保障维权信息沟通制度、劳动保障违法及争议案件协同处理制度。加快实现内地九省区医疗保险异地就医直接结算和养老、失业等社保关系跨省区顺畅转移接续。（省人力资源社会保障厅牵头，省委组织部，省发展改革委、公安厅、卫生计生委，省总工会等按职责分工负责）

16. 进一步加强对口扶贫协作。全面贯彻落实国家对口扶贫协作安排，进一步强化责任落实，拓展与广西、四川、贵州、云南等结对帮扶地区开展扶贫协作的广度和深度，扎实推进对口帮扶和脱贫攻坚工作。积极拓展跨省区扶贫协作方式，不断完善扶贫协作机制，引导和带动更多的企业和社会力量参与精准扶贫共建工作，着力解决贫困地区基础设施、基础产业以及社会发展和生态环境保护等瓶颈问题。（省扶贫办牵头，省有关单位及广州、深圳、佛山、中山、东莞、珠海市政府等按职责分工负责）

17. 共同优化休闲旅游环境。推动区域旅游一体化，建立公开透明的市场准入标准和运行规则，加快建设无障碍旅游区。联合打造高铁沿线奇山秀水生态文化、21 世纪海上丝绸之路等旅游精品线路和旅游品牌，加快推进建设世界级观光旅游线路。共同规范区域旅游市场秩序，统一旅游标识，联合打击不正当竞争和侵害消费者权益的行为。推动完善区域旅游合作机制，构建务实高效、互惠互利的区域旅游合作体系。在促进外国人入境、过境旅游便利化及医疗旅游方面开展先行先试，共同探索部分国家旅游团入境免签政策或落地签证，协商简化邮轮、游艇出入境手续。（省旅游局牵头，省发展改革委、公安厅、工商局、质监局等按职责分工负责）

18. 完善社会治理合作协调机制。推动建立矛盾纠纷排查预警、案件应急处置、交通安全部门协作及反走私的区域合作机制。健全突发事件应急处置体系，共同制定实施区域安全生产、群体性劳资纠纷、社会治安、重大事故、卫生应急、环境污染、社会救助和灾害救助等方面的突发事件应急预案，规范信息通报制度，加强跨部门、跨区域应急联动，提升联合处置能力。加强社会治安治理领域的合作，创新社会治安治理体制，完善跨省区联合防控机制，推动建立人口信息网上协查协助平台，完善流动人口管理服务，推动制订更多跨省区惠民利民便民新举措，提高人民群众满意度。（省公安厅、司法厅、海防打私办、民政厅、人力资源社会保障厅、环境保护厅、交通运输厅、卫生计生委、安全监管局及省总工会等按职责分工负责）

（六）共同培育对外开放新优势

19. 积极融入“一带一路”建设。积极参与中国—中南半岛、孟中印缅经济走廊建设。完善联通内外的综合交通运输网络，建设连接东盟和泛珠省区的陆路国际大通道。联合提升中亚班列、中欧班列国际运输功能，加快推进粤蓉欧、粤黔欧等互联互通班列建设，完善广东（石龙）铁路国际物流基地、广州（大田）铁路集装箱中心站的国际物流枢纽功能。探索推进粤港澳—桂—越南—东盟物流通道建设。加强“一带一路”沿线技术性贸易的交流合作。依托伊朗格什姆自贸区、沙特吉赞中国产业园、马六甲临海工业园、埃塞俄比亚华坚工业园等境外产业园区，共同推进国际产能合作。鼓励有条件的企业与泛珠合作各方企业联手“走出去”“抱团出海”，共同参与境外产业合作。共同推进与欧盟合作，联手开展招商引资、技术引进、产业并购等，带动提升区域开放水平。（省发展改革委、商务厅、交通运输厅牵头，省外办、国资委等按职责分工负责）

20. 充分发挥自由贸易试验区的示范带动作用。依托中国（广东）自由贸易试验区，深化与港澳的经贸合作，培育外贸综合服务企业，探索构建国际商品交易集散中心、信息中心和价格形成中心，打造区域发展综合服务区。积极对接国际贸易规则最高标准，进一步完善外商投资准入前国民待遇加负面清单管理模式，打造国际化、市场化、法治化的营商环境。争取将航运物流、金融创新、国际旅游等领域制度创新列入全国可复制推广的范围，为区域进一步改革开放提供可借鉴的成功经验。（省自贸办牵头，省有关单位及广州、深圳、珠海市政府等按职责分工负责）

21. 推动口岸和特殊区域建设。推动区域内口岸布局优化，支持进境指定口岸和启运港建设，拓展和完善口岸功能。推进在跨区域重要运输节点、重要内河港口设立直接办理货物进出境手续的查验场所。继续推动与江西、湖南、广西和云南等共建无水港，拓展广东省沿海港口服务腹地范围。进一步简化跨区域转关手续，将部分口岸功能和监督工作向无水港延伸，实现南沙港等一线口岸的进出口货物在区域内无水港通关。（省口岸办牵头，省发展改革委、交通运输厅、商务厅，海关广东分署，广东、深圳、珠海出入境检验检疫局，广州市政府等按职责分工负责）

（七）协同推进生态文明建设

22. 加强跨省区流域水资源水环境保护。共同实施水污染防治行动计划，加强江河湖海水环境综合治理，协同推进珠江、西江、东江、韩江等干支流及近海海域水污染防治和水资源保护，积极开展跨省区河流综合治理。联合广西推动将九洲江流域治理纳入国家江河湖海整治计划。联合湖南省推进武江流域重金属污染防治。会同广西、贵州和云南三省区，共同完善覆盖西江流域的水质监测网络，共同推进沿岸重点行业清洁生产技术改造，降低废水排放总量及主要污染物排放强度。构建水污染联防联控体系，充分发挥流域协作机制监督作用，强化跨界断面和重点断面水质监测和考核，建立完善水质监测信息共享机制。支持发展再生水、海水等非常规水资源利用产业。共同开展地下水监测工作，保障地下水环境安全。针对危险化学品生产、存储、运输等对水源地的影响联合开展风险评估，共同完善监测预警措施和应急预案。携手加强饮用水备用水源和水源地环境风险防控工作，确保区域饮用水水质安全。推动建立流域水资源水环境承载能力监测评价体系。加强区域水污染防治技术交流合作，共同推进水污染防治技术和水环境管理体系建设，主要江河上下游城市通过援建、共建等方式，共同保护水环境质量。（省环境保护厅牵头，省水利厅、发展改革委、经济和信息化委、国土资源厅、交通运输厅、海洋与渔业厅，水利部珠江水利委员会，有关地级以上市政府等按职责分工负责）

23. 加强大气污染综合治理合作。共同实施大气污染防治行动方案，完善污染物排放总量控制制度，加强 $PM_{2.5}$（细颗粒物）、臭氧等主要大气污染物的联防联治。共同实施城市清洁空气行动，联合加强重点区域和火电、冶金、水泥、建筑陶瓷、石化等重点行业的大气污染防治，加强对工业烟尘、粉尘、城市扬尘和挥发性有机物等空气污染物排放的协同控制。共同推动工业产品生态（绿色）设计，从源头减少污染物的产生和排放。携手推进脱硫脱硝工程建设，促进工业固废及再生资源综合利用产业规范发展，加强黄标车和老旧车淘汰及机动车尾气治理工作。加强粤港澳和北部湾大气污染防治及环保科研合作。（省环境保护厅牵头，省发展改革委、经济和信息化委、科技厅、交通运输厅、公安厅、港澳办等按职责分工负责）

24. 强化区域生态保护和修复。共同推动建立国土空间开发保护制度，切实加强环境整治，划定并严守生态保护红线和生态控制线，强化国土空间合理开发与保护，加大自然保护区、重点生态功能区建设和保护力度。共同开展珠江水系等主要水源地森林和沿海防护林的生态保护。共建粤赣湘桂南岭山地森林及生物多样性生态功能区、闽粤桂琼东南沿海红树林生物多样性保护重要生态功能区，推动将江河源头、重要湖泊所在地纳入重点生态功能区。加大沿江天然林草资源保护和珠江防护林体系建设力度，共同加强湿地保护与恢复，保护生态系统。开展湘粤重金属污染防治。（省环境保护厅、省国土资源厅牵头，省发展改革委、林业厅、水利厅、住房城乡建设厅等按职责分工负责）

25. 健全生态环境协同保护和治理机制。积极参与编制区域生态环境保护规划。推动建立污染联防联治工作机制和环境质量预报预警合作机制，促进环境执法协作、信息共享与应急联动。发挥全国碳市场能力建设（广东）中心作用，协助泛珠三角各省区加快建设碳市场，推动建立泛珠三角绿色低碳发展合作机制。推动建立跨省区流域生态保护补偿机制，按照国家部署，开展广西广东九洲江、福建广东汀江—韩江、江西广东东江、云南贵州广西广东西江等跨地区生态保护补偿试点，加快编制《九洲江水环境流域综合治理规划》。加强区域内建筑废弃物处置合作，开辟海路、陆路合法渠道，规范土石方管理，合作发展建筑废弃物综合利用产业，合力打造全国示范基地。（省环境保护厅牵头，省发展改革委、城乡住房建设厅、财政厅等按职责分工负责）

（八）深化粤港澳合作

26. 推进重大基础设施对接。加快跨境交通基础设施建设，完善连接港澳的综合交通运输网络，实现港珠澳大桥贯通，加快建设广深港高速铁路、莲塘 / 香园围口岸、港深西部快速轨道、深圳东部过境高速公路、粤澳新通道等项目，研究谋划中珠澳沿江高速，加强粤港澳轨道交通衔接。加强珠三角地区机场与香港国际机场的合作，打造具有国际影响力的临空经济带。鼓励广东省航运企业在香港设立分公司以及香港航运企业在中国（广东）自由贸易试验区内设立分公司。推动粤港共建亚太区域重要的邮轮母港及国际游轮旅游中心。提高粤港澳通关便利化水平，合理调整和规划深港陆路口岸等区域口岸建设，开展沙头角、皇岗口岸重建的前期研究。以稳定供港澳水、电、气为目标，加快推进第四条对澳供水管道工程及平岗—广昌原水供应保障工程建设，扎实推进东江供水、核电、电网、西气东输二期天然气接收站、海上天然气和管道工程。推进粤港澳跨境通信网络建设。（省发展改革委、省交通运输厅牵头，省经济和信息化委、国土资源厅、港澳办、商务厅、水利厅、国资委、自贸办、旅游局、口岸办，省通信管理局、海关广东分署，广东、深圳、珠海出入境检验检疫局，省机场管理集团、深圳机场集团、广铁集团，深圳、珠海市政府等按职责分工负责）

27. 加强产业发展合作。深入实施CEPA有关协议，扩大服务贸易范围，提高贸易投资便利程度，鼓励和支持粤港澳企业共同“走出去”。（省商务厅牵头，省发展改革委、经济和信息化委、港澳办等按职责分工负责）

支持广东企业在香港设立地区总部、财资中心。支持广东企业在香港发行人民币债券和香港企业在广东省发行人民币债券，加强资本市场和金融创新合作。支持香港为广东企业提供多元化的风险管理、资产管理、法律以及争议调处等专业服务。加快推进前海香港金银业贸易场、前海（香港）全球商品购物中心、深港国际海员现代服务协会、粤港澳商事仲裁合作平台。（省发展改革委、商务厅、金融办、港澳办、司法厅及深圳市政府等按职责分工负责）

深入推进粤港科技创新走廊、深港创新圈建设。支持香港成为区域对外科技交流合作基地、知识产权贸易平台，帮助区域内企业提升品牌形象和产品质量，更好走向国际市场。完善粤港、粤澳知识产权合作机制，深化知识产权跨境合作，探索开展知识产权贸易合作，加强知识产权服务业交流。推动深港与瑞典卡罗琳斯卡医学院、美国康纳尔大学开展研发合作。（省科技厅、商务厅、文化厅、港澳办、工商局、知识产权局、版权局及深圳市政府等按职责分工负责）

支持澳门世界旅游休闲中心建设，共同推进澳门会展商贸、中医药等产业发展，支持澳门经济适度多元发展。（省商务厅、旅游局、港澳办、中医药局等按职责分工负责）

加快制定实施《粤港澳区域旅游合作愿景纲要》，有序推动开展粤港澳游艇自由行，推广粤港邮轮旅游“一程多站”路线。（省旅游局牵头，省公安厅、口岸办等按职责分工负责）

28. 推进重大区域发展平台建设。推进深圳前海、广州南沙、珠海横琴、汕头华侨经济文化合作试验区等重大区域发展平台开发建设。推进建设前海深港青年梦工厂等港澳青年创业基地。研究编制粤澳产业合作示范区规划，推动江门大广海湾经济区、中山粤澳全面合作示范区建设。建立粤港澳技术性贸易壁垒联合应对平台。推动珠港澳物流合作园及其首期珠海（保税）洪湾通关综合服务中心的建设，发挥港珠澳大桥建设对泛珠三角区域产业的服务及带动作用。（省发展改革委牵头，省商务厅、港澳办、人力资源社会保障厅及有关地级以上市政府等按职责分工负责）

29. 加强社会事务合作。共建粤港澳优质生活圈，探索有利于港澳居民在内地就业、生活的制度安排。合作推进粤港澳社会信用体系建设，探索信用建设经验成果及信用市场服务的互通、互认和互用。加强粤港澳专业人才培训和交流合作。继续开展内地九省区公务员赴港澳交流活动。支持粤港澳中小学结为姊妹学校，支持港澳知名大学到广东开展合作办学。支持港澳创意企业在广东依法开展影视娱乐文化等业务。支持粤港澳加强食品药品安全方面交流合作。深入推进粤港澳品牌建设交流与合作，三地合作制定优质品牌认证标准，按照统一程序开展品牌认证工作，双方互认品牌认证结果，联合举办两地名优产品展销会，提升名优产品的影响力和竞争力。（省人力资源社会保障厅、民政厅、教育厅、港澳办、发展改革委、文化厅、新闻出版广电局、商务厅、食品药品监管局、经济和信息化委、质监局及人民银行广州分行等按职责分工负责）

30. 开展多层次合作交流。全面落实粤港、粤澳合作框架协议，加强政府间协调沟通，研究解决粤港澳在合作发展过程中出现的问题。支持粤港澳行业协会、智库间合作交流。加强粤港澳青少年交流，强化广州、深圳、珠海青少年交流基地功能，将粤港澳青少年交流特色品牌项目延伸至泛珠三角区域，支持港澳青年在粤开展志愿服务。（省港澳办牵头，省发展改革委、经济和

信息化委、商务厅、民政厅、发展研究中心，团省委，广州、深圳、珠海市政府等按职责分工负责）

三、保障措施

（一）加强统筹协调

充分发挥省推进泛珠三角区域合作工作协调领导小组作用，加强对推进区域合作工作的组织领导和统筹协调。定期或不定期召开工作会议，研究解决广东省参与泛珠三角区域合作的重大问题，部署推动重大工作。省泛珠办要加强与国家发展改革委的沟通汇报和泛珠合作各方的工作衔接。各地、各部门要及时梳理与泛珠各方相关的合作事项，于每年6月底和12月底前报送省泛珠办；对于需要泛珠合作各方主要领导协调解决的重大问题，由省泛珠办汇总并提请省（区）际合作领导会晤机制或泛珠三角区域合作行政首长联席会议审议。（省发展改革委牵头，省编办、省推进泛珠三角区域合作工作协调领导小组成员单位及有关地级以上市政府等按职责分工负责）

（二）创新合作机制

强化泛珠三角区域合作行政首长联席会议秘书处的协调作用，完善行政首长联席会议制度，增强省（区）部际协商会议解决跨区域合作事项的功能，加强广东省参与区域重大合作事项的推动和协调作用。不断加强泛珠秘书处的能力建设。建立健全提请行政首长联席会议审议的重大事项、重大项目组织申报和筛选机制。扩大泛珠三角区域合作与发展论坛的影响力，引入市场化资源进行运作，依托国家高端智库，共建泛珠三角区域合作发展研究院，为合作发展提供强大智力支持。（省发展改革委牵头）

（三）建立合作资金支持机制

与泛珠合作各方共同设立泛珠三角区域合作发展基金，重点支持区域基础设施、生态环境、科技创新、社会民生等重大合作项目建设。鼓励支持金融机构和社会资本共同出资并参与基金的运营和管理。推广运用政府和社会资本合作（PPP）模式，吸引更多社会资本参与区域合作项目建设，提高政府资金使用效率。支持开发性金融机构发挥资金、智力、产品等优势，在促进区域合作发展重大项目建设、编制合作规划、推进产业承接转移等方面发挥积极作用。（省发展改革委牵头，省财政厅、经济和信息化委、商务厅等按职责分工负责）

（四）强化督促落实

积极配合国家发展改革委加强跟踪分析和督促检查，及时开展实施评估。各地、各有关部门要围绕本实施意见确定的重点任务，进一步完善工作机制，制订工作方案，落实工作责任，狠抓工作落实。加强督促检查，定期向省政府报告进展情况。省政府将适时开展专项督查，推动《指导意见》深入贯彻实施。（省发展改革委牵头，省有关单位及有关地级以上市政府等按职责分工负责）

实施《粤港合作框架协议》2017年重点工作

（广东省人民政府2017年3月2日印发）

一、跨界基础设施

1. 加快协商港珠澳大桥跨境交通安排等通行政策。（省发展改革委、公安厅、交通运输厅、口岸办，珠海市政府，海关广东分署，珠海边检总站，珠海出入境检验检疫局）

2. 力争广深港高速铁路工程香港段于2018年建成与内地段接轨通车。（广铁集团，省口岸办）

3. 继续推进莲塘/香园围口岸及其连接路工程建设，力争在2018年建成启用。（深圳市政府，省交通运输厅、口岸办）

4. 统筹珠三角地区机场空域规划和管理，协同发展、协调推进，以加强珠三角地区整体空域使用效率和空中交通处理能力，提升珠三角地区航班运行效率，促进珠三角地区内各机场共同融合发展，开创互利共赢的格局。（民航中南管理局，省机场管理集团，深圳、珠海市政府）

5. 2017年举办大珠三角地区五大机场联席会议，促进大珠三角地区主要机场交流和合作。（省机场管理集团，深圳、珠海市政府）

6. 为便利珠三角西岸的中转旅客经港珠澳大桥往来香港国际机场，珠海市与港方继续协调落实开设两地机场接驳巴士服务。（珠海市政府）

7. 研究以试点形式开通香港与广东个别城市跨境直升机服务的可行性，以提升珠三角地区跨境运输服务，带动粤港两地更多元化的商贸和其他经济活动。（民航中南管理局）

二、现代服务业

（一）服务贸易自由化

8. 广东继续推动CEPA《服务贸易协议》开放措施的落实，深入实施服务贸易自由化。加强对香港服务业界的宣传，协助业界用好CEPA下的开放措施。（省港澳办、商务厅）

（二）金融合作

9. 鼓励广东企业利用香港投融资平台，为广东企业到“一带一路”沿线国家投资、并购提供投融资服务，促进粤港企业合作参与“一带一路”沿线国家基建投资及其他重点项目。（人行广州分行）

10. 支持广东企业在香港成立企业财资中心，加强企业在“一带一路”沿线国家的业务流动资金管理及汇率风险管理。（人行广州分行）

11. 落实中国人民银行《关于金融支持中国（广东）自由贸易试验区建设的指导意见》各项措施，推进粤港两地在金融机构同业业务、研究开展境内个人境外投资、推动广东企业在香港发行人民币债券等方面合作。（人行广州分行）

12. 推动粤港两地金融机构及非银行支付机构合作，促进粤港跨境电子商务业务发展。完善非现金支付工具（包括银行卡、电子支票等）跨境使用和清算，便利两地企业跨境业务资金往来。（人行广州分行）

13. 支持粤港两地保险业务创新合作发展，探讨粤港两地保险市场互联、保险产品互通的可行性。争取适度放宽香港保险公司进入广东市场的条件，为广东省居民提供较多元化的保险选

择，进一步拓展两地保险市场。（广东保监局）

14. 深化粤港两地资本市场合作。鼓励更多符合条件的广东企业到香港上市、发行人民币债券。共同优化、深化“深港通”机制，积极推动RQFII、QFII、QDII等跨境投资业务的发展，进一步丰富跨境交易品种，鼓励广东金融机构参与内地与香港基金互认安排，进一步加强两地资本市场的互联互通。（人行广州分行，广东证监局，省金融办）

15. 按“先易后难、循序渐进”的原则，共同争取在CEPA框架下，进一步放宽香港证券类金融机构进入广东市场的条件，支持更多香港金融机构在广东设立两地合资全牌照证券公司。（广东证监局）

（三）旅游合作

16. 合作开发“一带一路”沿线国家旅游产品，发展面向“一带一路”沿线国家的邮轮市场，共同开发粤港邮轮旅游“一程多站”路线，加强邮轮旅游宣传推广的合作。（省旅游局，广东海事局）

17. 落实《粤港旅游合作协议》合作项目，包括加强海外联合推广，深化邮轮旅游合作，建立两地旅游市场合作监管机制，鼓励两地旅游业界开展人才培训合作等。（省旅游局）

18. 在符合粤港两地出入境及海上交通安全的要求下，促进两地游艇旅游业的发展，探索推动实现香港游艇在广州南沙通行。（广州市政府，省旅游局、港澳办）

19. 加强旅游交流和旅游信息互通，共同打击不合理低价游、欺骗和强迫购物等违法违规行为，推广“优质诚信香港游”，积极研究扩展“优质诚信香港游”红名单计划，提升两地旅游业整体素质和促进跨境旅游市场健康发展。（省旅游局）

（四）物流、运输与会展合作

20. 举办“香港海运周”“亚洲物流及航运会议”“互联网＋亚洲物流会议”等活动，促进粤港两地物流业合作，强化大珠三角地区物流连接能力，共同参与“21世纪海上丝绸之路”建设。（省交通运输厅）

21. 继续落实《珠江口区域VTS数据共享合作计划》，加快推动珠江口水域船舶交通服务数据共享平台建设，加强船舶航行、进出港口动态及恶劣天气警报等航行安全信息的共享，促进珠江口水上交通安全和畅通高效。（广东海事局，省气象局）

（五）文化创意合作

22. 鼓励粤港两地粤语电影业合作，支持港产粤语电影在广东发行。通过举办香港国际影视展、电影交流考察等活动，加强两地电影人才交流合作，促进电影投资合作。（省新闻出版广电局）

（六）专业服务合作

23. 香港落实2016年11月推出的“专业服务协进支援计划”，资助香港专业服务业界与广东及“一带一路”沿线国家专业服务业界的交流项目、推广项目和合作项目。深化专业服务、城市管理和国际化人才培训等方面的合作，联合推广香港优质的专业培训服务和设施。（省商务厅、港澳办）

24. 依托中国（广东）自由贸易试验区，推进构建粤港项目投资和商业争议解决合作机制。鼓励广东企业利用香港作为亚太区主要国际法律和争议解决服务中心的优势，选择香港作为解决“一带一路”项目投资和商业争议的中立第三地。（省司法厅、法制办、自贸办）

25. 共同研究探讨CEPA框架下法律服务业对港开放在广东先行先试的政策措施。探讨进一步优化允许内地律师事务所聘用香港律师或大律师作为法律顾问的开放措施。（省司法厅）

26. 进一步鼓励香港律师和大律师参与法律查明的相关工作，为内地的商事活动提供香港或国际法律查明服务。（省法院，省法制办）

27. 搭建合作交流平台，推动粤港律师共同为“一带一路”建设提供法律和争议解决服务。（省司法厅）

28. 在CEPA《服务贸易协议》的基础上，进一步争取放宽取得中国注册会计师资格的香港居民在内地会计师事务所担任合伙人的限制，包括争取放宽对符合条件的香港居民担任内地会计师事务所非审计业务合伙人的限制等。（省财政厅）

29. 推动在中国（广东）自由贸易试验区内实行创新项目管理模式，争取将前海的专业企业名册和专业人士登记备案制度的安排扩展至南沙和横琴，并在南沙、横琴遴选试点项目引入香港建设模式。争取延续有关建筑专业取得资格互认，以及推出更多优惠开放措施，便利香港建筑工程及相关专业业界在广东注册执业和开业。（广州、深圳、珠海市政府，省住房城乡建设厅）

30. 鼓励广东企业在“一带一路”沿线国家开展工程时，与香港的建筑和工程企业合作，聘用香港的建筑及相关工程专业人士参与项目的策划、建设和管理及提供顾问服务。（省商务厅、住房城乡建设厅）

三、创新及科技

31. 落实《中国制造 2025》和“互联网 +”战略，制订相关粤港年度创新及科技专项计划。（省科技厅）

32. 粤港两地研究成立粤港创新圈、粤港创新和研发联盟，利用香港在高科技设备进口、科技人才及资金流通等方面优势，促进两地创新及科技方面的合作。（省科技厅）

33. 通过“粤港联合创新领域资助计划”（又称“粤港科技合作资助计划”），继续推动粤港重点科研合作项目，范围包括移动互联网、大数据、高端制造装备、智能机器人、新材料、新能源、节能环保、生物医药等。（省科技厅）

34. 粤港两地通过磋商，探索广东省科研经费跨境使用的方式及管理办法，推动香港科研成果在广东产业化。（省科技厅）

35. 支持广东科研人才赴港就业，香港科学园和生产力促进局对包括广东省在内的内地科研人才赴港工作加强“一站式”服务。（省科技厅、经济和信息化委）

36. 鼓励粤港两地高等院校、科研机构、企业加强合作，组织研究团队，在广东共建联合实验室及研发中心，开展不同形式的合作研究项目。（省科技厅）

37. 通过粤港信息化专家委员会研究制定适用于两地的标准和指引，继续推动两地发展云计算、大数据、物联网、智慧城市等技术和应用，促进两地业界参与国际组织的信息技术标准化工作。（省经济和信息化委）

38. 继续举办粤港物联网技术应用高峰论坛等活动，推动物联网、电子商贸、云端运算、RFID 技术成果转化等交流合作，支持新兴科技产业在两地发展。（省经济和信息化委）

39. 促进粤港两地科技人才交流。通过香港科学园和数码港的培育计划，支持香港科技创新企业与内地企业合作。（省科技厅、经济和信息化委）

40. 加强粤港两地科技创新部门交流，探索发展智慧城市的合作空间。继续推进粤港电子签名证书互认工作，推广粤港电子签名互认证书在公共服务、金融、商贸等领域的应用，制订相应的证书管理办法及应用策略。（省经济和信息化委）

四、国际化营商环境

（一）贸易投资促进

41. 粤港共同牵头组织赴“一带一路”沿线重点国家考察、推介及招商，共同探讨投资合作机遇。（省商务厅）

42. 粤港共同就拓展与“一带一路”沿线国家的合作模式开展专题研究，广东省组织代表团出席香港举办的“一带一路”高层次主题论坛。（省商务厅、发展改革委）

43. 鼓励广东企业利用香港国际商贸中心平台的优势，拓展“一带一路”沿线国家业务。积极鼓励两地企业合作建立商品销售网络，共同参与国际投资、基础设施等项目建设。支持两地企业积极参与广东在“一带一路”沿线国家的境外合作园区建设。（省商务厅、发展改革委）

44. 联合举办 2017 粤港经济技术贸易合作交

流会，搭建两地政商各界对接交流的平台，深入探讨、共同谋划推进经贸投资、自贸试验区建设、创新创业合作等。（省商务厅）

45. 通过境外经贸工作网络，加强粤港两地政府驻海外办事处的信息交流，联合开展投资贸易环境推介和项目服务，助力两地抱团开展“引进来”和“走出去”工作。（省商务厅）

（二）通关监管

46. 香港推进发展贸易单一窗口（“单一窗口”）计划，为业界向政府递交出入口货物文件提供“一站式”电子平台，优化清关、报关程序。香港与包括广东在内的内地相关部门探讨“单一窗口”系统连接的可行性。（省口岸办，海关广东分署，广东、深圳、珠海出入境检验检疫局）

（三）知识产权保护

47. 深化粤港知识产权贸易合作，加强业界研讨交流，推动双方知识产权的创造、运用、保护和贸易发展，助力高端知识产权服务业发展，提升企业运用知识产权参与国际竞争的能力。签署《粤港保护知识产权合作协议（2017—2018年）》。（省知识产权局、公安厅、商务厅、工商局、版权局，海关广东分署，国家知识产权局专利局专利审查协作广东中心，工商总局商标审查协作广州中心、商标局驻广州办事处）

五、优质生活圈

（一）生态建设和环境保护

48. 落实《2016—2020年粤港环保合作协议》合作项目，继续落实《珠江三角洲地区空气质素管理计划》，推进珠三角区域环境监测、水环境保护合作等工作。（省环境保护厅）

49. 2017年内公布《珠江三角洲地区空气质素管理计划》中的《2015年中期回顾研究》及《确立2020年减排目标研究》的结果，总结2015年的减排成果和确定2020年的减排目标。完成粤港澳区域性$PM_{2.5}$联合研究，推动制订进一步改善区域空气质量的政策。开展珠三角大气挥发性有机化合物监测的前期工作，加强空气污染预报技术交流合作和粤港澳珠三角区域空气监测网络运行管理合作，继续联合发布区域空气质量资讯。（省环境保护厅）

50. 通过粤港海洋环境管理专题小组机制，建立通报警示系统，协调处理海漂垃圾等海洋环境问题，改善区域海洋环境质量。（省环境保护厅）

51. 推进粤港两地应对气候变化领域的交流合作，包括开展天气气候预报技术、流感及虫媒传染病气候预报和预警技术、城市排水、斜坡安全、近零碳排放示范等领域交流合作，支持两地认证机构开展低碳产品认证交流，提高两地适应和减缓气候变化能力。（省发展改革委、国土资源厅、住房城乡建设厅、卫生计生委，省气象局）

52. 继续共同推进清洁生产伙伴计划，鼓励和协助粤港两地港资工厂采用清洁生产技术及工序，改善两地环境质量。（省经济和信息化委）

53. 推动珠江口红树林等滨海湿地保护，加强两地保护区的管理及保育交流，包括深港两地红树林生态系统保护、监测与研究、深圳湾候鸟栖息地保护交流合作。（省林业厅）

54. 举行粤港海洋资源护理专题小组会议，加强生态保护交流合作，促进海洋渔业资源增殖等生态修复工作。深化海洋与渔业联合执法，建立粤港联合打击非法捕捞长效机制。强化流动渔船安全监管，防止渔船造成环境污染。加强渔业资源评估协作及珊瑚普查技术交流，深化珍稀水生野生动物的保育工作。加强水产养殖技术交流，促进水产养殖业的可持续发展。推进水产养殖环境监测上的合作，共同应对全球气候变化及极端天气为水产养殖业带来的风险。（省海洋渔业厅）

（二）文化交流

55. 加强粤港两地文化交流合作，举办粤港澳文化合作第十八次会议，选派舞剧《沙湾往事》赴香港演出。发挥香港“超级联系人”优势，共同组织艺术团赴巴林参加中国丝绸之路艺术节演出，推动“一带一路”沿线国家民心相通

工作。（省文化厅）

（三）医疗卫生

56. 落实《粤港医疗卫生交流合作安排》合作项目，包括设立传染病防控工作组、医疗合作工作组等，推进疾病预防控制、突发公共卫生事件应对、医院管理、医疗技术、医护人才培训、医疗服务发展、医疗卫生规划等工作。（省卫生计生委，广东、深圳、珠海出入境检验检疫局）

57. 推进香港居民病历转介试点计划，定期进行转介流程演练，确保病历转介流程运作顺畅。探讨将香港居民病历转介逐步放宽至更多深港两地的医院，并研究开展跨境陆路转运非急救病人服务试点。（省卫生计生委）

（四）食物安全及检验检疫

58. 落实《粤港食品安全风险交流合作协议》合作事项，包括积极推进广东省食品检验所与香港特区政府食物安全中心、化验所的交流，开展食品安全风险交流骨干培训合作、在食物化验和检测技术等方面的交流合作，举办粤港两地食品安全专家会议。（省食安办）

59. 粤港两地就实施《食物内除害剂残余规例》加强联系，确保供港食物及农产品的稳定、及时和足量供应。两地继续利用现行的联络员制度就除害剂残余超标个案保持沟通，并联合开展跟踪及调查。（广东、深圳、珠海出入境检验检疫局，省商务厅）

（五）社会保障和服务

60. 加强养老合作，香港继续推行各项便利长者回乡养老的计划，包括“综援长者广东及福建省养老计划”“广东计划”及“广东院舍住宿照顾服务试验计划”。（省民政厅）

61. 鼓励更多香港社会服务机构在CEPA框架下，以独资民办非企业方式在内地开展安老、残疾人士福利等社会服务业务。（省民政厅）

62. 鼓励香港社会福利界加强与内地合作，深化粤港社工的专业培训交流。（省民政厅、人力资源社会保障厅）

63. 继续推动劳动监察政策和执法交流合作，办好粤港劳动监察会议和执法培训班。（省人力资源社会保障厅、民政厅）

（六）治安管理

64. 继续深化粤港警务合作，通过情报交流打击跨境犯罪、非法越境及走私等活动。联合开展专项打击行动和演练，提升联合处理应急突发事件的能力。（省公安厅）

六、教育、人才和青年合作

65. 香港特区政府推出首批获得“青年发展基金”资助项目，为有志创业的香港青年提供资金支持，促进更多香港青年善用南沙、前海、横琴等地创业平台。广东积极配合做好相关工作。（省港澳办）

66. 通过“青年内地实习资助计划”，安排香港青年到广东企业及机构实习。在2017—2018年度提供更多不同类型的实习岗位，吸引更多年青人参加。（省港澳办）

67. 加强粤港两地青年双向交流，鼓励更多内地青年到香港开展交流，积极开展“青年同心圆计划”等合作发展项目。（团省委，省教育厅、港澳办）

68. 举办主题鲜明的粤港青年实习交流项目，包括合作安排粤港两地学生于2017年暑期到北京故宫博物院及四川卧龙大熊猫保育中心实习，提升对文物保护和自然保育的认识。（团省委）

69. 推进“粤港澳高校联盟”建设，促进学生交流、科技研究等方面的协作发展。（省教育厅、港澳办）

70. 推进两地中小学生交流、教师交流培训等方面合作，增进了解和促进协作关系。（省教育厅）

71. 推进粤港两地姊妹学校交流合作，举办多层次、多元化活动，进一步增进两地学生和老师的互相了解。（省教育厅）

72. 推动粤港两地职业教育培训合作。加强两地职业及培训机构之间的交流合作，鼓励互访考察。继续推行已发展的“一试多证”项目，鼓励香港职业专才教育学生参与国家职业技能鉴定考核。举办职业技能竞赛，加强两地职业教育学

生和老师的知识、技能和相关资讯交流。（省教育厅、人力资源社会保障厅）

七、重点合作区域

73. 推进《粤港共同推进中国（广东）自由贸易试验区建设合作协议》的合作事项，包括鼓励粤港两地企业进行商业洽谈及开展经贸投资合作和考察、合作举办研讨会和政策说明会、建立联络机制等。（省自贸办、商务厅、港澳办，广州、深圳、珠海市政府）

74. 在“优势互补、互利共赢”的原则下，粤港加强沟通和配合，按照国家“十三五”规划关于“支持香港澳门长期繁荣稳定发展”的部署要求，合力推动粤港澳大湾区重大合作平台的建设，共同配合国家做好《粤港澳大湾区发展规划》编制工作。（省发展改革委、港澳办）

75. 深港双方根据《关于港深推进落马洲河套地区共同发展的合作备忘录》，共同将落马洲河套地区发展成为“港深创新及科技园”，并支持深圳在深圳河北侧毗邻河套地区建设“深方科创园区”，结合“港深创新及科技园”的发展，构建具有协同效应的“深港科技创新合作区”，打造深港合作新平台。（深圳市政府）

八、合作机制

76. 完善粤港合作联席会议机制，进一步发挥深港、穗港、珠港合作机制作用，协调加快推进各领域合作项目进度，研究重点合作项目。（省港澳办，广州、深圳、珠海市政府）

77. 发挥粤港发展策略研究小组机制作用，推动两地专家学者围绕粤港共同参与“一带一路”建设等议题开展深入研究，举办相关研讨活动，服务两地政府决策。（省港澳办）

珠江三角洲国家大数据综合试验区建设实施方案

（广东省人民政府办公厅 2017 年 4 月 6 日印发）

为贯彻落实《国家大数据综合试验区建设总体方案》和《促进大数据发展行动纲要》，先行先试建设珠江三角洲国家大数据综合试验区，加快推动广东省大数据应用和产业发展，制订本方案。

一、总体要求

（一）建设思路

深入贯彻实施国家大数据战略，坚持市场主导、创新驱动和示范带动，统筹汇集数据资源、促进数据流通，推进数据整合、共享、开放和运用，提升政府治理能力。大力推动大数据创业创新，发展新技术、新产业、新业态和新模式，培育新经济增长点。以数据流引领技术流、物质流、资金流、人才流，促进经济结构转型升级和一体化协调发展，加快建设数据强省，打造具有全球竞争优势的跨区域类综合试验区。

（二）发展目标

通过 3 年左右的探索实践，珠江三角洲国家大数据综合试验区开展大数据创新试验取得显著成效：大数据资源方面，汇聚政务、社会、行业和企业海量数据资源，数据基础设施高度集约，数据资源高度共享开放，数据资源权益得到有效保障；大数据应用方面，在社会治理、公共服务及行业发展等领域形成一批大数据创新应用示范，推动社会治理精准化、公共服务均等化，带动传统行业商业模式创新、经营管理方式变革，大数据综合应用居全国领先水平；大数据产业方面，涌现一批大数据新技术、新产品、新标准，基于大数据的创业创新和新兴业态蓬勃发展，大数据产业链进一步健全，形成大数据产业集聚发展态势，基本建成辐射带动效应强、示范引领作用显著、具备国际竞争力的跨区域类大数据综合试验区。

二、重点任务

（一）加强政务数据统筹整合

推进政务大数据硬件设施、交换流通渠道整合，建设完善政务大数据库，全面提升政务数据集中度和数据质量，实现政府信息互联共享，进一步突破政府部门间壁垒，消除信息孤岛。

1. 整合政务大数据硬件设施。省直各部门不再单独采购服务器等硬件设施和建设数据中心。实施省级电子政务云平台扩容工程，建设按需分配、动态扩展、智能管理的省级政务云平台，为各部门提供多元化的云应用和云服务。建设省政务大数据统一管理及应用平台，提供平台级的大数据管理、深度分析挖掘等公共支撑。建设省政务数据中心业务大楼和数据中心基础设施。实施电子政务外网万兆骨干网项目，扩容和改造现有政务外网，完善省、市、县、镇四级政务外网骨干网络体系。2020 年底前，省级电子政务云平台满足未来 5 年省级业务系统资源需求，省直单位已有信息化系统逐步云化迁移到省级电子政务云平台；省政务大数据统一管理及应用平台建成使用；省政务数据中心业务大楼建成使用，提供高效、集约、安全、可靠的电子政务基础设施与服务。实现省级网络万兆互联、省市之间万兆互联、市县（区）之间千兆互联、县乡（镇）之间百兆互联，建成政务外网的备份网和物理隔离域，以及统一的网络安全防御体系。（省经济和信息化委、发展改革委、财政厅、代建局，列在首位的为牵头单位，下同）

2. 整合政务大数据交换流通渠道。实施电子政务畅通工程，完善省级政务信息资源共享平台，拓展省级单位覆盖范围，完善省、市、县三级政务数据交换渠道，建设市级政务信息资源共享平台并覆盖到县级。加快省级政务数据资源数据元标准建设。2018 年底前，建成“省市两级平台、省市县三级管理”的政务信息资源共享交换平台框架体系。（省经济和信息化委、编办）

3. 整合共享政务数据资源。摸清省政府部门和主要事业单位的各类政务业务信息系统以及市、县级的政务数据资源情况，建立政务数据资源清单，拓展政务信息资源共享目录。明确全省各地各部门政务数据的采集范围和数据治理的标准规范。依托省政务信息资源共享平台，开展跨区域、跨部门、跨层级的政务数据交换共享，以及数据关联、比对、清洗等治理工作，加快建设人口、法人、空间地理、宏观经济等基础数据库，覆盖政务服务各环节的网上办事数据库，以及社会信用、市场监管等政务服务专题数据库。建立信息资源共享绩效评价制度。2020 年底前，基本形成省市系统架构统一、各类数据库联动、省级数据物理集中、地市数据逻辑集中、全省共建共享的政务大数据库。（省经济和信息化委、编办）

（二）推进数据资源开放利用

突破政府与社会间的数据壁垒，提升政府数据开放程度和社会化利用水平，鼓励社会数据和政府数据双向交流，构建有序的数据应用市场环境。

1. 推进政府数据资源开放。完善“开放广东”全省政府数据统一开放平台，制定省数据开放行动计划和政务数据开放目录，完善政务数据资源标识编码规范、数据管理规范、数据技术规范以及安全保护准则，推进省直部门依法有计划、有批次地开放各类政府数据资源，推动各地市依托“开放广东”平台开放数据。鼓励公众和社会机构对政府开放数据进行创新应用和增值利用。2020年底前，在民生服务等重点领域开放500个以上政府数据集，形成50个以上开放数据应用。（省经济和信息化委）

2. 推进数据资源采集利用。在依法保障数据安全和保护隐私的前提下，鼓励公众、企业和社会机构开展数据采集、汇聚和利用，重点对政务数据、公共服务领域数据开展采集、挖掘和整理。推动各级政府部门与企业、社会机构加强合作，促进政务大数据与社会大数据的汇聚融合和关联分析，通过政府服务外包、社会众包等方式，委托专业机构开展政府数据分析与应用。2020年底前，基本建立政务大数据与社会大数据汇聚融合机制。（省经济和信息化委、发展改革委）

（三）开展社会治理大数据应用

推进大数据在社会治理领域的深入应用，构建精准治理、多方协作的社会治理新模式，实现社会治理的智能化、精准化、协同化。

1. 推进市场监管大数据应用。建设完善省、市市场监管信息平台体系，记录市场监管全过程，形成完整、准确、动态的市场监管共享数据库。构建大数据分析监管模型，对市场主体进行信用画像，构建以企业信用信息公示为基础、以信用监管为核心的事中事后监管体系，提高对市场主体的风险预判能力、监管效率和服务水平。2020年底前，实现省、市市场监管信息平台对接，基本建成以信用为核心，政府监管、行业自律、社会监督相结合的新型市场监管体系。（省经济和信息化委、工商局、质监局、安全监管局、食品药品监管局）

2. 推进环境治理大数据应用。建设环境大数据分析与决策支持平台，整合全省环境保护相关数据资源，利用卫星遥感、无人机、无人船、物联网等新技术，对环境质量、污染源、环境监察执法等进行全程监控，开展数据采集、挖掘和分析，为环境质量预测预警、减排政策制订提供重要支撑。开展“互联网＋环保”行动，开发环境治理智能手机应用程序，提升环保执法精准化水平。2020年底前，建成管理机制完善、标准规范健全的环境大数据分析与决策支持平台。（省环境保护厅）

3. 推进食品药品安全监管大数据应用。完善“智慧食药监”平台，重点建设食品药品监管数据中心，以及涵盖日常监管、行政执法、检验检测、食药追溯、公共服务、监管辅助、应急管理、决策支持等方面的食品药品监管系统。利用大数据对监管对象的基础信息和监管、检验、溯源、诚信等信息进行分析，实现对食品药品风险的预警和监控。2020年底前，建成食品药品监管数据中心，省、市、县、镇四级依托“智慧食药监”平台，运用大数据开展食品药品安全监管。（省食品药品监管局）

4. 推进社会信用大数据应用。建设省公共信用信息管理系统，统一社会信用代码，完善全省统一的信用信息基础数据库和“信用广东网”，推动公共信用数据与市场监管、电子商务、金融服务、通信运营等数据的整合分析，开展地区和行业信用监测预警，建立跨地区、跨部门的信用联动奖惩机制。利用国家企业信用信息公示系统（广东）构建企业信用监管体系。鼓励企业和社会机构运用大数据技术建立市场化的第三方信用信息服务平台，推动政府部门信用大数据资源依法依规、分层分级向市场化信用服务机构开放。2020年底前，初步实现各级政府、各类信用主体的基础信用信息共享。（省发展改革委、经济和信息化委、商务厅、工商局、金融办、通信管理局、人民银行广州分行、广东银监局、广东证监局、广东保监局）

5. 推进治安防控大数据应用。基于大数据技术打造立体化防控体系，建设数据智能感知采集网。开展公安大数据基础服务及综合应用，完善公安信息化标准体系，总结一批面向实战的大数据模型并推广应用。提升视频智能化处理分析能力，为案件侦破提供精准线索，为维稳预警、预判和预防提供决策辅助。2020年底前，基本形成基于大数据技术的立体化防控体系，数据共享

服务、视频智能化处理分析及公安业务协同水平大幅提升。（省公安厅）

6. 推进宏观调控大数据应用。建设省企业情况综合平台、省经济形势预测分析数据库，开展企业数据资源综合利用试点，建立基于大数据算法的省制造业分析评价指标体系，编制落后和过剩产能、梯度转移、重点转型升级、高增长等产业目录，支撑经济运行动态监测分析和产业安全预测预警。2020 年底前，省企业情况综合平台、省经济形势预测分析数据库成为重要基础经济数据库，建立完善的省制造业分析评价指标体系。（省经济和信息化委）

（四）开展公共服务大数据应用

推进大数据在公共服务领域的深入应用，构建以人为本、惠及全民的公共服务新模式，降低服务成本、提升服务水平，促进公共服务均等化、个性化、精准化。

1. 推进政务服务大数据应用。进一步完善省网上办事大厅，融合利用政府和社会数据支撑网上办事，促进流程优化、材料精简，创新“一号申办”“协同联办”“即办件自动办”等网上便民服务。推广省网上办事大厅手机版、企业专属网页和市民个人网页，分析办事人特征、办事历史、事项关联等数据规律，预判办事需求，促进政务服务智慧化。2020 年底前，建成覆盖全省的省级统筹、部门协同、一网办理的网上办事大数据应用体系。（省经济和信息化委、信息中心）

2. 推进社保就业大数据应用。构建人社综合大数据平台，提供全民参保精准识别、高校毕业生就业精准扶持等主动服务。建设以大数据为基础的监管监控平台，推进社保基金智能监管、医保智能审核、就业专项资金智能监管和劳动用工智能监管。利用大数据技术开展政策仿真设计和试验，对社会保险、就业形势、人力资源市场供求状况、职业发展、薪资待遇等进行分析研判。2020 年底前，各级人社部门数据资源 100%汇聚整合，与人口、地理、健康医疗、社会救助、税务等领域数据融合应用，建成人社综合大数据平台。（省人力资源社会保障厅、民政厅、公安厅、国土资源厅、卫生计生委、地税局、国税局、广东保监局）

3. 推进健康医疗大数据应用。建设健康医疗大数据平台和大数据应用标准体系，建立健全全员人口、电子健康档案、电子病历等数据库，打造覆盖公共卫生、医疗服务、医疗保障、药品供应、计划生育和综合管理的全民健康大数据应用体系，推进分级诊疗和精准医疗，引导医疗卫生优质资源向基层下沉。2020 年底前，实现健康医疗数据与人口、法人、空间地理、环境等数据共享，医疗、医药、医保和健康等领域数据融合应用成效明显。（省卫生计生委、人力资源社会保障厅、食品药品监管局、广东保监局）

4. 推进农业气象大数据应用。建立全省统一的“三农”大数据管理中心、农业农村大数据中心，推动农业大数据在行政管理、生产经营、资源环境、技术服务等方面的应用。搭建气象大数据平台，建立公共安全气象服务系统，实现对重大气象灾害信息的智能研判、靶向推送；建设重点行业气象服务系统，强化气象大数据在防灾减灾、农业生产、交通运输、旅游建筑、保险服务等领域的应用；建立民生气象普惠服务系统，为公众提供个性化互动气象服务。2020 年底前，建成气象大数据平台以及公共安全气象、重点行业气象和民生气象普惠服务系统。（省农业厅、气象局、交通运输厅、住房城乡建设厅、商务厅、旅游局、“三防”办、广东保监局）

5. 推进农村精准扶贫大数据应用。充分运用大数据技术手段和视频、图片等形式，对精准扶贫档案实施准确、动态管理。发挥扶贫工作组作用，在摸清低收入群体底数基础上，整合利用民政、人社、卫生计生、残联等部门信息资源，加快构建全面覆盖农村低收入群体的大数据库，为精准扶贫提供数据支撑。2020 年底前，建成全面覆盖农村低收入群体的大数据库，建立农村低收入群体社会保障体系，对无法依靠产业扶持和就业帮助脱贫的家庭实行政策性保障托底。（省委农办（扶贫办）、省经济和信息化委、民政厅、

人力资源社会保障厅、卫生计生委、残联）

6. 推进教育文化大数据应用。完善教育管理和教育资源公共服务平台，开发建设基于大数据的教育管理信息系统和教学应用系统，实现各类教育数据的汇聚共享。构建文化传播大数据综合服务平台，推进版权、新媒体、广播影视等文化产业大数据整合应用。2020 年底前，建成基于大数据的教育管理信息系统和教学应用系统，以及文化传播大数据综合服务平台。（省教育厅、文化厅、新闻出版广电局）

7. 推进交通旅游大数据应用。建设综合交通运输大数据中心，推进交通、旅游、公安、气象、环保、通信等部门数据融合，通过物联网、智能感知、大数据等技术加强对交通运输、旅游出行等信息的采集、整理、分析和应用。开发“广东交通”智能手机应用软件，为公众提供交通资讯、政务公告等公共服务。2020 年底前，珠江三角洲地区实现对 80%交通基础设施的智能感知覆盖，基本建成综合交通运输大数据中心。（省交通运输厅、旅游局、发展改革委、公安厅、环境保护厅、气象局、通信管理局）

8. 推进住房城乡建设大数据应用。以城乡空间信息为基础，整合全省城乡规划成果数据、建设工程项目综合管理数据、住房信息数据、住房公积金管理数据、城乡基础设施数据、工程质量安全监管数据、城市管理和行政执法监察数据，以及住房城乡建设领域企业资质、个人执业资格等信息数据资源，构建住房城乡建设领域大数据库，为全省住房城乡建设领域实现精细化、智能化管理提供支撑。2020 年底前，基本实现省市数据资源集中，初步建成智慧城乡空间信息服务平台。（省住房城乡建设厅）

（五）开展行业大数据应用

发挥企业主体作用，引导推动大数据在重点行业领域的深入应用，促进大数据与各行业领域融合发展，培育大数据新业态、新模式。

1. 推进重点行业大数据应用。推进电信、能源、金融、商贸等行业领域数据资源的采集、整合、共享和利用，加速传统行业经营管理方式变革、服务模式和商业模式创新以及产业价值链体系重构。促进重点行业数据中心绿色发展，提升数据中心能源使用效率。2020 年底前，大数据在重点行业的应用取得明显效果，重点行业领域绿色数据中心试点顺利推进，形成全国大数据行业应用的试点示范。（省经济和信息化委、发展改革委、商务厅、金融办）

2. 促进跨行业大数据融合创新。支持电信、金融、交通、互联网、医疗健康等信息化基础条件较好的领域率先开展跨领域、跨行业的大数据应用，支持企业利用政府和公共服务领域开放的数据开发新应用、新服务，重点培育互联网金融、车联网、智慧医疗、智慧物流、分享经济、第三方数据服务等大数据应用新业态、新模式。支持大数据企业与传统行业加强技术和资源对接，探索多元化合作运营模式，推动大数据融合应用。2020 年底前，初步形成大数据融合创新生态圈。（省经济和信息化委、发展改革委、交通运输厅、商务厅、卫生计生委、金融办、人民银行广州分行、广东银监局、广东证监局、广东保监局）

（六）开展制造业大数据应用

以智能制造为主攻方向，引导推动制造业大数据在产品全生命周期和全产业链的应用，促进制造业大数据、工业核心软件、工业云和智能服务平台、工业互联网协同发展，培育“数据驱动”的制造新模式。

1. 夯实制造业大数据基础。建设面向智能制造单元、智能工厂及物联网应用的低延时、高可靠、广覆盖的工业互联网，加快工业传感器、射频识别（RFID）、光通信器件等数据采集设备的部署和应用，推动工业控制系统升级改造，汇聚传感、控制、管理、运营等多源数据，提升产品、装备、企业的网络化、数字化和智能化水平。2020 年底前，自动控制与感知、工业核心软件、工业云和大数据平台及工业互联网发展处于国内领先水平。（省经济和信息化委、发展改革委）

2. 开展制造业大数据应用示范。支持制造业企业整合各环节数据资源，开展基于大数据应用的创新业务，重点围绕智能化制造、网络化协同、个性化定制、服务化转型等制造业大数据应用场景，建设试点示范项目并组织推广，培育一批“数据工厂”，带动大数据在研发设计、生产制造、经营管理、市场服务、设备增值服务等产业链全流程的应用。2020年底前，建成一批引领全国的制造业大数据“灯塔式”试点示范项目，以及基于工业互联的超高速无线局域网产业化示范项目。（省经济和信息化委、发展改革委）

3. 建设制造业大数据平台。在电子信息、智能装备、汽车制造等优势制造业领域，支持制造业龙头企业建设面向产业链企业、高校及科研院所、社会创客的“双创”平台。支持行业龙头企业联合产业链企业，建设制造业公共服务大数据平台，整合全产业链企业的生产设备、产品、运营等数据，推动产业链协同发展。2020年底前，建成10个左右“双创”平台示范项目、10个左右制造业细分行业领域的公共服务大数据平台。（省经济和信息化委、发展改革委、科技厅）

（七）开展创业创新大数据应用

发展大数据众创空间，开放大数据平台能力，鼓励企业应用大数据开展创业创新活动，积极培育大数据应用新业态。

1. 发展大数据众创空间。鼓励大数据、互联网、电子商务龙头企业和基础电信企业开放数据资源，建设面向大数据创客的众创空间和公共开发平台，开展数据整理、挖掘、分析和应用等方面的技术研发，培育一批大数据创新型中小微企业。支持国家级、省级“双创”示范基地和“双创”空间建设大数据创业创新孵化平台。2020年底前，建成10个左右大数据众创空间，在孵创客和中小微企业数达500家以上。（省科技厅、经济和信息化委、发展改革委）

2. 推进大数据平台能力开放。依托政府数据开放平台开放公共数据资源和应用接口，推动国家超级计算广州中心、深圳中心开放高性能计算能力和云平台能力，鼓励互联网龙头企业、基础电信企业向创业者和中小微企业开放数据资源、云平台和计算能力。建立大数据创新资源试验床，为科研机构和企业开展基于大数据的创新应用提供数据资源。2020年底前，形成3个左右带动效果显著的大数据平台能力开放试点示范，催生形成一批新兴业态企业。（省经济和信息化委、科技厅）

3. 开展大数据创业创新活动。利用公共服务领域的数据资源，与龙头企业合作组织开展大数据创业创新竞赛，激发企业创业创新活力。支持互联网企业、基础电信企业、行业龙头企业依托大数据众创空间等平台，开展大数据创业创新大赛，遴选和培育一批优质大数据项目。2020年底前，打造1~2个大数据创业创新活动品牌，大数据创业创新环境进一步优化。（省经济和信息化委）

（八）促进大数据产业发展

加强大数据技术创新和产业化，积极培育大数据骨干企业，布局建设大数据重点项目和大数据产业园区，加快构建完善的大数据产业链，打造具备全球竞争优势的大数据产业发展集聚区。

1. 推进大数据社会化应用。发挥大型互联网企业和基础电信企业的技术、资源优势，按照合理布局、绿色节能、集约化原则建设企业数据中心，支持腾讯云数据中心、中国电信“亚太信息引擎”、联通华南云数据中心（东莞松山湖）、世纪互联云数据中心、广播电视网络数据中心等大型综合数据中心建设，推动成为国家绿色数据中心试点。加强政务数据平台与企业数据中心及行业大数据平台的协同对接，开展面向企业、公众的数据服务，满足企业生产经营和公众生活需求。2020年底前，大数据基础设施逐步实现开放共享，企业及社会组织广泛开展大数据社会化应用。（省经济和信息化委、科技厅、通信管理局）

2. 加快大数据技术创新和产业化。实施“云计算与大数据管理技术”重大科技专项，加强数据采集、存储、整理、分析、发掘、展现、应用等领域技术和软硬件产品的研发及产业化。

重点突破深度学习、类脑计算、认知计算、区块链、虚拟现实等前沿关键技术，发展与重点行业领域业务流程及数据应用需求深度融合的大数据解决方案。实施“国家自然科学基金委员会—广东省人民政府大数据科学研究中心项目”，围绕智慧城市建设开展智慧交通、地质环境、智慧防灾、智慧金融、智慧教育等领域的基础研究和关键技术攻关。2020年底前，大数据关键共性技术取得重大突破，形成一批具有国际竞争力的大数据软硬件产品。（省科技厅、发展改革委、经济和信息化委）

3. 推进大数据产业集聚发展。分批建设大数据产业园，重点推进广州开发区大数据产业园、深汕特别合作区大数据产业园、广东福能大数据产业园、中山美居智能制造大数据产业园、江门“珠西数谷”大数据产业园、肇庆大数据云服务产业园、云浮云计算大数据产业园（云谷）等园区建设。遴选3~5个基础条件好的地市开展省级大数据综合试验区建设。支持广州南沙、深圳前海、珠海横琴、深汕特别合作区建设面向港澳和国际的大数据服务区。2020年底前，建成20个左右大数据产业园，争创3~4个国家级大数据产业园。（省经济和信息化委、发展改革委）

4. 引进大数据重点企业和重大项目。引进培育一批具有核心竞争力的大数据骨干企业和龙头企业。鼓励各地市围绕研发设计、终端制造、平台构建、应用服务等大数据产业链关键环节，瞄准国内外大数据龙头企业开展精准招商，集中资源引进大数据龙头项目。2020年底前，引进和培育6家左右大数据龙头企业，150家左右大数据服务、产品制造和应用骨干企业。（省经济和信息化委、发展改革委）

5. 建立健全大数据产业公共服务支撑体系。加快建设中山大学、华南理工大学等国家大数据重点实验室和国家信息中心深圳大数据研究院。积极推进省大数据重点实验室发展成为国家级大数据重点实验室。进一步提升国家超级计算广州中心、深圳中心大数据应用服务水平。支持省、市大数据产业及技术等创新联盟搭建产学研协同创新平台。2020年底前，培育1~2家国家级大数据重点实验室，初步建立比较完善的大数据产业公共服务支撑体系。（省经济和信息化委、发展改革委、科技厅、通信管理局）

（九）促进大数据要素流通

统筹推进大数据交易平台建设，培育规范有序的大数据要素流通交易市场，形成大数据流通、开发、应用的完整产业链和生态链。

1. 建设大数据交易流通试点。依托省产权交易集团建设省大数据交易中心，探索建立大数据交易主体、交易平台、交易模式方面的规则制度，形成大数据交易流通机制和规范程序。在广州、深圳开展大数据市场交易标准试点。探索数据资产证券化，推动从数据资产到数据货币或有价证券的转化。2020年底前，省大数据交易中心成为华南地区重要的数据交易服务平台。（省经济和信息化委、金融办）

2. 建立大数据标准体系。研究建立大数据产业标准体系和统计指标体系，在重点行业推进大数据采集、管理、共享、交易等标准规范的制定实施。统一政务数据编码、格式标准、交换接口规范，研究制定一批基础共性、重点应用和关键技术标准。2020年底前，初步建立大数据地方和行业标准体系。（省经济和信息化委、质监局、统计局、法制办）

三、保障措施

（一）加强组织领导

在省信息化工作领导小组框架下，建立健全省大数据发展部门间联席会议制度，加强对试验区建设及全省大数据工作的统筹协调。各地、各有关部门要统一思想、提高认识，将试验区建设纳入本地区、本单位总体工作部署，制订具体工作方案并组织实施。珠三角各市要结合实际，积极创建各具特色和优势的省级大数据综合试验区。各地、各有关部门推进试验区建设进展情况，于每年12月底前报送省大数据管理局，由该局汇总上报省政府。（省经济和信息化委、各有关部门，各地级以上市人民政府）

（二）优化政策环境

统筹用好省级工业和信息化专项资金，支持试验区及示范应用项目建设。发挥政府投资基金作用，引导社会资本设立大数据产业发展基金，对大数据行业开展股权投资、创新投资，满足大数据企业发展需求及重大应用示范和产业化项目建设需求。对符合条件的大数据骨干企业、大数据产业园给予大型骨干企业、省产业转移工业园相关政策支持。（省财政厅、经济和信息化委）

（三）健全市场机制

充分发挥市场主体作用，加快建立市场化的数据应用机制，积极营造统一开放、竞争有序的大数据市场环境。研究制定省大数据应用管理条例，围绕大数据安全、数据资源开发利用等关键环节，推动制定数据公开、数据安全、数据资产保护等地方性法规。规范数据资源交易和流通，建立数据流引领其他要素跨区域、跨行业流通的良好机制。支持社会资本参与大数据公共服务体系建设，培育大数据应用市场。（省经济和信息化委、发展改革委、法制办、网信办）

（四）强化安全保障

研究推动网上信息保护立法工作，探索建立政府信息采集和管控、敏感数据管理、数据交换、个人隐私保护等领域的大数据安全保障机制。明确大数据采集、使用、开放等环节涉及信息安全的范围、要求和责任，形成记录并归档，确保国家利益、社会安全、商业秘密、个人隐私等信息不受侵犯。（省经济和信息化委、法制办、网信办）

（五）引进培育人才

支持在粤高校设立数据科学和数据工程相关专业，建立培养大数据领域专业型人才和跨界复合型人才机制，培养数据分析师、数据咨询师等专门人才。支持高校与企业联合建立大数据教学实践和实习培训基地，加强大数据人才职业实践技能培养。鼓励企业开展在职人员大数据技能培训，培育大数据技术和应用创新型人才。引进和培养大数据领域高端领军人才和创新科研团队，吸引海外大数据高层次人才到广东省就业、创业。（省人力资源和社会保障厅、教育厅、科技厅）

（六）提升服务水平

充分尊重企业和企业家的地位和作用，大力提升服务质量和水平，细化、量化政策措施，制定相关配套政策，切实解决企业发展中遇到的困难和问题，创造良好营商环境。每年举办大数据应用及产业发展大型活动，成立广东省大数据产业联盟，为企业搭建交流合作和展示平台。（省经济和信息化委、发展改革委、科技厅、商务厅）

珠江三角洲国家大数据综合试验区重点项目表

	序号	项目名称	建设内容	建设目标	负责单位
一、数据基础设施建设	1	省电子政务数据中心项目	扩容省级电子政务云平台，提供至少15000个CPU核心、150000GB内存的计算资源及15PB的存储资源。建设省电子政务数据中心业务大楼，并配套建设数据中心机房和运维管理中心等功能设施。建设完善连通省、市、县、镇四级的电子政务外网骨干网络和连通省市两级的备份网。建设物理隔离域、省级统一的互联网出口和无线网络，以及统一的网络安全防御体系	2020年底前，建成按需分配、动态扩展的省级政务云平台；省电子政务数据中心业务大楼投入使用，基本实现省各有关部门现有数据中心的迁移集中；省级电子政务网络和省市之间万兆互联，市县（区）之间千兆互联，县镇（乡）之间百兆互联，建成政务外网的备份网和物理隔离域，以及统一的网络安全防御体系	省经济和信息化委、发展改革委，各地级以上市人民政府
	2	省政务大数据库及统一管理应用平台建设项目	基于云计算架构升级改造省政务信息资源共享平台，建设省、市、县（市、区）三级政务数据交换渠道。摸清122个省政府部门和主要事业单位共1000余个各类业务信息系统的数据资源，建立政务数据资源清单、政务数据资源目录体系；开展数据关联、比对、清洗等治理工作。完善人口、法人、空间地理等基础数据库，建设网上办事、社会信用、市场监管等政务服务专题数据库，并统筹各类数据库建设政务大数据库。编制省级政务数据开放目录，完善政务数据相关开放标准规范和流程。完善“开放广东”全省政府数据统一开放平台，分步推进省直部门政务数据开放。建设具有实时大数据挖掘分析与展现能力的政务大数据管理应用平台	2018年底前，形成“省市两级平台、省市县三级管理”的政务信息资源共享交换平台框架体系 2020年底前，形成政务数据资源清单、政务数据资源目录体系和规范的政务数据采集、治理流程；建成省级数据物理集中、地市数据逻辑集中的政务大数据库；在民生服务等重点领域开放500个以上政府数据集，形成50个以上开放数据应用，形成政府数据开放长效机制；建成具有数据管理、维护及应用等功能的政务大数据统一管理应用平台	省经济和信息化委、编办，各地级以上市人民政府
二、政务大数据应用	3	省市场监管大数据平台项目	建设省级市场监管信息平台和市场准入、质量监管、市场行为监管、消费维权投诉与经济违法行为监管、食品药品安全监管等业务信息系统，记录市场监管的全过程，形成市场监管共享数据库。各地级以上市按省统一规范建设市级市场监管信息平台并与省级平台互联协同	2020年底前，省、市市场监管信息平台对接，基本建成以信用为核心，政府监管、行业自律、社会监督相结合的新型市场监管体系	省经济和信息化委、工商局、质监局、安全监管局、食品药品监管局，各地级以上市人民政府

续表

	序号	项目名称	建设内容	建设目标	负责单位
	4	环境大数据分析与决策支持平台项目	建设环境保护大数据中心，加强环境保护数据共享开放，支撑污染天气应对、环境形势分析、政策措施制定、环境风险防范、污染源精准管理等环保业务；建设环境大数据分析与决策支持平台，支撑空气质量预测预警、空气污染物溯源、省内重点河流治理决策精准化排污监管等业务	2020年底前，建成管理机制完善、标准规范健全的全省环境大数据分析与决策支持平台	省环境保护厅
	5	智慧食药监建设项目	建设“智慧食药监”平台，重点建设食品药品监管数据中心，以及涵盖日常监管、行政执法、检验检测、食药追溯、公共服务、监管辅助、应急管理、决策支持等环节的食品药品监管系统。利用大数据分析监管对象的基础数据以及监管、检验、溯源、诚信等信息，对食品药品风险进行预警和监控	2020年底前，建成“智慧食药监”平台，各级监管部门日常监管、稽查执法信息纳入平台，实现精细化监督	省食品药品监管局
	6	信用广东建设项目	完善信用信息基础数据库和“信用广东网”，整合分析公共信用、市场监管、互联网、电子商务、金融服务、通信运营等数据，对企业、个人不守信用行为进行预警，提升行政执法和风险防范能力，建立跨地区、跨部门的信用联动奖惩机制	2020年底前，各级政府、各类信用主体的基础信用信息共享，初步建成覆盖生产生活全过程的信用监管和服务体系	省发展改革委、经济和信息化委、商务厅、工商局、金融办、通信管理局、人民银行广州分行、广东银监局、广东证监局、广东保监局
	7	国家企业信用信息公示系统（广东）	加强政府部门涉企信息的归集、共享、公示，强化协同监管应用，依法对违法失信行为实施信用约束。整合各政府部门抽查检查、违法失信、投诉举报等信息，统一记于企业名下，形成企业信用信息完整数据链条，展示企业多维数据画像	2020年底前，建成国家企业信用信息公示系统，建立以“统一社会信用代码”为核心的数据匹对机制，掌握市场主体的违法活动特征，提高风险处置能力	省工商局、发展改革委、经济和信息化委

续表

序号	项目名称	建设内容	建设目标	负责单位
8	立体化治安防控大数据平台项目	建设警务云平台二期，构建全省公安机关信息资源服务平台，优化全省警务信息综合应用平台，升级全省各级警用地理信息平台，建设公安信息网应用开发平台。构建全省视频专网，搭建视频专网视频图像计算及存储资源池。建设一批适用于刑侦、治安、反恐、情报等警种业务的数据研判模型	2020年底前，建成公安大数据基础服务及综合应用相关平台，实现数据动态鲜活、信息高度共享、基础工作高效规范、公安业务有机协同	省公安厅
9	宏观调控大数据平台项目	建设完善企业情况综合平台，持续汇聚和管理广东省企业各类数据，推广平台应用。建设完善省经济形势预测分析数据库，研究建立经济形势预测分析指标体系，动态归集广东省主要宏观经济数据，提供数据报送、查询、统计分析、可视化等各类服务	2018年底前，企业情况综合平台全面汇聚和管理广东企业各类数据，省经济形势预测分析数据库汇聚各类宏观数据，提供数据处理全流程服务	省经济和信息化委
10	企业数据资源综合利用试点项目	以县（区）为重点建设企业数据资源综合利用试点，运用大数据汇聚各类机构所掌握的企业数据资源，建设相应的数据库和技术平台，开展数据在经济运行监测、市场监管、公共服务等领域的创新应用	2020年底前，支持20个左右试点地区先行先试，探索企业数据资源汇聚、管理、应用的新模式，形成可复制推广的经验	省经济和信息化委，有关地级以上市政府
11	人社综合大数据平台项目	整合各级人社部门及相关部门、社会机构数据资源，运用大数据开展全民参保精准识别和社保基金智能监管，推动医保结算数据智能审核，开展高校毕业生就业精准扶持和就业专项资金监管等	2020年底前，各级人社部门数据资源100%整合，与人口、地理、健康医疗、社会救助、税务等数据深度融合，建成人社综合大数据平台	省人力资源社会保障厅
12	健康医疗大数据项目	建设省、市两级全民健康信息综合管理平台，以及全省统一的全员人口、居民电子健康档案和电子病历三大数据库。运用大数据建立医药卫生体制改革监测等评价模型和医疗机构评价体系，构建临床决策支持系统，推进精准医疗和疾病风险预警预测。构建基于互联网、大数据技术的分级诊疗信息系统	2020年底前，建成健康医疗大数据平台，实现健康医疗数据与人口、法人、空间地理、环境等数据共享，以及对医药卫生体制改革效果的实时监测和精准评价	省卫生计生委

续表

序号	项目名称	建设内容	建设目标	负责单位
13	农业大数据平台项目	建立农业农村大数据共享平台，深化农业专项数据建设，开展农业农村数据分析应用	2020年底前，实现农业数据有序开放共享，农业农村数据采集自动化、使用智能化、共享便捷化	省农业厅
14	气象大数据平台项目	建立公共安全气象服务系统，开展重大气象灾害的大数据分析、智能研判、靶向推送。建立民生气象普惠服务系统，提供便利、精细、个性化和智能化的气象服务。建设重点行业气象服务系统，强化气象大数据在防灾减灾、农业生产、交通运输、旅游建筑、保险服务等领域的应用	2020年底前，建成气象大数据平台，实现气象数据开放共享和常规气象资料永久在线；气象数据广泛应用，提供分行业、分灾种的气象服务	省气象局、农业厅、交通运输厅、旅游局
15	农村精准扶贫大数据平台项目	运用大数据实施精准扶贫档案准确、动态管理，整合利用民政、人社、卫生计生、残联等部门信息资源	2020年底前，建成全面覆盖农村低收入群体的大数据库，建立农村低收入群体社会保障体系，对无法依靠产业扶持和就业帮助脱贫的家庭实行政策性保障托底	省委农办(扶贫办)、省经济和信息化委、民政厅、人力资源社会保障厅、卫生计生委、残联
16	教育大数据平台项目	建设完善教育管理和教育资源公共服务平台，推进教育基础数据伴随式收集和互通共享，开发教育大数据模型，建设基于大数据的教育规划与决策支持系统，广泛开展基于大数据的教与学分析技术试验	2020年底前，建成基于大数据的教育管理信息系统和教学应用系统，有效支撑教育治理体系和治理能力现代化、教育优质化和多样化发展	省教育厅
17	文化大数据平台项目	加快完善省、市、县、镇、村五级公共文化设施网络，促进城乡基本公共文化服务一体化，实施文化信息共享工程	2020年底前，建成文化大数据平台，完成“公共文化云”建设，实现一站式服务和多终端访问	省文化厅
18	交通大数据平台项目	建设综合交通运输大数据中心，汇聚整合行业信息资源，开发完善“广东交通”智能手机应用软件，提供全省性、权威性、公益性的综合交通信息服务	2020年底前，建成综合交通运输大数据中心，完成“广东交通”信息服务平台主体建设	省交通运输厅

续表

	序号	项目名称	建设内容	建设目标	负责单位
	19	住房城乡建设大数据平台项目	以城乡空间信息为基础，对全省城乡规划成果、建设工程、住房、住房公积金、城乡基础设施、工程质量、城市管理和行政执法，以及住房城乡建设领域企业资质、个人执业资格等各方面的信息数据资源进行归集、整合、关联，构建住房城乡建设领域大数据库	2020年底前，基本实现省市数据资源集中，初步建成智慧城乡空间信息服务平台	省住房城乡建设厅
三、大数据孵化园建设	20	腾讯大数据众创空间项目	在深圳湾创新中心，建设10000平方米的众创空间，整合腾讯互联网全平台资源，开放QQ、微信、应用宝、QQ空间等海量用户大数据，腾讯视频、腾讯网等内容运营大数据，以及微信支付、广点通、腾讯云、QQ物联等平台能力大数据，搭建创孵平台、创服平台、创培平台、创星平台、创投平台以及创联平台等6大平台，孵化培育互联网与大数据领域的创新项目	2020年底前，孵化培育300家以上企业	深圳市人民政府，深圳市腾讯计算机系统有限公司
	21	广东移动大数据创业创新孵化园项目	在广州珠江新城广东移动孵化器和天河智慧城中国移动南方基地内，安排建筑面积约4000平方米建设创客空间，开放20个以上大数据API接口，重点孵化培育市政管理、金融、零售、电商、旅游、广告等领域的精准营销、轨迹跟踪等项目	2020年底前，孵化培育200家以上企业	广州市人民政府，中国移动广东公司
	22	中科云智大数据创业创新孵化园项目	在东莞松山湖高新区，规划用地面积18亩（1.2公顷），建设基于云计算、大数据的研发、创新、运营和产业育成的创新孵化基地，重点孵化培育大数据产业链及生态圈的高成长科技技术企业，打造“科研机构/研发团队—孵化器—专业镇—产业集群”创新产业生态链	2020年底前，孵化培育200家以上企业	东莞市人民政府，东莞市中科云智产业孵化有限公司

续表

	序号	项目名称	建设内容	建设目标	负责单位
	23	全通星海大数据创业创新孵化园项目	规划用地面积 37.5 亩（2.5 公顷），建设教育大数据运营中心和支撑平台，搭建大数据产融对接平台，为入驻创业实体提供“一站式”创新创业孵化服务；重点孵化一批教育大数据企业，形成基于教育上下游的产业生态链	2020 年底前，形成 2~3 个大数据应用平台，孵化培育 30 家以上大数据关联企业	中山市人民政府，中山市星海创客企业服务管理有限公司
四、大数据产业园建设	24	广州开发区大数据产业园项目	项目计划总投资约 200 亿元，规划用地面积 1950 亩（130 公顷），在广州科学城、知识城、生物岛等区域按“一园七区”的方式规划建设，重点发展 IDC、云计算、制造业大数据平台、智慧城市大数据平台、大数据创新孵化基地、双创空间等，重点建设中国电信创新孵化基地、中国联通大数据基地、中国移动创新中心、鹏博士大数据基地、中兴能源大数据中心等项目	2020 年底前，大数据及相关产业产值突破 1000 亿元；建成孵化平台 5 个，省级以上研发机构 3 个；主营业务收入超 10 亿元的龙头企业 4 家，超 1000 万元的骨干企业 100 家	广州市人民政府
	25	深汕特别合作区大数据产业园项目	项目计划总投资约 200 亿元，规划用地面积 2130 亩（142 公顷），在合作区内的鹅埠镇和鲘门镇按照“一园双区”的方式规划建设，重点发展数据中心、大数据关联硬件以及大数据加工、应用和支撑服务等，重点引进建设华为（深汕）云计算服务基地、天威视讯深汕合作区数据中心以及华为企业云、浪潮公共云、软通软件服务外包等项目	2020 年底前，大数据及相关产业产值超 100 亿元；建成 2 个以上数据中心，以及面向 2 个以上行业的大数据应用示范平台；引进培育 20 家以上重点企业	深圳、汕尾市人民政府
	26	广东福能大数据产业园项目	项目计划总投资约 100 亿元，规划用地面积 4080 亩（272 公顷），在佛山市禅城区按“一园三区”的方式规划建设，重点发展大数据应用、电子商务、产业平台、跨境电商、动漫设计等，建设国家电子政务华南分中心、广东南方数据科学研究院、世纪互联云计算华南总部基地、中国电信佛山数据中心、浪潮集团泛珠三角云计算中心等项目	2020 年底前，大数据及相关产业产值达 50 亿元；IDC 机柜超 5 万个；引进培育 20 家以上重点企业	佛山市人民政府

续表

序号	项目名称	建设内容	建设目标	负责单位
27	中山美居智能制造大数据产业园项目	项目计划总投资约50亿元，规划用地面积482亩（32.13公顷），在中山城区、石岐区和火炬区按“一园三区”的方式规划建设，重点发展互联网家装、基于大数据的工业企业新型公共服务等，引进培育硕泰智能、黑子科技、中国移动园中园、美居网络、安乐窝、暴风科技、威盛网络、易安居等项目	2020年底前，大数据及相关产业累计产值达240亿元；建成2个以上公共服务平台；引进培育20家以上重点企业	中山市人民政府
28	江门“珠西数谷”大数据产业园项目	项目计划总投资约26亿元，在滨江新区以“一园多址”模式建设，重点发展小微企业双创平台、公共数据资源开放平台以及“小微双创”、“江门智造”、公共资源共享数据库，建设智能装备制造协同创新研究院、中国南方教育装备创新产业城、生命科学产业园、浪潮集团大数据等项目	2020年底前，大数据及相关产业产值超100亿元；引进培育20家以上重点企业	江门市人民政府
29	肇庆大数据云服务产业园项目	项目计划总投资约40亿元，规划用地面积约2000亩（133.33公顷），在肇庆新区临港物流片区按“一园三区”的方式规划建设，重点发展大型区域性数据中心和云服务平台、大数据创新创业孵化，以及高端芯片、传感器和传感网组网等关键设备；重点建设广东科学院“互联网+”（大数据）研究院、中国人寿呼叫中心、唯品会肇庆物流园等项目	2020年底前，大数据及相关产业产值达300亿元；引进培育10家左右大数据重点企业；聚集500家以上大数据及相关领域的中小企业	肇庆市人民政府
30	云浮云计算大数据产业园（云谷）项目	项目计划总投资约50亿元，规划用地面积约3556亩（237.07公顷），在云浮新区核心地带建设“云谷”项目，重点发展云计算、大数据以及大数据上下游相关产业；重点引进华为云浮云计算数据中心、华唐教育集团“云浮服务外包及呼叫中心产业园”、神舟数码“智慧云浮”等项目	2020年底前，大数据及相关产业产值达100亿元；引进培育10家左右大数据重点企业；聚集100家以上大数据及相关领域的中小企业	云浮市人民政府

续表

	序号	项目名称	建设内容	建设目标	负责单位
	31	广东省健康医疗大数据产业园项目	项目计划总投资约14亿元，规划用地面积360亩（24公顷），选址顺德乐从镇，主要建设医学大数据中心、数字化医学影像设备孵化区、智能医疗设备与"互联网+健康"孵化区、生物技术孵化区和大学生创业平台、国际技术转移中心等；重点引进腾讯微医集团、赛伯乐投资集团、蓝盾信息安全技术股份有限公司、汉柏科技有限公司等项目	2020年底前，大数据及相关产业产值达50亿元；建成健康医疗大数据公共服务平台；引进培育20家左右以色列医疗器械重点企业；聚集100家以上大数据及相关领域的中小企业	顺德区人民政府
五、数据交易平台建设	32	数据交易平台建设项目	成立广东省大数据交易中心，建设立足广东、面向全国的数据交易服务平台，提供信息发布、交易撮合、交易结算、交割、数据处理、安全保障、金融服务等综合配套服务，开展公共数据资源开放服务、数据及交易服务、数据资产管理及增值服务（数据银行）、数据应用服务、金融工具及产品等业务	2020年底前，建立数据资产评估、数据资源交易机制和定价机制，提供数据交易和数据应用服务	省经济和信息化委、金融办、产权交易集团

说明：实施方案所列重点项目应按程序办理立项报批，如涉及新增资金安排应按规定程序报批

实施珠三角规划纲要2017年重点工作任务

（广东省人民政府2017年5月13日印发）

2017年是实施"十三五"规划的重要一年，也是推进供给侧结构性改革的深化之年。为做好实施《珠江三角洲地区改革发展规划纲要（2008—2020年）》工作，确保珠三角"九年大跨越"各项任务顺利完成，现提出如下年度重点工作任务。

今年工作的总体要求是：全面贯彻党的十八大、十八届三中、四中、五中、六中全会及中央经济工作会议精神，深入学习贯彻习近平总书记系列重要讲话精神和治国理政新理念新思想新战略，以"四个坚持、三个支撑、两个走在前列"为统领，贯彻落实省委十一届八次全会、省委经

济工作会议和省《政府工作报告》部署，统筹推进“五位一体”总体布局和协调推进“四个全面”战略布局，坚持稳中求进工作总基调，牢固树立和贯彻落实新发展理念，适应把握引领经济发展新常态，坚持以提高发展质量和效益为中心，坚持以推进供给侧结构性改革为主线，统筹稳增长、促改革、调结构、惠民生、防风险各项工作，着力构建创新型经济格局，提升开放型经济发展水平，振兴实体经济，谋划推进粤港澳大湾区城市群建设，推动珠三角和粤东西北一体化发展，全面完成珠三角“九年大跨越”目标任务，以优异成绩迎接党的十九大和省第十二次党代会胜利召开。

今年工作的主要目标是：地区生产总值比上年增长7.3%，人均地区生产总值增长6.3%，固定资产投资增长13.8%，社会消费品零售总额增长10%，进出口总额实现正增长，服务业增加值比重提高到57%，研发经费支出占地区生产总值比重达2.85%，城乡居民人均可支配收入增长与经济增长基本同步，节能减排降碳约束性指标完成国家和省下达年度计划。重点推进以下工作：

一、努力保持经济中高速增长

（一）抓好重大项目建设

完善珠三角重大项目台账管理，抓好“九年大跨越”和亿元以上重大项目建设进度预警及问题处置。珠三角地区全年安排省重点项目460个，总投资28002亿元，年度计划投资2307亿元。其中，基础设施工程项目201个，总投资16522亿元，年度计划投资1437亿元；产业工程项目210个，总投资10783亿元，年度计划投资775亿元；民生保障工程项目49个，总投资697亿元，年度计划投资95亿元。60个“九年大跨越”重大项目年度计划投资2446亿元，计划建成肇庆唯品会华南运营中心项目（二期）、东江与水库联网供水工程（一期）等项目，加快推进东莞松山湖华为终端总部项目、北斗卫星导航（中山）产业化基地等项目建设。（省发展改革委，珠三角九市政府等，列为第一的为牵头单位，下同）

（二）促进消费升级和外贸回稳向好

培育消费品领域区域品牌集群，珠三角创建5个国家和省级知名品牌示范区。深化深圳、珠海、惠州等国家信息消费试点城市建设，珠三角电子商务交易额增长20%。全力扩大出口，稳定出口市场份额。重点加强与欧美等发达国家的直接经贸合作，依托境外重点展会平台和名优商品展销中心，多渠道开拓国际市场。用足用好出口退税、出口信保、便利通关等扶持政策，扩大具有自主知识产权、自主品牌和高附加值产品出口。（省商务厅、质监局等）

（三）推进重大平台建设

广州南沙重点加快邮轮母港、深水航道拓宽工程等重大港口基础设施建设，完成南沙港区三期工程建设。深圳前海加快建设前海深港现代服务业合作区，启动建设港交所联合交易中心、深港基金小镇、金丝雀码头金融合作项目。珠海横琴申报建设国际休闲旅游岛，加快推进中拉经贸合作园、粤澳合作产业园、横琴澳门青年创业谷等重点合作项目建设。中新（广州）知识城全线开工建设永九快速路，加快建设中新国际联合研究院。佛山中德工业服务区建成中德工业城市联盟企业合作信息库，全线开通岭南大道（富华路—三乐路）。惠州环大亚湾新区全面建成中海油惠炼二期1000万吨炼油、120万吨乙烯项目；潼湖生态智慧区加快推进思科潼湖科学城、中关村科技金融小镇等重大项目建设。东莞水乡特色经济区启动水乡新城开发建设。中山翠亨新区推动哈工大、中科院理化所等重点项目落地建设。江门大广海湾新区启动粤澳产业合作示范区建设。肇庆新区力争引进10个环保科技等产业组团项目。（省发展改革委，珠三角九市政府等）

（四）提质增效振兴实体经济

落实省促进民营经济大发展和降低企业成本的若干政策措施，进一步激发民营经济活力。加快广州、江门市中外中小企业国际合作区建设，开展中小微企业服务券试点。着力培育大型骨干企业，力争珠三角年主营业务收入超百亿元企业增加 8 家、共 240 家，其中超千亿元企业增加 1 家、共 24 家，民营大型骨干企业增加 4 家、共 100 家。落实质量强省战略，推动珠三角各市创建质量强市、技术标准创新示范基地，在珠三角率先启动食用农产品、食品药品等重要产品追溯体系建设。建设提升一批面向中小企业开放的检验检测公共服务平台。支持国家商标审查协作广州中心建设。落实技术改造事后奖补政策，引导 5920 家规模以上工业企业实施技术改造，完成工业技术改造投资 2945 亿元。（省经济和信息化委、工商局、质监局等）

二、坚定不移推进供给侧结构性改革攻坚

（五）深入推进“三去一降一补”

广州、深圳等六市建立产业梯度转移项目库，推动珠三角 550 个项目落户粤东西北地区及惠州、江门、肇庆市，其中包括 100 个以上加工贸易项目、不少于 30 个省属国有企业项目。巩固国有关停企业市场出清成果，推进 250 户以上国有特困企业脱困。加大减税降费力度，力争全年为企业减负 1900 亿元以上。扎实推进基础设施供给侧结构性改革，改革完善项目建设链条，创新基础设施建设投入方式，推动机场、高铁、珠三角水资源配置、农村电网改造升级、新一代信息基础设施、水环境污染治理等补短板重大工程建设。制定完善环保节能地方标准体系，推动淘汰落后产能和传统产业转型升级。（省发展改革委、经济和信息化委、财政厅、商务厅、国资委、地税局、质监局，省国税局等）

（六）力促制造业转型升级

启动第二批省级制造业创新中心建设，珠三角新增 3 家省级制造业创新中心、70 家省级企业技术中心。支持富士康 10.5 代显示器全生态产业园区、乐金显示 8.5 代 OLED、中电科集团华南电子信息产业园、TCL 集团模组整机一体化智能制造产业基地等重大先进制造业项目落地建设。加快推动 4K 电视网络应用与产业发展。开展智能制造生产模式推广应用计划，珠三角建设 15 个左右智能制造系统解决方案公共服务平台、20 个左右省级以上智能制造试点示范项目。珠江西岸先进装备制造产业带培育 100 家产值超 10 亿元的先进装备制造骨干企业，形成 20 个产值超 100 亿元的先进装备制造产业集群。加快珠江西岸先进装备制造产业发展基金投资落地。提升珠江东岸电子信息产业集群竞争力，电子信息产业实现工业增加值 6700 亿元。（省经济和信息化委、发展改革委、科技厅等）

（七）优先发展现代服务业

大力发展科技服务、融资租赁、法律咨询等生产性服务业，推动生产性服务业向专业化和价值链高端延伸。加快构建粤港澳大湾区现代服务业一体化协同发展标准体系。加快广东金融高新区、广州国际金融城、广州民间金融街等重大载体建设。加快培育供应链服务企业，支持广州市创新建设供应链金融服务中心。推进中山市国家服务业综合改革试点。深化广州全国旅游综合改革试点城市建设，推动珠三角各市县创建全国旅游业改革创新先行区。（省发展改革委、经济和信息化委、质监局、旅游局、金融办等）

（八）培育发展战略性新兴产业

制定实施新兴产业标准体系规划与路线图，促进信息产业跨越式发展，打造高端装备制造、绿色低碳、生物医药、数字创意等万亿级新兴支柱产业。实施省新兴产业“双创”示范基地三年行动计划，建设 20 家国家级和省级新兴产业“双创”示范基地。加快珠江口岸新能源汽车关键零部件产业带和环珠三角新能源汽车配套产业带建设。在珠三角创建国家海洋经济示范区，推进广州、中山、珠海三大船舶制造业基地建设，打造深圳、江门深海海洋装备试验和装配基地，珠三角海洋经济实现增加值 1.3 万亿元。加快发展海上风电产业，力争实现珠海桂山海上风电项目首台风机并网发电。（省发展改革委、经济和信息化委、海洋与渔业厅、质监局等）

（九）深入推进农业供给侧结构性改革和新农村建设

推动珠三角各市制定农业供给侧结构性改革

实施方案，着力打造一批行业领军龙头企业。珠三角新增认证无公害农产品200个、地理标志产品5个，登记绿色食品、有机农产品50个、15个，建设10个农产品物流和电商试点。加快完善现代农业标准体系，大力开展现代农业标准化示范区建设。推进江门台山省级农产品加工示范园区建设。深化珠三角农村集体资产股份权能改革，加快推进农村土地确权登记颁证工作。深入开展农村人居环境综合整治，力争珠三角全部建制镇建成生活垃圾转运站；累计创建177个省级休闲农业与乡村旅游示范点。（省农业厅、经济和信息化委、质监局等）

（十）加快建设珠三角智慧城市群

推进珠三角国家大数据综合试验区、无线宽带城市群建设，力争珠三角互联网普及率达81.5%，新增光纤接入用户330万户。新增开通光纤入户业务的行政村811个。谋划推动5G网络应用及产业发展，珠三角率先进行5G网络测试。推动78家省级互联网与工业融合创新企业试点建设，1500家企业实施两化融合管理体系建设。建设11家“互联网+”小镇。建设广州、佛山、惠州、东莞物联网产业集群。举办第三届中国（广东）国际“互联网+”博览会、2017中国手机创新周等展会。（省经济和信息化委、发展改革委，省通信管理局等）

三、加快建设国家科技产业创新中心

（十一）高标准推进珠三角国家自主创新示范区建设和全面创新改革试验

加快编制珠三角自主创新示范区发展规划纲要和相关配套规划，重点出台引进境外高层次创新人才、企业研发设备进口税收优惠、境外风险投资基金直接投资创新型企业、开展专利保险试点等领域政策。力争区域国家级高新区实现营业总收入2.64万亿元、工业总产值5700亿元。总结推广广州、深圳国家创新型城市建设经验，推动其他七市创建国家创新型城市。推动国家授权全面创新改革事项落地实施，重点推进投贷联动试点、工业产品生产许可证审批制度改革，探索开展知识产权证券化试点，制定实施粤港澳科技合作发展研究计划。（省科技厅、发展改革委等）

（十二）加快创新主体培育和创新平台建设

建立高新技术企业数据库，完善和落实高新技术企业培育的奖补政策，珠三角力争国家高新技术企业总数2.2万家，进入培育后备库的企业数量3400家。实施工业企业研发机构建设行动，力争年主营收入5亿元以上工业企业研发机构全覆盖。支持珠三角各市全面参与广东国家大科学中心、国家重点实验室、广东省实验室、制造业创新中心等重大创新平台建设。加快大科学装置建设，依托散裂中子源规划布局东莞中子科学城；推进中国科学院（惠州）加速器驱动嬗变研究和强流重离子加速器装置项目建设。推进广东比利时微电子研究中心、中山大学“天琴计划”项目建设。加快建设华南理工大学广州国际校区，打造一批国际一流的理工类、应用型重点学科。力争区域新型研发机构超190家，服务企业超3万家。全面推广东莞横沥专业镇协同创新模式，力争累计建成20个专业镇协同创新中心，深化与粤东西北地区专业镇对口帮扶工作。（省科技厅、发展改革委、经济和信息化委、教育厅等）

（十三）加强关键核心技术攻关和成果转化

组织实施省重大科技专项，建立重大成果转化数据库，重点转化超高速无线通信、智能制造、新材料等领域科研成果。推动建立科研成果、专利技术和技术标准转化融合机制。启动建设华南（广州）技术转移中心。推动珠三角各市创建国家军民结合产业示范基地，支持高校和科研院所在珠三角建设院士工作站，组建产业技术创新联盟。开展国家知识产权综合管理改革试点，建设全国知识产权交易中心、中国（广东）知识产权保护中心，加快建设珠海横琴全国知识产权运营公共服务特色平台。力争珠三角发明专利申请量达17万件，PCT专利申请量达2.7万件。（省科技厅、发展改革委、经济和信息化委、质监局、知识产权局等）

（十四）深入推进大众创业、万众创新

完善科技孵化育成体系，力争珠三角新增科技企业孵化器40家。发展壮大创业投资，加快广州风险投资基金平台建设，建设华南风投创投中心，广州、深圳加快培育若干国内知名的创业投资和天使投资机构。加快推进深圳、江门全国小微企业创业创新基地城市示范建设。办好高交会、科博会等重大科技展会。（省发展改革委、科技厅、经济和信息化委、金融办等）

四、推进基础性关键性领域改革攻坚和扩大开放

（十五）深化行政体制改革

加大强市放权力度，研究出台下放广州、深圳市的省级审批权限清单，积极稳妥研究推进向其他地级市下放省级管理权限事项。珠三角各市全面推进“一门式、一网式”政务服务模式改革，拓展网上办事大厅建设，行政审批事项网上全流程办理率达80%。推进行政审批标准化，建立覆盖省、市、县三级的事项和标准管理体系。加快建立政务服务大数据库和大数据标准体系。实施行政审批中介服务项目清单管理，取消省级及以下政府部门自行设定的中介服务事项。深入推进“证照分离”“多证合一、一照一码”等改革，开展商事登记后置审批事项分类改革。深入推进珠三角法治政府示范区建设。（省编办，省经济和信息化委、工商局、质监局、法制办等）

（十六）深化投融资、金融、国企改革

推动珠三角在深化投融资体制改革、企业投资项目核准和备案方面先行先试。建立健全企业投资项目准入负面清单、行政审批清单、政府监管清单动态管理机制，加快投资项目网上在线审批监管平台建设。深入推进珠三角金融综合改革创新试验区建设，支持广州市申建绿色金融改革创新试验区。加快推进珠三角优化发展基金投资。继续深化国有企业改革。（省发展改革委、商务厅、国资委、金融办，人行广州分行等）

（十七）深入推进自贸试验区建设

深化重点领域制度创新，突出抓好口岸执法部门综合监管、项目综合审批等改革试点，加快形成可复制可推广的制度样本和改革模式，努力将自贸试验区打造成广东高水平对外开放的门户枢纽。南沙片区编制完成综合交通枢纽建设方案，在跨境人民币资金业务、证照分离等方面先行先试。前海蛇口片区强化联动发展和深港跨境金融创新，发布贸易便利化、跨境金融、法治环境三大指数。横琴片区建立统一的信用黑名单信用惩戒机制，探索与港澳信用信息互通；落实粤澳游艇自由行和澳门机动车便利入出横琴等政策。研究制订推动自贸试验区与珠三角自主创新示范区“双自联动”发展相关政策，推动东莞市开展国家开放型经济新体制综合试点试验，实现与自贸试验区联动发展。打造中拉经贸博览会、国际产能合作论坛暨中国对外投资合作洽谈会等高水平国际经贸合作品牌，建设自贸区信息港，办好2017广州《财富》全球论坛。（省自贸办，省经济和信息化委、科技厅、公安厅、工商局、旅游局、港澳办、金融办、口岸办，人行广州分行，南方财经全媒体集团等）

（十八）积极参与“一带一路”建设

推进“一带一路”沿线国家、地区物流标准体系和基础设施互联互通，发展海铁、江铁等多式联运，力争珠三角新增一批国际客货运航线。支持广州、深圳、珠海等城市与沿线友好城市共建空港和港口联盟。加快石龙、大田铁路国际物流基地建设。大力推进中俄贸易产业园物流仓储、双边贸易和商品展示交易中心建设。支持广州、深圳、东莞等市加强与内蒙古、新疆等沿边地区的口岸通关协作。建立参与“一带一路”建设重点项目信息资料库。办好第四届广东21世纪海上丝绸之路博览会。发挥广州市作为全国申报海上丝绸之路世界文化遗产牵头城市作用，推进我省海上丝绸之路申遗工作。（省发展改革委、商务厅、交通运输厅、外办、质监局、口岸办等）

（十九）促进外经贸创新发展

发展壮大一般贸易，力争一般贸易增量超过加工贸易减量，一般贸易进出口占对外贸易总额比重44%。推进广州、深圳服务贸易创新发展试点，珠三角服务贸易进出口总额占对外贸易总额比重17%。支持有条件的加工贸易企业开展技术改造、研发创新和品牌营销，加工贸易“委托设计+自主品牌”方式出口比重71%。加快中国（广州）、中国（深圳）跨境电子商务综合试验区建设。（省商务厅等）

五、发力建设珠三角世界级城市群

（二十）优化城镇规划建设管理

推进国家城乡规划管理体制改革试点省建设，在珠三角市、县层面启动全域总体规划编制，开展城市总体规划编制审批实施监管一揽子改革，推进城乡规划与土地利用总体规划“两图合一”。推进珠三角城市控容提质，广州、深圳市严格开发规模、强度、边界管控，有序向周边城市疏解非核心功能；佛山、东莞、中山市实施强心战略，做大做强主城区；珠海、惠州、江门、肇庆市重点加强市区建设，辐射带动周边县市发展。持续开展城市升级行动，推进深圳、珠海市国家海绵城市试点建设，珠三角城市建成区5%达到海绵城市建设要求，城市污水处理率95.2%。广州、深圳市率先实施生活垃圾强制分类，珠三角其他市加快建设完善生活垃圾分类配套体系，逐步提高生活垃圾分类制度覆盖范围。推进广州市国家地下综合管廊试点城市建设。（省住房城乡建设厅等）

（二十一）提升珠三角一体化水平

加强区域间路网规划建设，实施打通断头路行动计划，推动交通基础设施互联互通。开工建设穗莞深城际琶洲支线等2个项目，加快推进深茂铁路前期工作，建成莞惠城际望洪至常平东段，新增运营里程46千米。开工建设沈海高速三堡至水口段等6个高速公路项目，建成广中江高速公路二期，新增通车里程17.8千米。加快推进深中通道建设。推动广州岑村机场、佛山沙堤机场迁建。完成西江等内河航道工程建设。推进珠三角水资源配置工程试验段前期工作，力争10月底前开工建设。推进珠三角物流联盟和冷链物流体系建设。推动珠三角各市县创建全域旅游示范区，健全珠三角旅游招商项目数据库。强化广州、深圳“双引擎”辐射带动作用，推动“广佛肇+清远、云浮、韶关”“深莞惠+汕尾、河源”“珠中江+阳江”等三个新型都市区率先实现一体化。打造广佛同城化、广清一体化等区域融合发展示范区；深莞惠汕建设海洋产业经济协作示范区，规划建设深莞惠区域协同发展试验区；珠中江阳建设产业共性技术服务平台。（省发展改革委、经济和信息化委、交通运输厅、水利厅、商务厅、旅游局，省规划纲要办等）

（二十二）推进珠三角与粤东西北一体化发展

研究制定关于建设大珠三角经济区的指导意见。推动珠三角与粤东西北地区轨道交通、高速公路、内河航道等交通基础设施率先实现一体化。推进新一轮珠三角地区与粤东西北地区全面对口帮扶，以产业转移和共建为重点，支持珠三角地区汽车、电子信息、轻工食品、装备制造等龙头企业在粤东西北地区布局配套企业，引导珠三角地区大型骨干企业和特色优势企业的加工制造环节、大型骨干企业和特色优势企业增资扩产、转型升级项目、主导产业的配套企业、拥有较稳定国际市场份额的劳动密集型加工贸易企业、规模以上生产性服务业企业向粤东西北地区有序转移。建设完善省网上办事大厅，推进珠三角和环珠三角地区行政审批制度改革衔接。（省发展改革委，省编办，省经济和信息化委、交通运输厅，省粤东西北办、规划纲要办，珠三角九市政府等）

（二十三）深化粤港澳合作

全力配合国家编制粤港澳大湾区城市群发展规划，提前谋划规划落地实施工作。建成港珠澳大桥珠澳口岸人工岛至南湾互通段，加快粤澳新通道、珠澳轻轨对接等基础设施项目建设。支持三地机场、港口等强化资源共享、航线联动和协同发展。继续深入实施粤港澳服务贸易自由化，推动在人流、物流、资金流和信息流等方面的标准融合与协调。推进粤港创新圈、粤港创新和研发联盟建设。建设珠港澳物流合作园等平台，加强与港澳产业、城市功能的对接。加强水、大气、土壤环境协同治理，建立绿色低碳发展合作机制，实施粤港清洁生产伙伴计划，共建粤港澳大湾区优质生活圈。（省发展改革委、交通运输厅、住房城乡建设厅、商务厅、环境保护厅、质监局、港澳办等）

六、推进珠三角国家绿色发展示范区建设

（二十四）狠抓节能减排降碳

持续推动电机能效提升，珠三角力争完成电机能效提升123万千瓦，全面完成10万千瓦及以上现役煤电机组超低排放和节能改造。促进新能源汽车推广应用及产业发展，力争珠三角更新或新增公交车中新能源汽车占比超过80%，建成充电桩1.8万个。珠三角基本完成“黄标车”淘汰。试点实施近零碳排放区示范工程，完善碳交易机制，加大碳普惠制推广力度。推动绿色低碳标准体系建设，开展绿色低碳产品认证及碳标签试点。出台《珠三角国家绿色发展示范区建设实施方案》，支持深圳、珠海、佛山、惠州等市建设绿色发展示范区先行区。办好第三届珠三角城市群绿色低碳发展论坛，推动珠三角各市全面加入“率先达峰城市联盟”。（省发展改革委、经济和信息化委、环境保护厅、质监局等）

（二十五）强力推进污染整治

加快建设华南地区空气质量预警预报中心，力争珠三角空气质量（AQI）达标率达85%以上，$PM_{2.5}$、PM_{10}年均浓度力争继续保持达标。建立完善污染物排放和综合治理标准体系。大力推进淡水河、石马河、广佛跨界河等流域污染综合治理，全面落实“河长制”，力争区域地表水水质优良比例达71.1%。珠三角全面完成46个黑臭水体整治，广州、深圳市城市建成区基本消除黑臭水体。加快建设污水管网，推进老城区、城中村、城乡结合部等区域的截污纳管建设，广州、深圳市城市建成区基本实现污水全收集全处理。开展重点行业在产企业用地土壤环境质量调查和关闭搬迁企业地块土壤环境排查，广州、深圳、佛山、中山等市启动污染地块环境监管试点工作。（省环境保护厅、住房城乡建设厅、质监局等）

（二十六）推动资源节约高效循环利用

制订2017年节能减排综合工作推进方案和水资源消耗、建设用地等总量和强度“双控”实施方案。大力推进佛山市南海区、东莞市深化“三旧”改造专项试点。加大节水型社会建设力度，珠三角万元GDP用水量力争下降4.99%。制订绿色制造体系建设实施方案，加快国家绿色制造集成项目建设。珠三角新增省循环化改造试点园区20家。（省发展改革委、经济和信息化委、国土资源厅、水利厅等）

（二十七）加强生态建设

开展生态文明体制改革试点。实施珠三角国家森林城市群建设规划，佛山市力争成功创建国家森林城市。推进森林小镇建设，在珠三角建设10个以上森林小镇。珠三角新增碳汇造林13.5万亩（9000公顷）、生态景观林带119千米、森林公园51个，争取实现国家森林公园市域全覆盖，珠三角城市建成区绿地率38.9%。支持珠海、惠州市建成国家生态文明建设示范市。全面实施广州、珠海、惠州、东莞全国水生态文明试点城市建设，创建珠三角水生态文明建设城市群。编制实施珠三角湿地生态保护规划，力争到2020年珠三角建成100个以上湿地公园，水网湿地保护率50%。（省林业厅、水利厅、环境保护厅等）

七、加快发展社会民生事业

（二十八）多渠道促进就业和增收

珠三角城镇新增就业65.8万人，城镇登记失业率控制在3.5%以内，失业人员再就业28.8万人。针对技能人才、科研人员、基层干部队伍实施三个激励计划，开展就业促进、职业技能提升、托底保障三个支撑行动，重点提高中低收入群体收入水平。扎实推进惠州、江门、肇庆等市

脱贫攻坚。（省人力资源社会保障厅、民政厅，省扶贫办等）

（二十九）全面推进教育现代化

大力发展学前教育，加快建设以公办园和普惠性民办园为主体的学前教育服务网络，珠三角规范化幼儿园比例达80%。推进义务教育优质均衡发展，珠三角（不含深圳）城乡义务教育公用经费补助分担比例提高至50%。推动高水平、高质量高中教育发展。大力发展现代职业教育。实施南粤重点学科提升计划，珠三角地区试点本科层次特色学院建设。加快推进深圳北理莫斯科大学、广外与英国考文垂大学（中山）、东莞理工学院与法国国立工艺学院联合学院等中外合作办学项目建设。（省教育厅、人力资源社会保障厅等）

（三十）着力深化医药卫生体制综合改革

全面启动高水平医院、高水平临床重点专科、精准医疗创新平台等项目建设，珠三角确定和建设5所高水平医院和25个高水平临床重点专科，每千常住人口拥有执业（助理）医师数达2.2~2.7人。启动深化医药卫生体制综合改革，全面推行实施分级诊疗制度，建立完善家庭医生签约制度，推进珠三角提升基层医疗卫生服务能力，基层医疗卫生机构诊疗量占总诊疗量比例达到65%以上。鼓励珠三角开展城市公立医院改革探索，引导发展民营高端医疗服务。建设互联互通的区域健康信息综合管理平台。（省卫生计生委等）

（三十一）率先推进社会保障城乡一体化

实施全民参保登记计划，基本实现法定人员全覆盖。推进企业职工基本养老保险基金省级统筹。完善城乡居民养老保险制度，城乡居民基本养老保险基础养老金最低标准、城乡居民医保财政补助标准分别提高到120元和450元。广州、深圳、佛山、惠州市建设居家养老服务信息化平台。推动落实大病保险政策，报销比例达50%以上。实现跨省异地就医联网结算。开展生育保险和基本医疗保险合并实施试点。新开工棚户区改造21808套。（省人力资源社会保障厅、住房城乡建设厅、民政厅、卫生计生委等）

（三十二）扎实推进文化建设

推进广州、深圳市国家文化消费试点城市建设。实施以广府古民居为突出代表的岭南传统村落保护与利用工程。办好中国（深圳）国际文博会、中国（广州）国际纪录片节、中国国际影视动漫版权保护和贸易博览会等国家级文化会展。推进佛山市创建国家公共文化服务体系示范区。深化公共文化事业单位法人治理结构和标准化改革，提升公共文化服务数字化、社会化水平。推进公共体育场馆向社会开放。打造一批校园足球特色学校，有条件的社区建设社区多功能健身场地。（省委宣传部，省文化厅、教育厅、体育局、新闻出版广电局等）

（三十三）抓好公共安全和安全生产工作

全面推进社会治安防控体系建设，严抓治安要素和重点部位的源头管控，加强公共交通、火灾等各类安全隐患常态化治理。开展严打突出刑事犯罪“飓风2017”行动，重点打击电信网络诈骗、网络金融犯罪、“两抢一盗”、黑恶势力犯罪等四类突出违法犯罪。深入开展安全生产系统治理，着力构建安全风险分级管控和隐患排查治理双重预防机制，深化交通运输、危险化学品、建筑施工、消防等重点行业领域安全生产专项整治，坚决遏制重特大生产安全事故发生。（省公安厅、安全监管局等）

八、着力防范金融和房地产市场风险

（三十四）着力防范金融风险

采取有效措施防范化解区域内农合机构、互联网金融、非法集资、各类交易场所等领域风险，严密防控保险市场重点公司、重点领域和重点产品风险，密切关注不良资产、债券违约、影子银行等风险隐患。做好区域内相关单体法人金融机构风险的处置化解、个别上市公司不规范运作风险的防范处置和非法集资重点案件的处置。突出抓好涉众金融领域社会矛盾治理、互联网金融风险专项整治、各类交易场所清理整顿“回头看”三大整治。（省金融办，人行广州分行、广

东银监局、广东保监局等）

（三十五）着力防范房地产市场风险

坚持分类调控，因城因地施策，科学管控土地供应规模和时序，把商品房库存规模控制在合理区间，加快形成促进房地产市场稳定发展的长效机制。制订落实省房地产专项整治实施方案，开展房地产市场专项整治行动，加大房地产中介市场监管力度，依法从严查处虚假宣传、哄抬房价、捂盘销售等违法违规行为。密切监控房地产市场发展动态，建立资金链断裂项目台账。加强商品房预售资金监管，强化商品房交易合同网签备案，鼓励推行现房销售制度。严禁各类加杠杆金融产品用于购房首付款。（省住房城乡建设厅、国土资源厅、金融办，人行广州分行、广东银监局等）

《深化粤港澳合作 推进大湾区建设框架协议》

（国家发展和改革委员会、广东省人民政府、香港特别行政区政府、澳门特别行政区政府于 2017 年 7 月 1 日签署）

为充分发挥粤港澳地区的综合优势，深化粤港澳合作，推进粤港澳大湾区建设，高水平参与国际合作，提升在国家经济发展和全方位开放中的引领作用，为港澳发展注入新动能，保持港澳长期繁荣稳定，国家发展和改革委员会、广东省人民政府、香港特别行政区政府、澳门特别行政区政府（以下称四方）经协商一致，制定本协议。

一、总则

（一）合作宗旨

全面准确贯彻“一国两制”方针，完善创新合作机制，建立互利共赢合作关系，共同推进粤港澳大湾区建设。

（二）合作目标

强化广东作为全国改革开放先行区、经济发展重要引擎的作用，构建科技、产业创新中心和先进制造业、现代服务业基地；巩固和提升香港国际金融、航运、贸易三大中心地位，强化全球离岸人民币业务枢纽地位和国际资产管理中心功能，推动专业服务和创新及科技事业发展，建设亚太区国际法律及解决争议服务中心；推进澳门建设世界旅游休闲中心，打造中国与葡语国家商贸合作服务平台，建设以中华文化为主流、多元文化共存的交流合作基地，促进澳门经济适度多元可持续发展。努力将粤港澳大湾区建设成为更具活力的经济区、宜居宜业宜游的优质生活圈和内地与港澳深度合作的示范区，携手打造国际一流湾区和世界级城市群。

（三）合作原则

——开放引领，创新驱动。积极构建开放型经济新体制，打造高水平开放平台，对接高标准贸易投资规则，集聚创新资源，完善区域协同创新体系，开展创新及科技合作。

——优势互补，合作共赢。充分发挥各地比较优势，创新完善合作体制机制，加强政策和规划协调对接，推动粤港澳间双向合作，促进区域经济社会协同发展，使合作成果惠及各方。

——市场主导，政府推动。充分发挥市场在资源配置中的决定性作用，更好发挥政府作用，推动各种生产和生活要素在区域内更加便捷流动和优化配置。

——先行先试，重点突破。支持广东全面深化改革，探索粤港澳合作新模式，推动主要合作区域和重点领域的体制机制创新，以点带面深化合作，充分释放改革红利。

——生态优先，绿色发展。着眼于城市群可持续发展，强化环境保护和生态修复，推动形成绿色低碳的生产生活方式和城市建设运营模式，有效提升城市群品质。

二、合作重点领域

（四）推进基础设施互联互通

强化内地与港澳交通联系，构建高效便捷的现代综合交通运输体系。发挥香港作为国际航运中心优势，带动大湾区其他城市共建世界级港口群和空港群，优化高速公路、铁路、城市轨道交通网络布局，推动各种运输方式综合衔接、一体高效。强化城市内外交通建设，便捷城际交通，共同推进包括港珠澳大桥、广深港高铁、粤澳新通道等区域重点项目建设，打造便捷区域内交通圈。建设稳定安全的能源和水供应体系，进一步提升信息通信网络基础设施水平、扩大网络容量。

（五）进一步提升市场一体化水平

落实内地与香港、澳门《关于建立更紧密经贸关系的安排》（CEPA）及其系列协议，促进要素便捷流动，提高通关便利化水平，促进人员、货物往来便利化，打造具有全球竞争力的营商环境。推动扩大内地与港澳企业相互投资。鼓励港澳人员赴粤投资及创业就业，为港澳居民发展提供更多机遇，并为港澳居民在内地生活提供更加便利条件。

（六）打造国际科技创新中心

统筹利用全球科技创新资源，完善创新合作体制机制，优化跨区域合作创新发展模式，构建国际化、开放型区域创新体系，不断提高科研成果转化水平和效率，加快形成以创新为主要引领和支撑的经济体系和发展模式。

（七）构建协同发展现代产业体系

充分发挥大湾区不同城市产业优势，推进产业协同发展，完善产业发展格局，加快向全球价值链高端迈进。培育战略性新兴产业集群，建设产业合作发展平台，构建高端引领、协同发展、特色突出、绿色低碳的开放型、创新型产业体系。

（八）共建宜居宜业宜游的优质生活圈

以改善民生为重点，提高社会管理和公共服务能力和水平，增加优质公共服务和生产生活产品供给，打造国际化教育高地，完善就业创业服务体系，加强人文交流、促进文化繁荣发展，推进区域旅游发展，支持澳门打造旅游教育培训基地，共建健康湾区，完善生态建设和环境保护合作机制，建设绿色低碳湾区。

（九）培育国际合作新优势

充分发挥港澳地区独特优势，深化与“一带一路”沿线国家在基础设施互联互通、经贸、金融、生态环保及人文交流领域的合作，携手打造推进“一带一路”建设的重要支撑区。支持粤港澳共同开展国际产能合作和联手“走出去”，进一步完善对外开放平台，更好发挥归侨侨眷纽带作用，推动大湾区在国家高水平参与国际合作中发挥示范带头作用。

（十）支持重大合作平台建设

推进深圳前海、广州南沙、珠海横琴等重大粤港澳合作平台开发建设，充分发挥其在进一步深化改革、扩大开放、促进合作中的试验示范和引领带动作用，并复制推广成功经验。推进港澳青年创业就业基地建设。支持港深创新及科技园、江门大广海湾经济区、中山粤澳全面合作示范区等合作平台建设。发挥合作平台示范作用，拓展港澳中小微企业发展空间。

三、体制机制安排

（十一）完善协调机制

编制《粤港澳大湾区城市群发展规划》，推进规划落地实施。四方每年定期召开磋商会议，协调解决大湾区发展中的重大问题和合作事项。

（十二）健全实施机制

四方每年提出推进粤港澳大湾区建设年度重点工作，由国家发展和改革委员会征求广东省人民政府和香港、澳门特别行政区政府以及国家有关部门意见达成一致后，共同推动落实。广东省人民政府和香港、澳门特别行政区政府共同建立推进粤港澳大湾区发展日常工作机制，更好发挥广东省发展和改革委员会、香港特别行政区政府政制及内地事务局、澳门特别行政区政府行政长官办公室在合作中的联络协调作用，推动规划深入实施。

（十三）扩大公众参与

强化粤港澳合作咨询渠道，吸纳内地及港澳各界代表和专家参与，研究探讨各领域合作发展策略、方式及问题。发挥粤港澳地区行业协会、智库等机构的作用，支持工商企业界、劳工界、专业服务界、学术界等社会各界深化合作交流，共同参与大湾区建设。加强粤港澳大湾区的宣传推介。

四、其它

本协议自四方代表正式签署之日起生效，有效期五年。经四方协商同意，可对本协议进行修正和展期。

本协议以中文书就，一式四份。

本协议于2017年7月1日在香港签署。

国家发展和改革委员会主任　何立峰
广东省人民政府省长　马兴瑞
香港特别行政区行政长官　林郑月娥
澳门特别行政区行政长官　崔世安

实施《粤澳合作框架协议》2017年重点工作

（广东省人民政府2017年7月12日印发）

一、携手参与“一带一路”建设

1. 支持粤澳企业前往“一带一路”沿线国家参展参会，促进与“一带一路”沿线国家开展双向投资合作，鼓励粤澳企业、归侨等前往海外投资，组织考察广东境外合作产业园区。（省商务厅、发展改革委、港澳办）

2. 粤澳共同牵头组织赴“一带一路”沿线重点国家考察、推介及招商，共同开拓合作新领域。（省商务厅）

3. 广东省作为第二十二届澳门国际贸易投资展览会的伙伴省，粤澳双方共同邀请葡语系国家及“一带一路”沿线国家代表参会。（省商务厅）

4. 支持举办中国进出口商品交易会、中国国际高新技术成果交易会、广东21世纪海上丝绸

之路国际博览会。（广州、深圳、东莞市政府，省商务厅、贸促会）

5. 发挥落户澳门的“中葡合作发展基金总部”作用，为粤澳企业投资葡语系国家提供便利，更好地服务“一带一路”建设。（省商务厅、发展改革委、质监局）

6. 将“国际基础设施投资与建设高峰论坛”与澳门中葡金融服务平台、中葡合作发展基金、特色金融等有机结合，探索打造粤澳携手参与“一带一路”建设重要资金平台。（省商务厅、发展改革委、金融办）

7. 支持举办“澳门国际环保合作发展论坛及展览”，共同促进泛珠环保合作，促进广东与欧盟的环保技术配对合作。（省环境保护厅）

8. 粤澳携手共同组织艺术团赴巴林举办中国丝绸之路艺术节演出，助力推动“一带一路”沿线民心相通。（省文化厅）

9. 推动成立“一带一路”法律服务研究中心，加强对“一带一路”沿线国家法律法规及政策研究，探索提供法律服务。（省司法厅）

10. 支持粤澳律师事务所在“一带一路”重要战略支点国家设立分支机构，建立合作关系。（省司法厅、商务厅）

11. 加强与“一带一路”沿线国家的旅游合作，开发“一带一路”旅游产品，探讨联合开发海上丝绸之路有关旅游产品的可行性。（省旅游局）

12. 加强中医药科研、人才培养和成果转化合作，推动中医药进入“一带一路”沿线国家，促进优质中医药产品通过澳门走向葡语系国家及“一带一路”沿线国家市场。（省中医药局、商务厅）

13. 澳门基金会设立“一带一路”专项奖学金，支持粤澳青少年赴葡语系国家以及“一带一路”沿线国家学习，促进青年了解支持“一带一路”建设。（省教育厅、财政厅、港澳办）

14. 举办“一带一路”沿线国家青年精英研习班、创新创业论坛等，组织发动沿线国家华侨青年和外籍青年精英参与。组织青年代表团互访，加强与“一带一路”沿线国家在商贸、文化、教育等方面的交流。（团省委，省教育厅、商务厅、文化厅、外办、侨办）

二、携手推进粤港澳大湾区城市群规划建设

15. 粤澳双方共同配合国家做好《粤港澳大湾区发展规划》编制工作。对标国际一流湾区，研究提出粤港澳大湾区城市群的战略定位、统筹协调机制、核心城市功能、发展目标、重点项目、主要任务和保障措施等。（省发展改革委、港澳办）

16. 粤澳共同推进粤港澳大湾区城市群建设，共同研究制订智慧城市指标体系，通过建立定期的联络机制，推动产学研合作活动，促进智慧城市之间的联系合作。（省经济和信息化委、发展改革委、教育厅、科技厅）

三、促进现代服务业合作

（一）服务贸易自由化

17. 进一步落实《〈内地与澳门关于建立更紧密经贸关系的安排〉服务贸易协议》开放措施，完善《内地与澳门关于建立更紧密经贸关系的安排》框架下负面清单管理模式。（省港澳办、商务厅、法制办）

（二）金融合作

18. 推动跨境人民币业务发展，推动银联多币种卡粤澳互通使用以及 RQFⅡ、QDⅡ、QFLP 等跨境投资业务开展。（人行广州分行、广东证监局）

19. 支持澳门发展特色金融，拓展融资租赁等产业。（省商务厅、广东银监局）

20. 支持粤澳金融机构跨境合作，支持澳门银行业机构在粤设立分支机构，向南沙、前海、横琴、广东金融高新技术服务区等重要平台聚集。（省金融办、广东银监局）

21. 推动金融市场双向开放，探索与澳门地区产品互认、资金互通、市场互联的机制。（人行广州分行，广东银监局、证监局、保监局）

22. 发挥粤澳银行中介作用，推动与葡语系

国家经贸往来以人民币结算，助力建设澳门“葡语国家人民币清算中心”。推动广东企业在澳门设立葡语国家业务分部，利用澳门平台进行人民币结算。（人行广州分行、广东银监局、省商务厅）

（三）旅游合作

23. 参与举办“葡萄牙旅行社协会年会”“亚太旅游协会旅游交易会”“澳门国际旅游（产业）博览会”等活动，支持粤澳两地业界共同开拓旅游市场。（省旅游局）

24. 探索实施中国（广东）自由贸易试验区（以下简称广东自贸试验区）粤港澳游艇“定点停靠、就近联检”模式，力争在口岸通关监管、游艇码头设置等方面取得进展。（省旅游局、口岸办、自贸办，港澳办，广东海事局，省海警总队，海关广东分署，省公安边防总队，广州、深圳、珠海边检总站，广东、深圳、珠海出入境检验检疫局，广州、深圳、珠海市政府）

（四）文化创意、会展及贸易投资合作

25. 组织广东企业到澳门参展办展，联合举办“2017第十五届中国商品（印度孟买）展览会”“2017粤澳名优商品展销会”。（省商务厅、贸促会）

26. 落实《加强跨境贸易电子商务合作备忘录》，继续为粤澳两地跨境电子商务企业提供合作和培训的交流平台，支持两地业界交流合作。（省商务厅）

（五）中医药产业合作

27. 参照国家有关政策，以粤澳合作中医药科技产业园、国家健康科技产业基地为试点，打造国际健康旅游先行示范区。（省中医药局、卫生计生委、旅游局、食品药品监管局，珠海、中山市政府）

28. 进一步完善粤澳食品药品安全交流合作机制，加强信息通报反馈机制，完善区域联防机制，推进技术监督合作交流。（省食品药品监管局）

29. 共建国际中医药产业基地，支持粤澳合作中医药科技产业园、国家健康科技产业基地开展中医药产品国际注册和合作研究，全面构建国际合作交流平台。（珠海、中山市政府，省中医药局、食品药品督管局）

30. 加强粤澳高等院校在中医药人才培养和科技项目方面合作，推动开展中医药领域专利保护研究合作，促进粤澳中医药专利信息开发运用。（省中医药局、教育厅、知识产权局）

31. 结合澳门中医药生产条件及产业发展的现实需求，探讨粤澳合作中医药科技产业园、国家健康科技产业基地接受澳门制药厂商委托加工药品的标准和条件，争取国家相关部委支持，探讨在粤澳合作中医药科技产业园、国家健康科技产业基地实施更加便利的检测、认证及相关审批手续。（珠海、中山市政府，省中医药局、食品药品监管局）

（六）专业服务合作

32. 加强粤澳标准的制修订合作，推进粤澳计量技术交流和测试技术等方面的融合发展。（省质监局）

33. 继续完善粤澳知识产权合作工作机制，强化项目合作制度。促进粤澳知识产权交流研讨、宣传培训、引导服务等领域的合作，提升两地知识产权创造、运用、保护、管理、服务水平。继续协助澳门考生参加全国专利代理人资格考试。（省知识产权局）

34. 加强粤澳知识产权信息共享，共同举办“泛珠三角区域知识产权公务人员交流活动”。建设完善粤港澳三地知识产权信息平台及“粤港澳知识产权资料库”，及时提供两地知识产权政策法规及政策措施的最新动态。推动建立两地知识产权保护部门协作处理机制。（省知识产权局、工商局）

35. 落实粤澳商标合作计划，完善商标执法及案件协作处理机制，支持在粤的澳资企业申请认定广东省著名商标。（省工商局，工商总局商标审查协作广州中心、商标局驻广州办事处）

36. 推行商事登记银政直通车服务，通过广东商业银行机构在澳门的银行机构网点，为澳门企业和居民在粤创办企业、个体工商户提供便

利。（省工商局）

37. 借助广东自贸试验区横琴新区片区“知识产权易保护”平台，为横琴自贸片区进出口企业提供知识产权海关保护服务。（珠海市政府，海关广东分署）

四、推进重点合作区域建设

（一）深入推进广东自贸试验区建设

38. 共同推动加快广东自贸试验区建设，创新深度合作机制，深化各项改革，探索进一步扩大对澳门服务业开放政策。（省自贸办，广州、深圳、珠海市政府）

39. 共同加强横琴澳门青年创业谷、南沙粤港澳青年创新工场以及前海创新创业方面的合作，鼓励粤澳两地青年共同创新创业。（广州、深圳、珠海市政府）

（二）全面推进珠海横琴新区开发合作

40. 加强粤澳合作产业园区推荐项目的跟踪服务工作，继续推荐有利于澳门经济多元化发展的项目到粤澳合作产业园建设及发展。（珠海市政府）

41. 推进粤澳合作中医药科技产业园 GMP 中试大楼、研发检测大楼及科研总部办公大楼等公共服务平台建设，打造广东省中医药产业公共服务示范平台。（珠海市政府，省中医药局）

42. 加强横琴人才示范区建设，制订出台有关政策措施，建立健全人才创业发展服务体系，鼓励澳门居民参与国家职业技能鉴定考核。（珠海市政府，省人力资源社会保障厅）

（三）加快中山翠亨新区合作

43. 尽快成立中山与澳门合作共建翠亨新区的合资开发主体，共同研究解决用地规模指标限制等事宜，加快项目落地。（中山市政府）

44. 充分发挥澳门“中国与葡语国家商贸合作服务平台”作用，拓展中山与葡语系国家交流合作，以“火炬国际会议中心”为载体吸引葡语系国家商品中心落户。（中山市政府）

45. 继续多形式开展两地青少年交流合作。支持澳门青年到中山创新创业，促成“粤澳青年创新创业合作基地”落户翠亨新区。（中山市政府）

（四）推进江门大广海湾建设

46. 落实《关于推动粤澳共建大广海湾框架协议》，共同研究推进粤澳（江门）产业合作示范区的规划编制和开发建设。（江门市政府）

47. 发挥澳门旅游院校及有关教育机构优势，推进旅游教育培训合作。（江门市政府）

48. 继续深化和推进金融和健康养生领域的合作，引进澳门食品加工等方面产业，推进两地产业合作。（江门市政府）

五、完善基础设施与推动便利通关

49. 按照国务院《珠海口岸查验机制创新试点方案》，共同推进“合作查验，一次放行”新型通关模式。加快推动粤澳新通道建设，尽快落实鸭涌河治理方案以及口岸大楼建设。（珠海市政府，省港澳办、口岸办）

50. 推进珠海湾仔与澳门内港之间挡潮闸的前期研究工作，争取早日落实建设方案。（珠海市政府，省港澳办、口岸办）

51. 加快推进港珠澳大桥建设，共同争取在港珠澳大桥珠澳口岸实行更加便捷的通关模式，支持港珠澳大桥珠澳口岸人工岛澳门口岸管理区建设工作，做好沿线的物流、旅游、商贸等主要配套产业的规划和布局。（珠海市政府，省发展改革委、口岸办）

52. 推进珠澳航空业的合作发展，开拓公务机服务、推进航空客货运市场合作，探讨珠海机场与澳门国际机场的合作模式，包括股权合作，实现优势互补，协同发展，共同做大做强航空产业。（珠海市政府）

53. 加强粤澳海域管理及围海方面交流合作，对澳门新城各区填海造地的需求给予支持。（珠海市政府，省海洋渔业厅）

54. 落实《关于支持澳门新城 A 区填海工程供砂协议书》，继续推进 1、2 号采砂用海区向澳门新城 A 区填海工程供砂。（珠海市政府，省海洋渔业厅）

55. 落实《粤澳供水协议》《粤澳供水合作框架协议》《关于建造第四条对澳供水管道工程的合作协议》及《关于建造平岗—广昌原水供应保障工程的合作协议》，加快推进第四条对澳供水管道工程及平岗—广昌原水供应保障工程建设，确保对澳供水安全。（省水利厅）

56. 完成220千伏对澳输电第三通道线路珠海段工程可行性研究工作，签订2010年至2020年电力合作框架协议补充协议，确保对澳供电安全稳定。（南方电网公司，珠海市政府、省发展改革委）

六、促进社会公共服务合作

57. 加强联合防控传染病和突发公共卫生事件应急处置合作，促进双方开展传染病防治及专业人员技术培训与交流合作，派遣临床医学专家赴澳工作。（省卫生计生委）

58. 提高合作应对突发公共卫生事件水平。探索便利澳门人士非紧急就医以及跨境运送转诊安排。（省卫生计生委）

59. 落实《粤港澳三地搜救机构〈客船与搜救中心合作计划〉互认合作安排》，加强粤澳海上应急救援合作，确保在粤港澳三地水域航行的客船安全。（广东海事局）

60. 加强粤澳警务合作，加强信息情报沟通，共同打击跨境犯罪活动，维护粤澳治安稳定。（省公安厅）

61. 继续落实《粤港澳区域大气污染联防联治合作协议书》，加强珠三角地区空气质素管理和粤港澳珠江三角洲区域空气监测网络运行管理合作，推进区域微细悬浮粒子（$PM_{2.5}$）联合研究。（省环境保护厅）

62. 继续推动澳门废旧车辆及澳门惰性拆建物料转移处置项目，争取落实澳门惰性拆建物料具体接收地点。（省海洋渔业厅、环境保护厅）

63. 加强珠澳边界自然保护区的沟通联系，建立交流机制，共同保护珠江口红树林等滨海湿地，提升粤澳林业交流合作水平。（省林业厅）

64. 继续做好澳门特区政府对在广东就读幼儿园及中小学的澳门籍幼儿、学生提供学费津贴资助计划的相关工作，支持两地中小学、职业技术学校加强校际交流。（省教育厅、人力资源社会保障厅）

65. 继续开展“青年同心圆计划”粤澳交流合作项目和粤澳姐妹学校交流，支持粤澳青少年开展多种形式的国情体验、创新创业和来粤实习等交流合作。（团省委，省文化厅、人力资源社会保障厅、教育厅、港澳办）

66. 为进一步深化青年人才发展合作，支持澳门大学生在粤实习，加强澳门青年在电子商务、金融业、会展、旅游和文化等领域的学习交流和工作体验。（省港澳办、教育厅、团省委）

七、完善机制安排

67. 加强粤澳发展策略小组参谋作用，围绕粤澳携手参与“一带一路”、粤港澳大湾区城市群发展规划及当前合作重点开展专题调研及政策研究，服务两地合作发展。（省港澳办）

68. 举办携手参与“一带一路”建设系列会议，完善会晤磋商机制，强化日常沟通与协作。（省港澳办，发展改革委、商务厅，广州、珠海、中山市政府）

69. 加强粤澳两地民间交流合作。发挥广东省粤港澳合作促进会平台作用，深化两地业界的交流合作。（省港澳办）

索 引

说 明

一、本索引采用主题分析方法，款目按汉语拼音字母（同音字按声调）顺序排列。

二、文中的类目题、分目题用黑体字标示，其余用宋体字排印。

三、索引款目后的数字表示内容所在的页码，数字后的拉丁字母（a、b）表示栏别（即版面的左、右栏）。

四、同一主题的内容在文中多处出现的，在其款目后用不同的页码标明。

五、《大事记》《专题调研成果》《统计资料》《国际湾区建设比较》《粤港澳大湾区发展研究成果》《文献法规》等篇目未作索引。

六、为方便从不同名词术语检索相关内容，索引中部分主题词使用“见”，作相互参照。

条目索引

数 字

A

B

C

D

E

F

G

K

L

R

S

X

Y

Z

随文图片索引

数 字

A

B

C

D

F

G

H

J

K

L

M

N

P

Q

S

X

Y

Z